Schwerpunkte

Eine systematische Darstellung der wichtigsten Rechtsgebiete anhand von Fällen
Begründet von Professor Dr. Harry Westermann †

Einführung in das Zivilrecht

mit BGB – Allgemeiner Teil,
Schuldrecht Allgemeiner Teil,
Kauf- und Deliktsrecht

von

Dr. Dr. h.c. Dieter Schwab
Em. Ordinarius an der Universität Regensburg

und

Dr. Martin Löhnig
Ordinarius an der Universität Regensburg

20., neu bearbeitete Auflage

 C.F. Müller

Dr. *Dieter Schwab*, Dr. iur. utr., Dr. iur. h.c., Ordinarius für Bürgerliches Recht und Deutsche Rechtsgeschichte an der Universität Regensburg (seit 1974), emeritiert 2000, Promotion 1960, Habilitation an der Ruhr – Universität Bochum 1966, Ordentlicher Professor für Bürgerliches Recht und Deutsche Rechts- und Verfassungsgeschichte an der Justus Liebig-Universität Gießen 1968–1974, ab 2002 Lehrbeauftragter an der Friedrich-Schiller-Universität Jena.

Dr. *Martin Löhnig*, Ordinarius für Bürgerliches Recht, Deutsche und Europäische Rechtsgeschichte an der Universität Regensburg (seit 2008) und Gastprofessor für Rechtsgeschichte an der Universität St. Gallen (seit 2009), Promotion 2001, Habilitation 2006, Vertreter und Inhaber einer ordentlichen Professur für Bürgerliches Recht, Rechtsgeschichte und Kirchenrecht an der Universität Konstanz 2005–2008.

Bibliografische Information der Deutschen Nationalbibliothek
Die Deutsche Nationalbibliothek verzeichnet diese Publikation in der Deutschen Nationalbibliografie; detaillierte bibliografische Daten sind im Internet über http://dnb.d-nb.de abrufbar.

ISBN 978-3-8114-4264-1

E-Mail: kundenservice@cfmueller.de
Telefon: +49 89 2183 7923
Telefax: +49 89 2183 7620

www.cfmueller.de
www.cfmueller-campus.de

Satz: preXtension ‚GbR, Grafrath
Druck: CPI books, Leck

Vorwort

Das vorliegende Lehr- und Lernbuch bietet den zivilrechtlichen Stoff, der im ersten Studienjahr vermittelt zu werden pflegt. Dazu gehören nicht nur die wichtigsten Teile des **Allgemeinen Teils des BGB**, sondern auch grundlegende **Informationen über das gesamte System des zivilrechtlichen Schutzes** wie das Deliktsrecht, Bereicherungsrecht und die negatorischen Ansprüche. Einbezogen sind ferner die studienwichtigen Teile des **allgemeinen Schuldrechts** und **Grundzüge des Kaufrechts**. Aus dem **Sachenrecht** werden die Kenntnisse vermittelt, die zum Begreifen der rechtsgeschäftlichen Abläufe erforderlich sind.

Den **Aufbau** betreffend setzt die Darstellung nicht mit Spezialitäten ein, sondern mit einer Hinführung zu Ziel, Grundlagen, Mittel und Arbeitsweise des bürgerlichen Rechts. Das Buch will auch juristische Allgemeinbildung vermitteln, mit ihr auch das argumentative Rüstzeug, das über die ersten Semester hinausweist. Die Darstellung der im Zivilrecht allgemein geschützten Rechte und Rechtsgüter ist der Erörterung des Vertragsrechts vorangestellt, weil dessen Probleme nach Überzeugung der Verfasser auf diese Weise besser zu verstehen sind. Das hindert nicht, beim Studium des Buches die Teile in anderer Reihenfolge zu lesen – ohnehin wird ein gewisses Hin- und Herwandern zwischen den Teilen nicht ausbleiben, weil im Zivilrecht alles mit allem zusammenhängt.

Aufs Ganze gesehen geht es uns darum, nicht nur Informationen zu vermitteln, sondern auch das **Verständnis für die grundlegenden Probleme** des Zivilrechts zu wecken: Es gilt, nicht nur zu lernen, sondern auch zu begreifen. Zugleich sollen die Nutzerinnen und Nutzer auch in die **Technik der zivilrechtlichen Falllösung** eingeführt werden; daher ist über weite Strecken eine induktive, **von Fällen ausgehende Darstellungsweise** gewählt.

Die Neuauflage bringt das Buch auf den Stand vom Sommer 2016. Parallel zu diesem Lehrbuch erscheint von denselben Verfassern das Übungsbuch „Falltraining im Zivilrecht 1", nunmehr in 6. Auflage; ein zweiter Band des Falltrainings liegt in 2. Auflage vor. Auf die zur Vertiefung des Gelesenen geeigneten Fälle aus den Falltrainingsbüchern wird in diesem Lehrbuch jeweils hingewiesen (→).

Den Nutzern der „Einführung in das Zivilrecht" wünschen wir Freude und Gewinn.

Regensburg, im Juli 2016

Dieter Schwab
Martin Löhnig

Inhaltsverzeichnis

Teil I
Grundlegung

Kapitel 1
Zu Begriff und Funktionsweise des Zivilrechts

Kapitel 2
Die gesetzlichen Quellen

Kapitel 3
Zivilrecht und politisches System

Kapitel 4
Zivilrecht und Öffentliches Recht

Teil II
Die Person

Teil IV
Der allgemeine Schutz der Rechte und Interessen

Teil V
Das Rechtsgeschäft

Abkürzungsverzeichnis

ABGB	Allgemeines Bürgerliches Gesetzbuch (Österreich) von 1811
AcP	Archiv für die civilistische Praxis
AfP	Zeitschrift für Medien- und Kommunikationsrecht
AGB	Allgemeine Geschäftsbedingungen
AGBG	Gesetz zur Regelung des Rechts der Allgemeinen Geschäftsbedingungen
AktG	Aktiengesetz
ALR	Allgemeines Landrecht für die Preußischen Staaten von 1794
AöR	Archiv für öffentliches Recht
AP	Arbeitsrechtliche Praxis, Nachschlagewerk des Bundesarbeitsgerichts
arg.	argumentum
ARSP	Archiv für Rechts- und Sozialphilosophie
Art.	Artikel
Aufl.	Auflage
BAG	Bundesarbeitsgericht
BAGE	Entscheidungen des Bundesarbeitsgerichts, Amtliche Sammlung
BB	Der Betriebs-Berater
BGB	Bürgerliches Gesetzbuch
BGBl.	Bundesgesetzblatt
BGH	Bundesgerichtshof
BGHSt	Entscheidungen des Bundesgerichtshofs in Strafsachen, Amtliche Sammlung
BGHZ	Entscheidungen des Bundesgerichtshofs in Zivilsachen, Amtliche Sammlung
BR-Drucksache	Drucksachen des Deutschen Bundesrates
BT-Drucksache	Drucksachen des Deutschen Bundestages
BtG	Gesetz zur Reform des Rechts der Vormundschaft und Pflegschaft für Volljährige (Betreuungsgesetz)
BVerfG	Bundesverfassungsgericht
BVerfGE	Entscheidungen des Bundesverfassungsgerichts, Amtliche Sammlung
BVerwG	Bundesverwaltungsgericht
CoR	Computerreport
CR	Computer und Recht
CuR	Contracting und Recht
DB	Der Betrieb
DJT	Deutscher Juristentag
DJT-Festschrift	Hundert Jahre Deutsches Rechtsleben. Festschrift zum hundertjährigen Bestehen des Deutschen Juristentages 1960
DRiZ	Deutsche Richterzeitung
EGBGB	Einführungsgesetz zum Bürgerlichen Gesetzbuch

1. EheRG	Erstes Gesetz zur Reform des Ehe- und Familienrechts
ErbbauVO	Verordnung über das Erbbaurecht
EuZW	Europäische Zeitschrift für Wirtschaftsrecht
FamFG	Gesetz über das Verfahren in Familiensachen und in den Angelegenheiten der freiwilligen Gerichtsbarkeit
FamRZ	Zeitschrift für das gesamte Familienrecht
G	Gesetz
GebrMG	Gebrauchsmustergesetz
GeschmMG	Geschmacksmustergesetz
GewO	Gewerbeordnung
GG	Grundgesetz für die Bundesrepublik Deutschland
Gr.Sen.	Großer Senat
GRUR	Gewerblicher Rechtsschutz und Urheberrecht (Zeitschrift)
GWB	Gesetz gegen Wettbewerbsbeschränkungen
Hg., hg.	Herausgeber, herausgegeben
HGB	Handelsgesetzbuch
hM	herrschende Meinung
HRG	Handwörterbuch zur deutschen Rechtsgeschichte hg. von *A. Erler* und *Ek. Kaufmann*, 1971 ff
HWG	Gesetz über den Widerruf von Haustürgeschäften und ähnlichen Geschäften
idF	in der Fassung
iVm	in Verbindung mit
JA	Juristische Arbeitsblätter
Jh.	Jahrhundert
JR	Juristische Rundschau
Jura	Juristische Ausbildung
JurA	Juristische Analysen
JuS	Juristische Schulung
JW	Juristische Wochenschrift
JZ	Juristenzeitung
KunstUrhG	Gesetz betreffend das Urheberrecht an Werken der bildenden Künste und der Photographie
Lit.	Literatur
LM	Nachschlagewerk des Bundesgerichtshofs, hg. v. *Lindenmaier* und *Möhring*
LPartG	Lebenspartnerschaftsgesetz
LuftVG	Luftverkehrsgesetz
MA	Mittelalter
MMR	Multimedia und Recht
m. Nachw.	mit Nachweisen
Mot.	Motive zu dem Entwurfe eines Bürgerlichen Gesetzbuches für das Deutsche Reich, Amtliche Ausgabe, 5 Bde., 1888

NJW	Neue Juristische Wochenschrift
NJW-RR	Rechtsprechungsreport Zivilrecht der NJW
NZM	Neue Zeitschrift für Miet- und Wohnungsrecht
OLG	Oberlandesgericht
OR	Schweizerisches Obligationenrecht vom 14.6.1881, revidiert 1911
PatG	Patentgesetz
PflVG	Pflichtversicherungsgesetz
ProdHaftG	Produkthaftungsgesetz
Prot.	Protokolle der Kommission für die 2. Lesung des Entwurfs des Bürgerlichen Gesetzbuchs, 7 Bde., 1897–1899
RGZ	Entscheidungen des Reichsgerichts in Zivilsachen, Amtliche Sammlung
RHG	Reichshaftpflichtgesetz
Rn.	Randnummer
RPfleger	Der Deutsche Rechtspfleger
Rspr	Rechtsprechung
s.	siehe
StGB	Strafgesetzbuch
str.	streitig
StVG	Straßenverkehrsgesetz
StVO	Straßenverkehrsordnung
UrhG	Urheberrechtsgesetz
UWG	Gesetz gegen den unlauteren Wettbewerb
VerbrKrG	Verbraucherkreditgesetz
VerglO	Vergleichsordnung
VersR	Versicherungsrecht
vgl	vergleiche
VuR	Verbraucher und Recht (Zeitschrift)
VVDStRL	Veröffentlichungen der Vereinigung der Deutschen Staatsrechtslehrer
WM	Wertpapier-Mitteilungen
WRV	Weimarer Reichsverfassung vom 11.8.1919
WZG	Warenzeichengesetz
ZEuP	Zeitschrift für Europäisches Privatrecht
ZFA	Zeitschrift für Arbeitsrecht
ZfJ	Zentralblatt für Jugendrecht
ZGB	Schweizerisches Zivilgesetzbuch vom 10.12.1907
ZGR	Zeitschrift für Unternehmens- und Gesellschaftsrecht
ZGS	Zeitschrift für das gesamte Schuldrecht
ZHR	Zeitschrift für das gesamte Handelsrecht
Ziff.	Ziffer
ZIP	Zeitschrift für Wirtschaftsrecht und Insolvenzpraxis
ZPO	Zivilprozessordnung
ZRP	Zeitschrift für Rechtspolitik
ZUM	Zeitschrift für Urheber- und Medienrecht

Zu den Angaben: §§ ohne nähere Bezeichnung sind solche des Bürgerlichen Gesetzbuches. Im Zusammenhang mit der Angabe eines § weist die römische Ziffer auf die laufende Nummer des Absatzes, die arabische auf die laufende Nummer des Satzes hin (zB: § 135 I 2 = § 135 Absatz I Satz 2; § 54 S. 2 = § 54 Satz 2).

Bei Literaturangaben bedeuten, wenn nichts anderes ersichtlich ist, römische Ziffern die Bandzahl, arabische Ziffern die Seitenzahl. Es wird auf die Seitenzahl hingewiesen, auf der die einschlägigen Ausführungen beginnen.

Schrifttum

Historische Grundlagenwerke

Gierke, O. v.	Deutsches Privatrecht, 3 Bde., 1895–1917 (zitiert: *Gierke*, Deutsches Privatrecht)
Jhering, R. v.	Geist des römischen Rechts auf den verschiedenen Stufen seiner Entwicklung, 3 Teile, 6. Aufl. 1907 (zitiert: *Jhering*, Geist des römischen Rechts)
Savigny, F.C. v.	System des heutigen Römischen Rechts, 8 Bde., 1840–1849 (zitiert: *Savigny*, System)
Schmoeckel, M./ Rückert, J./Zimmermann, R. (Hg.)	Historisch-kritischer Kommentar zum BGB, Bd. 1, 2003, Bd. 2, 2007, Bd. 3, 2013
Windscheid, B.	Lehrbuch des Pandektenrechts, 3 Bde., 9. Aufl. bearb. von Th. Kipp, 1906
Zimmermann, R.	The Law of Obligations, Roman Foundations of the Civilian Tradition, 1990, Nachdruck 1993, Studienausgabe 1996

Lehrbücher (Einführungen, Allgemeiner Teil des BGB)

Boecken, W.	Allgemeiner Teil des Bürgerlichen Gesetzbuchs, 2. Aufl. 2012
Bork, R.	Allgemeiner Teil des Bürgerlichen Gesetzbuchs, 4. Aufl. 2016
Brehm, W.	Allgemeiner Teil des BGB, 6. Aufl. 2008
Brox, H./Walker, W.-D.	Allgemeiner Teil des BGB, 39. Aufl. 2015
Enneccerus, L./ Nipperdey, H.C.	Allgemeiner Teil des Bürgerlichen Rechts, 15. Aufl., 2 Bde., 1959–1960 (zitiert: *Enneccerus/Nipperdey*, AT)
Faust, F.	Bürgerliches Gesetzbuch. Allgemeiner Teil, 5. Aufl. 2016
Flume, W.	Allgemeiner Teil des Bürgerlichen Rechts, Bd. 1, Teilbd. 1: Die Personengesellschaft, 1977; Teilbd. 2: Die juristische Person, 1983; Bd. 2: Das Rechtsgeschäft, 4. Aufl. 1992 (zitiert: *Flume* AT II)
Grigoleit, H.Ch./ Herresthal, C.	BGB Allgemeiner Teil, 3. Aufl. 2015
Hirsch, Chr.	Der Allgemeine Teil des BGB, 8. Aufl. 2015
Hübner, H.	Allgemeiner Teil des BGB, 2. Aufl. 1996 (zitiert: *Hübner*, AT)
Köhler, H.	BGB, Allgemeiner Teil, 39. Aufl. 2015
Leipold, D.	BGB I: Einführung und Allgemeiner Teil, 8. Aufl. 2015
Löwisch, M./ Neumann D.	Allgemeiner Teil des BGB. Einführung in die Rechtsgeschäftslehre, 7. Aufl. 2004
Medicus, D.	Allgemeiner Teil des BGB, 10. Aufl. 2010 (zitiert: *Medicus* AT)

Medicus, D./Petersen, J.	Grundwissen zum bürgerlichen Recht, 10. Aufl. 2014
Musielak, H.J.	Grundkurs BGB, 14. Aufl. 2015
Pawlowski, H.-M.	Allgemeiner Teil des BGB, 7. Aufl. 2003
Ramm, Th.	Einführung in das Privatrecht/Allgemeiner Teil des BGB, 3 Bde., 2. Aufl. 1974/5
Rüthers, B./Stadler, A.	Allgemeiner Teil des BGB, 18. Aufl. 2014
Schack, H.	BGB Allgemeiner Teil, 15. Aufl. 2016
Schapp, J./Schur, W.	Einführung in das bürgerliche Recht, 4. Aufl. 2007
Schmidt, E./ Brüggemeier, G.	Zivilrechtlicher Grundkurs, 7. Aufl. 2006
Wertenbruch, J.	BGB – Allgemeiner Teil, 3. Aufl. 2014
Wieser, E.	Einführung in das Bürgerliche Recht mit allgemeinem Teil und Übung, 1982
Wolf, E.	Allgemeiner Teil des Bürgerlichen Rechts, 3. Aufl. 1982
Wolf, M./Neuner, J.	Allgemeiner Teil des Bürgerlichen Rechts, 10. Aufl. 2012
Wörlen, R.	BGB AT. Einführung in das Recht und Allgemeiner Teil des BGB, 13. Aufl. 2014

Teil I
Grundlegung

Kapitel 1
Zu Begriff und Funktionsweise des Zivilrechts

1. Begriffe

Das **Zivilrecht** (bürgerliches Recht) bildet einen Ausschnitt aus der Gesamtheit der in   **1**
einem politischen Gemeinwesen geltenden Rechtsnormen. Die Bezeichnung ist vom
antik-römischen *ius civile* (= das für die römischen Bürger geltende Recht) abgeleitet.
Im heutigen Gebrauch weist der Begriff darauf hin, dass es um diejenigen Rechtsnormen geht, welche die rechtlichen Positionen der „Bürger" in ihrem Verhältnis zueinander bestimmen.

Mit Zivilrecht konkurriert der Terminus Privatrecht (von *ius privatum*, im Gegensatz
zu *ius publicum* = öffentliches Recht), der teils synonym, teils als Oberbegriff verwendet wird.

Das Zivilrecht ist durch seine **Funktion** bestimmt: Es legt die rechtlichen Positionen   **2**
fest, in denen die in einer Gesellschaft zusammenlebenden Menschen einander gegenüberstehen. Da die Menschen in Gemeinschaft miteinander leben, geraten sie notwendig in gegenseitige Berührung. Der Kontakt bringt Interessenwiderstreit und
Konflikte hervor. Häufig entsteht dann die Frage, was eine Person der anderen gegenüber tun darf oder tun soll; was sie von der anderen verlangen kann; welches Lebens-
und Schadensrisiko sie im Verhältnis zu anderen trägt. Die Menschen treffen ferner
zum Ausgleich ihrer Interessen Vereinbarungen, über die wiederum Streit entstehen
kann. Sie organisieren sich in Gruppen, bei denen es innere Konflikte wie Streitigkeiten mit Außenstehenden gibt. Es geht dann darum zu bestimmen, **welche rechtlichen
Positionen die Beteiligten einander gegenüber innehaben**. Darüber entscheiden
die Normen des Zivilrechts: Sie weisen den Personen im Verhältnis zueinander Berechtigungen, Verpflichtungen und rechtliche Risiken zu.

2. Der zivilrechtliche Fall

Fall 1: Anton Wimmerl (W) sieht dem Sänger Bobo (B) sehr ähnlich, zumal wenn er seine   **3**
Designer-Sonnenbrille aufsetzt. Oft wird er auf der Straße angehalten und von Verehrern
Bobos begeistert begrüßt. W gewinnt Spaß an der Rolle, als Bobo aufzutreten. Als solcher
beruft er Pressekonferenzen ein und gibt Interviews zu allen möglichen Fragen der Kultur
und des gehobenen Lebensstils.

Bobo, dem dies zu Ohren kommt, ist davon nicht begeistert. Er möchte dem Wimmerl untersagen, als Bobo aufzutreten. Mit Recht?

Wir haben die Grundstruktur eines zivilrechtlichen Falles vor uns. Der Text ist leicht in zwei unterschiedliche Abschnitte aufzuteilen. Zunächst wird eine Geschichte erzählt, nämlich eine Abfolge von Tatsachen geschildert. Wir nennen eine solche Geschichtserzählung **Sachverhalt**. Sodann wird gefragt, ob sich aus dem Sachverhalt eine bestimmte rechtliche Konsequenz (Anspruch auf Unterlassung) ergibt. Gefragt wird nach einer **Rechtsfolge (Rechtswirkung)**. Ein guter Teil der juristischen Arbeit besteht darin zu untersuchen, **welche Rechtsfolgen sich aus einem Sachverhalt ergeben**.

4   Die Frage nach der Rechtsfolge wird erst dann akut, wenn zwischen den Beteiligten Streit entstanden ist. Wir nehmen also an: B fordert W auf, es zukünftig zu unterlassen, sich als B auszugeben. Fügt sich W diesem Begehren, so entsteht kein Rechtsproblem. Weigert sich W, darauf einzugehen, beharrt B jedoch auf seinem Verlangen, so entsteht der **Rechtskonflikt**: B behauptet zu seinen Gunsten eine Rechtsfolge, W verneint sie. Es muss dann entschieden werden, wer „Recht hat", dh ob die von B behauptete Rechtsfolge von Rechts wegen besteht.

Damit entstehen zwei Fragen: (1) Wer entscheidet den Streit? (2) Nach welchen Bewertungsmaßstäben wird der Streit entschieden?

5   **Zu (1):** Die Streitentscheidung muss durch eine möglichst unparteiische („neutrale") Person oder ein unparteiisches Gremium erfolgen. Denn die Streitbeteiligten haben ihre eigenen Interessen im Blickfeld und sind daher meist außer Stande, die Interessen des Gegners zutreffend zu würdigen. Es läge daher nahe, dass sie gemeinsam einen Schiedsrichter auswählen und sich dessen Entscheidung unterwerfen. Dabei ergeben sich jedoch Schwierigkeiten: Die Streitenden werden sich nur schwer auf die Person des Schiedsrichters einigen können. Selbst wenn diese Einigung zustande kommt, haben die Schiedsrichter als bloße Privatleute keine Hoheitsgewalt, um ihren Spruch durchzusetzen. Deshalb nimmt der Staat die **Gerichtsbarkeit** in die Hand. Er stellt die staatlichen Gerichte als streitentscheidende Einrichtung zur Verfügung. Die rechtsprechende Gewalt ist den unabhängigen Richtern (Art. 97 I GG) anvertraut und wird durch die Gerichte des Bundes und der Länder ausgeübt (Art. 92 GG).

Die Zivilprozessordnung lässt es freilich zu, dass die Parteien auf Grund eines Schiedsvertrages **Schiedsrichter an Stelle des staatlichen Richters** entscheiden lassen (§§ 1025 ff ZPO) und verleiht, wenn bestimmte Regeln eingehalten sind, dem Schiedsspruch unter den Parteien die Wirkung eines rechtskräftigen gerichtlichen Urteils (§ 1055 ZPO). Doch bleibt die Weitergabe richterlicher Entscheidungsmacht unter staatlicher Kontrolle (vgl § 1059 ZPO).

B wird sich also an das zuständige staatliche Gericht wenden und dort seine Rechtsfolgebehauptung geltend machen. Er wird beantragen: „Der Beklagte (W) wird verurteilt, es künftig zu unterlassen, als Bobo aufzutreten." W wird den Antrag stellen: „Die Klage wird abgewiesen." Es findet dann über die behauptete Rechtsfolge ein Prozess statt, in dem über ihr Bestehen „erkannt" wird (**Erkenntnisverfahren**).

6   **Zu (2):** Das angerufene Gericht hat folgendes zu überprüfen:

(a) Sind die im Sinne eines rechtsstaatlichen und zweckmäßigen Verfahrens angeordneten Prozessregeln eingehalten? Das ist eine Frage des **Verfahrensrechts (Prozessrechts)**.

(b) Welcher Sachverhalt (welche Summe von behaupteten Tatsachen) ist der Entscheidung als „wahr" zu Grunde zu legen? Das Verfahren der Tatsachenfeststellung ist gleichfalls im Prozessrecht geregelt.

(c) Ergibt sich aus dem vom Gericht als wahr angenommenen Sachverhalt die vom Kläger begehrte Rechtsfolge? Dies ist eine Frage des **materiellen Rechts**, von dem das Zivilrecht einen Ausschnitt bildet.

Bei der Streitentscheidung durch die Gerichte spielen demnach zwei Normenkomplexe eine Rolle: das **Verfahrensrecht** (hier: Zivilprozessrecht) und das **materielle Recht** (hier: Zivilrecht). Das Verfahrensrecht bestimmt nicht nur das Erkenntnisverfahren, sondern regelt auch die Art und Weise, wie ein auf Grund des Erkenntnisverfahrens ergangenes Urteil mit hoheitlichem Zwang durchgesetzt wird (**Vollstreckungsverfahren**, **Zwangsvollstreckung**).

3. Die Rechtsnorm als Entscheidungsprogramm

Angenommen nun, in **Fall 1** (Rn 3) sind die prozessrechtlichen Vorschriften beachtet; angenommen ferner, dass der geschilderte Sachverhalt zwischen des Parteien unstreitig ist und daher vom Gericht als wahr akzeptiert wird. Es entsteht dann die Frage, nach welchen Maßstäben der Streit beurteilt werden soll. **7**

Die Maßstäbe finden sich in den **Normen des Zivilrechts**. Die **Funktion** dieser Normen ist näher zu betrachten. Unschwer lässt sich feststellen, dass die Parteien des Rechtsstreits unterschiedliche Interessen verfolgen. B möchte seine persönliche Identität wahren, die durch die Verbindung von Name und Person gegeben ist: er möchte vermeiden, dass ein anderer sich sein Ansehen und seine Leistungen durch irreführenden Namensgebrauch zu Nutze macht; er möchte auch Minderungen seines Ansehens vorbeugen, die aus unbedachten Äußerungen und Handlungen des W entstehen könnten. W möchte sein – ihm nun einmal eigenes – Aussehen dazu nutzen, um auch einmal die Freuden des Prominentendaseins zu genießen und gesellschaftliche Bedeutung zu gewinnen. Die Entscheidung kann gar nicht anders fallen als auf Grund einer **Wertung der auseinander strebenden Interessen**. Zu diesem Zweck wird das Gericht nicht einfach nach Sympathie für die eine oder andere Partei entscheiden dürfen. Es muss vielmehr eine überparteiliche Wertungsebene aufsuchen, auf der die beiderseitigen Interessen vergleichbar und gegeneinander abwägbar werden.

Diese überparteiliche Wertung könnte das angerufene Gericht selbst vornehmen, indem es die Interessen von B und W analysiert und abwägt und auf dieser Grundlage schließlich entscheidet. Der Blick nur auf den Einzelfall hat freilich Nachteile: Es gibt viele Gerichte und unzählige Fälle, und es entsteht leicht die Gefahr, dass die einzelnen Konflikte nach unterschiedlichen Gerechtigkeitsvorstellungen entschieden werden. Es muss eine allgemeine Regel gebildet werden, die es ermöglicht, dass alle gleich gelagerten Fälle gleich entschieden werden. Eine solche Regel nennen wir **Rechtsnorm**. Durch sie wird eine bestimmte Bewertung der durch die Norm erfassten Fälle verbindlich. Die Zivilrechtsordnung bildet als Summe von Rechtsnormen ein System von verbindlich gemachten Interessenwertungen. **8**

9   Für die Entscheidung in **Fall 1** enthält § 12 die einschlägige Rechtsnorm. Sie lautet:

„Wird das Recht zum Gebrauch eines Namens dem Berechtigten von einem anderen bestritten oder wird das Interesse des Berechtigten dadurch verletzt, dass ein anderer unbefugt den gleichen Namen gebraucht, so kann der Berechtigte von dem anderen Beseitigung der Beeinträchtigung verlangen. Sind weitere Beeinträchtigungen zu besorgen, so kann er auf Unterlassung klagen."

Bei genauem Hinsehen beschäftigt sich die Norm mit *zwei verschiedenen Fallgruppen*, nämlich 1) der Namensbestreitung und 2) der unbefugten Namensführung, außerdem mit *zwei verschiedenen Rechtsfolgen*, nämlich a) dem Anspruch auf Beseitigung von Beeinträchtigungen (Satz 1) und b) dem Anspruch auf Unterlassung künftiger Beeinträchtigungen (Satz 2), der an eine zusätzliche Voraussetzung geknüpft ist. Wenn wir die Normteile herausfiltern, die unseren Fall betreffen – nämlich 2) und b) – so lässt sich die für unseren Fall maßgebliche Regel auf folgenden Satz reduzieren:

Wird das Recht zum Gebrauch eines Namens dadurch verletzt, dass ein anderer unbefugt den gleichen Namen gebraucht, und sind weitere Beeinträchtigungen zu besorgen, so kann der Berechtigte auf Unterlassung klagen.

10   Man wird bemerken, dass in § 12 von „Wertung" und „Interesse" nicht die Rede ist. Vielmehr weist das Gesetz rechtliche Befugnisse zu. Diesen Zuweisungen liegt jedoch die Wertung von Interessen zu Grunde. Das Namensrecht als Rechtseinrichtung ist das Resultat einer Interessenwertung, bei der die Interessen des Trägers eines Namens gegenüber den Interessen anderer abgegrenzt werden. Allgemein gesagt: Die Rechtsnormen machen **Interessenwertungen verbindlich**, indem sie anordnen, dass **unter bestimmten Voraussetzungen bestimmte Rechtfolgen** eintreten.

Unter **„Interesse"** verstehen wir in diesem Zusammenhang die subjektive Beziehung einer Person zu einem von ihr begehrten Gegenstand oder Zustand („ich habe ein Interesse daran, eine Sache zu benutzen, in Ruhe zu leben", etc). Grundlegend für den Rückbezug des Zivilrechts auf Interessen: *Jhering*, Geist des römischen Rechts, III §§ 60, 61; ferner die Vertreter der sog. Interessenjurisprudenz wie *Ph. Heck*, Gesetzesauslegung und Interessenjurisprudenz, AcP 112 (1914), 1. Der Terminus „Interesse" kommt auch als **Gesetzesbegriff** vor und hat dann unterschiedliche Bedeutungen. Im BGB steht „Interesse" vorwiegend als Bezeichnung des Umfangs von Schadenersatz („Vertrauensinteresse" – „Erfüllungsinteresse", Rn 595).

11   Die Rechtsnormen beziehen sich infolgedessen auf gedachte (vorausgesehene) Interessenkonflikte und versuchen für diese Konflikte eine verbindliche Entscheidung zu treffen. Die in der Rechtsnorm vorgenommene Wertung hat freilich nicht nur die Interessen der streitbeteiligten Personen (Individualinteressen) im Blickfeld. Die Personen, die in Streit miteinander geraten, leben nicht für sich allein, sondern in der eng verflochtenen, eine große Menschenzahl umfassenden Gesellschaft. Die Gesellschaft trägt kulturell, ökonomisch und politisch bestimmte Strukturen. Die Zivilrechtsnormen müssen so gestaltet sein, dass sie nicht nur einen bestmöglichen Ausgleich der Individualinteressen erstreben; vielmehr muss ihre Summe – zugleich mit der Summe der übrigen Rechtsnormen – ein **funktionierendes Ganzes** ergeben. Bei der Ausgestaltung der Zivilrechtsnormen sind daher auch die gesellschaftlichen Zusammenhänge und die öffentlichen Interessen zu berücksichtigen.

4. Zur Gesetzesanwendung: Subsumtion und Rechtsfindung

Die verbindliche Interessenwertung und ihre Umsetzung in Rechtswirkungen **12** (Rechtsfolgen) sind näher zu betrachten. Als Beispiel diene § 12. Die für unseren Fall 1 bedeutsamen Teile des Textes lauten, wie oben erläutert:

Wird das Recht zum Gebrauch eines Namens dadurch verletzt, dass ein anderer unbefugt den gleichen Namen gebraucht, und sind weitere Beeinträchtigungen zu besorgen, so kann der Berechtigte auf Unterlassung klagen.

In diesem Text kann man eine ähnliche Zweiteilung wie im Text des Falles 1 entdecken.

Der **Beispieltext** zerfällt in die Schilderung eines historischen Geschehens (Sachverhalt) einerseits („Anton Wimmerl sieht ...") und die Frage nach einer Rechtsfolge andererseits („Bobo möchte ...").

Auch der **Normtext** umschreibt in seinem ersten Teil ein Geschehen („Wird das Recht ...") und knüpft im zweiten Teil daran die Anordnung einer Rechtsfolge („... so kann der Berechtigte ...").

Den **Voraussetzungsteil einer Norm** nennen wir **Tatbestand**. Der Tatbestand enthält im Gegensatz zum Sachverhalt nicht die Beschreibung eines einmalig-historischen Geschehens, sondern ein in abstrakten Merkmalen erfasstes Geschehensprogramm, das in einer unbestimmten Vielzahl von Fällen erfüllt werden kann. Denn der Zweck der Norm ist nicht die Entscheidung bloß eines Einzelfalles, sondern einer unbestimmten Vielzahl gleich gelagerter Fälle.

Das Gericht hat folglich zu untersuchen, **ob der zur Entscheidung stehende Sach-** **13** **verhalt den Tatbestand der Norm erfüllt**, dh ob die abstrakt formulierten Geschehensmerkmale des Tatbestands sich im konkret-historischen Geschehen des Sachverhalts wieder finden. Es findet ein einfaches Schlussverfahren statt, etwa nach folgendem Vorbild:

Obersatz		Untersatz	Schlussfolgerung
Wer zur Kirche geht,	ist fromm.	Josef Maier geht oft zur Kirche.	Also ist Josef Maier fromm.

Auf unser Beispiel übertragen sieht das Schema wie folgt aus:

Obersatz		Untersatz	Schlussfolgerung
Wenn jemand das Recht zum Gebrauch eines Namens eines anderen dadurch verletzt, dass er unbefugt den gleichen Namen gebraucht, und wenn weitere Beeinträchtigungen zu besorgen sind,	dann kann der Berechtigte auf Unterlassung klagen.	W hat das Recht zum Gebrauch des Namens des B verletzt, indem er dessen Namen unbefugt benutzte, und es besteht Wiederholungsgefahr.	Also hat B gegen W Anspruch auf Unterlassung des unbefugten Namensgebrauchs.

Den **Obersatz** bildet die vorgefundene **Rechtsnorm** (hier § 12 BGB), die in Tatbestand (linke Spalte) und abstrakt angeordnete Rechtsfolge (rechte Spalte) zerfällt. **Untersatz** ist der **Lebenssachverhalt**, den der Richter zu beurteilen hat. Als **Schlussfolgerung** kann der Richter dann die **konkrete Rechtsfolge** ermitteln.

14 Das Schwierigste dabei ist die **Bildung des Untersatzes**, dh die Feststellung, ob sich die abstrakten Merkmale des Tatbestandes im konkreten Sachverhalt wieder finden. Zu diesem Zwecke muss *jede einzelne Tatbestandsvoraussetzung* auf ihre Verwirklichung im Sachverhalt untersucht werden.

In unserem Fall ist also genau zu prüfen:

1) Gebraucht W den Namen des B?
2) und zwar unbefugt?
3) Wird dadurch das Recht des B an diesem Namen verletzt?
4) Besteht Wiederholungsgefahr?

Wenn wir alle diese Fragen bejahen, dann tritt die von B gewünschte Rechtsfolge ein.

Ist der Untersatz gebildet, so steht das Ergebnis unausweichlich fest. Entweder der Sachverhalt erfüllt den Tatbestand, dann ist die Rechtsfolge zu bejahen. Oder der Sachverhalt erfüllt den Tatbestand nicht, dann ist die Rechtsfolge zu verneinen. Die Prüfung, ob sich in einem Sachverhalt die Elemente eines Normtatbestandes wieder finden, nennt man **Subsumtion**: Der Sachverhalt wird unter den Tatbestand subsumiert.

15 Über die Subsumtion sind einige **Fehlvorstellungen** im Umlauf:

(1) In der Subsumtion wird gelegentlich etwas Naiv-Simples gesehen, das mit Wissenschaft nichts zu tun hat. Das ist ein Missverständnis. Die Aufgabe der Streitbewältigung ist rational nur so möglich, dass der jeweilige Konflikt aus seiner Vereinzelung gelöst und im Zusammenhang mit vielen als möglich vorausgesehenen gleichen oder ähnlichen Konflikten bewertet wird. Aus solchen Wertungen werden allgemeine Regeln gebildet, nach denen der Einzelkonflikt entschieden wird. Die Fallentscheidung nach vorgegebenen Regeln ist ein Kernstück juristischer Arbeit und bildet keinen Gegensatz zur rechtswissenschaftlichen Forschung. Denn wissenschaftliche Aussagen sind den Rechtssätzen darin ähnlich, dass sie allgemein sind, dh sich auf eine unbestimmte Vielzahl von Sachverhalten beziehen. Auch in der Wissenschaft muss also der Blick zwischen den zu bewältigenden Einzelfällen und der Theoriebildung hin und her wandern. Auch hier muss also „subsumiert" werden, wenn die Tragweite einer theoretischen Aussage richtig eingeschätzt werden soll.

16 (2) Es besteht ferner die irrige Vorstellung, dass die juristische Tätigkeit allein in der Subsumtion bestehe und dass die Subsumtion ein der mathematischen Schlussfolgerung wesensgleicher Vorgang sei. Das Bild von der juristischen Tätigkeit sähe dann so aus: Im Rechtssatz, gewöhnlich also im Gesetz, ist dem Juristen eine klare und unzweifelhafte Prämisse vorgegeben. Die Subsumtion ist eine bloße Angelegenheit der Logik. Es kann daher nur *eine* richtige Lösung geben, die durch bloße Anwendung der Denkgesetze erreicht wird. Dem ist aber nicht so.

17 **Fall 2:** Anton (A) und Berta (B) haben sich die Ehe versprochen und wollen bald heiraten. Die Eltern der B haben für die beiden eine Kreuzfahrt auf dem Mittelmeer als Hochzeitsgeschenk gebucht. Kurz vor der Hochzeit erfährt A, B habe sich, bevor sie ihn kennen lernte, mit einer großen Zahl von Männern eingelassen und es „ganz toll getrieben". A schreibt B, er müsse zu seinem Bedauern von der Eheschließung Abstand nehmen.

B's Eltern erwachsen Unkosten von 200 €, weil das Reisebüro vertragsgemäß bei kurzfristiger Absage der Reise einen gewissen Prozentsatz der Reisekosten als Ausfallentschädigung verlangt (vgl § 651i II 2, 3).
B's Eltern verlangen von A Zahlung von 200 €.

Es wird eine Rechtsfolge behauptet (Anspruch der Eltern gegen A). Also werden wir einen Rechtssatz suchen, aus dem sich die Rechtsfolge ergibt. Einschlägig ist § 1298 I 1. Danach hat ein Verlobter, der vom Verlöbnis zurücktritt, gewissen Personen (ua den Eltern des anderen Verlobten) den Schaden zu ersetzen, der ihnen dadurch entstanden ist, dass sie in Erwartung der Ehe Aufwendungen gemacht haben oder Verbindlichkeiten eingegangen sind. Nach § 1298 III besteht die Ersatzpflicht nicht, wenn ein wichtiger Grund für den Rücktritt vorliegt. Der Sachverhalt ist unter den Normtatbestand zu subsumieren. Es ist also zu prüfen, ob die einzelnen Tatbestandselemente im Sachverhalt wiederzufinden sind.

Tatbestand	Sachverhalt
1. Es hat ein Verlöbnis bestanden.	A und B haben sich die Ehe versprochen.
2. Ein Verlobter ist vom Verlöbnis zurückgetreten.	A erklärt B, dass er sie nicht heiraten werde.
3. Gewisse Personen (hier: Eltern des anderen Verlobten) haben Aufwendungen gemacht oder sind Verbindlichkeiten eingegangen.	Die Eltern der B haben eine Schiffsreise gebucht und sich zur Zahlung verpflichtet.
4. Dies geschah in Erwartung der Ehe.	Die Schiffsreise sollte als Hochzeitsgeschenk dienen.
5. Aus dem Rücktritt ist ein Schaden entstanden.	Die Eltern haben nutzlos 200 € bezahlt.
6. Es liegt kein wichtiger Grund für den Rücktritt vor.	?

Beim zuletzt genannten Tatbestandselement stockt die bis dahin flüssige Subsumtion. **18** Denn die Frage, ob für A ein wichtiger Grund zum Rücktritt vom Verlöbnis vorlag, ist nicht einfach zu beurteilen. Es lassen sich Argumente dafür und dagegen vorbringen. Letztlich geht es um Grundanschauungen über Moral und über die Stellung der Frau in Ehe und Gesellschaft. Man kann den wichtigen Grund bejahen oder auch verneinen.

Einerseits könnte man sagen: Das Leben der B vor der Verlobung geht A nichts an, zu jener Zeit war sie „frei". Auch musste B ihm bei der Verlobung darüber nichts sagen. A muss es genügen, wenn sich B seit der Verlobung der eingegangenen Bindung gemäß verhält.

Andererseits könnte man meinen: Der Umgang seiner Braut mit Männern vor der Verlobungszeit gibt A einen wichtigen Rücktrittsgrund, wenn darin eine erotische Labilität sichtbar wird, die auch für die geplante Ehe nichts Gutes verheißt. B hätte A über ihr Vorleben aufklären müssen. Ihr Schweigen über ihr Vorleben gibt A hinreichenden Anlass, von der geplanten Eheschließung Abstand zu nehmen.

Die Gründe pro und contra lassen sich weiter ausfalten.

Wir sehen daraus: Der Normtatbestand des § 1298 enthält die Konfliktlösung für unseren Fall nur unvollständig. Die Prämisse wird in einem ganz entscheidenden Punkt unscharf. Denn was ein wichtiger Grund ist und was nicht, kann den Worten „wichtiger Grund" selbst nicht entnommen werden, sondern ergibt sich aus *Anschauungen außerhalb des Gesetzestextes*.

19 Was man **Gesetzesanwendung** nennt, besteht also nicht nur aus der Subsumtion der Sachverhalte unter das Gesetz, sondern auch in der Mitwirkung des Gesetzesanwenders an der Rechtssatzbildung selbst. Das streitentscheidende Gericht richtet die Prämisse zu *(Josef Esser)*, es konturiert die Rechtsnorm, um ihr *dann* den zur Entscheidung stehenden Sachverhalt zu unterwerfen. **„Gesetzesanwendung" ist somit zugleich Teilnahme an der Rechtsnormenbildung.**

Gesetz und Rechtsnorm sind folglich **nicht dasselbe**. In unserer Rechtskultur werden die Rechtsnormen zwar in erster Linie durch die Gesetzgebung festgelegt. Aber erst in der Anwendung durch die Gerichte erhalten sie ihre deutlichere Gestalt. Gesetzesanwendung ist demzufolge keine bloße Schlussfolgerung, sondern darüber hinaus Ausbildung von Wertungen, die das Gesetz präzisieren. Da man aber mit unterschiedlichen Gründen unterschiedlich werten kann, gibt es für einen Konflikt fast nie nur *eine* richtige Lösung, soweit das Gesetz für unterschiedliche Ausdeutungen Raum lässt.

5. Das Vertragsrecht

20 Zum Verständnis des Zivilrechts ist ein weiterer Aspekt grundlegend. Es sind nicht nur Gesetz und richterliche Rechtsfindung, aus denen die Lösung von Streitigkeiten hergeleitet werden kann. Häufig haben vielmehr die beteiligten Personen miteinander vorher verabredet, was zwischen ihnen in Bezug auf einen Lebenssachverhalt gelten soll. Eine Vereinbarung, an welche die Beteiligten rechtlich gebunden sein wollen, nennen wir **Vertrag**. Die Parteien wollen, dass das Vereinbarte für beide Seiten verbindlich ist und notfalls auch mit Hilfe der Gerichte durchgesetzt werden kann. Dass man **an geschlossene Verträge grundsätzlich gebunden** ist, entspricht alter und unangefochtener Rechtsüberzeugung (pacta sunt servanda). Man könnte daher meinen – und manche Rechtstheorien meinen es –, der Vertrag stelle neben Gesetz und richterlicher Normenbildung eine eigenständige Rechtsquelle dar.

Beispiel: Jemand vermietet einem anderen eine Maschine, dh die Parteien kommen überein, dass der eine Vertragspartner dem anderen den Gebrauch der Maschine überlassen und dass der andere dafür einen bestimmten Preis zahlen soll. Wir können sagen: *Aus dem Mietvertrag ist der Vermieter dem Mieter zur Überlassung des Gebrauchs an der Mietsache verpflichtet.* Der Vertrag erscheint als die maßgebliche Rechtsnorm, etwa für den Konfliktsfall, dass der Vermieter die Übergabe der vermieteten Sache verweigert.

Man muss allerdings bedenken, dass auf dem Feld des Zivilrechts auch die vertraglichen Regelungen ihre gerichtliche Durchsetzbarkeit letztlich auf die Autorität der staatlichen Rechtsgemeinschaft stützen. Das staatliche Recht legt durch Gesetz und Richterspruch fest, unter welchen Voraussetzungen und in welchen Grenzen das vertraglich Versprochene einklagbar und mit hoheitlichen Mitteln erzwingbar ist. Dabei herrscht unter der Geltung des Grundgesetzes (Art. 2 I GG) das **Prinzip der Vertragsfreiheit**: Grundsätzlich hat das vertraglich frei Vereinbarte auch zivilrechtliche Geltung. Doch setzt das staatliche Recht der Vertragsfreiheit zugleich Schranken (Rn 241). Der Vertrag ist also Rechtsquelle im Kontext mit dem staatlichen Recht, das über seine Geltung und Durchsetzbarkeit letztlich bestimmt.

Sofern die Rechtsordnung einem Vertrag nicht ausnahmsweise die Geltung versagt, **21** kommt folglich dem **Vertragstext** die Funktion einer für das konkrete Rechtsverhältnis maßgeblichen **Entscheidungsprämisse** zu. Die Subsumtionstechnik spielt also auch hier eine Rolle. Auch sind vertragliche Bestimmungen nicht anders als gesetzliche der Auslegung fähig und bedürftig.

> **Zur Technik der Fallentscheidung:** Da Verträge im Prinzip rechtsverbindlich sind, ist bei Rechtsstreitigkeiten zunächst zu fragen, ob sich die von einer Partei geltend gemachte Rechtswirkung **aus einem Vertrag** (oder einem sonstigen Rechtsgeschäft) ergibt. Das Gericht hat zu prüfen:
>
> (a) Ergibt sich die behauptete Rechtsfolge aus einem (behaupteten) Vertragsverhältnis zwischen den Parteien (dessen Gültigkeit unterstellt)?
>
> (b) Wenn ja: Sind die gesetzlichen Regeln über das Zustandekommen wirksamer Verträge im konkreten Fall erfüllt?
>
> (c) Versagt die Rechtsordnung dem Vertrag aus besonderen Gründen die Wirksamkeit (zB mangelnde Geschäftsfähigkeit eines Vertragspartners, §§ 104 ff; Gesetzwidrigkeit des Geschäfts, § 134; Sittenwidrigkeit des Geschäfts, § 138; mangelnde Form, § 125, etc)?
>
> Wenn (a) und (b) vorliegen und (c) zu verneinen ist, ist die geltend gemachte Rechtsfolge gegeben.

6. Übersicht

Im Überblick können wir die **Rechtswirkungen** wie folgt **einteilen**: **22**

Rechtswirkungen (Rechtsfolgen)		
1. auf Grund Rechtsgeschäfts (insbesondere Vertrags)	2. unmittelbar auf Grund Gesetzes (ohne Rücksicht auf ein Rechtsgeschäft)	3. auf Grund richterlicher Prämisse (= Rechtssatz, der keine Festlegung im Gesetz gefunden hat)

Bei den **Rechtswirkungen aufgrund Rechtsgeschäfts** ist eine Unterscheidung hinzuzufügen.

– Es treten *erstens* diejenigen Rechtsfolgen ein, die von den Parteien des Geschäfts gemäß ihren Erklärungen **gewollt** sind (zB beim Mietvertrag: Verpflichtung zur Gewährung des Gebrauchs der vermieteten Sache, Verpflichtung zur Zahlung des bedungenen Mietzinses, erläutert in § 535).

– *Zweitens* aber knüpft die Rechtsordnung an die Vornahme von Rechtsgeschäften weitere Rechtswirkungen, **die auch dann eintreten, wenn sie von den Erklärungen der Parteien nicht umfasst** waren (zB Vorschriften über Kündigungsfristen bei der Miete, §§ 573c, 580a).

Bei den zuletzt genannten Rechtsfolgen, die das Gesetz den von den Parteien gewollten Rechtswirkungen hinzufügt, handelt es sich zumeist um die Regelung von Konflikten, an welche die Parteien bei Vornahme des Rechtsgeschäfts gar nicht zu denken pflegen, oder um Schutzvorschriften zu Gunsten des einen oder des anderen Vertragspartners. Je nach ihrem Zweck können die gesetzlichen Regelungen über Vertragsverhältnisse entweder **zwingend** sein oder **nachgiebig**, dh durch Parteivereinbarung veränderbar sein (dazu Rn 49 ff).

In der Übersicht ergibt sich folgende Einteilung:

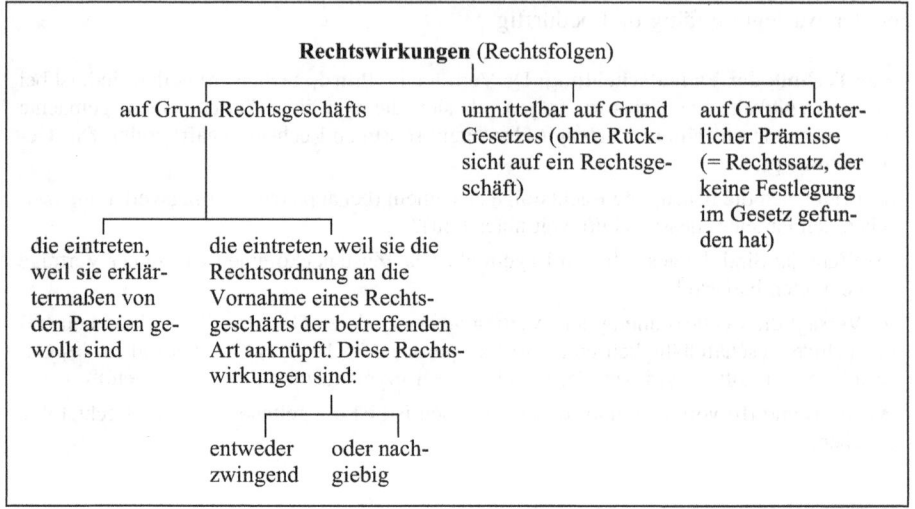

Kapitel 2
Die gesetzlichen Quellen

1. Überblick

23 In den Rechtsordnungen des europäischen Festlands sind die Zivilrechtsnormen in erster Linie durch Gesetze festgelegt, dh durch Vorschriften, die von den verfassungsmäßigen Gesetzgebungsorganen in einem vorgeschriebenen Gesetzgebungsverfahren erlassen sind. Die Zivilgesetze weisen zum Teil ein erhebliches Alter auf. Infolge Art. 123 I GG, wonach Recht aus der Zeit vor Zusammentritt des Bundestages fortgilt, soweit es dem GG nicht widerspricht, ist bei uns älteres Zivilrecht in weitem Umfang in Kraft geblieben.

24 Das systematisch auch heute noch bedeutendste zivilrechtliche Gesetz ist das **Bürgerliche Gesetzbuch** vom 18.8.1896, das am 1.1.1900 in Kraft getreten ist. Das BGB bildet eine späte Verwirklichung der in der Aufklärung zur Herrschaft gelangten Kodifikationsidee. Diese ist von der Vorstellung bestimmt, dass man das gesamte Recht oder ein großes Regelungsgebiet in einem Gesetzbuch vollständig und widerspruchsfrei zusammenfassen könne. Ein solcher Plan setzt ein stimmiges, nach Abstraktionsgraden gestuftes Begriffssystem voraus, wie es die europäische Rechtswissenschaft auf der Grundlage des römischen Rechts entwickelt hat. Das BGB verdankt seine rechtstechnische Höhe insbesondere der Wissenschaft vom römischen Recht im 19. Jahrhundert (Pandektistik). Bedeutende Zivilrechtskodifikationen sind ferner:

Allgemeines Landrecht für die preußischen Staaten von 1794 (ALR; nicht auf das Zivilrecht beschränkt!);

Code civil von 1804 (dieses Gesetzbuch hat infolge der französischen Revolutionskriege und der napoleonischen Eroberungen auch in Teilen Deutschlands gegolten);

Allgemeines Bürgerliches Gesetzbuch für die Erbländer der österreichischen Monarchie von 1811 (ABGB);

Schweizerisches Zivilgesetzbuch von 1907 (ZGB); Schweizerisches Obligationenrecht von 1911 (OR).

Das **BGB** enthält die Regelung der persönlichen und wirtschaftlichen Rechtsbeziehungen unter Privatpersonen einschließlich der familiären Rechtsverhältnisse und der Erbfolge. Gleichwohl bietet es **keine vollständige Kodifikation des Zivilrechts**. Von vornherein sind gewisse Rechtsmaterien außerhalb des BGB verblieben und durch besondere Gesetze geregelt worden. Im Laufe der Zeit wurden weitere Materien des Privatrechts in besonderen Gesetzen normiert. Das BGB bildet gleichwohl die Grundlage für das gesamte Zivilrecht; die weiteren Zivilrechtsgesetze bauen auf seinen Begriffen und Regeln auf. **25**

Von den **außerhalb des BGB geregelten Materien** sind die folgenden hervorzuheben: **26**

(1) Das **Handelsrecht** bildet das Sonderrecht der Kaufleute und schließt das Recht der Handelsgesellschaften ein.

Für das Handelsrecht gab es bereits vor In-Kraft-Treten des BGB ein in den meisten deutschen Ländern eingeführtes Gesetzbuch, nämlich das Allgemeine Deutsche Handelsgesetzbuch (ADHGB) von 1861. Infolgedessen bedurfte das Handelsrecht keiner grundlegend neuen Kodifikation. Vielmehr wurde es durch das in großen Teilen heute noch gültige Handelsgesetzbuch (HGB) vom 10.5.1897 dem BGB angepasst und trat mit diesem in Kraft. Im HGB war ursprünglich auch das Recht der Aktiengesellschaften geregelt; dieses wurde später jedoch Gegenstand eines besonderen Gesetzes (Aktiengesetz). Von vornherein blieb das Recht der Gesellschaften mit beschränkter Haftung (GmbH-Gesetz vom 20.4.1892) und der Erwerbs- und Wirtschaftsgenossenschaften (Genossenschaftsgesetz vom 1.5.1889) besonderen Gesetzen vorbehalten.

Beim Handelsrecht darf der *Zusammenhang mit dem BGB* nicht vernachlässigt werden, auf das es Bezug nimmt. So können zB die Vorschriften über den Handelskauf (§§ 373 ff HGB) nicht ohne die Kaufvertragsregeln des BGB (§§ 433 ff BGB) verstanden und angewendet werden. Das Handelsrecht bildet gegenüber den Regeln des BGB ein Sonderrecht und geht ihnen vor. Denn das jeweils speziellere, dh den Lebenssachverhalt konkreter erfassende Gesetz geht dem allgemeineren im Range vor *(lex specialis derogat legi generali)*. Das HGB bringt Abweichungen vom BGB nur dort, wo dies im Hinblick auf die besonderen Bedürfnisse des Handelsverkehrs nötig ist. Soweit also nicht eine besondere Vorschrift des HGB die Regeln des BGB verdrängt, bleiben diese auch im Bereich des Handelsrechts maßgebend.

27 (2) Außerhalb des BGB geregelt ist der größte Teil des Rechts der **Wertpapiere**. Wertpapiere im weiten Sinne sind schriftliche Verkörperungen eines Rechts, deren Besitz zur Ausübung des Rechts notwendig ist. Außer den Regelungen des BGB (§§ 793 ff) und HGB sind vor allem das Wechselgesetz vom 21.6.1933 und das Scheckgesetz vom 14.8.1933 von Bedeutung.

(3) Außerhalb des BGB hat sich der gesamte Bereich des **Urheber- und Verlagsrechts**, des **Erfinderrechts**, des Rechts der **Gebrauchs- und Geschmacksmuster** und des **Markenrechts** entwickelt. Für die genannten Gebiete bestehen jeweils besondere Gesetze (siehe Rn 290).

28 (4) Die Ordnung des **wirtschaftlichen Wettbewerbs** hat insbesondere im Gesetz gegen den unlauteren Wettbewerb (UWG, neu gefasst 3.3.2010) und in dem Gesetz gegen Wettbewerbsbeschränkungen (GWB, neu gefasst 26.6.2013) eine gesonderte Regelung gefunden.

Der Überblick über die unter (1) bis (4) genannten Materien ergibt, dass ein erheblicher Teil des mit wirtschaftlichen Vorgängen befassten Rechts außerhalb des BGB geregelt ist. Unter der Bezeichnung **„Wirtschaftsrecht"**, die je nach Einbeziehung des einschlägigen öffentlichen Rechts unterschiedlich weit verstanden wird, verselbstständigt sich das Privatrecht der Wirtschaftsunternehmen zu einer Sonderdisziplin.

29 (5) Das **Recht der Dienstverhältnisse** hatte im BGB eine unzeitgemäße Vernachlässigung erfahren (§§ 611–630). Aber selbst wenn das BGB eine umfassende Regelung versucht hätte, wäre wohl die weitere Entwicklung dieses Regelungsgebiets außerhalb des BGB erfolgt. Denn das **Arbeitsrecht** als das Sonderrecht der fremdbestimmte Arbeit leistenden Personen hat eine so rasche, mit dem öffentlichen Recht verzahnte Entfaltung erfahren, dass das BGB alsbald überholt gewesen wäre. Das Arbeitsrecht ist ein besonders wichtiges Spezialgebiet, das aber seine zivilrechtliche Grundlage in den Vorschriften des BGB über den Dienstvertrag (§§ 611 ff) findet.

30 (6) Das **Verbraucherschutzrecht** hatte sich als besondere Materie zunächst im Wesentlichen außerhalb des BGB entwickelt.

Die ersten Vorschriften waren in dem „Gesetz betreffend die Abzahlungsgeschäfte" vom 16.5.1894 enthalten, das im Laufe der Zeit wiederholt ausgeweitet wurde und schließlich im Verbraucherkreditgesetz vom 17.12.1990 aufgegangen ist. Seit dem letzten Drittel des 20. Jahrhunderts sind – auch unter dem Einfluss von Vorgaben der Europäischen Union – weitere Spezialgesetze hinzugekommen..

Das **Gesetz zur Modernisierung des Schuldrechts** vom 26.11.2001 hat das vertragliche Verbraucherschutzrecht in großem Umfang aus den Spezialgesetzen in das BGB transferiert (vgl §§ 312–312h; 355–361; 474–479; 491–512). Maßgebend dafür ist die Auffassung, dass das Verbraucherschutzrecht ein Grundelement der Zivilrechtsordnung bildet.

Außerhalb des BGB befinden sich weiterhin die besonderen Gesetze über die Gefährdungshaftung, zu denen in unserem Zusammenhang besonders das Produkthaftungsgesetz gehört (siehe Rn 394).

(7) Es gibt **weitere zivilrechtliche Vorschriften**, die aus gesetzestechnischen Grün-   **31**
den außerhalb des BGB verblieben sind, so das Wohnungseigentumsgesetz vom
15.3.1951 und die Verordnung über das Erbbaurecht vom 15.1.1919 (jetzt Erbbaurechtsgesetz benannt). Eine Sonderregelung hat das **Privatversicherungsrecht**, dh
das Recht der auf zivilrechtlichem Vertrag beruhenden Versicherungen gefunden
(Gesetz über den Versicherungsvertrag vom 30.5.1908; Neufassung durch Gesetz v.
23.11.2007).

2. Zivilrecht und deutsche Einigung

Auf der Grundlage des Vertrages zwischen der Bundesrepublik Deutschland und der   **32**
Deutschen Demokratischen Republik vom 31.8.1990 wurde die staatliche Einheit
Deutschlands durch Beitritt gemäß Art. 23 GG mit Wirkung zum 3.10.1990 hergestellt (Gesetz zum Einigungsvertrag BGBl. 1990 II 885). Die staatliche Einheit hatte
grundsätzlich auch die Einheit der Rechtsordnung zur Folge.

Die DDR hatte ihrem politischen Grundverständnis entsprechend ein staatssozialistisches Zivilrecht geschaffen, das sich vom Privatrecht der Bundesrepublik weithin unterschied. Das **Zivilgesetzbuch der DDR** vom 19.6.1975 war schon in Begriff und Funktion anders verstanden
als das BGB: „Das Zivilrecht gestaltet die verfassungsmäßig garantierten Grundrechte und
Grundpflichten der Bürger weiter aus. Es regelt Beziehungen, die von den Bürgern zur Befriedigung ihrer materiellen und kulturellen Bedürfnisse mit Betrieben sowie untereinander eingegangen werden. Es schützt das sozialistische Eigentum, die Persönlichkeit und das persönliche
Eigentum der Bürger" (§ 1 II). Das Zivilrecht war infolgedessen auch zum Schutz des so genannten Volkseigentums (§ 18) eingesetzt. Es erfuhr eine vorwiegend politisch-instrumentale
Bestimmung. Die Verschiedenheit im Grundbegriff schließt nicht aus, dass sich im ZGB zu
Einzelfragen ähnliche Problemlösungen finden wie im BGB. Ähnliches gilt für das Familienrecht der DDR, das im Familiengesetzbuch vom 20.12.1965 eine gesonderte Kodifikation erhalten hatte (zuletzt noch geändert durch Gesetz vom 20.7.1990).

Gemäß Art. 8 des Einigungsvertrages (BGBl. 1990 II 885 ff) sind das Bundesrecht,   **33**
mithin auch das **BGB** und seine Nebengesetze, am 3.10.1990 **grundsätzlich auch im
Gebiet der ehemaligen DDR in Kraft** getreten. Damit hat sich für die Bewohner der
ehemaligen DDR ein erheblicher **Eingriff in das bestehende Rechtsgefüge** ergeben,
der die Änderung der politischen, sozialen und wirtschaftlichen Verhältnisse begleite-
te. Für die Schöpfer des Einigungsvertrags ergab sich das Problem, ob die Geltung
des Bundesrechts in den Beitrittsgebieten auf diejenigen Rechtsverhältnisse zu beschränken war, die seit 3.10.1990 neu entstehen, oder ob auch schon vorher geschaffene Rechtsbeziehungen davon erfasst sein sollten. Die gefundene Lösung geht den
Weg eines Kompromisses: Für Rechtsverhältnisse, die vor dem 3.10.1990 entstanden
sind, blieb zwar grundsätzlich das bisherige Recht (der ehemaligen DDR) maßgebend
(zB Schuldverhältnisse, Art. 232 § 1 EGBGB); doch galt ab dem Einigungsstichtag
auch für solche Rechtsverhältnisse das Bundesrecht, die auf längere Dauer angelegt
waren – man wollte ein lang dauerndes Nebeneinander zweier Rechtsordnungen vermeiden.

3. Deutsches Zivilrecht und europäisches Privatrecht

34 Im letzten Drittel des 20. Jahrhunderts hat die Entwicklung zu einem gemeinsamen europäischen Privatrecht eingesetzt, welche die Besonderheiten der nationalen Zivilrechtssysteme schrittweise an Bedeutung zurücktreten lässt. Das europäische Privatrecht wirkt derzeit auf mehrfache Weise auf das deutsche Zivilrecht ein:

– Zum einen betätigt die **Europäische Union** ihre Kompetenzen, auf bestimmten Problemfeldern verbindliche Vorgaben (Verordnungen, Richtlinien) für die nationalen Gesetzgebungen der Mitgliedsländer zu erlassen, in weit ausgreifendem Umfang.

– Mit dem **Europäischen Gerichtshof** ist eine Instanz geschaffen, die das gemeinsame Recht interpretiert und näher ausgestaltet.

– Schließlich ist eine **europäisch ausgerichtete Privatrechtswissenschaft** mit dem Ziel entstanden, die gemeinsamen Grundlagen, Rechtsinstitute und Rechtsregeln der europäischen Privatrechtssysteme herauszuarbeiten und für die künftige Rechtseinheit den wissenschaftlichen Boden zu bereiten.

35 Eine besondere Dynamik geht von verbindlichen Vorgaben der Europäischen Union aus, die auch vom deutschen Gesetzgeber in nationales Recht umgesetzt werden müssen. Meist finden sich die Vorgaben in **Richtlinien**, welche die Europäische Gemeinschaft in einem näher festgelegten Verfahren erlässt und die gemeinsame Ziele und Standards für die Regelung bestimmter Problemfelder festlegen. Dabei ist zu beachten, dass die Organe der Europäischen Union keine generelle Gestaltungsmacht auf dem Gebiet des Privatrechts besitzen, sondern nur unter „funktionalen Kriterien" zuständig sind (zB nach Art. 115 EU-Vertrag: Der Rat kann Richtlinien für die Angleichung derjenigen Rechtsvorschriften der Mitgliedstaaten erlassen, die sich unmittelbar auf die Errichtung oder das Funktionieren des Binnenmarktes auswirken). Doch wird von den eingeschränkten Kompetenzen ein weiter Gebrauch gemacht. Die Richtlinien haben insbesondere zum Ziel, die europäischen Grundfreiheiten zu verwirklichen sowie Hindernisse für den grenzüberschreitenden Verkehr im europäischen Binnenmarkt und Beeinträchtigungen des freien Wettbewerbs zu beseitigen. In diesem Zusammenhang steht das Bemühen, die Regeln des Verbraucherschutzes möglichst einheitlich festzulegen.

Als Beispiele seien genannt: Richtlinie 97/7/EG über den Verbraucherschutz bei Vertragsabschlüssen im Fernabsatz; Richtlinie 1999/44/EG zu bestimmten Aspekten des Verbrauchsgüterkaufs und der Garantien für Verbrauchsgüter (umgesetzt durch das Schuldrechtsmodernisierungsgesetz zum 1.1.2002). Besondere Bedeutung für das deutsche Privatrecht hat ferner die Umsetzung der Antidiskriminierungsrichtlinien (2000/43/EG; 2000/78/EG; 2002/73/EG; 2004/113/EG) durch das Allgemeine Gleichbehandlungsgesetz (AGG) vom 14.8.2006 (Rn 86, 561a). Die Umsetzung der Richtlinien in nationales Recht bewirkt, dass sich die Privatrechtsordnungen der EU-Staaten zunehmend einander angleichen. Sie bedeutet zugleich einen Reformschub für die nationalen Zivilrechte.

36 Vielfach wird eine einheitliche **europäische Zivilrechtskodifikation** gefordert, von der wir allerdings noch ein gutes Stück entfernt sind. Die nationalen Rechte unterscheiden sich nicht nur durch die Inhalte einzelner Regelungen, sondern durch ihre Systeme und durch die Sprache. Es müssten also ein gemeinsames System und eine wenigstens in Grundbegriffen übereinstimmende Rechtssprache gefunden werden.

Diese Arbeit kann nur von der europäischen Rechtswissenschaft geleistet werden, die seit geraumer Zeit Anstrengungen zur Ausbildung eines gemeinsamen europäischen Privatrechts unternimmt. So hat eine Kommission für Europäisches Vertragsrecht („Lando-Kommission") einen Entwurf über „Prinzipien des europäischen Vertragsrechts" ausgearbeitet, der allerdings noch kein geltendes Recht darstellt. Die deutschen Juristen werden noch geraume Zeit mit dem BGB arbeiten, das allerdings im Begriffe ist, mehr und mehr nach europäischen Vorgaben umgestaltet zu werden.

Rechtsquellen: *St. Grundmann/K. Riesenhuber*, Textsammlung Europäisches Privatrecht, 2. Aufl. 2012; *R. Schulze/R. Zimmermann* (Hg.), Basistexte zum Europäischen Privatrecht, 4. Aufl. 2012.

Literatur: *G. Alpa/M. Andenas*, Grundlagen des Europäischen Privatrechts, 2009; *Chr. v. Bar*, Gemeineuropäisches Deliktsrecht, Die Kernbereiche des Deliktsrechts, seine Angleichung in Europa und seine Einbettung in die Gesamtrechtsordnungen, Bd. 1, 1996; Bd. 2, 1999; *Chr. v. Bar*, Gemeineuropäisches Sachenrecht, Bd.1, 2015; *Chr. v. Bar./R. Zimmermann/O. Lando*, Grundregeln des Europäischen Vertragsrechts, Teile I-III, 2002–2005; *B. Heiderhoff*, Europäisches Privatrecht, 4. Aufl. 2016; *H. Kötz*, Europäisches Vertragsrecht, 2. Aufl. 2015; *K. Riesenhuber*, EU-Vertragsrecht, 2013; *R. Zimmermann*, (Hg.), Grundstrukturen des Europäischen Deliktsrechts. 2003; *P. Hommelhoff*, Zivilrecht unter dem Einfluss der europäischen Rechtsangleichung, AcP 192, 71; *H. Roth*, EG-Richtlinien und Bürgerliches Recht, JZ 1999, 529; *A.-Chr. Mittwoch*, Die Vereinheitlichung des Privatrechts in Europa – auf dem Weg zu einem Europäischen Zivilgesetzbuch?, JuS 2010, 767; *R. Rebhahn*, Zivilrecht und Europäische Menschenrechtskonvention, AcP 210, 489: *P. A. Windel*, Die Bedeutung der Europäischen Menschenrechtskonvention für das Privatrecht, JR 2011, 323.

Zeitschrift: Zeitschrift für Europäisches Privatrecht, seit 1993.

4. Die Abstraktheit des BGB

Die Vorschriften des BGB weisen eine auffällige Abstraktheit auf, die es dem Juristen schwer, dem Laien oft unmöglich macht, den Gesetzestext zu verstehen. Dabei ist zu bedenken: Jedes Gesetz muss allgemein gehalten sein, da es typischerweise nicht für einen Fall, sondern für eine Vielzahl gleicher Fälle gelten will. Jedoch gibt es verschiedene Grade der Abstraktion. **37**

Nehmen wir zB den **Mietvertrag**, den ein Student mit dem Eigentümer eines privaten Studentenheims über die Miete eines möblierten Zimmers schließt. Die gesetzliche Regelung eines Mietvertrags (§ 535) kann relativ konkret oder relativ abstrakt erfolgen. Denkbar wäre, dass das Gesetz

– speziell die Miete von möblierten Zimmern in Wohnheimen
– oder allgemeiner: die Miete von möblierten Wohnräumen
– oder allgemeiner: die Miete von Wohnräumen
– oder allgemeiner: die Miete von Räumen
– oder allgemeiner: die Miete von Sachen (= körperlichen Gegenständen, § 90)
– oder allgemeiner: die Miete von beliebigen Gegenständen regelt.

Wofür sich der Gesetzgeber entscheidet, ist eine Frage der Zweckmäßigkeit. Regelt er die Verhältnisse konkret, so wird das Gesetz umfangreich; es wird viele Wiederholungen geben. So werden die Rechtsprobleme für die Miete von möblierten Wohn- **38** heimzimmern und anderen möblierten Zimmern fast dieselben sein. Die Miete von möblierten und unmöblierten Wohnräumen wird vielfach die gleichen Rechtsfragen aufwerfen. Wählt das Gesetz die allgemeinste Regelung, so wird das Gesetz zwar kurz; aber die abstrakten Begriffe verdecken die Vielgestaltigkeit der normierten Realität und vernachlässigen deren spezifische Eigenarten und Probleme. Die Normen über die „Miete von Sachen" betreffen dann die Wohnraummiete ebenso wie die Miete von Geschäftsräumen und in gleicher Weise die Miete von Automobilen, Produktionsmaschinen und Büchern. Gegenüber den realen Lebensverhältnissen werden die gesetzlichen Vorschriften auf diese Weise blass. Die Schöpfer des BGB neigten einer möglichst abstrakten Fassung der Normen zu. So wurde zum Beispiel das Mietrecht allgemein für die **Miete von Sachen** geregelt, während die Besonderheiten einzelner Mietgegenstände an verschiedenen Stellen durch besondere Vorschriften berücksichtigt wurden.

39 Insgesamt ergibt sich folgender Aufbau:

– Voran stehen *allgemeine Regelungen für Mietverträge über Sachen* (§§ 535–548), die gelten, sofern die folgenden Spezialvorschriften in Bezug auf bestimmte Mietgegenstände keine anderweitige Anordnung treffen.
– Ausführlich ist dann das Recht der *Miete von Wohnräumen* geregelt (§§ 549–577a). Innerhalb dieser Vorschriften wird dann aber bei einzelnen Rechtsfragen weiter differenziert (zB in § 549 II, III: Miete von Wohnraum zu vorübergehendem Gebrauch, Untervermietung von möblierten Wohnräumen, Vermietung von Wohnraum in Studenten- und Jugendwohnheimen, etc).
– Schließlich bringt das Gesetz weitere Regeln für *„Mietverhältnisse über andere Sachen"* (§§ 578–580a), bei denen weiter zwischen den Mietgegenständen differenziert wird (Grundstücke, Räume, die keine Wohnräume sind, Schiffe, bewegliche Sachen, etc).

Sehr übersichtlich ist das Ganze nicht. Will der wohnungssuchende Student nachsehen, welche Normen für die Anmietung eines Zimmers im Studentenwohnheim einschlägig sind, so wird er zunächst den Untertitel über die Wohnraummiete aufschlagen (§§ 549 ff). Aus § 549 III erfährt er aber, dass eine ganze Reihe von Mietvorschriften über Wohnraum für die Anmietung eines Zimmers im Wohnheim gerade *nicht* gelten. Andererseits sind auch die allgemeinen Vorschriften über die Miete beliebiger Sachen (§§ 535–548) einschlägig, soweit sie nicht durch die nachfolgenden Vorschriften über die Wohnraummiete verdrängt werden. Für die Miete eines Zimmers in einem Studentenwohnheim gilt also ein „Paragraphenmenü", das man sich aus dem Gesetz sorgfältig zusammenstellen muss.

40 Allgemein gesprochen ist das BGB – von einigen Partien wie dem viel belachten Bienenrecht (§§ 961–964) abgesehen – im Bestreben nach Abstraktion sehr weit gegangen. Das Gesetzbuch bemüht sich, durch Bildung von Oberbegriffen alle Verhältnisse zu erfassen und Regelungslücken zu vermeiden. Der Preis dafür besteht in der Unverständlichkeit für Laien und im Verschwinden der normierten sozialen Verhältnisse aus dem Blickfeld. Das BGB verwendet eine dem Nichtjuristen fremd anmutende Kunstsprache, welche die ohnehin empfundene Kluft zwischen „juristischem Denken" und „gesundem Menschenverstand" vertieft. Man muss freilich bedenken, dass die juristische Terminologie sich notwendig in gewissem Grade von der Alltagsspra-

che entfernt. Gerade in einer Zivilisation, deren Lebensprobleme durch die ökonomisch-technische Entfaltung immer verwickelter werden, ist das Projekt eines allgemein verständlichen Gesetzbuchs, aus dem jedermann unschwer Recht und Unrecht entnehmen kann, eine Utopie. Gesetze und Rechtswissenschaft bedürfen, um die Problemkerne einer Unzahl von Einzelkonflikten herauszuarbeiten und miteinander vergleichbar zu machen, einer in sich möglichst stimmigen Terminologie, die mit der Umgangssprache gar nicht identisch sein kann. Die Frage ist nur, wie weit sich diese Terminologie davon entfernen muss. Ein Zurück zu einer volkstümlichen Gesetzessprache scheint heute als Illusion. Die heutige Gesetzgebung treibt das Auseinanderklaffen von natürlichem Wortsinn und rechtstechnischer Begrifflichkeit sehr viel weiter als einst das BGB und auch viel weiter als nötig.

Die abstrakte Gesetzessprache bildet für die Juristen eine Versuchung, die juristischen Konstruktionen mit der Wirklichkeit zu verwechseln und über der Gesetzeslogik die Lebensverhältnisse, um die es geht, zu vergessen. Das hat den Juristenstand dem Vorwurf der Weltfremdheit und Beschränktheit ausgesetzt, der vielfach berechtigt war und ist. „Der königliche Landgerichtsrat Alois Eschenberger war ein guter Jurist und auch sonst von mäßigem Verstande. Er kümmerte sich nicht um das Wesen der Dinge, sondern ausschließlich darum, unter welchen rechtlichen Begriff dieselben zu subsumieren waren." Diese von *Ludwig Thoma* geschilderte Haltung wird durch das BGB gefördert, gerade weil es in seiner begrifflichen Perfektion gut gelungen ist. Es ist kein guter Jurist, der nicht auch Freude am intellektuellen Spiel mit der kunstvollen Verzahnung der Rechtsfiguren und -normen empfindet. Nur wird das Spielen auf der technischen Klaviatur des BGB allzu leicht zum Selbstzweck. Darüber wird nicht selten die Anschauung der Lebensverhältnisse, auf die das Gesetz angewendet wird, vernachlässigt und der eigentliche Sinn der Rechtsregeln vergessen. **41**

Die Begriffshöhe des BGB macht es schwierig, das dahinterstehende politische Konzept, das **Gesellschaftsmodell** und darüber hinaus das **Menschenbild** des Gesetzbuchs zu erkennen. Es ist zu bedenken, dass das Gesetzbuch aus sehr unterschiedlichen Traditionen gespeist wird (römisches Recht, Rechtsdenken der Aufklärung und des 19. Jahrhunderts, sozialstaatliche Vorstellungen des 20. Jahrhunderts). In vielem lässt die ursprüngliche Fassung des BGB den Geist seiner Entstehungszeit erkennen; es war für die Bedürfnisse des geschäfetreibenden Bürgertums konzipiert, wie das Zurücktreten des Personenrechts hinter die wirtschaftlichen Bezüge erkennen lässt. Durch zahlreiche Reformen und richterliche Rechtsfortbildung, vor allem auch durch den Einfluss des Grundgesetzes auf das Privatrecht (Rn 80) hat sich der Charakter des Gesetzbuchs im Laufe der Zeit wesentlich gewandelt. **42**

Literatur: *Materialien zur Entstehung des BGB:* Motive zu dem Entwurfe eines Bürgerlichen Gesetzbuches für das Deutsche Reich, Amtliche Ausgabe, 5 Bde., 1888; Protokolle der Kommission für die zweite Lesung des Entwurfs des Bürgerlichen Gesetzbuchs, 7 Bde., 1897–1899; *B. Mugdan,* Die gesamten Materialien zum Bürgerlichen Gesetzbuch für das Deutsche Reich, 5 Bde., 1899; Zusammenstellung der gutachtlichen Äußerungen zu dem Entwurf eines Bürgerlichen Gesetzbuchs, 6 Bde., 1890–1891; *H.H. Jakobs/W. Schubert* (Hg.), Die Beratung des BGB in systematischer Zusammenstellung der unveröffentlichten Quellen, 14 Bde., 1978–1991; *W. Schubert* (Hg.), Die Vorlagen der Redaktoren für die erste Kommission zur Ausarbeitung des Entwurfs eines bürgerlichen Gesetzbuchs, 1986. *Unter den zeitgenössischen Kritikern ragen hervor:* O. v. Gierke, Der Entwurf eines Bürgerlichen Gesetzbuchs und das deutsche

Recht, 2. Aufl. 1889; *A. Menger*, Das bürgerliche Recht und die besitzlosen Volksklassen, 4. Aufl. 1908. *Zur Geschichte des BGB: M. Schmoeckel/J. Rückert/R. Zimmermann* (Hg.), Historisch-kritischer Kommentar zum BGB, bisher Bd.1–3, 2003–2013; *M. Martinek/P.L. Sellier* (Hg.), 100 Jahre BGB – 100 Jahre Staudinger, 1999; *U. Falk/H. Mohnhaupt* (Hg.), Das Bürgerliche Gesetzbuch und seine Richter, 2000; *H. Schulte-Nölke*, Die schwere Geburt des Bürgerlichen Gesetzbuchs, NJW 1996, 1705 ff; *D. Schwab*, Das BGB und seine Kritiker, ZNR 2000, 325 ff.

5. Zur Gesetzestechnik

43 Für die Lösung von Rechtskonflikten ist bei kodifizierten Zivilrechten das **Gesetz der Ausgangspunkt**; aus ihm sind zunächst die Entscheidungskriterien zu erarbeiten. Der Streit, der zwischen den Personen des Zivilrechts entsteht, ist, wie gezeigt, ein Streit um Rechtswirkungen (Rechtsfolgen), hauptsächlich um Berechtigungen (subjektive Rechte), Pflichten und Risikozuweisungen, die sich aus bestimmten Ereignissen (Sachverhalten) ergeben sollen.

A behauptet,	er könne auf Grund gewisser Geschehnisse von B etwas verlangen oder ihm gegenüber etwas tun	(behauptete Rechtsfolge: eine Berechtigung)
A behauptet,	B sei ihm gegenüber zu etwas verpflichtet	(behauptete Rechtsfolge: eine Verpflichtung)
A behauptet,	B habe ihm gegenüber die wirtschaftlichen Nachteile eines bestimmten Ereignisses zu tragen.	(behauptete Rechtsfolge: die Zuweisung eines Risikos)

44 Die **Prüfung eines Begehrens beginnt** damit, dass man **Vorschriften sucht**, aus denen sich – möglicherweise in Verbindung mit einem von den Beteiligten abgeschlossenen Rechtsgeschäft – **die behauptete Rechtsfolge ergibt**. Es muss sich also um Vorschriften handeln, die an bestimmte Voraussetzungen (Tatbestand) eine Rechtsfolge (zB einen Anspruch) knüpfen. Das sind die **Rechtsnormen im eigentlichen Sinne**; von ihnen hat jede Lösung eines Rechtsfalles auszugehen. Alle sonstigen Vorschriften eines Gesetzes lassen sich als bloße Ergänzungen zu diesen Normen begreifen.

Hat man derartige Rechtsnormen, welche die behauptete Rechtsfolge anordnen, aufgefunden, so besteht der **zweite Schritt** darin, sie auf den konkreten Sachverhalt anzuwenden, dh zu prüfen, ob die im Normtatbestand festgelegten Voraussetzungen im konkreten Sachverhalt erfüllt sind **(Subsumtion)**.

Es sind also folgende Schritte zu tun:

1. Man sucht die Normen auf, aus denen sich die streitige Rechtsfolge ergibt;
2. man überprüft, ob der jeweilige Tatbestand (Voraussetzungsteil dieser Normen) im Sachverhalt erfüllt ist.

45 Nicht alle Vorschriften sind freilich derart strukturiert, dass sie eine Rechtsfolge in dem genannten Sinn anordnen. § 90 BGB beschränkt sich zB darauf, den Begriff der

Sache zu definieren (**Legaldefinition**). § 104 bestimmt, welche Personen geschäftsunfähig sind, ohne erkennen zu lassen, welche Rechtsfolgen sich aus der Geschäftsunfähigkeit ergeben. Derartige **Vorschriften, die keine Rechtsfolge anordnen**, haben **ergänzende Funktion** zu den eigentlichen Rechtsnormen. Man kann versuchen,
alle Elemente einer Rechtsregel vollständig in *einen* Paragraphen zu packen. Man
wird dabei aber feststellen, dass der Paragraph dann häufig gewaltige Ausmaße annehmen würde. Das lässt sich verhindern, wenn man den normativen Stoff auf mehrere Vorschriften verteilt.

Beispiele sollen das verdeutlichen. Die §§ 985, 986 behandeln den Anspruch des Ei- **46**
gentümers einer Sache gegen den Besitzer, dh gegen den Inhaber der tatsächlichen
Gewalt, auf Herausgabe. Grob gesagt soll der Eigentümer vom Besitzer die Herausgabe der Sache verlangen können, außer wenn der Besitzer im Verhältnis zum Eigentümer ein Recht zum Besitz hat. Diesen einfachen Gedankengang hätte man ohne
Schwierigkeit in einem Paragraphen regeln können. Warum hat man es nicht getan?
Der etwas verwickelte Text des § 986 I zeigt, dass die Sache schwierig wird, wenn
dem Eigentümer mehrere Besitzer gegenüberstehen. Folglich hat man den Normtatbestand in mehrere „Portionen" zerlegt und auf zwei Paragraphen aufgeteilt. Dennoch
handelt es sich um ein und dieselbe Rechtsnorm, um ein und dieselbe Rechtsfolge.
§ 986 I ist folglich in § 985 als Teil des Normtatbestandes hineinzulesen.

Aber auch wenn man § 986 zu § 985 hinzunimmt, ist der Normtatbestand noch nicht
in sich vollständig. § 985 formuliert als Tatbestandselement, dass jemand „Eigentümer" sein muss, um den Herausgabeanspruch zu haben. Bei der Gesetzesanwendung
ist also zu prüfen, ob die Person, welche Herausgabe verlangt, Eigentümer ist. Darüber, wie man Eigentümer wird und wie man das Eigentum wieder verliert, schweigt
sich § 985 aus. Es ist dies in ganz anderen Vorschriften geregelt (für bewegliche Sachen §§ 929 ff). Auch diese Regeln hätte das Gesetz in § 985 aufnehmen können.
Dies wäre aber sehr unzweckmäßig gewesen. Denn auf diese Weise hätte § 985 einen
gewaltigen Umfang angenommen und wäre unlesbar geworden. Ferner ist die Frage,
wie man Eigentum erwirbt und verliert, nicht nur für den Anspruch aus § 985 von Bedeutung, sondern für viele andere Rechtsnormen. Das BGB hat daher den Weg gewählt, die Vorschriften über Eigentumserwerb und -verlust isoliert niederzulegen und
gleichsam „vor die Klammer" zu ziehen. Auch diese Vorschriften sind in den Normtatbestand des § 985 hineinzulesen. Das Wort **„Eigentümer" verweist also auf
sämtliche Vorschriften des BGB, aus denen sich der Eigentumserwerb und -ver-
lust ergibt**: „Eigentümer" ist derjenige, der nach den Regeln des BGB Eigentum erworben und es nicht wieder verloren hat. Die Bezeichnung „Eigentümer" ist gleichsam nur eine Abkürzung. Das gleiche gilt für das Tatbestandsmerkmal „Besitzer" (zu
Besitzerwerb und -verlust siehe §§ 854 ff). Es gilt auch für das Normelement „zum
Besitze berechtigt" in § 986 I, weil sich erst aus anderen im BGB verteilten Regelungen ergibt, aus welchen Grund ein Nichteigentümer zum Besitz einer Sache berechtigt sein kann (zB als Mieter etc). Der **Normtatbestand des § 985** wird also durch
eine Reihe **weiterer Vorschriften aufgefüllt**.

Ganz ähnlich verhält es sich mit der Rechtsnorm des § 433. Ihr Tatbestand setzt vo- **47**
raus, dass ein Kaufvertrag vorliegt. § 433 schweigt sich aber darüber aus, wie ein solcher **Vertrag** zustande kommt. Der Grund ist wiederum gesetzestechnischer Art. Der

Kaufvertrag kommt zustande wie eine Vielzahl anderer Verträge. Also wird man nicht bei jedem einzelnen Vertragstyp das Zustandekommen des Vertrags regeln, sondern wiederum die einschlägigen Vorschriften vor die Klammer ziehen. Daher regelt das BGB in §§ 145–157 allgemein das Zustandekommen von Verträgen.

Aber nicht genug damit: Nicht alle Probleme, die beim Abschluss von Verträgen auftreten können, sind in den §§ 145–157 geregelt. Das BGB kennt vielmehr einen weiteren Oberbegriff, der Verträge und andere Vorgänge zusammenfasst, in denen eine **Rechtsfolge durch darauf gerichtete Erklärungen ausgelöst** wird: das **Rechtsgeschäft**. So ist zB die Kündigung eines Mietverhältnisses kein Vertrag; sie ist aber gleich dem Vertrag ein Rechtsgeschäft, weil kraft einer hierauf gerichteten Erklärung eine Rechtsfolge (hier: Auflösung des Mietverhältnisses) bewirkt wird. Da bei Rechtsgeschäften aller Art ähnliche Probleme auftreten, enthält das BGB **allgemeine Regeln über das Rechtsgeschäft**, die *auch* für Verträge und *daher auch* für den Kaufvertrag gelten.

Der wesentliche, aber nicht einzige Bestandteil der Rechtsgeschäfte ist die Erklärung einer oder mehrerer Personen. Daher hat das BGB in §§ 116 ff **spezielle Regeln für Willenserklärungen** geschaffen, die für jede rechtsgeschäftliche Erklärung, also *auch* für Vertragsangebot und Vertragsannahme, also *auch* für Kaufangebot und Kaufannahme gelten.

Schema:	
Kaufvertrag:	§§ 433 ff
= Vertrag:	§§ 145 ff
= Rechtsgeschäft:	§§ 104 ff, 158 ff
– insoweit dieses aus Willenserklärungen besteht:	§§ 116 ff

48 Das Gesetz bedient sich mithin einer ausgefeilten **Verweisungstechnik**. In einer gesetzlichen Vorschrift verwendete Begriffe bilden oft eine Art Signatur für einen Zusammenhang von Vorschriften, die an anderer Stelle des Gesetzes geregelt sind und mit Hilfe der Verweisung in beliebige Rechtsnormen hereingeholt werden können. Vor allem im **ersten Buch des BGB (Allgemeiner Teil)** sind Normelemente, die auf den verschiedensten Feldern des Zivilrechts vorkommen, vorab geregelt und „vor die Klammer gezogen" und müssen dann in die Anwendung der spezielleren Normen mit hinein genommen werden.

Beispiel: Verwendet eine Anspruchsnorm wie § 985 den Terminus „Besitzer". so wäre es falsch, einen Begriff des Besitzers aus dem Wortsinn in der Alltagssprache zu entwickeln. Wer „Besitzer" ist, kann nur aus den gesetzlichen Regeln des Besitzerwerbs und -verlusts hergeleitet werden (§§ 854 ff): Besitzer ist derjenige, der den Besitz an der Sache nach diesen Regeln erworben und nicht wieder verloren hat. In Zweifelsfragen sind darüber hinaus alle Vorschriften in die Beurteilung einzubeziehen, in denen „Besitz" oder „Besitzer" eine Rolle spielen. Denn an den Besitz werden Rechtsfolgen geknüpft (zB in den §§ 861, 862, 985, 1007), die auf die Handhabung des Besitzbegriffs zurückwirken.

Häufig kommt es vor, dass **ein und derselbe gesetzliche Terminus** in diversen Vorschriften eine **unterschiedliche Bedeutungen** erhält. Die Juristen drücken dies durch die Redewendung „im Sinne des" aus: Eigentum „im Sinne des BGB" ist etwas anderes als Eigentum „im Sinne des Grundgesetzes", Freiheit „im Sinne des § 823 I BGB" etwas anderes als Freiheit „im Sinne des § 960 BGB", und so fort.

6. Zwingende und nachgiebige Vorschriften (ius cogens – ius dispositivum)

Bei einigen Vorschriften des Gesetzes ist angemerkt, dass die getroffene Regelung   **49** nicht durch Rechtsgeschäft abbedungen oder abgeändert werden kann oder dass entgegenstehende Vereinbarungen unwirksam sind (zB § 619). Bei den meisten Paragraphen des BGB findet sich ein solcher Zusatz indessen nicht. Daraus kann man erkennen, dass die Vorschriften des BGB und der anderen Zivilrechtsgesetze einen unterschiedlichen Geltungsanspruch erheben. Sie sind

- entweder **zwingend** in dem Sinne, dass die Regelung durch Vereinbarung der Beteiligten nicht ausgeschaltet oder verändert werden kann,
- oder **nachgiebig (dispositiv)**; dann kann ihre Geltung für ein bestimmtes Rechtsverhältnis durch Vereinbarung unter den Beteiligten ausgeschlossen oder verändert werden.

In weitem Umfang haben die Vorschriften des BGB dispositiven Charakter, weil unserem Zivilrecht das Prinzip der Vertragsfreiheit zugrunde liegt (Rn 415). Diese Freiheit besteht indes nur bis zu einer bestimmten Grenze, welche durch die zwingenden Vorschriften abgesteckt wird.

Man könnte fragen, ob sich das Gesetz nicht überhaupt auf zwingende Normen be-   **50** schränken und alles Übrige den Vereinbarungen überlassen sollte. Das wäre aber nicht zweckmäßig. Die Vereinbarungen der Parteien sind häufig unvollständig, dh sie beziehen sich nicht auf alle Konflikte, die im vertraglich geregelten Rechtsverhältnis entstehen können. Die Vertragsparteien denken gewöhnlich an eine ordnungsgemäße Durchführung ihrer Vereinbarungen, nicht aber an Vertragsverletzungen oder an einen Streit über den Vertragsinhalt. Wer ein Buch kauft, denkt nicht daran, in dem gekauften Exemplar könnten 20 Seiten fehlen; er denkt daher auch nicht daran, für diesen Fall eine Vereinbarung mit dem Verkäufer zu treffen. Hinzu kommt, dass Leistungshindernisse in einem Schuldverhältnis eine juristisch komplizierte Materie bilden, in der sich juristische Laien gewöhnlich nicht auskennen. Die Störungen in einem Rechtsverhältnis können zudem so vielgestaltig sein, dass selbst juristisch ausgebildete Vertragspartner oft nicht an alle Möglichkeiten denken. Deshalb springt das Gesetz mit seinen *nachgiebigen Vorschriften* ein und bietet den Parteien ein *Modell der Konfliktlösung* an. Dieses Modell ist dann verbindlich, *wenn und soweit* die Parteien nicht ein anderes vereinbaren.

Ist eine gesetzliche Vorschrift für einen Streitfall einschlägig, haben die Parteien aber   **51** etwas davon Abweichendes vereinbart, so hängt die Rechtslage davon ab, **ob die Vorschrift zwingend ist oder nicht**. Diese Frage zu entscheiden, ist oft nicht leicht. Indem das Gesetz den zwingenden Charakter bei einigen Normen ausdrücklich anmerkt, erklärt es nicht etwa alle anderen für dispositiv. Der zwingende Geltungsanspruch kann sich vielmehr auch aus dem **Zweck der Vorschrift** ergeben. Die Prüfung, ob eine gesetzliche Vorschrift zwingend oder dispositiv ist, erfolgt also in zwei Schritten:

– Zunächst ist festzustellen, ob die zwingende Natur vom Gesetz selbst ausdrücklich angeordnet ist.
– Wenn dies nicht der Fall ist, so ist zu prüfen, ob der Normzweck den zwingenden Charakter erfordert. Wird auch dies verneint, so ist die Norm dispositiv.

52 **Für die zwingende Natur** einer Norm sprechen **folgende Gesichtspunkte**:

(1) Zwingend sind Vorschriften, die für die Rechtswirksamkeit einer Handlung eine **bestimmte Form** vorschreiben (Beispiel § 311b I iVm § 125 – Grundstücksgeschäfte). Das Formerfordernis dient dem Schutz der Beteiligten oder der Transparenz des rechtlichen Vorgangs für andere, die davon betroffen werden könnten.

(2) Zwingend sind Vorschriften, deren **Sinn** es gerade ist, die **Vertragsfreiheit zu begrenzen**, wie zB § 138 oder § 134.

(3) Zwingend sind die fundamentalen Vorschriften über die **allgemeine Rechtsstellung einer Person**. So kann niemand durch Vereinbarung seine Rechtsfähigkeit (§ 1) aufgeben. Durch Vereinbarung kann auch nicht die Altersgrenze für die Volljährigkeit (§ 2) verändert werden.

(4) Zwingend sind Vorschriften, die sich als Gewährung eines **Mindestschutzes für den schwächeren oder eher gefährdeten Partner** eines Rechtsverhältnisses begreifen lassen. Oft ist der zwingende Charakter in diesem Fall einseitig: Von der Rechtsnorm kann nicht zu Lasten, wohl aber zu Gunsten des schutzbedürftigen Teils abgewichen werden (ausdrückliche Bestimmungen dieser Art vor allem im Wohnungsmiet- und im Verbraucherschutzrecht, zB §§ 487, 563 V, 651m).

(5) Zwingend sind vielfach Vorschriften über die **instrumentale Ausgestaltung von Rechten und Pflichten**, insbesondere der mit räumlich-gegenständlichen Bestimmungsbefugnissen ausgestatteten Rechte an Gegenständen der Körperwelt (= Sachen, § 90). Auch bei Geltung der Vertragsfreiheit muss die Rechtsordnung ein in sich verständliches System bleiben, das möglichst klare Begriffe und Gestaltformen der Rechtsverhältnisse entwickelt. Das ist vielfach nur möglich, wenn die Ausgestaltung der möglichen Rechtsbeziehungen durch verbindliche Zuordnungstypen erfolgt. Daher sind zB die Strukturen und die Erwerbsgründe des Eigentums und anderer Sachenrechte zwingend geregelt. Hingegen haben die Regelungen der im besonderen Teil des Schuldrechts (§§ 433 ff) normierten Schuldvertragstypen in der Regel einen dispositiven Charakter.

Literatur: *F. Möslein*, Dispositives Recht. Zwecke, Strukturen und Methoden, 2011.

Kapitel 3
Zivilrecht und politisches System

1. Das Problem

Zur Frage, wie sich das Zivilrecht zum jeweils herrschenden politischen System ver- **53** hält, gibt es unterschiedliche Sichtweisen. Auf der einen Seite herrschte lange die Vorstellung, die aus dem antik-römischen Recht entwickelte Privatrechtsordnung sei unpolitisch: Wie Verträge geschlossen und aufgelöst werden, oder wie die Bürger vor Übergriffen anderer zu schützen sind, berühre nicht die jeweiligen politischen Zustände, sondern werde durch Regeln gelöst, welche die Rechtswissenschaft über die Zeiten hinweg entwickelt habe. „Politik vergeht, Zivilrecht besteht", könnte die (etwas übertriebene) Formel für diesen Standpunkt lauten. Auf der anderen Seite ist ganz offenbar, dass auch die Regelungen des Privatrechts von Grundentscheidungen des politischen Systems abhängen. In einem Staat, in dem die Rechtsgleichheit aller herrscht, gibt es keine Sklaven und folglich keine Regeln über den Sklavenkauf. Die Frage, welche Verträge geschlossen werden können und welchen Inhalt sie haben dürfen, hängt davon ab, ob das Privatrecht auf dem Grundprinzip der Vertragsfreiheit aufbaut oder nicht. Totalitäre Staaten versuchen sogar, das Privatrecht insgesamt in den Dienst der Politik zu stellen. In diesem Sinne betrieb zB der Nationalsozialismus die Politisierung des Zivilrechts. Aber auch in Demokratien kann das Zivilrecht nicht losgelöst von den politischen Grundentscheidungen betrachtet werden.

Um das heutige Zivilrecht zu verstehen, muss man die beschriebenen Sichtweisen zu- **54** sammenführen. Das Recht des BGB beruht auf einer wissenschaftlichen Rechtstradition, die unter recht unterschiedlichen politischen Systemen entstanden ist und sich laufend fortentwickelt. Insoweit machen die Rechtsregeln einen politisch „neutralen" Eindruck: Das in einer absoluten Monarchie geltende Kaufrecht kann dem in einer Demokratie ganz ähnlich sein. Auf der anderen Seite wirken die Verfassungsstrukturen auf das Zivilrecht ein: Sie bestimmen die Grenzen privatrechtlichen Handelns, sie wirken auch auf die Anforderungen ein, die an das Zivilrecht gestellt werden. Ein freiheitliches politisches System gibt dem Zivilrecht zwar bestimmte Grundbedingungen vor, belässt ihm aber auf dieser Basis einen weiten Gestaltungsraum, der es erlaubt, den überkommenen Rechtsstoff fortzuentwickeln und den jeweiligen Anforderungen der Zeit anzupassen. Gerade in unseren Tagen muss sich das Zivilrecht unter rasanten gesellschaftlichen wie technischen Änderungen bewähren, man denke an die Entwicklung von Mobilitäts- und Kommunikationstechniken, der modernen Fortpflanzungsmedizin, des Internet und der wirtschaftlichen „Globalisierung". So setzt sich das Zivilrecht als Normkomplex aus langfristig wirkenden Strukturen und zeitbedingten Elementen zusammen. Daraus ergibt sich eine Mischung aus traditionellem und neuem Recht, die einer stetigen Veränderung ausgesetzt ist.

2. Zur Langlebigkeit der Zivilgesetzbücher

55 Die Langzeitstrukturen des Zivilrechts erklären das hohe Alter der heute noch einschlägigen Zivilgesetzbücher. Der französische Code Civil gilt seit 1804, das österreichische ABGB seit 1811, natürlich mit einigen im Laufe der Zeit vorgenommenen Änderungen. Das BGB stand seit dem 1.1.1900 über 100 Jahre lang größtenteils unverändert in Geltung, sieht man von dem besonders labilen Familienrecht einmal ab. Erst das „Gesetz zur Modernisierung des Schuldrechts" vom 26.11.2001 veränderte ein Kernstück des BGB grundlegend.

56 Jedenfalls ist erstaunlich, dass das BGB, ein Produkt des zweiten deutschen Kaiserreichs, auch in der Weimarer Republik, im Nationalsozialismus, bis 1.1.1976 auch in der DDR und schließlich in der Bundesrepublik gegolten hat. Wie soll ein Zivilgesetzbuch in so verschiedenen Gesellschaften anwendbar gewesen sein? Grund dafür ist unter anderem, dass das rechtstechnische Instrumentarium insofern politisch neutral ist, als es für beliebige Konfliktlösungen und Wertungen eingesetzt werden kann. Dabei ist folgendes entscheidend geworden: Bereits im römischen Reich der Antike ist eine großartige Rechtswissenschaft entstanden, welche die Ausbildung der zivilrechtlichen Begriffe und Rechtsfiguren so weit vorangetrieben hat, dass die folgenden Zeiten geistig davon leben konnten. Bis zum Ende des 19. Jahrhunderts stellte sich die Zivilrechtswissenschaft überwiegend als Wissenschaft vom römischen Recht dar, deren Begriffe und Rechtstechniken sie fortführte, weiter entfaltete und ausfeilte. Dieses von der Rechtswissenschaft geschaffene Instrumentarium erweist sich als fähig, unterschiedlichen sozialen Ordnungen zu dienen.

57 Auf der genannten Tradition des Zivilrechts beruht es auch, dass man zu der Zeit, als die großen Gesetzbücher geschaffen wurden, regelmäßig nicht den Versuch eines Gesamtgesetzbuchs gemacht hat, in dem Verfassungsrecht, Verwaltungsrecht, Strafrecht und Zivilrecht vereinigt und in ihren gegenseitigen Bezügen erkennbar gewesen wären (anders nur das preußische Allgemeine Landrecht von 1794). Vielmehr wurden **gesonderte Zivilgesetzbücher** ausgearbeitet, die vom öffentlichen Recht und dem konkreten politischen Zustand des Gemeinwesens abstrahieren und so der Anpassung an politische Veränderungen in besonderem Maß fähig sind. Eine derart „abstrakte" Zivilrechtsordnung legt zB keineswegs erschöpfend fest, welche Verträge verboten sind; sie überlässt dies dem öffentlichen Recht und regelt nur die zivilrechtlichen Folgen *für den Fall, dass* ein Vertrag verbotswidrig abgeschlossen wird (§ 134 BGB). Will man also wissen, welche Verträge erlaubt sind, so wird man aus dem Zivilgesetzbuch verhältnismäßig wenig erfahren. Gerade die Ausschaltung des unsteten öffentlichen Rechts bedingt die Langlebigkeit der Zivilgesetzbücher durch die Zeiten hindurch.

58 Ihre Langlebigkeit bezahlen die Zivilgesetzbücher freilich mit einem **wachsenden Substanzverlust**. Je weiter sich ein Gesetzbuch von den Bedingungen seiner Entstehungszeit entfernt, je rascher sich die Verhältnisse wandeln, auf die es angewendet werden soll, desto mehr sind Gerichtsbarkeit und Wissenschaft gezwungen, die gesetzlichen Normen durch Interpretation umzugestalten. Das Gewicht der „Gesetzesanwender" steigt dann gegenüber der Autorität des Gesetzes. Unter diesem Aspekt führen Gesetzesreformen den Gesetzbüchern wieder neue Autorität und Kraft zu –

auch hier gilt es, eine kluge Linie zwischen Kontinuität und Gesetzesänderung zu wahren.

3. Zivilrecht auf der Grundlage des Liberalismus

Das seit 1.1.1900 gültige BGB ist in erheblichem Ausmaß vom politischen System- **59** modell des Liberalismus geprägt, der im Verlauf des 19. Jahrhunderts in Deutschland herrschend wurde. Der Liberalismus gehört zu den aus der Aufklärung entstandenen, auf Veränderung der Gesellschaft abzielenden Bestrebungen. Die soziale und rechtliche Wirklichkeit, die es zu überwinden galt, ist durch die Begriffe „Absolutismus", „Polizeistaat" und „Feudalismus" gekennzeichnet.

Unter **Absolutismus** verstehen wir die Herrschaftsform der frühen Neuzeit (insbesondere des 17. und 18. Jh.). Sie ist dadurch gekennzeichnet, dass die in einem Staate vorhandene politische Gewalt dem Prinzip nach einer einzigen Instanz – gewöhnlich dem Monarchen – zugerechnet und als rechtlich grenzenlos gedacht wird. Die „Untertanen" sind verfassungsrechtlich Herrschaftsobjekte ohne eigene gegen den Herrscher gerichtete Rechtsposition. Als Staatsziel definierte der Absolutismus die **„gute Policey"**. Dieser Begriff meinte eine Staatsverwaltung, die dem Handeln der Individuen und ihrer Vereinigungen keinen Raum für freie Entfaltung ließ. Alle sozial relevanten Vorgänge waren obrigkeitlich gelenkt, kontrolliert und konzessioniert oder konnten es jedenfalls sein. Das klassische rechtstechnische Mittel des Polizeistaates bildet der **Genehmigungsvorbehalt**: Alle Rechtsvorgänge, sei es die Gründung von Vereinigungen, der Handel mit einer Ware, sogar die Eheschließung, konnten von einer obrigkeitlichen Genehmigung abhängig gemacht werden.

Feudalismus bezeichnet aus dem Mittelalter überkommene politisch-ökonomische Strukturen, nach denen politische Funktionen und privater Güterbesitz vermischt waren. So wurde zB die Gerichtsbarkeit nicht durch beamtete Richter ausgeübt; vielmehr gab es eine Vielzahl von Gerichtshoheiten, die den jeweiligen Trägern kraft Erbrechts zukamen und die sie an ihre Abkömmlinge weitergaben. Der gemischt wirtschaftlich-politische Charakter der Hoheitsbefugnisse erklärt, dass sie Gegenstand von Geschäften wie andere wirtschaftliche Objekte sein konnten. Sie wurden vor allem „verlehnt" (*feudum* – Lehen). Im Lehnsverhältnis mischten sich (nach heutigen Begriffen) öffentlich-rechtliche und privatrechtliche Elemente.

Die für das Zivilrecht relevanten **Grundpositionen des Liberalismus** lassen sich wie **60** folgt beschreiben:

(1) **Der Staat** ist um der einzelnen Staatsbürger willen da, nicht umgekehrt. Der Staat stellt sich dar als **Vereinigung seiner Mitglieder** zum Schutze der Rechte und der Sicherheit jedes Einzelnen. Zur Zeit der Aufklärung erfuhr dieser Gedanke eine plastische Anschaulichkeit in der Vorstellung vom Gesellschaftsvertrag: In der Menschheitsentwicklung gab es einmal einen Zustand ohne Staat (*status naturalis, state of nature*, Naturzustand). Dieser Zustand ist durch Unsicherheit gekennzeichnet: Bei Konflikten siegt der Mächtige über den Schwachen. Darum schließen sich die Menschen durch einen Vertrag zusammen, um nach vereinbarten Regeln friedlich miteinander zu leben: Sie schließen den Gesellschaftsvertrag (*social contract, contrat social*), mit dem der Staat gegründet wird. Der Staat hat demnach als einzigen Zweck den Schutz des Individuums, denn nur um dieses Schutzes willen war der Einzelne bereit, den Naturzustand mit dem „bürgerlichen" zu vertauschen.

61 (2) Mit dem Vertragsschluss geht der Einzelne nicht im Staate auf. Vielmehr stehen dem Menschen von Natur aus bestimmte aus seiner Persönlichkeit erwachsende Rechte zu (**Menschenrechte**), die er durch den Gesellschaftsvertrag keineswegs verliert. Nach der liberalen Deutung des Gesellschaftsvertrags ist die Staatätigkeit gerade dadurch definiert, dass sie die angeborenen Rechte schützt und verwirklicht. Staatszweck nach der liberalen Theorie ist die im Naturzustand gefährdete Realisierung der Individualfreiheit. Jede Staatätigkeit, die nicht diesem Ziel dient, verletzt den Gesellschaftsvertrag. Zwar geht der Staatsbürger im Sozialkontrakt auch Verpflichtungen ein; es kann in einer Gemeinschaft keine totale Handlungsfreiheit geben, jeder hat die Rechte des anderen zu achten. Die bürgerliche Freiheit eines Menschen im Staate ist daher durch die bürgerliche Freiheit aller anderen begrenzt; insofern tritt der Mensch im Gesellschaftsvertrag einen Teil seiner natürlichen Freiheit ab. Dieser Freiheitsverzicht steht jedoch unter der Bedingung, dass der **Freiheitskern** unversehrt erhalten bleibt. Mit dieser Anschauung gelang es der liberalen Theorie, das Individuum mit einer unverzichtbaren Freiheitsposition gegen den Staat auszustatten. Auf dieser Vorstellung basieren die Grundrechte des Menschen, die sich seit der Virginia Bill of Rights (1776) und der revolutionären Verfassung Frankreichs von 1791 in den Staatsverfassungen finden.

62 (3) Die liberale Freiheit stellt sich ganz wesentlich als **Freiheit des Eigentums** dar. Grundlegend ist die Lehre von *John Locke* (1632–1704; Two Treatises of Government, 1690). Nach ihm gibt es schon im Naturzustand Eigentum einzelner Menschen an den Sachgütern. Es entsteht dadurch, dass der Mensch auf die Sachgüter Arbeit verwendet. Denn jeder Mensch hat ursprünglich ein Eigentum an der eigenen Person und an seiner Arbeit. Verwendet jemand Arbeit auf einen Gegenstand, gräbt er also Bodenschätze aus oder pflügt er ein Grundstück, so vermischt er seine Person mit dem Gegenstand, und also wird auch der Gegenstand sein Eigen. Der Gesellschaftsvertrag wird nun keineswegs unter Verzicht auf das Eigentum geschlossen; vielmehr wird der Staat gerade dazu gegründet, um das Eigentum zu schützen. Dieser Lehre war eine große Tragweite beschieden. Wenn das Sacheigentum auf das persönliche Recht jedes Menschen an sich selbst und seiner Arbeit gegründet ist, erscheint es nicht als bloß äußerliche Habe, sondern als Entfaltungsbereich der Persönlichkeit. Wird der Inbegriff der Menschenrechte als Freiheit definiert, so *fallen Freiheit und Eigentum zusammen.* „Freiheit und Eigentum" wird die Parole des Liberalismus. Das auf die Freiheit des Menschen gegründete Eigentum wurde von der französischen Nationalversammlung für heilig erklärt („un droit inviolable et sacré") und von dem deutschen Liberalen *Carl v. Rotteck* als Persönlichkeitsrecht gedeutet. In der Konsequenz der Verbindung von Freiheit und Eigentum liegt es, dass die Grundrechtskataloge der Verfassungen die Garantie des Privateigentums gegen staatlichen Zugriff als ein zentrales Freiheitsrecht enthalten (Art. 14 GG).

63 Die Forderung nach freiem Eigentum berührt das Zivilrecht unmittelbar. Die Zivilrechtswissenschaft des 19. Jahrhunderts lehnte es freilich ab, den politisch-verfassungsrechtlichen Begriff des Eigentums unverändert zu übernehmen; vielmehr bezogen die Juristen gemäß ihrer wissenschaftlichen Tradition das Eigentum auf körperliche Gegenstände (Sachen, § 90 BGB). Seitdem gibt es **zwei Rechtsbegriffe des Eigentums**, nämlich

- den **verfassungsrechtlichen Eigentumsbegriff** (Art. 14 I GG), der nach heutiger Interpretation (zumindest) alle Vermögensrechte des Privatrechts umgreift;
- den **zivilrechtlichen Eigentumsbegriff**, der die Innehabung der vollen Bestimmungsgewalt über einen körperlichen Gegenstand (Sache) meint.

Der verfassungsrechtliche Eigentumsbegriff und -schutz ist demnach wesentlich weiter gefasst als der zivilrechtliche.

Der Einfluss des Liberalismus auf die Eigentumsregelung des Zivilrechts zeigt sich in **64** der **Struktur des Eigentums**. Die Idee vom „freien Eigentum" verlangte seine Ausgestaltung als ein Recht, das dem Inhaber die prinzipiell uneingeschränkte „Herrschaft" über den Gegenstand einräumt. Der seine Persönlichkeit im Eigentum entfaltende Eigentümer muss nach dieser Vorstellung rechtlich im Stande sein, mit der Sache „nach Belieben" zu verfahren (§ 903 BGB), einschließlich ihrer Zerstörung (ausdrücklich § 362 österr. ABGB). Die Freiheit der Nutzung schließt die Befugnis ein, das Eigentum an Produktionsgütern (Boden und Kapital) zum Zwecke persönlicher Gewinnerzielung einzusetzen. Eigentumsfreiheit versteht sich auch als Befugnis, das Eigentum beliebig an andere zu veräußern. Demzufolge wurde im Verlauf des 19. Jahrhunderts das Grundeigentum von seinen im Feudalrecht wurzelnden Bindungen befreit und in ein Markt- und Tauschobjekt gleich den beweglichen Sachen verwandelt.

(4) Die Idee der individuellen Freiheit äußert sich nicht nur in der Freiheit des Eigen- **65** tums, sondern generell in der **Freiheit wirtschaftlicher Betätigung**: Freiheit des Handels und Gewerbes, des Tauschverkehrs, der Güterproduktion und der Arbeitsverhältnisse. Die Begrenzung des Staatszwecks auf Schutz und Sicherung der Individualfreiheit wendet sich gegen dirigistische Steuerung der sozialen Vorgänge. Die gesellschaftlichen Prozesse sollen vielmehr durch das freie und spontane Handeln der Bürger bewirkt werden. Der Umstand, dass ein Vorgang das öffentliche Interesse berührt oder das gemeine Wohl beeinflusst, begründet nach dieser Vorstellung allein noch keine Eingriffsbefugnisse der staatlichen Bürokratie. Dem Staat wird vielmehr die Gesellschaft als lebender Organismus gegenübergestellt, bestehend aus einem Gewirre individueller Aktionen, die wie durch wunderbare Hand gelenkt das Gemeinwohl herstellen. **Die Gesellschaft, nicht der Staat** bewältigt in erster Linie die sozialen Aufgaben; an die Stelle der Allzuständigkeit des Staates tritt die Primärzuständigkeit der freien Bürgergesellschaft. Der liberale Glaube an eine natürliche Harmonie in den Dingen mündete in die Vorstellung, dass das selbstbezogene Handeln der Einzelnen zugleich das soziale Optimum herstelle *(Laissez faire, laisser passer, le monde va de lui même)*. Zivilrechtlicher Ausdruck des geschilderten Wirtschaftsmodells ist der Grundsatz der **Vertragsfreiheit**: Jeder soll mit jedem, der sich dazu bereit findet, Verträge beliebigen Inhalts rechtmäßig und bindend schließen können.

(5) Die Freiheit der wirtschaftlichen Betätigung bildet nur einen Ausschnitt aus einem **66** umfassenden Recht jedes Einzelnen auf **freie Entfaltung seiner Persönlichkeit** (Art. 2 I GG), das in Gestalt besonderer Freiheiten (zB Glaubens- und Gewissensfreiheit, Pressefreiheit, Kunstfreiheit) weiter ausgeprägt wird. Persönliche und wirtschaftliche Entfaltung sind dabei nicht als getrennte Bereiche konzipiert. Auch das Eigentum als das Vorbild der wirtschaftlich nutzbaren Rechte wird als Bereich von persönlicher Freiheitsverwirklichung gedacht. Dem entspricht eine auch durch das

Zivilrecht abzusichernde, allgemeine Handlungsfreiheit (**„Privatautonomie"**), die im Prinzip ihre Grenze am Freiheitsraum der anderen Mitglieder der Gesellschaft findet. Sie schließt das Recht der Einzelnen ein, sich ohne obrigkeitliche Erlaubnis zu Vereinigungen rechtswirksam zusammenzuschließen (**Vereinigungsfreiheit**) und umfasst das Recht der Vereinigungen, ihre Angelegenheiten ohne staatliche Intervention zu regeln („Vereinsautonomie").

67 (6) Der Gedanke, dass Eigentum und wirtschaftliche Betätigung prinzipiell in den Entfaltungsbereich des Einzelnen und der „freien" Gesellschaft gehören, verlangt nach Regelungen, die bewirken, dass das Vermögen einer Person nach ihrem Tode nicht dem Staat anheim fällt, sondern auf andere Privatpersonen übergeht. Nur durch ein solches **Erbrecht** kann sich das politische System des Liberalismus ständig reproduzieren. Deshalb tritt neben die Garantie des Eigentums in den Verfassungen die Gewährleistung des Erbrechts (Art. 14 I GG). Zur Garantie des Erbrechts gehört auch die freie Bestimmung einer Person darüber, wer ihr Vermögen erben soll (**Testierfreiheit**).

Bei Ausgestaltung des Erbrechts versuchen die modernen Zivilrechte allerdings, *familiäre Bindung und Testierfreiheit* in ein angemessenes Verhältnis zueinander zu setzen. Nach dem BGB sind der Ehegatte und die Verwandten nach einer bestimmten Ordnung zur Erbfolge berufen (gesetzliches Erbrecht); der Erblasser kann aber durch Verfügung von Todes wegen (zB Testament) über das Schicksal seines Vermögens nach dem Tode beliebige anderweitige Bestimmungen treffen. Wird auf diese Weise der Ehegatte oder werden gewisse nähere Verwandte von der Erbfolge ausgeschlossen, so erhalten sie einen Anspruch auf den Pflichtteil gegen den (die) Erben (§ 2303 BGB); der Pflichtteil besteht aus der Hälfte des Wertes des gesetzlichen Erbteils. Einen Pflichtteilsanspruch hat auch der eingetragene Lebenspartner des Erblassers (§ 10 VI LPartG). Zur rechtspolitischen Begründung des Erbrechts *A. Dutta*, Warum Erbrecht?, 2014.

68 (7) Dem Gedanken der individuellen Freiheit steht der **Grundsatz der Rechtsgleichheit** zur Seite. Er bedeutet insbesondere, dass alle Bürger die gleichen Freiheitsrechte genießen und den Gesetzen in gleicher Weise unterworfen sind. Nach diesem Gesellschaftsmodell kann es keine „Stände", dh Bevölkerungsschichten mit gemindertem (Sklaven, Hörige) oder erhöhtem (Adel) Freiheitsstatus geben. Deshalb wurde der Adel als Rechtsstatus abgeschafft (Art. 109 Abs. 3 S. 1 Weimarer Reichsverfassung). Gleiche Rechte bedeuten allerdings nicht die Gleichheit des Vermögens. Denn obwohl jeder die gleiche Freiheit genießt, können die Menschen je nach ihren Fähigkeiten unterschiedlichen Gebrauch davon machen. Die *quantitative* Gleichheit des Eigentums gehört daher nicht zu den liberalen Postulaten. Es genügt, wenn für alle gleiche Regeln gelten, nach denen sich Erwerb und Verlust von Gütern vollzieht. Die Beschränkung des Gleichheitsgedankens auf die Rechtsgleichheit kann allerdings zu sozialen Problemlagen führen, wenn ein erheblicher Teil der Bevölkerung *faktisch* keine Chance hat, Vermögen zu erwerben und so die Gleichheitsverheißung nur auf dem Papier steht.

Relativ spät hat die **Gleichberechtigung der Geschlechter** erfolgreichen Eingang in die Menschen- und Bürgerrechtsbewegung gefunden, siehe Rn 118.

4. Die Entwicklung des Zivilrechts im Zeitalter des Sozialstaats

Die **Postulate des Liberalismus** wurden im Verlaufe des 19. und 20. Jahrhunderts **69** weitgehend durch die Gesetzgebung **verwirklicht** und prägten auch das BGB. Indes hatte sich zu Beginn des 20. Jahrhunderts längst gezeigt, dass das freie Spiel der gesellschaftlichen Kräfte keineswegs automatisch zum sozialen Optimum führte und dass mit der Verwirklichung von Handlungs- und Eigentumsfreiheit allein die gesellschaftlichen Probleme nicht gelöst werden konnten. Die durch wirtschaftliche Betätigungsfreiheit und beliebige Einsetzbarkeit des Eigentums entfesselten Kräfte erwiesen sich als Antriebe nicht für Harmonisierung, sondern für Polarisierung der Gesellschaft. Es bildete sich nicht, wie erträumt, eine Nation von Eigentümern, vielmehr ein Gegensatz zwischen den wenigen sozial Gesicherten und der Masse der im Elend lebenden Kleinbauern, Handwerker und Arbeiter. Schon die Gesetzgebungspolitik des zweiten deutschen Kaiserreiches (1871–1918) ist daher nicht mehr allein von liberalen Gedanken geprägt.

Seit Ende des 19. Jh. erscholl allenthalben der Ruf nach einer Intervention des Staates **70** in die gesellschaftlichen Abläufe. 1926 konnte der Nationalökonom *J.M. Keynes* das Ende des Laissez-faire verkünden. Das **Ungenügen des liberalen Gesellschaftsmodells** zeigte sich unter anderem in folgenden Zusammenhängen.

(1) Die **Vertragsfreiheit** droht sich auf wirtschaftlichem Gebiete selbst auszuhöhlen, wenn die Unternehmen durch Preisabsprachen und andere marktbeeinflussende Abreden (Kartelle) die Gesetzmäßigkeiten des wettbewerblichen Marktgeschehens ausschalten. Der gleiche Effekt kann dadurch erzielt werden, dass die Unternehmen auf der Anbieter- oder Nachfragerseite sich zu Konzernen oder sonstigen Unternehmensverbindungen zusammenschließen oder zu einer rechtlichen und wirtschaftlichen Einheit verschmelzen (Fusion). Auf diese Weise entstehen Formen der Marktbeherrschung durch ein Unternehmen oder einen Unternehmensverbund bis hin zum Monopol. Die heutige Situation ist durch zunehmende Konzentrationsbewegungen in der Wirtschaft gekennzeichnet. Dass die **Kartelle** und die zur **Marktbeherrschung** führenden Zusammenschlüsse die Vertragsfreiheit derjenigen Teilnehmer am Markt, die nicht entsprechend organisiert sind, beseitigen, wurde erst allmählich erkannt (grundsätzliche Erlaubtheit der Kartelle: RGZ 38, 155, 158). Der Gesetzgebung in erster Linie kam die Aufgabe zu, durch Beschränkungen der Vertragsfreiheit den Wettbewerb zu sichern (**Kartellgesetzgebung, Anti-Trust-Gesetzgebung**). Damit war die Illusion dahin, der Wettbewerb werde sich von Natur aus einstellen und einspielen, wenn nur der Staat sich aus der Wirtschaft zurückziehe. Die freie Konkurrenz wird heute vielmehr als ein Geschehen begriffen, das durch den Staat einen rechtlichen Rahmen und seine Absicherung erhält. Heute ist die Rechtslage hauptsächlich durch das Gesetz gegen Wettbewerbsbeschränkungen (GWB) bestimmt (Rn 28).

(2) **Wirtschaftskrisen**, wie vor allem die Inflation der Jahre 1919 bis 1924 und der **71** Zusammenbruch der Volkswirtschaften im Jahre 1929 oder auch die Bankenkrise von 2008 zeigen deutlich, dass es mit der Sicherung des Wettbewerbs nicht getan ist. Die seit 1920 vordringenden Lehren der Nationalökonomie verlangten vom Staat eine Globalsteuerung der Volkswirtschaften. Die besonderen Erfordernisse einer staatlichen Wirtschaftsverwaltung in Kriegs- und Nachkriegszeiten verstärkten die Gewöh-

nung an **staatliche Eingriffe und Einflüsse**. Infolgedessen verschaffte sich der Staat im Laufe des 20. Jahrhunderts ein subtiles Instrumentarium für Einflussnahme auf die Wirtschaft, angefangen von Subventionen bis hin zur Außerkraftsetzung des Marktgeschehens durch Festlegung von Preisen oder Preisgrenzen. Die Errichtung der Europäischen Wirtschaftsgemeinschaft (EWG) bzw der Europäischen Union (EU) hat die Elemente der Wirtschaftsplanung weiter verstärkt.

72 (3) Dass das sich völlig selbst überlassene freie Spiel der Kräfte keine annehmbaren Ergebnisse garantiert, wurde besonders schmerzlich im Bereich der **Arbeitsverhältnisse** deutlich. Der vom Liberalismus postulierte, von den Juristen verkündete „freie Arbeitsvertrag" bildete in einer Zeit krassen Überangebots an Arbeitskräften das Instrument zu menschenunwürdiger Gestaltung der Löhne und Arbeitsverhältnisse. Die Vorstellung, dass der Unternehmer auf der einen, der einzelne Arbeiter auf der anderen Seite sich als freie Personen auf einer mittleren Linie ihrer Interessen vertraglich einigen, geht an der Wirklichkeit vorbei. Die Gesetzgebung greift daher in den Angebot-Nachfrage-Mechanismus zu Gunsten der Arbeitnehmer ein, zB durch Vorschriften, die einen Mindestschutz gewähren (Kündigungsschutz, Mutterschutz etc).

73 (4) Im Arbeitsrecht bahnte sich ferner eine weitere, für das heutige Verständnis grundlegende Entwicklung an. Die Erkenntnis, dass der einzelne Arbeiter als Vertragspartner des ökonomisch mächtigen Unternehmers seine Interessen nicht zu verfolgen vermag, führte zur Bildung und schließlich zur rechtlichen Anerkennung der **Arbeitnehmerorganisationen** als Vertragspartner (Tarifvertrag) der Unternehmer oder **Unternehmensverbände**. Durch Verlagerung der Verhandlungen über Löhne und Arbeitsbedingungen von einer individuellen auf eine kollektive Ebene wurde die liberale Vorstellung vom „freien Vertrag" auf eine andere Ebene verschoben; Gewerkschaften und Unternehmerverbände bilden die „freien und gleichen" Instanzen, die durch Vereinbarungen einen Interessenausgleich zu erzielen vermögen.

74 Auch für andere Gebiete ist ein **Zuwachs an gruppenbezogenem Denken** auch für die moderne Entwicklung typisch. Die Bildung großer wirtschaftlicher Mächte einerseits und die Formierung der Gesellschaft in Interessengruppen wie Gewerkschaften, Arbeitgeberverbänden, Parteien, Berufsvereinigungen, Mieterbünden, Haus- und Grundbesitzervereinen andererseits ordnen sich nicht bruchlos in das klassische liberale Gesellschaftsmodell ein. Die Theorie des 19. Jahrhunderts war auf „den Einzelnen" ausgerichtet und begriff die Gesellschaft als Gewebe von Individualbeziehungen. Die juristische Doktrin hatte demzufolge mit der Deutung von Vereinigungen große Schwierigkeiten (Rn 134). In dem Maße, in dem sich die Einzelnen zur Durchsetzung ihrer Interessen zusammenschlossen, wandelte sich die Beziehung „Staat – Einzelner" zu einem Spannungsdreieck „Staat – Gruppe – Einzelner". Zwischen Staat und Individuum schieben sich Zusammenschlüsse, die für den Einzelnen und seine Freiheit zwiespältige Wirkungen entfalten: Sie sichern und fördern seine Freiheit, indem sie seine Interessen kollektiv vertreten; sie bedrohen gleichzeitig seine Freiheit, indem sie ihn einem Gruppenreglement unterwerfen und damit neue Abhängigkeiten schaffen.

75 (5) Von vornherein konnte das **Eigentum** seine ihm zugedachte Funktion als Garant der Freiheit für große Teile der Bevölkerung, nämlich die Fabrik- und Landarbeiter, nicht in erhofftem Maße erfüllen. Die wirtschaftliche Entwicklung, in deren Verlauf auch mittlere Vermögen durch Kriegseinwirkungen und Inflationen stark getroffen wurden, verschärfte die Entwertung des Eigentums als Mittel sozialer Sicherung. Für die Mehrzahl der Menschen konnte das Eigentum das Problem der Existenzsicherung folglich nicht lösen. Als die soziale Frage als Frage nach den Lebensbedingungen der Arbeiter in das allgemeine Bewusstsein trat und in Sozialpolitik einmündete, erwiesen sich nicht so sehr die Programme der Eigentumsstreuung als das neu geschaffene System der Sozialleistungen (Sozialversicherung, Arbeitslosenversicherung, gesetzliche Krankenversicherung) und die vermehrten Ausbildungschancen für jedermann als die entscheidenden Instrumente sozialer Sicherheit.

(6) Sowohl die Notwendigkeit einer Absicherung des Wirtschaftsablaufs als auch das **76** erwachte soziale Bewusstsein stellten an den Staat die Anforderung, seine Distanz zur „freien Gesellschaft" aufzugeben und durch Gesetz und Verwaltungshandeln die gesellschaftlichen Vorgänge in gewissem Umfang zu steuern, zumindest aber in engeren Grenzen zu halten. Die Alternative zu revolutionären Programmen bestand in einem Sozialmodell, das die Elemente der Individualfreiheit und des Privateigentums zwar aufrechterhielt, aber den Zielen der Wohlfahrt für alle und der sozialen Gerechtigkeit unterordnete. Das Programm dieser Verbindung von Individualfreiheit mit gesellschaftlicher Solidarität ist mit dem Begriff des **Sozialstaats** gekennzeichnet. Bei aller Verschiedenheit der damit verbundenen Postulate erwies sich der Sozialstaatsbegriff als geeignet, den Rahmen für eine gesellschaftspolitische Verständigung von sozialistischen, konservativen und liberalen Kräften abzugeben. Das Sozialstaatspostulat ist daher in die Verfassung eingegangen (Art. 20 I GG „sozialer Bundesstaat"; Art. 28 I 1 GG „sozialer Rechtsstaat").

Die Verschmelzung von Sozialstaatsidee mit Elementen des Liberalismus bedeutet **77** im Prinzip: Freiheit der individuellen Betätigung, Wettbewerbswirtschaft und Freiheit des Eigentums bleiben dem Grundsatz nach aufrechterhalten; diese Freiheiten treten aber in ein permanentes Spannungsverhältnis zu den sozialpolitischen Zielen des Staates und erfahren von daher Steuerungen und Begrenzungen. Demzufolge erhalten die **Freiheitsrechte**, wo ihr Gebrauch mit den sozialstaatlichen Zielen kollidieren kann, **Schranken, die in ihr Wesen hineindefiniert werden**. Die Freiheit des Vertrags und Eigentums wird nicht zunächst einmal isoliert gedacht und sodann begrenzt, sondern versteht sich von vorneherein nach Maßgabe sozialstaatlicher Ordnung. Besonders deutlich wird dies beim Eigentum. Der Staat bestimmt durch seine Gesetze, welche Inhalte und welche Befugnisse mit dem Eigentum verbunden sind und wo die Grenzen liegen. „Es ist also nicht wahr, dass das Eigentum seiner ‚Idee' nach die absolute Verfügungsgewalt in sich schlösse. Ein Eigentum in solcher Gestalt kann die Gesellschaft nicht dulden und hat sie nie geduldet – die ‚Idee des Eigentums' kann nichts mit sich bringen, was mit der ‚Idee der Gesellschaft' in Widerspruch steht" (*Jhering*, Der Zweck im Recht, 2. Aufl. 1884, 523). Eine solche Auffassung öffnet das Privateigentum den gesellschaftlichen Anforderungen; seitdem sind Eigentumsfreiheit und soziale Bindung dem Eigentumsbegriff inhärent und bedingen seine innere Spannung.

(7) Die Entwicklung vom liberalen zum freiheitlich-sozialen Staat und die Erkennt- **78** nis, dass in Privatrechtsverhältnissen soziale Macht ausgeübt werden kann, blieben **nicht ohne Einfluss auf den Inhalt des Zivilrechts**. Die Verwirklichung des Sozial-

staats geschieht freilich primär durch öffentlich-rechtliche Regelungen. Daher dringt das öffentliche Recht, für den klassischen Liberalismus lediglich ein Zaun an der Peripherie des sozialen Geschehens, mächtig auf Kosten des Zivilrechts vor. Im Sozialstaat erhält das Zivilrecht einen gegenüber früher geminderten Stellenwert. Es steht nicht isoliert, sondern normiert das soziale Geschehen im Zusammenspiel mit weit reichenden öffentlich-rechtlichen Normen. Gerade deshalb ist es die Aufgabe des Zivilrechts, innerhalb einer verzahnten Gesamtrechtsordnung seine Ziele zu verfolgen, nämlich die Freiheit des Einzelnen zu sichern und die geeigneten Regeln für die Ausübung der Vertrags- und Vereinigungsfreiheit, für Schutz und Ausübung erworbener Rechte, für die Freiheit des Eigentums und für die Unantastbarkeit des persönlichen Entfaltungsbereichs zu bilden.

79 (8) Zu den Einwirkungen des sozialen Verständnisses auf das Zivilrecht gehört auch, dass in der zweiten Hälfte des 20. Jahrhunderts der Gedanke des **Schutzes des Schwächeren** als ein Gestaltungselement zunehmende Bedeutung erlangte. Die Vorstellung von der Gleichheit der Individuen beim Abschluss von Verträgen widerspricht einer Wirklichkeit, in der mächtige Unternehmen und Verbände dem Einzelnen die Bedingungen diktieren können, unter denen ihm der Erwerb der für das Leben benötigten Güter möglich ist. Häufig sind Geschäftspraktiken darauf angelegt, den geschäftlich unerfahrenen oder nicht hinreichend informierten Partner zu seinem Nachteil zu überrumpeln oder sonst seine Schwächen auszunutzen. Gesetzgebung und Rechtsprechung haben Instrumente entwickelt, die einer solchen Ausnutzung von Überlegenheit entgegenwirken sollen. Eine besondere Bedeutung hat in diesem Zusammenhang die **Verbraucherschutzgesetzgebung** erlangt (Rn 814). Der Gedanke des Schutzes des Schwächeren hat unsere Begriffe von Privatautonomie und Vertragsfreiheit modifiziert.

Literatur zur Theorie des Zivilrechts: *O. v. Gierke*, Die soziale Aufgabe des Privatrechts, 1889; *K. Renner*, Die Rechtsinstitute des Privatrechts und ihre soziale Funktion, 1929 (Wiederabdruck 1965); *W. Hallstein*, Wiederherstellung des Privatrechts, SJZ 1946, 1; *A. Egger*, Vom individualistischen zum sozialen Zivilrecht, in: Ausgewählte Schriften und Abhandlungen, 1957, I, 209; *F. v. Hippel*, Zum Aufbau und Sinnwandel unseres Privatrechts, 1957; *G. Radbruch*, Vom individualistischen zum sozialen Recht, in: Der Mensch im Recht, 1957, 35; *F. Wieacker*, Das Sozialmodell der klassischen Privatrechtsgesetzbücher und die Entwicklung der modernen Gesellschaft, 1953; *L. Raiser*, Die Zukunft des Privatrechts, 1971; *J. Neuner*, Privatrecht und Sozialstaat, 2002; *W.R. Bub/R. Knieper/R. Metz*, Zivilrecht im Sozialstaat, 2005; *M. Auer*, Der privatrechtliche Diskurs der Moderne, 2014; *St. Grundmann/Hans-W. Micklitz/M. Renner*, Privatrechtstheorie, 2015.

5. Zivilrecht und Grundgesetz

80 Nach dem Gesagten kommt der Staatsverfassung Bedeutung auch für das Zivilrecht zu. Dies ergibt sich bereits aus der Erkenntnis, dass die Zivilrechtsnormen nicht Schöpfungen „privaten" Willens, sondern der für die Normbildung zuständigen Staatsorgane sind. Die Vorstellung, die Zivilrechtsnormen befänden sich außerhalb des Aussagebereichs der Verfassung, kann durch einfache Beispiele widerlegt werden. Ein Rechtssatz des Zivilrechts, der die Begründung eines Sklavenverhältnisses für gültig erklären würde, verstieße sowohl gegen die Menschenwürde (Art. 1 I GG) als auch gegen das Grundrecht auf freie Entfaltung der Persönlichkeit (Art. 2 I GG), auf deren Kern der Einzelne nicht verzichten kann. Ein Zivilrecht, das der freien Entfaltung der Persönlichkeit die rechtliche Absicherung verweigern würde, verletzte gleichfalls die Freiheitsgarantie aus Art. 2 I GG. Deshalb ergibt sich aus Art. 2 I GG nicht nur das Prinzip der Vertragsfreiheit als solches, sondern auch die Verpflichtung des Staates, den im Einklang mit der Rechtsordnung stehenden Verträgen zur Durchsetzung zu verhelfen. Das Grundrecht des Art. 5 I 1 GG würde durch eine Haftungsvorschrift verletzt, welche die Meinungsfreiheit generell bei den Vermögensinteressen anderer enden ließe. Die Vereinigungsfreiheit (Art. 9 I GG) könnte durch ein Zivilrecht verletzt werden, das die Vereinsbildung durch unangemessene Haftungsbestimmungen erschweren würde. Zivilrechtsnormen könnten verfassungsrechtliche Einrichtungsgarantien wie die des Eigentums und Erbrechts (Art. 14 I GG) verletzen, indem sie den genannten Instituten den zureichenden Schutz verweigern.

Die Anforderungen, die das GG an das Zivilrecht stellt, sind aus dem Sinngehalt der **81** Freiheitsrechte, der Einrichtungsgarantien und der Sozialstaatsklausel abzuleiten. Es geht darum, die Konfliktfelder zu ermitteln, über die das Grundgesetz mit seinen Rechtssätzen eine Aussage machen will. Die Freiheitsrechte umschreiben Bereiche existenzieller Selbstbestimmungsinteressen, die nicht gegen ihren Sinngehalt beschränkt werden sollen. Einrichtungsgarantien wie Art. 6 I, II und Art. 14 I GG verlangen ein Zivilrecht, das den mit ihrer Hilfe zugewiesenen Entfaltungs- und Schutzinteressen (zB dem Interesse der Eltern an der Erziehung ihres Kindes, Art. 6 II GG) zur Durchsetzung verhilft.

Die grundsätzliche Bedeutung der Verfassung für das Zivilrecht bedeutet freilich **82** nicht, dass die Zivilrechtsnormen im Detail aus der Verfassung abgeleitet werden könnten. Vielmehr umgrenzen die Aussagen der Verfassung den Spielraum für Gesetzgebung und Rechtsprechung. Innerhalb eines weiten Raumes stellen die Wertungsalternativen und rechtstechnischen Mittel, die sich für eine Konfliktlösung anbieten, weder die Freiheitsrechte noch die Institutsgarantien noch das Sozialstaatsprinzip in Frage. Der freiheitliche Sozialstaat bildet kein geschlossenes System, aus dem sich eine bestimmte Zivilrechtsordnung als einzig richtige ableiten ließe.

Die Frage nach der Bedeutung des GG für das Zivilrecht wird vielfach unter dem **83** Stichwort **Drittwirkung der Grundrechte** erörtert. Zur Zeit des klassischen Liberalismus, so wurde gesagt, hätten sich die Grundrechte ausschließlich gegen den Staat gerichtet. Das GG habe demgegenüber die Funktion der Grundrechte erweitert und sie mit Schutzpositionen auch gegenüber Subjekten des Privatrechts, vor allem gegenüber zivilrechtlich organisierten sozialen Mächten (Unternehmen, Verbänden etc) ausgestattet.

Die Theorie der Drittwirkung wird in doppelter Gestalt vertreten. Die Theorie der **unmittelbaren Drittwirkung** (der Sache nach entwickelt von *H.C. Nipperdey*) behauptet, dass die Grundrechte „das Privatrecht" oder „den Privatrechtsverkehr" unmittelbar binden; Rechtsgeschäfte, die gegen die Grundrechte verstoßen, sind nach dieser Auffassung gemäß § 134 nichtig. Die Theorie von der **mittelbaren Drittwirkung** anerkennt ebenfalls die normative Bedeutung der Verfassung für „Privatrecht" und „Privatrechtsverkehr". Diese Bedeutung soll aber nicht darin liegen, dass die Privatpersonen in ihrem Verhältnis zueinander die Grundrechte unmittelbar zu beachten hätten.

Vielmehr bringen die Grundrechte *Wertentscheidungen* zum Ausdruck, die bei der Handhabung und Interpretation der Zivilrechtsnormen zu berücksichtigen sind.

84 Das **Bundesverfassungsgericht** hat sich der Sache nach der Lehre von der mittelbaren Drittwirkung angenähert. Es sieht in den Grundrechten eine „objektive Wertordnung" oder ein „Wertsystem" errichtet, von dem Gesetzgebung, Verwaltung und Rechtsprechung „Richtlinien und Impulse" empfangen. So beeinflusst das GG „selbstverständlich auch das bürgerliche Recht; keine bürgerlich-rechtliche Vorschrift darf in Widerspruch zu ihm stehen, jede muss in seinem Geiste ausgelegt werden." (BVerfGE 7, 198, 205). Nach Auffassung des Gerichts entfaltet sich der Rechtsgehalt der Grundrechte im Privatrecht insbesondere durch diejenigen Generalklauseln, die auf Maßstäbe außerhalb des Zivilrechts oder des Rechts überhaupt verweisen (zB „gute Sitten" in § 826 BGB, BVerfGE 7, 198, 206). Das BVerfG spricht von einer **Ausstrahlungswirkung der Grundrechte** auf das Privatrecht (zB BVerfG NJW 2002, 741, 742; NJW 2002, 3767, 3768; BVerfGE 112, 332 Rn 85). Diese Ausstrahlung bezieht sich nicht auf das privatrechtliche Handeln für sich gesehen, sondern auf die Anwendung des Rechts durch die Gerichte. Entscheidungen der Zivilgerichte können im Einzelfall gegen die Verfassung verstoßen, wenn sie Auslegungsfehler erkennen lassen, „die auf einer grundsätzlich unrichtigen Auffassung von der Bedeutung eines Grundrechts, insbesondere vom Umfang seines Schutzbereichs, beruhen" (BVerfGE 89, 214, 230).

85 Die Lehre von der Drittwirkung oder Ausstrahlungswirkung der Grundrechte darf nicht zu der Fehlvorstellung verleiten, das rechtsgeschäftliche Handeln einer Privatperson sei generell an dieselben Regeln gebunden wie das Handeln von Hoheitsträgern – es wäre dies das Ende der Freiheit. Während zB ein Hoheitsträger die Bürger unter gleichen Voraussetzungen gleich zu behandeln hat, steht eine Privatperson in ihrem rechtsgeschäftlichen Verhalten keineswegs unter diesem Gebot. Es kann jemand mit dem einen Interessenten einen Vertrag schließen, während er das Angebot eines anderen ausschlägt, ohne dies sachlich begründen zu müssen. Ein Gläubiger kann dem einen Schuldner die Schuld erlassen, während er gegen den anderen vorgeht, ohne dass ein „sachlicher Grund" für die Ungleichbehandlung vorliegen müsste. Doch hat diese Freiheit der Privatperson Grenzen, die sogleich sichtbar werden, wenn es um **besonders anstößige Ungleichbehandlungen**, insbesondere gegen Absätze II und III des Art. 3 GG geht (Ungleichbehandlung wegen des Geschlechts, der Rasse, Abstammung, Religion usw).

86 Darüber hinaus hat der deutsche Gesetzgeber im Jahre 2006 durch das **„Allgemeine Gleichbehandlungsgesetz"** vom 14.8.2006 (BGBl. I 1897) vier Richtlinien der EU (2000/43/EG, 2000/78/EG, 2002/73/EG, 2004/113/EG) in nationales Recht umgesetzt. Das Allgemeine Gleichbehandlungsgesetz geht über die europäischen Vorgaben hinaus und greift tief in die Vertragsfreiheit ein. Das Gesetz verbietet Benachteiligungen wegen Rasse und ethnischer Herkunft, Geschlecht, Religion und Weltanschauung, Behinderung, Alter und sexueller Identität. Betroffen sind weite Bereiche, darunter auch der „Zugang zu und die Versorgung mit Gütern und Dienstleistungen, die der Öffentlichkeit zur Verfügung stehen", soweit es um die Begründung, Durchführung und Beendigung zivilrechtlicher Schuldverhältnisse geht. Dem Verbot der Benachteiligung wegen der genannten Merkmale stehen erlaubte Bevorzugung („positive Maßnahmen", § 5 AGG) und Ausnahmeregelungen (zB § 20 AGG) gegenüber, die letztlich ihrerseits Diskriminierungen gestatten. Das Gesetz bietet für Verstöße **eigenständige zivilrechtli-**

che Sanktionen (§ 21 AGG): 1) Der Benachteiligte kann bei einem Verstoß gegen das Benachteiligungsverbot die Beseitigung der Beeinträchtigung verlangen. 2) Sind weitere Beeinträchtigungen zu besorgen, so kann er auf Unterlassung klagen. 3) Bei einer Verletzung des Benachteiligungsverbots ist der Benachteiligende verpflichtet, den hierdurch entstandenen Schaden zu ersetzen, außer wenn er die Pflichtverletzung nicht zu vertreten hat; auch für immaterielle Schäden kann eine angemessene Entschädigung in Geld verlangt werden.

Literatur zum Thema Grundrechte und Privatrecht: *W. Leisner*, Grundrechte und Privatrecht, 1960; *L. Raiser*, Grundgesetz und Privatrechtsordnung, Verhandlungen des 46. DJT, 1966, II B; *C.-W. Canaris*, Grundrechte und Privatrecht, AcP 184, 201; *J. Schwabe*, Grundrechte und Privatrecht, AcP 1985, 1; *Chr. Hillgruber*, Grundrechtsschutz im Privatrecht, AcP 191, 69; *D. Medicus*, Der Grundsatz der Verhältnismäßigkeit im Privatrecht, AcP 192, 35; *S. Oeter*, Drittwirkung der Grundrechte und die Autonomie des Privatrechts, AöR 119 (1994), 529; *C. Classen*, Die Drittwirkung der Grundrechte in der Rechtsprechung des Bundesverfassungsgerichts, AöR 122 (1997), 65; *C.-W. Canaris*, Grundrechte und Privatrecht, 1999; *M. Ruffert*, Vorrang der Verfassung und Eigenständigkeit des Privatrechts, 2001; *Th. Simon*, „Grundrechtstotalitarismus" oder „Selbstbehauptung des Zivilrechts"?, AcP 2004, 264; *T. Körber*, Grundfreiheiten und Privatrecht, 2004; *H. de Wall/R. Wagner*, Die sogenannte Drittwirkung der Grundrechte, JA 2011, 734.

Kapitel 4
Zivilrecht und Öffentliches Recht

1. Die Unterscheidung

Über den Unterschied zwischen Privatrecht und Öffentlichem Recht gibt es zahlreiche Theorien. Die Schwierigkeiten liegen hauptsächlich darin begründet, dass der Staat nicht nur hoheitlich tätig wird, sondern bei bestimmten Geschäften, etwa dem Einkauf von Büromöbeln, wie eine Privatperson auftritt und dann nach den Regeln des bürgerlichen Rechts behandelt zu werden pflegt. Da der Staat folglich zum Teil öffentlich-rechtlich, zum Teil zivilrechtlich agiert, entsteht das schwierige Problem, die Vielzahl der Staatstätigkeiten der einen oder der anderen Kategorie zuzuteilen. Die Unterscheidung ist gleichwohl notwendig. Für Rechtsstreitigkeiten stehen nämlich verschiedene Gerichtsorganisationen („Rechtswege") zur Verfügung: Verfassungsgerichte (für verfassungsrechtliche Angelegenheiten), Verwaltungsgerichte (für öffentlich-rechtliche Streitigkeiten nicht verfassungsrechtlicher Art, § 40 I VwGO), ordentliche Gerichte (für Zivilsachen und Strafsachen, § 13 GVG) und schließlich Gerichte für besondere Gebiete (zB Sozialgerichte, Finanzgerichte). Welcher Rechtsweg einschlägig ist, hängt von der Natur des Rechtsverhältnisses ab, das den Gegenstand des Verfahrens bildet. Diese Rechtsnatur ergibt sich wiederum daraus, welcher Art die Normen sind, die es gestalten. Wir wollen die Frage für den Unterschied zwischen **Zivilrecht** und **öffentlichem Verwaltungsrecht** näher erörtern.

87

Der Unterschied zwischen den Normen des Zivilrechts und des öffentlichen Verwaltungsrechts liegt darin, für wen und gegenüber wem sie Rechtswirkungen anordnen

88

(**Adressaten der Rechtsfolgen**). Man vergleiche folgende Vorschriften des Straßen-verkehrsgesetzes (StVG) vom 19. Dezember 1952:

§ 3 I 1: Erweist sich jemand als ungeeignet oder nicht befähigt zum Führen von Kraftfahrzeu-gen, so hat ihm die Fahrerlaubnisbehörde die Fahrerlaubnis zu entziehen.

§ 2 I 1: Wer auf öffentlichen Straßen ein Kraftfahrzeug führt, bedarf der Erlaubnis (Fahrerlaub-nis) der zuständigen Behörde (Fahrerlaubnisbehörde).

§ 7 I: Wird bei dem Betrieb eines Kraftfahrzeugs oder eines Anhängers, der dazu bestimmt ist, von einem Kraftfahrzeug mitgeführt zu werden, ein Mensch getötet, der Körper oder die Ge-sundheit eines Menschen verletzt oder eine Sache beschädigt, so ist der Halter verpflichtet, dem Verletzten den daraus entstehenden Schaden zu ersetzen.

Diese Vorschriften ordnen Rechtsfolgen an, die sich aus bestimmten Tatbeständen er-geben. Die Vorschriften unterscheiden sich jedoch in der Frage, *wen die Rechtsfolgen treffen und im Verhältnis zu wem sie eintreten*:

§ 3 I 1 ordnet eine Rechtsfolge (Pflicht) für eine Verwaltungsbehörde gegenüber einer beliebi-gen Person an: Sie hat ihr den Führerschein zu entziehen, wenn sie sich als ungeeignet erweist.

§ 2 I 1 ordnet eine Rechtsfolge für eine beliebige Person an, nämlich das Verbot, ein Kraftfahr-zeug auf öffentlichen Straßen ohne behördliche Erlaubnis zu führen. Es handelt sich um eine Rechtsfolge, die im Verhältnis zu den staatlichen Behörden eintritt, welche die Einhaltung des Verbots zu überwachen haben.

§ 7 I ordnet eine Schadenersatzpflicht im Verhältnis beliebiger Personen untereinander an.

Die Folgerung liegt nahe: § 7 I StVG bildet einen Rechtssatz des Zivilrechts; die §§ 3 I 1 und 2 I 1 StVG sind Rechtssätze des öffentlichen Rechts. Wir könnten demnach versuchen, die Regel wie folgt zu formulieren: Öffentlich-rechtlich sind solche Rechtssätze, die entweder Rechtsfolgen *für* eine Körperschaft/Anstalt des öffentli-chen Rechts oder für eine beliebige Person *gegenüber* einer solchen Körperschaft/An-stalt anordnen.

89 Die Sache kompliziert sich durch den erwähnten Umstand, dass die Personen des öf-fentlichen Rechts auch wie Privatpersonen im Geschäftsverkehr auftreten und dann nach Zivilrecht behandelt werden. Die Rechtsfolgen, die durch die öffentlich-rechtli-chen Normen ausgesprochen werden, betreffen folglich die öffentlich-rechtlichen Körperschaften und Anstalten nur, soweit sie **als Hoheitsträger** agieren. Es kommt hinzu, dass der Staat in einigen Bereichen auch privatrechtlich organisierten Unter-nehmen hoheitliche Funktionen zur Ausübung überträgt („beliehene Unternehmen"). Folglich ist die Regel derart zu verallgemeinern, dass man für „Körperschaft und An-stalt des öffentlichen Rechts" den Begriff „Hoheitsträger" setzt. Die Definition lautet dann: **Die Normen des öffentlichen Rechts ordnen Rechtsfolgen für Hoheitsträ-ger oder für beliebige Personen im Verhältnis zu Hoheitsträgern an.** Unter Ho-heitsträgern verstehen wir dabei (1) Körperschaften und Anstalten des öffentlichen Rechts, außer wenn sie „als Privatleute" auftreten; (2) sonstige Personen, soweit ih-nen ausnahmsweise Hoheitsbefugnisse eingeräumt sind.

Zur Unterscheidung zwischen öffentlichem Recht und Privatrecht ist aus dem römischen Recht folgender Satz überliefert: *publicum ius est quod ad statum rei Romanae spectat, privatum quod ad singulorum utilitatem pertinet* (*Ulpian*, Digesten 1, 1, 1, 2). Diese Aussage ist heute nicht mehr brauchbar. Denn auch das Privatrecht dient nach unserem Verständnis nicht nur dem Einzelinteresse, sondern auch dem Funktionieren des Ganzen, das öffentliche Recht umgekehrt will nach sozialstaatlichem Verständnis auch dem Einzelnen ein menschenwürdiges Leben sichern.

2. Das Verhältnis

Obwohl sie unterschieden werden müssen, bilden öffentliches Recht und Zivilrecht nicht etwa völlig isolierte Bereiche, die nichts miteinander zu tun haben. Vielmehr sollen die unterschiedlichen Normkomplexe zusammen genommen eine **einheitliche, widerspruchsfreie Rechtsordnung** ergeben. Soweit sie das Handeln der Individuen und Gruppen regeln, treffen öffentliches und bürgerliches Recht in denselben Lebenssachverhalten aufeinander und verfolgen dabei **oft ähnliche Regelungsziele, freilich mit verschiedenen Mitteln**. Daher kann die Rechtslage, die für ein sachliches Problem besteht, nur dann richtig erfasst werden, wenn man Zivilrecht und öffentliches Recht und ihre Wechselwirkungen zusammen betrachtet. Der Inhalt des Grundeigentums kann zB nur dann vollständig erkannt werden, wenn man seine öffentlich-rechtlichen Beschränkungen berücksichtigt, auf die § 903 BGB nur pauschal verweist („soweit nicht das Gesetz entgegensteht"). 90

Im BGB finden sich einige **Vorschriften, die das Zivilrecht ausdrücklich mit anderen Regelungsgebieten verzahnen** und so auch bestimmten Normen des öffentlichen Rechts zivilrechtliche Wirkungen zumessen: 91

(1) Nach **§ 134 BGB** ist ein Rechtsgeschäft, das gegen ein gesetzliches Verbot verstößt, nichtig, wenn sich aus dem Gesetz nicht ein anderes ergibt. Als Verbotsgesetze kommen auch Vorschriften des öffentlichen Rechts in Betracht (Näheres Rn 663 ff).

(2) Nach **§ 823 II** trifft denjenigen eine Pflicht zum Schadensersatz, der gegen ein den Schutz eines anderen bezweckendes Gesetz verstößt und dadurch den Geschützten schädigt. Schutzgesetz in diesem Sinne können auch Vorschriften des öffentlichen Rechts sein.

Für die Lösung eines bürgerlich-rechtlichen Streits ist also nicht selten die Zuziehung von öffentlich-rechtlichen Vorschriften nötig.

Zur Problematik siehe die Beiträge in: *W. Hofmann-Riem/E. Schmidt-Aßmann* (Hg.), Öffentliches Recht und Privatrecht als wechselseitige Auffangordnungen, 1995; *W. Leisner*, Unterscheidung zwischen privatem und öffentlichem Recht, JZ 2006, 869.

Kapitel 5
Zur Methode der Gesetzesauslegung

1. Gesetzesanwendung und Normenbildung

92 Wie gezeigt (Rn 19) ist in unserer vom Gesetzesrecht geprägten Rechtsordnung das Gesetz der Ausgangspunkt für die zivilrechtlichen Entscheidungen. Das Gesetz enthält aber die Wertungsmaßstäbe nicht vollständig und ist demzufolge als Rechtsnorm noch unfertig. Die Rechtsprechung und die ihr zur Seite stehende Wissenschaft wirken daher an der Rechtsnormenbildung mit. Durch Rechtsanwendung und Interpretation geben sie den gesetzlichen Bestimmungen eine deutlichere Gestalt. Bei der Anwendung von Gesetzen ergibt sich die Rechtsnorm als Obersatz erst aus einem **Zusammenwirken von Gesetzgebung, Rechtsprechung und Rechtswissenschaft.**

93 Die Auffassungen vom Verhältnis von Gesetzgebung und Gesetzesauslegung waren im Verlauf der Geschichte einem erheblichen Wandel unterworfen. Aus der Zeit des aufgeklärten Absolutismus stammt die Vorstellung, den Gerichten stehe – zumindest in aller Regel – überhaupt keine Teilnahme an der Rechtsnormenbildung zu. Danach sind die Konfliktentscheidungen im Gesetz schon vollständig enthalten und brauchen folglich dem Gesetz nur entnommen zu werden **(Gesetzespositivismus)**. Diese Auffassung steht im Zusammenhang mit der Schaffung systematischer Gesetzbücher seit der 2. Hälfte des 18. Jahrhunderts (Rn 24), mit denen man glaubte, ein für alle Bürger verständliches Recht schaffen zu können. Dabei fürchteten die Verfasser der Gesetzeswerke, die Rechtsgelehrten und Gerichte könnten ihre Bemühungen um vernünftige und klare Regeln durch beliebige Auslegung zunichtemachen. Das preußische Allgemeine Landrecht (1794) war daher sowohl der Autorität der Juraprofessoren als auch der Rechtsschöpfung durch Richter abgeneigt: „Auf Meinungen der Rechtslehrer, oder ältere Aussprüche der Richter, soll, bei künftigen Entscheidungen, keine Rücksicht genommen werden" (Einleitung § 6); der Richter soll sich an das Gesetz halten und Zweifel über den Sinn des Gesetzes von einer Gesetzeskommission beurteilen lassen (§§ 47, 48). Eine derartige Deutung des Verhältnisses von Gesetz und Richter war auch auf demokratische Systeme übertragbar: Die auf demokratische Weise zustande gekommenen Gesetze lassen sich als Ausdruck des Volkswillens begreifen, an dem ein beamtetes Richtertum nichts zu deuten hat. Die Idealvorstellung von unzweideutigen Gesetzen, die für alle künftig vorkommenden Fälle eine klare Regelung enthalten, erwies sich indes als Illusion. Die Wirklichkeit ist immer vielfältiger, als der planende Geist sich ausdenken kann; sie ist zudem steten und raschen Veränderungen unterworfen, mit denen die Gesetzgebung nicht immer Schritt hält. Deshalb ließ sich der Gesetzespositivismus nicht halten. Doch war es dann nötig, Regeln zu entwickeln, die den Umgang der Gesetzesinterpreten mit dem Gesetz an methodische Regeln binden, um eine willkürliche Handhabung zu verhindern.

2. Die Auslegung von Gesetzen

In einem demokratischen System ist es Pflicht der Gerichte, durch sorgfältige **Auslegung des Gesetzes** die verbindliche Regelungsentscheidung des Gesetzgebers zu erfassen und in der Streitentscheidung nachzuvollziehen. Zu diesem Zweck sind in der **juristischen Methodenlehre** Auslegungselemente entwickelt worden, über deren Zahl, Art und Stellenwert freilich keine Einigkeit besteht.

94

Im Anschluss an *Savigny* unterscheidet man

(1) ein **grammatisches** Auslegungselement, das die Bedeutung der Gesetzesworte in Verbindung mit der Gesetzes- und der allgemeinen Rechtssprache beleuchtet;

(2) ein **logisches** Auslegungselement, das die Gliederung der im Gesetz enthaltenen Gedanken ins Auge fasst;

(3) ein **systematisches** Auslegungselement, das sich auf den inneren Zusammenhang bezieht, welcher die Regeln und Begriffe zu einer einheitlichen Rechtsordnung verbindet;

(4) das **historische** Auslegungselement, das man auf Unterschiedliches bezieht: teils auf den zur Zeit der Gesetzgebung bestehenden Regelungszustand, teils auf die Entstehungsgeschichte des Gesetzes, teils generell auf den geschichtlichen Zusammenhang einer Regelung.

(5) Hinzu tritt das häufig herangezogene **teleologische** Auslegungselement, dh der Rückschluss vom Zweck des Gesetzes auf seinen Inhalt (dazu Rn 105).

Diese Auslegungsregeln haben das Ziel, den Gesetzesinterpreten einen gewissen Spielraum zu gewähren, ohne die grundsätzliche Bindung an das Gesetz aufzuheben. Hingegen haben sie nicht den Sinn, die mitgestaltende Funktion der Gerichte und der Wissenschaft bei der Rechtsnormenbildung zu verhindern. Keine Gesetzessprache, auch wenn sie eng umrissene Tatbestände beschreiben will, ist exakt genug, um unscharfe Begriffsränder und Mehrdeutigkeit bei den Aussagen zu vermeiden.

95

Beispiel: Nach § 854 I wird der Besitz einer Sache durch Erlangung der tatsächlichen Gewalt erworben; nach § 856 I wird der Besitz durch Verlust der tatsächlichen Gewalt wieder beendet. Der Ausdruck „tatsächliche Gewalt über eine Sache" löst zunächst eindeutige Vorstellungen aus: Wir denken an das Haus, das wir vor unerwünschten Eindringlingen verschließen, oder an die Geldbörse, die wir eng am Körper in unserer Hosentasche tragen. Vielfach ist die Beurteilung der Besitzlage aber schwierig: Hat man Besitz an dem Hut, den man – wie man sicher weiß – auf der Parkbank vergessen hat? Oder den man liegen ließ, ohne genau zu wissen, ob auf der Parkbank oder im Kaffeehaus? Oder den man irgendwo im Park verloren hat? Es gibt demnach unterschiedliche Grade der „Gewaltbeziehung". Irgendwo verläuft die Grenze zwischen *Besitz* und *Nichtbesitz*, die aus den Worten „tatsächliche Gewalt" allein nicht exakt hergeleitet werden kann.

Bei der Interpretation muss man sich auch überlegen, welche rechtlichen Folgen die Bejahung oder Verneinung des Besitzes einer Person an einer Sache für die Fallentscheidung hat. So wird nicht nur vom Gesetz auf das Ergebnis, sondern zugleich von den möglichen Ergebnissen auf den Inhalt des Gesetzes geschlossen. Je allgemeiner die gesetzlichen Begriffe, desto weiter und undeutlicher sind die Begriffsfelder.

96 Ist ein gesetzlicher Begriff oder Aussagenzusammenhang **vieldeutig**, so muss der Richter unter den Möglichkeiten wählen, wenn seine Entscheidung davon abhängt. Er setzt dabei die genannten Auslegungselemente ein, die jedoch zumeist nicht dazu führen, dass *eine* Deutung als die allein gesetzmäßige angesehen werden kann. Vielmehr findet sich der Richter häufig in der Lage, *zwischen mehreren Deutungen des Gesetzes wählen zu können*, die sich sämtlich ohne Verstoß gegen Logik und Methodik als gesetzeskonform erweisen lassen. Die Wahl fällt dann wohl auf diejenige Deutung, die nach Auffassung des Richters zum gerechtesten Ergebnis führt. Die Gerichte entscheiden innerhalb des ihnen gelassenen Spielraums nach *eigener Wertung der Interessenlage*. Man darf sich den inneren Vorgang der richterlichen Überzeugungsbildung nicht so vorstellen, als ob in getrennten Schritten zuerst das Gesetz ausgelegt und dann auf den Fall angewendet würde. Vielmehr **wandert der Blick zwischen Rechtsnorm und Resultat ständig hin und her**: Die Rechtsnorm beeinflusst nicht nur das Resultat, sondern auch das Resultat die Rechtsnorm. Für das Verständnis der Gesetzesanwendung ist das von größter Bedeutung: Die gesetzlichen Begriffe werden nicht als abschließend vorgegebene Größen betrachtet und aus sich heraus gedeutet, sondern im ständigen Kontakt mit immer neuen Konflikterfahrungen umgestaltet. Bei der richterlichen Entscheidungsfindung ereignet sich demnach ein Zweifaches:

(1) Das Gericht versteht und nachvollzieht das Gesetz.
(2) Gleichzeitig füllt es den Inhalt des Gesetzes von seinem Rechtsverständnis her auf.

3. Unbestimmte Rechtsbegriffe und Generalklauseln

97 Die oft fehlende Begriffsschärfe der Gesetze wird als Manko beklagt, bietet jedoch bei näherem Hinsehen einen wichtigen Vorteil. Der Gesetzgeber hat bei seiner Regelung bestimmte mögliche Konflikte im Auge, für die er gerechte Lösungen finden will. Der menschliche Geist ist aber weder in der Lage, die Wirklichkeit vollständig zu erfassen, noch die in der Zukunft liegenden Veränderungen sicher vorauszusehen. Mit der Fehleinschätzung und Veränderung der vorgestellten Realität verlieren aber die im Gesetz niedergelegten Wertungen an Überzeugungskraft. Infolgedessen ist der Gesetzgeber entweder zu ständigen, rasch aufeinander folgenden Gesetzesänderungen gezwungen, oder aber er vertraut darauf, dass die Gerichte das gesetzgeberische Erkenntnisdefizit ausgleichen. Die Gerichte haben vor dem Gesetzgeber den Vorzug, dass ihnen die *wirklichen Konflikte* begegnen. Das Gesetz bleibt als menschliches Konstrukt gegenüber der Vielfalt des Lebens notwendig zurück; es ist nach einem gängigen Wort im Zeitpunkt seines In-Kraft-Tretens schon veraltet. Es ist dann die richterliche Handhabung, die das Gesetz trotzdem brauchbar und lebensfähig erhält.

98 Ein kluger Gesetzgeber wird der Rechtsprechung die Teilnahme an der Rechtsnormenbildung mit Bedacht erleichtern. Es geschieht dies durch die Verwendung relativ weiter, ausfüllungsbedürftiger Begriffe wie „Billigkeit" (§ 829), „im Verkehr erforderliche Sorgfalt" (§ 276 II), „wichtiger Grund" (§ 314 I 1) oder „zumutbar" (vgl § 313 I). Mit solchen **unbestimmten Rechtsbegriffen** ermächtigt das Gesetz die Rechtsanwender, den Begriffsgehalt näher zu konkretisieren.

Als besonders wichtige Ermächtigungsnormen für richterliche Rechtsbildung erwei- **99**
sen sich die **Generalklauseln**. Darunter versteht man ganz allgemein formulierte
Aussagen, die als Grundprinzipien in der gesamten Zivilrechtsordnung gelten. Dazu
gehören vor allem der Grundsatz von „Treu und Glauben" (§§ 157, 242) und die allgemeine Beachtlichkeit der „guten Sitten" (§§ 138, 826). Bei den Generalklauseln ist
aus dem Wortsinn verhältnismäßig wenig zu erschließen; ihr Inhalt wird durch Rechtsprechung und Wissenschaft aufgefüllt (zu § 138 Rn 670 ff; zu § 242 Rn 247).

4. Umkehrschluss, Analogie, teleologische Reduktion

a) Umkehrschluss

Bei der Lösung eines Rechtsfalls kommt es vor, dass die Anwendung des Gesetzes zu **100**
einem eindeutigen Ergebnis führt, das aber das Gericht für unpassend oder ungerecht
hält. Oft ist es so, dass ein konkreter Fall eine Besonderheit aufweist, die im Gesetz
keine Berücksichtigung gefunden hat, obwohl sie nach Einschätzung des Gerichts
eine andere Wertung der Interessen nahe legt als bei den übrigen unter die Norm fallenden Sachverhalten. Muss dann das Gericht aufgrund seiner Bindung an das Gesetz
die nach seiner Meinung unpassende Entscheidung fällen?

Grundsätzlich ist das zu bejahen. Wenn der Gesetzgeber im Zusammenhang mit einer
allgemeinen Regel für eine besondere Fallkonstellation keine abweichende Lösung
vorsieht, dann bedeutet das gewöhnlich, dass er das *so will*. Indem das Gesetz die
Entscheidungsmaßstäbe für einen Konflikt festlegt, *scheidet* es *andere Gesichtspunkte als irrelevant* aus. Um dem in der Gesetzesanwendung Rechnung zu tragen, arbeiten wir mit einem **Umkehrschluss (argumentum e contrario)**: *Weil* das Gesetz die
Voraussetzungen für eine Rechtswirkung so und nicht anders festgelegt hat, sind andere denkbare Gesichtspunkte für die Entscheidung bedeutungslos.

Beispiele: 1) Nach § 104 Nr 1 ist geschäftsunfähig, wer das siebte Lebensjahr noch nicht vollendet hat; Folge ist, dass diese Person keine Rechtsgeschäfte wirksam abschließen kann
(§ 105 I). Angenommen, es handelt sich in einen konkreten Fall um ein besonders aufgeweck-
tes, hochbegabtes Kind von sechs Jahren, das kognitiv sogar einen durchschnittlichen 8-Jähri-
gen übertrifft; gilt hier nicht eine Ausnahme von § 104? Der Umkehrschluss lautet: *Weil* das
Gesetz die besondere Begabung oder Entwicklung eines Kindes nicht als Kriterium herangezogen hat, kommt es nicht darauf, sondern allein auf das Lebensalter an. 2) Nach § 1601 sind
Verwandte in gerader Linie im Fall der Bedürftigkeit verpflichtet einander Unterhalt zu gewähren. Nach § 1589 S. 1 sind solche Personen in gerader Linie miteinander verwandt, deren eine
von der anderen abstammt. Ein Kind lebt nach dem Tod seines Vaters mit seiner Mutter und
deren neuen Ehemann zusammen. Ist der Ehemann als „Stiefvater" nach § 1601 zum Unterhalt
des Kindes verpflichtet, wenn sich zwischen ihnen ein psychisches Kind-Vater-Verhältnis entwickelt hat? Der Umkehrschluss lautet: *Weil* das Gesetz die gesetzliche Unterhaltspflicht an die
Abstammung anknüpft, erklärt es das Vorhandensein eines bloß *psychischen Verhältnisses* für
irrelevant. Aus § 1601 ist der Stiefvater also nicht verpflichtet.

b) Analogie

Andererseits gibt es Fälle, in denen wir die Gerichte für befugt halten, von den gesetz- **101**
lich festgelegten Normelementen abzuweichen, um ein zuträgliches Ergebnis zu er-

zielen. Diesem Zweck dient die **Theorie von der Regelungslücke**. Sie geht von der Vorstellung aus, dass der Gesetzgeber die Besonderheit einer Fallkonstellation, der das Gesetz nicht ausdrücklich Rechnung trägt, von vorn herein nicht ins Auge gefasst und nicht bedacht hat. Hätte er dies getan – so ist die Vorstellung –, so hätte er auch die gesetzliche Regelung entsprechend modifiziert. Das Gesetz enthält sodann *ungewollt* eine Lücke. Solche Lücken können entstehen, wenn schon bei der Gesetzgebung die Realität nur unzureichend erfasst wurde. Häufiger liegt es so, dass durch spätere Entwicklungen in Technik und Zivilisation Probleme entstehen, die der Gesetzgeber nicht voraussehen konnte. Wenn der Gesetzgeber dann nicht die Gesetze ändert, stehen die Gerichte vor der Frage, wie sie das „alte" Gesetz auf die „neue" Wirklichkeit anwenden sollen.

102 Die herrschende Methodenlehre hält die Gerichte für befugt, derartige Regelungslücken zu schließen, in dem sie die Grundgedanken des Gesetzes auf die Eigenart des besonderen Falles anpassen. Das kann auch in der Weise geschehen, dass der Anwendungsbereich einer Norm über seinen Wortlaut hinaus ausgedehnt wird. Man sagt: Die **Regelungslücke** wird durch **Analogie geschlossen**. Die Analogie besteht in der Übertragung einer Norm auf Fälle, die nicht den Normtatbestand erfüllen, die aber in den wesentlichen Punkten derartige Ähnlichkeiten mit dem Normtatbestand aufweisen, dass die gleiche Rechtsfolge angebracht erscheint.

Beispiele: 1) Nach § 12 hat derjenige, dessen Namensrecht in bestimmter Weise durch einen anderen beeinträchtigt wird (zB durch unbefugte Namensführung), Anspruch auf Beseitigung der Beeinträchtigung und auf Unterlassung gegen den anderen. Schon bald ergab sich die Frage, ob der Namensschutz sich auch auf das von einer Person geführte *Wappen* erstrecke (im Wege der Analogie bejaht zB von RGZ 71, 262). 2) Das Versprechen eines Lohnes für den Nachweis einer Heiratsgelegenheit begründet nach § 656 I 1 keine Verbindlichkeit. Die Frage entstand, ob diese Vorschrift analog auch für *Partner*-Vermittlungsverträge gilt (bejaht in BGHZ 112, 122).

103 Man unterscheidet zwei Arten von Analogie. Wendet man eine *einzelne gesetzliche Vorschrift* analog an, so spricht man von **Gesetzesanalogie**. Gewinnt man hingegen aus *einem Zusammenhang ähnlicher Vorschriften* ein allgemeines Prinzip, das über den Wortlaut der Vorschriften hinaus ausgedehnt werden soll, so spricht man mit einem verunglückten Ausdruck von **Rechtsanalogie** (zB Lehre vom allgemeinen vorbeugenden Rechtsschutz analog §§ 12, 862, 1004, Rn 378 ff).

c) Teleologische Reduktion

104 Durch die Analogie wird, wie gezeigt, der Anwendungsbereich einer Vorschrift über ihren Wortlaut hinaus erweitert. Das Gegenstück bildet die „teleologische Reduktion": Hier wird der Geltungsbereich der Norm unter Berufung auf ihren *Zweck* (griechisch: telos) enger geschnitten als der wörtlichen Auslegung entspräche. In solchen Fällen berufen sich die Gerichte häufig auf die „teleologische Auslegungsmethode" (Rn 94, Rn 105).

Beispiel: § 828 II 1 bestimmt: Wer das siebente, aber nicht das zehnte Lebensjahr vollendet hat, ist für den Schaden, den er bei einem Unfall mit einem Kraftfahrzeug, einer Schienenbahn oder einer Schwebebahn einem anderen zufügt, nicht verantwortlich. Damit wird die absolute Verschuldensunfähigkeit, die für Kinder unter sieben Jahren ausgesagt ist (§ 828 I), für einen bestimmten Lebensbereich auf Kinder zwischen sieben und zehn Jahren „verlängert" (außer bei Vorsatz, § 828 II 2). „Unfall mit einem Kraftfahrzeug" meint jeden Unfall, an dem ein Kraftfahrzeug beteiligt ist. In einem Fall prallte ein 9-jähriger Junge, der mit einem anderen ein Wettrennen auf öffentlicher Straße veranstaltete, mit seinem Kickboard auf einen parkenden PkW und beschädigte diesen. Bei wörtlicher Auslegung des § 828 II 1 hätte der Junge nicht schadensersatzfähig sein können. Doch erklärte ihn der BGH (BGHZ 161, 180) mit Hilfe einer teleologischen Reduktion gleichwohl für verschuldensfähig: Die Vorschrift des § 828 II 1 komme wegen ihres Zwecks nur dann zum Zug, wenn sich bei einem Schadensfall eine *typische Überforderungssituation des Kindes* durch die spezifischen Gefahren des motorisierten Verkehrs verwirklicht hat; das sei beim Aufprall eines Kickboard auf ein parkendes Fahrzeug nicht der Fall.

5. „Richterliche Rechtsfortbildung"

Ob die juristische Methodenlehre ihre Aufgabe, die Bindung der Norminterpretation **105** an das Gesetz zu gewährleisten, erfüllen kann, wird zunehmend zweifelhaft. Die Zivilgerichte bekennen sich zu ihrer normbildenden Funktion inzwischen ganz offen. Die Grenze, ab der das Prinzip der Gewaltenteilung überschritten ist, kann durch die Methodenlehre kaum exakt markiert werden. Unter den Auslegungsregeln ist das **teleologische Element** für die richterliche Einflussnahme auf die Normen besonders geeignet. Denn die Gesetzestexte geben üblicherweise ihren Zweck nicht selbst an. Die Zielsetzungen sind häufig in den Erläuterungen zu den Gesetzentwürfen formuliert oder dem Ablauf der parlamentarischen Beratungen zu entnehmen. Aber häufig wird das Gesetz in anderer Fassung beschlossen als zunächst entworfen, nicht selten bildet es das Resultat schwieriger Verhandlungen zwischen Bundestag und Bundesrat. Je komplexer die Gesetzgebungsgeschichte, desto undeutlicher meist die Zweckvorgabe. Es ist der Rechtsanwendung dann möglich, nach ihrem Verständnis dem Gesetz einen Zweck zu unterlegen, von dem aus die Norm dann interpretiert wird.

Hinzu kommt, dass sich die Gesetzesauslegung bei schon älteren Gesetzen von den konkreten Zweckerwägungen der Entstehungszeit lösen kann. Dies geschieht mit Hilfe der These, Erkenntnisziel der Gesetzesauslegung sei nicht der **Wille des historischen Gesetzgebers** (subjektive Theorie), sondern der **Wille des Gesetzes** (objektive Theorie). Dabei ist die Vorstellung maßgebend, das Gesetz entfalte, wenn es einmal in Kraft gesetzt ist, einen eigenen, von der Autorität des historischen Gesetzgebers sich ablösenden Regelungswillen. Folglich wird die Bedeutung der Gesetzesmaterialien umso leichter zurückgedrängt, je älter ein Gesetz geworden ist.

Bei Anwendung der **Lückentheorie** (Rn 101) stellt sich die Frage, unter welchen Voraussetzungen man annehmen kann, der Gesetzgeber habe die Besonderheit einer **106** Fallkonstellation unberücksichtigt lassen *wollen* (dann keine Lücke, Umkehrschluss) oder *unwillentlich* nicht bedacht (dann mögliche Lücke und Analogie). Die Rechtsprechung greift auf die Lückentheorie letztlich dann zurück, wenn sie ein vom Gesetz abweichendes Ergebnis für angemessen hält und methodisch nur so zum Ziele kommt. An feste Regeln zur Zulässigkeit oder Unzulässigkeit der Analogie lassen sich die Gerichte schwerlich binden. Darin liegt auch eine Gefahr für die Rechtssicherheit und das Prinzip der Gewaltenteilung.

Besondere Bedeutung für die Anwendung zivilrechtlicher Gesetze hat schließlich das Verständnis der **im GG verbürgten Grundrechte als einer Wertordnung**, die Gesetzgebung wie Rechtsprechung bindet (Rn 84). Aus dieser Warte lässt sich der Geltungsanspruch zivilrechtlicher Vorschriften entweder zurückweisen (verfassungswidriges Gesetz) oder relativieren („verfassungskonforme Auslegung").

107 So ergibt sich heute das Bild einer mit dem Gesetz verhältnismäßig frei umgehenden Rechtsprechung, die das Gesetz **nicht nur interpretiert**, sondern auch **ergänzt** und gelegentlich **korrigiert**. Ergänzung und Korrektur des Gesetzes werden als richterliche Rechtsfortbildung gerechtfertigt. Dabei werden meist die Elemente der juristischen Methodenlehre herangezogen. In manchen Entscheidungen lösen sich die Gerichte in einer bemerkenswert offenen Weise von einer geschlossenen Methodik.

Beispiel: Bis zum Jahr 2009 war gesetzlich nicht ausdrücklich geregelt, ob ein Betreuer (§ 1896 I) einer gerichtlichen Genehmigung bedarf, wenn er im Namen des Betreuten die Einwilligung in eine lebenserhaltende ärztliche Maßnahme verweigern will („Sterbehilfe"). Das Erfordernis einer gerichtlichen Genehmigung hat der BGH mit folgender Begründung bejaht: „Die Fortbildung des Rechts ist eine Pflicht der obersten Gerichtshöfe des Bundes und wird ständig geübt ... Sie ergibt sich vorliegend aus einer Gesamtschau des Betreuungsrechts und dem unabweisbaren Bedürfnis, mit den Instrumenten dieses Rechts auch auf Fragen im Grenzbereich menschlichen Lebens und Sterbens für alle Betroffenen rechtlich verantwortbare Antworten zu finden" (BGHZ 154, 205, 221). Letztlich wird die richterliche Normschöpfung aus dem Bedürfnis für eine bestimmte Regelung hergeleitet. Zum heutigen Rechtszustand vgl. § 1904 II.

6. Die Aufgabe der Rechtswissenschaft

108 Die Gegenüberstellung von Gesetzgebung und Rechtsanwendung als Faktoren der Normbildung darf nicht vergessen machen, dass eine „dritte Kraft" am Rechtsschöpfungsprozess beteiligt ist: die Rechtswissenschaft. Vorbei sind freilich die Zeiten, da das Rechtssystem hauptsächlich ein Produkt wissenschaftlicher Begriffs- und Systembildung war. So war die Lage nach der Rezeption des römischen und der Ausfaltung des „gemeinen Rechts" (ius commune), als die Juraprofessoren, meist zugleich auch Richter, das Zivilrecht beherrschten. Auch im 19. Jahrhundert, als es in einigen Staaten bereits kodifiziertes Zivilrecht gab, war die normative Autorität der Rechtswissenschaft noch ungebrochen. Mit dem Inkrafttreten des BGB und einer explosionsartigen Vermehrung der Gesetzgebung im 20. Jahrhundert ergab sich ein Funktionswandel der Rechtswissenschaft.

109 Soweit es um ihre Teilnahme der Wissenschaft an der Normbildung geht, stehen folgende Aufgaben im Vordergrund:

(1) Die Rechtswissenschaft hat an der Normenbildung in der Weise Anteil, dass sie die **Mängel des geltenden Rechts aufdeckt** und **Reformbedürfnisse erkennt und formuliert**. Die dazu nötige kritische Distanz zu den jeweils geltenden Rechtsvorschriften gewinnt die Rechtswissenschaft durch die Bildung von Rechtsbegriffen und Regeln, mit deren Hilfe die in der Realität gegebenen Sachprobleme adäquat erfasst und bewältigt werden können. Dazu bieten die **Rechtstheorie (Rechtsphilosophie)**, die **Rechtssoziologie** und die **Rechtsgeschichte** unverzichtbare Grundlagen. Ein we-

sentliches Erkenntnismittel bietet auch die **Rechtsvergleichung**, die – wie die anderen genannten Fächer – deutlich macht, dass der Inhalt der aktuell geltenden Gesetze nicht selbstverständlich oder naturnotwendig ist, sondern aus kulturellen, nationalen und historischen Zusammenhängen, manchmal auch aus bloßen Zufällen erklärt werden kann. Zur notwendigen Erfassung der zu ordnenden Realität ist die **Zusammenarbeit mit anderen Wissenschaften** (Ökonomie, Soziologie, Psychologie, Naturwissenschaften) von großem Nutzen. Die Politik anerkennt die Mitwirkung der Rechtswissenschaft an der Normbildung zB durch Einladungen zu parlamentarischen Anhörungen und zur Teilnahme an Expertenkommissionen, die mit der Vorbereitung von Gesetzesvorhaben betraut sind.

(2) Die Rechtswissenschaft **unterstützt** auch die **Rechtsprechung**. Wenn auch letzt-   **110**
lich die Gerichte entscheiden, so ist es doch hilfreich, wenn die Auslegungsmöglichkeiten der Rechtsvorschriften bereits in der wissenschaftlichen Literatur ausgelotet sind. Funktion der Wissenschaft ist es demnach auch, durch Interpretation der Gesetze und Erfassung der Konfliktlagen den Gerichten Entscheidungsmöglichkeiten aufzeigen und Entwürfe für Konfliktlösungen liefern. Die Rechtswissenschaft hat gegenüber der Gerichtsbarkeit gleichzeitig die **kritische Aufgabe**, die richterlichen Entscheidungen auf ihre innere Logik, Übereinstimmung mit dem Gesetz und sachliche Überzeugungskraft zu überprüfen. Die Gerichte sehen sich so einem Widerhall ihrer Rechtsfindung gegenüber, die auf ihre Rechtsauffassungen zurückwirkt.

(3) Besonders dringende Aufgabe der Rechtswissenschaft ist es, dahin zu wirken,   **111**
dass bei der **immensen Masse des Rechtsstoffs** ein einigermaßen **stimmiges und logisches Rechtssystem** erhalten bleibt. Unsere Rechtordnung ist in der Gefahr, durch ständig vermehrte Detailregelungen zerfasert zu werden, bis zu dem Punkt, dass niemand mehr den Überblick behalten kann. An der Wissenschaft liegt es, dafür zu sorgen, dass die verwendete Terminologie und die benutzten Rechtsfiguren im Einklang mit der allgemeinen Rechtssprache und rechtlichen Systematik bleiben. So besteht eine wesentliche Aufgabe der Wissenschaft darin, den gesamten Rechtsstoff in einen möglichst stimmigen System-, Begriffs- und Anschauungszusammenhang zu bringen **(Dogmatik)**.

Literatur zur juristischen Methodenlehre: *C.-W. Canaris/K. Larenz*, Methodenlehre der Rechtswissenschaft, 3. Aufl. 1995; *C.-W. Canaris*, Die Feststellung von Lücken im Gesetz, 2. Aufl. 1983; *W. Fikentscher*, Methoden des Rechts in vergleichender Darstellung, 5 Bde, 1975–1977; *C. Höpfner*, Die systemkonforme Auslegung, 2008; *F. Müller/R. Christensen*, Juristische Methodik, Bd. 1, 11. Aufl. 2013; *H.-M. Pawlowski*, Methodenlehre für Juristen, 3. Aufl. 1999; *J. Schapp*, Methodenlehre und System des Rechts, 2009. **Zur Einführung:** *K. Adomeit/S. Hähnchen*, Rechtstheorie für Studenten, 6. Aufl. 2012; *F. Bydlinski*, Grundzüge der juristischen Methodenlehre, 2. Aufl. 2011; *K. Engisch*, Einführung in das juristische Denken, 10. Aufl. 2005; 11. Aufl. bearb. *Th. Würtenberger/D. Otto*, 2010; *E. A. Kramer*, Juristische Methodenlehre, 4. Aufl. 2013; *M. Wienbracke*, Juristische Methodenlehre, 2013; *R. Zippelius*, Juristische Methodenlehre, 11. Aufl. 2012; *B. Rüthers/Chr. Fischer/A. Birk*, Rechtstheorie mit Juristischer Methodenlehre, 8. Aufl. 2015; *E. Picker*, Richterrecht oder Rechtsdogmatik – Alternativen der Rechtsgewinnung?, JZ 1988, 1, 62; *B. Rüthers*, Wozu auch noch Methodenlehre? JuS 2011, 865; *Th. Wischmeyer*, Der „Wille des Gesetzgebers, JZ 2015, 957.

Teil II
Die Person

Kapitel 1
Freiheit und Gleichheit. Die Rechtsfähigkeit des Menschen („natürliche Person")

1. Freiheit und Gleichheit

112 Unsere Rechtsordnung sieht die Menschen als Freie und Gleiche. Der **Gedanke der Freiheit** wirkt sich im Zivilrecht darin aus, dass die Menschen

(a) kraft ihres Daseins als Person als Inhaber von Persönlichkeitsrechten und personalen Schutzpositionen erscheinen (Näheres Rn 325 ff);

(b) rechtliche Handlungsfreiheit genießen, deren Kern die Vertragsfreiheit bildet und welche die Freiheit einschließt, beliebige wirtschaftliche Güter zu erwerben und zu veräußern;

(c) in ihren rechtmäßig erlangten Rechten und Schutzpositionen durch die Zivilrechtsordnung gegenüber anderen Personen geschützt werden.

Der **Gleichheitsgrundsatz** bedeutet im Zivilrecht, dass den Menschen

(a) die Persönlichkeitsrechte und personalen Schutzpositionen unter den gleichen Voraussetzungen und in gleicher Weise zustehen;

(b) bei Ausübung der Handlungsfreiheit die gleichen Regeln auferlegt und die gleichen Schranken gesetzt sind;

(c) der Rechtsschutz in gleicher Weise und gleichem Maß gewährt wird.

113 Freiheit und Gleichheit aller bedingen eine permanente **Pflichtsituation** der Einzelnen im Verhältnis zueinander. Jeder hat die Rechte und Güter des anderen zu achten. In der Freiheit aller anderen liegt die „immanente Schranke" der Freiheit jedes Einzelnen. Da die Freiheitsentfaltung einer Person als unendliche gedacht notwendig die Freiheit der anderen beseitigen würde, obliegt es der Rechtsordnung, die Freiheitsbereiche auszugestalten und zu begrenzen.

Das Prinzip der Freiheit bedingt ferner, dass das Zivilrecht **nicht von einem umfassenden Prinzip der Solidarität** der Menschen beherrscht wird. Die Folge davon ist, dass jeder in bestimmtem Umfang das Risiko für seine personalen und wirtschaftlichen Güter selbst zu tragen hat und nicht beliebig auf andere oder auf die Gemeinschaft abwälzen kann. Soll jemand von einem anderen Ersatz für erlittenen Schaden verlangen können, so müssen besondere Zurechnungsgründe vorliegen, welche die Risikoverschiebung rechtfertigen.

Die **rechtliche Gleichheit** ist seit der Aufklärung gegenüber den gesellschaftlichen   **114**
Gliederungen des Feudalstaats durchgesetzt worden. Beseitigt wurden der Rechtsstatus der geminderten Freiheit (Hörigkeit, Leibeigenschaft); aufgelöst wurden die ver-
erbliche Privatobrigkeit in Gestalt der Guts- und Grundherrschaft des Adels über die
Bauern; aufgehoben die zivilrechtliche Trennung zwischen den Ständen (Adel, Bau-
er, Bürger). Die durch Geburt vermittelte Standeszugehörigkeit verschwand als generelle Statusbestimmung aus dem Zivilrecht.

Das Prinzip der Gleichheit hindert nicht, zwischen Personengruppen **sachlich be-**   **115**
gründete Unterscheidungen zu machen. So ist die Normierung des Handelsrechts
als des Sonderrechts der **Kaufleute** sach- und nicht schichtbezogen, weil im Zeichen
der Handels- und Gewerbefreiheit die Berufe keinen exklusiven Personenkreis umschreiben: Jeder kann Kaufmann werden und hat somit Zugang zu den berufsspezifi-
schen Regelungen. Gleiches gilt für die durch Gesetz vom 27.6.2000 in das BGB eingeführten Rollenbeschreibungen des **Verbrauchers (§ 13)** und des **Unternehmers
(§ 14)**: Diese Unterscheidung knüpft an den Zweck der von einer Person getätigten
Rechtsgeschäfte an und bildet die begriffliche Grundlage für die Regeln des Verbraucherschutzes.

Verbraucher ist nach § 13 jede *natürliche* Person, die ein Rechtsgeschäft zu Zwecken abschließt, die überwiegend weder ihrer gewerblichen noch ihrer selbstständigen beruflichen Tätigkeit zugerechnet werden können. Dabei ist zu beachten, dass der berufliche Zweck die Verbrauchereigenschaft nur dann ausschließt, wenn es sich um eine *selbständige* Berufstätigkeit
handelt. Kauft ein Arbeiter beispielsweise selbst die Arbeitskleidung, die er im Dienst tragen
will, so handelt er als Verbraucher – anders der Inhaber einer Anwaltspraxis, der sich eine neue
Robe zulegt, denn der Kauf geschieht in diesem Fall im Rahmen einer selbstständigen Berufstätigkeit.

Unternehmer ist nach § 14 I eine *natürliche oder juristische* Person oder eine *rechtsfähige
Personengesellschaft*, die bei Abschluss eines Rechtsgeschäfts in Ausübung ihrer gewerblichen
oder selbstständigen beruflichen Tätigkeit handelt. Dafür genügt es, wenn das betreffende Geschäft im Zuge der Aufnahme einer gewerblichen oder selbstständigen beruflichen Tätigkeit
(„Existenzgründung") geschlossen wird (BGHZ 162, 253).

Die Rolle des Verbrauchers oder Unternehmers haftet einer Person nicht wie eine Ei-   **116**
genschaft an, sondern differiert nach dem Zweckzusammenhang des einzelnen Geschäfts. Jede natürliche Person kann als Verbraucher oder als Unternehmer handeln –
je nachdem können unterschiedliche Rechtsregeln einschlägig sein.

Aus der Definition des § 13 ergibt sich im Umkehrschluss, dass juristische Personen und
rechtsfähige Personengesellschaften nicht Verbraucher sein können. Daraus würde folgen, dass
auch eine *Gesellschaft des bürgerlichen Rechts* (§ 705) nicht Verbraucher sein kann, wenn man
ihr die Rechtsfähigkeit zuerkennt (dazu Rn 160). Gleichwohl hat BGH (NJW 2002, 368) die
mögliche Verbrauchereigenschaft der Gesellschaft des bürgerlichen Rechts („einer gesell-
schaftlich verbundenen Gruppe von natürlichen Personen") bejaht, während der EuGH ausschließlich natürlichen Personen die Möglichkeit der Verbraucherrolle zumisst (NJW 2002,
205). Auch der Wohnungseigentümergemeinschaft wird vom BGH die Verbrauchereigenschaft
zuerkannt, sofern ihr wenigstens ein Verbraucher als Mitglied angehört (BGHZ 204, 325
Rn 30 ff).

Je nachdem, in welchen Rollen die Parteien an einem Rechtsgeschäft beteiligt sind, kann man
unterscheiden:

- Geschäfte zwischen Unternehmer und Verbraucher (Business to Consumer)
- Geschäfte zwischen Unternehmern (Business to Business)
- Geschäfte zwischen Verbrauchern (Consumer to Consumer)

2. Die Rechtsfähigkeit

117 Jeder Mensch ist **rechtsfähig (Rechtssubjekt)**, dh er ist fähig, Adressat von Rechtswirkungen, insbesondere Träger von Rechten zu sein. Auch die Fähigkeit, Partei in einem Zivilprozess zu sein, ist mit der Rechtsfähigkeit verknüpft (§ 50 I ZPO). Die Rechtsfähigkeit **beginnt** mit der Vollendung der Geburt (§ 1 BGB), dh nach gängiger Interpretation mit der vollständigen Trennung vom Mutterleib. Sie **endet** mit dem Tode des Menschen.

Rechtsfähigkeit im Zeichen der Gleichheit bedeutet, dass jeder Mensch prinzipiell jede Art von Berechtigung des Zivilrechts erwerben und innehaben kann. „Für alle Menschen besteht demgemäß in den Schranken der Rechtsordnung die gleiche Fähigkeit, Rechte und Pflichten zu haben" (§ 1 II schweiz. ZGB). Der Mensch kann die Rechtsfähigkeit außer durch den Tod nicht verlieren, weder als Folge einer Bestrafung („bürgerlicher Tod"), noch durch Eintritt in ein Kloster, noch durch Verzicht.

118 Gemäß dem **Grundsatz der Gleichberechtigung der Geschlechter (Art. 3 II GG)** kommt der Frau heute – im Gegensatz noch zu den Rechtsordnungen des 19. Jh. – die volle Rechtsfähigkeit zu: Sie vermag dieselben Rechtspositionen zu erlangen wie der Mann und erwirbt sie nach den gleichen Regeln. Im Bereich des Eherechts hat erst die die Reform von 1976 (1. EheRG) die Gleichberechtigung von Mann und Frau verwirklicht. Das gesetzliche Regelungsmodell der „Hausfrauenehe", wonach es primär der Frau zukam, den Familienhaushalt in eigener Verantwortung zu führen, wurde abgeschafft. Die „Schlüsselgewalt" (§ 1357) steht Mann und Frau in gleicher Weise zu.

Recht spät ist die Gleichheit der Geschlechter auf dem Gebiet des **Ehe- und Familiennamens** hergestellt worden. Nach der ursprünglichen Fassung des BGB musste die Frau bei der Eheschließung den Familiennamen des Mannes annehmen. Das 1. EheRG von 1976 verwirklichte das Prinzip der Gleichheit nur unvollkommen: Zwar konnten nun die Eheschließenden wählen, ob der Mannesname oder der Frauenname gemeinsamer Ehename werden sollte; trafen sie aber keine derartige Wahl, so sollte kraft Gesetzes weiterhin der Mannesname maßgeblich sein. Diese Regelung verstieß gegen Art. 3 II GG (BVerfGE 84, 9). Daher ist der Komplex des Familiennamens neu im Sinne völliger Rechtsgleichheit geregelt worden (Familiennamensrechtsgesetz vom 16.12.1993; weiterhin Gesetz zur Änderung des Ehe- und Lebenspartnerschaftsnamensrechts vom 6.2.2005, mit dem der Entscheidung BVerfGE 109, 256 Rechnung getragen wurde).

3. Das Kind im Mutterleib

119 Nach § 1 BGB beginnt die Rechtsfähigkeit erst mit Vollendung der Geburt. Das Kind im Mutterleib (nasciturus) wird also noch nicht als rechtsfähig angesehen. Das wirkt auf den ersten Blick befremdlich und scheint im Widerspruch zur Aussage des BVerfG zu stehen, wonach auch dem ungeborenen menschlichen Leben Menschenwürde und ein eigenes Lebensrecht zukommt (BVerfGE 88, 203). Doch will die zivil-rechtliche Bestimmung der Rechtsfähigkeit keine Aussage über den Schutz und die Schutzwürdigkeit des Kindes im Mutterleib treffen. Entscheidend für die Regelung des § 1 ist die Vorstellung, dass das ungeborene Kind durch seine körperliche Verbin-dung mit der Mutter noch nicht als *völlig selbständiges* Leben entstanden ist und da-her noch nicht als gesondertes Rechtssubjekt am Rechtsverkehr teilnehmen soll. Das Kind im Mutterleib kann zB nicht schon Eigentümer eines Grundstücks sein oder als Partner eines Vertrages oder einer Gesellschaft zu Pflichten herangezogen werden; es kann noch nicht als Kläger oder Beklagter vor Gericht stehen (vgl BVerwG NJW 1992, 1524).

§ 1 BGB steht daher nicht im Widerspruch zu dem strafrechtlichen Schutz des ungeborenen Lebens nach §§ 218–219 StGB. In der zivilrechtlichen Lit. wird vereinzelt die Rechtsfähigkeit schon der Leibesfrucht angenommen. Auch wird die Auffassung vertreten, der nasciturus stehe bereits unter dem elterlichen Sorgerecht, mit der Folge, dass auch der Vater beim Schwanger-schaftsabbruch mitzubestimmen habe (*M. v. Kaler*, Die Rechtsstellung des Vaters zu seinem ungeborenen Kind unter Geltung der Fristenregelung, 1997; vgl auch *Mittenzwei*, AcP 187, 280).

Einige Sonderregelungen wahren die Interessen des noch ungeborenen Kindes **für** **120** **den Fall, dass es später lebend geboren wird**. Eine Bestimmung dieser Art bietet § 1923 II BGB.

> **Fall 3:** Der Bauunternehmer S verstirbt. Er hinterlässt zwei Söhne und seine Ehefrau, die kurz vor der Geburt ihres dritten Kindes steht. Nach dem Tod ihres Mannes bringt Frau S eine Tochter zur Welt. Da S keine letztwillige Verfügung getroffen hat, wird er von der Ehefrau und den Abkömmlingen kraft Gesetzes zu bestimmten Bruchteilen beerbt (gesetzli-che Erbfolge, §§ 1924, 1931, 1371 I). Ist auch die Tochter Erbin geworden?

Nach § 1923 I kann Erbe nur werden, wer zur Zeit des Erbfalles „lebt". Bei Tod ihres Vaters lebte die Tochter zwar bereits als nascitura, doch sie war in diesem Zeitpunkt noch nicht rechtsfähig (§ 1), konnte daher an sich auch nicht erben. Denn wer im Zeitpunkt des Erbfalls nicht als Rechtssubjekt vorhanden ist, kann auch nicht in die Rechtsposition des Verstorbenen einrücken (§ 1923 I). Doch greift hier § 1923 II zu Gunsten des nasciturus ein: Wer zur Zeit der Erbfalls bereits gezeugt war, *gilt* als *vor* dem Erbfall geboren, wird also erbrechtlich so behandelt, als sei er im Zeitpunkt des Erbfalls bereits rechtsfähig gewesen. Voraussetzung ist allerdings, dass das Kind nach dem Erbfall lebend geboren wird; kommt es zu keiner Lebendgeburt, so ist § 1923 II nicht anzuwenden.

In unserem **Fall** ist die Tochter Miterbin zusammen mit ihrer Mutter und ihren Brüdern gewor-den.

Ähnliche Regelungen finden sich auch in anderen Vorschriften des BGB, zB in § 844 **121** II 2. Hierher gehört auch **§ 1912**: Soweit es zur Wahrung der *künftigen* Rechte einer Leibesfrucht erforderlich erscheint, kann das Familiengericht (§ 151 Nr 5 FamFG) bereits eine Fürsorgeperson bestellen, die zur Wahrung dieser künftigen Rechte des Kindes (etwa erbrechtlicher Ansprüche) bereits jetzt die nötigen Maßnahmen ergreift **(Pfleger für die Leibesfrucht)**.

Gelegentlich wird im Hinblick auf diese Regelungen von einer „beschränkten Rechtsfähigkeit" oder „Teilrechtsfähigkeit" des nasciturus gesprochen. Das ist missverständlich: Die genannten Vorschriften wahren die **Interessen des Kindes, das geboren ist**. Wird es nicht lebendig geboren, so erlangt es zu keinem Zeitpunkt irgendeinen Grad von Rechtsfähigkeit. So formuliert das schweiz. ZGB (§ 31 II) zutreffend: „Vor der Geburt ist das Kind unter dem Vorbehalt rechtsfähig, dass es lebendig geboren wird."

Zur Rechtlage des nasciturus: *S. Hähnchen*, Jura 2008, 161: *Th. Löneke*, ZEuP 2010, 664; *M. Roller*, Die Rechtsfähigkeit des Nasciturus, 2013.

122 **Schutzvorkehrungen** für die Interessen eines Kindes können sogar schon in einem Zeitpunkt getroffen werden, in dem es **noch nicht gezeugt** ist. So kann jemand zB seine noch gar nicht gezeugten Enkel durch Testament zu Erben einsetzen; freilich müssen diese Enkel um Erbe werden zu können, die Voraussetzungen des § 1923 *im Zeitpunkt des Erbfalls* erfüllen (vgl § 2101 I, siehe ferner §§ 2162 II, 2178, 1913 S. 2).

123 Um **Vorwirkungen der Rechte des geborenen Kindes** geht es auch im **Schadensersatzrecht**. Es kommt vor, dass die gesundheitliche Schädigung einer Frau zugleich zu Schädigungen eines später geborenen Kindes führt (zB: Luesinfektion einer schwangeren Frau durch Blutübertragung). Zu Recht erkennen die Gerichte an, dass ein Schadensersatzanspruch des Kindes gegen den verantwortlichen Schädiger nicht daran scheitert, dass es zur Zeit der Verletzungs*handlung* noch nicht als rechtsfähige Person vorhanden war. Denn jedenfalls ist der Verletzungs*erfolg* an einem lebenden Menschen eingetreten. Gleiches gilt, wenn das Kind zur Zeit der Verletzungshandlung noch gar nicht gezeugt war (zB bei einer medizinischen Behandlung erleidet eine Frau Strahlenschäden, die Ursache dafür sind, dass sie bei einer späteren Schwangerschaft ein behindertes Kind zur Welt bringt). Auch diese Rechtsprechung bedeutet keine Anerkennung einer „beschränkten Rechtsfähigkeit" des nicht geborenen oder noch nicht gezeugten Kindes, sondern schützt das Recht des *geborenen* Kindes auf körperliche Unversehrtheit (zur Problematik BGHZ 8, 243; 93, 351; BGH NJW 1989, 1538).

In diesem Zusammenhang ergeben sich außerordentlich umstrittene Fragen nach Schadensersatzansprüchen eines behindert geborenen Kindes, das ohne ein von einer anderen Person zu verantwortendes Tun voraussichtlich überhaupt nicht gezeugt worden wäre (zB unterlasse Aufklärung der Eltern durch den Arzt über vorgeburtliche Schäden, wenn anzunehmen ist, dass bei hinreichender Information ein Schwangerschaftsabbruch erfolgt wäre), dazu BGHZ 129, 178; 151, 133; BGH NJW 2006, 1660; BVerfGE 96, 375; *E. Picker*, Schadensersatz für das unerwünschte eigene Leben, „Wrongful Life", 1995; *J. Mörsdorf-Schulte*, Geburt eines behinderten Kindes als Schaden, ZEuP 2010, 251.

4. Das Ende der Rechtsfähigkeit

a) Der Tod als Zäsur

124 Die Rechtspersönlichkeit des Menschen **erlischt mit dem Tod**, nur bis zum Zeitpunkt seines Todes besteht die Rechtsfähigkeit. Das wird im BGB nicht ausdrücklich gesagt, aber vorausgesetzt (Mot. I 28). Da der Verstorbene nicht mehr Träger von

Rechten und Pflichten sein kann, geht im Zeitpunkt des Todes sein Vermögen als Ganzes auf eine oder mehrere Personen (Erben) über (§ 1922 I). Den (die) Erben treffen auch die Verbindlichkeiten des Nachlasses. Im Hinblick auf den Bedarf von Körperorganen für Transplantationen ist der **Todeszeitpunkt** besonders problematisch geworden. Seine exakte Feststellung ist vielfach auch für die Entscheidung über die Erbfolge wichtig.

Beispiel: Vater und Sohn erleiden gemeinschaftlich einen Verkehrsunfall und kommen dabei zu Tode. Dann wird nach gesetzlicher Erbfolgeordnung der Sohn Erbe (oder Miterbe) des Vaters, wenn er ihn auch nur eine Sekunde überlebt hat, nicht aber, wenn beide zur gleichen Zeit verstorben sind. Für das weitere Schicksal der Erbschaft ist das von einschneidender Bedeutung.

Eine besondere Regelung des Todeszeitpunkts ist nötig, wenn eine Person **verschollen** ist, dh wenn ihr Aufenthalt während längerer Zeit unbekannt ist, ohne dass Nachrichten darüber vorliegen, ob sie in dieser Zeit noch gelebt hat oder gestorben ist, sofern sich hierdurch ernsthafte Zweifel an ihrem Fortleben ergeben. Das **Verschollenheitsgesetz** sieht für solche Fälle das gerichtliche Verfahren der **Todeserklärung** vor. Die Todeserklärung begründet die widerlegliche Vermutung, dass der Verschollene in dem im Beschluss festgestellten Zeitpunkt gestorben ist (§ 9 I 1 VerschG).

b)   Nachwirkung der Persönlichkeitsrechte?

Folgerichtig müssten mit dem Tode einer Person auch ihre **Persönlichkeitsrechte** erlöschen. Das wird zB für das Namensrecht bejaht (BGHZ 169, 193 Rn 8). Jedoch wird angenommen, dass die Persönlichkeitsrechte und insbesondere das „allgemeine Persönlichkeitsrecht" (Rn 329) für bestimmte Zeit über den Tod des Trägers hinauswirken und treuhänderisch durch die von ihm benannte Person oder durch seine nächsten Angehörigen wahrgenommen werden (Grundlegend: BGHZ 50, 133 – Mephisto; BGHZ 107, 384 – Emil Nolde). Das BVerfG (NJW 2001, 2957, 2959) nimmt eine Differenzierung vor: Das Recht auf freie Entfaltung der Persönlichkeit (Art. 2 I GG) und mithin das daraus abgeleitete allgemeine Persönlichkeitsrecht erlöschen mit dem Tod des Trägers. Hingegen ergibt sich aus Art. 1 I GG die staatliche Pflicht, die Menschen auch noch nach dem Tod gegen Angriffe auf die Menschenwürde wie Erniedrigung, Brandmarkung, Verfolgung und Ächtung zu schützen. Auch bei verstorbenen Personen ist nach BVerfG der allgemeine Achtungsanspruch geschützt, der dem Menschen kraft seines Personseins zusteht. Schutz genießt zudem der sittliche, personale und soziale Geltungswert, den die Person durch ihre eigene Lebensleistung erworben hat. Diese Auffassung wirkt sich auch auf das Zivilrecht aus: Ein postmortaler Schutz der ideellen Interessen ist folgerichtig nur gegen Angriffe auf den genannten engen Schutzbereich, insbesondere die Menschenwürde gegeben, und zwar in Form von Abwehransprüchen analog § 1004, nicht aber in Form von Schadensersatzansprüchen, weil Verstorbene keinen durch Geldzahlung auszugleichenden Schaden erleiden können (BGHZ 143, 214, 224 – Marlene Dietrich; BGHZ 165, 203; BGHZ 169, 193). Dies gilt auch für Ansprüche auf Schmerzensgeld (BGHZ 165, 203, 206).

125

Die Zivilrechtsprechung eröffnet dem Schutz des allgemeinen Persönlichkeitsrechts nach dem Tode des Trägers dadurch ein zusätzliches Anwendungsfeld, dass sie zwi-

126

schen den *ideellen* und den *vermögenswerten* Bestandteilen dieses Rechts unterscheidet: Der Schutz der ideellen Interessen unterliegt den genannten Beschränkungen, während die vermögensrechtlichen Bestandteile des Persönlichkeitsrechts den Tod des Trägers überdauern und an seine Erben fallen (BGHZ 143, 214 – Marlene Dietrich; dazu BVerfG NJW 2006, 3409; BGH NJW 2012, 1728 Rn 23). Auf diese Weise kann zB gegen die Verwendung des Namens oder Bildes eines Verstorbenen für Werbezwecke ohne Zustimmung der Erben auch dann vorgegangen werden, wenn keine Menschenrechtsverletzung vorliegt; auch können die Erben aus der unbefugten Nutzung von vermögenswerten Bestandteilen des Persönlichkeitsrechts Schadensersatzansprüche herleiten. Die Erben der kommerziellen Seite des Persönlichkeitsrechts sind in seiner Nutzung freilich beschränkt: Sie dürfen nicht gegen den Willen des Verstorbenen handeln und bedürfen für die kommerzielle Nutzung auch der Zustimmung der die ideelle Seite des Persönlichkeitsrechts wahrnehmenden Angehörigen (BGHZ 143, 214 Rn 66). Zudem beschränkt der BGH die den Erben zugewiesene Nutzung durch eine Güterabwägung: Den Erben soll nicht ermöglicht sein, die öffentliche Auseinandersetzung mit Leben und Werk des Verstorbenen zu kontrollieren oder gar zu steuern (BGHZ 169, 193 Rn 13). Der postmortale Schutz der vermögensrechtlichen Bestandteile des Persönlichkeitsrechts endet mit dem Ablauf von 10 Jahren nach dem Tode des Rechtsträgers (BGHZ 169, 193 Rn 18).

Fraglich ist, wer zur **Geltendmachung der postmortalen ideellen Interessen** befugt ist. In erster Linie ist dies die vom Rechtsträger zu seinen Lebzeiten dafür bestimmte Person. Liegt eine solche Bestimmung nicht vor, so sind die nahen Angehörigen befugt. Wer dies im Einzelnen ist, erscheint zweifelhaft. Gesetzlich geregelt ist die Frage im Rahmen des Transplantationsgesetzes (Rn 128) und des KunstUrhG (§ 22 S. 4: Ehegatte, Lebenspartner, Kinder, ersatzweise Eltern). Fraglich ist ferner die **Dauer** des postmortalen Schutzes der ideellen Interessen. Der BGH stellt hier auf die Interessen der Überlebenden ab: Das Schutzbedürfnis schwindet in dem Maße, in dem die Erinnerung an den Verstorbenen verblasst und im Laufe der Zeit das Interesse an der Nichtverfälschung des Lebensbildes abnimmt (BGHZ 107, 384, 392: noch 30 Jahren nach dem Tod wurde das Fortbestehen bejaht).

Literatur zur Rechtsfähigkeit: *M. Lehmann,* Der Begriff der Rechtsfähigkeit, AcP 207, 225; *St. Lorenz,* JuS 2010, 11. **Zum postmortalen Rechtsschutz:** *K. Müller,* Postmortaler Rechtsschutz – Überlegungen zur Rechtssubjektivität Verstorbener, 1996; *L. Schulze Wessel,* Die Vermarktung Verstorbener, 2001; *A. Gregoritza,* Die Kommerzialisierung von Persönlichkeitsrechten Verstorbener, 2003; *F. Wortmann,* Die Vererblichkeit vermögensrechtlicher Bestandteile des Persönlichkeitsrechts, 2005; *H.P. Götting,* NJW 2001, 585; *I. Frommeyer,* JuS 2002, 13; *H.-J. Pabst,* NJW 2002, 999; *F. Kübler,* AfP 2007, 7; *J. Petersen,* Jura 2008, 271; *D. Schwab,* Persönlichkeitsrecht und Erbe, FS Bengel/Reimann, 2012, 344.

c) Der Leichnam

127 Der **Leichnam** ist, obwohl auf ihn die Definition des § 90 zutrifft, nicht einfach eine Sache wie jede andere, mit welcher der Eigentümer nach Belieben verfahren könnte. Vielmehr gebietet unser Kulturbewusstsein, die Leiche in Übereinstimmung mit gewissen Pietätstraditionen und generell in einer Weise zu behandeln, die weder die Empfindungen der Angehörigen noch der anderen Mitglieder der Rechtsgemeinschaft verletzt (§ 168 StGB). Auch dabei handelt es sich nicht um Rechte des Toten, sondern um Pflichten, die um der Empfindungen der Lebenden willen auferlegt sind. Das Kulturbewusstsein ist wandelbar; die Heilungsmöglichkeiten durch Übertragung von Körperteilen, die von Toten entnommen werden, haben eine geänderte Anschauung zur „Integrität" des Leichnams entstehen lassen.

Bei der rechtlichen Behandlung von Leichen (-teilen) stehen sich **zwei Auffassungen** gegenüber:

– Die eine sieht in ihnen Sachen (§ 90), auf welche die Eigentumsordnung des BGB jedoch im Hinblick auf die Besonderheit des Gegenstandes nur eingeschränkte Anwendung findet.

– Die andere klammert sie aus dem Sachbegriff aus und sieht in ihnen Gegenstände eigener Art („Rückstände der Persönlichkeit"); eine Anwendung der dinglichen Zuordnung kommt nach dieser Auffassung nicht oder nur in sehr eingeschränkter Analogie in Betracht.

Das **Bestimmungsrecht** über den Leichnam und seine Teile gebührt in erster Linie **128** der betreffenden Person selbst: Diese kann zu Lebzeiten bestimmen, wer nach ihrem Tod ihre Interessen wahrnehmen soll („Totenfürsorge", BGH FamRZ 1992, 657). Liegt keine solche Bestimmung vor, so sind die nahen Angehörigen berufen. Für den Fall der Organtransplantation gelten die Bestimmungen des Gesetzes über die Spende, Entnahme und Übertragung von Organen (Transplantationsgesetz) vom 5.11.1997. In diesem Gesetz sind die „nächsten Angehörigen" aufgelistet (§ 1a Nr 5).

Auch bei der rechtlichen Behandlung des Leichnams wirkt **eine zeitliche Komponente**: Von dem Augenblick an, da das Persönlichkeitsrecht des Verstorbenen nicht mehr nachwirkt, wird die „Verkehrsfähigkeit" der Leiche angenommen, dh sie wird nun endgültig Objekt des Schuld- und Sachenrechts (Moorleichen, Mumien, Reliquien), soweit nicht öffentlich-rechtliche Vorschriften dem entgegenstehen.

Zu den Problemen: *J. Taupitz*, Das Recht im Tod: Freie Verfügbarkeit der Leiche? Rechtliche und ethische Probleme der Nutzung des Körpers Verstorbener, 1997; *H. Forkel*, Jura 2001, 73: *C. Ahrens*, ErbR 2007, 146; *W. Roth*, NJW-Spezial 2015, 231.

d) Fortwirkung des Willens über den Tod hinaus

Der Untergang der Rechtsfähigkeit mit dem Tod hindert nicht, dass **der zu Lebzeiten** **129** **geäußerte Wille auch nach dem Tode verbindlich** bleibt (vgl § 130 II BGB). Auf diesem Gedanken beruht unser Erbrecht, insofern es den Menschen befähigt, die Erbfolge in sein Vermögen verbindlich zu ordnen (Testierfreiheit). Ebenso muss dem Menschen die Befugnis zugesprochen werden, in erster Linie über die Verwendung seines Leichnams zu wissenschaftlichen oder klinischen Zwecken verbindlich zu entscheiden. Die Fähigkeit, Rechtsfolgen über die Zeit des Todes hinaus zu bewirken, ist keine Rechtsstellung des Toten, sondern ein Teil der Freiheit, die dem Menschen zu seinen Lebzeiten zukommt.

Kapitel 2

Die Handlungsfähigkeit der natürlichen Person

1. Zur Handlungs- und Geschäftsfähigkeit im Allgemeinen

a) Überblick

130 Die zivilrechtliche Stellung der Person erschöpft sich nicht darin, dass sie Träger von Rechten und Pflichten sein kann. Hinzu kommt vielmehr als zweite rechtliche Grundeigenschaft die **Fähigkeit, durch Handlungen Rechtswirkungen zu erzeugen** (Handlungsfähigkeit). Der Begriff „Handlungsfähigkeit" kommt im BGB selbst nicht vor und wird in unterschiedlichen Zusammenhängen verwendet. Folgende Bedeutungen sind hauptsächlich gemeint:

(1) die Fähigkeit, ein Rechtsgeschäft vorzunehmen (Geschäftsfähigkeit), dh gewollte Rechtswirkungen durch darauf gerichtete Willenserklärungen herbeizuführen (zB Abschluss eines Vertrages),

(2) die Fähigkeit, durch Handlungen Rechtswirkungen zu erzeugen ohne Rücksicht darauf, ob sie gewollt sind oder nicht,

(3) die Fähigkeit, für Unrechtshandlungen verantwortlich zu sein, zB Deliktsfähigkeit, §§ 827–829.

Die genannten Fähigkeiten gehören nur bedingt in den gleichen Problemzusammenhang. Die Geschäftsfähigkeit (a) ist Ausdruck der Freiheit des Bürgers, seine rechtlichen Verhältnisse im Zusammenwirken mit anderen in einer vom Recht anerkannten Weise zu gestalten. Die Verantwortlichkeit (c) hingegen gibt die Voraussetzungen an, unter denen einer Person gewisse Pflichten und Risiken zugerechnet werden; die Verantwortlichkeit ist demnach Ausdruck der sozialen Bindung. Der Geschäftsfähigkeit und der Verantwortlichkeit ist aber gemeinsam, dass es um ein „Einstehen" für Handlungen geht: für Erklärungen, an die der Erklärende gebunden wird auf der einen, für Unrechtshandlungen auf der anderen Seite. Die unter (b) genannten Vorgänge sind von vielfältiger Art, angefangen vom Erwerb tatsächlicher Gewalt über eine Sache (§ 854 I) bis hin zur Mahnung eines Schuldners, seine Schuld zu begleichen (Rn 855).

Anders als die Rechtsfähigkeit ist die Handlungsfähigkeit aller drei Spielarten mit dem Dasein als Person nicht ohne weiteres gegeben, sondern an bestimmte persönliche Voraussetzungen gebunden. Für die Geschäftsfähigkeit (a) und die Verantwortlichkeit (c) sind diese vom Gesetz geregelt.

b) Die Geschäftsfähigkeit

131 Die **Geschäftsfähigkeit** als die Fähigkeit zu rechtsgeschäftlichem Handeln ist Ausfluss der allgemeinen Handlungsfreiheit. Wie die Rechtsfähigkeit steht also auch die Geschäftsfähigkeit unter dem Gebot der Gleichheit: Im Prinzip sind alle Bürger geschäftsfähig, und dies im gleichen Maße. Abstufungen nach sozialen Gruppen sind durch die Gesetzgebung des 19. und 20. Jahrhunderts beseitigt.

Das gilt insbesondere für die Beschränkung der Geschäftsfähigkeit des **weiblichen Geschlechts**. Vom alten Rechtszustand der patriarchalischen Familie, in der die verheiratete Frau von ihrem Ehemann, die unverheiratete durch ihren Vater vertreten wurde, waren in das 19. Jh. noch gewisse Handlungsbeschränkungen überkommen, die nach traditioneller Vorstellung als „Rechtswohltaten" für das als schwächer und weniger geschäftskundig empfundene weibliche Geschlecht begriffen wurden. So konnte sich die Frau, außer wenn sie die Kaufmannseigenschaft besaß, nicht durch Wechsel verpflichten (zB ALR II 8 §§ 724, 725) und sich nur unter erschwerten Voraussetzungen verbürgen; vor Gericht war sie nicht selbstständig prozessfähig. Demgegenüber kennt schon die ursprüngliche Fassung des BGB von 1896 das Prinzip der gleichen Geschäftsfähigkeit von Mann und Frau.

Die Geschäftsfähigkeit steht unter bestimmten persönlichen **Voraussetzungen**. Da **132** sie die Fähigkeit bedeutet, gewollte Rechtswirkungen kraft einer darauf gerichteten Erklärung herbeizuführen, setzt sie die Eigenschaft des Menschen zur freien Willensbildung voraus. Die Beachtlichkeit des Willens kann fehlen oder gemindert sein, wenn sich jemand in einem Zustand befindet, in dem ihm Eigenständigkeit und Selbstverantwortlichkeit nicht oder nicht vollständig zugesprochen werden können. Es kommen zwei Ursachen dafür in Betracht: entweder die Tatsache, dass der Mensch sich noch in der *Jugendentwicklung* befindet, in welcher er noch der Führung durch Fürsorgepersonen bedarf; oder aber eine *psychische Krankheit* oder *geistige oder seelische Behinderung*. Es gibt also Fälle, in denen jemand einen rechtsgeschäftlichen Willen entweder überhaupt nicht oder nicht selbstständig bilden kann. Dann stellt die Rechtsordnung dem Betreffenden eine Fürsorgeperson zur Seite, die treuhänderisch an seiner Stelle handelt oder sein rechtsgeschäftliches Handeln zu seinem Schutz kontrolliert: einen **„gesetzlichen Vertreter"**.

Literatur zur Geschäftsfähigkeit: *M. Schmoeckel* (Hg.), Demenz und Recht, 2010; *F. Wedemann*, Die Rechtsfolgen der Geschäftsunfähigkeit, AcP 209, 668; *St. Lorenz*, JuS 2010, 11.

2. Minderjährige

Minderjährige, dh Personen, die das 18. Lebensjahr noch nicht vollendet haben, sind **133** entweder geschäftsunfähig oder beschränkt geschäftsfähig.

a) Geschäftsunfähige

Geschäftsunfähig sind Kinder vor Vollendung des 7. Lebensjahres (§ 104 Nr 1), ferner altersunabhängig solche Personen, die sich in einem „die freie Willensbestimmung ausschließenden Zustand krankhafter Störung der Geistestätigkeit" befinden, sofern dieser Zustand seiner Natur nach nicht bloß vorübergehend ist (§ 104 Nr 2).

Der Geschäftsunfähige kann überhaupt **keine gültige Willenserklärung abgeben** (§ 105 I); er kann eine Willenserklärung auch **nicht selbst wirksam empfangen** (§ 131 I). Gleichgültig ist dabei, ob die Erklärung für den Geschäftsunfähigen ausschließlich rechtliche Vorteile bringt oder nicht und ob er mit Zustimmung des gesetzlichen Vertreters handelt.

b) Beschränkt Geschäftsfähige

134 Beschränkt geschäftsfähig sind Minderjährige zwischen dem vollendeten 7. und dem vollendeten 18. Lebensjahr.

Anders nur, wenn bei einem jungen Menschen dieses Alters ausnahmsweise die Voraussetzungen des § 104 Nr 2 gegeben sind; dann ist Geschäftsunfähigkeit anzunehmen.

Der beschränkt Geschäftsfähige vermag grundsätzlich Willenserklärungen abzugeben, deren Wirksamkeit jedoch in der Regel von der Zustimmung (vorherige Einwilligung oder nachträgliche Genehmigung) seines gesetzlichen Vertreters abhängt (§§ 107–113). Er kann also rechtsgeschäftlich handeln, steht dabei aber unter der Kontrolle seines gesetzlichen Vertreters (Eltern, Pfleger oder Vormund). Zum Empfang von Willenserklärungen beachte § 131 II.

Die **beschränkt Geschäftsfähigen** können also **auf doppelte Weise rechtsgeschäftlich handeln**:

– entweder selbst, soweit nötig mit Zustimmung ihres gesetzlichen Vertreters
– oder durch ihren gesetzlichen Vertreter, der in ihrem Namen handelt (Näheres unten Rn 710).

3. Volljährige

a) Voraussetzungen der Geschäftsunfähigkeit

135 Die Lage bei Volljährigen ist durch das Betreuungsgesetz gegenüber der ursprünglichen Fassung des BGB neu geregelt.

Nach dem **früher geltenden Recht** konnte eine Person aus bestimmten Gründen entmündigt werden. Geschah dies wegen *Geisteskrankheit*, war der Betreffende geschäftsunfähig. Erfolgte die Entmündigung wegen *Geistesschwäche, Verschwendung, Trunksucht oder Rauschgiftsucht*, so hatte sie die beschränkte Geschäftsfähigkeit zur Folge. Gesetzlicher Vertreter war der vom Gericht bestellte Vormund.

Das Rechtsinstitut der Entmündigung ist seit 1.1.1992 abgeschafft. Ein Volljähriger kann gleichwohl geschäftsunfähig sein, aber nicht kraft einer gerichtlichen Entscheidung, sondern auf Grund seines *tatsächlichen* geistig-seelischen Zustands („natürliche Geschäftsunfähigkeit"). Die **Geschäftsunfähigkeit eines Volljährigen** kann sich also **nur aus § 104 Nr 2** ergeben: Geschäftsunfähig ist sonach, wer sich in einem die freie Willensbestimmung ausschließenden Zustand krankhafter Störung der Geistestätigkeit befindet, sofern dieser Zustand seiner Natur nach nicht bloß vorübergehend ist.

Die Rechtsprechung nimmt Geschäftsunfähigkeit zutreffend nur dann an, wenn jemand nicht im Stande ist, seinen Willen frei und unbeeinflusst von einer vorliegenden Geistesstörung zu bilden oder nach rationalen Einsichten zu handeln (Definition in Anlehnung an BGH NJW 1996, 918). Die Geschäftsunfähigkeit bildet die extreme Ausnahme. Wer die Geschäftsunfähigkeit einer Person behauptet, muss dies im Streitfall beweisen.

Die Geschäftsunfähigkeit kann sich auf bestimmte Geschäftskreise beschränken **136** (**partielle Geschäftsunfähigkeit**). Es kann also jemand zB in Bezug auf die Führung von Rechtsstreitigkeiten geschäftsunfähig (zB „Querulantenwahn"), im Übrigen aber zur freien Selbstbestimmung in der Lage sein. Ebenso kann eine partielle Geschäftsfähigkeit in Bezug auf eine Eheschließung gegeben sein, auch wenn in anderen Lebensbereichen die Fähigkeit zur freien Selbstbestimmung zweifelhaft erscheint (BVerfG NJW 2003, 1382). Der BGH hat auch erwogen, dass jemand aufgrund einer Abhängigkeit von einem „Telefonsexpartner" partiell geschäftsunfähig sein kann (NJW-RR 2002, 1424).

Die Geschäftsunfähigkeit ist kein Merkmal, das einer Person unveränderlich anhaftet. So kann bei einem psychisch Kranken durch Heilungsmaßnahmen die Geschäftsfähigkeit wieder erlangt werden. Für die Wirksamkeit einer Erklärung kommt es darauf an, ob der Handelnde *gerade zur Zeit* der Rechtshandlung geschäftsfähig war.

b) Folgen der Geschäftsunfähigkeit

Folge der Geschäftsunfähigkeit ist die Nichtigkeit der von der betreffenden Person **137** abgegebenen Willenserklärung (§ 105 I). Auch wird eine dem Geschäftsunfähigen gegenüber abgegebene Willenserklärung nicht wirksam, bevor sie dem gesetzlichen Vertreter zugeht (§ 131 I).

Die Regelung des § 105 I, wonach ein Geschäftsunfähiger keinerlei Willenserklärung wirksam abgeben kann, selbst wenn sie ihm ausschließlich rechtliche Vorteile bringen würde, wurde von einigen Autoren als unverhältnismäßiger Eingriff in die rechtsgeschäftliche Freiheit der Person gewertet und für verfassungswidrig angesehen. Durch ein Gesetz aus dem Jahre 2002 ist die Vorschrift des **§ 105a BGB** hinzugefügt worden, der auch gewisse Rechtsgeschäfte geschäftsunfähiger Personen unter bestimmten Voraussetzungen wirksam sein lässt: Wenn eine volljährige Person, die geschäftsunfähig ist, ein **Geschäft des täglichen Lebens** tätigt, das mit geringwertigen Mitteln bewirkt werden kann, so gilt der von ihm geschlossene Vertrag hinsichtlich der bedungenen Leistungen als wirksam, sobald Leistung und Gegenleistung bewirkt sind. Nach § 105a S. 2 gilt dies nicht bei einer erheblichen Gefahr für die Person oder das Vermögen des Geschäftsunfähigen.

Literatur zu § 105a: *M. Casper*, NJW 2002, 3425; *V. Lipp*, FamRZ 2003, 721; *H.-M. Pawlowski*, JZ 2003, 66; *M. Löhnig/Chr. Schärtl*, AcP 204 (2004), 25; *H. Köhler*, JuS 2010, 665. Zur Problematik allgemein: *C.-W. Canaris*, JZ 1987, 993.

c) Vorübergehende Störungen und Bewusstlosigkeit

Störungen, die **ihrer Art nach** von vornherein **vorübergehend** sind, begründen den **138** Zustand der Geschäftsunfähigkeit nicht, ebenso nicht der Zustand der **Bewusstlosigkeit**. Jedoch ist eine in solchen Zuständen abgegebene Willenserklärung nach § 105 II nichtig.

d) Rechtliche Betreuung und Einwilligungsvorbehalt

139 Unabhängig davon, ob eine volljährige Person nach § 104 Nr 2 geschäftsunfähig ist oder nicht, kann es sein, dass sie wegen einer geistigen, seelischen oder auch nur körperlichen Behinderung oder einer psychischen Krankheit der Fürsorge durch andere bedarf. Für solche Fälle wurde das Rechtsinstitut der rechtlichen Betreuung geschaffen. Kann der Betreffende aus einer der genannten Ursachen „seine Angelegenheiten ganz oder teilweise nicht besorgen", so erhält er auf Antrag oder von Amts wegen durch Beschluss des Betreuungsgerichts einen **Betreuer** (§ 1896 I 1), der diese Angelegenheiten treuhänderisch wahrnimmt. Zu diesem Zweck ist er ermächtigt, den Betreuten in dem vom Gericht bestimmten Aufgabenkreis bei Rechtshandlungen zu vertreten (§ 1902).

140 Für unseren Zusammenhang ist wichtig, dass die Bestellung eines Betreuers für sich gesehen **keinen Einfluss auf die Geschäftsfähigkeit des Betreuten** hat. Dieser *kann* im Einzelfall nach § 104 Nr 2 geschäftsunfähig sein, doch ist dies weder notwendige Voraussetzung noch Folge der Bestellung eines Betreuers. Liegen die Voraussetzungen des § 104 Nr 2 nicht vor, so können sowohl der Betreute selbst als auch der Betreuer in dessen Namen handeln.

Droht der Betreute durch sein rechtsgeschäftliches Verhalten sich selbst zu schädigen, so ist das Gericht befugt, einen **Einwilligungsvorbehalt** anzuordnen (§ 1903). Dieser bewirkt, dass der Betreute in dem festgelegten Aufgabenkreis nur mit Einwilligung des Betreuers handeln kann. Die Rechtslage ist ähnlich wie beim beschränkt geschäftsfähigen Minderjährigen, sodass die hierfür geltenden Vorschriften entsprechend heranzuziehen sind (§ 1903 I 2 iVm §§ 108 ff, 131 II). Doch wäre es gleichwohl nicht richtig, den unter Einwilligungsvorbehalt stehenden Betreuten als „beschränkt geschäftsfähig" zu bezeichnen; denn er befindet sich nicht insgesamt in einem rechtlichen Status dieser Art, sondern ist regelmäßig nur in einem näher umschriebenen Geschäftskreis an die Mitwirkung seines Betreuers gebunden.

Immer dort, wo die Gesetze von „beschränkt Geschäftsfähigen" etc sprechen, ist also nur der Minderjährige zwischen dem 7. und 18. Lebensjahr gemeint. Auf betreute, unter Einwilligungsvorbehalt stehende Volljährige sind diese Vorschriften nur anwendbar, wenn das Betreuungsrecht ausdrücklich auf sie verweist oder der Schutzzweck ihre Anwendung gebietet (zB bei § 165).

Zum Begriff „Vormundschaft": Nach deutschem Recht gibt es seit 1.1.1992 keine Vormundschaft über Volljährige mehr. Die Vormundschaft als Rechtsinstitut bezieht sich nur noch auf *Minderjährige*, die nicht unter elterlicher Sorge stehen oder deren Eltern von der gesetzlichen Vertretung völlig ausgeschlossen sind, siehe § 1773 I, siehe ferner § 1773 II.

4. Die Fürsorgeperson: der „gesetzliche Vertreter"

a) Grundsatz

141 Wer Rechtsgeschäfte überhaupt nicht oder nicht selbstständig tätigen kann, benötigt eine Fürsorgeperson, die bei Bedarf in seinem Namen handelt oder seinem Handeln durch Zustimmung zur Wirksamkeit verhilft. Welcher Person diese Aufgabe und

Rechtsmacht zukommt, wird in erster Linie durch das Gesetz bestimmt. In diesem Fall sprechen wir von „gesetzlicher Vertretung". Gesetzlicher Vertreter ist diejenige Person, die kraft Gesetzes ermächtigt ist, im Namen einer anderen und mit Wirkung für diese rechtlich zu handeln. Die auf Gesetz beruhende Vertretungsmacht ist eingebettet in ein komplexeres Rechtsverhältnisses, dessen Kern die Aufgabe des Fürsorgers ist, die Angelegenheiten einer anderen Person in deren Interesse wahrzunehmen (Treuhand).

b) Gesetzliche Vertreter für Minderjährige

Gesetzliche Vertreter eines Minderjährigen sind die sorgeberechtigten Eltern **142** (§ 1629 I), in Ausnahmefällen ein Vormund (§ 1773) oder – bezogen auf einen beschränkten Aufgabenkreis – ein Pfleger (§ 1909). Die gesetzliche Vertretung der **Eltern** ist eine Befugnis im Rahmen des ihnen verbürgten Rechts, für Person und Vermögen ihrer minderjährigen Kinder zu sorgen (elterliches Sorgerecht, § 1626 BGB; Art. 6 II GG). Die gesetzliche Vertretungsmacht kann in zweifacher Form betätigt werden:

- entweder indem die **Eltern** selbst **im Namen des Kindes** handeln (§ 164 I);
- oder indem sie einem Rechtsgeschäft des beschränkt geschäftsfähigen Kindes durch **Zustimmung** zur Wirksamkeit verhelfen (Näheres Rn 718). Dabei sind die Eltern verpflichtet, zum Besten des Kindes und seiner Interessen zu handeln (Kindeswohl).

Die gesetzliche Vertretungsmacht räumt den Eltern eine weit reichende Bestim- **143** mungsbefugnis über die Rechte und Interessen ihrer Kinder ein. Von Ausnahmen abgesehen sind sie umfassend zu Erklärungen mit Wirkung für das vertretene Kind ermächtigt. Es entsteht mithin ein Verhältnis des Unterworfenseins, das – anders als sonst im Zivilrecht – nicht auf freiwilliger Vereinbarung beruht. Deshalb erlegt das Grundgesetz dem Staat die Pflicht auf, über die Ausübung der elterlichen Sorge zu wachen (Art. 6 II 2 GG). Es geschieht dies in doppelter Weise: *repressiv* durch gerichtliche Maßnahmen gegenüber Eltern, die das Kindeswohl gefährden (§ 1666); *präventiv* zB dadurch, dass die Eltern für bestimmte Geschäfte, die sie als Vertreter der Kinder tätigen wollen, einer gerichtlichen Genehmigung bedürfen (§ 1643).

Nach einer **Entscheidung des BVerfG** (BVerfGE 72, 155) geht die gesetzliche Vertretungsmacht der Eltern nicht so weit, dass sie das Kind mit erheblichen, in Ausübung der gesetzlichen Vertretung begründeten Schulden in die Selbstständigkeit entlassen dürfen. Dieser Entscheidung trägt das **Gesetz zur Beschränkung der Haftung Minderjähriger** Rechnung, das zum 1.1.1999 in Kraft getreten ist. Der eingefügte **§ 1629a BGB** beschränkt die Haftung des Kindes für Verbindlichkeiten, welche die Eltern als gesetzliche Vertreter für das Kind begründet haben, auf den Bestand des bei Eintritt der Volljährigkeit vorhandenen Kindesvermögens.

c) Gesetzliche Vertreter für Volljährige

Gesetzlicher Vertreter eines unter Betreuung stehenden Volljährigen ist sein **rechtli- 144 cher Betreuer** (§ 1902). Für geschäftsunfähige Volljährige *muss* ein Betreuer bestellt werden, wenn im konkreten Fall für bestimmte Angelegenheiten (Aufgabenkreis) eine Vertretung erforderlich ist (§ 1896 II 1). Die Bestellung eines rechtlichen Betreuers ist auch erforderlich, wenn für den Betroffenen zur Abwendung einer Gefahr ein Einwilligungsvorbehalt angeordnet werden muss (§ 1903, s. Rn 140); Geschäftsunfähigkeit ist dafür nicht Voraussetzung.

Keiner gesetzlichen Vertretung und daher auch keines Betreuers bedarf es, soweit die betroffene Person im Zustand der vollen Geschäftsfähigkeit einen anderen **bevollmächtigt** hat, ihre Angelegenheiten zu besorgen. Solche Vollmachten können so erteilt werden, dass ihre Geltung den Zustand der Geschäftsfähigkeit des Vollmachtgebers überdauert (**Vorsorgevollmachten**). Das Problem der Fürsorge kann somit auch privatautonom gelöst werden. Soweit die Angelegenheiten des Betroffenen durch den Bevollmächtigten ebenso gut wahrgenommen werden können wie durch einen Betreuer, darf ein Betreuer nicht bestellt werden (§ 1896 Abs. 2 S. 2), insoweit kommt es zu keiner gesetzlichen Vertretung. Gleiches gilt, soweit zur Besorgung der betreffenden Angelegenheit anderweitige Hilfen – z.B. faktische Hilfen, bei denen kein rechtliches Handeln notwendig ist – ausreichen.

Kapitel 3

Vereinigungen und sonstige Organisationen als rechtsfähige Personen

1. Zum Verständnis

145 Rechtsfähigkeit kommt nicht nur dem einzelnen Menschen, sondern auch bestimmten Personenvereinigungen und sonstigen Organisationen zu. Welche Bewandtnis es damit hat, mag das folgende Beispiel anschaulich machen.

> **Fall 4:** Die Studenten A, B und C, des Politisierens überdrüssig, wollen einen Klub gründen, welcher der Geselligkeit und dem gemeinschaftlichen Genuss von Kulturwerten dienen soll. Sie finden 20 weitere Interessenten, mit denen sie sich auf einer Versammlung zum „Klub der Unpolitischen" vereinigen. Es werden „Statuten" beschlossen, die ua einen Mitgliedsbeitrag von 10 € pro Monat festlegen. Der Eintritt in den Klub soll jedermann freistehen. A wird zum „Präsidenten", B zum „Vizepräsidenten" und C zum „Schatzmeister" gewählt. Darauf mietet A „im Namen des Klubs" ein Haus von X für 800 € monatlich, das als Klubheim dienen soll.
>
> Angenommen: X wartet vergeblich auf die Zahlung der ersten Monatsmiete. Wer ist ihm zur Zahlung verpflichtet? Ist es A? Oder sind es A, B und C als „Vorstand"? Oder sind es alle Klubmitglieder?

146 Zur Zahlung des Mietzinses ist gemäß § 535 II der Mieter verpflichtet. Wer aber ist in unserem Fall „der Mieter", also der Vertragspartner des X? Von der *Interessenlage* her können wir die folgenden Erwägungen anstellen:

(1) Mieter könnte der A sein, der die Vertragserklärung abgegeben hat. Diese Lösung würde jedoch den Interessen des A und letztlich auch des „Klubs" zuwiderlaufen. A

hat deutlich gemacht, dass er das Haus für den Klub mieten wolle. Daraus kann man seinen Willen entnehmen, nicht selbst der alleinige Vertragspartner des X zu sein, sondern auch für die anderen Mitglieder zu handeln. Lässt man die Funktionäre einer Vereinigung für die im gemeinsamen Interesse gemachten Schulden persönlich haften, so wird sich sehr bald niemand mehr finden, der bereit wäre, ein „Ehrenamt" mit einem derartigen Risiko zu übernehmen. Aus dem gleichen Grund wäre es unzweckmäßig, A, B und C („als Vorstand") zusammen als Vertragspartner des X anzusehen.

(2) Man könnte ferner daran denken, alle Mitglieder für die Miete haften zu lassen, **147** und zwar mit folgender Begründung: Der „Klub", in dessen Namen A den Vertrag abgeschlossen hat, ist nichts anderes als die summarische Bezeichnung aller 23 Klubmitglieder. A hätte dann in Wirklichkeit für alle Mitglieder gehandelt, als deren bevollmächtigter Stellvertreter er aufgetreten wäre (§ 164 I). Nimmt man das an, so ergibt sich die weitere Frage, ob (a) die 23 Mitglieder in der Weise haften, dass X nach seiner Wahl einen von ihnen herausgreifen und von ihm die ganze Miete verlangen kann, oder ob (b) jedes Mitglied nur in Höhe eines der Kopfzahl entsprechenden Bruchteils (hier: 1/23) haftet. Keine dieser Lösungen würde jedoch den Interessen der Beteiligten gerecht.

Zu Lösung (2a): Niemand, der sich einer zur Pflege der Geselligkeit gegründeten Vereinigung anschließt, möchte für die Schulden, die für die gemeinsamen Zwecke gemacht werden, gänzlich einstehen; vielmehr wird das Mitglied die Vorstellung haben, finanzielle Verpflichtungen nur in Höhe seines Mitgliedsbeitrages einzugehen.

Zu Lösung (2b): Es ist dem X nicht zuzumuten, seinen Zahlungsanspruch in der Weise geltend zu machen, dass er 23 Personen jeweils auf einen kleinen Teil verklagt. Zudem kann es beim „Klub" einen ständigen Mitgliederwechsel geben.

(3) Als dritte Möglichkeit käme in Betracht, den Anspruch des X so zu konstruieren, **148** dass X nicht von den einzelnen Mitgliedern die Miete verlangen, sondern lediglich „Zahlung aus der Klubkasse" fordern kann. Nun kann freilich nur eine Person, nicht eine „Kasse" verpflichtet sein. Es bietet sich der Ausweg, die **Vereinigung der Mitglieder („den Klub") selbst als Person und damit als den Vertragspartner des X anzusehen.** „Der Klub" würde demnach als Mieter erscheinen und für die Mietschulden mit „seinem Vermögen" einstehen, nämlich mit dem, was die Mitglieder in die Klubkasse einzahlen. Eine solche Konstruktion ist nach klassischem Zivilrecht in der **juristischen Person** gefunden.

Unter einer **juristischen Person** verstehen wir eine Personenvereinigung (oder eine sonstige Organisation), der die Rechtsordnung die Qualität einer *eigenständigen Rechtspersönlichkeit zuerkennt, die von der Rechtspersönlichkeit ihrer Mitglieder vollkommen geschieden ist*. Die juristische Person ist voll rechtsfähig (vgl §§ 21, 22), sie ist Träger von Rechten und Pflichten und tritt durch ihre Organe handelnd im Rechtsverkehr auf. Für die im Namen der juristischen Person eingegangenen Verbindlichkeiten haftet grundsätzlich nur sie selbst mit ihrem Vermögen, nicht aber haften die einzelnen Mitglieder mit ihrem „Privatvermögen".

In Ausnahmefällen, namentlich bei unredlichem Verhalten der Mitglieder, kommt eine Haftung der Einzelmitglieder mit ihrem privaten Vermögen für Schulden der juristischen Person in Betracht (**Durchgriffshaftung**, siehe BGHZ 175, 12 – Verein; BGH NJW 2002, 3024; BGHZ

165, 85 – GmbH). Auch ist eine Eigenhaftung von Mitgliedern aus unerlaubter Handlung möglich (BGHZ 109, 297 – Geschäftsführer einer GmbH).

Ob in **Fall 4** der „Klub" auch wirklich die Voraussetzungen einer juristischen Person erfüllt, kann an dieser Stelle noch nicht entschieden werden, siehe unten Rn 153 ff.

2. Die Deutung der juristischen Person

149 Um das „Wesen" der juristischen Person besteht seit langem eine Kontroverse. Insbesondere ist darum gestritten worden, ob und inwieweit der Personenvereinigung tatsächlich eine eigene Persönlichkeit zukommt. Die von den Vertretern des römischen Rechts im 19. Jh. entwickelte **Fiktionstheorie** sieht in der juristischen Person lediglich eine Rechtstechnik: Die Vereinigung wird – damit gewisse Probleme zufrieden stellend gelöst werden können – als Rechtsperson nur gedacht (fingiert). Hingegen sieht eine andere Theorie in der juristischen Person eine wirkliche Persönlichkeit (**„reale Verbandspersönlichkeit"**), sodass die Rechtsordnung mit der Zuschreibung von Rechtsfähigkeit lediglich etwas anerkennt, was sie ohnehin vorfindet. Die Erklärungsversuche haben sich von den beiden Grundpositionen aus weiter verzweigt und fortentwickelt.

Literatur: Fiktionstheorie zB bei *Savigny*, System, II, 235. Theorie der realen Verbandspersönlichkeit zB bei *Gierke*, Das Wesen der menschlichen Verbände, 1902, Neudruck 1954. Zur Entwicklung dieser Lehren: *F. Wieacker*, Zur Theorie der Juristischen Person des Privatrechts, Festschrift E.R. Huber, 1973, 339; *W. Hadding*, Korporationsrechtliche oder rechtsgeschäftliche Grundlagen des Vereinsrechts?, Festschrift für R. Fischer, 1979, 165; *Flume*, AT 2, Kap. I § 1.

150 Der Streit ist nicht müßig. Er zeugt von unterschiedlichen Grundeinstellungen zum Recht; die Standpunkte wirken bis in die Lösung einzelner Konflikte hinein. Letztlich geht es darum, ob man die menschliche Gemeinschaft als Inbegriff und Komplex individueller Lebensäußerungen oder als eine die einzelnen Mitglieder überschreitende Größe sieht. Die Deutung des Kollektivs als eigenes juristisches Wesen, das sich nicht in die Lebensäußerungen der einzelnen Mitglieder vollständig auflösen lässt, sondern eine eigene Substanz besitzt, eignet sich als Konzept der Vereinsautonomie gegenüber dem Staat, birgt indes freiheitsfeindliche Tendenzen für das einzelne Mitglied im Verhältnis zur Gemeinschaft und ihren Funktionären. Die Deutung der Gemeinschaft von den Individuen her wird den Interessen der einzelnen Mitglieder gerecht, beeinträchtigt aber in gewissem Grade die Bedürfnisse der Organisation als solcher.

151 Nach unserer Auffassung bildet die juristische Person eine Zweckkonstruktion, mit deren Hilfe sich Einzelpersonen zu bestimmten Zwecken zusammenschließen und in diesem Verbund auf einer gesicherten rechtlichen Grundlage tätig werden können. Die dazu nötigen rechtlichen Regeln haben auch den Zweck, Konflikte zwischen den beteiligten Individuen zu bewältigen. Es geht um Konflikte *entweder* der Mitglieder eines derartigen Zusammenschlusses untereinander (zB Streit zwischen dem Klubmitglied D und „dem Klub" um die Beitragszahlung) *oder* der Mitglieder des Klubs

mit außenstehenden Personen (wie in Fall 4 mit dem Vermieter). **Rechtsfähig im vollen Sinne ist nach dieser Auffassung allein die natürliche Person, während die Rechtsfähigkeit der juristischen Person immer nur in gewissem, aus der Rechtspersönlichkeit der Mitglieder abgeleitetem Sinne besteht.** Infolgedessen kann die juristische Person auch nicht als Träger sämtlicher Rechte gedacht werden, die einem Menschen zustehen können. So besagt Art. 19 III GG: „Die Grundrechte gelten auch für inländische juristische Personen, *soweit sie ihrem Wesen nach auf diese anwendbar* sind." Insbesondere ist die juristische Person nicht Träger aller Persönlichkeitsrechte. Sie hat kein „Recht auf Leben" (auch nicht im übertragenen Sinne als „Recht auf Fortbestand"). Die Persönlichkeitsrechte, die man der juristischen Person zuschreibt, stehen ihr auf andere Weise als der natürlichen zu. Nach Auffassung des BVerfG kommt jedenfalls dort, wo der Grundrechtsschutz an Eigenschaften, Äußerungsformen oder Beziehungen anknüpft, die nur natürlichen Personen wesenseigen sind, eine Erstreckung auf juristische Personen als bloße Zweckgebilde der Rechtsordnung nicht in Betracht; das ist umso eher der Fall, als der Grundrechtsschutz im Interesse der Menschenwürde gewährt wird, die nur natürliche Personen für sich in Anspruch nehmen können (BVerfGE 1997, 1841, 1843).

Gleichwohl besteht die Tendenz, den juristischen Personen in nicht geringem Maße **152** persönlichkeitsrechtliche Positionen zuzugestehen. Das allgemeine Persönlichkeitsrecht wird ihnen nicht generell zuerkannt, wohl aber insoweit, als sie aus ihrem Wesen als Zweckschöpfungen des Rechts und ihren Funktionen dieses Rechtsschutzes bedürfen. Dies ist der Fall, wenn sie in ihrem sozialen Geltungsanspruch als Arbeitgeber oder als Wirtschaftsunternehmen betroffen werden (BGHZ 98, 94, 97 – BMW-Urteil; BGH NJW 1994, 1281, 1282, dazu BVerfG NJW 1994, 1784; BGH NJW 2015, 773 Rn 12). Es gibt für juristische Personen also einen persönlichkeitsrechtlichen Schutz mit funktionalen Einschränkungen. Obwohl sie keine „persönliche Ehre" haben (BGH NJW 2009, 915 Rn 9), kommt ihnen ein Schutz gegen Ehrverletzungen zu, wenn und soweit ihr sozialer Geltungsanspruch in ihrem Aufgabenbereich betroffen wird (BGHZ 78, 274, 280; für öffentlich-rechtliche juristische Personen BGH NJW 2006, 601; BGHZ 176, 175 Rn 28; BGH, NJW 2009, 915 Rn 17; vgl § 194 III, IV StGB). Soweit sich juristische Personen als Unternehmen betätigten, werden ihnen Schutzpositionen unter dem Gesichtspunkt des „Unternehmerpersönlichkeitsrechts" zugestanden (Näheres Rn 353a). Besonders brisant ist die Frage, ob Vereinen und Gesellschaften Schmerzensgeldansprüche wegen Verletzung von Persönlichkeitsrechten (etwa wegen Rufschädigung) zustehen können. Dies wird vom deutschen Recht abgelehnt (BGHZ 78, 24, 28).

Die Motive zum BGB (I, 78) hatten die Rechtsfähigkeit der jur. Person lediglich als Vermögensfähigkeit gedeutet. Doch muss man sehen, dass die Lehre von den Persönlichkeitsrechten erst lange nach dem Inkrafttreten des BGB anerkannt wurde.

Literatur: *H. Lessmann*, Persönlichkeitsschutz juristischer Personen, AcP 170 (1970), 266; *D. Klippel*, Der zivilrechtliche Persönlichkeitsschutz von Verbänden, JZ 1988, 625; *Th. Kingreen/F. Möslein*, Die Identität der juristischen Person, JZ 2016, 57.

3. Typen der juristischen Person; der eingetragene Verein insbesondere

153 Die Frage ist, unter welchen Voraussetzungen eine Personenvereinigung oder sonstige Organisation die Qualität einer juristischen Person erlangt. Denn es ist klar, dass nicht jeder beliebige Zusammenschluss von Personen zu irgendeinem Zweck als selbstständige Rechtspersönlichkeit anerkannt werden kann, sonst gäbe es Unklarheit und Verwirrung.

> Der **Fall 4** (Rn 145) kann die Problematik verständlich machen. Wäre in diesem Beispiel der „Klub" eine juristische Person, so wäre geklärt, dass aus dem Vertrag nicht die einzelnen Mitglieder berechtigt und verpflichtet sind, sondern die Rechtspersönlichkeit „Klub", in dessen Namen A gehandelt hätte. Denn die Rechtspersönlichkeit einer juristischen Person ist von der Rechtspersönlichkeit ihrer Mitglieder streng zu trennen. Dem Vermieter X könnte die Anerkennung des „Klub" als juristische Person unangenehme Folgen bescheren: Zahlt der „Klub" nicht und hat er auch kein Vermögen, in das X die Zwangsvollstreckung erfolgreich betreiben kann, so läuft X Gefahr, leer auszugehen, während das Vermögen der Mitglieder, denen das Mietverhältnis letztlich nützt, unbehelligt bliebe.

Die Rechtsordnung regelt daher die Gestaltungsformen der möglichen juristischen Personen und bestimmt die Voraussetzungen, unter denen ein Zusammenschluss als juristische Person anerkannt werden kann.

154 Das BGB und die darauf aufbauenden Gesetze zielen darauf ab, die Bildung von juristischen Personen unter staatlicher Kontrolle zu halten. Zu diesem Zweck werden alternativ zwei Verfahren angewendet:

– Entweder ist für die Erlangung der Rechtsfähigkeit eine **staatliche Verleihung (Anerkennung)** nötig, deren Erteilung entweder im Ermessen der zuständigen Behörde steht oder unter bestimmten Voraussetzungen beansprucht werden kann;

– oder die juristische Person entsteht dadurch, dass durch **Eintragung in ein amtliches Register** festgestellt wird, dass die vom Gesetz verlangten Erfordernisse („Normativbestimmungen") erfüllt sind. Bei diesem Verfahren besteht ein **Anspruch der Gründer auf Eintragung**, sofern die gesetzlichen Voraussetzungen für die Bildung einer juristischen Person erfüllt sind. Nur dieses zweite Verfahren entspricht dem Verständnis der Vereinigungsfreiheit; es begrenzt zugleich diese Freiheit durch die Aufstellung von sachlichen Erfordernissen, die im Registraturverfahren überprüft werden.

155 **Nach dem Gesetz** können hauptsächlich folgende **juristische Personen** gebildet werden:

(1) Der **rechtsfähige Verein** bildet den Haupttyp der rechtsfähigen Personenvereinigung. Unter Verein versteht man eine Personenvereinigung, deren Bestand nicht vom Wechsel der Mitglieder berührt wird. Kennzeichnend ist die Selbstständigkeit des Vereins gegenüber dem einzelnen Mitglied; ob das Mitglied Maier austritt oder stirbt oder ob Schultze neu eintritt – der Verein bleibt derselbe.

(2) Die **rechtsfähige Stiftung** (§§ 80 ff) ist eine juristische Person, die keine Mitglieder hat, also keine Personenvereinigung darstellt, sondern eine Organisation, die ein

bestimmtes Vermögen der Verfolgung eines bestimmten Zwecks widmet (zB Stiftung eines Vermögens zur Förderung wissenschaftlicher Arbeiten oder Unterhaltung eines Altersheimes, etc). Die Stiftung erhält die Rechtsfähigkeit durch staatliche Anerkennung (§ 80 I).

Die **Vereine** betreffend ist **zu unterscheiden**:   **156**

(a) Vereine, deren Zweck nicht auf einen wirtschaftlichen Geschäftsbetrieb gerichtet ist (**Idealvereine**), erlangen die Rechtsfähigkeit durch Eintragung in das Vereinsregister, das bei den Amtsgerichten geführt wird (§§ 21, 55 ff). Die Registrierung erfolgt, wenn gewisse Voraussetzungen (§§ 56–58) erfüllt sind. Das Vereinsregister macht die Bildung des rechtsfähigen Vereins zu einer für jedermann nachprüfbaren Angelegenheit (§ 79). Erst die Eintragung verschafft dem Verein die Eigenschaft einer juristischen Person. Ist die Eintragung vorgenommen, so erhält der Vereinsname gem. § 65 den Zusatz „eingetragener Verein" (eV).

(b) Vereine, deren Zweck auf einen wirtschaftlichen Geschäftsbetrieb gerichtet ist   **157**
(**wirtschaftliche Vereine**), erhalten die Rechtsfähigkeit durch staatliche Verleihung, sofern nichts anders bestimmt ist, § 22. Die Vorschrift, die im Bereich der wirtschaftlichen Betätigung die Bildung von juristischen Personen von der staatlichen Konzession abhängig machen will, erstaunt auf den ersten Blick. Tatsächlich hat § 22 eine geringe Bedeutung. Dass liegt daran, dass durch besondere Gesetze **weitere Typen wirtschaftlicher Personenvereinigungen** zugelassen sind, die nicht durch Verleihung, sondern – ähnlich wie die Idealvereine – durch Eintragung in ein Register zu juristischen Personen werden. Hierher gehören:

– die **Aktiengesellschaft** (AG, Aktiengesetz vom 6.9.1965), welche eine „Gesellschaft mit eigener Rechtspersönlichkeit" ist (§ 1 I 1 AktG) und die vor Eintragung in das Handelsregister „als solche nicht besteht" (§ 41 I 1 AktG);

– die **Gesellschaft mit beschränkter Haftung** (GmbH, GmbH-Gesetz vom 20.4.1892); nach § 13 I GmbHG hat sie als solche selbstständige Rechte und Pflichten und kann Eigentum und andere dingliche Rechte an Grundstücken erwerben, ferner vor Gericht klagen und verklagt werden; diese gesetzliche Aufzählung ist nicht abschließend, vielmehr bildet die GmbH eine juristische Person in jeder Hinsicht; als solche entsteht sie mit der Eintragung in das Handelsregister (§ 11 I GmbHG);

– die in einem besonderen Genossenschaftsregister **eingetragene Erwerbs- und Wirtschaftsgenossenschaft** (Genossenschaftsgesetz vom 1.5.1889).

4.   Gesellschaft und nichtrechtsfähiger Verein

a)   Die Gesellschaft des bürgerlichen Rechts

Die beschriebenen gesetzlichen Regeln für die Anerkennung eines Gebildes als juris-   **158**
tische Person lassen die Frage offen, welches Recht für die übrigen Personenvereinigungen gilt, denen das Gesetz nicht die Qualität einer juristischen Person zumisst.

Wir gehen wiederum von **Fall 4** aus. Der „Klub" könnte als Idealverein die Rechtsfähigkeit erlangt haben, wenn er in das Vereinsregister eingetragen wäre, § 21. Erfolgte eine solche Eintragung, so wäre „der Verein", nicht aber A oder ein sonstiges Vereinsmitglied dem X zur Mietzahlung verpflichtet. Wir wollen indes annehmen, dass der „Klub" *nicht* in das Vereinsregister eingetragen wurde. Es gilt dann, anderweitige Vorschriften aufzusuchen, die auf unseren Fall anwendbar sind.

In Betracht kommt eine **Gesellschaft des bürgerlichen Rechts** (§ 705). Die GbR bildet in vielem das Gegenstück zum rechtsfähigen Verein. Sie wird definiert als ein vertraglich begründetes Rechtsverhältnis, durch das mehrere Personen einander zur Förderung eines gemeinsamen Zwecks verpflichtet sind. Wesentlich sind also ein gemeinsamer Zweck und die gegenseitige Verpflichtung, ihn zu fördern. Derartige Gesellschaften entstehen auch im Bereich des täglichen Lebens, ohne dass die Beteiligten sich dessen bewusst sein müssten. Vereinbaren die Bewohner eines Hauses, gemeinschaftlich das Heizöl für die Zentralheizung anzuschaffen und die Kosten auf die einzelnen Parteien umzulegen, so liegt eine Gesellschaft vor; desgleichen wenn mehrere Personen vereinbaren, jede Woche eine bestimmte Zahlenreihe im Lotto zu spielen und die Kosten dafür gemeinschaftlich aufzubringen.

159 **Nach der Konzeption des BGB** ist die Gesellschaft iS des § 705 **nicht rechtsfähig**. Sie hat „als solche" keine Rechte; wenn „die Gesellschaft" etwas erwirbt, so erwerben es in Wirklichkeit die Gesellschafter, welchen das Gesellschaftsvermögen gemeinschaftlich zusteht (§ 718). Folglich stehen für die Verbindlichkeiten aus Verträgen, die „für die Gesellschaft" abgeschlossen wurden, nicht nur das Gesellschaftsvermögen, sondern auch die einzelnen Gesellschafter mit ihrem persönlichen Vermögen ein. Eine Beschränkung der Haftung auf das Gesellschaftsvermögen tritt nur dann ein, wenn sie mit dem jeweiligen Geschäftspartner vereinbart ist (BGH NJW 1999, 3483; BGH NJW-RR 2005, 400).

160 Die Einordnung der Gesellschaft des Bürgerlichen Rechts als nicht rechtsfähiges Gebilde stieß indes auf heftige wissenschaftliche Kritik, der schließlich auch die Rechtsprechung folgte. Zunächst erkannte der BGH an, dass eine BGB-Gesellschaft als solche Mitglied einer Genossenschaft werden kann (NJW 1992, 499) und scheckfähig ist (NJW 1997, 2755). Schließlich gestand der BGH der GbR, die nach außen als solche in Erscheinung tritt, generell die **Rechtsfähigkeit** zu, **soweit sie durch Teilnahme am Rechtsverkehr eigene Rechte und Pflichten begründet** (BGHZ 146, 341; vgl. BGHZ 163, 154 betr. Wohnungseigentümergemeinschaft). In diesem Rahmen ist die GbR im Prozess aktiv und passiv parteifähig (§ 50 I ZPO). Folgerichtig kann die BGB-Gesellschaft „als solche" als Eigentümerin eines Grundstücks im Grundbuch eingetragen werden (BGHZ 179, 102; BGH NJW 2011, 1958); freilich sind zugleich die Gesellschafter einzutragen (§ 47 II 1 GBO). Der BGH verwirft auch die Konzeption, wonach aus Rechtsgeschäften, welche im Namen der Gesellschaft getätigt werden, eigentlich die einzelnen Gesellschafter berechtigt und verpflichtet sind; vielmehr ist es die Gesellschaft selbst. Zwar haften für die Gesellschaftsschulden weiterhin auch die einzelnen Gesellschafter mit ihrem sonstigen Privatvermögen, aber die Primärverpflichtung trifft die Gesellschaft als solche, die Haftung der Gesellschafter ist nach dem Vorbild der OHG (§ 128 HGB) bloß „akzessorisch" (BGHZ 188, 233 Rn 23). Diesem Rechtsverständnis entspricht, dass sich die Gesellschaft schadensersatzpflichtige Handlungen ihrer geschäftsführenden Gesellschafter in gleicher Weise zurechnen muss wie ein rechtsfähiger Verein das Handeln seines Vorstands (§ 31 analog, so BGHZ 154, 88).

Nach all dem könnte man meinen, mit der GbR sei kraft Richterrechts ein weiterer **161** Typus der juristischen Person geschaffen worden. Das entspricht indes nicht dem Verständnis des BGH: Danach ist die GbR **rechtsfähig „ohne juristische Person zu sein"** (BGHZ 146, 341, 343). So sieht es inzwischen auch der Gesetzgeber: § 11 II Nr 1 InsO anerkennt die Insolvenzfähigkeit der GbR und spricht in diesem Zusammenhang von „Gesellschaften ohne Rechtspersönlichkeit". Es gibt demnach zwischen der natürlichen und der juristischen Person als Zwischenkategorie (teil-)„rechtsfähige" Personenvereinigungen, die nicht den Status einer juristischen Person besitzen. Der Unterschied ist aber im Fall der GbR (wie auch der OHG und KG) gering; er betrifft vor allem die Verbindlichkeiten der Personenvereinigung, für die das einzelne Mitglied einer juristischen Person nicht mit seinem Privatvermögen haftet, während der Gesellschafter einer GbR akzessorisch in Anspruch genommen wird. Man kann folgende Unterscheidung treffen:

– Juristische Personen sind Organisationen, die grundsätzlich Träger von allen Rechten und Pflichten sein können und deren Rechtspersönlichkeit vollständig von der Rechtspersönlichkeit ihrer Mitglieder abgelöst ist.

– Sonstige Organisationen können *partiell* rechtsfähig sein, wenn sie Träger von begrenzten Rechten und Pflichten zu sein vermögen, oder wenn sie zwar grundsätzlich unbegrenzt Rechtsträger sein können, ihre Rechtspersönlichkeit aber von derjenigen der Mitglieder nicht vollständig getrennt erscheint.

Große „Wesensunterschiede" lassen sich so aber nicht ausmachen. Es handelt sich um Spielarten der Rechtsfähigkeit von Organisationsgebilden.

Die genannte Rspr findet überwiegenden, aber keinen einhelligen Beifall. Keinesfalls rechtsfähig sind Gesellschaften, die nicht nach außen als solche auftreten und kein Gesamthandsvermögen bilden (**„Innengesellschaften"**). Streitig ist, ob bloße Gesamthandsgemeinschaften, denen kein Gesellschaftsvertrag zu Grunde liegt, wie etwa eine Erbengemeinschaft, gleichfalls rechtsfähig sein sollen (ablehnend BGH NJW 2006, 3715).

Zum Problem: *W. Flume*, AT, I, 1: Die Personengesellschaft, 1977, S. 68; *G.E. Breuninger*, Die BGB-Gesellschaft als Rechtssubjekt im Wirtschaftsverkehr – Voraussetzungen und Grenzen, 1991; *M. Jaschke*, Gesamthand und Grundbuchrecht, 1991; *K. Schmidt*, NJW 2001, 993; *ders.*, JZ 2009, 10; *ders.*, AcP 209, 181; *P. Ulmer/F. Steffek*, NJW 2002, 330; *D. Reuter*, AcP 2007, 673; *M. Lehmann*, AcP 207, 225; *K. Schmidt*, AcP 209, 181; *J. Heinemann*, JR 2010, 31; *M. Wellen*hofer, Jus 2010, 1048; *H. Altmeppen*, NJW 2011, 1905; *Chr. Kesseler*, NJW 2011, 1909; *V. Beuthien*, JZ 2011, 124; *J. Lieder*, Jura 2012, 335.

b) Der nicht eingetragene Verein

Könnte man den „Klub" im **Fall 4** als Gesellschaft iSd §§ 705 ff ansehen, so ergäbe **162** sich nach der Doktrin des BGH folgende Lösung: Dem Vermieter X würde in erster Linie „der Klub" verpflichtet sein; doch würden auch alle Mitglieder des Klubs akzessorisch und gesamtschuldnerisch haften, dh X könnte sich nach seiner Wahl ganz oder teilweise an das eine oder andere Mitglied halten (§ 421). Ein solches Ergebnis widerspricht jedoch, wie gezeigt, der Interessenlage der Mitglieder. Bei näherem Hinsehen wird zweifelhaft, ob wir den „Klub" überhaupt als Gesellschaft ansehen können. Denn die Vorschriften über die Gesellschaft setzen einen ganz anderen Typ von Personenvereinigung voraus.

§§ 709, 714: Grundsätzlich soll die Geschäftsführung und Vertretung allen Gesellschaftern gemeinschaftlich zustehen; nach der Klubsatzung ist hingegen allein ein dreiköpfiger Vorstand dazu befugt (s. indes § 710).

§§ 723, 727, 728, 736: Für die Gesellschaft ist die Person jedes einzelnen Gesellschafters von wesentlicher Bedeutung. Stirbt auch nur einer, so wird die gesamte Gesellschaft aufgelöst (§ 727 I), sofern nichts anderes bestimmt ist (§ 736); die Kündigung eines Gesellschafters (§ 723 I) führt nicht etwa zu seinem Ausscheiden, sondern dem Grundsatz nach zur Auflösung der gesamten Gesellschaft (beachte wiederum § 736). Demgegenüber ging man bei Gründung des Klubs davon aus, dass Austritt und Neueintritt von Mitgliedern jederzeit möglich sein sollen, ohne dass der Bestand des Klubs davon berührt wird.

163 Der Begriff der Gesellschaft zielt auf eine ganz andere Realität, als sie in Fall 4 der „Klub" darstellt. Bei der Gesellschaft ist an eine in der Personenzahl begrenzte Verbindung von einander persönlich verpflichteten, zusammenwirkenden Personen gedacht. Der „Klub" hingegen ist von vorn herein für den Eintritt neuer und das Ausscheiden bisheriger Mitglieder offen; der Mitgliederwechsel soll seine Existenz nicht berühren. Anders ausgedrückt: *Der „Klub" im obigen Falle ist, auch wenn er nicht eingetragen ist, nach seiner Struktur Verein und nicht Gesellschaft.* „Verein" und „Gesellschaft" bilden zwei im Wesen verschiedene Grundtypen der bürgerlich-rechtlichen Personenvereinigung. Der Unterschied liegt vor allem in der körperschaftlichen Verfassung des Vereins. Die Motive zum BGB (I, 88) umschreiben den Verein wie folgt: „Sie (die Vereine) nehmen einen dauernden, vom Wechsel der Mitglieder unabhängigen Bestand in Aussicht ... Das vorhandene Vermögen wird dem Verein als solchem zugeschrieben. Die Mitglieder wollen keinen Teil daran haben, nicht Miteigentümer, Mitgläubiger, Mitschuldner sein. Dem Einzelnen liegt fern, für die Erreichung der Vereinszwecke eine über die Entrichtung der Beiträge zur Vereinskasse hinausgehende Verbindlichkeit zu übernehmen."

164 Im genannten „Klub" haben wir demnach einen Verein vor uns, der – mangels Registereintragung – nach der Konzeption des BGB nicht rechtsfähig geworden ist (**nicht eingetragener Verein, „nichtrechtsfähiger Verein"**). Über ihn bestimmt § 54 S. 1 erstaunlicherweise, dass die **Regeln über die Gesellschaft** (§§ 705 ff) Anwendung finden sollen, jene Regeln also, die wir bereits als für den „Klub" unpassend erkannt haben. Ferner bestimmt § 54 S. 2, dass aus Rechtsgeschäften, die im Namen eines solchen Vereins einem Dritten gegenüber vorgenommen werden, der Handelnde persönlich haftet; es ist also riskant, sich als Stellvertreter eines nichteingetragenen Vereins zu betätigen. Ganz offenbar waren die Schöpfer des BGB dem nicht eingetragenen Verein nicht wohlgesonnen; die ungünstige Rechtslage sollte die Gründer von Personenvereinigungen dazu verlassen, die Form des eingetragenen Vereins zu wählen.

165 Die Benachteiligung der nicht eingetragenen Vereine wurde von Rechtsprechung und Wissenschaft bald als unangemessen empfunden. Vor allem setzte sich die Auffassung durch, dass die Vorschriften über die Gesellschaft weithin unpassend für ein

körperschaftliches Gebilde sind. Der nichteingetragene Verein wird daher **abweichend von den Absichten der Schöpfer des BGB in vielen Beziehungen ähnlich wie der rechtsfähige behandelt** (Schutz des Namens RGZ 78, 101).

Mit der Rechtsprechung des BGH zur **Rechts- und Parteifähigkeit der BGB-Ge-** **166** **sellschaft** (BGHZ 146, 341) ist auch für den nichteingetragenen Verein ein neues Kapitel aufgeschlagen: Da er nach Gesellschaftsrecht zu behandeln ist (§ 54 S. 1), ist er folgerichtig unter denselben Voraussetzungen rechtsfähig wie die BGB-Gesellschaft. Das zieht auch die aktive Parteifähigkeit im Prozess nach sich. Ursprünglich war in der ZPO bestimmt, dass ein nichtrechtsfähiger Verein zwar verklagt werden, aber nicht klagen konnte. Diese Schlechterstellung wurde zunächst durch die Rechtsprechung (BGH NJW 2008, 69), dann auch durch die Gesetzgebung korrigiert: Nach **§ 50 II ZPO** neuer Fassung (seit 2009) kann der nichtrechtsfähige Verein klagen und verklagt werden, im Rechtsstreit hat er die Stellung eines rechtsfähigen Vereins. Seine Fähigkeit, als Eigentümer im Grundbuch eingetragen werden zu können, ist freilich noch umstritten (ablehnend KG VersR 2015, 752).

Den *politischen Parteien und den Gewerkschaften*, die als nichteingetragene Vereine organisiert sind, ist schon seit längerem die volle Parteifähigkeit, dh also auch die Fähigkeit, als solche *Kläger* im Prozess zu sein, zuerkannt (vgl BGHZ 42, 210; BGHZ 50, 325). Schon vor der ZPO hatten andere Verfahrensordnungen die aktive Parteifähigkeit nichtrechtsfähiger Vereine bejaht.

Die nichteingetragenen Vereine werden heute auch in der Frage der **Haftung für** **167** **Vereinsschulden** ähnlich wie die eingetragenen behandelt. Häufig sieht die Vereinssatzung vor, dass der Vorstand nur mit Wirkung für das Vereinsvermögen zu handeln befugt sei; damit beschränkt sich die Haftung der Mitglieder auf das Vereinsvermögen. Selbst wenn die Satzung eine solche Bestimmung nicht ausdrücklich enthält, nimmt man an, die Beschränkung der Haftung auf das Vereinsvermögen sei „stillschweigend" gewollt (RGZ 63, 62). Heute wird ganz allgemein gesagt, dass die Mitglieder eines nicht rechtsfähigen Idealvereins nicht persönlich für die Verbindlichkeiten des Vereins haften (BGHZ 50, 326, 329; BGH NJW-RR 2003, 1265). Die Haftung des für den Verein Handelnden gemäß § 54 S. 2 bleibt davon allerdings unberührt.

Lösung zu Fall 4 (Rn 145)**:** Der „Klub" ist nichteingetragener Verein. X kann die Zahlung der Miete verlangen, (1) von A gem. § 54 S. 2 BGB, der mit seinem ganzen Vermögen einstehen muss; (2) nach der Doktrin des BGH vom Verein als solchem, der mit dem Vereinsvermögen haftet; (3) hingegen nach heute hM nicht von den einzelnen Klubmitgliedern; diese stehen nur mit ihrem Anteil am Vereinsvermögen für die Vereinsschulden ein. Da der nichteingetragene Verein als solcher verklagt werden kann, wird X eine Klage zweckmäßig gegen „den Klub" richten und kann aus einem gegen den Verein erlassenen Urteil die Zwangsvollstreckung in das Vereinsvermögen betreiben (§ 735 ZPO).

Literatur: *F. Fabricius*, Relativität der Rechtsfähigkeit, 1963; *F. Kübler*, Rechtsfähigkeit und Verbandsverfassung, 1971; *Th. Schulz*, Die Parteifähigkeit nichtrechtsfähiger Vereine, 1992; *W.J. Habscheid*, AcP 155 (1956), 375; *W. Flume*, ZHR 136 (1972), 177; *ders.*, ZHR 147 (1983), 503; *Th. Raiser*, AcP 194 (1994), 495; *Chr. Brand*, AcP 208, 490; *P. Terner*, NJW 2008, 16; *A. Meyer*, ZGR 2008, 702.

5. Teilrechtsfähigkeit

168 BGB-Gesellschaft und nichteingetragener Verein sind Beispiele dafür, dass es bei Personenvereinigungen **Stufen der Rechtsfähigkeit** gibt. Eine Personenmehrheit kann in gewissen Beziehungen als Rechtsperson behandelt werden, in anderen nicht. Man spricht von Teilrechtsfähigkeit. Auch dies beweist, dass die Rechtsfähigkeit von Personenverbindungen nichts anderes als ein technisches Zurechnungsinstrument darstellt, von dem man je nach Zweckmäßigkeit in unterschiedlichem Umfang Gebrauch macht. Sogar die juristischen Personen wie der eingetragene Verein sind nicht in jeder Beziehung rechtsfähig, da ihnen nicht alle Persönlichkeitsrechte des Menschen zugerechnet werden können: *Die Rechtsfähigkeit von Personenmehrheiten und Organisationen ist immer nur „relativ"* und kann daher unterschiedliche Grade annehmen.

169 Als bedeutsamstes Beispiel für teilrechtsfähige Personenvereinigungen wird die **offene Handelsgesellschaft** (OHG) betrachtet. Sie bildet eine handelsrechtliche Sonderform der Gesellschaft gem. §§ 705 ff BGB (s. § 105 III HGB) und weist ihr gegenüber eine Reihe von Spezialitäten auf. Nach § 124 I HGB kann die offene Handelsgesellschaft „unter ihrer Firma Rechte erwerben und Verbindlichkeiten eingehen, Eigentum und andere dingliche Rechte an Grundstücken erwerben, vor Gericht klagen und verklagt werden". Daraus könnte man schließen, dass OHG eine juristische Person ist. Gleichwohl wird die OHG von der Rspr (BGHZ 34, 293, 296) *nicht* als juristische Person *im vollen Sinne* angesehen. Dafür wird vor allem angeführt, dass die Rechtspersönlichkeit der Gesellschaft und der Gesellschafter nicht vollkommen getrennt erscheinen. Vor allem haften die Gesellschafter für die Schulden der Gesellschaft nicht nur mit dem Gesellschaftsvermögen, sondern auch persönlich (§ 128 HGB). Ob dieser Umstand ausreicht, der OHG die volle Eigenschaft einer juristischen Person abzustreiten, ist streitig. Jedenfalls kommt diese Gesellschaftsform einer juristischen Person sehr nahe. Gleiches gilt für die **Kommanditgesellschaft** (KG, § 161 HGB). Nach der oben dargestellten (Rn 160) Rechtsprechung rückt auch die **BGB-Außengesellschaft** konstruktiv in die Nähe der OHG.

6. Zusammenfassung: Die Rechtsfähigkeit von Vereinigungen

170 Das Zivilrecht behandelt bestimmte Arten von Personenvereinigungen und sonstige Organisationen ganz oder teilweise als rechtsfähig. Dabei sprechen wir von *juristischer Person*, wenn einer Organisation die generelle Rechtsfähigkeit zuerkannt wird und ihre Rechtspersönlichkeit gegenüber derjenigen der Mitglieder vollkommen getrennt ist. Fehlt es an dem einem oder dem anderen Element, so kann eine Organisation gleichwohl *(teil-)rechtsfähig* sein. Die Zuerkennung von Rechtsfähigkeit an Organisationen bedeutet nicht, dass sie sämtliche Rechte innehaben können wie eine natürliche Person; Einschränkungen ergeben sich bei den Persönlichkeitsrechten.

Die juristische Person kann als solche Rechte und Pflichten haben, die sie durch ihre Organe verwirklicht; sie kann als solche auch Verträge schließen und Rechte erwerben. Ihre Rechtspersönlichkeit ist von der ihrer Mitglieder streng unterschieden. Die Rechte der juristischen Person stehen nicht (auch nicht indirekt) den einzelnen Mitgliedern zu; die Mitglieder haften für Schulden der juristischen Person nicht persönlich.

Juristische Personen können nicht beliebig errichtet werden. Vielmehr herrscht *Typenzwang*: Es können nur solche juristischen Personen entstehen, welche die Rechtsordnung ihrer Art nach zulässt. Als Voraussetzung für die Entstehung ist vom Gesetz entweder eine staatliche *Verleihung* (Anerkennung) oder aber eine staatliche *Registratur* (Eintragung in das Vereinsregister etc) vorgesehen. Juristische Personen sind insbesondere der eingetragene Verein, die Aktiengesellschaft, die Gesellschaft mit beschränkter Haftung und die eingetragene Genossenschaft.

Der juristischen Person nahe kommen die Offene Handelsgesellschaft und die Kommanditgesellschaft. Diese Gesellschaften können Träger von Rechten und Pflichten sein, jedoch ist ihre Rechtspersönlichkeit von derjenigen der Mitglieder nicht vollkommen getrennt.

Auch die BGB-Gesellschaft ist nach neuer Rechtsprechung rechtsfähig, sofern sie nach außen als solche auftritt und ein Gesamthandsvermögen bildet. Gleichwohl wird sie – gleich OHG und KG – nicht als juristische Person eingeordnet.

Der nicht eingetragene Verein wurde nach der Konzeption des Gesetzes nicht als rechtsfähig angesehen, doch nimmt die Rechtsprechung schon seit längerer Zeit gewisse Angleichungen an das Recht der rechtsfähigen Vereine vor. Da nach § 54 S. 1 auf den nicht eingetragenen Verein das Gesellschaftsrecht anzuwenden ist, strahlt die neue Doktrin von der Rechtsfähigkeit der BGB-Gesellschaft auch auf die Behandlung nicht eingetragener Vereine aus; die gewohnte Bezeichnung „nicht rechtsfähiger Verein" trifft also die Rechtslage heute nicht mehr.

7. Das Handeln der juristische Person – am Beispiel des rechtsfähigen Vereins

a) Organe

Wenn die juristische Person als eigenständiges Rechtssubjekt gedacht wird, das von der Rechtspersönlichkeit der Mitglieder streng geschieden ist, so muss sie auch „als solche" handeln können. Die Handlungsfähigkeit wird rechtlich konstruiert: Das Handeln der gesetzmäßigen oder satzungsmäßigen Organe (dh also der Menschen, die als Vorstand etc fungieren) wird der juristischen Person unmittelbar zugerechnet.   **171**

Als Beispiel diene der rechtsfähige Verein. Dessen rechtliche Grundordnung findet sich in der im Gründungsvertrag gegebenen Vereinssatzung (§ 25). Für ihren Inhalt gewährt das Gesetz einen weiten Spielraum (Vereinsautonomie, Rn 178), der allerdings durch einige verbindliche Normen begrenzt ist. Das Gesetz sieht zwei Organe des Vereins vor, den Vorstand (§§ 26–29) und die Mitgliederversammlung (§§ 32–37). Daneben kann die Satzung weitere Organe schaffen, zB „besondere Vertreter" (§ 30), die neben dem Vorstand für gewisse Geschäfte handlungsbefugt sind.

Dass ein **Vorstand** bestellt wird, ist obligatorisch (§ 26 I 1: „muss"). Dieser hat die Geschäfte des Vereins zu führen und ist diesem dafür verantwortlich. Für das Rechts-   **172** verhältnis zwischen Vorstand und Verein sind die Vorschriften über den Auftrag (§§ 664–670) entsprechend anzuwenden (§ 27 III 1); das bedeutet insbesondere, dass der Vorstand dem Verein zu Auskunft und Rechenschaft und bei schuldhafter Pflichtverletzung auch zu Schadensersatz verpflichtet ist. Die Vorstandsmitglieder sind unentgeltlich tätig (§ 27 III 1), soweit die Satzung nichts anderes vorsieht; den durch ihre Tätigkeit veranlassten Aufwand können sie nach § 670 ersetzt verlangen. Im Verhältnis nach außen hat der Vorstand die **Stellung eines gesetzlichen Vertreters**; er vertritt den Verein gerichtlich wie außergerichtlich (§ 26 II 1), sein rechtliches Handeln wird dem Verein unmittelbar zugerechnet. Die Vertretungsmacht des Vorstands ist umfassend; Einschränkungen sind Dritten gegenüber nur wirksam, wenn sie in der Satzung verankert sind (§ 26 II 2).

Der Vorstand wird durch Beschluss der Mitgliederversammlung bestellt (§ 27 I). Die Bestellung ist jederzeit widerruflich, die Widerruflichkeit kann durch die Satzung aber auf das Vorliegen eines wichtigen Grundes beschränkt werden (§ 27 II).

173 Wie sich der Vorstand zusammensetzt, ergibt sich aus der Vereinssatzung. Der Vorstand kann aus **mehreren Mitgliedern** bestehen (§ 26 I 2), dies ist in der Praxis auch üblich. Dann ergibt sich die Frage, ob jedes einzelne Vorstandsmitglied den Verein vertreten kann („Einzelvertretung") oder alle gemeinschaftlich handeln müssen („Gesamtvertretung") oder ob es darauf ankommt, dass die Mehrheit der Vorstandsmitglieder nach ordnungsgemäßer Beschlussfassung handelt. Beim rechtsfähigen Verein gilt nach hM das **Mehrheitsprinzip** (§ 26 II 1), sofern die Vereinssatzung nicht abweichend hiervon Gesamtvertretung oder Einzelvertretung vorsieht. Ist jedoch eine **Erklärung dem Verein gegenüber** abzugeben, so gilt gemäß dem zwingenden § 26 II (§ 40 S.1) das Prinzip der Einzelvertretung; es genügt also die Abgabe der Erklärung gegenüber irgendeinem vertretungsberechtigten Vorstandsmitglied.

Dabei ist zu beachten: Viele Vereinssatzungen sehen über den Kreis des gemäß § 26 II vertretungsberechtigten Vorstands hinaus weitere Vorstandsmitglieder ohne Vertretungsmacht vor („erweiterter Vorstand", etc). Diese Vorstandsmitglieder sind in keiner Weise befugt, für den Verein zu handeln, sie sind auch keine tauglichen Adressaten einer an den Verein zu richtenden Erklärung.

174 Das zweite Hauptorgan des Vereins ist die **Mitgliederversammlung**. Ihre Aufgabe ist es, durch Beschlussfassung die Angelegenheiten des Vereins zu „ordnen", soweit diese Angelegenheiten nicht vom Vorstand oder einem anderen Vereinsorgan wahrzunehmen sind (§ 32 I 1). Die Mitgliederversammlung ist das „demokratische" Organ des Vereins, in dem die einzelnen Mitglieder an der Willensbildung der Vereinigung mitwirken. Sie ist vor allem für die Bestellung und Abberufung des Vorstandes (§ 27 I, II), für dessen Überwachung, für Satzungsänderungen (§ 33) und die Auflösung des Vereins (§ 41) zuständig. Die Abgrenzung der Zuständigkeit zwischen Vorstand und Mitgliederversammlung pflegt in der Vereinssatzung näher umschrieben zu sein.

Die Satzung kann die Zuständigkeit der Mitgliederversammlung **bedenklich beschneiden**. Trotz des Grundsatzes der Vereinsautonomie gibt es Grenzen für die Schaffung von Machtstrukturen mit Hilfe des Vereinsrechts (vgl OLG Celle NJW-RR 1995, 1273: Verlagerung der Kompetenzen auf einen „Beirat", auf dessen Bestellung und Kontrolle die übrigen Mitglieder keinen nennenswerten Einfluss haben). In den Satzungen der Großvereine wird die Funktion der Mitgliederversammlung häufig auf eine Versammlung von gewählten Vertretern („**Vertre-terversammlung**") verlagert, die ähnlich wie ein Parlament die Willensbildung für die Ge-samtheit repräsentativ wahrnimmt. Das ist unbedenklich, wenn die Zusammensetzung der Ver-treterversammlung in einer Weise erfolgt, die der Gesamtheit der Mitglieder den entscheiden-den Einfluss sichert und nicht gegen das Gebot der Gleichbehandlung der Mitglieder verstößt.

b) Haftung

Die Kehrseite der Handlungsfähigkeit des Vereins ist seine **Haftung** für das Handeln **175** seiner Organe. Nach **§ 31 BGB** ist der Verein für den Schaden verantwortlich, den der Vorstand, ein Vorstandsmitglied oder ein anderer satzungsmäßig berufener Ver-treter des Vereins **einem Dritten** durch eine im Zusammenhang mit seiner Funktion begangene schadensersatzpflichtige Handlung zufügt. Das Einstehen des Vereins für seine Organe ist zwingenden Rechts (§ 40). Auch kann der Verein der Haftung nicht mit der Begründung entgehen, er habe das handelnde Organ sorgfältig ausgewählt und überwacht (anders als bei § 831, siehe Rn 906).

Bei der Anwendung des § 31 ist insbesondere auf folgendes zu achten: **176**

- Die Vorschrift bildet **keine selbstständige Anspruchsgrundlage**, sondern setzt einen durch das Vereinsorgan verwirklichten Haftungstatbestand voraus. In Be-tracht kommen vor allem Vertragsverletzungen und unerlaubte Handlungen (Rn 258 ff).
- Nach dem Wortlaut des § 31 muss die schädigende Handlung in Ausführung der dem Vorstand etc zustehenden Verrichtungen begangen worden sein, es muss al-so ein **sachlicher Zusammenhang** zwischen der Wahrnehmung von Vereinsan-gelegenheiten und dem schädigenden Ereignis bestehen.
- Die Rechtsprechung hat den Anwendungsbereich des § 31 erweitert: Die Vereine haften nach dieser Vorschrift **nicht nur für die satzungsmäßigen Vertreter**, sondern für *alle* Funktionsträger, denen bedeutsame, wesensmäßige Aufgaben der juristischen Person zur selbständigen, eigenverantwortlichen Erfüllung zugewie-sen sind, sodass sie als Repräsentanten der juristischen Person erscheinen (BGHZ 49, 19, 21; BGH NJW 2013, 3366 Rn 12).
- Der Verein haftet auch für diejenigen von seinen Organen zu verantwortenden Schäden, die durch einen **Organisationsmangel** hervorgerufen sind.

Soweit die für den Verein handelnde Person **nicht unter den Personenkreis des § 31** fällt, haftet der Verein nach den allgemeinen Regeln der „Haftung für andere", siehe unten Rn 905.

Bei der Frage, ob die **handelnde Person** für die von ihr angerichteten Schäden **auch selbst** Dritten gegenüber haftet ist zu unterscheiden. Aus dem Gesichtspunkt der *Vertragsverletzung* ist in der Regel kein solcher Anspruch gegeben, da das Vertragsverhältnis zwischen dem Ver-ein selbst und dem geschädigten Vertragspartner zu bestehen pflegt (Ausnahmen bei Ansprü-chen aus culpa in contrahendo siehe Rn 952 ff). Hingegen haftet der handelnde Vorstand neben dem Verein auch selbst, wenn er einen anderen durch unerlaubte Handlung (§§ 823 ff) wider-rechtlich und schuldhaft schädigt.

Eine ganz andere Frage ist, ob der Vorstand **dem Verein gegenüber** für pflichtwidriges Han-deln zum Ersatz der daraus entstehenden Schäden verpflichtet ist. Das ist auf der Grundlage des Auftragsverhältnisses (§ 27 III 1) bei Verschulden grundsätzlich zu bejahen (§ 280 I). Für Mit-glieder, die für den Verein *unentgeltlich* tätig werden, tritt allerdings eine Haftungserleichterung ein, sie haben nur für Vorsatz und grobe Fahrlässigkeit einzustehen (für Organmitglieder oder besondere Vertreter § 31a I, für sonstige Mitglieder § 31b I). Gleiches gilt, wenn dem Betreffenden nur eine geringfügige Vergütung (derzeit: nicht mehr als 720 Euro jährlich) gewährt wird. Zur Bedeutung des geminderten Haftungsmaßstabs Rn 274.

c) Vereinsautonomie und Machtkontrolle

177 Das Vereins- und Gesellschaftsrecht ist von einer eigentümlichen Spannung beherrscht: Auf der einen Seite dient es der Freiheit des Bürgers, sich auch im gemeinschaftlichen Handeln mit anderen zu entfalten. Auf der anderen Seite ist der Organisationsgewalt, die in den Vereinigungen entsteht, ein freiheitsmindernder Effekt eigen: Den Organen einer Vereinigung wachsen Repräsentations- und Bestimmungsbefugnisse zu, welche eine gewisse „Herrschaft" über die einzelnen Mitglieder mit sich bringen. Auch gegenüber Außenstehenden kann eine Machtposition begründet werden, wenn die Vereinigung in einem bestimmten Bereich eine beherrschende Stellung erlangt. Das gibt es nicht nur in der Wirtschaft durch Konzentration der Marktmacht, sondern auch im Vereinswesen. In einem mitgliederstarken Verein pflegt der Vorstand eine erhebliche Machtstellung gegenüber den einzelnen Mitgliedern auszuüben. Dadurch aber, dass sich Vereine mit gleicher Zwecksetzung vielfach zu überörtlichen und nationalen Vereinen („Verbänden") zusammenschließen und die nationalen Dachverbände wiederum zu internationalen Organisationen, entstehen Verbandshierarchien, die sich dem Einfluss der einzelnen Vereinsmitglieder praktisch entziehen.

Zur juristischen Konstruktion ist anzumerken, dass ein Verein als juristische Person wiederum Mitglied in einem anderen Verein sein kann, etwa der Sportverein X eV Mitglied des als Verein eingetragenen Landesverbandes Y. Die Verbandsbildung hat häufig auch den Effekt der Monopolisierung der Vereinszwecke. Dadurch entsteht Macht gegenüber Außenstehenden. Wer bestimmte Sportarten wettbewerbsmäßig betreiben will, ist praktisch genötigt, in einen bestehenden Sportverein einzutreten und sich an die Regeln des Vereins und der übergeordneten Verbände zu halten.

178 Inwieweit die Rechtsordnung die Organisationsgewalt der Vereine gewähren lässt oder sie im Sinne des Individualschutzes kontrolliert und beschneidet, bildet ein grundlegendes Problem. Die Stellung des Staates ist von der beschriebenen Zwiespältigkeit gekennzeichnet: Einerseits soll er den Vereinigungen die Freiheit lassen, ihre Angelegenheiten selbst auf Grund einer Vereinssatzung (§ 25) zu regeln (**Vereinsautonomie**). Auf der anderen Seite muss er darauf achten, dass mit Hilfe des Vereinsrechts nicht staatsähnliche Hoheitsorganisationen errichtet werden, die den Einzelnen den staatlichen Schutz ihrer Freiheit entziehen. Das BGB hat versucht, dem Rechnung zu tragen, indem es festlegt, dass der eingetragene Verein außer einem **Vorstand** (§ 26) eine **Mitgliederversammlung** (§ 32) als Organ haben muss. Die Mitgliederversammlung beschließt über alle Vereinsangelegenheiten, soweit diese nicht gemäß Gesetz oder Satzung von einem anderen Vereinsorgan zu besorgen sind. Diese und andere gesetzliche Regelungen haben es aber nicht verhindert, dass bedenkliche Machtorganisationen entstanden sind. Die Verbände scheuen sich nicht, die Bezeichnungen staatlicher Hoheitsfunktionen für sich in Anspruch zu nehmen („Sportgericht", „Ankläger" etc).

Die Problematik soll anhand der **Vereinsstrafe** anschaulich werden. Die Vereinsstrafe hat nach Sinn und Rechtsgrundlage mit der staatlichen Strafe nichts zu tun. Sie bildet eine Disziplinarmaßnahme gegen Mitglieder, welche die Vereinssatzung verletzt oder sonst gegen die Interessen des Vereins gehandelt haben. Die Möglichkeit einer solchen Disziplinarmaßnahme ist in der Satzung oder in besonderen Vereinsordnungen geregelt. Als „Strafen" kommen einschneidende Nachteile bis hin zur „Geldstrafe" und zum Ausschluss aus dem Verein in Betracht.

Als einseitige Bestimmung der Rechtslage einer Person durch eine andere können derartige Maßnahmen nur rechtsgültig vorgenommen werden, wenn sich der Betroffene der **Disziplinargewalt** durch freiwillige Erklärung vorher oder nachher **unterworfen** hat. Die Disziplinargewalt der Vereine beruht folglich auf der Ermächtigung durch die Mitglieder. Üblicherweise erklärt das Vereinsmitglied diese Unterwerfung unter die Disziplinargewalt durch den Eintritt in den Verein. Der Beitritt drückt implizit den Willen aus, an die Satzung gebunden zu sein. Bei der Neugründung eines Vereins liegt die Unterwerfung in dem Vertragsschluss, mit dem die Gründungsmitglieder die Satzung als verbindliche Ordnung akzeptieren.

In diesem Zusammenhang ergeben sich schwierige Probleme. Gewöhnlich kennt jemand, der einem Verein beitritt, zwar die Ziele des Vereins, nicht aber die Einzelheiten der Satzung. Er rechnet zwar mehr oder minder bewusst damit, dass die Satzung dem Vorstand bestimmte einseitige Befugnisse einräumt. Insofern kann man sagen, dass sich Mitglied durch seinen Beitritt der Satzung unterwirft – er könnte sie ja, wenn er nur wollte, vorher lesen. Aber soll dem Mitglied jede, für seine Rechtsstellung noch so ungünstige Satzungsbestimmung als „gewollt" zugerechnet werden? Auch dann, wenn er mit einer Satzungsbestimmung dieser Art nicht zu rechnen brauchte? Kann man Vereinsregelungen als vom einzelnen Mitglied „gewollt" ansehen, die sich erst aus dem Zusammenspiel von überörtlichen Verbandsreglements ergeben? Kann man von freiwilliger Unterwerfung sprechen, wenn dem Beitretenden, will er seine Interessen zB als Teilnehmer an Tennisturnieren verfolgen, gar nichts anderes übrig bleibt, als einem verbandszugehörigen Verein beizutreten und das Satzungsreglement in Kauf zu nehmen?

Die Probleme ähneln denen, die bei Unterwerfung unter die Allgemeinen Geschäftsbedingungen eines Vertragspartners entstehen, siehe des näheren Rn 781 ff. Freilich soll nach hM die spezielle Kontrolle der Allgemeinen Geschäftsbedingungen nach §§ 305 ff auf dem Gebiet des Vereinsrechts keine Anwendung finden (BGHZ 128, 93; anders, wenn in Verträgen zwischen dem Verein und Dritten, die dem Verein nicht angehören, vereinbart wird, dass für das Verhältnis zwischen den Vertragschließenden die Vereinssatzung maßgeblich sein soll). Zur Begründung für die Nichtanwendung der §§ 305 ff auf Vereinssatzungen wird ins Feld geführt, dass gemäß § 310 IV 1 der Abschnitt über die AGB auf dem Gebiet des „Gesellschaftsrechts" keine Anwendung findet.

Auch wenn man in der Unterwerfungserklärung des Mitglieds einen zureichenden Grund für die Rechtswirksamkeit der Vereinsstrafe sieht, erhebt sich das Problem der **richterlichen Kontrolle** über die Ausübung der Disziplinargewalt.

Beispiel: Ein Tennisspieler, obwohl von seinem Verein für ein Turnier benannt, erscheint zur angegebenen Zeit nicht an der Wettkampfstätte. Er wird vom hierfür zuständigen Vorstand aus dem Verein ausgeschlossen, der die Entschuldigung, er sei plötzlich erkrankt, nicht anerkennt.

179

180

181

Dagegen erhebt der Ausgeschlossene vor dem zuständigen Zivilgericht Klage auf Feststellung, dass der Ausschluss unwirksam sei. Was kann das Gericht überprüfen?

Ein Blick auf die Rechtsprechung zeigt, dass sich die staatliche Gerichtsbarkeit zu Gunsten der Vereinsautonomie stark zurückhält. Weder soll das Gericht prüfen dürfen, ob sich der Sachverhalt, mit dem die „Strafe" gerechtfertigt wird, wirklich zugetragen hat, noch soll es in der Regel prüfen dürfen, ob der festgestellte Sachverhalt die Voraussetzungen der vereinseigenen „Strafdrohung" im Einzelnen erfüllt, sofern nur die Strafmaßnahme überhaupt in der Satzung „eine Stütze findet" – es gibt also eine Art „Subsumtionshoheit" der zuständigen Vereinsorgane. Freilich lässt sich eine Tendenz zur Stärkung des Individualschutzes gegenüber der Vereinsgewalt feststellen:

a) Nach herkömmlicher Formulierung kann das staatliche Gericht nachprüfen „ob die verhängte Maßnahme eine Stütze im Gesetz oder in der Satzung hat, ob das satzungsmäßig vorgeschriebene Verfahren beachtet ist, sonst keine Gesetzes- oder Satzungsverstöße vorgekommen sind und ob die Maßnahme nicht grob unbillig oder willkürlich ist" (BGHZ 87, 337, 343).

b) Darüber hinaus dürfen die staatlichen Gerichte überprüfen, ob die der Maßnahme zu Grunde gelegten Tatsachen „bei objektiver und an rechtsstaatlichen Grundsätzen ausgerichteter Tatsachenermittlung zutreffend festgestellt worden sind" (BGHZ 87, 337, 345; BGH NJW 1994, 2610; NJW 1997, 3368).

c) Das Verfahren, in dem die Vereinsstrafe verhängt wird, muss bestimmte rechtsstaatliche Mindeststandards erfüllen (zB Gewährung rechtlichen Gehörs, BGHZ 29, 352, 354).

d) Eine weitergehende Kontrolle durch die staatlichen Gerichte soll bei Vereinigungen stattfinden, die eine Monopolstellung oder eine überragende wirtschaftliche oder soziale Machtstellung innehaben (dazu BGHZ 93, 151, 154; l01, 193, 200).

Literatur: *K. Schmidt*, Systemfragen des Vereinsrechts, ZHR 147 (1983), 43; *B. Grunewald*, Der Ausschluss aus Gesellschaft und Verein, 1987; *F. Van Look*, Vereinsstrafen als Vertragsstrafen, 1990; *D. Reuter*, NJW 1987, 2401; *W. Hadding/F. Van Look*, ZGR 1988, 270; *M. Schockenhoff*, Der Grundsatz der Vereinsautonomie, AcP 193, 36; *M. Benecke*, Der Ausschluss aus dem Verein, WM 2000, 1173.

Teil III

Struktur und Verwirklichung von Pflichten und Rechten

Kapitel 1

Das subjektive Recht

Recht und Pflicht sind die wesentlichen Instrumente, mit deren Hilfe das Zivilrecht **182** die rechtliche Stellung der Personen zueinander gestaltet.

Unter **Recht** verstehen wir in diesem Zusammenhang die Berechtigung einer Person, anderen gegenüber etwas tun, bewirken, verlangen, bestimmen zu können oder zu dürfen (**subjektives Recht**, zB: „Ich habe das Recht, dir zu kündigen"). Demgegenüber kann der Begriff „Recht" auch die Rechtsordnung selbst oder einen Teil davon bezeichnen; wir sprechen dann von **objektivem Recht** (zB: „Nach Zivilrecht ist der Vertrag nichtig").

Um die **Deutung des subjektiven Rechts** wird seit langem wissenschaftlicher Streit geführt. Die Rechtslehre des 19. Jh. begriff das subjektive Recht überwiegend als eine „von der Rechtsordnung verliehene Willensmacht oder Willensherrschaft" *(Windscheid)*. Demgegenüber deutete *Jhering* die im subjektiven Recht gegebene Willensmacht nur als Mittel zum eigentlichen Zwecke des subjektiven Rechts, nämlich „dass es dem Menschen irgendeinen Vorteil gewähre, seine Bedürfnisse befriedige, seine Interessen, Zwecke fördere". Er definierte das subjektive Recht demzufolge als rechtlich geschütztes Interesse. Gängige Definitionen erkennen heute beide Betrachtungsweisen an und vereinigen sie in ein und derselben Formel.

Literatur: Vgl die Texte bei *Savigny*, System, I 7; *B. Windscheid*, Pandekten, 7. Aufl. 1891, I 88; *Gierke*, Deutsches Privatrecht, I 251; *Jhering*, Geist des römischen Rechts, III 327, 339/340.

Das subjektive Recht bildet ein unverzichtbares Instrument der Rechtsordnung. An **183** der älteren Willenstheorie ist richtig, dass das subjektive Recht der berechtigten Person eine Bestimmungsbefugnis gegenüber anderen verleiht. Der Eigentümer einer Sache hat die Befugnis, soweit es ihm das Recht gestattet, andere von der Einwirkung auf die Sache auszuschließen (§ 903 S. 1), etwa einem anderen zu verbieten, sein Haus zu betreten, seine Zahnbürste zu benutzen etc. Dem Inhaber einer Forderung ist die Befugnis zugewiesen, das Verhalten des Verpflichteten im Hinblick auf die Pflichterfüllung zu bestimmen; macht er die Forderung geltend und erfüllt sie der Verpflichtete nicht freiwillig, so kann er Zwangsmittel gegen ihn in Gang setzen. Der Betrachtungsweise *Jherings* verdanken wir indes die Erkenntnis, dass wir die Bestimmungsbefugnis (als das instrumentale Element des subjektiven Rechts) nicht isoliert betrachten dürfen, sondern auf den Zweck des Interessenschutzes beziehen müssen.

Wir können das subjektive Recht demnach definieren als eine *Bestimmungsbefugnis (oder ein Bündel von Bestimmungsbefugnissen) einer Person gegenüber anderen Personen, mit deren Hilfe sie bestimmte Interessen soll verfolgen und verwirklichen können.* Die Hereinnahme des auf Interessenschutz und -verwirklichung gerichteten Zwecks in die Definition des subjektiven Rechts ermöglicht es, seinen genauen Inhalt und Umfang vom Schutzzweck her zu bestimmen.

Kapitel 2
Die Pflicht und ihr Verhältnis zum subjektiven Recht

184   Das Gegenstück zum subjektiven Recht ist die Rechtspflicht, das rechtliche Sollen. Das **Recht** einer Person **korrespondiert** gewöhnlich **mit der Pflicht** einer anderen. Wenn der Eigentümer einer Sache befugt ist, einen beliebigen anderen von der Nutzung der Sache auszuschließen, so ist folgerichtig der andere verpflichtet, diese Bestimmungsbefugnis zu beachten. Ist A berechtigt, von B die Zahlung von 100 € zu verlangen, so ist B verpflichtet, 100 € an A zu zahlen. Erklärt das Gesetz eine Person für verpflichtet, einer anderen eine Leistung zu erbringen, so wird damit gewöhnlich dem Begünstigten das Recht zugewiesen, die Leistung zu verlangen. So ist zB nach § 433 I 1 durch den Kaufvertrag der Verkäufer einer Sache *verpflichtet*, dem Käufer die Sache zu übergeben und das Eigentum daran zu verschaffen. Dieser Satz bedeutet zugleich, dass der Käufer *das Recht* haben soll, vom Verkäufer die Erfüllung dieser Pflichten zu verlangen, obwohl in § 433 I 1 davon nicht ausdrücklich die Rede ist. Das gilt allgemein für Leistungspflichten aus Schuldverhältnissen. Wenn § 241 I 1 sagt, kraft des Schuldverhältnisses sei der Gläubiger berechtigt, vom Schuldner eine Leistung zu fordern, so ist gleichzeitig eine entsprechende Leistungspflicht des Schuldners vorausgesetzt.

185   **Nicht immer** steht jedoch einer Pflicht der **Anspruch des Begünstigten auf Pflichterfüllung** gegenüber. Das Gesetz kennt vielmehr auch andere Formen, den Verpflichteten zu pflichtgemäßem Tun anzuhalten (**mittelbare Sanktionen**). So ergibt sich aus § 241 II, dass ein Schuldverhältnis die Partner außer zur Leistung (§ 241 I) auch zur Rücksicht auf die Rechte, Rechtsgüter und Interessen des jeweils anderen Teils verpflichten kann. ZB ist ein Malermeister, der es vertragsgemäß übernommen hat, die Wohnung zu streichen, außer zur Leistung auch dazu verpflichtet, die Arbeiten so durchzuführen, dass die Wohnungseinrichtung seines Vertragspartners unbeschädigt bleibt. Auf die Erfüllung dieser Rücksichtspflichten („Schutzpflichten") besteht aber gewöhnlich kein Leistungsanspruch des anderen Teils; vielmehr sind diese Pflichten so konstruiert, dass erst ihre zurechenbare Verletzung weitere Sanktionen auslöst, zB zum Schadensersatz verpflichtet (§ 280 I), auf deren Erfüllung dann allerdings ein Anspruch besteht. Diese Art der mittelbaren Sanktion wird bei Pflichten gewählt, die nicht ein bestimmtes Leisten, sondern allgemein ein **sorgfältiges oder faires Verhal-**

ten im Umgang mit anderen zum Gegenstand haben. Auf das in diesem Sinne korrekte Verhalten besteht kein Anspruch; erst die Pflichtverletzung löst zu Lasten des pflichtwidrig Handelnden echte Leistungspflichten aus.

Die mittelbare Sanktion einer Pflicht kann auch darin bestehen, dass die Pflichtverletzung keine Folgepflichten, sondern **andere Rechtsnachteile** mit sich bringt: Der pflichtwidrig Handelnde muss dann eine Verschlechterung seiner Rechtsstellung hinnehmen. Man spricht in diesem Zusammenhang statt von Pflichtverletzung auch von der Verletzung einer **Obliegenheit**. Sachlich ändert das nichts daran, dass es sich um Pflichtwidrigkeiten handelt, die eine besondere Art von Rechtsfolge auslösen (str.).

186

Hat beispielsweise bei Entstehung eines Schadens ein **Verschulden des Geschädigten mitgewirkt**, so kann sein Anspruch gegen den verantwortlichen Schädiger gemindert werden oder ganz entfallen, § 254 I. Es wird die Auffassung vertreten, dass die anspruchsmindernde Wirkung des Mitverschuldens nicht die Folge einer Pflichtverletzung sei, da es ein Verschulden „gegen sich selbst" nicht gebe; folglich sei der Begriff „Mitverschulden" falsch gewählt. Indes kann man der Regelung des § 254 folgenden Gedankengang zu Grunde legen: Ein Schadensfall pflegt für alle Beteiligten Unannehmlichkeiten mit sich zu bringen. Nicht nur der Geschädigte, auch der Urheber des Schadens gerät in eine missliche Lage. Oft bleibt unklar, wer von mehreren Personen den Schaden verursacht hat; oft ist streitig, ob den Urheber ein Verschulden trifft; oft ist folglich der Ausgang eines Haftungsprozesses ungewiss. Angesichts dieser Situation erlegt das Gesetz einer Person die Verpflichtung auf, auch im Hinblick auf die eigene Schädigung zumutbare Anstrengungen zu unternehmen, um Schadensfälle zu vermeiden. Wer eine eigene Schädigung schuldhaft mitverursacht, handelt daher pflichtwidrig. Die Folge ist aber nur, dass die eigenen Ansprüche gegen den (mit-)verantwortlichen Schädiger gemindert werden oder entfallen.

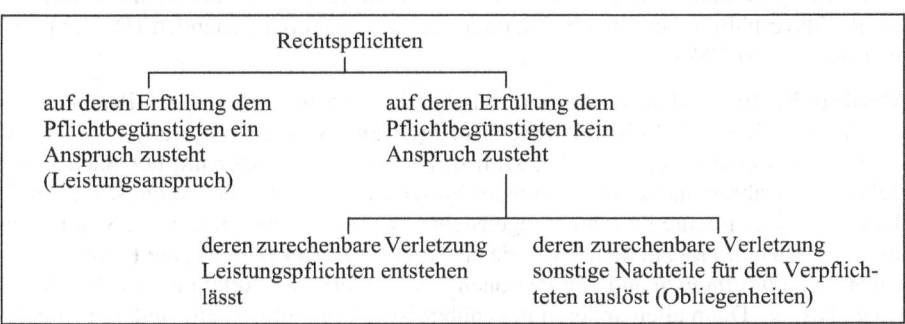

Kapitel 3
Absolute und relative Rechte

187 Die subjektiven Rechte (Berechtigungen) werden nach verschiedenen Gesichtspunkten unterteilt. Von fundamentaler Bedeutung für das deutsche Recht ist die Einteilung in relative und absolute Rechte. Anlass der Unterscheidung bildet die Regelung des § 823 I BGB. Danach ist zum Schadensersatz verpflichtet, wer vorsätzlich oder fahrlässig ua das Eigentum oder *„ein sonstiges Recht"* eines anderes widerrechtlich verletzt. Die Frage ist, was man unter einem „sonstigen Recht" zu verstehen hat. Nach dem Wortlaut des § 823 I kann man zum Ergebnis kommen, dass jedes Recht gemeint ist. Diese Auffassung entspricht jedoch nicht der vorherrschenden Interpretation. Vielmehr soll als „sonstiges Recht", dessen Verletzung einen Schadensersatzanspruch nach § 823 I auslöst, nur ein „absolutes" Recht in Betracht kommen; „relative" Rechte hingegen sollen nicht den Schutz der Vorschrift genießen.

188 Das **relative Recht** existiert in der Relation bestimmter Personen zueinander und verbindet sie zu einem **Rechtsverhältnis**. Regeltyp des relativen Rechts ist der **Anspruch**, dh das Recht einer Person, von einer anderen ein Tun oder Unterlassen zu verlangen (Legaldefinition § 194 I). Der Anspruch bezeichnet ein Rechtsverhältnis, an dem typischerweise zwei Parteien beteiligt sind: der Berechtigte auf der einen, der Verpflichtete auf der anderen Seite. Stets besteht der Anspruch gegenüber einem (oder mehreren) bestimmten Verpflichteten; stets steht er einem (oder mehreren) bestimmten Berechtigten zu. Das relative Recht kann dem Grundsatz nach nur von den am Rechtsverhältnis beteiligten Personen, nicht von Außenstehenden (Dritten) verletzt werden (Rn 289).

189 **Absolute Rechte** sind so strukturiert, dass sie im Prinzip allen anderen Personen gegenüber bestehen. Als Beispiel diene das **Eigentum**. Man kann es definieren als das umfassende Recht an einer Sache, kraft dessen der Eigentümer mit der Sache nach Belieben verfahren und andere von jeder Einwirkung ausschließen kann, soweit nicht das Gesetz oder Rechte Dritter entgegenstehen (§ 903). Wenn wir sagen: „S ist Eigentümer des blauen Pkw, in den er gerade einsteigt", so drücken wir keine Relation zwischen S und *bestimmten* anderen Personen aus, sondern eine Relation zwischen S und *allen anderen*. Denn allen anderen gegenüber ist er Eigentümer; alle anderen sind daher verpflichtet, dieses sein Eigentum zu achten.

190 Man könnte dem entnehmen, dass der Unterschied zwischen absoluten und relativen Rechten gar nicht wesentlich sei. Auch das absolute Recht stellt rechtliche Bezüge her, nur eben nicht zu bestimmten einzelnen Personen, sondern zu allen. Man könnte daher zB meinen, das Eigentum bilde nur die Summe von Rechtsverhältnissen, die den Eigentümer mit allen anderen verbindet; es stelle nur die Summe von unzähligen Ansprüchen dar, die der Eigentümer gegen alle anderen Personen hat; sind alle anderen verpflichtet, das Eigentum des S an seinem Pkw zu respektieren, so hat er – so könnte man denken – einen Anspruch gegen alle, sein Eigentum zu beachten. Eine derartige Deutung erwiese sich jedoch als sehr unzweckmäßig. Sie würde jede Person mit jeder anderen in einer Unzahl von Rechtsverhältnissen verbinden. A in München hätte gegen B in Kiel (wie gegen jede beliebige Person) Anspruch auf Achtung des Eigentums an seiner Habe, mit der B möglicherweise niemals in seinem Leben in Berührung kommen wird. Was sollte ein solcher Anspruch dem A denn auch nützen, wenn B gar nicht daran denkt, ihm sein Eigentum streitig zu machen?

Das Gesetz wählt daher eine andere Konstruktion des absoluten Rechts. *Dem Inhaber* **191** *des absoluten Rechts werden zunächst keine Ansprüche gegen andere eingeräumt*; ihm steht vielmehr allen anderen gegenüber die Befugnis zu, die geschützten Interessen unter Ausschluss anderer zu verfolgen und zu verwirklichen. Mit dieser Bestimmungsbefugnis korrespondiert eine Pflicht aller anderen, die jedoch nicht auf Erbringung einer Leistung, sondern lediglich darauf gerichtet ist, alle zumutbaren Anstrengungen zu unternehmen, um die geschützten Interessen nicht zu beeinträchtigen. Das **absolute Recht schafft** demzufolge **eine latente Lage des rechtlichen Könnens und Sollens**, die sich zunächst nicht in bestimmten Rechtsverhältnissen konkretisiert. **Rechtsverhältnisse und Ansprüche entstehen erst, wenn ein anderer das absolute Recht verletzt oder gefährdet**.

Kraft des Eigentums an seinem Automobil ist S mit niemandem zu einem Rechtsverhältnis verbunden, hat er gegen niemanden einen Anspruch. Erst wenn ein anderer ihn in seinen Eigentümerinteressen stört, entstehen echte Ansprüche.

Das Gesagte ergibt sich aus dem Zusammenspiel folgender Vorschriften:

> **§ 823 I:** Wer widerrechtlich und vorsätzlich oder fahrlässig das Eigentum verletzt, ist dem Eigentümer zu Schadensersatz verpflichtet.
> **§§ 985, 986:** Der Eigentümer kann von einem anderen, der die Sache besitzt, ohne ihm gegenüber dazu berechtigt zu sein, Herausgabe verlangen.
> **§ 1004 I 1:** Wird das Eigentum in anderer Weise als durch Vorenthaltung oder Entziehung des Besitzes (s. § 985) beeinträchtigt, so kann der Eigentümer von dem Störer Beseitigung der Beeinträchtigung verlangen.
> **§ 1004 I 2:** Sind weitere Beeinträchtigungen der in § 1004 I 1 genannten Art zu besorgen, so kann der Eigentümer auf Unterlassung klagen.

Nicht selten wird der unzutreffende Eindruck erweckt, als stellten die absoluten Rechte **192** keine Beziehungen zwischen Personen her, sondern – was die absoluten Vermögensrechte betrifft – die Relation zwischen Personen und Gegenständen. Das BGB selbst spricht von Eigentum „an der Sache". Demzufolge wird das Eigentum als Verhältnis zwischen Eigentümer und Sache dargestellt. Der gesetzliche Sprachgebrauch („Recht an der Sache") kann jedoch nicht darüber hinwegtäuschen, dass **auch die absoluten Rechte Beziehungen unter Personen** gestalten. Ein subjektives Recht kann nicht zwischen einer Person und einem Gegenstand bestehen, sondern existiert stets in der Relation zwischen Personen. Der Ausdruck „Eigentum an der Sache" steht als Abkürzung für die komplexe Berechtigungs- und Pflichtenlage, die zwischen dem Eigentümer und allen anderen Personen besteht. Die Umschreibung der Eigentümerbefugnisse als „Herrschaft über die Sache" ist nur eine bildhafte Kennzeichnung der Bestimmungsbefugnisse, die der Eigentümer allen anderen Personen gegenüber in Bezug auf die Sache hat (dazu *Hadding*, JZ 1986, 926). Auch die Persönlichkeitsrechte, wie zB das Recht auf körperliche Unversehrtheit, sind nicht Rechte „an der eigenen Person", sondern Rechte gegenüber anderen Personen in Bezug auf die persönlichen Lebensinteressen.

Es ist behauptet worden, es könne keine Persönlichkeitsrechte geben, weil der Mensch sich selbst nicht rechtlich zugeordnet sein könne. Diese Vorstellung beruht auf einem falschen Begriff des subjektiven Rechts, welches stets nur Beziehungen *unter* Rechtssubjekten regelt. Wenn ich sage: Ich habe ein Recht „an“ meiner eigenen Privatsphäre, dann benutze ich nur eine vereinfachte Redeweise. Rechtlich meine ich: Ich habe ein Recht darauf, dass andere den mit „Privatsphäre“ umschriebenen Bereich meines Lebens achten.

193 Der konstruktive Unterschied zwischen absoluten und relativen Rechten ist durch einen funktionalen Zusammenhang zu ergänzen. Die **relativen Rechte** bilden **bloße Instrumente zur Verwirklichung der hinter ihnen stehenden Zuordnungen**. Verpflichtet sich jemand durch einen Kaufvertrag, einen Schrank zu übergeben und zu übereignen (§ 433 I 1), so bildet das *Vertragsverhältnis* die *Substanz der Rechtsbeziehung* zwischen Verkäufer und Käufer; der Anspruch hingegen ist rechtstechnisches Mittel der Durchsetzung des Vertragsrechts. Ist jemand nach § 823 I wegen schädigender Verletzung des Eigentums einem anderen zum Schadenersatz verpflichtet, so stellt das absolute Recht „Eigentum“ und der mit ihm bezeichnete Raum geschützter Interessen die Substanz der rechtlichen Relation zwischen Eigentümer und Schädiger dar; der Schadensersatzanspruch ist nur Instrument zum Schutz der angegriffenen Eigentümerinteressen.

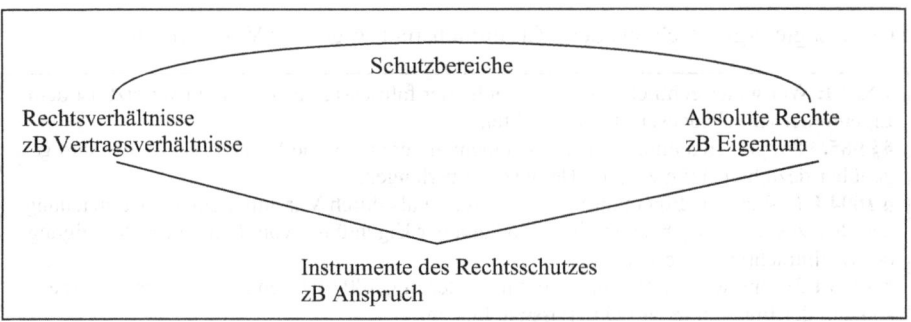

Schutzbereiche

Rechtsverhältnisse
zB Vertragsverhältnisse

Absolute Rechte
zB Eigentum

Instrumente des Rechtsschutzes
zB Anspruch

Kapitel 4
Das Gestaltungsrecht

194 Unter den relativen Rechten bilden Gestaltungsrecht und Anspruch die Haupttypen. Das **Gestaltungsrecht** verleiht seinem Träger die **Befugnis, durch einseitige Erklärungen auf die Rechtslage eines anderen einzuwirken**, zB das Recht eines anderen zu beenden, zu mindern oder zu verändern. Als einseitige Bestimmungsbefugnis trägt das Gestaltungsrecht in besonderem Maße den Charakter der „Herrschaft“ mit Hilfe des Zivilrechts. Dies gilt umso mehr, als in der Regel die rechtsgestaltende Wirkung eintritt, ohne dass zuvor ein gerichtliches Verfahren angestrengt werden müsste.

Daher muss die Zivilrechtsordnung die Gestaltungsrechte begrenzt halten. Gestaltungsrechte entstehen grundsätzlich entweder auf Grund vorheriger Zustimmung („Unterwerfung") des Betroffenen oder kraft Gesetzes als Reaktion auf eine Rechtsverletzung oder eine sonstige Störung eines Rechtsverhältnisses.

Ein Gestaltungsrecht stellt zB das **Recht zum Rücktritt vom Vertrag** dar. Der **195** Rücktritt wird durch einseitige Erklärung gegenüber dem Vertragspartner ausgeübt (§ 349) und hat die Wirkung, dass die Parteien die empfangenen Leistungen und die daraus gezogenen Nutzungen einander zurückerstatten müssen (§ 346 I). Voraussetzung der Wirksamkeit des Rücktritts ist das Bestehen eines Rücktrittsgrundes. Dieser beruht entweder auf einer Vereinbarung der Vertragspartner (Rücktrittsvorbehalt) oder einer gesetzlichen Anordnung, welche die Störung eines Vertragsverhältnisses regelt.

Im Gegensatz zum Anspruch bedingt das Gestaltungsrecht **keine Pflichtenlage** bei dem Betroffenen. Wenn A dem B gegenüber zum Rücktritt von einem Vertrage berechtigt ist, so ergibt sich weder für A noch für B eine Pflicht. A *kann, muss aber nicht* von seinem Rücktrittsrecht Gebrauch machen. Auch B ist in keiner Pflichtenlage; er kann nur abwarten, ob A zurücktritt oder nicht. Freilich ergeben sich sowohl für A als auch für B Pflichten als *Folge* des erklärten Rücktritts.

Damit hängt es zusammen, dass die Rücktrittsrechte keiner zwangsweisen Durchsetzung bedürfen; sie tragen ihre Sanktion in sich. Wenn jemand berechtigt ist, vom Vertrag zurückzutreten, und den Rücktritt erklärt, so ist durch die Wirkung der Rücktrittserklärung das Schuldverhältnis in ein Abwicklungsverhältnis mit den Pflichten des § 346 umgewandelt, ohne dass ein Gericht dies bestätigen und ohne dass ein Vollstreckungsorgan Zwangsmaßnahmen ergreifen müsste. Das gleiche gilt für andere Gestaltungsrechte wie das Recht zur *Kündigung* eines Rechtsverhältnisses und zur *Anfechtung*, dh Vernichtung der Wirkungen einer Erklärung (Näheres Rn 594 ff).

Freilich kann Streit darüber entstehen, ob einer Partei, die eine Gestaltungserklärung **196** abgegeben hat, überhaupt ein Gestaltungsrecht zustand. Angenommen: A tritt vom Vertrag zurück mit der Begründung, er habe sich den Rücktritt vorbehalten; B bestreitet hingegen, dass bei Vertragsschluss von einem Rücktrittsvorbehalt die Rede war; B klagt auf Erfüllung des Vertrages. In einem solchen Streitfalle entsteht eine für die Beteiligten unangenehme Unsicherheit. Ist der Vertrag durch den Rücktritt aufgelöst oder ist er es nicht? Hat A recht, so setzt sich B, indem er auf Durchführung des Vertrages beharrt, unangenehmen Folgen aus. Hat B recht, so verletzt A durch seine Weigerung, das Schuldverhältnis abzuwickeln, den Vertrag und hat Schadensersatzansprüche des B zu erwarten. Bis zur gerichtlichen Klärung aber kann es lange dauern.

Aus diesem Grunde wählt das Gesetz in einigen besonderen Fällen folgenden Weg: Es gewährt zwar ein Gestaltungsrecht, bindet seine Ausübung aber an eine **gerichtliche Mitwirkung**, um *vorher* dem Gericht Gelegenheit zu geben, über das Bestehen des Gestaltungsrechts zu befinden. Ein Beispiel dafür ist die **Ehescheidung**. Das Gesetz gibt den Ehegatten ein Recht auf Scheidung, wenn gewisse Tatbestände erfüllt sind (§§ 1565 I, 1566 I, II). Es handelt sich um ein Gestaltungsrecht, das aber nicht durch bloße Erklärung geltend gemacht werden kann. Denn es würde zu Unsicherheiten führen, wenn die Ehegatten die Ehe gegenseitig durch bloße Privaterklärungen „kündigen" könnten und dann möglicherweise lange Zeit streitig bliebe, ob nun ein „Kündigungsgrund" bestand oder nicht. Deshalb ordnet das Gesetz an, dass das Recht, die Scheidung herbeizuführen, durch Antrag bei Gericht geltend gemacht werden muss. Erst wenn das Gericht die Berechtigung des Klagebegehrens untersucht und bejaht hat, also erst mit dem rechtskräftigen Gerichtsbeschluss wird die Scheidung wirksam.

Literatur zum Gestaltungsrecht: *P. Mankowski*, Beseitigungsrechte. Anfechtung, Widerruf und verwandte Institute, 2003; *J. Schürnbrand*, Gestaltungsrechte als Verfügungsgegenstand, AcP 204, 177; *Chr. Schreiber*, Nichtigkeit und Gestaltungsrechte, AcP 211, 35.

Kapitel 5
Der Anspruch (die Forderung)

1. Struktur

197 Der **Anspruch** ist das Recht, von einem anderen ein Tun oder Unterlassen zu verlangen (§ 194 I). Welches Tun oder Unterlassen jeweils verlangt werden kann (Anspruchsinhalt), ist durch Rechtsgeschäft und Gesetz näher bestimmt.

Im Rahmen des Schuldrechts (§§ 241–853) wird der Anspruch auch **Forderung** genannt. Strukturelle Besonderheiten sind mit dieser Bezeichnung jedoch nicht verbunden. Auch die Forderung gibt das Recht, ein beliebiges Verhalten – **Leistung** genannt – von einem anderen zu verlangen; auch hier kommt als Leistung ein Unterlassen in Betracht, § 241 I 2. Anspruch und Forderung sind konstruktiv dasselbe und werden vielfach synonym verwendet.

198 Mit dem **Anspruch** ist eine bilaterale Rechtsbeziehung zwischen einem oder mehreren Verpflichteten und einem oder mehreren Berechtigten gegeben. Gedanklich primär ist dabei die *Pflicht* des einen Teils; die Pflicht ist derart ausgestaltet, dass der andere Teil vom Verpflichteten die Erfüllung (§ 362) verlangen kann. Aus der Sicht des Verpflichteten spricht das Gesetz auch von **Verbindlichkeit** (zB in § 821).

Beim Anspruch treten sich also zwei Personen (oder Personengruppen) in den Rollen des Verpflichteten und Berechtigten gegenüber. Der Verpflichtete trägt die Rollenbezeichnung **Schuldner**, der Berechtigte die Rollenbezeichnung **Gläubiger** (§ 241 I 1). Oft macht ein Anspruch nicht das gesamte Rechtsverhältnis zwischen dem Berechtigten und dem Verpflichteten aus, sondern stellt sich als einzelne Befugnis innerhalb einer komplexen Rahmenbezeichnung (zB einem Schuldverhältnis) dar. In einem Rechtsverhältnis können dem Berechtigten mehrere Ansprüche nebeneinander zustehen.

2. Inhalt

199 Der Anspruch weist dem Berechtigten den Vorteil zu, den ihm der Verpflichtete durch pflichtgemäßes Verhalten verschaffen soll (Leistung). Für die schuldrechtliche Forderung enthalten die §§ 241 ff nähere Bestimmungen darüber, wie der Inhalt der

Leistung bestimmt wird und in welcher Art zu leisten ist. Diese Vorschriften gelten, soweit sie nicht im speziellen Zusammenhang unpassend sind, auch für Ansprüche außerhalb des Schuldrechts.

Der **Begriff des Schuldrechts** bedarf der Erläuterung. Das zweite Buch des BGB trägt die Überschrift „Recht der Schuldverhältnisse". Der hier gebrauchte Schuldbegriff hängt nicht mit der strafrechtlichen Schuld und auch nicht mit Verschulden zusammen, sondern mit „Schulden machen", „jemandem etwas schulden". Schuldverhältnisse (Obligationen) sind infolgedessen Verpflichtungsverhältnisse. Der Begriff ist aber eingeschränkt auf die im „Schuldrecht" ausgeformten Arten, nämlich 1. auf Verpflichtungsverhältnisse, die nach dem Vorbild von Kauf, Miete etc auf einem *Verpflichtungsgeschäft* beruhen, ohne im Sachenrecht, Familienrecht oder Erbrecht geregelt zu sein, und 2. auf Verpflichtungsverhältnisse, die unmittelbar aus dem Gesetz folgen und im besonderen Schuldrecht geregelt sind (*gesetzliche Schuldverhältnisse*, zB aus ungerechtfertigter Bereicherung, §§ 812 ff, aus unerlaubter Handlung, §§ 823 ff). Schuldrechtliche Forderung ist demnach eine Forderung, die aus einem Schuldverhältnis entspringt.

Die Einteilung der Verpflichtungsverhältnisse in Schuldverhältnisse und andere (zB sachenrechtliche, familienrechtliche, erbrechtliche) ist wenig aussagekräftig. Daher werden die §§ 241 ff auch auf Ansprüche angewendet, die nicht im Schuldrecht wurzeln.

Der **Inhalt der Leistung** ergibt sich bei rechtsgeschäftlichen Ansprüchen aus dem Inhalt des Rechtsgeschäfts, bei gesetzlichen Ansprüchen aus der Anspruchsnorm. Im Prinzip kann jegliches menschliche Verhalten als Leistung geschuldet sein bis hin zu der Grenze, ab der unser politisches und kulturelles Selbstverständnis die Entäußerung von Freiheit und Menschenwürde verbietet (siehe § 138, Rn 670 ff). In Betracht kommen etwa Ansprüche auf Übergabe einer Sache, auf Zahlung von Geld, auf Reparatur einer Maschine, auf Leistung von Diensten, auf Abgabe einer Willenserklärung oder auch nur auf Unterlassung bestimmter Handlungen (§ 241 I 2). Der Anspruch kann so gestaltet sein, dass Schuldner oder Gläubiger zwischen mehreren Leistungen wählen können (**Wahlschuld**, § 262) oder dass der Schuldner die an sich geschuldete Leistung durch eine andere ersetzen kann (**Ersetzungsbefugnis, facultas alternativa**). Geschuldet können sein ein einmaliges Tun oder wiederkehrende Leistungen (zB Ratenzahlungen) oder ein permanentes Verhalten (zB die Gewährung des Gebrauchs an einer Sache, § 535 I 1). **200**

Für die Bestimmung des Leistungsgegenstandes spielt der Unterschied zwischen **Stückschuld** und **Gattungsschuld** eine besondere Rolle. **201**

– Der Leistungsgegenstand kann nämlich *individuell bestimmt* sein, so etwa wenn jemand ein ganz bestimmtes Grundstück oder eine gebrauchte, vom Onkel geerbte Uhr verkauft; dann ist dieses individuelle Stück und kein anderes (mag es ihm auch noch so gleichen) tauglicher Gegenstand der Leistungshandlung (**Stückschuld**).

– Der Leistungsgegenstand kann hingegen auch so bestimmt sein, dass nur bestimmte Gattungsmerkmale festgelegt sind; jedes Exemplar, das die Gattungsmerkmale trägt, ist tauglicher Gegenstand der Leistungshandlung. Verkauft ein Händler eine Waschmaschine vom Typ „Edelweiß" nach Katalog, so schuldet er die Lieferung eines x-beliebigen Exemplars des genannten Typs (**Gattungsschuld**). Für Gattungsschulden bestimmt § 243 I, dass Gegenstände *mittlerer Art und Güte* zu leisten sind, sofern keine anderweitige Absprache unter den Beteiligten besteht (zur Gattungsschuld siehe ferner Rn 829).

202 Weder Stückschuld noch Gattungsschuld ist die Verpflichtung, eine bestimmte Summe Geld zu zahlen (**Geldschuld, Zahlungsverpflichtung**). Unter Geld versteht man einen abstrakten Wertmaßstab für wirtschaftliche Güter und Leistungen. In Gestalt von verkörperten Geldzeichen (Münzen, Scheinen) und von Buchungseinheiten dient es als allgemeines Tauschmittel. Die staatliche Gesetzgebung bestimmt, welche Geldzeichen als Zahlungsmittel angenommen werden müssen (gesetzliche Zahlungsmittel). Die Geldschuld verpflichtet den Schuldner, dem Gläubiger gesetzliche Zahlungsmittel in Höhe des Nennbetrages zu verschaffen. Er kann dies tun, indem er entweder dem Gläubiger eine den Nennbetrag abdeckende Menge von Geldzeichen übereignet (Barzahlung) oder indem er dem Gläubiger durch Einzahlung oder Überweisung auf ein Konto ein sofort fälliges Guthaben verschafft (bargeldloser Zahlungsverkehr).

203 Der Schuldner einer Zahlungsverpflichtung schuldet grundsätzlich die Verschaffung des **Nennbetrags** in der geschuldeten Währungseinheit (z B. Euro). Gleichgültig ist, ob sich der Tauschwert der Währungseinheit seit Begründung des Schuldverhältnisses verändert hat oder nicht. Hatte jemand zB im Jahre 1980 ein unverzinsliches Darlehen von 10 000 DM aufgenommen, das er im Jahre 2000 zurückzahlen musste, so schuldete er die Zahlung von 10 000 DM, obwohl infolge von Preissteigerungen der Tauschwert der Mark seitdem erheblich gesunken war und er, so gesehen, weniger zurückgab als er empfangen hatte. Das Nennbetragsprinzip gilt auch für die Zeit ab Einführung des Euro.

Das Nennwertprinzip findet seine Grenze im Prinzip von Treu und Glauben (§ 242). Nach dem 1. Weltkrieg hatte die Geldentwertung ein solches Ausmaß angenommen, dass das Reichsgericht sich befugt gehalten hat, Zahlungsansprüche **aufzuwerten** (RGZ 107, 78; 111, 372). Wenngleich seit Einführung der DM und des Euro kein extremer Tauschwertverfall stattgefunden hat, ist die Rechtsprechung fortgeführt worden, zB bei Ansprüchen auf Zahlung von Versorgungsbezügen (BGHZ 61, 31) oder bei krassen Störungen des Gleichgewichts von Leistung und Gegenleistung (Äquivalenzstörungen), die durch die Währungsentwicklung bedingt waren (zB: BGHZ 86, 167; BGHZ 91, 32). Seit der Schuldrechtsreform von 2002 ist das Problem unerwarteter Entwicklungen des Tauschwerts einer Währung nach § 313 BGB zu beurteilen (Rn 646). Der Aufwertung nach den Grundsätzen von Treu und Glauben unterliegen auch Dauerschuldverhältnisse, die kraft Gesetzes entstanden sind (zB Schmerzensgeldrente, BGH NJW 2007, 2475).

Im Rahmen der **Vertragsfreiheit** können die Parteien eines Schuldverhältnisses Regelungen vereinbaren, die das Nennwertprinzip modifizieren und zB eine Anpassung einer Zahlungsverbindlichkeit an veränderte Währungsverhältnisse vorsehen. Allerdings besteht diese Möglichkeit nur in gesetzlich beschränktem Umfang (siehe Preisklauselgesetz vom 7.9.2007 BGBl. I 2247).

Literatur zur Geldschuld: *B. v. Maydell*, Geldschuld und Geldwert, 1974; *H. Kollhosser*, JA 1983, 49; *K. Schmidt*, JuS 1984, 737; *S. Simitis*, AcP 159, 406: *W. Möschel*, AcP 186, 187; *D. Coester-Waltjen*, Jura 1998, 103; *L. Kähler*, AcP 206, 805; *C. Herresthal*, ZGS 2008, 259; *M. Schwab*, NJW 2011, 2833; *J. Heyers*, JZ 2012, 398; *R. Freitag*, AcP 2013, 128; *A.E. Martens*, Grundfälle zu Geld und Geldschulden, JuS 2014, 105, 200.

3. Modalitäten der Erfüllung

Die Modalitäten der Pflichterfüllung betreffend erhebt sich insbesondere die Frage **204** nach der richtigen Leistungszeit und nach dem richtigen Leistungsort. Für die **Leistungszeit** ist zu unterscheiden zwischen dem Zeitpunkt, in dem der Anspruch **entsteht**, und dem Zeitpunkt, in dem der Anspruch **fällig wird**.

Ist der Anspruch entstanden, aber noch nicht fällig, so kann der Schuldner wirksam erfüllen, der Gläubiger kann die Leistung aber noch nicht verlangen (§ 271 II BGB). Abweichend davon kann vereinbart oder gesetzlich geregelt sein, dass der Schuldner vor Fälligkeit nicht wirksam leisten kann. Vom Zeitpunkt der Fälligkeit an kann der Gläubiger die Leistung verlangen.

Für die Feststellung des **Fälligkeitstermins** gilt die Regel des § 271 I BGB: Maßgeblich ist, was für den Anspruch gesetzlich oder durch Vereinbarung bestimmt ist. Liegt keine besondere Bestimmung vor, so tritt die Fälligkeit „sofort" ein, dh Entstehung und Fälligkeit des Anspruchs fallen zeitlich zusammen.

Die Beteiligten können durch eine Abrede, die **Stundung** genannt wird, den Fälligkeitszeitpunkt hinausschieben.

Den **Leistungsort** betreffend enthalten §§ 269, 270 und speziellere Normen die einschlägige Regelung. Leistungsort ist derjenige Ort, an dem der Schuldner die von ihm geschuldeten Leistungshandlungen (oder die letzte von ihnen) vorzunehmen hat. Siehe Näheres unter Rn 830. **205**

Wird die geschuldete Leistung an den Gläubiger bewirkt (**Erfüllung**), so erlischt der Leistungsanspruch (§ 362 I). Kommt der Schuldner seinen Verpflichtungen hingegen nicht nach, so kann der Gläubiger mit Zwangsmitteln gegen ihn vorgehen, um die Erfüllung zu erreichen. Außerdem löst die zu vertretende Pflichtverletzung für den Schuldner Folgepflichten, vor allem Schadensersatzpflichten aus (Näheres Rn 852).

4. Die Rechtsverfolgung

a) Das Verbot privater Gewaltübung; Ausnahmen

Wird ein Recht beeinträchtigt oder eine Verpflichtung nicht erfüllt, so erhebt sich das **206** Problem der Durchsetzung mit Zwangsmitteln. Seit der Staat der frühen Neuzeit das Gewaltmonopol an sich gezogen hat, ist es dem Grundsatz nach unstatthaft, Rechtspositionen mit Hilfe privater Gewaltübung, dh durch Eingriff in die Rechte anderer ohne deren Willen, durchzusetzen. Vielmehr ist der Berechtigte gehalten, sich an die **staatliche Rechtsschutzorganisation** zu wenden, die zur Verwirklichung der Rechte ihre Hoheitsgewalt einsetzt.

Nur **in Ausnahmefällen** ist **private Gewaltübung** in dem genannten Sinne erlaubt, **207** in erster Linie bei defensiven Maßnahmen (§§ 227, 228, 859 I, 904 BGB; §§ 32, 34 StGB), sodann auch zum Zwecke der Selbsthilfe (§§ 229–231; §§ 562b, 859 II, III).

(1) Die **Notwehr** ist die Verteidigung, welche erforderlich ist, um einen gegenwärtigen rechtswidrigen Angriff von sich oder einem anderen abzuwenden (§ 227 II BGB,

§ 32 II StGB). Die durch Notwehr gebotene Handlung ist nicht widerrechtlich (§ 227 I), auch wenn sie die Rechte und Schutzinteressen des Angreifers beeinträchtigt.

(2) **Notstandshandlungen** können gem. §§ 228, 904 BGB und § 34 StGB rechtmäßig sein.

(a) Gemäß **§ 228 S. 1 BGB** handelt nicht widerrechtlich, wer eine fremde Sache beschädigt oder zerstört, um eine durch diese Sache drohende Gefahr von sich oder einem anderen abzuwenden; vorausgesetzt ist jedoch ferner, dass die Beschädigung oder Zerstörung zur Abwendung der Gefahr erforderlich ist und dass der Schaden nicht außer Verhältnis zu der Gefahr steht. Hat der Handelnde die Gefahr selbst verschuldet, so ist er zum Schadensersatze verpflichtet (§ 228 S. 2).

(b) Der Notstand gemäß **§ 904 BGB** setzt voraus, dass durch die Einwirkung auf eine Sache eine gegenwärtige Gefahr, die nicht von der Sache selbst ausgeht, abgewendet werden kann (zB: ein Brand kann nur von einem benachbarten Garten aus unter Beschädigung der Pflanzen bekämpft werden). Die Einwirkung auf die Sache ist rechtmäßig, wenn sie zur Abwendung der Gefahr notwendig ist und wenn der drohende Schaden gegenüber dem aus der Einwirkung entstehenden Schaden unverhältnismäßig groß ist. Der Eigentümer der aufgeopferten Sache kann Schadenersatz verlangen (§ 904 S. 2).

(c) Weiter ist der rechtfertigende Notstand nach **§ 34 StGB** gefasst: Wer in einer gegenwärtigen, nicht anders abwendbaren Gefahr für Leben, Leib, Freiheit, Ehre, Eigentum oder ein anderes Rechtsgut eine „Tat" begeht, um die Gefahr von sich oder einem anderen abzuwenden, handelt nicht rechtswidrig, wenn bei Abwägung der widerstreitenden Interessen das geschützte Interesse das beeinträchtigte wesentlich überwiegt; es gilt dies nur, soweit die Tat ein angemessenes Mittel ist, die Gefahr abzuwenden.

208 (3) Die **erlaubte Selbsthilfe (§§ 229–231)** bezieht sich auf die Durchsetzung von Ansprüchen. Sie besteht in Maßnahmen, die darauf abzielen, einen Anspruch durch private Gewaltübung zu sichern oder durchzusetzen. Eine derartige Selbsthilfe, die sogar in der Festnahme eines fluchtverdächtigen Schuldners bestehen kann, setzt voraus, dass obrigkeitliche Hilfe nicht rechtzeitig zu erlangen ist und ohne sofortiges Eingreifen die Gefahr besteht, dass die Verwirklichung des Anspruchs vereitelt oder wesentlich erschwert wird (§ 229, weitere Einschränkungen § 230). So darf z.B. der Vermieter die Wohnung nicht einfach eigenmächtig räumen, wenn er wegen Mietrückständen gekündigt hat und der Mieter unbekannten Aufenthalts ist; er muss zunächst den Mieter auf Räumung verklagen (BGH NJW 2010, 3434).

b) Der Zivilprozess

209 Wer einen Anspruch gegen einen anderen zu haben glaubt, den dieser nicht freiwillig erfüllen will, muss in aller Regel die Gerichte bemühen. Das klassische Verfahren für die Verfolgung privatrechtlicher Ansprüche bietet der in der ZPO geregelte Zivilprozess. Zum Verständnis des Zivilrechts ist es wichtig, sich einen Begriff von seinem Ablauf zu machen.

Typisch für das deutsche Rechtssystem ist die gedankliche Trennung des Anspruchs, den eine Person gegen eine andere zu haben glaubt, von der gerichtlichen Verfolgung und Durchsetzung. Auf dieser Trennung beruht die **Einteilung in materielles Recht und Prozessrecht.** Die Feststellungen, ob ein Anspruch besteht (materielles Zivilrecht) und ob bzw wie der Anspruch gerichtlich geltend gemacht und hoheitlich durchgesetzt werden kann (Zivilprozessrecht), bilden demnach zwei verschiedene und selbstständige Beurteilungsvorgänge. Man kann die Trennung des für den Rechtsbetroffenen letztlich Zusammengehörigen bedauern; sie ist aber wichtig. Das römische Recht verquickte den Anspruch und das Recht, den Anspruch klageweise vor Gericht geltend zu machen, im Begriff der *actio* (Aktionensystem). Nach unserem Rechtsschutzsystem verleiht hingegen nicht erst der materiellrechtliche Anspruch die Befugnis, vor Gericht zu klagen. Vielmehr kann jeder gegen jeden einen Anspruch, den er zu haben glaubt, einklagen. Ob der Anspruch wirklich besteht, wird dann das Gericht in seinem Urteil feststellen. Das Recht, bei Gericht zu klagen, besteht grundsätzlich unabhängig davon, ob die Klage auch sachlich begründet ist.

Das Verfahren gliedert sich in zwei Vorgänge: **210**

(a) das **Erkenntnisverfahren**, in dem vom Gericht geprüft wird, ob die begehrte Rechtsfolge besteht;

(b) das **Vollstreckungsverfahren**, in dem ein zu Gunsten des Klägers ergangenes Urteil, wenn nötig, hoheitlich gegen den Verurteilten vollstreckt wird.

Wir wollen uns ein Bild vom Erkenntnisverfahren anhand eines einfachen Beispiels machen:

Fall 5: K klagt bei Gericht gegen B.

Klagantrag: Der Beklagte wird verurteilt, an den Kläger 500 € zu zahlen. Dazu trägt K folgenden Sachverhalt vor: Der Beklagte suchte den Kläger am 15. Mai in dessen Wohnung mit der Bitte auf, ihm bis zum 1. Juni einen Betrag von 500 € zinslos zu überlassen. Der Kläger erfüllte dieses Ansinnen und übergab dem Beklagten an Ort und Stelle 500 €.

Antrag des Beklagten: Die Klage wird abgewiesen. Dazu trägt der Beklagte vor: Der Beklagte zahlte das Geld am 3. Juni an den Kläger zurück.

Das Gericht hat zuerst zu prüfen, ob die im Interesse eines zweckmäßigen und rechtsstaatlichen Verfahrens durch das Prozessrecht vorgeschriebenen Regeln eingehalten sind (**Prüfung der Zulässigkeit der Klage**); zB ob die Klage in der richtigen Form und vor dem zuständigen Gericht erhoben wurde. Ist das nicht der Fall, so lässt es sich auf „die Sache selbst" gar nicht ein; vielmehr wird es die Klage als unzulässig abweisen (Besonderheiten in § 281 I ZPO).

Sind die prozessualen Regeln hingegen eingehalten, dann entscheidet das Gericht in der Streitsache selbst (**Prüfung der Begründetheit der Klage**).

Der Prozess kann also, wenn er durch gerichtliche Entscheidung beendet wird, haupt- **211** sächlich wie folgt ausgehen:

– entweder wird die Klage *als unzulässig abgewiesen*;

– oder der zulässigen Klage wird *stattgegeben*, der Beklagte antragsgemäß verurteilt;

– oder die Klage wird *als unbegründet abgewiesen*.

Möglich ist auch, dass eine Klage *teilweise* unzulässig ist und demzufolge teilweise als unzulässig zurückgewiesen wird. Ferner kann eine Klage zum Teil begründet sein.

Das **Gesetz zur Reform des Zivilprozesses** vom 2.8.2001 (BGBl. I 1887), in Kraft seit 1.1.2002, zielt unter anderem darauf ab, dass möglichst viele Verfahren frühzeitig durch eine **gütliche Beilegung unter den Parteien** ihre Erledigung finden. Das Gericht soll in jeder Lage des Verfahrens auf eine gütliche Beilegung des Rechtsstreits oder einzelner Streitpunkte bedacht sein (§ 278 I ZPO). Deshalb soll der mündlichen Verhandlung obligatorisch eine Güteverhandlung vorausgehen, außer wenn bereits ein Einigungsversuch vor einer außergerichtlichen Gütestelle stattgefunden hat oder die Güteverhandlung erkennbar aussichtslos erscheint (§ 278 II 1 ZPO).

212 Wir wollen in **Fall 5** annehmen, dass die Klage des K zulässig ist und die anberaumte Güteverhandlung erfolglos blieb. Nun muss sich das Gericht auf die Streitsache einlassen. Für die Tätigkeit des Zivilgerichts sind vor allem drei Regeln wesentlich.

(1) Die Prozessparteien sind „Herr" über das Verfahren, insofern sie entscheiden, ob und worüber ein Prozess stattfindet (**Dispositionsmaxime**). Dieser Grundsatz wirkt sich ua dahingehend aus, dass ohne die Klage einer Partei kein Verfahren zustande kommt und dass das Gericht in der Sache über nicht mehr entscheiden darf, als die Parteien beantragt haben (vgl § 308 I ZPO). Der Kläger kann ferner den Prozess mit Zustimmung des Beklagten, zT auch ohne sie (s. § 269 I ZPO) wieder beenden. Ebenso können die Parteien den Rechtsstreit beenden, indem sie einen gerichtlichen Vergleich schließen (vgl § 794 I 1 Nr. 1 ZPO). Der Beklagte kann den geltend gemachten Anspruch anerkennen und ist dann gemäß seinem Anerkenntnis zu verurteilen, ohne dass das Gericht die materielle Rechtslage noch überprüfen dürfte (§ 307 ZPO).

Den Gegensatz zur Dispositionsmaxime bildet die **Offizialmaxime**. Nach dieser liegt die Herrschaft über das Ob und den Gegenstand des Verfahrens grundsätzlich beim Gericht oder einer Behörde.

213 (2) Den Prozessparteien obliegt es grundsätzlich, die Tatsachen, die sie für entscheidungserheblich halten, in den Prozess einzuführen und – sofern entscheidungserheblich und bestritten – zu beweisen (**Verhandlungsgrundsatz**). Das Gericht untersucht im Prinzip nicht von sich aus, welche Geschehnisse sich zwischen den Parteien abgespielt haben; es erhebt auch nicht von sich aus Beweis. Vielmehr werden vom Gericht grundsätzlich nur solche Tatsachen berücksichtigt, die durch Tatsachenbehauptungen der Parteien eingeführt sind. Ob über eine Tatsache, die das Gericht für entscheidungserheblich hält, Beweis erhoben werden muss, richtet sich nach dem Verhalten der Parteien, nämlich danach, ob die Tatsache unter ihnen streitig ist oder nicht. Ist über die Tatsache – weil sie entscheidungserheblich und bestritten ist – Beweis zu erheben, so obliegt es den Parteien, die Beweise zu liefern. Freilich gilt der Verhandlungsgrundsatz nur mit **Einschränkungen**. Die Parteien sind verpflichtet, ihre Erklärungen über tatsächliche Umstände vollständig und der Wahrheit gemäß abzugeben (§ 138 I ZPO). Dem Gericht obliegt die Prozessleitung auch in sachlicher Hinsicht, um ein faires Verfahren und die „Waffengleichheit" unter den Parteien zu gewährleisten. Das Gericht hat das Sach- und Streitverhältnis, soweit erforderlich, mit den Parteien nach der tatsächlichen und rechtlichen Seite zu erörtern und Fragen zu stellen (§ 139 I 1 ZPO); es hat auch dahin zu wirken, dass die Parteien sich rechtzeitig und vollständig über alle erheblichen Tatsachen erklären, insbesondere ungenügende An-

gaben zu den geltend gemachten Tatsachen ergänzen, die Beweismittel bezeichnen und die sachdienlichen Anträge stellen (§ 139 I 2, siehe ferner § 139 II-V, § 273 II ZPO).

Den Gegensatz zum Verhandlungsgrundsatz bildet der **Untersuchungsgrundsatz**, der nur für einige besondere Verfahren des Zivilprozesses gilt.

(3) Hingegen wird von den Parteien nicht verlangt, dass sie dem Gericht die Rechtsregeln präsentieren, nach denen das Gericht entscheiden soll. Es gilt der Grundsatz: **iura novit curia**, das Recht kennt das Gericht selbst. Die Parteien brauchen also keine rechtlichen Ausführungen zu machen. Es genügt, wenn sie einen Antrag (Klage) stellen, der ihr Begehren festlegt, und die Tatsachen vortragen, aus denen sich die Begründetheit dieses Begehrens ergeben soll. **214**

Wie nach den genannten Grundsätzen ein Prozess verlaufen kann, sei an **Fall 5** erläutert. K hat Klage gegen B erhoben. Er macht einen Anspruch geltend; die dafür geeignete Klageart ist die **Leistungsklage**, die darauf abzielt, den Beklagten zu einem bestimmten Verhalten zu verurteilen. Die Klage hat zwei Teile: den **Klagantrag**, mit dem eine Rechtsfolge begehrt wird, und einen **Tatsachenvortrag** (Schilderung eines Sachverhalts), aus dem sich die begehrte Rechtsfolge ergeben soll. Der Tatsachenvortrag des Klägers ist Voraussetzung jeglicher Erfolgsaussichten. Denn das Gericht prüft zunächst im Wege der Subsumtion, ob sich aus dem vom Kläger vorgetragenen Sachverhalt – *die Wahrheit seiner Behauptungen unterstellt* – die begehrte Rechtsfolge ergibt (Prüfung der **Schlüssigkeit der Klage**). Trägt der Kläger trotz § 139 I ZPO keine ausreichenden Tatsachen vor, so steht fest, dass die Klage abgewiesen werden muss. **215**

> Für **Fall 5** ergibt sich: Der Anspruch auf Zahlung von 500 € ist, wenn der vom Kläger vorgetragene Sachverhalt zutrifft, aus 488 I 2 gegeben. In der Absprache der Parteien vom 15. Mai ist ein Darlehensvertrag zu erblicken, der den Kläger verpflichtete, dem Beklagten einen Betrag von 500 € darlehensweise zur Verfügung zu stellen (§ 488 I 1). Vertragsgemäß ist der Beklagte nach Empfang der 500 € verpflichtet, am Fälligkeitstermin (1. Juni) die Summe von 500 € an den Kläger zurückzuzahlen (§ 488 I 2). Der Rückzahlungsanspruch ist auch fällig.

Ist – wie in unserem Fall – die Klage schlüssig, so kommt es für den weiteren Verlauf des Prozesses darauf an, wie sich der Beklagte verhält. Hält er die Klage für ungerechtfertigt, so wird er die **Abweisung der Klage** beantragen. Um dieses Ziel erreichen zu können, ist er genötigt, sich auf die Tatsachen einzulassen, indem er **216**

– den vom Kläger vorgetragenen Sachverhalt ganz oder zum Teil bestreitet (zB: „Es stimmt nicht, dass der Kläger mir 500 € gegeben hat")
– oder weitere Tatsachen vorträgt, welche – die Wahrheit unterstellt – den Anspruch des Klägers ausschließen.

> In **Fall 5** hat der Beklagte zwar den vom Kläger vorgetragenen Sachverhalt nicht bestritten, hat aber Tatsachen hinzugefügt, die – ihre Wahrheit unterstellt – die Klage unbegründet machen würden. Der Beklagte hat nämlich Tatsachen vorgetragen, aus denen sich – ihre Wahrheit unterstellt – ergibt, dass der Darlehensrückzahlungsanspruch des Klägers gemäß § 362 I BGB durch Erfüllung erloschen ist.

Nunmehr kommt es wiederum darauf an, wie sich der Kläger zu den Tatsachenbehauptungen des Beklagten stellt. Das Wechselspiel der Tatsachenbehauptungen kann lange hin und her gehen.

217 Dabei ist zu beachten: Eine **Tatsache**, die eine Partei behauptet, ist vom Gericht **als wahr** zu betrachten, wenn die andere Partei die Tatsache *zugesteht* (§ 288 I ZPO); dabei gilt eine Tatsache schon dann als zugestanden, wenn sie *nicht ausdrücklich bestritten* wird (§ 138 III ZPO). Jeder Partei wird also auferlegt, sich zu den Tatsachenbehauptungen der anderen Seite zu äußern (§ 138 II ZPO); tut sie es nicht, trägt sie den Nachteil. Zu einem **Beweisverfahren** kommt es erst, wenn eine Tatsache nach Auffassung des Gerichts entscheidungserheblich *und* bestritten ist. Soweit der Sachverhalt unbestritten ist, wird er vom Gericht als wahr angenommen. Eine solche Art der Wahrheitsfindung rechtfertigt sich in dem Vertrauen darauf, dass eine Partei unrichtige Tatsachenbehauptungen des Gegners, die für sie ungünstig sind, ohnehin bestreiten wird.

> Angenommen, in **Fall 5** bestreitet der Kläger die Behauptungen des Beklagten, das Darlehen sei bereits zurückgezahlt. Dann muss über diese Tatsache Beweis (durch Zeugen, Urkunden etc) erhoben werden. Der Ausgang des Prozesses hängt dann davon ab, ob die genannte Tatsache bewiesen werden kann oder nicht.

Das Verfahren endet gewöhnlich mit dem **Urteil** des Gerichts. Dringt K mit seiner Klage durch, so lautet der Urteilstenor: „Der Beklagte wird verurteilt, an den Kläger 500 € zu zahlen." Unterliegt K, so lautet er: „Die Klage wird abgewiesen."

5. Zur Struktur der Anspruchsnormen; Einwendungen und Einreden

218 Für das Verständnis der richterlichen Tätigkeit im Erkenntnisverfahren ist es notwendig, die Struktur der Anspruchsnormen (= derjenigen Normen, aus denen sich ein Anspruch als Rechtsfolge ergibt) näher zu betrachten. Wie gezeigt, hat jede Subsumtion von einer Norm auszugehen, welche die begehrte Rechtsfolge auslöst. Wird ein Anspruch geltend gemacht, so hat man eine Norm aufzusuchen, welche einen Anspruch des begehrten Inhalts als Rechtsfolge vorsieht. Wie eingangs gezeigt, besteht die Anspruchsnorm aus zwei Teilen: dem **Tatbestand** als der abstrakten Umschreibung eines Geschehensprogramms und der daran geknüpften **Rechtswirkung (Rechtsfolge)**. Die Tätigkeit der Subsumtion besteht darin, zu prüfen, ob im vorgetragenen Sachverhalt sich die abstrakten Geschehensmerkmale des Tatbestandes wieder finden (Rn 13 ff).

219 Dabei ist es wichtig, den **Tatbestandsteil der Norm** genau zu lesen und aufzubereiten. Im einfachsten Falle besteht das Geschehensprogramm in einer **Addition von Geschehensmerkmalen („und")**.

Beispiel (§ 826):

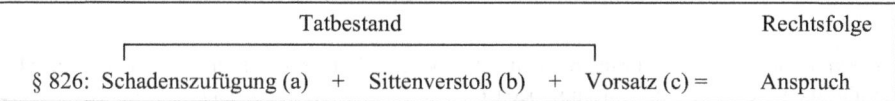

Tatbestand	Rechtsfolge
§ 826: Schadenszufügung (a) + Sittenverstoß (b) + Vorsatz (c) =	Anspruch

Es müssen dann alle Tatbestandselemente erfüllt sein, um die Rechtsfolge auszulösen.

Es kann aber auch sein, dass zwei oder mehrere Tatbestandselemente in einem derartigen Verhältnis zueinander stehen, dass es genügt, wenn **das eine oder das andere Element** gegeben ist (**„oder"**). Stehen zwei Elemente zur Wahl (a oder b), spricht man von Alternative. „Und" – Verknüpfungen und „Oder" – Verknüpfungen können kombiniert sein.

Beispiel (§ 825):

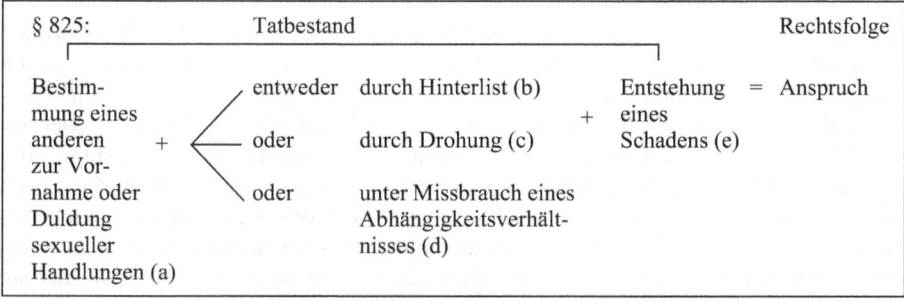

Der Tatbestand ist also erfüllt, wenn a + *b* + e oder a + *c* + e oder a + *d* + e vorliegen.

Nicht selten sind Tatbestandselemente **negativ** mit den anderen verbunden. Als Beispiel diene die Anspruchsnorm des § 832. Dort geht es um die Schadensersatzpflicht eines Aufsichtspflichtigen, wenn die zu beaufsichtigende Person einem Dritten widerrechtlich einen Schaden zufügt. § 832 I 1 besagt, welche Tatbestandselemente erfüllt sein müssen, damit ein Anspruch gegeben ist (**anspruchsbegründende Tatbestandselemente**). Hingegen fügt § 832 I 2 an, unter welchen Voraussetzungen der Anspruch – selbst wenn die Voraussetzungen des § 832 I 1 gegeben sind – *nicht* entsteht (**anspruchshindernde Tatbestandselemente**).

220

Demzufolge ergibt sich folgende Tatbestandsstruktur des § 832 I:

Widerrechtliche Schadenszufügung (a) + durch eine Person, die wegen Minderjährigkeit etc der Beaufsichtigung bedarf (b) = Anspruch auf Schadensersatz gegen den Aufsichtspflichtigen. Auch wenn a und b gegeben sind, ergibt sich gleichwohl kein Anspruch, wenn der Aufsichtspflichtige seiner Aufsichtspflicht genügt hat (c) *oder* der Schaden auch bei gehöriger Aufsichtsführung entstanden sein würde (d).

Die Tatbestandselemente des § 832 I 2 sind also mit den Tatbestandselementen des § 832 I 1 durch ein **„und nicht"** verbunden: Wenn a *und* b gegeben sind *und nicht* c *oder* d vorliegen, tritt die Rechtsfolge (Schadensersatzanspruch) ein.

221 Die Frage ist, warum das Gesetz die negative Verknüpfung der Elemente c und d wählt. Ohne Schwierigkeit hätte man nämlich § 832 I auch wie folgt formulieren können:

„Wer kraft Gesetzes zur Führung der Aufsicht über eine Person verpflichtet ist, die wegen Minderjährigkeit etc der Beaufsichtigung bedarf, ist zum Ersatz des Schadens verpflichtet, den diese Person einem Dritten widerrechtlich zufügt, vorausgesetzt, dass er seine Aufsichtspflicht verletzt hat und dass der Schaden bei gehöriger Aufsichtsführung ausgeblieben wäre."

Wir hätten dann die Struktur: a + b + c + d = Anspruch. Warum hat man § 832 I nicht so formuliert?

Der Grund liegt nicht im Stilgefühl der Gesetzesverfasser. Vielmehr soll in der Formulierung der Tatbestandselemente als anspruchsbegründende und anspruchshindernde ein **Regel-Ausnahme-Verhältnis** ausgedrückt werden. Die anspruchsbegründenden Elemente besagen, unter welchen Voraussetzungen der Anspruch *regelmäßig* besteht; die anspruchshindernden Elemente besagen, unter welchen Voraussetzungen er *ausnahmsweise nicht* besteht.

222 Für die Ermittlung des Sachverhalts, welchen das Gericht seinem Urteil zu Grunde legt, ist das von großer Bedeutung. Wir hatten gesehen, dass Beweis erhoben werden muss über alle Tatsachen, die bestritten und nach Überzeugung des Gerichts entscheidungserheblich sind. Das Beweisverfahren kann unterschiedlich enden: Entweder das Gericht hält die Tatsachenbehauptung für wahr; oder es hält sie für widerlegt; oder aber die Wahrheit der behaupteten Tatsache bleibt ungewiss. Im Falle, dass nach Überzeugung des Gerichts eine Tatsachenbehauptung weder bewiesen noch widerlegt wurde – also im Falle der Unklarheit – entsteht die Frage, wie das Gericht weiter verfahren soll. Man könnte daran denken, dass der Prozess so lange weitergeht, bis die Tatsache bewiesen oder widerlegt ist. Dann würden aber viele Prozesse überhaupt nicht enden, da viele Vorgänge nicht mehr aufgeklärt werden können. Also wird man Regeln brauchen, die besagen, welche Prozesspartei den *Nachteil davon zu tragen hat, dass eine bestrittene entscheidungserhebliche Tatsache unklar geblieben ist* (**Verteilung der Beweislast**). Im Strafprozess gilt der Grundsatz „in dubio pro reo". Im Zivilprozess hingegen, der zwei gleichberechtigte Parteien kennt, muss eine differenzierte Regelung Platz greifen. Im Großen und Ganzen gilt der *Grundsatz*, dass *der* **Kläger die Beweislast für die Tatsachen trägt, welche die anspruchsbegründenden Tatbestandselemente ausfüllen**, während **der Beklagte die Beweislast für diejenigen Tatsachen trägt, die anspruchshindernde Elemente ausfüllen**.

223 **Fall 6:** Klage des X gegen die Eheleute Y.

Antrag des Klägers: Die Beklagten werden verurteilt, an den Kläger 50 € zu zahlen.

Klagevortrag: Die Kinder der Beklagten, der 6-jährige Max und der 8-jährige Moritz, spielten am 14.9. nachmittags Ball auf dem Gehsteig vor der Wohnung des Klägers. Der Ball zertrümmerte die Fensterscheibe des Wohnzimmers des Klägers. Der Einsatz einer neuen Fensterscheibe kostete 50 €

Antrag der Beklagten: Die Klage wird abgewiesen.

Vortrag der Beklagten: Die Kinder spielten am 14.9. wie immer auf dem umzäunten Grundstück, das den Beklagten gehört. Sie wurden dabei von den Beklagten regelmäßig beobachtet. Dass die Kinder an dem genannten Tage für kurze Augenblicke aus dem Grundstück heraustraten und auf dem Gehsteig spielten, war – da erstmalig – von den Beklagten nicht vorauszusehen und zu verhindern. Eine Pflicht, Kinder jede Sekunde im Auge zu haben, kann den Eltern nicht auferlegt werden.

Vortrag des Klägers: Es stimmt nicht, dass die Beklagten am 14.9. nachmittags die Kinder regelmäßig beobachtet haben. Vielmehr waren sie bei Freunden eingeladen und hatten die Kinder allein zu Hause zurückgelassen.

Angenommen, das Gericht ist der Auffassung, dass die Eltern für den Fall der Richtigkeit ihrer Behauptungen ihrer Aufsichtspflicht genügt hätten. Dann muss Beweis erhoben werden über die streitige und entscheidungserhebliche Behauptung, dass die Beklagten am 14.9. zu Hause waren und die Kinder beaufsichtigten. Wir wollen ferner annehmen, dass die Beweiserhebung hierüber kein klares Ergebnis erbringt. Ist der Klage stattzugeben?

Die Antwort ist der Beweislastregel zu entnehmen, welche in der Struktur der in Betracht kommenden Anspruchsnorm des § 832 I zum Ausdruck kommt. Sachlich gesehen macht § 832 I die Aufsichtspflichtverletzung zur Voraussetzung des Anspruchs. Es kommt nun darauf an, ob die Aufsichtspflichtverletzung als anspruchsbegründendes Tatbestandselement ausgestaltet ist – dann trägt die Beweislast hinsichtlich der diesbezüglichen Tatsachen der Kläger; oder ob die *mangelnde* Aufsichtspflichtverletzung als anspruchsverhinderndes Element ausgestaltet ist – dann trägt die Beweislast der Beklagte. Wie aus § 832 I 2 zu ersehen, hat das Gesetz den zweiten Weg beschritten.

Die Ungewissheit hinsichtlich ihrer Behauptung, sie seien am 14.9. zu Hause gewesen und hätten ihre Kinder beaufsichtigt, schlägt also zum Nachteil der Beklagten aus. Um zu obsiegen, hätten sie ihre Behauptung beweisen, dh das Gericht durch ihre Beweismittel überzeugen müssen. Da dies nicht geschehen ist, werden sie antragsgemäß verurteilt.

Sinn der gewählten Struktur des § 832 I ist es also, den Aufsichtspflichtigen die Beweislast für die Tatsachen aufzubürden, aus denen sich ergibt, dass sie ihre Aufsichtspflicht erfüllt haben.

Die Ausgestaltung der Tatbestandselemente als anspruchsbegründende und anspruchshindernde hat nicht nur für die Beweislastverteilung Bedeutung, sondern zuvor schon für die Frage, welchen Tatsachenstoff die Parteien in den Prozess einführen müssen, um erfolgreich zu sein (**Verteilung der Darlegungslast**). Wenn auch der Richter nach § 139 I 2 ZPO darauf hinwirken soll, dass die Parteien ungenügende Angaben ergänzen, zwingen kann er sie dazu nicht. Es muss also geklärt werden, welche Partei den Nachteil trägt, wenn für ein entscheidungserhebliches Tatbestandselement keine Tatsachen vorgetragen werden. Dies richtet sich grundsätzlich nach den Regeln, die für die Verteilung der Beweislast maßgeblich sind. Der **Kläger** hat also Tatsachen vorzutragen, welche die **anspruchsbegründenden Tatbestandselemente** ausfüllen; tut er es nicht, so ist die Klage nicht schlüssig und wird abgewiesen. Dem **Beklagten** hingegen obliegt es, Tatsachen vorzutragen, welche **anspruchshindernde Tatbestandselemente** ausfüllen. Tut er es nicht, so kommt das betreffende Tatbestandselement nicht zum Zuge. Dabei ist freilich zu beachten, dass einer Partei eine Behauptungslast hinsichtlich solcher Tatsachen nicht mehr obliegt, die schon die andere in den Prozess eingeführt hat.

224

> In **Fall 6** ist der Kläger zunächst auf die mögliche Aufsichtspflichtverletzung der Beklagten nicht eingegangen und hat keine Tatsachen dafür vorgetragen. Er brauchte das auch gar nicht, weil die Verletzung der Aufsichtspflicht nicht als anspruchsbegründendes Tatbestandselement ausgestaltet ist. Es genügte also, dass er Tatsachen vortrug, welche die in § 832 I 1 genannten Elemente ausfüllen. Den Beklagten oblag es dann, die Tatsachen für die anspruchshindernden Elemente des § 832 I 2 vorzutragen.

225 Anspruchshindernde Tatbestandselemente werden **Einwendungen** genannt (weil es dem in Anspruch Genommenen obliegt, die diesbezüglichen Tatsachen vorzutragen).

Davon hat man die **Einreden** (im Sinne des materiellen Zivilrechts) zu unterscheiden. Gleich den Einwendungen beschreiben sie Voraussetzungen, unter denen einem Anspruch etwas im Wege steht. Im Gegensatz zu den Einwendungen aber beseitigen die **Einreden** den Anspruch nicht in seinem Bestande; sie geben vielmehr dem Anspruchsgegner das **Recht, die Leistung zu verweigern**.

ZB Einrede der Verjährung, § 214 I. Nach § 194 I unterliegen die Ansprüche der Verjährung nach unterschiedlich bestimmten Fristen. Nach Ablauf der Verjährungsfrist besteht der Anspruch nach wie vor; er kann auch noch erfüllt werden; der Schuldner hat aber das Recht, die Leistung zu verweigern.

226 Das **Leistungsverweigerungsrecht** wird bei Gericht nur dann berücksichtigt, wenn sich der in Anspruch Genommene darauf beruft, dh wenn er dem Gericht erklärt, dass er die Leistung verweigere *oder* schon früher dem Gläubiger gegenüber verweigert habe. Bei der Einrede muss der Schuldner also – anders als bei Einwendungen – mehr tun, als Tatsachen vortragen; er muss seine Leistungsverweigerung erklären. Die Leistungsverweigerungsrechte haben unterschiedliche Tragweite. Sie berechtigen entweder dazu, die Leistung vorübergehend zu verweigern (**dilatorische Einreden**, zB § 273), oder sie berechtigen zur Leistungsverweigerung für immer (**peremtorische Einreden**, zB § 214 I).

Die Unterscheidung zwischen Einwendungen und Einreden macht nicht nur wegen der sprachlichen Ähnlichkeit Schwierigkeiten, sondern auch, weil das Gesetz zum Teil einen anderen Gebrauch von den Begriffen macht. So ist in §§ 334 und 404 von Einwendungen die Rede; man ist sich jedoch darüber im Klaren, dass damit auch die Einreden gemeint sind.

Zur Einrede: *H. Roth*, Die Einrede des Bürgerlichen Rechts, 1988; *P. Gröschler*, Zur Wirkungsweise und zur Frage der Geltendmachung von Einrede und Einwendung im materiellen Zivilrecht, AcP 201, 48; *J. Petersen*, Einwendungen und Einreden, Jura 2008, 422; *B. Ulrici/A. Purrmann*, Einwendungen und Einreden, JuS 2011, 104; *Chr. Thomale*, Die Einrede als materielles Gestaltungsrecht, AcP 212, 920; *M. Heckel*, Anspruch und Einrede im „neuen" Leistungsstörungsrecht, JZ 2012, 1094.

6. Das Zusammentreffen von Ansprüchen

a) Anspruchshäufung

227 Dass eine Person gegen eine andere zugleich mehrere Ansprüche haben kann, bildet keine Besonderheit. Hat zB jemand einem anderen ein verzinsliches Darlehen gegeben, so hat er einen Anspruch auf Rückzahlung des Darlehens und weiterhin einen

Anspruch auf Zahlung der vereinbarten Zinsen (§ 488 I 2). Beide Ansprüche beruhen zwar auf demselben Lebensvorgang und haben dieselbe vertragliche Grundlage, bestehen aber unabhängig nebeneinander (**Anspruchshäufung**).

b) Anspruchsnormenkonkurrenz

Es ist aber auch möglich, dass **ein und dasselbe Leistungsbegehren** (zB Zahlung von 500 €) **durch mehrere Anspruchsnormen begründet** ist.

> **Fall 7:** A verschuldet mit seinem Motorrad fahrlässig einen Unfall, bei dem B sich ein Bein bricht. Hat B Anspruch auf Ersatz der durch Krankenhausaufenthalt und ärztliche Behandlung entstehenden Heilungskosten? (Dass der Schaden, wenn A pflichtgemäß versichert ist, von der Versicherung getragen wird, sofern A haftet, bleibe außer Betracht.)

Dem B stehen zugleich mehrere Anspruchsnormen zur Verfügung:

a) § 823 I: A hat den Körper des B widerrechtlich und fahrlässig verletzt und ihm dadurch einen Schaden verursacht.

b) § 823 II in Verb. mit § 229 StGB: A hat eine Körperverletzung nach § 229 StGB begangen; damit hat er ein dem Schutze anderer dienendes Gesetz verletzt; dadurch ist der Verletzte geschädigt worden.

c) § 7 StVG: A ist Halter eines Kraftfahrzeugs, bei dessen Betrieb der Körper eines Menschen verletzt wurde; daraus ist ein Schaden entstanden; der Unfall war auch nicht durch höhere Gewalt verursacht.

Drei Anspruchsnormen also tragen die von B begehrte Rechtsfolge: Anspruch auf Ersatz der Heilungskosten. Andererseits ist aber klar, dass B nicht dreimal Ersatz seiner Heilungskosten verlangen kann, sondern nur einmal. Das *eine Leistungsbegehren* des B kann also gleichzeitig aus *mehreren Anspruchsnormen* begründet werden.

Herkömmlich spricht man in einem solchen Fall von **Anspruchskonkurrenz**; es soll sich um mehrere Ansprüche handeln, die insgesamt nur einmal zu erfüllen sind. Demgegenüber gewinnt die Auffassung an Boden, dass in solchen Fällen trotz der Mehrheit der Anspruchsnormen, die das Leistungsbegehren tragen, nur *ein Anspruch* vorliegt (*ein* Anspruch, aber **Anspruchsnormenkonkurrenz**). Wie immer man sich in dieser Frage entscheidet: Wichtig ist das Wesen der Sache, dass nämlich ein und derselbe Interessenkonflikt gleichzeitig von mehreren nebeneinander anwendbaren Normen mit gleichem Ergebnis gelöst sein kann. Der Anspruch ist gegeben, wenn der Tatbestand auch nur einer dieser Normen erfüllt ist.

Häufig sind die **Rechtsfolgen** der Normen, die sich auf die genannte Weise überlagern, **nur teilweise identisch**.

> In **Fall 7** ergibt sich: Die Anspruchsinhalte (a) des § 823 I und (b) des § 823 II sind untereinander deckungsgleich: Beide Ansprüche berechtigen den B dazu, seinen Vermögensschaden in unbegrenzter Höhe geltend zu machen und außerdem Schmerzensgeld (§ 253 II) zu verlangen. Mit dem Anspruchsinhalt des § 7 StVG (c) stimmt das nur zum Teil überein: Zum Beispiel gewährt § 7 StVG Schadensersatz nur bis zu einem bestimmten Höchstbetrag (§ 12 I StVG). Der verletzte B kann alle diese Anspruchsgrundlagen nebeneinander geltend

228

229

machen; soweit dabei die Anspruchsinhalte deckungsgleich sind, erhält er den Schaden jedoch nur einmal ersetzt.

c) Gesetzeskonkurrenz

230 Bevor man eine Anspruchs(normen)konkurrenz annimmt, ist stets zu prüfen, ob nicht die eine Anspruchsnorm *als die speziellere* die andere als die allgemeinere verdrängt (**Gesetzeskonkurrenz**). Die allgemeinere kommt in diesem Fall nicht zur Anwendung, selbst wenn sich herausstellen sollte, dass der Tatbestand der spezielleren nicht erfüllt ist.

Beispiel: Eine Ehe kommt dadurch zustande, dass Mann und Frau Ehewillenserklärungen vor dem Standesbeamten abgeben (§ 1310 I 1). Nicht selten stellt sich heraus, dass sich ein Ehegatte bei der Heirat über eine wesentliche Eigenschaft des anderen geirrt hat. Er könnte daran denken, seine Ehewillenserklärung nach § 119 II anzufechten und die Ehe damit unwirksam zu machen. Das ist aber nicht möglich: Das Problem der Willensmängel bei der Eheschließung wurde im Familienrecht durch besondere Normen geregelt (§§ 1313 ff), welche die Vorschriften des allgemeinen Teil des BGB als leges speciales verdrängen. Diese Sondernormen sehen eine Auflösung der Ehe wegen Irrtums über wesentliche Eigenschaften des Partners nicht vor.

Literatur: *A. Georgiades*, Anspruchskonkurrenz im Zivilrecht und Zivilprozessrecht, 1967; *P.H. Schlechtriem*, Vertragsordnung und außervertragliche Haftung, 1972; *P. Arens*, Zur Anspruchskonkurrenz bei mehreren Haftungsgründen, AcP 170 (1970), 392; *R. Bruns*, Die Anspruchskonkurrenz im Zivilrecht, JuS 1971, 221; *D. Medicus*, Subsidiarität von Ansprüchen, JuS 1977, 637; *Chr. Thomale*, Der verdrängte Anspruch – Freie Anspruchskonkurrenz, Spezialität und Subsidiarität im Privatrecht, JuS 2013, 296.

7. Zwangsvollstreckung: Der Vollstreckungstitel

231 Wenn der Kläger zu seinen Gunsten ein **Leistungsurteil** erstritten hat, ist die rechtliche Grundlage einer Zwangsvollstreckung gegeben. Das Urteil bildet einen „Vollstreckungstitel", auf Grund dessen die Organe der Zwangsvollstreckung gegen den Beklagten vorgehen können, sofern es rechtskräftig oder für vorläufig vollstreckbar erklärt ist (§ 704 ZPO). Die Notwendigkeit für den Inhaber eines Anspruchs, zuerst ein Urteil zu erstreiten, ehe er zwangsweise gegen den Verpflichteten vorgehen kann, ist ein Gebot des Rechtsstaats. Nicht wer einen Anspruch zu haben glaubt, sondern nur derjenige, dessen Anspruch gerichtlich festgestellt und mit einem gerichtlichen Leistungsbefehl an den Schuldner versehen ist, kann die Organe der Zwangsvollstreckung bemühen.

232 Für den Anspruchsberechtigten ist der Umstand, dass er zuerst ein Urteil gegen den Schuldner erwirken muss, lästig. Oft kommt es zu langwierigen Prozessen. Außerdem riskiert er häufig – mag er sich auch noch so sehr im Recht fühlen – eine Niederlage; denn gerade bei streitigen Sachverhalten hängt das Ergebnis der richterlichen Beweiswürdigung oft am seidenen Faden. Unterliegt der Kläger ganz oder zum Teil, so treffen ihn Verfahrenskosten. All dies macht den Prozess auch für den Kläger unerwünscht. Die ZPO kennt daher Möglichkeiten, auf kürzerem Wege zu einem Vollstreckungstitel zu gelangen.

Für ein Vorgehen gegen Schuldner, die voraussichtlich den Anspruch nicht bestreiten werden, empfiehlt sich das **gerichtliche Mahnverfahren** (§§ 688 ff ZPO). Bei diesem Verfahren erhebt derjenige, der einen Anspruch zu haben glaubt, keine Klage, sondern er beantragt bei Gericht, gegen den angeblichen Schuldner einen **Mahnbescheid** zu erwirken. Das Gericht erlässt, sofern bestimmte Verfahrensvoraussetzungen erfüllt sind, den Mahnbescheid, ohne nachzuprüfen, ob dem Antragsteller der Anspruch auch wirklich zusteht. Es genügt dem Gericht, wenn der Antragsteller den geltend gemachten Anspruch unter bestimmter Angabe der verlangten Leistung bezeichnet (zB Anspruch auf Zahlung von 500 € wegen Darlehensrückzahlung). Der Mahnbescheid wird dem (angeblichen) Schuldner zugestellt. Dieser kann wie folgt reagieren:

– er legt Widerspruch gegen den Mahnbescheid ein; dann geht das Verfahren auf Antrag in das gewöhnliche Erkenntnisverfahren über;

– er legt keinen Widerspruch ein; dann wird nach Ablauf der Widerspruchsfrist auf Antrag ein **Vollstreckungsbescheid** erlassen; damit hat der Gläubiger einen Vollstreckungstitel (§ 794 I Nr 4 ZPO); durch Einspruch hiergegen kann der Schuldner freilich immer noch den Übergang in das Erkenntnisverfahren erreichen.

Durch dieses Verfahren wird der Schuldner vor die Wahl gestellt, entweder freiwillig zu leisten oder einen Prozess zu riskieren oder aber sich der baldigen Zwangsvollstreckung auszusetzen.

Den schnellsten Weg zu einem Vollstreckungstitel bietet die Möglichkeit (§ 794 I **233** Nr 5 ZPO), dass sich der Schuldner in einer **gerichtlichen oder notariellen Urkunde der sofortigen Zwangsvollstreckung unterwirft**. Aus einer solchen Urkunde kann der Gläubiger vollstrecken; das Erkenntnisverfahren entfällt. So bequem die Unterwerfung unter die sofortige Zwangsvollstreckung für den Gläubiger ist, so gefährlich ist sie für den Schuldner. Die Initiative zu einem Prozess ist vom Gläubiger auf den Schuldner übergegangen: Nicht der Gläubiger muss seinen Anspruch gerichtlich erstreiten, sondern beim Schuldner liegt es, sich gegen die Zwangsvollstreckung zu wehren, wenn er sich zu Unrecht belangt glaubt.

8. Das Problem der Haftung

a) Haftungsbegriff und Haftungsbeschränkung

Im Rahmen der Zwangsvollstreckung ergibt sich die Frage, wieweit der Schuldner für **234** seine Pflichten einstehen muss und womit er „haftet".

Der **Begriff der Haftung** wird in zwei unterschiedlichen Sinnvarianten gebraucht:

(1) Haften = zum Schadensersatz **verpflichtet sein** (zB: „A haftet dem B auf Schadensersatz" = „A ist dem B zum Schadensersatz verpflichtet"). Dieser Haftungsbegriff ist im Terminus „Gefährdungshaftung" und „Haftpflicht" enthalten.

(2) Haften = mit der Person oder mit dem Vermögen für die Erfüllung einer Pflicht **einstehen müssen**. Dieser Haftungsbegriff bezeichnet nicht die Verpflichtung, sondern setzt sie voraus und bezieht sich auf den Umfang, in dem die Güter des Ver-

pflichteten der Zwangsvollstreckung wegen der Verpflichtung unterworfen sind. In diesem Sinne spricht man von „Beschränkung der Haftung" („Gesellschaft mit beschränkter Haftung"), „Haftung mit dem gesamten Vermögen".

235 Um den zuletzt genannten Haftungsbegriff geht es in unserem Zusammenhang. Der Schuldner haftet für seine Verbindlichkeiten grundsätzlich **mit seinem gesamten Vermögen**, dh mit allen seinen geldwerten Rechtspositionen. Jeder Vermögensgegenstand steht im Prinzip dem Zugriff der Gläubiger offen. Freilich kann die Vermögenshaftung in einem Sozialstaat nur bis zu einer gewissen Grenze gehen: Dem Schuldner muss ein Minimum an materiellen Lebensmöglichkeiten bleiben. In diesem Zusammenhang erweist es sich, dass die Bereiche des Persönlichen und des Wirtschaftlichen ineinander übergreifen. Ein Schuldner, dem man alles Gut und Einkommen wegnähme, wäre seiner Existenz beraubt. Das Vollstreckungsrecht darf es daher nicht zulassen, dass dem Schuldner die materiellen Mindestvoraussetzungen für ein menschenwürdiges Leben und seine persönliche Entfaltung genommen werden (**Schuldnerschutz**). Daher erklärt zB § 811 ZPO im Rahmen der Zwangsvollstreckung wegen Geldforderungen eine Reihe von Sachen (zum Beispiel gewisse persönliche oder dem Haushalt oder der Berufsausübung dienende Gegenstände) für unpfändbar, sodass sie in der Zwangsvollstreckung nicht in Beschlag genommen und verwertet werden dürfen. Weiterhin darf das Arbeitseinkommen des Schuldners nur bis zu einer bestimmten Grenze gepfändet werden (§§ 850 ff ZPO), sodass dem Schuldner ein Minimum verbleibt. Gewisse Bezüge, wie zB Erziehungsgelder und Studienbeihilfen (§ 850a Nr 6 ZPO) sind generell unpfändbar. Ist der Schuldner zur Räumung einer Wohnung verurteilt, so kann ihm das Gericht eine Räumungsfrist gewähren (§ 721 ZPO), die ihm die Chance verschaffen soll, eine andere Unterkunft zu finden, ehe er „auf der Straße sitzt". Zur generellen Begrenzung der Zwangsvollstreckung siehe § 765a ZPO.

236 Die Haftung mit dem gesamten Vermögen kann der Schuldner – trotz des gewährten Schuldnerschutzes – hart treffen. Hat zB jemand ein Darlehen aufgenommen, um einen Geschäftsbetrieb zu eröffnen, und schlagen die Geschäfte fehl, sodass er das Darlehen nicht zurückerstatten und die Zinsen nicht zahlen kann, so verliert er möglicherweise für lange Zeit seine wirtschaftliche Bewegungsfreiheit. Sobald er nämlich etwas Pfändbares erwirbt, wird der mit einem Vollstreckungstitel versehene Gläubiger es ihm durch die Zwangsvollstreckung wegnehmen, bis die Schuld abgetragen ist.

Daher wird insbesondere bei Geschäftsleuten der Wunsch verspürt, **die Haftung zu beschränken**, dh zu erreichen, dass für ihre Geschäftsschulden nur ein bestimmter Teil des Vermögens (Geschäftsvermögen) haftet. Die Möglichkeit zu einer derartigen Haftungsbeschränkung bietet unsere Rechtsordnung dem Einzelnen gewöhnlich nicht. Wohl aber lässt sie zu, dass mehrere Personen im Zusammenwirken Haftungsbeschränkungen erreichen können, indem sie eine **juristische Person** gründen oder sich bestimmter Formen der **Gesellschaft** bedienen. Da die juristische Person als eigene Rechtspersönlichkeit konstruiert ist, wird sie selbst aus den in ihrem Namen getätigten Geschäften verpflichtet, nicht aber werden es die einzelnen Mitglieder; folglich haftet für die Verbindlichkeiten der juristischen Person nur deren Vermögen, nicht aber das Vermögen der einzelnen Mitglieder (Rn 133).

Beispiel: A, B und C haben eine GmbH errichtet, die eine Zuckerfabrikation betreibt. Die GmbH kauft von X eine Maschine. Aus dem Kauf wird nur die GmbH als juristische Person, nicht aber werden die einzelnen Gesellschafter verpflichtet. Infolgedessen haftet für die Kaufpreisforderung des X nur das Gesellschaftsvermögen (§ 13 II GmbH-Gesetz), und zwar unbeschränkt. Daraus ergibt sich insofern eine beschränkte Haftung der Gesellschafter, als ihr Anteil am Gesellschaftsvermögen mit haftet.

Der Möglichkeit der Haftungsbeschränkung dient ferner die **Kommanditgesellschaft**, bei der ein Teil der Gesellschafter – die Kommanditisten – nur bis zur Höhe ihrer Einlage haftet, § 171 HGB, während der andere Teil – die persönlich haftenden Gesellschafter – für Gesellschaftsverbindlichkeiten voll einstehen muss.

Die Haftungsbeschränkungen mit Hilfe des Gesellschaftsrechts dienen unbestreitbaren Bedürfnissen einer kapitalistischen Wirtschaft, in der jemand ein gewisses Geldkapital „arbeiten lassen" kann, ohne sein gesamtes Vermögen zu riskieren. Gleichwohl sind sie nicht selbstverständlich und von einem gewissen Punkt an auch nicht unbedenklich. Generell ist zu fragen, wieso sich eine Person dem vollen Einstehenmüssen für die Rechtsfolgen ihrer Tätigkeit allein schon dadurch entziehen kann, dass sie sich mit anderen in gewissen Vereinigungsformen zusammentut. Soll nicht mit gleichem Recht auch der Einzelkaufmann die Haftung für Geschäftsschulden auf sein Geschäftsvermögen beschränken können, sodass sein sonstiges Vermögen (zB das geerbte Grundstück) unangetastet bleibt? Um das zu ermöglichen, lässt das heutige Recht bei der GmbH die Gründung einer **„Ein-Mann-Gesellschaft"** zu. Früher waren zur Gründung einer GmbH mehrere Personen nötig; eine Ein-Mann-Gesellschaft konnte aber dadurch entstehen, dass mehrere Personen eine GmbH gründeten und dass dann sämtliche Gesellschaftsanteile durch Übertragung in einer einzigen Person vereinigt wurden. Seit Änderung des GmbH-Gesetzes zum 1.1.1981 kann eine GmbH von vornherein durch *eine* Person errichtet werden (§ 1 GmbHG).

237

b)   Die Konkurrenz von Gläubigern in der Zwangsvollstreckung

In den Zusammenhang des Haftungsproblems gehört die Möglichkeit, in der Zwangsvollstreckung einen Gläubiger gegenüber anderen Gläubigern desselben Schuldners zu bevorzugen. Es geschieht dies zB durch die **Pfandrechte**. Um die Funktion dieser Rechte zu verstehen, muss man sich die Lage vergegenwärtigen, die entsteht, wenn mehrere Gläubiger gegen denselben Schuldner die Zwangsvollstreckung betreiben.

238

Fall 8: Eine Bank (B) hat dem S 10 000 € als Darlehen überlassen. Auch G hat dem S 5000 € „geliehen". Beide Gläubiger haben gegen S geklagt und vollstreckbare Zahlungsurteile gegen ihn erlangt. Beide betreiben die Zwangsvollstreckung in das Vermögen des S. Es stellt sich heraus, dass ein Pkw den einzigen Vermögensgegenstand des S darstellt, in den die Vollstreckung zulässig ist. Für den Pkw werden in der Versteigerung durch den Gerichtsvollzieher 9000 € erzielt.

Es steht in diesem Fall fest, dass die Zwangsvollstreckung für die Gläubiger nur ein Teilerfolg werden kann, weil die Schulden den Wert des Schuldnervermögens übersteigen. Es entsteht dann die Frage, wie der Versteigerungserlös unter die Gläubiger verteilt wird. Man könnte an eine anteilige Befriedigung der Gläubiger denken; dann würde jede Schuld gleichmäßig zu 3/5 erfüllt. B erhielte demnach 6000 €; G erhielte

3000 €. Den Weg der anteiligen Befriedigung der Gläubiger hat das Gesetz jedoch bei der Einzelvollstreckung nicht gewählt. Vielmehr gibt es demjenigen Gläubiger den *Vorrang*, der *zeitlich als erster* den Vermögensgegenstand hat pfänden lassen, sodass zu seinen Gunsten ein Pfandrecht entstanden ist (§ 804 ZPO). Hat also die Bank den Pkw pfänden lassen (§ 808 ZPO) und hat hernach auch G im Wege der Anschluss-pfändung (§ 826 ZPO) die Zwangsvollstreckung in den Pkw betrieben, so erhält die Bank die gesamten 9000 €, G hingegen nichts. Denn das durch frühere Pfändung begründete Pfandrecht geht demjenigen, das durch spätere Pfändung begründet wird, im Range vor (§ 804 III ZPO).

239 Angesichts dieser Lage besteht für den Kreditgeber ein Bedürfnis, sich wegen des Rückzahlungsanspruchs von vornherein abzusichern, dh sich von **vornherein ein Zugriffsobjekt zu sichern**, das er **im Range vor anderen Gläubigern** verwerten kann.

Das Gesetz kommt diesem Bedürfnis durch die Einrichtung des **rechtsgeschäftlich bestellten Pfandrechts** entgegen (zB bei beweglichen Sachen, §§ 1204 ff). Der Schuldner kann dem Gläubiger durch Rechtsgeschäft schon bevor es zu einer Zwangsvollstreckung kommt (zB schon bei der Darlehensgewährung) ein Pfandrecht an bestimmten Gegenständen seines Vermögens einräumen (Verpfändung). Das Pfandrecht hat zum Inhalt, dass der Gläubiger den verpfändeten Gegenstand wegen der Forderung verwerten darf und dass ihm der Gegenstand im Range vor den anderen Gläubigern haftet. Der Gläubiger hat dann zwei Rechte:

– die zu sichernde Forderung (zB Anspruch auf Darlehensrückzahlung);
– das Pfandrecht am verpfändeten Gegenstand, dh das Recht, den Gegenstand wegen der Forderung zu verwerten.

Dabei ist zu beachten, dass dem Gläubiger, dem ein Gegenstand verpfändet ist, nach wie vor das gesamte Vermögen des Schuldners haftet; die Verpfändung weist dem Gläubiger einen Gegenstand zur *bevorzugten Haftung* zu; im Übrigen haftet ihm das Vermögen des Schuldners nach allgemeinen Grundsätzen.

240 Der Gegenstand, der zur Sicherung einer Forderung verpfändet wird, muss nicht unbedingt dem Schuldner gehören. So kann zB der Eigentümer einer Sache, der nicht Schuldner ist, aus Freundschaft zum Schuldner oder aus anderen Gründen seine Sache dem Gläubiger verpfänden. Es entsteht dann ein Dreiecksverhältnis.

Es gibt demzufolge die Möglichkeit, **für fremde Verbindlichkeiten zu haften**. Verpfändet der Eigentümer seine Sache für fremde Schuld, so ist er in keiner Weise verpflichtet; ihn trifft keine Verbindlichkeit. Er haftet aber mit der Sache für die Verbindlichkeit des anderen und muss es hinnehmen, dass der Gläubiger die Sache zu seiner Befriedigung verwertet.

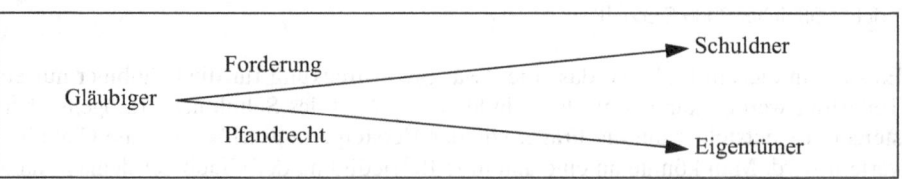

Kapitel 6
Die Schranken der Rechtsausübung

1. Zum Problem

Die subjektiven Rechte sind nicht schrankenlos; sie haben immanente Grenzen. **241**
Art. 14 GG drückt diesen Gedanken für das verfassungsrechtliche Eigentum in zweifacher Weise aus.

(a) Nach **Art. 14 I 2 GG** werden **Inhalt und Schranken des Eigentums durch die Gesetze bestimmt**. In diesem Satz spiegelt sich die Erkenntnis wieder, dass das Eigentum keine vorstaatliche Herrschaftsordnung darstellt. Es ist vielmehr gesellschaftliche Schöpfung, mit deren Hilfe die Freiheit verwirklicht werden soll. Da die Freiheit des Einzelnen nie absolut verwirklicht werden kann, weil sie der Freiheit aller anderen gegenübersteht, muss die Rechtsordnung den Zuweisungsgehalt des Eigentums gestalten. Das Eigentum besteht und berechtigt nach Maßgabe der Rechtsordnung. Dieser ist zu entnehmen, gegen welche Beeinträchtigungen und bis zu welcher Grenze es geschützt sein soll.

Demzufolge ist die Frage nach den *Schranken* des subjektiven Rechts im Verhältnis **242** der Privatpersonen untereinander ganz wesentlich eine Frage seines *Inhalts*. Die im Deliktsrecht entwickelte **Theorie vom Schutzbereich der Norm** (Schadensersatz nur, wenn die schädigende Handlung gerade im Hinblick auf diese Art von Schaden und auf diese Art von Schädigung missbilligt ist) bietet auch für die Deutung der subjektiven Rechte den richtigen Ansatz. Inhalt und Schranken der subjektiven Rechte werden durch die Rechtsordnung nach ihrem konkreten Sinn und Zweck näher bestimmt. Darüber hinaus lassen sich einige allgemeine Gesichtspunkte entwickeln. So endet die Reichweite eines subjektiven Rechts an den subjektiven Rechten anderer. Überschneiden sich die Reichweiten, so hat die Rechtsordnung Kollisionsnormen zu entwickeln, wie zum Beispiel in §§ 906 ff für das Verhältnis der Eigentümer benachbarter Grundstücke. Ferner weichen die subjektiven Rechte vor fundamentalen, vorrangig geschützten Lebensbedürfnissen anderer zurück, wie die Garantie des Existenzminimums im Pfändungsschutz zeigt (Rn 235).

(b) **Art. 14 II GG** spricht den Gedanken aus, dass das **Eigentum verpflichtet** und zugleich dem Gemeinwohl dienen soll (Sozialpflichtigkeit, Sozialbindung des Eigentums). Diese Vorschrift versucht, den möglichen Konflikt zwischen Eigentumsfreiheit und öffentlichen Interessen dadurch zu lösen, dass sie dem Eigentümer eine Pflichtensituation zu Gunsten des Gemeinwohls aufbürdet. Die Pflichtigkeit ist allerdings *durch die Gesetzgebung zu konkretisieren*. Denn freies Eigentum und Gemeinwohl bilden an sich keine Gegensätze. Doch ist die Vorstellung, der Einklang von individuellem Gewinnstreben und sozialem Optimum stelle sich von selbst ein, eine längst begrabene Illusion. Deshalb versuchen die Gesetze, durch direkte Maßnahmen (Genehmigungsvorbehalte, Verbote, Einengung von Befugnissen) wie durch indirekte (Überbürdung von Risiken und Kosten) den Gebrauch der subjektiven Rechte im Einklang mit den gesellschaftspolitischen Zielen zu halten. Die Konkretisierung der **243**

Sozialpflichtigkeit des Eigentums durch die Gesetze wirkt dann auf den Eigentumsbegriff selbst zurück.

244 Aus dem Gesagten ergibt sich: Die Schranken der subjektiven Rechte im Verhältnis unter den Privatpersonen ergeben sich in erster Linie aus ihrem von der Rechtsordnung festgelegten Inhalt. Vorrangig ist die Gesetzgebung aufgerufen, den Inhalt der subjektiven Rechte möglichst genau zu fixieren. Daher kann man gegenüber subjektiven Privatrechten mit dem Gedanken der Sozialpflichtigkeit nicht beliebig argumentieren. Hat man festgestellt, dass jemand von seinem Recht den Gebrauch macht, der dem Rechtsinhalt entspricht und der innerhalb der gesetzlich konkretisierten Sozialbindung bleibt, so handelt er grundsätzlich dem Recht gemäß. Gegen diese Rechtsausübung kann dann nicht einfach mit „überwiegenden Interessen anderer" oder „überwiegenden öffentlichen Interessen" operiert werden.

Beispiel: Jemand ist Eigentümer eines Automobils, das er nur zu Vergnügungsfahrten benutzt. Sein Nachbar aber fährt jeden Tag bei Wind und Wetter 10 km weit mit dem Fahrrad zu seiner Arbeitsstätte, weil er sich kein Auto leisten kann. Man kann ohne Schwierigkeiten zu dem Ergebnis kommen, dass der Nachbar die dringlicheren Nutzungsinteressen am Automobil hat. Gleichwohl weist die Rechtsordnung demjenigen, der das Eigentum rechtmäßig erworben hat, das exklusive Nutzungsrecht zu, welches erst in extremen Sonderfällen wie § 904 durchbrochen wird.

245 Besonders wichtig ist diese Position im Hinblick auf öffentliche Interessen. Hat jemand auf seinem Grundstück ein großes Schwimmbad errichtet, in dem er einmal wöchentlich badet, während in der Gemeinde kein öffentliches Bad zur Verfügung steht, so kann man die Auffassung vertreten, die Benutzungsinteressen der vielen Einwohner der Gemeinde seien höher zu veranschlagen als das Interesse des Eigentümers an exklusiver Nutzung. Gleichwohl bleibt es bei dessen ausschließlicher Berechtigung, die er im Einklang mit dem Zuweisungsgehalt des Eigentums und mit den gesetzlich konkretisierten Gemeinwohlbindungen ausübt.

Literatur: Zur Sozialpflichtigkeit vgl *F. Kübler*, Eigentum und Verantwortung, 1968 und AcP 159, 236; *W. Leisner*, Sozialbindung des Eigentums, 1972; *U. Hösch*, Eigentum und Freiheit, 2000.

2. Das Schikaneverbot, § 226

246 Die Grenzen der subjektiven Rechte behandelt das BGB teils in relativ eng gefassten Vorschriften, teils in Form sehr allgemeiner Prinzipien, die der konkretisierenden Interpretation bedürfen. Zu den engen Tatbeständen gehört § 226: Die Ausübung eines Rechts ist unzulässig, wenn sie *nur den Zweck haben kann*, einem anderen Schaden zuzufügen. Nicht die Schädigung für sich gesehen begründet den Vorwurf des Rechtsmissbrauchs, denn durch Ausübung unserer Rechte behindern wir die anderen fortwährend und in durchaus erlaubter Weise. Vielmehr disqualifiziert § 226 eine Rechtsausübung, die nach allen Umständen *überhaupt keinen anderen Zweck verfolgt als den der Schädigung*. Vorausgesetzt ist, dass außer dem Schädigungszweck kein anderer Zweck der Rechtsausübung ausgemacht werden kann. Dieses Erfordernis kann nur selten nachgewiesen werden.

3. Der Rechtsmissbrauch

a) Das Prinzip von Treu und Glauben

Die in § 226 definierte Schikane ist nur ein krasses Beispiel für den Rechtsmiss-   **247**
brauch, der nach einhelliger Auffassung die allgemeine Schranke der Rechtsausübung bildet. Das **Verbot des Rechtsmissbrauchs** haben Rechtsprechung und Literatur aus dem in §§ 157 und 242 formulierten Grundsatz von Treu und Glauben entwickelt.

Das Prinzip von **Treu und Glauben** bezieht sich auf das Verhältnis von vertraglich
oder in einem sonstigen Rechtsverhältnis miteinander verbundenen Personen. Obwohl § 157 sich dem Wortlaut nach nur auf Verträge bezieht und § 242 nur das Leis-
tungsverhalten des Schuldners betrifft, wird das Prinzip praktisch auf **alle Rechtsverhältnisse** angewandt. Der Satz des schweiz. ZGB (Art. 2 I): „Jedermann hat in Ausübung seiner Rechte und in der Erfüllung seiner Pflichten nach Treu und Glauben zu
handeln" lässt sich auch auf unsere Zivilrechtsordnung übertragen. § 242 bildet neben
den „guten Sitten" (§§ 138, 826) die gebräuchlichste Generalklausel des Zivilrechts.

Der ursprüngliche konkrete Sinn der Formel „Treu und Glauben", dass man ein gege-
benes Wort halten müsse und ein Versprechen nicht enttäuschen dürfe („Vertragstreue"), spielt bei der heutigen Anwendung kaum mehr eine Rolle. Vielmehr meint
der Verweis auf „Treu und Glauben" die Pflicht der an einem Rechtsverhältnis Beteiligten, aufeinander **zumutbare Rücksicht** zu nehmen. Leitfigur ist der „redliche Partner". Der sowohl in § 157 wie in § 242 enthaltene Bezug auf die **Verkehrssitte** bringt
für die Beurteilung des geschuldeten Wohlverhaltens die sozialen Gepflogenheiten
mit ins Spiel. Der Sinn des § 157 kann folglich so umschrieben werden: Bei Zweifeln
über den Vertragsinhalt ist dasjenige als vereinbart anzusehen, was redliche Partner
unter Beachtung der im Geschäftsverkehr erwarteten Rücksichtnahme als Vertragsinhalt gewollt hätten. Entsprechend kann § 242 ausgelegt werden: Ein Schuldner hat
seine Leistung so zu bewirken, wie es der Gläubiger von einem redlichen Partner
nach dem von diesem erweckten Vertrauen unter Berücksichtigung der im Verkehr
üblichen Gepflogenheiten erwarten darf. Doch, wie gesagt: Die Bedeutung des § 242
geht über die spezielle Konstellation eines Schuldverhältnisses weit hinaus. Das Gebot, sich nach „Treu und Glauben" zu verhalten, durchzieht die gesamte Rechtsordnung.

Damit ist der Inhalt der Formel von „Treu und Glauben" freilich noch nicht konkret   **248**
umrissen. Denn für die eigentlich entscheidende und schwierige Abgrenzungsfrage,
in welcher Art, in welchem Ausmaß und bis zu welcher Grenze man aufeinander
Rücksicht zu nehmen hat, ist mit der „Redlichkeit" kein aussagekräftiges Kriterium
gewonnen. Denn nun fragt es sich, was „redlich" sein soll. Da das bürgerliche Recht
den Personen nicht die Pflicht auferlegt, sich nach der christlichen Hochethik selbst
zu verleugnen und nach dem Prinzip der Nächstenliebe miteinander umzugehen,
muss die gebotene Rücksichtnahme grob geschnitzt sein. Es geht um die Zumutungen, die man den Beteiligten an einem Rechtsverhältnis im Hinblick auf einen gerechten Interessenausgleich ansinnen kann. Es geht letztlich um den *genauen Inhalt
des Rechtsverhältnisses* selbst.

249   Da die Rechtsverhältnisse vielgestaltig sind, muss eine allgemeine Definition von Treu und Glauben vage bleiben. In Wirklichkeit bieten die §§ 157, 242 Ermächtigungen an die Rechtsprechung, gesetzliche und rechtsgeschäftliche Rechtsverhältnisse über das eindeutig Geregelte hinaus auszugestalten. Wie dies in **unzähligen Fallgruppen** konkretisiert wird, folgt aus den Fallstrukturen und den fallbezogenen Interessenwertungen. Infolgedessen kann der Inhalt des Begriffs „Treu und Glauben" letztlich nur als ein Katalog von Interessenwertungen wiedergegeben werden, die Rspr und Wissenschaft bei Beurteilung einzelner Fallkonstellationen gefunden haben.

b)   Der Rechtsmissbrauch insbesondere

250   Die **Anwendung des Grundsatzes von Treu und Glauben** kommt hauptsächlich in zwei Situationen in Betracht.

(a) Häufig legt das Gesetz oder ein Rechtsgeschäft nur die hauptsächlichen Rechte und Pflichten der Beteiligten fest, während andere Punkte oder Regelungsdetails unerwähnt bleiben. Dann kann es geboten sein, den Inhalt des Vertrages nach Treu und Glauben **zu ergänzen**. Im Konfliktfall obliegt diese ergänzende Auslegung dem mit dem Fall befassten Gericht.

(b) Eine durch Gesetz bzw Rechtsgeschäft getroffene Regelung kann sich im Konfliktfall als unpassend erweisen, weil sie unter Berücksichtigung der beiderseitigen Interessen ganz oder teilweise ihren Sinn verfehlt. In solchen Fällen kann das angerufene Gericht unter Berufung auf Treu und Glauben eine **Umgestaltung** des Rechtsverhältnisses entgegen dem Wortlaut des Gesetzes oder der rechtsgeschäftlichen Erklärungen vornehmen.

251   Der zuletzt genannte Anwendungsbereich ist für das Problem der Schranken subjektiver Rechte einschlägig. Aus § 242 hat man den Grundsatz entwickelt, dass der **missbräuchlichen Ausübung** eines Rechts **die Einwendung der unzulässigen Rechtsausübung** entgegensteht. Im Anschluss an das römische Recht ist auch von der Einrede der Arglist *(exceptio doli)* die Rede. Die Fälle des Rechtsmissbrauchs setzen voraus, dass die „formale" Rechtstellung weiter reicht, als es zum Schutz der geschützten Interessen angemessen ist. Eine solche Konstellation ist nicht typisch, weil im subjektiven Recht ja gerade eine verbindliche Interessenwertung steckt. Das Defizit menschlicher Erkenntnis- und Gestaltungskraft und die Unübersichtlichkeit der Konfliktlagen lassen aber immer wieder die Situation entstehen, dass jemandem *ein Mehr an Bestimmungsbefugnissen eingeräumt wird, als dem Regelungszweck entspricht.* Der Einwand unzulässiger Rechtsausübung bildet dann das elastische Mittel, die Rechtsausübung von Fall zu Fall in den Grenzen des Regelungszwecks zu halten.

252   So nimmt man zB **Rechtsmissbrauch** an, wenn jemand auf Grund bestehenden Anspruchs eine Leistung fordert, die er aus anderem Rechtsgrund sogleich wieder zurückgeben müsste („arglistig handelt, wer fordert, was er zurückgewähren muss", BGHZ 38, 122, 126). Obwohl der Anspruch besteht, entfällt das Interesse des Gläubigers an der Leistung infolge der Pflicht, sie sofort zurückzugeben. Ähnlich ist die Lage, wenn mit der Geltendmachung eines Rechts nicht diejenigen Interessen verfolgt werden, die es schützen soll, sondern völlig andere Zwecke. „Als unzulässige Rechtsausübung oder Rechtsmissbrauch muss es [...] angesehen werden, wenn eine gesetzli-

che Vorschrift außerhalb ihres ursprünglichen Zusammenhangs in einer zweckfremden Weise und mit zweckfremdem Ziel verwandt wird [...]. Unzulässige Rechtsausübung oder Rechtsmissbrauch ist demnach auch die Ausnutzung formeller Möglichkeiten der Gesetze entgegen ihrem unzweideutigen Rechtsgedanken" (BGHZ 3, 94, 103). So etwa, wenn bei einem Vertrag der eine Teil eine relativ geringfügige Vertragswidrigkeit seines Partners zum Anlass nimmt, sich gemäß den vertraglichen Bestimmungen von dem ohnehin als lästig empfundenen Vertrag zu lösen (BGH NJW 1958, 1284; BGH BB 1957, 92).

Aus § 242 wird auch hergeleitet, dass der Partner **eines Dauerschuldverhältnisses** (zB Mietvertrags), der dem anderen Teil wegen Vertragsverletzung fristlos kündigen will, diesen zunächst erfolglos abgemahnt haben muss: Dem anderen Teil soll eine letzte Gelegenheit eingeräumt werden, sich vertragsgemäß zu verhalten, bevor das scharfe Schwert der außerordentlichen Kündigung gegen ihn zum Einsatz kommt (anders, wenn nach den Umständen die Abmahnung von vornherein aussichtslos erscheint oder wenn durch die Vertragsverletzung das Vertrauensverhältnis unter den Parteien erschüttert ist, BGH NJW-RR 2004, 873, 874).

Literatur zum Prinzip von Treu und Glauben: *E. Betti*, Der Grundsatz von Treu und Glauben in rechtsgeschichtlicher und -vergleichender Betrachtung, Festgabe *R. Müller-Erzbach*, 1954, 7; *H. Eichler*, Die Rechtslehre vom Vertrauen, 1950; *F. Wieacker*, Zur rechtstheoretischen Präzisierung des § 242, 1956; *H.-W. Strätz*, Treu und Glauben, Bd. 1: Beiträge und Materialien zur Entwicklung von „Treu und Glauben" in deutschen Privatrechtsquellen vom 13. bis zur Mitte des 17. Jahrhunderts, 1974; *R. Weber*, Entwicklung und Ausdehnung von § 242 BGB zum „königlichen Paragraphen" JuS 1992, 631.

Zum Rechtsmissbrauch, s. unzulässige Rechtsausübung (Rn 257), zudem *H. Merz*, Vom Schikaneverbot zum Rechtsmissbrauch, Zeitschrift für Rechtsvergleichung 1977, 162; *Armbrüster*, Treuwidrigkeit der Berufung auf Formmängel, NJW 2007, 3317; *J. Petersen*, Die Grenzen zulässiger Rechtsausübung, Jura 2008, 759.

4. Verjährung und Verwirkung

a) Die Verjährung

Für das Problem der Begrenzung subjektiver Rechte spielt auch das **Zeitmoment** eine Rolle, die bei den einzelnen Rechtstypen unterschiedlich ausgestaltet ist. „Ewigen" Rechten wie dem Eigentum an einer Sache, das sich durch die Generationen vererbt, stehen Rechte gegenüber, denen das Gesetz zeitliche Grenzen setzt, beispielsweise dadurch, dass sie nicht vererbt werden können (wie der Nießbrauch, § 1061 S. 1) oder dass eine zeitliche Höchstdauer festgelegt ist (zB Urheberrecht, § 64 UrhG).   **253**

Ansprüche gehen, sofern keine speziellere Regelung besteht, nicht durch Zeitablauf unter. Vielmehr bewältigt das BGB das Zeitproblem für Ansprüche durch die eigenartige Rechtsfigur der **Verjährung**. Nach dem Verstreichen bestimmter Fristen (§§ 195–197) erhält der Verpflichtete ein **Leistungsverweigerungsrecht** (§ 214 I). Leistet er dennoch, so kann er die Leistung selbst dann nicht zurückfordern, wenn er sie in Unkenntnis der Verjährung bewirkt hat (§ 214 II 1/§ 813 I 2). Auch nach Ablauf der Verjährungsfrist besteht also der Anspruch weiter, theoretisch ohne zeitliche   **254**

Begrenzung; er kann noch erfüllt werden, jedoch kann der Schuldner die Leistung verweigern. Für diese Regelung werden zwei Zwecke genannt: Sie soll den Schuldner davor bewahren, aus lange zurückliegenden Vorgängen, deren Aufklärung erschwert ist, belangt zu werden; sie soll ferner einer Belastung der Gerichtsbarkeit mit komplizierten Prozessen vorbeugen. Es schwingt darüber hinaus aber auch der Gedanke mit, dass ein Schuldner, der eine gewisse Zeit vom Gläubiger trotz Fälligkeit der Forderung nicht belangt worden ist, sich darauf einzustellen beginnt, der Gläubiger werde nicht mehr an ihn herantreten. Der Schuldner soll ab einer bestimmten Zeit nicht mehr durch die Geltendmachung des Anspruchs überrascht werden können.

254a

Prüfungsschema Voraussetzungen der Verjährung:
1. Es handelt sich um einen Anspruch, welcher der Verjährung unterliegt (§ 194 I, II).
2. Bestimmung der einschlägigen Verjährungsfrist: a) spezielle Vorschriften: §§ 196, 197 sowie weitere Sondernormen wie § 438   b) soweit nichts anderes bestimmt ist: Verjährungsfrist 3 Jahre, § 195
3. Beginn der Verjährungsfrist, §§ 199–201
4. Atypischer Ablauf der Verjährungsfrist   a) Hemmung, §§ 203–209, 213   b) Ablaufhemmung, §§ 210, 211, 213   c) Neubeginn der Verjährung, §§ 212, 213
5. Ablauf der Verjährungsfrist, beachte §§ 186–193

b) Die Verwirkung

255 Der Gedanke des Vertrauensschutzes bildet auch die Grundlage der Verwirkung. Diese im Gesetz nicht ausdrücklich genannte Rechtsfigur ist von Wissenschaft und Rspr unter Berufung auf § 242 entwickelt worden. Sie bildet einen bedeutsamen Anwendungsbereich des Einwands der unzulässigen Rechtsausübung wegen widersprüchlichen Verhaltens (**venire contra factum proprium**, BGH NJW-RR 2004, 649, 650). Man versteht darunter Fälle, in denen sich jemand bei Ausübung eines Rechts in Widerspruch zu seinem früheren Verhalten setzt und dadurch legitime Verhaltenserwartungen des Betroffenen enttäuscht.

Beispiel für widersprüchliches Verhalten: V hat dem M Geschäftsräume auf 2 Jahre vermietet. Zusätzlich ist vereinbart, dass sich der Mietvertrag automatisch um ein Jahr verlängert, wenn nicht spätestens zwei Monate vor Ende der Mietzeit eine schriftliche Kündigung durch den einen oder den anderen Teil erfolgt. Da M vier Monate vor Ende der Mietzeit die Gelegenheit hat, andere geeignete Räume zu finden, fragt er bei V nach, ob dieser vorhabe, zu kündigen. Der Vermieter verneint. Im Vertrauen darauf lässt der Mieter die anderweitige Gelegenheit ungenutzt. Nun kündigt der Vermieter wider Erwarten gleichwohl das Mietverhältnis fristgemäß zum Ende der vereinbarten Mietzeit, obwohl ihm M keinen Anlass dafür gegeben hat. Man kann hier sagen: Zwar besteht die Befugnis des Vermieters auf Grund des Vertrags, durch eine Kündigungserklärung das Vertragsverhältnis zu beenden. Er hat aber durch sein Verhalten ein Vertrauen des M auf die Fortsetzung des Mietverhältnisses erweckt, das er nicht ohne triftigen Grund enttäuschen darf. Die Kündigung widerspricht seinem vorhergehenden Verhalten und ist treuwidrig.

Bei der **Verwirkung** kommt zum widersprüchlichen Verhalten ein Zeitelement hin-   **256**
zu. Die Verwirkung setzt folglich voraus (zusammenfassend BGHZ 146, 217, 220;
BGH NJW 2003, 824; BGH NJW 2014, 1230 Rn 13).

a) dass der Berechtigte das Recht eine Zeit lang nicht geltend gemacht hat, obwohl er
es hätte können (**Zeitmoment**) und

b) dass der andere Teil sich aufgrund dieses Verhaltens des Berechtigten darauf einstellen *durfte* und auch eingestellt *hat*, das Recht werde nicht mehr geltend gemacht
werden (**Umstandsmoment**), sowie

c) dass sich der Verpflichtete im Vertrauen auf das Verhalten des Berechtigten in seinen Maßnahmen so eingerichtet hat, dass ihm nunmehr durch die Durchsetzung des
Rechts ein **unzumutbarer Nachteil** entstünde (BGH NJW 2014, 1230 Rn 13).

Das Zeitelement betreffend gelten – anders als bei der Verjährung – keine festen Fristen, es kommt auf die Art des Rechts und auf die Umstände an (siehe zB für Unterhaltsansprüche BGH NJW 2007, 1273). Letztlich ist nicht die Frist entscheidend, sondern das beim Betroffenen erweckte Vertrauen, der Berechtigte werde sein Recht
nicht mehr ausüben. Der Zeitablauf allein vermag die Verwirkung nicht zu begründen
(BGH NJW 2014, 1230 Rn 13).

Besondere Bedeutung hat die Verwirkung bei der Ausübung von **Gestaltungsrech-**   **257**
ten. Hat jemand das Recht, wegen einer Vertragsverletzung des Partners den Vertrag
zu kündigen, so kann er sein Kündigungsrecht verwirken, wenn er, nachdem er von
der Vertragsverletzung Kenntnis erhält, eine gewisse Zeit nichts unternimmt und so
bei dem Partner den Eindruck erweckt, er werde von seinem Kündigungsrecht keinen
Gebrauch machen (vgl BGH NJW 2002, 669)

Prüfungsschema Voraussetzung der Verwirkung:

1. Der Berechtigte hat sein Recht eine Zeit lang nicht geltend gemacht, obwohl er dazu in
   der Lage war;

2. der Verpflichtete (oder sonst Betroffene) durfte dem Verhalten des Berechtigten bei objektiver Beurteilung entnehmen, dass er mit einer Rechtsausübung nicht mehr zu rechnen brauche;

3. der Verpflichtete hat sich auf die Nichtausübung des Rechts tatsächlich eingerichtet;

4. durch die verspätete Durchsetzung des Rechts würde dem Verpflichteten (oder sonst
   Betroffenen) ein unzumutbarer Nachteil entstehen;

5. die spätere Geltendmachung des Rechts ist mit Treu und Glauben nicht zu vereinbaren.

Literatur: Zur Verjährung: *H. Oetker,* Die Verjährung. Strukturen eines allgemeinen Rechtsinstituts, 1994; *K. Oppenborn,* Verhandlungen und Verjährung, 2008; *C. Meller-Hannich,* Die Einrede der Verjährung, JZ 2005, 656; *S. Blaschke,* Aktuelle Probleme des Verjährungsrechts, Jura 2009, 481; *L. Kähler,* Vom bleibenden Wert des Eigentums nach der Verjährung des Herausgabeanspruchs, NJW 2015, 1041; *F. Eichel,* Verjährung in Dauerschuldverhältnissen, NJW 2015, 3265.

Zur unzulässigen Rechtsausübung/Verwirkung:

C.-W. Canaris, Die Vertrauenshaftung im deutschen Privatrecht, 1971; *T. Stauder,* Die Verwirkung zivilrechtlicher Rechtspositionen, 1995; *H.J. Wieling,* Venire contra factum proprium und Verschulden gegen sich selbst, AcP 176, 334; *A. Teichmann,* Venire contra factum proprium – Ein Teilaspekt rechtsmissbräuchlichen Handelns, JA 1985, 497; *ders.,* JuS 1990, 269; *R. Weber,* Die Entwicklung des § 242 zum „königlichen Paragraphen", JuS 1992, 631; *J. Petersen,* Die Grenzen zulässiger Rechtsausübung, Jura 2008, 759; *J. Schürnbrand,* Zwingender Verbraucherschutz und das Verbot unzulässiger Rechtsausübung, JZ 2009, 133.

Teil IV
Der allgemeine Schutz der Rechte und Interessen

Kapitel 1
Übersicht

Die Rechtslagen, in der sich die Personen des Zivilrechts befinden, sind individuell **258** verschieden – je nach Art und Maß der erworbenen Rechte und der übernommenen oder auferlegten Pflichten und Risiken. Das Zivilrecht schreibt den Personen rechtliche Positionen hauptsächlich unter drei Gesichtspunkten zu.

(1) Im gesellschaftlichen Zusammenleben begegnen sich die Personen des Zivilrechts als **Inhaber von Rechten und Schutzbereichen**. Die Privatrechtssubjekte sind einander zur gegenseitigen Achtung dieser Positionen verpflichtet. Diese Verpflichtungen bestehen ohne Rücksicht darauf, ob sie zwischen den beteiligten Personen vereinbart wurden oder nicht, man denke an einen Verkehrsunfall oder das Herabfallen eines Dachziegels auf einen zufälligen Passanten. Das Zivilrecht bestimmt, welche Rechte und Interessen im allgemeinen gesellschaftlichen Verkehr **ohne Rücksicht auf Rechtsgeschäfte** gegenüber jedermann geschützt sind und in welcher Weise.

(2) Das Zivilrecht überlässt es den Personen des Privatrechts in weitem Umfange, bei Überschneidungen ihrer Interessenfelder Ausgleich auf Grund vertraglicher Einigung herbeizuführen. Das Recht gewährt den Vereinbarungen Rechtsgeltung und Schutz. Unter diesem Aspekt ergeben sich **Rechtswirkungen aufgrund Rechtsgeschäfts** (Näheres Teil V), ausnahmsweise auch aufgrund einseitiger Erklärungen (z.B. Testament).

(3) Natürliche Personen sind miteinander durch die **familiären Beziehungen** der Ehe, eingetragenen Partnerschaft, Eltern-/Kindschaft oder sonstigen Verwandtschaft verbunden, die als Rechtsverhältnisse besonderer Art ausgestaltet sind (Näheres in den Lehrbüchern des Familien- und Erbrechts).

Die genannten drei Bestimmungsgründe erscheinen in einem Rechtsverhältnis oft vermengt. So kann der Abschluss eines Rechtsgeschäfts auch Wirkungen auslösen, die von den Parteien nicht gewollt sind, die aber vom Gesetz zur gerechten Konfliktlösung beigegeben werden. Die Rechtsbeziehungen der Familie sind in bedeutendem Umfang auch durch Verträge bestimmt, wie die Eheschließung und die Eheverträge über güterrechtliche Angelegenheiten zeigen.

Kapitel 2
Der Anspruch aus unerlaubter Handlung

1. Begriff

259 Ansprüche aus unerlaubter Handlung (= Delikt) bilden die Reaktion auf ein widerrechtliches Verhalten einer Person gegenüber einer anderen. Allen Tatbeständen des Deliktsrechts ist gemeinsam, dass sie eine **widerrechtliche („unerlaubte") Handlung** voraussetzen. Für die Beurteilung einer Handlung als „unerlaubt" ist die Vorstellung maßgebend, dass die Rechtsordnung die erworbenen Rechte und schutzwürdigen Interessen einer Person gegen Beeinträchtigungen durch andere sichern will. Daher ist jedermann verpflichtet, diese Rechte und Interessen aller anderen zu achten, dh im Hinblick auf sie zumutbare Anstrengungen zu unternehmen, um bestimmte „Spielregeln" einzuhalten. Wer dieser Pflicht zuwiderhandelt, handelt widerrechtlich; die Widerrechtlichkeit stellt sich somit als Pflichtwidrigkeit dar. An das deliktische Handeln knüpft das Gesetz die Rechtfolge der **Pflicht zum Schadensersatz**. Was unter Schadensersatz genau zu verstehen ist, werden wir später erörtern (Rn 357 ff). Hier mag zunächst das Grundprinzip genügen, wie es in § 249 I verlautbart ist: Wer zum Schadensersatze verpflichtet ist, hat den Zustand herzustellen, der bestehen würde, wenn der zum Ersatze verpflichtende Umstand nicht eingetreten wäre. Es geht um Wiedergutmachung.

2. Zu den Voraussetzungen der deliktischen Haftung

260 Die entscheidende Frage ist, unter welchen Voraussetzungen der deliktische Schadensersatzanspruch entsteht. Ein erster Blick in das Gesetz lässt auf schwierige Wertungsfragen schließen. Das Gesetz formuliert nämlich nicht einen einzigen Anspruchstatbestand, sondern eine **Vielzahl von Anspruchsnormen**, deren Anwendungsbereiche sich überschneidnen können. Darunter ragen die §§ 823 I, 823 II, 826, 839 BGB durch eine verhältnismäßig abstrakte Fassung der Tatbestände hervor; daneben gibt es eine ganze Reihe speziellerer Anspruchsnormen (zB §§ 824, 825, 831, 832 BGB). Eine deliktische Schadensersatzpflicht entsteht, wenn die Tatbestandsvoraussetzungen *auch nur einer dieser Normen* im konkreten Sachverhalt erfüllt sind. Die Voraussetzungen des deliktischen Schadensersatzanspruchs lassen sich daher nicht allgemein, sondern nur in Bezug auf die jeweilige Anspruchsnorm bestimmen.

261 Gleichwohl gibt es einige **Grundprinzipien**, von denen sich der Gesetzgeber bei der Gestaltung des Deliktsrechts hat leiten lassen.

(1) Schadenseintritt. Voraussetzung eines deliktischen Schadensersatzanspruchs ist stets, dass einer Person (Geschädigter) durch eine andere (Schädiger) ein **Schaden entstanden** ist. Es ist dies eine Selbstverständlichkeit, die man jedoch nicht übersehen darf: Nicht Rache, nicht Strafe zum Zwecke der Sühne oder Abschreckung ist der Zweck der zivilrechtlichen Deliktsansprüche, sondern die Schadloshaltung.

Ob dies auch für den Schmerzensgeldanspruch gilt, ist heute str., siehe Rn 371.

Die Tatsache allein, dass eine Person eine andere geschädigt hat, kann den Ersatzan-   **262**
spruch aber nicht auslösen. Es wäre unangemessen, wenn man eine Handlung schon
deshalb als „unerlaubt" werten würde, weil sie für einen anderen schädigende Auswirkungen hat. Denn dann müssten die im sozialen Kontakt miteinander lebenden
Personen jegliches Handeln unterlassen. Der Kaufmann, der durch niedrige Preise
Kunden anzieht, schädigt die Konkurrenz, aber in durchaus erlaubter Weise. Wer es
durch eine Diebstahlsanzeige ermöglicht, dass der Dieb gefasst und dass ihm seine
Beute abgenommen wird, schädigt den Dieb, dies aber im Einklang mit der Rechtsordnung. In der Konkurrenz um die wirtschaftlichen Güter schädigen wir uns gegenseitig fortwährend, indem wir einander Erwerbsquellen abschneiden oder vereiteln.
Die bloße Schädigung anderer allein bildet noch kein Delikt. Anders ausgedrückt:
Es besteht keine allgemeine Pflicht, sich so zu verhalten, dass die Vermögenslage der
anderen ungeschmälert bleibt oder sich optimal entwickelt. Es ist dies eine Grundan-
nahme jedes auf Handlungsfreiheit und Konkurrenz bauenden Wirtschaftssystems.

(2) Verletzung deliktisch geschützter Rechtspositionen. Zur Schädigung müssen   **263**
aus den genannten Gründen **besondere Wertungen** hinzukommen, welche die Schä-
digungshandlung als unerlaubt erscheinen lassen. Das Deliktsrecht des BGB wertet
eine Handlung als unerlaubt unter zwei Gesichtspunkten:

(a) Unerlaubt ist eine Handlung, welche ein **absolutes Recht und dem gleichgestell-
te Rechtsgüter verletzt** (§ 823 I).

(b) Unerlaubt ist ferner eine Handlung, die **geschützte Interessen**, auch wenn sie
nicht die Zuweisungsdichte eines subjektiven Rechts erreichen, auf eine **besonders
missbilligte Art und Weise** beeinträchtigt.

Bei (b) ist nicht schon die Beeinträchtigung der Interessen für sich gesehen, sondern
ihre *besondere Modalität* für die Bewertung als „unerlaubt" maßgebend. Derartige
Tatbestände enthalten zB die §§ 823 II und 826. Die Vorschrift des § 826 erklärt jede
vorsätzliche, unter Verstoß gegen die guten Sitten vorgenommene Schädigung eines
anderen für unerlaubt; geschützt sind demnach sämtliche Interessen einer Person, die
geschädigt werden können, aber eben *nicht gegen jede* Beeinträchtigung, auch nicht
gegen jede vorsätzliche oder fahrlässige; vielmehr nur gegen die *sittenwidrig-vorsätz-
liche*. Nach § 823 II liegt ein Delikt vor, wenn jemand einen anderen unter Verstoß
gegen ein Gesetz schädigt, das den Schutz des anderen bezweckt. Auch hier ist nicht
die vorsätzliche oder fahrlässige Interessenbeeinträchtigung an sich, sondern die *Begehungsart* (Gesetzeswidrigkeit) Grundlage des deliktischen Unwerturteils.

Die Anwendungsbereiche der Deliktstatbestände können sich überschneiden. Zerschneidet zB
ein Fußballspieler die Reifen am Pkw des Schiedsrichters, weil er sich benachteiligt fühlt, so ist
sowohl der Tatbestand des § 823 I (Eigentumsverletzung) als auch der des § 823 II/§ 303 I
StGB als auch der des § 826 erfüllt. Die drei Anspruchsnormen kommen nebeneinander zum
Zuge, haben aber ein- und dasselbe Leistungsziel: Der Schiedsrichter erhält den Schaden nur
einmal ersetzt (Rn 228).

Die beiden Kriterien, nach denen eine Handlung als unerlaubt gewertet werden kann   **264**
– nämlich (a) die Verletzung bestimmter Rechte und (b) die Interessenbeeinträchtigung auf besonders missbilligte Weise – müssen sorgfältig unterschieden werden.
Gleichwohl treffen sie im Gedanken des Interessenschutzes zusammen. Denn auch

die subjektiven Rechte, deren Verletzung nach § 823 I zum Schadensersatz verpflichtet (a), beziehen sich auf Interessen, für deren Verfolgung und Verwirklichung dem Rechtsinhaber eine Bestimmungsgewalt zugewiesen ist. Die nach (a) geschützten Interessen unterscheiden sich von den nach (b) geschützten allein durch die *Exklusivität der Zuweisung des Interessenfeldes.* In dem nach § 823 I geschützten Recht (a) wird dem Rechtsinhaber die Befugnis, bestimmte Interessen zu verfolgen und zu verwirklichen, mit einem derartigen Grad von Ausschließlichkeit zugewiesen, dass schon die vorsätzliche oder fahrlässige Beeinträchtigung dieser Interessen an sich die Handlung unerlaubt macht (Besonderheiten beim allgemeinen Persönlichkeitsrecht, Rn 332). Andere Interessen (b) sind hingegen *nur gegen bestimmte Modalitäten* der Beeinträchtigung geschützt. So gibt es **kein absolutes Recht am Interesse der Erhaltung und Vermehrung des Vermögens**, sondern lediglich den Schutz gewisser Vermögensrechte (zB Eigentum) nach § 823 I und darüber hinaus den Schutz des Vermögens gegen bestimmte unerlaubte Formen der Beeinträchtigung (zB gegen betrügerische Schädigung, § 823 II BGB/§ 263 StGB; gegen sittenwidrige vorsätzliche Schädigung, § 826).

265 **(3)Verschulden.** Selbst die Elemente (1) der Schädigung (2) durch Beeinträchtigung geschützter Rechte und Interessen genügen allein noch nicht, um den Schadensersatzanspruch zu begründen.

> **Fall 9:** Jemand fährt mit seinem Fahrrad auf der Straße. Ein Kind, das vor einem Hund Angst bekommen hat, läuft plötzlich auf die Fahrbahn direkt vor das Rad. Obwohl der Radfahrer sofort ausweicht, wird das Kind verletzt und muss ärztlich versorgt werden. Ist der Fahrer dem Kind zum Schadensersatz verpflichtet?

Der Fahrer hat einen Schaden verursacht (ärztliche Behandlungskosten); er hat – so können wir jedenfalls mit § 823 I sagen – „den Körper verletzt", mithin das Recht des Kindes auf körperliche Integrität objektiv gesehen beeinträchtigt. Dennoch erheben sich gegen den Schadensersatzanspruch Bedenken. Man wird sagen: Der Fahrer ist doch nicht „schuld" daran, dass ihm das Kind in das Rad lief und dadurch verletzt wurde.

In der Tat wird eine Person nicht schlechthin dafür haftbar gemacht, dass sie durch ihr Verhalten die geschützten Rechte und Interessen anderer beeinträchtigt. Da der Mensch nicht vollkommen ist, werden auch die größten Sorgfaltsanstrengungen Unglücksfälle nicht verhindern. Es wäre dann ungerecht, jemanden allein deshalb haften zu lassen, weil er den Unglücksfall mitverursacht hat. Im sozialen Kontakt kommen die Menschen notwendig mit den geschützten Interessen anderer in Berührung. Es geht darum, das Risiko für die damit verbundene Beeinträchtigung angemessen zu verteilen. Dabei ist davon auszugehen, dass jeder ein gewisses Risiko für seine Güter selbst zu tragen hat, weil ihre Beeinträchtigung dem Leben in menschlicher Gesellschaft immanent ist. Deshalb verlangt das Deliktsrecht, bevor es eine Schadensersatzpflicht entstehen lässt, außer der Schadensverursachung und der Beeinträchtigung von geschützten Rechten und Interessen noch ein subjektives Zurechnungselement: das Verschulden (**Verschuldensprinzip**). Das Verschulden setzt die Fähigkeit der handelnden Person zur Verantwortung (**„Verschuldensfähigkeit"**) voraus, (§§ 827, 828, siehe Rn 280).

(4) Kausalität. Der so umrissene Deliktstatbestand – Schadenszufügung durch uner-   **266**
laubtes, dem Täter als Verschulden zurechenbares Tun – skizziert das Grundgerüst
der unerlaubten Handlung. Dabei ist schon unterstellt, dass die genannten Elemente
ursächlich miteinander verknüpft sind (**Ursächlichkeit, Kausalität**). Die Ursächlichkeit des Handelns für die Rechtsverletzung oder den Schadenseintritt ist oft evident.
In vielen Fällen bedarf es aber genauerer Prüfung, welche Verletzungs- und Schädi-
gungsfolgen dem handelnden Menschen als von ihm verursacht zuzurechnen sind.

Der deliktische Schadensersatzanspruch setzt **Ursächlichkeit in doppelter Hinsicht**
voraus:

– das *Verhalten des Anspruchsgegners* muss ursächlich für die *Rechtsgutverletzung*
  gewesen sein (**haftungsbegründende Kausalität**, zB der von X erzeugte Lärm
  ist ursächlich für gesundheitliche Störungen bei Y);
– die *Rechtsgutverletzung* muss ursächlich für den *geltend gemachten Schaden* gewesen sein (**haftungsausfüllende Kausalität**, zB infolge der gesundheitlichen
  Störungen bei Y ist eine ärztliche Behandlung nötig geworden, es sind folglich
  Kosten angefallen).

Ursächlich im Sinne beider Kausalitätsverknüpfungen ist grundsätzlich jeder Umstand, der nicht hinweggedacht werden kann, ohne dass der Erfolg entfiele (conditio
sine qua non). Diese sog. Äquivalenztheorie bildet auch im Zivilrecht den Ausgangspunkt. Doch sondert man in einem zweiten Schritt (besonders bei der haftungsausfül-
lenden Kausalität) diejenigen Ursachen aus, die nur unter ganz außergewöhnlichen,
nach dem regelmäßigen Verlauf der Dinge außer Betracht zu lassenden Umständen
zur Bedingung des Erfolges wurden (Adäquanztheorie, str.).

(5) Weitere Normelemente. Über die unter (1) – (4) genannten hinaus gibt es weitere   **267**
allgemeine Normelemente, welche die Voraussetzung eines Deliktsanspruchs näher
eingrenzen.

(a) Die Lehre vom **Schutzbereich (Schutzzweck) der Norm** versucht, die deliktische Haftung in sinnvollen Grenzen zu halten. Eine missbilligte schädigende Handlung löst nur dann die Schadensersatzpflicht aus, wenn die verletzte Norm das beeinträchtigte Recht oder Schutzinteresse *gerade vor dieser Art von Verletzung* und *dieser
Art von Schädigung* schützen will. Diese Lehre spielt eine besonders wichtige Rolle
beim Tatbestand des § 823 II, gilt aber für das Deliktsrecht allgemein.

(b) Mit Hilfe der Begriffe „**unmittelbar Geschädigter – mittelbar Geschädigter**"
wird der Kreis der schadensersatzberechtigten Personen näher umschrieben. Bei Verletzung eines absoluten Rechts (§ 823 I) ist grundsätzlich nur der „unmittelbar Geschädigte", dh derjenige, dessen Recht verletzt wurde, zum Schadensersatz berechtigt. Andere Personen, die nicht in ihrem Recht verletzt, aber in ihrem Vermögen geschädigt sind („mittelbar Geschädigte"), können nur in gesetzlich bestimmten Ausnahmefällen aus dem Verletzungsereignis Schadensersatzansprüche für sich ableiten
(zB in den Fällen der §§ 844, 845). Entsprechendes gilt bei § 823 II: „Unmittelbar
Geschädigter" ist hier derjenige, den das verletzte Gesetz schützen will.

(c) Probleme ergeben sich, wenn der Schaden durch unerlaubte Handlungen **mehrerer Personen** verursacht ist (siehe die Regelungen des § 830).

(d) Besonders brisant ist die Frage, unter welchen Voraussetzungen jemand **für das Verhalten eines anderen** deliktisch einstehen muss (§§ 831, 832, dazu unten Rn 906 ff).

(e) Es kann sein, dass ein Schaden zwar auf eine unerlaubte Handlung eines Dritten zurückzuführen ist, dass der Verletzte aber selbst an der Entstehung des Schadens durch sein Verhalten mitgewirkt hat („**Mitverschulden**"). Dann ergibt sich die Frage, inwieweit dieser Umstand die Haftung des Dritten mindert oder ausschließt (siehe die Regelung des § 254).

3. Die Anspruchsvoraussetzungen bei § 823 I

a) Der Deliktsaufbau; die Widerrechtlichkeit insbesondere

268 Gliedert man den Deliktstatbestand des § 823 I in seine Normelemente auf, so kann man zu folgendem Schema gelangen:

A ist dem B zum Schadensersatz verpflichtet, wenn

1. A den B geschädigt hat, indem er
2. ein absolutes Recht des B verletzt hat (Verletzungshandlung – haftungsbegründende Kausalität – Verletzungserfolg),
3. wenn ferner diese Verletzung widerrechtlich geschah
4. und von A verschuldet ist. Das ist der Fall, wenn A
   a) vorsätzlich oder fahrlässig handelte
   b) außer wenn ihm im Zeitpunkt der Handlung ausnahmsweise die nötige Verantwortlichkeit (Verschuldensfähigkeit) fehlte (§§ 827, 828, beachte aber § 829).

Rechtsfolge: Verpflichtung des A zum Ersatz des dem B durch die Verletzung (haftungsausfüllende Kausalität) entstandenen Schadens.

Dieser Aufbau des Deliktstatbestandes, bei dem die Elemente „Rechtsverletzung", „Widerrechtlichkeit" und „Verschulden" säuberlich voneinander getrennt sind, entspricht der herkömmlichen Lehre. Er ist zur Vermeidung unnötiger Komplikationen für die Klausurtechnik durchaus zu empfehlen. Doch entspricht dieser Aufbau nicht der Einsicht in die inneren Zusammenhänge.

269 Angelpunkt des Deutungsstreits ist das Merkmal „**Widerrechtlichkeit**", das sich nach traditioneller Lehre auf den Verletzungserfolg bezieht (**Lehre vom Erfolgsunrecht**). Danach wird nicht die Handlung des Schädigers als unerlaubt gewertet, sondern die von ihm herbeigeführte Beeinträchtigung des deliktisch geschützten Rechts. Gewertet wird also nicht der Steinwurf, sondern der durch ihn herbeigeführte Bruch der Fensterscheibe. Folgerichtig trägt nach der hM der Verletzungserfolg bereits das Unwerturteil in sich: Die *Beeinträchtigung eines absoluten Rechts* ist also *in der Regel auch widerrechtlich*; der Tatbestand indiziert die Rechtswidrigkeit. Die Widerrechtlichkeit entfällt nur ausnahmsweise bei Vorliegen bestimmter Rechtfertigungsgründe (zB Einwilligung des Verletzten, Notwehr, § 227; Notstand, §§ 228, 904; Selbsthilfe, § 229). „Widerrechtlich" ist also nach überkommener Lehre gleichbedeutend mit dem Fehlen von Rechtfertigungsgründen.

116

Dass man diese Deutung mit Grund bezweifeln kann, zeigt **Fall 9** (Rn 265): Der Rad- **270**
fahrer hat die körperliche Unversehrtheit des Kindes verletzt, obwohl er alle denkbaren Anstrengungen unternommen hat, die Verletzung zu vermeiden. Einer der gesetzlichen Rechtfertigungsgründe (Notwehr etc) steht dem Radfahrer nicht zur Seite. Sollen wir also sagen, er habe das Kind rechtswidrig verletzt, obwohl er zur Vermeidung
dieses Erfolges alle zumutbaren Anstrengungen unternommen hat?

Dies bejaht die oben beschriebene Lehre vom Erfolgsunrecht. Ihr steht die **Doktrin
vom Handlungsunrecht** gegenüber. Diese bezieht das Merkmal „widerrechtlich"
nicht isoliert auf den Verletzungserfolg, sondern auf die zum Verletzungserfolg füh-
rende *Handlung*. Das bedeutet: Erst die *Pflichtwidrigkeit des Handelns* begründet das
Unwerturteil. Da aber derjenige nicht pflichtwidrig handelt, der zwar ein absolutes
Recht beeinträchtigt, gleichwohl aber alles getan hat, um diesen Erfolg zu vermeiden,
folgt wiederum: *Eine Rechtsverletzung, die weder vorsätzlich noch fahrlässig geschah, ist auch nicht widerrechtlich.*

Näher betrachtet geschieht die Wertung der Handlung als „widerrechtlich" für das **271**
vorsätzliche und für das unvorsätzliche Verletzungshandeln in **unterschiedlicher
Weise**. Die *vorsätzliche* Beeinträchtigung eines Rechts ist in der Regel pflichtwidrig
(widerrechtlich), weil es im gesellschaftlichen Kontakt generell nicht erlaubt ist, in
die geschützten Interessen eines anderen *gewollt* einzugreifen: Hier bedarf es eines
besonderen Rechtfertigungsgrundes, um die Rechtmäßigkeit der Handlung ausnahmsweise zu begründen. Die *unvorsätzliche* Beeinträchtigung eines Rechts ist hingegen nur dann widerrechtlich, wenn sie fahrlässig im Sinne des § 276 II, dh entgegen einem im sozialen Kontakt auferlegten Sorgfaltsgebot geschieht; hier gibt es
keine Vermutung für die Widerrechtlichkeit; die Rechtfertigungsgründe sind für vorsätzliche Delikte konzipiert.

Folgt man diesem Konzept, so ergibt sich folgender Deliktsaufbau des § 823 I:

A ist dem B zum Schadensersatz verpflichtet, wenn
1. A den B geschädigt hat,
2. indem er ein absolutes Recht des B verletzt hat (= die im absoluten Recht geschützten
    Interessen des B beeinträchtigt hat),
3. und zwar pflichtwidrig = widerrechtlich
    a) entweder vorsätzlich, ohne dass Rechtfertigungsgründe vorliegen
    b) oder fahrlässig,
4. es sei denn, dass A gemäß §§ 827, 828 nicht verantwortlich ist (beachte aber § 829).

Die Erkenntnis, dass derjenige, der weder vorsätzlich noch fahrlässig handelt, auch **272**
keine Widerrechtlichkeit begeht, hat der BGH (Großer Senat, BGHZ 24, 21) für den
Bereich des Straßenverkehrs akzeptiert. Doch konnte sich das Gericht nicht dazu
entschließen, die Lehre vom Handlungsunrecht allgemein aufzunehmen. Der BGH
bleibt also bei der Theorie vom Erfolgsunrecht und konstruiert speziell für den Straßenverkehr einen besonderen **Rechtfertigungsgrund des verkehrsrichtigen Verhaltens**. Diese Rechtsprechung ist nicht folgerichtig: Warum soll im Straßenverkehr
das Handeln der Menschen nach anderen Kriterien beurteilt werden als auf den übrigen Feldern menschlichen Zusammenlebens?

Literatur: Die Deutung der unerlaubten Handlung ist streitig, siehe: *E. v. Caemmerer*, Wandlungen des Deliktsrechts, DJT – Festschrift II, 49; *R. Wiethölter*, Der Rechtfertigungsgrund des verkehrsrichtigen Verhaltens, 1960; *E. Deutsch*, Fahrlässigkeit und erforderliche Sorgfalt, 2. Aufl. 1995; *W. Münzberg*, Verhalten und Erfolg als Grundlagen der Rechtswidrigkeit und Haftung, 1966; *M. Gruber*, Freiheitsschutz als Zweck des Deliktsrechts, 1998; *N. Jansen*, Die Struktur des Haftungsrechts, 2003; *A. Zeuner*, Gedanken über Bedeutung und Stellung des Verschuldens im Zivilrecht, JZ 1966, 1; *H. Stoll*, Unrechtstypen bei Verletzung absoluter Rechte, AcP 162, 203; *C. Becker*, Schutz von Forderungen durch das Deliktsrecht?, AcP 196, 439; *E. Picker*, Vertragliche und deliktische Schadenshaftung, JZ 1987, 1041; *M. Rohe*, Gründe und Grenzen deliktischer Haftung – die Ordnungsaufgaben des Deliktsrechts, AcP 201, 117; *C.-W. Canaris*, Grundstrukturen des deutschen Deliktsrechts, VersR 2005, 577; *A. Röthel*, Unerlaubte Handlungen, Jura 2013, 95; *J. Mohr*, Rechtswidrigkeit und Verschulden im Deliktsrecht, Jura 2013, 567.

Allgemein zum Deliktsrecht: *E. Deutsch/H.-J. Ahrens*, Deliktsrecht. Unerlaubte Handlungen, Schadensersatz, Schmerzensgeld, 6. Aufl. 2014; *H. Ehmann*, Deliktsrecht mit Gefährdungshaftung, 2014; *M. Fuchs/W. Pauker*, Delikts- und Schadensersatzrecht, 8. Aufl. 2012; *H. Kötz/G. Wagner*, Deliktsrecht, 11. Aufl. 2010. Zum europäischen Recht: *Chr. v. Bar*, Gemeineuropäisches Deliktsrecht, Bd. 1, 1996; Bd. 2, 1999.

b)   Das Verschulden: Vorsatz und Fahrlässigkeit

273   Wie das Strafrecht kennt das bürgerliche Deliktsrecht zwei Verschuldensformen: Vorsatz und Fahrlässigkeit.

Vorsätzlich handelt, wer den Verletzungserfolg durch sein Handeln im Bewusstsein der Rechtswidrigkeit herbeiführen will. Es genügt, wenn der Handelnde den Verletzungserfolg als *möglich* voraussieht und ihn für den Fall seines Eintritts *billigend in Kauf nimmt* (bedingter Vorsatz).

Fahrlässigkeit liegt vor, wenn der Verletzungserfolg nicht auf Vorsatz, aber darauf beruht, dass der Handelnde in Bezug auf das verletzte Recht die im Verkehr erforderliche Sorgfalt außer Acht gelassen hat, § 276 II.

Welche Verschuldensform in Betracht kommt, ist der jeweiligen Anspruchsnorm zu entnehmen; § 826 zB verlangt Vorsatz, während bei § 823 I sowohl Vorsatz als auch Fahrlässigkeit das Verschuldenselement ausfüllen. Gewöhnlich sind unter dem Begriff **„Verschulden"** beide Verschuldensformen begriffen.

274   Bei der **Fahrlässigkeit** gibt es **unterschiedliche Grade.** Der **allgemeine Fahrlässigkeitsbegriff**, wie er in § 823 I und § 276 I gebraucht ist, umfasst jede vorwerfbare Sorgfaltswidrigkeit, angefangen von leichtsinnigem Handeln bis hin zu geringfügigen Sorgfaltsverstößen. Dem steht die **grobe Fahrlässigkeit** als Bezeichnung für schwere Sorglosigkeit gegenüber. Durch gesetzliche Vorschrift oder durch Vertrag kann vorgesehen sein, dass jemand in einem bestimmten Rechtsverhältnis oder Lebenssachverhalt nur für grobe Fahrlässigkeit haftet. Diese Vergünstigung trifft zB den Verleiher im Rechtsverhältnis zum Entleiher; er hat nur Vorsatz und grobe Fahrlässigkeit „zu vertreten" (§ 599), weil er dem Entleiher eine unentgeltliche Leistung gewährt.

Durch Gesetz oder Rechtsgeschäft kann ein milderer Haftungsmaßstab auch in der Form angeordnet sein, dass eine Person nur für **diejenige Sorgfalt** einzustehen hat,

die sie in eigenen Angelegenheiten anzuwenden pflegt (diligentia quam in suis). Diese Privilegierung ist zB demjenigen zugestanden, der für einen anderen eine Sache unentgeltlich verwahrt (§ 690). Grobe Fahrlässigkeit ist aber auch bei diesem Haftungsmaßstab stets zu vertreten (§ 277).

Die Parteien eines Rechtsverhältnisses können über den Verschuldensmaßstab, der **275** zwischen ihnen Anwendung finden soll, wirksame **Vereinbarungen** treffen. So können Vertragsparteien verabreden, dass sie einander bei Abwicklung des Vertragsverhältnisses nur für Vorsatz oder grobe Fahrlässigkeit verantwortlich sein wollen; diese Abrede erstreckt sich in der Regel auch auf deliktische Handlungen, die zwischen diesen Parteien im Rahmen der Abwicklung des Vertragsverhältnisses vorkommen. Doch ist die Möglichkeit, den Verschuldensmaßstab durch vertragliche Abrede zu mildern, begrenzt: Die Haftung *wegen Vorsatzes* kann nicht im Voraus erlassen werden (§ 276 III; dies gilt nicht nur für den im Gesetzestext genannten „Schuldner", sondern allgemein). Ferner setzt § 309 Nr 7 der Vereinbarung von Haftungserleichterungen, die auf Grund Allgemeiner Geschäftsbedingungen zu Gunsten des Verwenders gelten sollen, Grenzen.

c) Die Fahrlässigkeit insbesondere

Während der Begriff des Vorsatzes leicht zu erfassen ist, bereitet die genaue Bestim- **276** mung der Fahrlässigkeit Schwierigkeiten. Was genau muss man einer Person vorwerfen können, um ihr Handeln als „fahrlässig" einzuordnen?

> **Fall 10:** Professor S kommt aus der Vorlesung. Er denkt über das Problem des Handlungsunrechts nach, das er den Studenten nicht hat klarmachen können. Geistesabwesend stößt er an einen auf dem Gehsteig befindlichen Obststand und reißt die Obstkörbe zu Boden. Der Händler H kann das Obst nicht mehr absetzen und erleidet einen Schaden. Er verlangt von S Schadensersatz.

S hat das Eigentum des H verletzt und ihm dadurch eine Schaden zugefügt. Fraglich ist, ob S ein Verschulden trifft. In Betracht kommt fahrlässiges Handeln. Die Frage, ob S fahrlässig gehandelt hat, kann man auf verschiedene Weise stellen. Man könnte zB fragen, ob S bei Anspannung aller ihm zur Verfügung stehenden Kräfte sich anders verhalten und die Beeinträchtigung hätte vermeiden können. Bei diesem Fahrlässigkeitsbegriff (fahrlässig handelt, wer den Erfolg bei Anspannung aller ihm zur Verfügung stehenden Kräfte hätte vermeiden können) hätte S Chancen, um die Schadensersatzpflicht herumzukommen. Denn er befand sich in einem psychischen Zustand, den er nicht freiwillig gewählt hatte. Niemand, auch nicht ein Psychologe, kann uns verlässlich sagen, ob S zur Verhinderung des Erfolgs noch psychische Kräfte hätte anspannen können. Es gibt Leute, die leicht erregbar sind. Niemand kann sagen, ob sie gerade diese oder jene Erregung durch Selbstkontrolle hätten verhindern können. Es gibt Menschen, die häufig dahinträumen. Niemand kann sagen, ob sie in einer bestimmten Situation einen solchen Zustand durch Anstrengung hätten vermeiden können. Fahrlässigkeit, begriffen als Vorwurf, dass *gerade dieser* Handelnde bei Anspannung der *gerade ihm* zur Verfügung stehenden Kräfte *gerade in diesem Fall* hätte anders handeln und so die Rechtsbeeinträchtigung hätte vermeiden können (**subjektive Fahrlässigkeit**), bildet daher keine für das Zivilrecht brauchbare Kategorie.

277 Für das Zivilrecht setzt § 276 II einen ganz anderen Fahrlässigkeitsbegriff: Fahrlässig handelt, **wer die im Verkehr erforderliche Sorgfalt außer Acht lässt**. Es wird also *nicht* gefragt, wie gerade der Handelnde nach seinen Fähigkeiten hätte handeln *können, sondern* wie er hätte handeln *sollen* (**objektive Fahrlässigkeit**). Fahrlässig handelt, wer die „Spielregeln", die im sozialen Kontakt zur Vermeidung unangemessener Beeinträchtigungen fremder Interessen erforderlich sind, nicht einhält. Für die Abweichung von den Regeln haftet er zivilrechtlich, gleichgültig ob *gerade er* nach seinen geistig-seelischen Fähigkeiten und in seiner Stimmungslage hätte anders handeln können.

Es geht – das ist die Konsequenz – nicht um einen höchstpersönlichen Vorwurf, sondern um Risikoverteilung.

Zu **Fall 10**: Vom Standpunkt des geschädigten Obsthändlers sieht die Interessenlage wie folgt aus: S hat ihn geschädigt, diese Schädigung geschah unter Beeinträchtigung seines Eigentums. Diese Beeinträchtigung geschah unter Verletzung der Verhaltensregeln im sozialen Kontakt, nämlich der Verpflichtung, auch bei der Fortbewegung als Fußgänger im öffentlichen Raum den Rechtsgütern anderer zumutbare Aufmerksamkeit zuzuwenden. Das muss genügen, um das Schadensrisiko vom Eigentümer auf den Schädiger übergehen zu lassen. Für die Schadensersatzpflicht auch noch zu verlangen, dass gerade das Individuum S nach seiner psychischen Veranlagung und in seiner besonderen Stimmungslage die Spielregeln hätte einhalten können, geht zu weit. S hat also fahrlässig gehandelt und ist dem H zum Schadensersatz verpflichtet, mag ihn sein Nachdenken über juristische Probleme noch so sehr in Bann gehalten haben.

278 Die **Verhaltensregeln im sozialen Kontakt** nach dem Kriterium der „im Verkehr erforderlichen Sorgfalt" festzulegen, ist Aufgabe von Gesetzgebung und Rechtsanwendung. Für den Straßenverkehr (StVO), ferner für gewisse technische Bereiche hat der Gesetzgeber den Versuch einer Detaillierung der Verhaltensvorschriften gemacht. Überwiegend bleibt diese Aufgabe jedoch der Rechtsanwendung überlassen. Bei Festlegung der Sorgfaltspflichten ist auf ein ausgewogenes Mittelmaß zu achten. Überspannt man die Sorgfaltsanforderungen, so beengt man die Handlungsfreiheit der Menschen und behindert die Dynamik des gesellschaftlichen Verkehrs. Setzt man die im Verkehr erforderliche Sorgfalt zu niedrig an, so entwertet man die geschützten Rechtspositionen und setzt die rechtmäßig erworbenen Güter der Unsicherheit aus. Das Spannungsverhältnis zwischen Handlungsfreiheit, rechtsstaatlichem Schutz und sozialstaatlicher Bindung kennzeichnet die Wertungsprobleme des Deliktsrechts.

279 Die Aufgabe, die Sorgfaltspflichten zu typisieren, stellt die Gesetzesanwendung vor schwierige Probleme. Eine Fülle von Leitsätzen zeugt von den Komplikationen in einer technisierten, von ständiger Unfallgefahr bedrohten Welt. Der Pflichtenkatalog erscheint häufig unter der Rubrik **„Verkehrspflichten"**. Soweit es um die Pflichten geht, einen räumlichen Bereich oder eine Anlage gefahrlos zu halten, spricht man von **„Verkehrssicherungspflichten"**. Zu diesen Begriffen werden Verhaltenskataloge erstellt, die präzisieren sollen, was in diesem oder jenem Lebensbereich „die im Verkehr erforderliche Sorgfalt" konkret von einer Person verlangt.

Die Sorgfaltspflichten werden nach **sozialtypischen Situationen variiert**. Bei der Beteiligung am Straßenverkehr ist ein anderes Sorgfaltsverhalten zuzumuten, als wenn man sich in der eigenen Wohnung bewegt; gegenüber Kindern sind größere Anstrengungen im Sorgfaltsverhalten am Platze als gegenüber Erwachsenen; beim Einsatz einer gefährlichen Maschine wird ein besonderes Maß an Aufmerksamkeit verlangt. Wichtig ist, dass auch die Situation des Schädigers, soweit sie nach Lebenserfahrungen typisiert werden kann, auf das Maß der Sorgfaltsanforderungen Einfluss hat. Dem Arzt kann im Bereich seines Berufsfelds anderes zugemutet werden als einem Nichtmediziner; von einem alten Menschen kann nicht immer das Gleiche verlangt werden wie von einem jungen, etc.

d) Die Verschuldensfähigkeit (Verantwortlichkeit)

Vorsatz und Fahrlässigkeit können einer Person nur dann vorgeworfen werden, wenn   **280**
sie sich zur Zeit des Handelns in einem psychisch-geistigen Zustand befunden hat, in dem ihr ein verantwortliches Handeln möglich war. Grundsätzlich schreibt das Recht dem Menschen die Fähigkeit zu verantwortlichem Handeln (Verschuldensfähigkeit) ohne weiteres zu. Folglich muss die Verschuldensfähigkeit eines Schädigers im Einzelfall nicht besonders behauptet und bewiesen werden. Vielmehr wird die **mangelnde Verschuldensfähigkeit** als **Einwendung** relevant: Es kann sein, dass der Schädiger zur Zeit seines Tuns *ausnahmsweise* nicht in der Lage war, verantwortlich zu handeln.

Die **Gründe der Verschuldensunfähigkeit** sind in §§ 827, 828 formuliert (auch für   **281**
das Verschulden außerhalb des Deliktrechts, siehe § 276 I 2). Im Überblick ergibt sich:

(1) Nicht verantwortlich ist, wer das siebte Lebensjahr noch nicht vollendet hat (§ 828 I).

(2) Nicht verantwortlich ist weiterhin, wer das siebte, aber nicht das zehnte Lebensjahr vollendet hat, für den Schaden, den er bei einem Unfall mit einem Kraftfahrzeug, einer Schienenbahn oder einer Schwebebahn einem anderen zufügt. Dies gilt nicht, wenn er die Verletzung vorsätzlich herbeigeführt hat (§ 828 II). Nach der Rspr gilt § 828 II nur für Schadensereignisse, bei denen sich eine typische Überforderung des Kindes durch die spezifischen Gefahren des motorisierten Verkehrs realisiert hat (BGHZ 161, 180 – verneint bei Beschädigung eines parkenden Pkw im Gefolge eines Wettrennens von Kindern mit Kickboards auf der Straße; BGH NJW-RR 2005, 327 – verneint bei Beschädigung eines *parkenden* Pkw durch fahrradfahrendes Kind; anders nun BGHZ 181, 368 Rn 7 ff).

(3) Im Übrigen ist eine Person, die das 18. Lebensjahr noch nicht vollendet hat, für den Schaden, den sie einer anderen Person zufügt, nicht verantwortlich, wenn sie bei Begehung der schädigenden Handlung nicht die zur Erkenntnis der Verantwortlichkeit erforderliche Einsicht hat (§ 828 III).

Die Vorschrift des § 828 ist durch das Zweite Gesetz zur Änderung schadensersatzrechtlicher Vorschriften vom 19. Juli 2002 (BGBl. I 2674) neu gefasst. Die seitdem gültige Fassung des § 828 II soll der Erkenntnis Rechnung tragen, dass Kinder auf Grund ihrer physischen und psychischen Fähigkeiten regelmäßig frühestens ab Vollendung des 10. Lebensjahres im Stande sind, die besonderen Gefahren des motorisierten Straßenverkehrs zu erkennen und sich den Gefahren entsprechend zu verhalten (BR-Drucks. 742/01, S. 61f.). Die Regelung hindert unter den gegebenen Voraussetzungen auch die Anrechnung des Mitverschuldens eines unter 10 Jahre alten Kindes (§ 254).

Bei der Regelung des § 828 III kommt es auf die individuelle Feststellung der Erkenntnisfähigkeit des Schädigers an. Dabei stellt das Gesetz einseitig auf die Entwicklung des Intellekts des Jugendlichen ab und vernachlässigt das Problem der Fähigkeit, den Willen gemäß den gewonnenen Einsichten zu steuern.

(4) Nicht verantwortlich ist ferner, wer im Zustand der Bewusstlosigkeit oder in einem die freie Willensbestimmung ausschließenden Zustand krankhafter Störung der Geistestätigkeit gehandelt hat (§ 827 S. 1). Hat er sich durch Alkohol oder ähnliche Mittel in einen vorübergehenden Zustand dieser Art versetzt, so ist er für einen Schaden, den er in diesem Zustand widerrechtlich verursacht, in gleicher Weise verantwortlich, wie wenn ihm Fahrlässigkeit zur Last fiele, außer wenn er ohne Verschulden in den Zustand geraten ist.

e) Haftung trotz fehlender Verschuldensfähigkeit, § 829

282 Liegt ein Fall mangelnder Verschuldensfähigkeit gemäß §§ 827, 828 vor, so sind in der Regel deliktische Schadensersatzansprüche gegen die betreffende Person nicht gegeben. Da es im Bürgerlichen Recht indes nicht um Schuld und Sühne geht, sondern um die Verteilung von Risiken, gilt dies nicht ausnahmslos. Gemäß § 829 hat auch ein für sein Tun nicht Verantwortlicher **gleichwohl den von ihm verursachten Schaden zu ersetzen**, soweit die Billigkeit nach den Umständen des Falles eine Schadloshaltung des Opfers erfordert. Diese Billigkeitshaftung tritt freilich nur dann ein, wenn der Ersatz des Schadens nicht von einem aufsichtspflichtigen Dritten (etwa nach § 832) erlangt werden kann. Bei der Billigkeitswertung soll berücksichtigt werden, dass dem Schädiger nicht die Mittel entzogen werden sollen, deren er zu seinem eigenen Unterhalt und zur Erfüllung seiner gesetzlichen Unterhaltspflichten bedarf.

Beispiel: Der unzurechnungsfähige Schädiger ist reich, während der Geschädigte in seinen Lebenschancen empfindlich getroffen wurde.

Kapitel 3
Die durch § 823 I geschützten Vermögensrechte

1. Zur Unterscheidung von Persönlichkeits- und Vermögensrechten

283 Die Frage nach den Kriterien, mit deren Hilfe eine schädigende Handlung als „erlaubt" oder als „unerlaubt" beurteilt wird, soll für den Anwendungsbereich des § 823 I als der Grundnorm des Deliktsrechts näher erläutert werden. Nach dieser Vorschrift handelt unerlaubt, wer ein bestimmtes Recht (Rechtsgut) eines anderen verletzt. Die entscheidende Frage geht also dahin, *welche Rechte* den Schutz des § 823 I genießen. Der Normtatbestand lässt diese Frage offen, indem er einige Persönlichkeitsgüter und das Eigentum aufzählt, um sodann mit der Formel **„oder ein sonstiges Recht"** der Gesetzesanwendung Spielraum zu gewähren.

Wie schon in anderem Zusammenhang ausgeführt (Rn 187 ff), ist § 823 I nicht bei der Verletzung eines jeden Rechts einschlägig, sondern nur bei der **Verletzung eines absoluten Rechts**, dh eines Rechts, das dem Inhaber eine von jedem anderen zu beachtende Rechtsposition gewährt. Relative Rechte, die nur im Rechtsverhältnis bestimmter Personen zueinander bestehen, werden vom § 823 I nicht erfasst.

Die absoluten Rechte lassen sich in **Persönlichkeitsrechte** und **Vermögensrechte**   **284** (wirtschaftliche Rechte) aufteilen. Eine solche Differenzierung hat einen gewissen Erkenntniswert, kann aber auch zu Missverständnissen Anlass geben. Die persönliche Entfaltung und die wirtschaftliche Betätigung des Menschen bilden nämlich nicht getrennte Lebensbereiche, sondern fallen weitgehend zusammen. Ohne wirtschaftliche Mittel kann der Mensch nicht existieren; je geringer die ihm zur Verfügung stehenden wirtschaftlichen Güter, desto geringer die Lebenschancen und desto substanzloser die Persönlichkeitsrechte. Die Person entfaltet sich in einem beträchtlichen Ausmaß gerade durch ihr Vermögen, am deutlichsten durch das Eigentum an Konsumgütern. Das Vermögen, ursprünglich ein personaler Begriff (was *vermag* eine Person? Nicht: was *hat* sie?), ist Grundlage der Freiheit. Andererseits sind auch die höchstpersönlichen Lebensäußerungen selten ohne wirtschaftlichen Einschlag, wie am deutlichsten die Arbeit beweist. Werte, die in der Personalität des Menschen wurzeln, können in gewissem Grade Objekte des Tauschverkehrs werden (Arbeitskraft gegen Lohn; Nutzung des Urheberrechts an einem literarischen Werk gegen Honorar; Lizenz zur Verwertung des eigenen Bildes in der Werbung gegen Entgelt).

Das BGB sieht den **Zusammenhang zwischen Person und Vermögen** mit aller   **285** Deutlichkeit. Indem das Gesetz zum Beispiel bei *Verletzung von Persönlichkeitsgütern* den Ersatz des daraus entstandenen *Vermögensschadens* anordnet, schützt es die Persönlichkeitsrechte und das Vermögen gleichzeitig.

Wird zB jemand durch einen anderen vorsätzlich am Körper verletzt und bedarf der ärztlichen Behandlung, so hat er einen Anspruch gegen den Schädiger auf Ersatz der Behandlungskosten aus § 823 I. Dieser Anspruch ist erstens um der körperlichen Unversehrtheit willen gegeben: Der Verletzte soll vom Schädiger wirtschaftlich in die Lage versetzt werden, für Heilung zu sorgen. Der Anspruch ist zweitens auch um der Vermögensinteressen des Geschädigten willen gegeben; er besteht nämlich auch dann noch, wenn der Geschädigte längst gesund geworden ist und den Arzt bezahlt hat, sodass nur mehr das Interesse am Ersatz der Vermögenseinbuße übrig geblieben ist. Damit hängt es auch zusammen, dass der Schadensersatzanspruch alle Nachteile umfasst, die durch die Körperverletzung für Erwerb und Fortkommen entstanden sind (§ 842). Die körperliche Unversehrtheit wird also auch um der in ihr liegenden Erwerbschancen willen geschützt.

Das gleiche gilt in unterschiedlichem Grade für alle Persönlichkeitsrechte. Bei einigen von ihnen ist der Einschlag der Vermögensinteressen so stark, dass die wirtschaftliche Seite sich verselbstständigen oder zur Hauptsache werden kann. So wurzelt das *Urheberrecht* in der Persönlichkeit dessen, der eine geistige Schöpfung hervorbringt; das Interesse an der wirtschaftlichen Verwertung des Werkes ist jedoch von herausgehobener Bedeutung, sodass man innerhalb des Gesamtbegriffs „Urheberrecht" das Urheberpersönlichkeitsrecht und die wirtschaftlichen Verwertungsrechte unterscheidet.

286   Die Differenzierung zwischen Persönlichkeits- und Vermögensrechten hängt mit dem **Gleichheitssatz** zusammen. Dieser gebietet *nicht*, dass den Menschen ein gleiches Maß an *wirtschaftlichen* Gütern zustehe. Das Zivilrecht teilt auch niemandem kraft seiner Geburt wirtschaftliche Güter zu. In dem Augenblick, da der Mensch geboren wird, findet er die Tatsache vor, dass die wirtschaftlichen Güter bereits aufgeteilt sind; der einzige Ausgleich, den er zivilrechtlich dafür erhält, sind die Unterhaltsansprüche gegen die Verwandten (§§ 1601 ff), voran gegen seine Eltern. Um darüber hinaus zu wirtschaftlichen Gütern in rechtlich gesicherter Weise zu gelangen, muss er sie nach den Rechtsregeln erwerben. Die **Persönlichkeitsrechte** hingegen stehen **jedem Menschen infolge seines Daseins als Person** in gleicher Weise zu. Sie sind zum Teil schon mit der Geburt voll ausgebildet, wie das Recht auf Leben und körperliche Unversehrtheit; teils sind sie bei Geburt erst potenziell vorhanden und verwirklichen sich im Verlaufe der Persönlichkeitsentwicklung: Mit der Fähigkeit zur selbstbestimmten Fortbewegung entsteht das Recht auf Freiheit (im zivilrechtlichen Sinne, Rn 327); mit der Erteilung eines Namens das Namensrecht, mit der Hervorbringung geistiger Schöpfungen das Urheberrecht, usw.

2.   Übersicht über die absoluten Vermögensrechte

287   Die Frage, welche Vermögensrechte es gibt und welche davon gemäß § 823 I Deliktsschutz genießen, berührt die Grundstrukturen des Zivilrechts. Es geht darum, welche Wirtschaftsgüter nach unserer Rechtsordnung den Privatpersonen in so ausschließlicher Weise zugewiesen werden, dass eine Verpflichtung aller anderen entsteht, diese Zuweisung zu achten, dh alle zumutbaren Anstrengungen zu unternehmen, um sie nicht zu beeinträchtigen. Wie gezeigt, erkennt die Rechtsordnung **kein absolutes Recht auf Nichtbeeinträchtigung der Vermögensinteressen** an. Vielmehr bildet die gegenseitige Schädigung der Personen einen dem gesellschaftlichen Leben immanenten Vorgang. Es gibt auch kein absolutes Recht auf „Unversehrtheit des Vermögens", was immer man unter Vermögen versteht.

Die Vokabel **„Vermögen"** hat viele Bedeutungen. Hauptsächlich:

(1) Inbegriff der einer Person zustehenden wirtschaftlichen Güter oder der Geldwert dieser Güter („A hat ein großes Vermögen")

(2) Inbegriff der realisierten und realisierbaren Vermögensinteressen einer Person (so im Begriff Vermögensschaden)

(3) Inbegriff der auf wirtschaftliche Güter bezogenen Rechte (Aktivvermögen)

(4) Inbegriff der auf wirtschaftliche Güter bezogenen Rechte (Aktivvermögen) und Verbindlichkeiten (Passivvermögen)

Auch im Sinne der Definition (3) gibt es kein umfassendes nach § 823 I geschütztes Recht auf Integrität des Vermögens.

288   Infolgedessen muss festgestellt werden, welche Vermögensrechte den genannten absoluten Charakter haben, sodass sie eine für jeden anderen beachtliche Position verleihen. Die „Absolutheit" eines Rechts ist letztlich Ergebnis einer Wertung. Der Satz:

„Der Anspruch (die Forderung) bildet kein absolutes, sondern ein relatives Recht", kann nicht mit dem „Wesen des Anspruchs" begründet werden. Denn obwohl der Anspruch eine Rechtsbeziehung zwischen bestimmten Personen (Gläubiger – Schuldner) beschreibt, so könnte er doch gleichzeitig dem Anspruchsberechtigten eine Rechtsposition gegenüber allen anderen verleihen. Die hM lehnt es ab, den Anspruch allgemein als absolutes Recht zu begreifen; Grund dafür ist die Erwägung, dass das Handeln einer Person mit zu hohen Risiken belastet würde, wenn sie verpflichtet wäre, auf sämtliche Anspruchspositionen, die andere gegenüber anderen haben, zu achten.

> **Fall 11:** S befindet sich mit 2000 € auf dem Weg zu G, um eine Kaufpreisforderung in bar zu begleichen. Von einem nicht hinreichend abgesicherten Baugerüst des Bauunternehmers B fällt ihm ein Brett auf den Kopf. S wird schwer verletzt. Er verwendet die 2000 € nunmehr dazu, Arzt- und Krankenhauskosten zu bezahlen, da er von B erst später Schadensersatz erhält.
>
> G verklagt S auf Zahlung des Kaufpreises und erhält nach einem Jahr ein Zahlungsurteil. Die Zwangsvollstreckung ist jedoch fruchtlos, weil S inzwischen durch weitere Ereignisse in Vermögensverfall geraten ist.
>
> G verlangt daraufhin von B Schadensersatz. Wir wollen annehmen, dass B an der fehlerhaften Errichtung des Gerüsts ein Verschulden trifft.

289

Wäre die Forderung des G ein absolutes Recht, so stünde ihm der Anspruch auf Schadensersatz zu. B hat durch sein Tun die Erfüllung des Anspruchs des G gegen S vereitelt und somit die mit dem Anspruchsrecht zugewiesenen Interessen des G beeinträchtigt. Dies geschah ohne rechtfertigenden Grund und fahrlässig. Die Fahrlässigkeit entfällt nicht deshalb, weil B nicht hat wissen können, dass S gerade auf dem Weg zu G war, um zu bezahlen, und dass S zu einem späteren Zeitpunkt nicht mehr würde zahlen können. Denn wer einen anderen körperlich verletzt, muss damit rechnen, dass er den anderen durch die Verletzung von einem Tun abhält, aus dem wiederum Dritte rechtlich begründete Vorteile haben könnten.

Gleichwohl sprechen gegen einen Schadensersatzanspruch des G in unserem Fall gewichtige Gründe. Würde man ihn zusprechen, so drohten die Schadensersatzpflichten uferlos zu werden und würde die Handlungsfreiheit unangemessen eingeschränkt. Ob der Schuldner den Gläubiger befriedigt oder nicht, ist Angelegenheit dieser beiden Personen. Es ginge zu weit, Außenstehenden das Risiko dafür aufzubürden, dass sie möglicherweise das Zahlungsverhalten des Schuldners negativ beeinflusst haben (Ausnahme bei Vorsatz: § 826!). Dieses Ergebnis wird dadurch erreicht, dass man den Anspruch nicht als absolutes Recht anerkennt, sondern nur im Verhältnis der Beteiligten wirken lässt (RGZ 57, 353; BGHZ 192, 204 Rn 27).

Literatur: Das Problem war schon im 19. Jh. umstritten („Außenwirkung der Obligation") und wird noch immer stark diskutiert, siehe *F. Fabricius*, Zur Dogmatik des „sonstigen Rechts" gemäß § 823 Abs. I BGB, AcP 160 (1961), 301; *G. Otte*, Schadensersatz nach § 823 I BGB wegen Verletzung der „Forderungszuständigkeit"?, JZ 1969, 253; *H. Koziol*, Die Beeinträchtigung fremder Forderungsrechte, 1967; *M. Löwisch*, Der Deliktsschutz relativer Rechte, 1970; *R. Krasser*, Der Schutz vertraglicher Rechte gegen Eingriffe Dritter, 1971; *J. Rödig*, Erfüllung des Tatbestandes des § 823 Abs. 1 BGB durch Schutzgesetzverstoß, 1973; *W. Mincke*, Forderungsrechte als sonstige Rechte iSd § 823 Abs. 1, JZ 1984, 862; *Chr. Paulus*, Deliktsschutz für den Vormerkungsberechtigten, JZ 1993, 555; *Chr. Becker*, Schutz von Forderungen durch das Deliktsrecht?, AcP 196, 439: *E. Picker*, Der deliktische Schutz der Forderung als Beispiel für das Zusammenspiel von Rechtszuweisung und Rechtsschutz, FS für Canaris zum 70. Geburtstag, 2007, 1001.

290 Als **absolute Vermögensrechte** sind anerkannt:

(1) das **Eigentum** (§ 823 I);

(2) alle sonstigen **Rechte an Sachen** (Sachenrechte; dingliche Rechte, Rn 311 ff);

(3) in gewissem Umfang auch der **Besitz** an Sachen (Rn 322 ff);

(4) alle **Rechte auf wirtschaftliche Verwertung von kreativen Leistungen**, nämlich:

(a) die im *Urheberrecht* enthaltenen Verwertungsrechte (siehe §§ 15 ff UrhG; Spezialregelung § 97 UrhG);

(b) das Recht auf die Verwertung von *Designs* (DesignG vom 24.2.2014), früher Geschmacksmuster genannt. Die Designs sind, gleichsam als geistige Schöpfungen minderer Art, unter bestimmten Voraussetzungen dem Berechtigten zur ausschließlichen Verwertung zugewiesen;

(c) das Recht auf wirtschaftliche Verwertung von *Erfindungen*. Der Erfinderschutz ist im Patentgesetz und im Gebrauchsmustergesetz näher geregelt, dort finden sich auch spezielle Anspruchsgrundlagen (zB § 139 PatG, § 24 GbMG);

(5) das **Namensrecht**, insofern es auch eine wirtschaftliche Seite hat, insbesondere das Recht an der Firma, dh an dem Namen, unter dem ein Kaufmann seine Geschäfte betreibt und die Unterschrift abgibt (§ 17 I HGB). Zum Namensrecht als Persönlichkeitsrecht siehe Rn 328, Rn 338.

(6) das Recht auf ausschließlichen Gebrauch einer **Marke oder geschäftlichen Bezeichnung** gemäß dem Markengesetz vom 25.10.1994.

(7) Zudem hat die Rechtsprechung ein absolutes Recht des Unternehmers am Unternehmen (**Recht am eingerichteten und ausgeübten Gewerbebetrieb**) konstruiert, in dem vermögensrechtliche und persönlichkeitsrechtliche Elemente vermischt sind (Rn 352 ff).

3. Das Eigentum: Begriff

291 Unter den Vermögensrechten, deren verschuldet-widerrechtliche Verletzung den Schadensersatzanspruch auslösen soll, nennt § 823 I ausdrücklich das Eigentum. Der Begriff des Eigentums ist nach deutschem Zivilrecht klar eingegrenzt: Das Eigentum ist das Vollrecht an einer Sache (einem körperlichen Gegenstand, § 90), dh das **Recht, mit der Sache nach Belieben zu verfahren und andere von jeder Einwirkung auszuschließen, soweit nicht das Gesetz oder Rechte Dritter entgegenstehen** (§ 903 S. 1).

Selbstverständlich ist diese Definition freilich nicht. „Eigentum" ist in der deutschen Sprache der Urbegriff für die rechtmäßige Innehabung von Gütern und als solcher nicht fest eingegrenzt. Nach dem allgemeinen Sprachgebrauch ist das Eigentum nicht notwendig auf körperliche Gegenstände bezogen. Auch in der politischen Terminologie steht das Eigentum gewöhnlich für alle Formen der rechtmäßigen Innehabung von Rechten und Gütern. Rein sprachlich gesehen könnten wir ohne weiteres auch vom „Eigentum an Forderungen" sprechen, wie dies noch im preußischen ALR der Fall war.

Die Beschränkung des zivilrechtlichen Eigentumsbegriffs auf das „Vollrecht an Sachen" beruht auf der römischrechtlichen Tradition, in der das BGB steht. Diese Eingrenzung ließ sich indes auf die Verfassungsgarantie des Eigentums (Art. 14 GG) nicht übertragen. Denn die Verbürgung des Eigentums im GG soll nicht nur dem Eigentümer eines Grundstücks oder eines Gemäldes zugutekommen, sondern auch den Inhabern von Forderungen wie überhaupt jeder zivilrechtlich geschützten Position. Daher finden wir heute **zwei Rechtsbegriffe des Eigentums** vor: **292**

(a) das Eigentum **im Sinne von Art. 14 GG** als Inbegriff (zumindest) aller subjektiven Zivilrechte

(b) und das Eigentum **im Sinne des BGB** als die umfassende Berechtigung an einer Sache.

In § 823 I ist der zivilrechtliche Eigentumsbegriff gemeint. Dieser darf nicht missverstanden werden. Der Satz, das Eigentum verleihe dem Inhaber das Recht, mit der Sache nach Belieben zu verfahren (§ 903 S.1), drückt nur die **formale Struktur des Eigentums** aus, die mit seiner sozialen Bindung nicht im Widerspruch steht. Dabei gilt es zu bedenken: Rechte an Sachen können unterschiedlichen Zwecken dienen und verleihen daher unterschiedliche, zweckbegrenzte Befugnisse. So gibt das Pfandrecht dem Gläubiger der gesicherten Forderung das Recht, die Sache zu verwerten; das Nießbrauchsrecht gibt dem Inhaber das Recht, die Sache zu nutzen etc. Allgemein ausgedrückt: die *Rechte an Sachen* können *final begrenzt* sein. *Demgegenüber* gibt es ein „Vollrecht", das *alle rechtlich zulässigen Befugnisse über eine Sache in sich vereinigt.* Dieses Recht ist final nicht begrenzt, der Inhaber kann die Sache ebenso nutzen wie veräußern, er kann sie auch wegwerfen, er kann alles mit ihr machen, was immer die Rechtsordnung einer Privatperson zugesteht. Dieses umfassende Recht an einer Sache nennt das BGB Eigentum. Der in § 903 S. 1 gebrauchte Ausdruck „nach Belieben" drückt nur aus, dass die Befugnisse des Eigentümers im Gegensatz zu den Befugnissen des Pfandgläubigers, Nießbrauchers etc nicht zweckbegrenzt sind. Das Eigentum ist folglich definiert als das **final nicht begrenzte Vollrecht an einer Sache**. **293**

Das bedeutet keineswegs, dass das zivilrechtliche Eigentum keinen sozialen Bindungen unterläge. Diese festzulegen, ist Aufgabe der Gesetzgebung und im einzelnen Fall auch der Rechtsprechung. Deshalb erkennt § 903 Befugnisse des Eigentümers nur an, **soweit nicht das Gesetz oder Rechte Dritter entgegenstehen.** Welche Gesetze aber die Rechte des Eigentümers beschneiden und welche Rechte Dritter anzuerkennen sind, ist der Gesamtheit der Rechtsordnung zu entnehmen.

4.   Das Eigentumsobjekt: die Sache

a)   Allgemeines

294   Es ist näher zu klären, was man unter einer Sache, auf die sich Eigentum und andere dingliche Rechte beziehen, zu verstehen hat. Die Sache ist in § 90 als **körperlicher Gegenstand** definiert. Sie bildet einen abgrenzbaren Teil der Materie; kennzeichnend ist die räumliche Ausdehnung.

Damit scheint klar, woran das Eigentum bestehen kann: an einem Kleid, einem Fahrrad, einem Grundstück etc. Gleichwohl macht die Frage, was eine Sache ist, gewisse Schwierigkeiten. Warum nennen wir ein Fahrrad „eine Sache", während es in Wirklichkeit aus vielen, ohne Mühe abmontierbaren Teilen besteht? Ist nicht die einzelne Schraube „eine Sache"? Ist ein Sack Kartoffeln eine Sache oder die Summe von vielen Sachen? Stellt die Bibliothek eines Schriftstellers eine Sache dar oder jedes einzelne Buch?

Das Problem besteht also darin, die Sache nach zwei Seiten hin abzugrenzen, nämlich erstens gegenüber bloßen **Bestandteilen**, und zweitens gegenüber **Konglomeraten von mehreren Sachen** (Sachinbegriffe, Sachgesamtheiten). Wofür ist das wichtig? Das Eigentum verleiht seinem Träger Befugnisse gegenüber allen anderen Personen bezüglich eines physisch beherrschbaren Gegenstands. Das Eigentum äußert sich demnach in einer Beherrschung eines Teils der physischen Welt unter prinzipiellem Ausschluss aller anderen. Ein so weitgehendes Bestimmungsrecht muss ein klar abgegrenztes Bezugsobjekt haben, um Verwirrungen vorzubeugen.

Wie dieses Bezugsobjekt „Sache" definiert wird, ist kein physikalisches Problem und kein Problem der Logik, sondern der Zweckmäßigkeit. Das Abgrenzungsproblem stellt sich bei Grundstücken (= abgegrenzten Teilen der Erdoberfläche) anders dar als bei beweglichen Sachen (= Sachen, die nicht Grundstücke oder Grundstücksbestandteile sind).

b)   Bewegliche Sachen

295   Als *eine* bewegliche Sache wird ein Teil der Materie begriffen, wenn zwei Voraussetzungen vorliegen. Erstens muss ein **körperlicher Zusammenhang** vorliegen, der zweitens von der allgemeinen Anschauung (Verkehrsauffassung) als **Sinneinheit** begriffen wird.

Bewegliche Sachen sind daher körperlich zusammenhängende Naturgebilde, die als Ganzes vom Menschen als Sinneinheit erfasst werden, wie zB ein Tier (dazu unten); ferner feste mechanische Verbindungen von an sich zerlegbaren Teilen, wie das Fahrrad oder eine beliebige, aus Teilen fest zusammengefügte Maschine. Die Frage, wie fest die körperliche Verbindung sein muss, ist nicht generell zu beantworten. Es genügt unter dem Gesichtspunkt der zweckmäßigen Abgrenzung oft auch die körperliche Berührung; so ist der gesamte Schrank eine Sache, auch wenn die Schubladen leicht herausgenommen werden können; desgleichen das Kartenspiel; der Sack Kartoffeln; nicht mehr aber die Bibliothek, da die Voraussetzungen – körperlicher Zusammenhang und Sinneinheit – sehr viel deutlicher für das einzelne Buch als für eine Mehrheit von Büchern zutreffen.

Die Eigenschaft eines körperlichen Gebildes als *eine* Sache dauert nur, solange die 296
körperliche Verbindung nicht auf Dauer aufgehoben ist; wird ein Schwein geschlachtet und zerlegt, entstehen mehrere Sachen. Das gleiche gilt, wenn jemand einem Pkw den Motor oder andere Einzelteile entnimmt, um sie gesondert zu veräußern.

Hinsichtlich der **Tiere** ist zu beachten: Durch Gesetz vom 20.8.1990 (BGBl. I S. 1762) ist § 90a BGB eingefügt worden, dessen Satz 1 lapidar erklärt: „Tiere sind keine Sachen". Doch sind auf sie die für Sachen geltenden Vorschriften entsprechend anzuwenden (S. 3). Im Bereich des Zivilrechts gibt es aber kaum Sondervorschriften für Tiere: Diese sind also grundsätzlich Teil der Eigentums- und Besitzordnung wie bewegliche Sachen und können auch Gegenstand schuldrechtlicher Verpflichtungen sein. Der Gedanke des Tierschutzes ist vor allem in die Wertungsfragen einzubringen (zB bei Bewertung der Sittenwidrigkeit eines Vertrages nach § 138 I; siehe auch die Sondervorschrift zum Schadensersatz § 251 II 2).

Immer wieder bringt die Zivilisation neue Objekte hervor, die in die Begriffswelt des BGB eingeordnet werden müssen. So ist die Frage entstanden, ob die **Computersoftware** als solche (dh unabhängig davon, auf welchem Datenträger sie gespeichert ist) als Sache im Sinne von § 90 BGB angesehen werden kann, dazu *M.M. König,* NJW 1993, 3121; *C.F. Müller-Hengstenberg,* NJW 1994, 3129; *J. Fritsche,* JuS 1995, 497; *P. Bydlinski,* AcP 198 (1998), 287; *A. Junker,* NJW 2004, 3162, 316; *H. Redeker,* Software – ein besonderes Gut, NJW 2008, 2684. Zur Anwendbarkeit des Kaufrechts BGHZ 143, 307, 309; MDR 2007, 257.

Zur Frage des Eigentumsobjekts sind in diesem Zusammenhang aus dem BGB zwei 297
Aussagen zu gewinnen:

(1) Eigentum und andere Sachenrechte können sich **nicht auf wesentliche Sachbestandteile** beziehen (§ 93), folglich nur auf Sachen und unwesentliche Sachbestandteile;

(2) Eigentum und andere Sachenrechte beziehen sich immer nur auf die einzelne Sache (bzw den einzelnen unwesentlichen Sachbestandteil), **nicht auf ein Konglomerat** von mehreren Sachen als solches.

Zu 1): Wesentliche und unwesentliche Bestandteile: Eine Sache besteht aus belie- 298
big benennbaren Teilen, die körperlich zusammenhängen. Eine Kuh besteht aus Kopf, Hals etc, ein Fahrrad aus Gestell, Rädern etc. Die Frage ist, ob diese Bestandteile selbst, solange der körperliche Zusammenhang besteht, Bezugsobjekt des Eigentums sein können, oder ob nicht allein die Sache als Ganzes Gegenstand der Zuordnung ist, die natürlich alle Bestandteile einschließt. Anders ausgedrückt: Kann es sein, dass A Eigentümer des Kopfes, B Eigentümer des Rumpfes der lebenden Kuh ist?; dass dem A der Motor, dem B die übrigen Teile eines fahrbereiten Pkw gehören?

Das BGB bejaht und verneint diese Frage nicht generell, sondern trifft eine Unterscheidung: *Unwesentliche Bestandteile* einer Sache können, auch solange die körperliche Verbindung besteht, „Gegenstand besonderer Rechte", dh von Sachenrechten sein; *wesentliche Bestandteile* hingegen nicht.

Entscheidend kommt es daher auf den **Begriff des wesentlichen Bestandteils** an. 299
Nach § 93 sind wesentlich solche Bestandteile, die nicht voneinander getrennt werden können, ohne dass der eine oder der andere zerstört oder in seinem Wesen verändert wird. Es ist also zu fragen, ob bei einer Trennung *auch nur einer der Teile* (nicht ge-

fragt ist nach dem Ganzen!) eine Zerstörung oder Wesensveränderung erleiden würde.

Daraus ergibt sich, dass die Bestandteile eines lebenden Tieres wesentliche Bestandteile sind, da die Abtrennung von Körperteilen deren Sinnbestimmung völlig verändert. Hingegen sind die Bestandteile eines geschlachteten, der menschlichen Nahrung dienenden Tiers „unwesentliche", weil ihre Sinnbestimmung auch bei einer Abtrennung nicht mehr verändert wird.

300   Schwierig und umstritten ist die Frage bei **Maschinen**. Ist der Motor wesentlicher Bestandteil des Pkw?

> **Fall 12:** V stellt Motoren her. Er verkauft dem Automobilfabrikanten K 1000 Motoren zum Einbau in einen bestimmten Lastwagentyp. Dabei stundet V dem K den Kaufpreis, behält sich dafür aber das Eigentum an den Motoren bis zur vollständigen Kaufpreiszahlung vor. K baut die Motoren in die im Übrigen von ihm selbst hergestellten, in seinem Eigentum befindlichen Fahrzeuge ein.

Wenn der Motor nach dem Einbau wesentlicher Bestandteil des Fahrzeugs ist, kann es kein gesondertes Eigentum des V am Motor mehr geben (vgl § 947). Sieht man das Fahrzeug gegenüber dem Motor als die Hauptsache an, so wird K mit dem Einbau Alleineigentümer des Ganzen (§ 947 II). Das würde bedeuten, dass dem V der Eigentumsvorbehalt gar nichts nützt.

Die Rechtsprechung versucht indes, den Interessen der Zulieferer von Maschinenteilen Rechnung zu tragen: Sie anerkennt unschwer montierbare Maschinenteile wie Motoren (BGHZ 18, 226; 61, 80, 81) oder Messgeräte (BGHZ 20, 154) als unwesentliche Bestandteile der Maschine, wenn sie serienmäßig hergestellt sind und wenn die Maschinenteile auch nach der Trennung wirtschaftlich in der bisherigen Art genutzt werden können. Selbst nicht serienmäßig, also individuell produzierte Maschinenteile könnten trotz Verbindung mit einer technischen Anlage Gegenstand gesonderten Eigentums sein, wenn sie durch ein anderes Teil ersetzt werden können (BGHZ 191, 285 Rn 18 – anders wenn sie für die Anlage besonders angepasst sind und nur in dieser verwendet werden können).

Im **Fall 12** bleibt V demzufolge auch nach dem Einbau Eigentümer der Motoren bis zur vollständigen Kaufpreiszahlung. Es handelt sich um Serienmotoren, die aus dem einen Kraftfahrzeug aus- und in ein anderes eingebaut werden können; zugleich kann ein serienmäßig produziertes Fahrzeug des betreffenden Typs unschwer mit einem anderen Motor der gleichen Bauart versehen werden.

301   Was ist der **Sinn des § 93**? Wenn Bestandteile einer Sache im Eigentum verschiedener Personen stehen, werden die Eigentümer irgendwann ihren Teil vom Ganzen abtrennen wollen. Das ist unschädlich, wenn sämtliche Teile nach der Trennung ihre Funktion behalten; unter diesen Voraussetzungen lässt das Gesetz daher dingliche Rechte an Bestandteilen zu. Führt hingegen die Trennung zur Zerstörung oder Wesensänderung auch nur eines Bestandteils, so veranlasst die Anerkennung des Bestandteilseigentums möglicherweise die Vernichtung von wirtschaftlichen Werten und benachteiligt denjenigen, dessen Teil durch die Trennung verändert würde.

Am Begriff des „wesentlichen Bestandteils" lässt sich zeigen, dass die Rechtstermini keine naturwissenschaftlichen oder philosophischen Erkenntnisse ausdrücken wollen, sondern **Zweckbegriffe** sind, die nur innerhalb bestimmter Regelungszusammenhänge ihre Bedeutung erhalten. Der Satz: „Der Motor ist kein wesentlicher Bestandteil des Kraftfahrzeugs", wird freilich bei juristischen Laien Gelächter auslösen – nicht weil er im Regelungszusammenhang falsch wäre, sondern weil der Regelungszusammenhang abweichend vom allgemeinen Sprachgebrauch benannt ist.

Zu 2): Sachmehrheiten: Mehrere Sachen können in einem wirtschaftlichen Zweck-   **302** zusammenhang stehen. Eine Bibliothek, bestehend aus Büchern, Regalen etc, dient insgesamt einem gemeinschaftlichen Zweck; desgleichen die Möbel einer Wohnung, die im Schuppen versammelten Gartengeräte etc. Der Gewerbebetrieb (das Unternehmen) bildet eine zweckhafte Zusammenfassung unzähliger Gegenstände.

Das Gesetz bezieht die Sachenrechte immer nur auf *einzelne* Sachen. Aus welchem Grund? Warum gibt es streng genommen kein „Eigentum an der Bibliothek", sondern nur ein Eigentum an den einzelnen Büchern? Der Grund liegt im Bedürfnis nach möglichster Klarheit der Eigentumsverhältnisse. Die „Bibliothek" eines Schriftstellers kann zB bestehen aus eigenen, geliehenen, unter Eigentumsvorbehalt gelieferten und gestohlenen Büchern. Bezieht man den Eigentumsbegriff auf „die Bibliothek", so wird es schwierig, damit genau auszudrücken, welche Bücher dem Schriftsteller gehören und welche nicht. Bezieht man das Eigentum hingegen jeweils auf das einzelne Buch, so kann man die Zuordnungen klar bezeichnen. Die zur Bibliothek gehörigen Bücher sind zudem gewöhnlich nicht auf einmal, sondern einzeln und nacheinander erworben; dann kommt es ohnehin darauf an, den Eigentumserwerb für jedes einzelne Exemplar gesondert zu prüfen (siehe auch das Spezialitätsprinzip bei Verfügungen, Rn 458 ff).

Gleichwohl ist auch in juristischen Texten oft davon die Rede, dass jemand Eigentümer „der Bibliothek", „des Warenlagers" etc sei. Es handelt sich dann um eine untechnische, der Einfachheit halber gewählte Ausdrucksweise. Sagt man „A ist der Eigentümer des Möbellagers", so meint man damit, dass A Eigentümer aller in einem bestimmten Raumkomplex gelagerten Möbelstücke sei. Dass nicht das Möbellager, sondern die Einzelstücke Gegenstand des Eigentumsrechts sind, ist leicht daran zu erkennen, dass die einzelnen Stücke durchaus verschiedene Eigentümer haben können. Sagt man: „A übereignet dem B das Warenlager", so meint man, dass A und B zur gleichen Zeit und mit ein und denselben Worten so viele Übereignungsakte vornehmen, wie das Lager Einzelstücke hat.

c) Grundstücke

Grundstücke sind abgegrenzte Teile der Erdoberfläche. Die Abgrenzung erfolgt   **303** durch amtliche Vermessung und Registratur. Das gesamte Land ist in Katasterparzellen aufgeteilt. Aus einer oder mehreren Parzellen werden Grundstücke gebildet. Darüber, ob eine Parzelle ein Grundstück ausmacht oder ob die Zusammenfassung mehrerer Parzellen ein Grundstück bildet, gibt das Grundbuch (die gerichtliche Registratur der Grundstücke und der Rechtsverhältnisse an ihnen) Auskunft.

Grundstück ist demnach **ein genau bezeichneter Teil der Erdoberfläche, der im Grundbuch als Grundstück geführt wird.** Dieser rechtstechnische Grundstücksbegriff deckt sich keineswegs mit den Vorstellungen des Alltags; es kommt daher nicht darauf an, ob die als Grundstück zusammengefasste Fläche äußerlich als Einheit erscheint oder ein und demselben Zweck dient.

304 Bei einem derart technischen Grundstücksbegriff taucht das Problem der Abgrenzung des Einzelgrundstücks von einem Konglomerat gar nicht auf. Hingegen spielt die Frage nach den **wesentlichen Bestandteilen des Grundstücks** eine wichtige Rolle.

> **Fall 13:** Ein Orgelbauer liefert an die Kirchengemeinde St. Paul eine Orgel. Da die Kirchengemeinde in Raten zahlen will, behält sich der Orgelbauer bei Vertragsschluss das Eigentum an der Orgel bis zur vollständigen Kaufpreiszahlung vor. Die Orgel wird sodann auf der Empore an der Kirchenwand befestigt. Angenommen, die Kirchengemeinde ist Eigentümerin des Grundstücks, auf dem die Kirche steht: Wer ist Eigentümer der Orgel?

Der Eigentumsvorbehalt nützt dem Lieferanten wiederum nichts, wenn die Orgel wesentlicher Bestandteil des Grundstücks ist, denn dann kann nach ihrer Montage kein gesondertes Eigentum mehr an ihr bestehen (§ 946). Würde man die Regel des § 93 anwenden, so müsste man zum Ergebnis kommen, dass die Orgel kein wesentlicher Bestandteil des Grundstücks ist, denn durch die Trennung würde weder die Orgel noch das Grundstück zerstört oder wirtschaftlich entwertet.

Für Grundstücke nimmt jedoch das BGB in **§§ 94, 95 eine Sonderregelung** vor. Nach § 94 I sind *wesentliche Grundstücksbestandteile alle mit dem Grund und Boden fest verbundenen Sachen* (Gebäude, Pflanzen, Zäune etc). § 94 II erklärt als wesentliche Bestandteile eines Gebäudes und damit des Grundstücks die *zur Herstellung des Gebäudes eingefügten Sachen*.

Für **Fall 13** ergibt sich: Die Kirche ist wesentlicher Bestandteil des Grundstücks. Die Orgel ist dann wesentlicher Bestandteil des Grundstücks, wenn sie wesentlicher Bestandteil des Kirchengebäudes geworden ist, § 94 II. Dann müsste sie sich als zur Herstellung des Gebäudes eingefügte Sache darstellen. Darüber wird man streiten können. Die ältere Rechtsprechung verstand unter den zur Herstellung des Gebäudes eingefügten Sachen die üblichen, zu einem Gebäude gehörigen Einrichtungen wie Treppen, Geländer, Fenster etc (RG JW 1911, 574). Die neuere Rechtsprechung stellt darauf ab, ob die eingefügte Sache dazu dienen soll, das Gebäude gerade zu dem zu machen, was es sein soll (BGH LM § 93 Nr 2). Entscheidend soll also sein, ob die Einfügung dem Gebäude erst seine besondere Eigenart (Fabrikgebäude, Wohngebäude etc.) gibt (vgl BGH NJW 1987, 3178 – Notstromaggregat als wesentlicher Bestandteil eines Hotels; BGH MDR 2013, 329 Rn 11 – Heizungsanlage als wesentlicher Bestandteil eines Wohnhauses). Zur „Herstellung des Gebäudes" sind alle Teile eingefügt, ohne die das Gebäude nach der Verkehrsanschauung noch nicht fertiggestellt ist (BGH NJW 1984, 2277). Diese Rechtsauffassung spricht dagegen, die Orgel als wesentlichen Bestandteil des Kirchengebäudes und damit des Grundstücks anzusehen, da viele Kirchen ohne Orgel auskommen. So ist es auch abgelehnt worden, Glocke und Läutwerk als wesentliche Bestandteile eines Kapellengebäudes anzusehen (BGH NJW 1984, 2277).

305 Von § 94 macht § 95 wiederum Ausnahmen: Zu den Bestandteilen eines Grundstücks gehören diejenigen Sachen nicht, die nur **zu vorübergehenden Zwecken** mit dem Boden verbunden sind (sog. **Scheinbestandteile**, § 95 I 1); desgleichen sind die einem Gebäude nur **zu vorübergehenden Zwecken eingefügten Sachen** keine Bestandteile des Gebäudes (§ 95 II). Zu den Bestandteilen des Grundstücks gehören ferner nicht Gebäude und andere Anlagen, die jemand **in Ausübung eines Rechts an einem fremden Grundstück** mit dem Grundstück verbunden hat (§ 95 I 2).

Vorübergehender Zweck: Einrichtungsgegenstände, die z.B. der Mieter in die Wohnung einbaut, die er aber nach Ende der Mietzeit wieder entfernen will (Hängelampe, Regale etc.), sind keine Bestandteile des Gebäudes, bleiben also im Eigentum des Mieters. Sogar die Heizungsanlage in einem Gebäude kann nur Scheinbestandteil sein, wenn sie von dem Wärmelieferanten nur für die Dauer des Wärmebezugsvertrags in das Gebäude eingefügt wurde (OLG Celle CuR 2009, 150). Ist in Beispiel 13 die Orgel der Kirchengemeinde nur vermietet, so wird sie gemäß § 95 II keinesfalls Bestandteil und damit auch nicht wesentlicher Bestandteil des Grundstücks.

In Ausübung eines Rechts an einem fremden Grundstück: Hier sind dingliche Grundstücksrechte gemeint. So wird z.B. der Schuppen, den der Nießbraucher eines Grundstücks auf diesem errichtet, nach § 95 II kein Bestandteil des Grundstücks.

Aus § 94 ergibt sich die für Nichtjuristen schwer verständliche Folge, dass es gewöhnlich **kein Eigentum an einem Haus** gibt, sofern nur das Gebäude mit dem Boden fest verbunden ist. Wir mögen von „Hauseigentum" sprechen; gemeint ist damit das **Eigentum am Grundstück**, auf dem das Haus steht und dessen wesentlicher Bestandteil das Haus ist. Folglich kann es *nach dem BGB* auch kein gesondertes Eigentum an einem bestimmten Gebäudeteil, etwa einer Wohnung geben.   **306**

Diese Konstruktion widersprach den gesellschaftlichen Bedürfnissen insbesondere nach dem 2. Weltkrieg. Das Bestreben der Menschen, sich unabhängig von Vermietern zu machen und ihre „eigenen vier Wände" zu haben, ließ sich vielfach nicht durch Ankauf eines Grundstücks und den Bau eines Hauses verwirklichen. Der Gesetzgeber schuf daher die Möglichkeit, abweichend von § 94 BGB **Eigentum an einer Wohnung** zu erwerben (Gesetz über das Wohnungseigentum und das Dauerwohnrecht vom 15.3.1951). Seitdem kann ein Haus in mehrere Eigentumswohnungen aufgeteilt werden; die Wohnungseigentümer haben Miteigentum am Grundstück, an den tragenden Teilen des Gebäudes und an den Gemeinschaftseinrichtungen; die Wohnung aber gehört allein dem jeweiligen Wohnungseigentümer.

Eigentum an einem Haus auf fremdem Grundstück wird durch § 95 I 2 ermöglicht. Wird ein Gebäude in Ausübung eines dinglichen Rechts an einem fremden Grundstück errichtet, so wird es nicht Grundstücksbestandteil und gerät daher nicht in das Eigentum des Grundstückseigners. Zu denken ist insbesondere an das **Erbbaurecht**, das die Befugnis verleiht, auf fremdem Grund ein Bauwerk zu haben, und das rechtstechnisch selbst wie ein Grundstück behandelt wird (grundstücksgleiches Recht). Das Gebäude gilt als wesentlicher Bestandteil des Erbbaurechts und nicht des Grundstücks und steht daher im Eigentum des Erbbauberechtigten. Das Erbbaurecht ist durch die Erbbaurechtsverordnung vom 15.1.1919 eingeführt worden, die seit 2007 als **Erbbaurechtsgesetz** firmiert.   **307**

5. Die Verletzung des Eigentums

Der Schutz des § 823 I greift ein, wenn das Eigentum „verletzt" ist, dh wenn die in ihm geschützten Interessen widerrechtlich-schuldhaft beeinträchtigt werden. Die Frage, durch welche Handlungen das Eigentum verletzt werden kann, ist also gleichbedeutend mit der Frage, welche Interessen durch das Eigentum geschützt werden (Frage nach dem Schutzbereich der Norm, Rn 267).   **308**

Aus § 903 S. 1 ergibt sich, dass der Eigentümer die Sache zu beliebigen Zwecken soll beherrschen können. Daher kann eine Eigentumsverletzung vorliegen, wenn jemand in den rechtlichen Bestand des Eigentums eingreift (zB der Nichtberechtigte durch wirksame Verfügung), die Sache zerstört, beschädigt oder sonst durch physische Einwirkung verändert; wenn er dem Eigentümer die tatsächliche Sachgewalt vorenthält (diesbezüglich die Sonderregeln der §§ 985 ff) oder ihn bei ihrer Ausübung stört; ferner wenn jemand die Sache unbefugt benutzt oder den Eigentümer an ihrem Gebrauch hindert.

Schon im zuletzt genannten Punkt stellt sich jedoch die Frage nach genauer Bestimmung der schutzwürdigen Eigentümerinteressen. Wird das Eigentum an einem Grundstück schon dadurch verletzt, dass der Grundstücksnachbar ein Bordell eröffnet und dadurch der Grundstückswert sinkt? Allgemein gesprochen: Ist im Eigentum an einer Sache generell das Interesse geschützt, mit ihr einen optimalen Gewinn zu erzielen? Wird das Eigentum eines Händlers an einer Ware schon dadurch verletzt, dass eine Warentestzeitschrift die Ware negativ beurteilt und dadurch der Warenabsatz stockt?

Die Rechtsprechung sucht einen uferlosen Eigentümerschutz zu verhindern, indem sie für die Eigentumsverletzung durch Behinderung der wirtschaftlichen Nutzungsmöglichkeiten eine **physische Einwirkung** verlangt (zum Bordellfall siehe RGZ 57, 239; Freibad in der Nachbarschaft RGZ 76, 130). Anders ausgedrückt: Geschützt ist im Eigentum nicht jegliches Interesse, die Sache wirtschaftlich optimal zu nutzen; geschützt ist aber zB das Interesse daran, nicht durch physische Sacheinwirkungen an der Nutzung behindert zu werden.

309 Das Problem, die geschützten Eigentümerinteressen genau zu bestimmen, ergibt sich auch in anderer Hinsicht.

> **Fall 14:** Jemand ist Eigentümer eines schönen Fachwerkhauses aus dem 17. Jh. Ein Ansichtskartenfabrikant macht von der öffentlichen Straße aus Fotografien von dem Haus und stellt daraus Postkarten her, die er in den Handel bringt. Liegt darin eine Verletzung des Eigentums?

Abstrakt lautet die Frage: Ist im Eigentum auch das Interesse daran geschützt, das *Erscheinungsbild* der Sache exklusiv zu nutzen? Die Frage ist mE zu verneinen (so auch BGH NJW 1989, 2251 – Friesenhaus). Eine Beeinträchtigung des Eigentums liegt aber vor, wenn der Fotograf das Grundstück ohne Zustimmung des Eigentümers betritt, um Filmaufnahmen von den darauf befindlichen Gebäuden zu machen (vgl. BGH NJW 1975, 778). Der Eigentümer kann den Zutritt zu seinem Grundstück unter der Einschränkung gestatten, dass die Herstellung von Filmaufnahmen vom Grundstück aus und ihre Verwertung einer besonderen Erlaubnis bedürfen (BGH NJW 2011, 749; NJW 2013, 1809 – preußische Schlösser und Gärten). Darüber hinaus kann es sein, dass beim Fotografieren eines Hauses/einer Sache andere Rechte des Eigentümers verletzt werden, etwa das Recht auf Wahrung der Privatsphäre (siehe den Fall BGH NJW 2004, 762, 766). Unter dem Gesichtspunkt des Persönlichkeitsrechts der Eigentümer und Bewohner der betroffenen Immobilien ist auch das umstrittene Projekt von Google Earth zu diskutieren, alle Häuser zu fotografieren und die Bilder öffentlich verfügbar zu machen.

Bei der Frage, ob eine die Eigentümerinteressen beeinträchtigende Handlung sich als **310** Eigentumsverletzung darstellt, sind auch die **Grenzen des Interessenschutzes** in Rechnung zu stellen. Freilich bilden die geschützten Eigentümerinteressen einen derart exklusiven Bereich, dass der Schutz – anders als beim Persönlichkeitsrecht – nicht schon bei jedweder Wahrnehmung berechtigter Interessen anderer endet. Die dem Eigentum immanenten Grenzen sind vielmehr in erster Linie durch das Gesetz selbst bestimmt, einmal in Gestalt der allgemeinen Rechtfertigungsgründe (zu denen die „Wahrnehmung berechtigter Interessen" nicht gehört), sodann aber durch eine Reihe von Sonderbestimmungen. Gemeint sind insbesondere die **Vorschriften der §§ 904 ff**, die eine Begrenzung des Eigentumsschutzes unter verschiedenen Gesichtspunkten vornehmen. So erklärt § 905 zum Gegenstand des Grundeigentums auch den **Raum über und unter der Erdoberfläche**, erlaubt aber Einwirkungen in einer derartigen Höhe oder Tiefe, dass sie sinnvolle Interessen des Eigentümers nicht mehr tangieren. Diese Vorschrift erhält durch den Einsatz privater „Drohnen" für den Flug über beliebige Grundstücke eine erhebliche Bedeutung. § 904 lässt das Bestimmungsrecht des Eigentümers an wichtigeren Interessen eines anderen enden. § 906 erklärt gewisse Einwirkungen auf ein Grundstück für erlaubt, wenn sie die Benutzung nicht oder nur unwesentlich beeinträchtigen oder wenn sie ortsüblich und nicht durch zumutbare Maßnahmen zu verhindern sind. Nach § 917 muss der Nachbar eines von der öffentlichen Straße abgeschnittenen Grundstücks einen Notweg auf seinem Grundstück dulden.

Literatur: *E. Euler*, Recht am Bild der eigenen Sache? AfP 2009, 459; *E. Picker*, Deliktsrechtlicher Eigentumsschutz bei Störungen der Sach-Umwelt-Beziehung, JZ 2010, 541; *B. Holznagel/P. Schumacher*, Google Street View aus verfassungsrechtlicher Sicht, JZ 2011, 57; *Th. Regenfus*, Zivilrechtliche Abwehransprüche gegen Überflüge und Bildaufnahmen von Drohnen, NZM 2011, 799.

6. Weitere Sachenrechte

Außer dem Eigentum gibt es eine Anzahl weiterer Rechte an Sachen (**dingliche** **311** **Rechte**), die vom Gesetz abschließend ausgestaltet und als Sachenrechte kenntlich gemacht sind. Sie sind sämtlich als „sonstige Rechte" im Sinne des § 823 I anerkannt. Ihr Inhalt stellt sich zumeist als **verselbstständigter Teil der Eigentümerbefugnisse** dar. Der Eigentümer kann, wie gezeigt, mit der Sache unter Ausschluss anderer beliebig verfahren. Er kann aber ein Interesse daran haben, einzelne Befugnisse über die Sache einem anderen zu übertragen, zB einem anderen das Recht einzuräumen, die Sache ganz oder teilweise zu nutzen. Dann teilt er gleichsam die Eigentümerbefugnisse mit dem anderen – freilich nicht so, dass beide an allen Befugnissen Anteil hätten (Miteigentum), sondern dass dem anderen gewisse Befugnisse (wie das Nutzungsrecht) ganz zustehen, während der Rest dem Eigentümer verbleibt. Eine derartige funktionelle Teilung des Eigentums wird durch die final begrenzten dinglichen Rechte ermöglicht (**beschränkte dingliche Rechte an einer fremden Sache**). Soweit an einer Sache beschränkte dingliche Rechte anderer bestehen, ist der Eigentümer in seinen Befugnissen entsprechend eingeschränkt.

Die Arten und Strukturen der beschränkten dinglichen Rechte sind vom Gesetz abschließend bestimmt. Der Grund für den gesetzlichen **Typenzwang** liegt im Bedürf- **312** nis nach Überschaubarkeit der hinsichtlich einer Sache möglichen Aufteilung der Bestimmungsbefugnisse. Die dinglichen Rechte sind als solche durch ihre systematische Stellung im Gesetz ausgewiesen. Sie erscheinen im dritten Buch des BGB („Sachenrecht") im Anschluss an das Eigentum. Hauptsächlich sind die folgenden zu nennen:

(1) **Dienstbarkeiten** berechtigen den Inhaber, die Nutzungen (§ 100) einer Sache ganz oder teilweise zu ziehen, dh sich die Früchte (§ 99) der Sache anzueignen und die sonstigen Gebrauchsvorteile zuzuführen.

Das dingliche Recht, *generell* die Nutzungen einer Sache zu ziehen, heißt **Nießbrauch** (§ 1030). Daneben gibt es *beschränkte* Nutzungsrechte an Grundstücken, welche die Befugnis enthalten, ein Grundstück in bestimmter Beziehung zu nutzen, zB sich eines Weges, der über das Grundstück führt, zu bedienen (Wegerecht) oder das Vieh auf dem Grundstück weiden zu lassen, eine Seilbahn über das Grundstück zu führen etc. Ein so beschränktes Nutzungsrecht kann zu Gunsten einer bestimmten Person bestellt werden (**beschränkte persönliche Dienstbarkeit**, § 1090) oder zu Gunsten des jeweiligen Eigentümers eines anderen Grundstücks (**Grunddienstbarkeit**, § 1018). Besondere Formen der beschränkten Dienstbarkeiten bilden das dingliche Wohnrecht nach § 1093 BGB und das Dauerwohnrecht und Dauernutzungsrecht an Wohnungen gem. §§ 31 ff Wohnungseigentumsgesetz, ferner das Erbbaurecht.

313   (2) **Verwertungsrechte** berechtigen den Inhaber, die Sache unter bestimmten Voraussetzungen wirtschaftlich für sich zu verwerten. Dazu gehören insbesondere die **Pfandrechte**, die den Inhaber berechtigen, zur zwangsweisen Verwirklichung einer Forderung auf die dem Pfandrecht unterliegende Sache bevorzugten Zugriff zu nehmen (Rn 238). Die Sicherungsrechte an Grundstücken haben in der Hypothek (§§ 1113 ff) und der Grundschuld (§§ 1191 ff) unterschiedliche Ausprägung gefunden.

Hypothek: An den Inhaber ist „aus dem Grundstück", dh notfalls durch Verwertung des Grundstücks in der Zwangsvollstreckung, eine bestimmte Geldsumme zur Befriedigung wegen einer ihm zustehenden Forderung zu zahlen. Vorausgesetzt ist also eine Forderung, um deren Befriedigung willen das Verwertungsrecht besteht.

Grundschuld: An den Inhaber ist eine bestimmte Summe „aus dem Grundstück" zu zahlen. Hier ist das Bestehen einer Forderung, um derentwillen das Verwertungsrecht besteht, nicht vorausgesetzt. In der Praxis wird jedoch auch die Grundschuld überwiegend zur Sicherung einer Forderung bestellt (sog. Sicherungsgrundschuld). Insoweit hat die Grundschuld die Funktion eines Pfandrechts, unterscheidet sich von der Hypothek aber durch die rechtliche Konstruktion.

Das **Pfandrecht an beweglichen Sachen** (§§ 1204 ff) hat heute eine nur geringe Bedeutung, weil es von der Sicherungsübereignung verdrängt wurde.

314   Von den dinglichen Rechten streng zu unterscheiden sind die **Ansprüche auf Verschaffung eines dinglichen Rechts**, etwa der Anspruch auf Übereignung einer Sache aus einem Kaufvertrag (§ 433 I 1). Ansprüche, gleichgültig welchem Rechtsgrund sie entspringen, sind auch dann *relative Rechte*, wenn sie dem Verpflichteten auferlegen, dem Inhaber des Anspruchs ein Sachenrecht zu übertragen. Denn der Anspruch weist keine Bestimmungsgewalt *über die Sache* zu, sondern nur *über die Erfüllungshandlung* des Schuldners. Auch solche Ansprüche, die sachenrechtlichen Verhältnissen entspringen, wie zB der Anspruch des Eigentümers auf Beseitigung einer Beeinträch-

tigung seines Eigentums gegen den Störer (§ 1004 I), bilden keine absoluten Rechte; es handelt sich nicht um Sachenrechte im beschriebenen Sinn, sondern um bilaterale Rechtsfolgen aus sachenrechtlichen Verhältnissen.

Von den Sachenrechten sind rechtskonstruktiv auch solche **Nutzungsberechtigun-** **315** **gen** zu unterscheiden, **die allein auf Schuldverhältnissen** beruhen.

Die Unterscheidung zwischen dinglichen Nutzungsrechten und bloß schuldrechtlichen Nutzungsberechtigungen ist auf den ersten Blick erstaunlich. Aus § 581 I entnehmen wir, dass eine Nutzungsberechtigung an einer Sache auch durch einen *Pachtvertrag* begründet werden kann. Die Pacht finden wir nicht unter den dinglichen Rechten geregelt, sondern im Recht der Schuldverhältnisse. Sie bildet und verschafft kein dingliches Recht, sondern „nur" eine schuldrechtliche Position. Daher beruht die Nutzungsberechtigung des Pächters bloß auf einem Anspruch gegen den Verpächter, ihm den Gebrauch der verpachteten Sache und den Fruchtgenuss daran zu gewähren. Dieser Anspruch ist für sich gesehen, wie alle Ansprüche, kein absolutes Recht. Das gleiche gilt für die Berechtigung des Mieters, die vermietete Sache zu gebrauchen (§ 535 I 1).

Ursache für das Nebeneinander dinglicher und schuldrechtlicher Nutzungsberechtigungen ist nicht das „Wesen" von Pacht, Nießbrauch etc, sondern die dogmatische Erfassung dieser Rechtsfiguren durch die Rechtswissenschaft des 19. Jahrhunderts. Es wäre an sich ohne weiteres möglich gewesen, die Nutzungsberechtigungen von Mieter und Pächter als dingliche Rechte zu konstruieren. In weitem Umfang haben die Parteien nach dem BGB die Wahl, ob sie ein Nutzungsrecht als schuldrechtliches oder sachenrechtliches begründen wollen. Der schuldrechtlichen Miete einer Wohnung steht die Bestellung eines dinglichen Wohnungsrechts (§ 1093) gegenüber, der schuldrechtlichen Pacht der dingliche Nießbrauch an der Sache. Das Gesetz bietet also durch seine Duplizität von schuldrechtlichen und sachenrechtlichen Berechtigungen den Beteiligten unterschiedliche Möglichkeiten zur Gestaltung ihrer Leistungsverhältnisse an. Die sachenrechtlichen Positionen geben dabei dem Nutzungsberechtigten eine stärkere Stellung gegenüber dem Eigentümer; die schuldrechtlichen dagegen, da in ihren Strukturen nicht zwingend ausgestaltet, sind flexibler und in der Praxis bei weitem in der Überzahl. Für das Deliktsrecht ergäbe sich aus der bloß schuldrechtlichen Konstruktion des Miet- und Pachtrechts die Konsequenz, dass der Mieter und Pächter gegenüber Beeinträchtigungen seines Nutzungsrechts durch Dritte nicht durch § 823 I geschützt wird. Wir werden aber sogleich sehen, dass heute auch Mieter und Pächter deliktsrechtlich geschützt werden, nämlich im Zusammenhang mit dem Schutz des Besitzes (Rn 322).

7. Der Besitz

a) Allgemeines

Sachen können physisch beherrscht werden. Die Brieftasche, die ich in die Tasche **316** stecke, das Automobil, zu dem ich allein die Schlüssel habe, das Grundstück, das ich anderen nicht zugänglich mache, habe ich in meiner faktischen Gewalt, mag diese auch von anderen leicht überwunden werden können. Die Sachenrechte in erster Linie geben Auskunft darüber, wer eine solche faktische Gewalt über Teile der beherrschbaren Umwelt ausüben darf, in welchem Umfang und zu welchen Zwecken. Dem Eigentümer ist die Befugnis zur physischen Beherrschung der Sache ohne Zweckbegrenzung zugewiesen. Inhaber anderer Sachenrechte können eine final begrenzte Befugnis zur faktischen Sachbeherrschung haben, zB der Nießbraucher zu dem Zweck, die Sache zu nutzen.

317 Es kann nun aber sein, dass die rechtliche Befugnis zur Sachbeherrschung mit der tatsächlichen Lage nicht übereinstimmt. Wenn ein Dieb meine Uhr entwendet, dann habe ich nach wie vor als Eigentümer die Befugnis, die physische Gewalt über die Uhr auszuüben; tatsächlich aber übt der Dieb die Sachgewalt aus. Um ein solches Auseinanderfallen von Rechtslage und tatsächlichem Zustand kurz und prägnant ausdrücken zu können, braucht man für die **faktische Herrschaft** über Sachen einen **besonderen Begriff**. Das BGB wählt die Bezeichnung „Besitz" und versteht darunter grundsätzlich die „tatsächliche Gewalt über eine Sache" (§§ 854 I, 856 I).

Eigentum und Besitz sind demzufolge nicht identisch, sondern drücken völlig Unterschiedliches aus. Das Eigentum ist ein subjektives Recht; der Besitz beschreibt eine faktische Einwirkungslage. Dem Eigentümer steht zwar die Befugnis zur tatsächlichen Sachgewalt zu (§ 903), er hat ein **Recht zum Besitz**. Gewöhnlich wird der Eigentümer auch Besitzer sein, sodass § 1006 den Besitzer als Eigentümer vermutet. Das bedeutet aber nicht notwendig, wie das Beispiel der gestohlenen Sache zeigt, dass der Eigentümer auch Besitzer *ist*. Das *Recht zum Besitz* als Aussage der Rechtsordnung, wem der Besitz zusteht, und der *Besitz* selbst als Umschreibung einer faktischen Lage sind streng zu unterscheiden.

Deutlich wird der Unterschied im Anspruch des § 985: Der Eigentümer kann vom Besitzer Herausgabe der Sache verlangen; § 985 zielt also darauf ab, den Besitz derjenigen Person zuzuführen, die auch das Recht zum Besitz hat.

In der Umgangssprache wird der Eigentümer oft Besitzer genannt („Grundbesitzer", „Hausbesitzer"). In der politischen Sprache wird der Besitzbegriff auch für das Eigentum gesetzt, um Zweifel an der Rechtmäßigkeit der Güterverteilung anklingen zu lassen („besitzende Klassen" etc). Von dieser unjuristischen Sprache müssen wir uns lösen, sobald wir uns auf das Gebiet des Zivilrechts begeben.

b) Der mittelbare Besitz

318 Der Besitzbegriff ist nun freilich weit komplizierter, als es scheinen mag. Schon die Frage, ob jemand die tatsächliche Gewalt über eine Sache erworben, oder ob er sie wieder verloren hat (§§ 854 I, 856 I), ist oft nicht einfach zu beantworten. Darüber hinaus aber gibt es Fälle, in denen das Gesetz sich veranlasst sieht, durch Sonderregelungen den Besitzbegriff weiter auszugestalten oder zu präzisieren.

> **Fall 15:** V vermietet dem M eine Wohnung, die im dritten Stockwerk des dem V gehörigen Mehrfamilienhauses gelegen ist. M zieht in die Wohnung ein. Wer ist Besitzer der Wohnung?

Die tatsächliche Gewalt über die Wohnung hat sicherlich weit eher der Mieter als der Vermieter, denn er hat gewöhnlich die Schlüssel. Andererseits ist aber auch der Vermieter – so kann man es jedenfalls deuten – nicht gänzlich von der Sachherrschaft ausgeschlossen. Die Beteiligten gehen nämlich davon aus, dass der Mieter von der ihm eingeräumten faktischen Einwirkungsmöglichkeit nur in begrenztem Umfange Gebrauch macht, dass er zB die Einrichtung schont. Man könnte sagen: Der Mieter schränkt seine Sachherrschaft zu Gunsten des Vermieters ein; dadurch bleibt beim Vermieter – gleichsam über den Willen des Mieters – ein Rest von Sachherrschaft zurück.

Diesen Standpunkt hat das BGB eingenommen. Es geht in § 868 zwar davon aus, dass der Mieter Besitzer der gemieteten Sache ist, erklärt aber *auch den Vermieter* zum Besitzer. Den vom Vermieter innegehabten Besitz nennt das Gesetz **mittelbaren Besitz**. Das gleiche soll von anderen, ähnlich gelagerten Beziehungen der Sachherrschaft gelten (Besitzlage Verpächter – Pächter etc, § 868).

Das BGB kennt demzufolge zwei Besitzformen: den **unmittelbaren Besitz**, dessen Erwerb und Verlust in §§ 854, 856 geregelt ist, und den **mittelbaren**. Der mittelbare Besitz setzt stets voraus, dass ein anderer den unmittelbaren Besitz innehat, aber seiner faktischen Einwirkungsmöglichkeit zu Gunsten des mittelbaren Besitzers Beschränkungen auferlegt. Der mittelbare Besitz wird auch als „vergeistigte Sachherrschaft" bezeichnet. Der Sinn dieser Rechtsfigur besteht darin, auch dem mittelbaren Besitzer gewisse Schutzwirkungen des Besitzes zukommen zu lassen und ferner gewisse besondere Formen der Verfügung über das Eigentum zu ermöglichen (Rn 447).

c) Besitzdiener

Fall 16: U ist Alleininhaber einer Maschinenfabrik. A arbeitet als Fernfahrer bei U. Er ist **319** mit einem firmeneigenen LKW weisungsgemäß unterwegs nach Bochum, um dort Rohbleche zu laden. Wer ist Besitzer des LKW?

Einiges spricht für den Fahrer als Besitzer: Er steuert den Wagen, er kann sich entscheiden, ihn stehen zu lassen oder beliebige Städte aufzusuchen. Andererseits hat auch U – unterstellt, A verhält sich pflichtgemäß – eine faktische Einwirkungsmöglichkeit im Rahmen seines im Dienstvertrag begründeten Weisungsrechts gegenüber A. Man könnte also ähnlich wie beim Mietvertrag daran denken, den A zum unmittelbaren, den U zum mittelbaren Besitzer zu erklären.

Das Gesetz indessen sieht eine andere Regelung vor. Gemäß § 855 ist derjenige, der die tatsächliche Gewalt in einem Verhältnis ausübt, vermöge dessen er in Bezug auf die Sache **weisungsgebunden** ist, überhaupt nicht Besitzer; er wird in der Lehre **Besitzdiener** genannt. Der Besitz wird allein dem Weisungsberechtigten zugerechnet. Das Weisungsrecht des U überlagert demnach die faktische Sachherrschaft des A. Die Arbeiter einer Fabrik, die einem Unternehmer gehört, sind also trotz ihrer faktischen Nähe zu den Betriebsgegenständen nicht deren Besitzer; vielmehr begründet ihre tatsächliche Gewalt über Werkzeug, Maschinen etc den alleinigen Besitz des Unternehmers. Diese Regelung bedeutet für den Arbeitnehmer auch einen gewissen Schutz: Ist A nicht Besitzer des LKW, so kann auch nicht ein Dritter, der Eigentümer des LKW zu sein behauptet, von A Herausgabe nach § 985 verlangen; er muss sich vielmehr an den Unternehmer als den Besitzer halten.

Zum Verständnis des § 855 ist hinzuzufügen, dass der Besitzdiener sich jederzeit kraft seiner tatsächlichen Einwirkungsmöglichkeit zum Eigenbesitzer aufschwingen (§ 872 BGB) und den Besitz des Weisungsberechtigten beenden kann. So ist zB der Kassenbote einer Bank Besitzdiener der ihm anvertrauten Lohngelder, die er einer Firma überbringen soll. Weicht er aber von dem vorgeschriebenen Wege ab, weil er mit dem Geld nach Südamerika fliehen will, so beendet er den Besitz der Bank und begründet Besitz für sich selbst. Denn er übt die Gewalt nicht mehr „für die Bank" aus, er fügt sich nicht mehr den Weisungen.

320 Aus den Regelungen über den mittelbaren Besitz und die Besitzdienerschaft ergibt sich: Der Besitz, der im Prinzip die faktische Sachgewalt beschreibt, ist gleichwohl in gewissem Maße **von der Wirklichkeit abstrahiert**. Es gilt dies im Übrigen selbst für den unmittelbaren Besitz. Nach § 857 geht der Besitz auf den **Erben** über, nicht indem der Erbe die tatsächliche Gewalt an den zur Erbschaft gehörigen Sachen ergreift, sondern schon in dem Augenblick, in dem der Erblasser stirbt, auch wenn der Erbe von dem Todesfall und von seiner Erbschaft noch gar nichts weiß.

d) Besitz der juristischen Person

321 Nicht nur die natürliche Person, sondern auch die juristische, etwa die in Form einer Aktiengesellschaft betriebene Bank, kann Besitz innehaben. Die juristische Person übt die tatsächliche Gewalt durch ihre Organe aus (Rn 176 ff), für die wiederum Besitzdiener handeln können. Bei einem größeren Unternehmen ergibt sich demzufolge gemäß den gestuften Weisungsverhältnissen eine gestufte Hierarchie von Besitzdienern bis hinauf zu den satzungsmäßigen Organen, die selbst nicht als Besitzdiener anzusehen sind, sondern kraft ihrer Organstellung den Besitz der juristischen Person begründen.

e) Besitz als absolutes Recht?

322 Besteht der Besitz demnach in gewissen Formen tatsächlicher Sachgewalt, so erstaunt die viel erörterte Frage, ob er ein „sonstiges Recht" im Sinne des § 823 I sei. Wie soll die bloße physische Sachbeherrschung, die nichts über die Berechtigung zu dieser Herrschaft aussagt, als ein Recht geschützt sein?

Ein Blick auf die §§ 858–864 zeigt jedoch, dass auch der Besitz „als solcher", dh ohne Rücksicht darauf, ob der Besitzer auch ein Besitzrecht hat, den Schutz der Rechtsordnung genießt. § 858 I verbietet es generell, einem Besitzer den Besitz zu entziehen oder ihn darin zu stören, gleichgültig ob er ein Recht zum Besitz hat oder nicht. Zur Abwehr einer derart unerlaubten Besitzentziehung oder -störung (verbotene Eigenmacht) gibt es erlaubte Gewaltausübung gegen Personen (§ 859) und einklagbare Ansprüche auf Herausgabe (§ 861) und auf Beseitigung und Unterlassung von Besitzstörungen (§ 862). Zweck dieser Abwehrbefugnisse und Ansprüche ist es, den äußeren Frieden unter den Bürgern zu gewährleisten.

323 **Fall 17:** A leiht dem B sein Fahrrad für 10 Tage. Nach Ablauf der Frist gibt B das Rad nicht zurück. Nach fruchtloser Mahnung begibt sich A zum Anwesen des B und nimmt das Rad heimlich aus der Garage. B klagt auf Herausgabe des Rades. Mit Recht?

Auf den ersten Blick wird man einen solchen Anspruch verneinen wollen. B war auf Grund des Leihvertrags zum unmittelbaren Besitz (vgl § 868) während der Leihfrist berechtigt. Nach deren Ablauf hatte B die Sache an A zurückzugeben (§ 604 I). Indem A dem B die Sache wegnahm und damit dessen unmittelbaren Besitz beendete (§ 856 I), hat er den Zustand hergestellt, welcher der Rechtslage entsprach.

Trotzdem aber ist dem Gesetz ganz eindeutig zu entnehmen, dass B den Anspruch auf Herausgabe des Rades haben soll: B hat aus § 861 I iVm § 858 I einen Anspruch auf Einräumung des Besitzes, obwohl er kein Recht zum Besitz mehr hat. Warum wird dieser Anspruch gegeben? Die Rechtsordnung geht davon aus, dass eine Person ihre Ansprüche im Grundsatz nur mit Hilfe der staatlichen Gerichtsorganisation soll zwangsweise durchsetzen können (Rn 208). Denn da über die Berechtigung von Ansprüchen unterschiedliche Meinungen bestehen können, würde die Möglichkeit privater Zwangsübung notwendig zu Privatkriegen führen: Glaubt B, dass ihm das Rad für 20 Tage geliehen sei, und bemerkt er das heimliche Wegnehmen durch A, so wird er das Rad wiederum mit Gewalt in seinen Besitz bringen wollen und so fort. Deshalb verbietet das Gesetz auch im Bereich der faktischen Sachgewalt die eigenmächtige Rechtsverfolgung durch physischen Zwang, ausgenommen besondere Fälle wie §§ 859, 227 ff. Das *Recht zum Besitz* allein berechtigt *nicht* dazu, sich den Besitz *mit Gewalt* zu verschaffen. Wer dies gleichwohl tut, ist auch dem unberechtigten Besitzer gegenüber zur Wiedereinräumung des Besitzes verpflichtet (§ 861 I, Ausnahmen § 861 II).

Der Schutz des Besitzers nach §§ 858 ff hat zu der Auffassung geführt, der Besitz bilde eine auch deliktsrechtlich geschützte Position, deren widerrechtlich-verschuldete Verletzung zum Schadensersatz nach § 823 I (oder nach § 823 II iVm den Schutzgesetzen der §§ 858 ff) verpflichte. Die Frage ist streitig. Anerkannt ist heute, dass derjenige *Besitzer, der ein Recht zum Besitz hat* (**berechtigter Besitzer**), den Schutz des § 823 genießt. Er wird als Inhaber eines „sonstigen Rechts" nach § 823 I angesehen (BGHZ 137, 89, 98; BGH NJW 2015, 1174 Rn 17). Für die Struktur der Vermögensrechte ist das von erheblicher Bedeutung. Das Recht zum Besitz kann unterschiedlichen Positionen entspringen. Es kann in einem dinglichen Recht begründet sein, zB dem Eigentum, dem Nießbrauch, dem Pfandrecht an einer beweglichen Sache; dann gibt es kein Problem des deliktischen Besitzschutzes, weil diese dinglichen Rechte ohnehin als „sonstige Rechte" iSd § 823 I anerkannt sind. Das Recht zum Besitz kann sich aber auch auf eine bloße Forderung auf Besitzüberlassung stützen. Zum Beispiel erwächst dem Mieter gewöhnlich aus dem Mietvertrag der Anspruch auf Überlassung des unmittelbaren Besitzes an der Mietsache; ebenso dem Pächter hinsichtlich der gepachteten Sache. Dieser Anspruch ist, wie alle Ansprüche, relativer Natur. In dem Augenblick jedoch, in dem der Mieter oder Pächter den Besitz an der Sache erlangt hat, erhält auch er eine als „absolut" anerkannte Position, nämlich den berechtigten Besitz, der den Schutz des § 823 I genießt. Der sachliche Unterschied zwischen schuldrechtlichen und dinglichen Nutzungsberechtigungen ist folglich geringer als die gesetzliche Konstruktion erkennen lässt.

324

Literatur: Zum Problem des deliktischen Besitzschutzes *D. Medicus*, Besitzschutz durch Ansprüche auf Schadensersatz, AcP 165 (1965), 115; *E. Wieser*, Der Schadensersatzanspruch des Besitzers aus § 823 BGB – BGH JZ 1954, 613 – JuS 1970, 557; *ders.*, Zum Schadensersatzanspruch des nichtberechtigten Besitzers, NJW 1971, 597; *G. Haas*, Der deliktische Schadensersatzanspruch des Mieters und Pächters, BB 1986, 1446; *O. Sosnitza*, Besitz und Besitzschutz, 2003; *A. Röthel/I. Sparmann*, Besitz und Besitzrechtsschutz, Jura 2005, 456. *S. Omlor/Chr. Gies*, Der Besitz und sein Schutz im System des BGB, JuS 2013, 12. Das Besitzrecht des Mieters an der gemieteten Wohnung ist verfassungsrechtlich als „Eigentum" anerkannt (BVerfGE 89, 1).

Kapitel 4

Die durch § 823 I geschützten Persönlichkeitsrechte

1. Die im Gesetz genannten Persönlichkeitsrechte

325   Das BGB hat die Persönlichkeitsrechte nur in sehr begrenztem Umfang thematisiert. In **§ 823 I** wird die Verletzung des Lebens, des Körpers, der Gesundheit und der Freiheit eines anderen missbilligt. Positiv könnte man sagen: Jeder hat jedem anderen gegenüber ein Recht auf die Unverletztheit (Integrität) seines Lebens, seines Körpers, seiner Gesundheit und seiner Freiheit. Manche Autoren bestreiten, dass es sich hier um Persönlichkeitsrechte handelt und sprechen von „Rechtsgütern", weil niemand ein Recht an sich selbst haben könne. Doch bringt das keinen Erkenntnisgewinn. Es geht nicht etwa um ein „Recht am eigenen Körper", sondern um das *Recht gegenüber anderen*, die Unversehrtheit des Körpers zu achten.

Verletzungen von **Körper und Gesundheit** sind über weite Strecken deckungsgleich, aber nicht immer. Denn körperliche Einwirkungen bringen nicht unbedingt eine Verletzung der Gesundheit mit sich, können aber im Sinne des § 823 Abs. 1 unerlaubt sein, zB das unerwünschte „Anfassen" einer Person durch eine andere. Umgekehrt sind auch Beeinträchtigungen der Gesundheit ohne Körperverletzungen denkbar. Es hat also einen guten Sinn, wenn das Gesetz den „Körper" eigens als Schutzgut neben der Gesundheit nennt.

326   Das Recht auf **Leben** wird durch Tötung oder Tötungsversuch verletzt. Wird eine Person getötet, so hat sie freilich von den aus dieser unerlaubten Handlung folgenden Schadensersatzansprüchen selbst nichts mehr, allenfalls ihre Erben. Doch ist zu beachten, dass die Verletzung des Lebens einer Person zu Schadensersatzansprüchen *anderer, dem Getöteten verbundenen* Personen („Dritten") führen kann (§§ 844, 845).

Durch die Tötung einer Person kann darüber hinaus ein Dritter in *seinen* Rechten verletzt sein, z. B, wenn die Ermordung des Ehemannes durch einen beruflichen Konkurrenten einen Schock bei der Ehefrau auslöst. Unter welchen Voraussetzungen Hinterbliebene für das seelische Leid zu entschädigen sind, das sie durch Miterleben der Tötung ihres Angehörigen oder durch die Nachricht hiervon erdulden müssen, gehört zu den umstrittenen Fragen des Deliktsrechts (siehe BGH NJW 2015, 1451 Rn 6 ff; NJW 2015, 2246 Rn 19).

327   Probleme bereitet im Rahmen des § 823 I das **Recht auf Freiheit**. Unter „Freiheit" versteht die herrschende Lehre in diesem Zusammenhang weder die politische Freiheit noch allgemein die nach Art. 2 I GG dem Staate gegenüber garantierte Freiheit auf Entfaltung der Persönlichkeit. Denn die allgemeine Handlungsfreiheit (Entfaltungsfreiheit) einer Person ist durch die gleiche Handlungsfreiheit aller anderen derart relativiert, dass sie nicht zum Gegenstand eines exklusiven Interessenschutzes gemacht werden kann. „Freiheit" hat im Rahmen des § 823 I folglich einen eingeschränkten Sinn und meint die Freiheit der Fortbewegung und der Willensentschließung gegenüber physischer Einwirkung oder Bedrohung.

Die Freiheit im Sinn des § 823 I wird also zB verletzt durch Einsperren oder Fesseln einer Person, auch durch Einflößen einer chemischen Substanz, die den Betreffenden seiner Fähigkeit der Fortbewegung oder seines freien Willensentschlusses beraubt. Wie also der verfassungsrechtlich-politische Eigentumsbegriff vom zivilrechtlichen divergiert, so auch der verfassungsrechtlich-politische Freiheitsbegriff von dem in § 823 I. Zur Problematik *W. Leinemann*, Der Begriff Freiheit nach § 823 Abs. 1 BGB, 1969; *J. Eckert*, Der Begriff der Freiheit im Recht der unerlaubten Handlungen, JuS 1994, 625.

Außer den in § 823 I genannten personenbezogenen Rechtsgütern hat das BGB nur noch das Interesse einer Person an ihrem **Namen (§ 12 BGB)** ausdrücklich erwähnt. Spezielle Gesetze haben den Kreis der anerkannten Persönlichkeitsgüter erweitert. Dazu gehört das **Recht am eigenen Bild**, dessen Schutz in den noch gültigen §§ 22 ff des Kunsturhebergesetzes von 1907 verankert ist. Auch der **Schutz persönlicher Daten** ist durch ein Spezialgesetz (Datenschutzgesetz, Rn 349) normiert worden. Persönlichkeitsrechtlichen Schutz gewährt auch das Urheberrecht, insoweit es nicht nur die wirtschaftlichen, sondern auch die persönlichen Interessen der Urheber geistiger Schöpfungen wahrt. Die zivilrechtliche Sanktionierung strafrechtlicher Tatbestände über § 823 II kommt auch persönlichkeitsrechtlichen Interessen zugute, etwa durch die Strafbarkeit bestimmter **Ehrverletzungen** (§§ 185 ff StGB). Insgesamt bieten die gesetzlichen Regelungen aber kein geschlossenes Konzept der Persönlichkeitsrechte. Die Fortentwicklung des Zivilrechtsschutzes war daher, wie die folgenden Kapitel zeigen werden, der Wissenschaft und der Rechtsprechung als Aufgabe gestellt. **328**

2. Das allgemeine Persönlichkeitsrecht

Mit den gesetzlich anerkannten Persönlichkeitsrechten waren die schutzwürdigen Interessen der menschlichen Persönlichkeit nicht annähernd vollständig erfasst. Die Entwicklung der Massenmedien und der Technik haben eine starke Gefährdung weiterer personaler Bereiche mit sich gebracht. Das Bewusstsein dieser Gefährdung hat die Erkenntnis gefördert, dass die Rechtsordnung nicht nur das Interesse der Person an ihrer physischen Selbsterhaltung zu berücksichtigen hat, sondern auch elementare Grundbedürfnisse des geistig-seelischen Bereichs. Auch wo gesetzliche Regelungen vorliegen wie etwa beim Recht am eigenen Bild, fehlte es an einem umfassenden Rechtsschutz. Die Weiterentwicklung des Schutzes der Persönlichkeitsinteressen lag daher in den Händen der Gerichtsbarkeit und der Rechtswissenschaft. Im Mittelpunkt steht die Interpretation des § 823 I BGB. **329**

Die Formulierung „oder ein sonstiges Recht" in § 823 I hätte die Möglichkeit geboten, den dort erwähnten Persönlichkeitsrechten je nach aktuellem Anlass weitere geschützte Rechtspositionen des Persönlichkeitsbereichs („Recht an der eigenen Stim- **330** me" etc) hinzuzufügen. Die Rechtsprechung hat indes einen anderen Weg der Ausweitung des Persönlichkeitsschutzes gewählt. Anstatt die Zahl relativ eng umrissener Persönlichkeitsrechte zu vermehren, hat der BGH – erstmals im Jahre 1954 (BGHZ 13, 334) – unter Berufung auf Art. 1 und 2 GG ein **allgemeines Persönlichkeitsrecht** entwickelt und als das Recht des Einzelnen auf Achtung seiner Menschenwürde und auf Entfaltung seiner individuellen Persönlichkeit definiert (BGH NJW 1959, 525). Dieses Recht wird als „sonstiges Recht" im Sinne des § 823 I eingeordnet. Das allgemeine Persönlichkeitsrecht ist auch vom BVerfG als verfassungsrechtlich begründete, zivilrechtlich zu schützende Rechtsposition bestätigt worden (BVerfGE 34, 238, 246; 34, 269 und öfter).

331 Die **Konstruktion des allgemeinen Persönlichkeitsrechts** bietet einen **Rahmen** für die Anerkennung unterschiedlicher persönlichkeitsrechtlicher Interessen, die zum Teil erst im Laufe der technisch-zivilisatorischen Entwicklung entstehen oder sich als schutzbedürftig erweisen. Die unter diesem Dach geschützten Bereiche vermehren und verändern sich in einem fort. Mit dem Anbruch des elektronischen Zeitalters, den zunehmenden Möglichkeiten, in fremde Privatsphären einzudringen, und dem steigenden Bedarf der Unterhaltungsindustrie an sensationellem Stoff zeigen sich immer wieder neue Schutzbedürfnisse, auf die das **„Rahmenrecht"** elastisch reagieren kann.

332 Die Elastizität des allgemeinen Persönlichkeitsrechts hat auch wesentliche Vorteile, wenn es um seine **Begrenzung** geht. Denn die persönlichen Entfaltungsinteressen einer Person können in einer freien Gesellschaft nicht in demselben Maße zu einem exklusiven Schutzbereich erhoben werden wie etwa das Recht auf körperliche Unversehrtheit oder das Eigentum. Der Persönlichkeitsschutz des einen begrenzt die Freiheit der anderen. Deshalb tritt das allgemeine Persönlichkeitsrecht in seinem Anwendungsfeldern häufig in **Konkurrenz mit den Rechten und legitimen Interessen anderer**. Die Frage, ob sich im konkreten Fall aus der Beeinträchtigung des allgemeinen Persönlichkeitsrechts Ansprüche ergeben, hängt dann von einer **Abwägung des Gewichts der widerstreitenden Rechte und Interessen** ab. Daher hat die Rechtsprechung den Grundsatz entwickelt, dass – anders als etwa bei Eigentumsverletzungen – die **Beeinträchtigung des allgemeinen Persönlichkeitsrechts nicht schon die Vermutung der Widerrechtlichkeit** begründet (BGH NJW 2010, 760 Rn 20, siehe nachfolgend Rn 342, Rn 346). Vielmehr ergibt sich die Rechtswidrigkeit erst als Ergebnis eines Abwägungsprozesses: Der Eingriff in das Persönlichkeitsrecht ist nur dann rechtswidrig, wenn das Schutzinteresse des Betroffenen die schutzwürdigen Belange der anderen Seite überwiegt (BGHZ 199, 237 Rn 22; BGH VersR 2015, 1437 Rn 20).

3. Die wichtigsten Anwendungsfelder des allgemeinen Persönlichkeitsrechts

a) Das Recht am eigenen Bild

333 Das aus dem Jahre 1907 stammende **Kunsturhebergesetz** ordnet an, dass Bildnisse einer Person nur mit Einwilligung des Abgebildeten verbreitet oder öffentlich zur Schau gestellt werden dürfen (§ 22 S. 1). Von diesem Grundsatz wird eine Reihe von

Ausnahmen gemacht, insbesondere dürfen „Bildnisse aus dem Bereich der Zeitgeschichte" auch ohne Einwilligung abgebildeter Personen veröffentlicht werden (§ 23 I Nr 1), sofern nicht die berechtigten Interessen des Abgebildeten oder, falls dieser verstorben ist, seiner Angehörigen verletzt werden (§ 23 II KunstUrhG). Als Sanktion für ein Zuwiderhandeln dient eine Strafdrohung. Außerdem ist die Vernichtung der widerrechtlich hergestellten oder verbreiteten Exemplare und der Verbreitung dienender Vorrichtungen angeordnet. Zum Schutz des eigenen Bildes wurde zudem mit **§ 201a StGB** eine Strafnorm geschaffen, die unter anderem unbefugte Bildaufnahmen einer Person verbietet, die sich in einer Wohnung oder einem gegen Einblick besonders geschützten Raum befindet (Schutzgesetz im Sinn des § 823 II).

Diese Regelungen sind unvollständig. Wörtlich genommen konnte aufgrund des   **334**
Kunsturhebergesetzes gegen die bloße *Herstellung* des Bildes einer Person nichts unternommen werden. Auch sieht das genannte Gesetz keine Schadensersatzansprüche vor. Daher hat die Rechtsprechung das Recht am eigenen Bild **als Ausschnitt und besondere Erscheinungsform des allgemeinen Persönlichkeitsrechts** anerkannt (BGHZ 20, 345, 347; 24, 200, 208; BGH NJW 1996, 985, 986; MDR 2016, 84 Rn 31). Damit kann auch schon gegen die unerlaubte *Herstellung* von Bildern vorgegangen werden. Die Rechtsverletzung kann Schadensersatzpflichten aus § 823 I auslösen (zudem aus § 823 II in Verbindung mit dem KunstUrhG). Die analoge Anwendung des § 1004 BGB (Rn 381) führt zur Möglichkeit, bei Wiederholungsgefahr auf Unterlassung künftiger Rechtsverletzungen zu klagen.

Für die Frage, wann ausnahmsweise eine Bildberichterstattung durch die Medien **oh-**   **335**
ne Zustimmung des Abgebildeten zulässig ist, wird heute nicht allein der Wortlaut des § 23 KunstUrhG herangezogen. Vielmehr bedarf es in jedem Einzelfall einer Abwägung zwischen dem Informationsinteresse der Öffentlichkeit und dem Interesse des Abgebildeten am Schutz seiner Privatsphäre. Durch die Verankerung im Persönlichkeitsrecht wird die für „Bildnisse aus dem Bereich der Zeitgeschichte" gemachte Ausnahme (§ 23 I Nr 1 KunstUrhG) näher konturiert. Der Begriff der „Zeitgeschichte" wird sehr weit gefasst (Mieterfest einer Wohnbaugenossenschaft als Ereignis der Zeitgeschichte, BGH MDR 2014, 771!). Bei der Abwägung stehen das allgemeine Persönlichkeitsrecht des Abgebildeten (Art. 2 I GG) und der Schutz seines Privatlebens (Art. 8 I EMRK) einerseits, die Medien- und Pressefreiheit (Art. 5 I, Art. 10 EMRK) andererseits gegenüber. Im konkreten Fall kommt es darauf an, ob die Presse eine Angelegenheit von öffentlichem Interesse ernsthaft und sachbezogen erörtert, damit den Informationsanspruch des Publikums erfüllt und zur Bildung der öffentlichen Meinung beiträgt oder ob sie lediglich die Neugier der Leser auf private Angelegenheiten prominenter Personen befriedigt. Die Beeinträchtigung des Persönlichkeitsrechts wiegt schwerer, wenn die visuelle Darstellung die Privatsphäre berührt oder wenn der Betroffene nach den Umständen typischer Weise die berechtigte Erwartung haben durfte, nicht in den Medien abgebildet zu werden. Schon bei der Frage, ob das Bild dem Bereich der Zeitgeschichte zuzuordnen ist, soll nach BGH eine Abwägung zwischen den Rechten des Abgebildeten und der Presse vorzunehmen sein (zuletzt BGH NJW 2015, 2500 Rn 14).

Vorstehende Grundsätze nach BGH NJW 2008, 3138 Rn 8 ff – Shopping mit Putzfrau in Mallorca; BGHZ 171, 275, 278 – Ski-Urlaub in St. Moritz. Weitere neuere Fälle: BGHZ 180, 114;

BGH NJW 2005, 594; NJW 2009, 754; NJW 2009, 1502; NJW 2009 3032 – Wer wird Millionär?; BGH NJW 2012, 763; NJW 2013, 2890. Dazu auch die Rechtsprechung des BVerfG (BVerfGE 101, 361; 120, 180; NJW 2011, 740 Rn 45) und des EGMR (NJW 2004, 2647; NJW 2012, 1053; NJW 2014, 1645). Besonders schwerwiegende Schutzprobleme ergeben sich, wenn *Kinder* zum Gegenstand öffentlicher Bildberichterstattung gemacht werden, siehe die Fälle BGHZ 158, 218; 160, 298; BGH NJW 2010, 1454; NJW 2013, 2890.

Hat der Abgebildete in die Herstellung des Bildes **eingewilligt**, so folgt daraus nicht schon, dass das Bild ohne seine weitere Zustimmung veröffentlicht oder beliebig verwendet werden kann. Es ist vielmehr zu fragen, *worin genau* der Betreffende eingewilligt hat; die Zustimmung kann auch beschränkt erteilt werden (siehe den Fall BGH MDR 2016, 84 – Bildaufnahmen in einer intimen Beziehung).

336   Die Verwendung des Bildes einer Person zu **Werbezwecken** ohne ihre Zustimmung stellt in aller Regel eine Rechtsverletzung dar. Denn grundsätzlich umfasst das Persönlichkeitsrecht die Befugnis, selbst darüber zu entscheiden, ob und in welcher Weise die eigene Identität/das eigene Bild für Werbezwecke zur Verfügung gestellt wird (für das Bild: BGHZ 169, 340, Rn 19). Diese richtige Auffassung wird allerdings relativiert: Die Werbung berühre lediglich den zivilrechtlichen, nicht verfassungsrechtlich begründeten Schutz der vermögenswerten Bestandteile des Persönlichkeitsrechts (BGHZ 169, 340 Rn 21). Dieser bloß zivilrechtliche Schutz hat bei der Interessenabwägung gegenüber der verfassungsrechtlich verbürgten Meinungsfreiheit oder Kunstfreiheit einen schweren Stand. Der BGH lässt folglich eine Eigenwerbung von Presseerzeugnissen mit dem Bild prominenter Personen ohne deren Zustimmung unter erleichterten Voraussetzungen zu (vgl. BGH GRUR 2010, 546 – Werbung für eine neue Zeitung mit einem fiktiven Titelblatt, das eine Fotografie von Boris Becker zeigt, obwohl in dem Blatt keine entsprechende Berichterstattung über den Sportler erfolgt; BGH GRUR 2011, 647 – Werbung für ein neues Magazin mit dem Bildnis von Günter Jauch und wenigen Textfetzen angeblich im Informationsinteresse der Öffentlichkeit). Diese Rechtsprechung droht die Identität bekannter Persönlichkeiten in bedenklicher Weise dem unlizenzierten Zugriff der Werbewirtschaft preiszugeben. Siehe auch nachfolgend Rn 339, Rn 372.

b)   Das Recht an der eigenen Stimme

337   Unter diesem Gesichtspunkt sind Herstellung und Gebrauch **technischer Fixierungen der Stimme** einer Person ohne ihre Einwilligung grundsätzlich unerlaubt. Das Recht an der eigenen Stimme genießt den Schutz des Strafrechts (§ 201 StGB; Schutzgesetz nach § 823 II), ist aber zudem im allgemeinen Persönlichkeitsrecht verankert. Unzulässig sind somit **heimliche Tonbandaufnahmen** (BGHZ 27, 284; 73, 120), selbst wenn das mitgeschnittene Gespräch nur geschäftliche Angelegenheiten betrifft (BGH NJW 1988, 1016).

Auch **Telefonate** dürfen ohne Einwilligung des Gesprächspartners nicht aufgenommen werden; eine Ausnahme gilt für Erklärungen, die von der persönlichen Sphäre des Sprechenden völlig losgelöst sind, etwa für die telefonische Warenbestellung (BVerfGE 34, 238, 247; BGH NJW 1988, 1016, 1017). Heimliche Tonbandaufnahmen ohne Einwilligung des Sprechenden können unter dem Gesichtspunkt der Notwehr oder einer notwehrähnlichen Lage gerechtfertigt sein (etwa zum Zweck der Überführung eines Erpressers, vgl BVerfGE 34, 238, 248 f; BGHZ 27, 284, 289). Nach BGH NJW 2003, 1727 wird das „Recht am gesprochenen Wort" auch dadurch verletzt, dass der Teilnehmer eines Telefonats das Gespräch ohne Wissen und Billigung des Gesprächspartners durch einen Dritten mithören lässt, und zwar gleichgültig, welchen Inhalt das Gespräch betrifft.

Hingegen sind **schriftliche Gesprächsaufzeichnungen** im Allgemeinen zulässig (vgl BGHZ 80, 25, 42), sofern sich nicht eine Verletzung des Persönlichkeitsrechts aus anderen Gesichtspunkten (etwa: Eindringen in die Privatsphäre) ergibt.

c) Das Recht am eigenen Namen

Der Name einer Person dient ihrer Identifikation und Individualisierung. Das Interesse des Namensträgers am unbestrittenen und exklusiven Gebrauch seines Namens wird, wie wir gesehen haben, in § 12 BGB durch Beseitigungs- und Unterlassungsansprüche geschützt. Darüber hinaus hat die Rechtsprechung das Namensrecht in den Rahmen des allgemeinen Persönlichkeitsrecht eingeordnet (BGHZ 143, 214, 218 – Marlene Dietrich; BGH NJW 2008, 3782 Rn 10), sodass seine Beeinträchtigung einen Schadensersatzanspruch aus § 823 I auslösen kann. § 12 ist zudem als Schutzgesetz im Sinne des § 823 II anerkannt. Das Namensrecht ist besonders dadurch gefährdet, dass die Werbewirtschaft gerne die öffentliche Wirksamkeit bekannter Namen nutzen möchte und nicht immer die Zustimmung des Namensträgers einholt. Besonderer Schutzbedarf hat sich darüber hinaus seit Entwicklung des Internet ergeben, da viele Nutzer bekannte Namen anderer Personen als „Domain-Namen" für sich haben eintragen lassen (zur Problematik BGHZ 155, 273 – maxem.de; 192, 204; BGH NJW 2004, 1793; NJW 2009, 1756; BVerfG NJW 2007, 671). **338**

Die Deutung des Namensrechts als Ausprägung des allgemeinen Persönlichkeitsrechts erlaubt es, die **Grenzen des Rechtsschutzes** durch die Abwägung der sich gegenüberstehenden Interessen, insbesondere der betroffenen Grundrechtspositionen zu bestimmen. Dabei ist von Bedeutung, dass die neuere Rechtsprechung ähnlich wie beim Recht am eigenen Bild (Rn 336) zwischen den ideellen und den vermögenswerten Bestandteilen des Namensrechts unterscheidet; nur die Ersteren gehörten zum verfassungsrechtlich gewährleisteten Kern der Persönlichkeitsentfaltung, während der Schutz der vermögensrechtlichen Bestandteile lediglich zivilrechtlich begründet ist. Das wirkt sich dahin aus, dass selbst die Verwendung des Namens eines Prominenten in einer Werbeanzeige ohne seine Einwilligung durch die Meinungsfreiheit des Werbenden gerechtfertigt sein kann, wenn ausschließlich die vermögensrechtlichen Bestandteile des Namensrechts tangiert sind (BGH NJW 2008, 3782 unter Berufung auf BVerfG NJW 2006, 3409; siehe schon BGHZ 143, 214 – Marlene Dietrich; BGHZ 169, 340 – Rücktritt des Finanzministers). **339**

Wichtig: Eine Rechtsverletzung liegt aber dann vor, wenn der Image- und Werbewert einer Person durch die Verwendung ihres Namens ohne ihre Zustimmung ausgenutzt wird oder der Eindruck erweckt wird, sie identifiziere sich mit dem Produkt (BGH NJW 2008, 3782, Rn 18). Denn grundsätzlich umfasst das Persönlichkeitsrecht die Befugnis, selbst darüber zu entscheiden, ob und in welcher Weise die eigene Identität/das eigene Bild für Werbezwecke zur Verfügung gestellt wird (BGHZ 30, 7 – Catarina Valente; BGHZ 35, 363 – Ginsengwurzel; das Recht am Bild betreffend BGHZ 169, 340, Rn 19 – Marlene Dietrich).

Geschützt sind alle Namen, welche an der Identifikations- und Individualisierungsfunktion teilhaben, auch Vornamen, Künstlernamen und Pseudonyme (BVerfG NJW 2007, 671). Wird nur der Vorname genannt, so kann das Namensrecht verletzt sein, wenn die gemeinte Person aus den Umständen erkennbar ist (BGH NJW 2008, 3782; BGH NJW 2009, 1756 – raule.de).

d) Der Schutz weiterer persönlicher Merkmale

340 Eine Persönlichkeit konstituiert sich nicht nur durch Name und Erscheinungsbild, sondern durch ihre Gesamtes „So-Sein", das sich in ihren Lebensäußerungen und in ihrer persönlichen Lebensgeschichte ausprägt. Das allgemeine Persönlichkeitsrecht umfasst daher auch das **„Lebensbild"** einer Person, das durch andere widerrechtlich beeinträchtigt werden kann. Dabei ist freilich zu bedenken, dass die eigene Biographie schon deshalb keinen rundum exklusiven Schutzbereich ausmachen kann, weil sie im Zusammenleben mit anderen und im gesellschaftlichen Kontakt entsteht. Es geht auch hier um Eingriffe, die *wegen ihrer Art* oder *ihres Ausmaßes* zu missbilligen sind.

Grundsätzlich hat jeder Mensch das Bestimmungsrecht darüber, ob und in welcher Weise seine Biographie zum Gegenstand öffentlicher Darstellung gemacht wird. Die Exklusivität dieser Befugnis findet indes die Grenze dort, wo die Lebenssphäre anderer berührt wird, ferner an der Freiheit der Presse und der Kunst (Art. 5 I und III GG). In der Abwägung der persönlichen Interessen der Person, deren Biographie von anderen genutzt wird, mit den Belangen der öffentlichen Information oder der Kunst ergeben sich schwierige Probleme (siehe BGH NJW 2005, 2844 – „Esra", Erkennbarkeit individueller Personen in einem Roman mit negativen oder bloßstellenden Schilderungen aus dem Privat- und Sexualleben; zu diesem Fall auch BVerfGE 119, 1 und BGH NJW 2008, 2587; ferner BVerfGE 114, 339 und BGHZ 139, 95 – Stasi-Streit; BGH NJW 2009, 3576 – Verfilmung einer schweren Straftat).

Die Individualität einer Person kann auch dadurch beeinträchtigt sein, dass ihre **Äußerungen** in der Öffentlichkeit **entstellt wiedergegeben** oder Äußerungen ihr **fälschlich unterschoben** werden.

Hierher gehören erdichtete Interviews (BVerfGE 34, 269 – Soraya; BVerfGE 54, 148 – Eppler; BGHZ 128, 1), erfundene Zitate (BVerfGE 54, 208; OLG Hamburg NJW 1987, 1416), die entstellten Wiedergabe von Äußerungen (BGHZ 31, 318 – Alte Herren; BGH NJW 2011, 3516 Rn 11) und auch die gefälschte Signatur eines Bildes mit dem Namen eines anderen Malers (BGHZ 107, 384 – Emil Nolde).

e) Die „Ehre"

341 In den Bereich des allgemeinen Persönlichkeitsrechts fällt auch das Recht einer Person darauf, dass ihr Ansehen in der Gesellschaft nicht in unerlaubter Weise durch andere geschmälert wird. Mit der „Ehre" ist das **Interesse einer Person an ihrem guten Ruf und ihrer sozialen Anerkennung** geschützt (BGH NJW 2015, 782 Rn 14). Freilich besteht der Ehrenschutz nur in Grenzen: Welches Ansehen wir genießen, liegt in der freien Einschätzung unserer Mitmenschen und hängt wesentlich von unserem sozialen Verhalten ab. Es kann also nur um den Schutz vor **bestimmten zu missbilligenden Formen der Ehrverletzung** gehen. Hier knüpft das Zivilrecht zunächst an das Strafrecht an, dessen einschlägigen Tatbestände (§§ 185 ff StGB, vor allem Beleidigung, üble Nachrede und Verleumdung) zugleich Schutzgesetze nach § 823 II sind. Doch gibt es auch Schutzbedürfnisse jenseits des strafbaren Verhaltens, sodass die Ehre als Element des allgemeinen Persönlichkeitsrechts auch in den Bereich des

§ 823 I fällt (siehe BVerfGE 42, 143, 150; 54, 208, 217; NJW 2004, 2371, 2372; BGHZ 39, 124 – Fernsehansagerin; BGHZ 99, 133).

Zum Problem der „Geschäftsehre" von Unternehmen nachfolgend Rn 353; zum postmortalen Schutz des Ansehens einer Person siehe oben Rn 125.

Beim Schutz der Ehre wird besonders deutlich, dass nicht jede Beeinträchtigung des sozialen Ansehens einer Person als rechtswidrige Handlung eingeordnet werden kann. Vielmehr ist jeweils eine Abwägung des Interesses an sozialer Geltung mit den Freiheitsinteressen der anderen erforderlich. **342**

> **Fall 18:** G schreibt einen Roman, für den er einen Verleger findet. Nach dem Erscheinen des Werks publiziert der Literatur-Kritiker R in einer Zeitung eine Rezension des Romans. Diese fällt sehr negativ aus und hebt die Langweiligkeit und sprachliche Unbeholfenheit des Romans hervor. Die Kritik macht die Runde und führt zu einer beträchtlichen Minderung des Buchabsatzes und daher auch des Autorenhonorars.
>
> Hat G gegen R Anspruch auf Schadensersatz?

R hat das Ansehen des G in der Öffentlichkeit ohne Zweifel beschädigt. R hat dies auch vorsätzlich getan, da er sich über die Wirkung seiner Rezension für das Ansehen des G im Klaren war. Die Frage ist aber, ob R rechtswidrig gehandelt hat. Für die Erlaubtheit seines Tuns spricht die verfassungsrechtlich garantierte Meinungs- und Pressefreiheit (Art. 5 I GG) und – sofern die Kritik als Kunstwerk gelten kann – die Freiheit der Kunst (Art. 5 III 1 GG).

Diesen möglichen Interessenwiderstreit thematisiert das Strafrecht in § 193 StGB. Danach sind tadelnde Urteile über wissenschaftliche, künstlerische oder gewerbliche Leistungen, desgleichen Äußerungen, die anlässlich der Ausführung oder Verteidigung von Rechten oder zur Wahrnehmung berechtigter Interessen gemacht werden, nur insofern strafbar, als das Vorhandensein einer Beleidigung aus der Form der Äußerung oder aus den Umständen, unter welchen sie geschah, hervorgeht. Daraus ist ein Rechtfertigungsgrund der **Wahrnehmung berechtigter Interessen** entwickelt worden. In diesen kann das von der Rechtsprechung entwickelte Prinzip aufgenommen werden, dass bei Beeinträchtigungen des Persönlichkeitsrechts sich die Rechtswidrigkeit einer Handlung erst aus einer konkreten Interessenabwägung ergibt.

> In **Fall 18** kann man schon zweifeln, ob die Ehre des G verletzt ist, da die Kritik nicht seiner Person, sondern dem von ihm auf den Markt gebrachten literarischen Produkt galt. Auch wenn man darin eine Beeinträchtigung seines Persönlichkeitsrechts sieht, ist eine sachliche Kritik von der Meinungsfreiheit gedeckt. Denn wer ein literarisches Werk in der Öffentlichkeit anbietet, stellt sich damit auch der öffentlichen Kritik, an der auch andere, die informiert sein wollen, ein Interesse haben. Etwas anderes würde gelten, wenn R über die sachliche Kritik hinaus eine „Schmähkritik" geübt, dh es erkennbar darauf angelegt hätte, über die Beurteilung des Werkes hinaus die Person des Autors herabzusetzen (siehe die Fälle BVerfG NJW 1993, 1462).

f) Der Schutz der Privatsphäre

343 Jeder hat das Recht, sein privates Leben ohne Beobachtung und Einmischung anderer zu führen und zu gestalten. Die Privatsphäre bildet einen besonders schutzwürdigen Bereich der Selbstbestimmung und Selbstverwirklichung einer Person und damit des allgemeinen Persönlichkeitsrechts (BVerfGE 27, 344 – Ehescheidungsakten; 32, 373 – Ärztekartei; BGH NJW 1987, 2667 – BND-Interna; BVerfG E 120, 180 Rn 47 – Caroline von Monaco III). Die private Sphäre des Menschen als der Bereich, in dem er allein zu bleiben, seine Entscheidungen in eigener Verantwortung zu treffen und von Eingriffen jeder Art nicht behelligt zu werden wünscht, genießt den Schutz der Verfassung (Art. 1 I, Art. 2 I GG; siehe BVerfGE 27, 1, 6; BVerfGE 34, 269, 281 – Soraya). Ein Schutz der Privatsphäre ergibt sich auch aus Art. 8 der Europäischen Konvention der Menschenrechte (Schutz des Privatlebens; EGMR NJW 2004, 2647). Die Privatsphäre ist nicht auf das Leben im räumlichen Privatbereich beschränkt. Es geht um den „Rückzugsbereich des Einzelnen", der ihm im häuslichen, aber auch im außerhäuslichen Bereich (zB Urlaub) die Möglichkeit des Zu-Sich-Selbst-Kommens und der Entspannung sichert und der das Bedürfnis verwirklichen hilft, in Ruhe gelassen zu werden (BVerfGE 120, 180 Rn 47).

344 Die Intensität des Schutzes ist unterschiedlich, je nachdem ob der „unantastbar innerste Lebensbereich" **(Intimsphäre)** einer Person beeinträchtigt ist oder die Privatsphäre außerhalb dieses Kernbereichs. Die Unantastbarkeit des innersten Bereichs ist in der Menschenwürde verankert (Art. 1 I GG) und genießt grundsätzlich absoluten Schutz (BGHZ 73, 120, 124; BGH NJW 1988, 1984, 1985; BGH VersR 2010, 266 Rn 16; allgemein BVerfGE 109, 279, 313). Dem unantastbaren Kernbereich gehören grundsätzlich Ausdrucksformen der Sexualität an (BGH 2013, 1681 Rn 23 – aber nicht Sexualstraftaten). Weiter als die Intimsphäre reicht die **Vertraulichkeits-** oder **Geheimsphäre** (BGH NJW 2015, 782 Rn 15), deren Schutz gegenüber gleich- oder höherrangigen Interessen relativiert ist (unten Rn 346).

345 In die Privatsphäre kann auf **unterschiedliche Weise** eingegriffen werden: Bekanntgabe von Informationen aus dem privaten Lebensbereich (BGH JZ 1965, 411 – Gretna Green; OLG München NJW 1986, 1260 – Opus Dei); Veröffentlichung privater Papiere und Aufzeichnungen (BGHZ 13, 334; BGH NJW 1987, 2667); Veröffentlichung privater E-Mails (NJW 2015, 782 Rn 15); Preisgabe von Krankenpapieren (BGHZ 24, 72); Informationen über die Krankheit einer Person (BGH NJW 2012, 3645 Rn 17). Oft wird die Privatsphäre **zugleich mit anderen Elementen des Persönlichkeitsrechts**, wie etwa dem Recht am eigenen Bild oder an der eigenen Stimme verletzt (zB Abhören privater Telefongespräche, BGHZ 73, 120). Das wirkt sich auf die Interessenabwägung aus: Je mehr zB durch eine Bildberichterstattung das Privatleben betroffen ist, desto stärker muss das öffentliche Informationsinteresse sein, um die Beeinträchtigung des Persönlichkeitsrechts zu rechtfertigen.

Schon das **Eindringen in die Privatsphäre** ist geeignet, das allgemeine Persönlichkeitsrecht zu verletzen, so das Abhören von Telefongesprächen (BGHZ 73, 120, Mitschnitt eines vertraulichen Telefongesprächs), das Einschleichen in eine private Veranstaltung, das systematische Beobachten des Privatlebens eines anderen (Überwachung der Hauseinfahrt des Nachbarn, BGH JZ 1995, 1115). Hierher gehören auch die Belästigung einer Person auf dem Weg von der Wohnung zur Arbeitsstätte (OLG Stuttgart NJW 1988, 1270), das Ausspähen des räumlichen

Lebensbereichs einer Person (BGH NJW 2004, 762, 766), Öffnen privater Post (BGH NJW-RR 1990, 764). Auch die Belästigung des privaten Bereichs durch Telefonwerbung (BGHZ 54, 188) sowie durch Zustellung gedruckten Werbematerials gegen den ausdrücklichen Widerspruch des Wohnungsinhabers (BGHZ 60, 296; 106, 229) sind als Beeinträchtigung der Privatsphäre zu beurteilen.

Gegen einige Formen der **Nachstellung** („Stalking") sind spezielle Vorschriften geschaffen worden, vor allem die Strafdrohung des § 238 StGB, der als Schutzgesetz im Sinn des § 823 II BGB anzuerkennen ist (*Löhnig*, FamRZ 2007, 216). Durch das **Gewaltschutzgesetz** vom 11.12.2001 (BGBl. I 3513) wurden zudem spezielle zivilrechtliche Sanktionen zum Schutz gegen Gewalt und Nachstellungen geschaffen (§ 1). Die Vorschriften dieses Gesetzes verdrängen nach richtiger Auffassung aber nicht den allgemeinen Schutz des Persönlichkeitsrechts nach dem BGB. Die unerlaubte Nachstellung im Privatbereich bildet einen schweren Eingriff in das allgemeine Persönlichkeitsrecht, dessen Verletzung auch Schadensersatzansprüche nach § 823 I begründet.

Persönlichkeitsrecht und Privatsphäre von **minderjährigen Personen** erfahren in der Rspr. einen besonderen Schutz: Kinder haben ein Recht auf „ungehinderte Entfaltung ihrer Persönlichkeit und ungestörte kindgemäße Entwicklung" (BGH VersR 2015, 1437 Rn 18). Dieses Recht kann zB durch öffentliche Erörterung der persönlichen Angelegenheiten des Kindes verletzt werden. Bei der öffentlichen Berichterstattung muss der Bereich, in dem Kinder sich frei von öffentlicher Beobachtung fühlen und entfalten dürfen, umfassender geschützt sein als derjenige erwachsener Personen; im Einzelfall können gleichwohl die Belange der Pressefreiheit die Interessen des Kindes überwiegen (vgl. den Fall BGHZ 198, 346 Rn 17).

Wie bei anderen Feldern des Persönlichkeitsrechts kann die Beeinträchtigung der Privatsphäre durch **höherrangige Interessen gerechtfertigt** sein, sofern nicht die Intimsphäre betroffen ist. Auch hier steht dem Persönlichkeitsrecht die **Meinungs- und Pressefreiheit** gegenüber, die dem legitimen Informationsinteresse der Öffentlichkeit dient (grundsätzlich für das allgemeine Persönlichkeitsrecht BVerfGE 34, 269, 282; 68, 226; für das Recht am eigenen Bild BGHZ 156, 206). Die Pressefreiheit erhält in der Rspr. ein großes Gewicht: Die Mitteilung *wahrer Tatsachen* muss in der Regel von den Betroffenen hingenommen werden, außer wenn die Folgen der Darstellung für die Persönlichkeitsentfaltung schwerwiegend sind und die Schutzbedürfnisse das Interesse an der Äußerung überwiegen (BVerfGE 97, 391, 404), insbesondere wenn die mitgeteilten Tatsachen zu sozialer Ausgrenzung und Isolierung führen können (BGH VersR 2013, 114 Rn 11). Politiker und andere **Persönlichkeiten des öffentlichen Lebens** brauchen zwar grundsätzlich nicht zu dulden, dass ihr Privatleben ohne ihre Zustimmung zum Gegenstand der Berichterstattung gemacht wird, soweit es keinen Bezug zu ihrer öffentlichen Funktion hat, doch wird dieser Schutz relativiert. So ist nicht beanstandet worden, dass eine abgewählte Ministerpräsidentin beim privaten Einkauf ohne ihre Zustimmung fotografiert wurde (BGHZ 177, 119). Nach der Rechtsprechung ist der Kreis der Informationsinteressen der Öffentlichkeit gerade bei Politikern nicht auf skandalöse, sittlich oder rechtlich zu beanstandende Verhaltensweisen begrenzt, vielmehr darf auch die Normalität des Alltagslebens der Öffentlichkeit vor Augen geführt werden, wenn dies der Meinungsbildung zu Fragen von allgemeinem Interesse dienen kann (BVerfGE 120, 180 Rn 60; BGHZ 177, 119 Rn 17; BGH NJW 2009, 3030 – Hauskauf durch Politiker). Es kommt – bei der Bildberichterstattung wie allgemein – darauf an, ob im konkreten Fall eine Angelegenheit von öffentlichem Interesse ernsthaft und sachbezogen erörtert oder lediglich die Neugier

346

nach privaten Angelegenheiten prominenter Personen befriedigt wird (BGHZ 180, 114 Rn 12).

347 Verbreiten Prominente, wie dies häufig geschieht, selbst Informationen aus ihrem Privatleben in den Medien, so relativieren sie den Schutz ihrer Privatsphäre. Denn wenn sie selbst ihren Privatbereich zum Gegenstand der öffentlichen Erörterung machen, so entsteht ein Informationsinteresse am Wahrheitsgehalt der Selbstdarstellung. Man kann sich im Allgemeinen nicht auf ein Recht zur Privatheit hinsichtlich solcher Tatsachen berufen, die man selbst der Öffentlichkeit preisgegeben hat (BVerfGE 101, 361, 385; BGH NJW 2009, 754 Rn 23). Der BGH (NJW 2012, 767) hat z.b. nicht beanstandet, dass über den Lebenspartner einer bekannten Schauspielerin wahrheitsgemäß berichtet wurde, er habe – individuell erkennbar – an Pornofilmen mitgewirkt; der Betreffende habe seine Privatsphäre selbst nach außen geöffnet. Das bedeutet nicht, dass unter diesen Umständen alles erlaubt wäre (zum Problem BGH NJW 2009, 1502 Rn 17). Vor allem die eigentliche Intimsphäre muss vor dem Zugriff der Unterhaltungsindustrie geschützt bleiben.

Die Interessenabwägung ist im Einzelfall schwierig, wie sehr unterschiedliche Gerichtsentscheidungen bezeugen. Einen besonders empfindlichen Bereich bietet die öffentliche Berichterstattung über Straftaten: Dem Informationsinteresse der Öffentlichkeit steht hier das Interesse des Täters gegenüber, nicht an den Pranger gestellt und auf Dauer sozial ausgegrenzt zu werden (dazu BVerfGE 35, 202, 226 – Lebach; zur Information über getilgte Vorstrafen BVerfG NJW 1993, 1463; NJW 2006, 1865); zum Bereithalten von Informationen über Straftäter in Internetportalen BGH NJW 2010, 2432; 2011, 2285.

348 Die **Sozialsphäre** einer Person, die vor allem ihre berufliche Stellung und Tätigkeit in der Öffentlichkeit umfasst, unterliegt nicht dem für das private Leben entwickelten Schutz. Dem Informationsinteresse der Öffentlichkeit kommt ein erheblicher Rang zu (BGH NJW-RR 1995, 301, 304). Doch kann auch eine Berichterstattung über die Sozialsphäre das Persönlichkeitsrecht verletzen, wenn sie schwerwiegende Auswirkungen für den Betroffenen hat, wenn dieser zB an den Pranger gestellt, „stigmatisiert" oder sozial ausgegrenzt wird (BGHZ 161, 266, 269). Soweit dies nicht der Fall ist, besteht in weitem Umfang die Freiheit der Berichterstattung, wenn die mitgeteilten Fakten wahr sind (vgl. BGH MDR 2007, 588 – erlaubter Bericht über die Abberufung einer Person als Geschäftsführer eines Unternehmens; BGH NJW 2015, 776 – kein Schutz eines Unternehmers gegen zutreffenden Bericht über das Ermittlungsverfahren gegen einen Mitarbeiter). Fraglich ist, inwieweit die Presse über die Teilnahme von prominenten Personen an öffentlichen Veranstaltungen berichten darf. Nach Auffassung des BVerfG (NJW 2011, 740 Rn 56) ist dies auch ohne Einwilligung des Betroffenen zulässig, wenn wegen des öffentlichen Interesses an der Veranstaltung mit einer Medienberichterstattung gerechnet werden muss. Die Gerichte gestehen dem allgemeinen Persönlichkeitsrecht gegenüber der bloßen Wortberichterstattung eine geringere Reichweite zu als gegenüber Bildreportagen (BGHZ 187, 200 Rn 8 ff).

g) Das Recht auf informationelle Selbstbestimmung

349 **Persönliche Daten** dürfen ohne Wissen und Zustimmung des Betroffenen grundsätzlich nicht erhoben, gespeichert, verarbeitet und genutzt werden, auch wenn sie nicht der Privatsphäre angehören. Das Recht auf informationelle Selbstbestimmung ist vom

BVerfG entwickelt worden (BVerfGE 65, 1 – Volkszählung; BVerfG NJW 2009, 3293 – Verkehrsüberwachung) und als Bestandteil des allgemeinen Persönlichkeitsrechts anerkannt (BGHZ 91, 233, 239; 181, 328 Rn 28 ff und öfter). Grundsätzlich soll der Einzelne selbst darüber entscheiden können, ob, wann und innerhalb welcher Grenzen seine persönlichen Daten in die Öffentlichkeit gebracht werden (BGHZ 181, 328 Rn 28; 202, 242 Rn 26). Das Recht auf informationelle Selbstbestimmung entfaltet Drittwirkung im Privatrecht (BGH NJW 2015, 776 Rn 9). Auch diesem Recht stehen möglicherweise **berechtigte Interessen der Öffentlichkeit** oder anderer Personen gegenüber. Stets ist auch hier eine Interessenabwägung vor allem gegenüber der Meinungs- und Pressefreiheit erforderlich (instruktiv BGHZ 181, 328 Rn 30 ff; BGHZ 198, 346 Rn 13 ff; BGH NJW 2015, 776 Rn 14 ff).

Der Datenschutz ist durch das „Gesetz zum Schutz vor Missbrauch personenbezogener Daten bei der Datenverarbeitung" (**Bundesdatenschutzgesetz**, BDSG) näher ausgeformt. Das Gesetz gewährt den Betroffenen ua Ansprüche auf Benachrichtigung und Auskunft, ferner auf Berichtigung falscher Daten, unter näheren Voraussetzungen auch auf Sperrung und Löschung von Daten. Auch enthält es spezielle Haftungsgrundlagen bei rechtswidriger Datenverarbeitung. § 8 BDSG gewährt einen verschuldensunabhängigen Schadensersatzanspruch, wenn einem Betroffenen durch unzulässige oder unrichtige automatisierte Erhebung, Verarbeitung oder Nutzung personenbezogener Daten seitens einer verantwortlichen *öffentlichen Stelle* ein Schaden entsteht; bei anderen verantwortlichen Stellen wird das Verschulden vermutet (siehe § 7 S. 2 BDSG). Das allgemeine Deliktsrecht bleibt daneben anwendbar.

h) Zusammenfassung, Prüfungsschema

Die Konstruktion des allgemeinen Persönlichkeitsrechts, dessen Anerkennung die Schöpfer des BGB noch abgelehnt hatten, ist häufig auf Kritik gestoßen. Ihr Nachteil ist ihr Mangel an klaren Konturen: Die Anwendungsfelder überlagern sich; der Rechtsschutz stößt auf die recht schwer zu fixierende Grenze der „Wahrnehmung berechtigter Interessen" anderer. Dennoch blieb, nachdem der Gesetzgeber überwiegend untätig war, kein anderer gangbarer Weg. Die technische Entfaltung schafft in atemberaubender Geschwindigkeit fortlaufend neue Gefährdungen der menschlichen Persönlichkeit. Das allgemeine Persönlichkeitsrecht ermöglicht es, mit dieser Entwicklung in elastischer Weise Schritt zu halten.

350

Bei der Handhabung des Deliktsrechts ist darauf zu achten, dass Schutzpositionen, die unter dem Begriff des allgemeinen Persönlichkeitsrechts versammelt sind, **unterschiedliche Grade der Exklusivität** aufweisen und somit unterschiedlichen Begrenzungen unterliegen. So gesehen sind die Persönlichkeitsinteressen ähnlich geschützt wie die Vermögensinteressen, nämlich teils durch subjektive Rechte (Vermögensrechte wie Eigentum; Persönlichkeitsrechte wie das Recht auf Leben), teils als Schutzbereiche *gegenüber bestimmten Arten* von Beeinträchtigung (zB das Vermögen gegen betrügerische Schädigung, § 263 StGB; zB die Persönlichkeit gegenüber Ehrverletzung durch Verleumdung, § 187 StGB). **„Persönlichkeit"** und **„Vermögen"** bilden die beiden großen, ineinander übergehenden Interessenfelder, auf denen sich die Menschen im sozialen Kontakt begegnen. So wenig einer Person ihre gesamten Vermögensinteressen als ausschließlicher Schutzbereich zugewiesen werden können, ebenso wenig lassen sich die persönlichen Interessen generell zu einem exklusiven Bestimmungsbereich zusammenfassen. Die Beeinträchtigung personaler Interessen ist im Miteinander und Gegeneinander des menschlichen Zusammenlebens eine zwangsläufige Erscheinung. Ein Freund enttäuscht mich und verletzt meine Gefühle – gleichwohl tut er nicht unrecht, denn ich habe kein „Recht auf Unversehrtheit der Gefühle". Der Betrunkene im Straßengraben erweckt bei einem Passanten womöglich außer Mitleid auch Ekel; der Passant muss diese Veränderung seiner Stimmungslage wohl oder übel erdulden, denn er hat kein „Recht auf Integrität der ästhetischen Empfindung". Wir benutzen das „allgemeine Persönlichkeitsrecht" nur als Etikett für einen Komplex von persönlichen Interessen, die einen unterschiedlich intensiven Rechtsschutz genießen.

---

351 | **Prüfungsschema:** Kommt in einem Fall ein Anspruch wegen Verletzung des allgemeinen Persönlichkeitsrechts in Frage, so ist zunächst darauf zu achten, was verlangt wird: Schadensersatz bzw sonstige Entschädigung oder Beseitigung eines Störungszustandes oder Unterlassung künftiger Beeinträchtigungen. Danach richtet sich die zu überprüfende Anspruchsgrundlage.

Wird Schadloshaltung durch Geldzahlung verlangt, kommen als Anspruchsgrundlagen hauptsächlich in Betracht: § 823 I: § 823 II in Verbindung mit einem Schutzgesetz; § 812 I (Eingriffskondiktion) oder § 687 II (Geschäftsanmaßung).

Wird der Anspruch auf § 823 I geprüft, so ist wie folgt vorzugehen:

1) Die Prüfung setzt mit der Feststellung ein, dass sich der Anspruch aus der Verletzung des allgemeinen Persönlichkeitsrechts als eines „sonstigen Rechts" im Sinne des § 823 I ergeben kann. Dabei ist bereits der relevante Gesichtspunkt zu nennen, zB „Der Anspruch kann aus § 823 I wegen Verletzung des allgemeinen Persönlichkeitsrecht, hier des Rechts am eigenen Bild, begründet sein."

2) Sodann ist zu prüfen, ob im konkreten Fall das Recht am eigenen Bild durch ein Verhalten des Anspruchsgegners beeinträchtigt wurde.

3) Wird dies bejaht, so ist zu prüfen, ob dem Anspruchsgegner Rechtfertigungsgründe zur Seite stehen oder ob die Wahrung berechtigter Interessen sein Handeln als rechtmäßig erscheinen lassen.

4) Wird die Rechtswidrigkeit bejaht, so ist das Verschulden und – wenn Anlass dazu besteht – auch die Verantwortungsfähigkeit des Handelnden zu überprüfen.

5) Wird auch das Verschulden bejaht, so ist zu prüfen, ob durch die unerlaubte Handlung ein Schaden entstanden ist.

Literatur: *H. Hubmann*, Das Persönlichkeitsrecht, 2. Aufl. 1967; *P. Schwerdtner*, Das Persönlichkeitsrecht in der deutschen Zivilrechtsordnung, 1977; *J. Helle*, Besondere Persönlichkeitsrechte im Privatrecht, 1991; *H.P. Götting*, Persönlichkeitsrechte als Vermögensrechte, 1995; *St. Gottwald*, Das allgemeine Persönlichkeitsrecht. Ein zeitgeschichtliches Erklärungsmodell, 1996; *M. Baston-Vogt*, Der sachliche Schutzbereich des zivilrechtlichen allgemeinen Persönlichkeitsrechts, 1997; *F. Quante*, Das allgemeine Persönlichkeitsrecht juristischer Personen, 1999; *V. Beuthien/A. S. Schmölz*, Persönlichkeitsschutz durch Persönlichkeitsgüterrechte, 1999; *K.N. Peif*er, Individualität im Zivilrecht. Der Schutz persönlicher, gegenständlicher und wettbewerblicher Individualität im Persönlichkeitsrecht, Immaterialgüterrecht und Recht der Unternehmen, 2001; *U. Amelung*, Der Schutz der Privatheit im Zivilrecht, 2002; *K. Gronau*, Das Persönlichkeitsrecht von Personen der Zeitgeschichte und die Medienfreiheit, 2002; *C. Ahrens*, Die Verwertung persönlichkeitsrechtlicher Positionen, 2002; *H.P Götting/Chr. Schertz/ W. Seitz*, Handbuch des Persönlichkeitsrechts, 2008; *H.P. Götting/A. Lauber-Rönsberg*, Aktuelle Entwicklungen im Persönlichkeitsrecht, 2010; *G. Gounalakis*, Freiräume und Grenzen politischer Karikatur und Satire, NJW 1995, 809; *M. Prinz*, Der Schutz der Persönlichkeitsrechte vor Verletzung durch die Medien, NJW 1995, 817; *J. Hager*, Der Schutz der Ehre im Privatrecht, AcP 196, 168; *H. Ehmann*, Zur Struktur des allgemeinen Persönlichkeitsrechts, JuS 1997, 193; *A. Büchler*, Die Kommerzialisierung von Persönlichkeitsgütern, AcP 206, 300; *M. Germann*, Das allgemeine Persönlichkeitsrecht, Jura 2010, 734; *H. Ehmann*, Das Allgemeine Persönlichkeitsrecht, Jura 2011, 437; *A. Ohly*, Verändert das Internet unsere Vorstellung von Persönlichkeit und Persönlichkeitsrecht? AfP 2011, 428; *D. Schwab*, Persönlichkeitsrecht und Erbe, in: FS Bengel/Reimann, 2012, 345; *K.-N. Peifer*, Persönlichkeitsrechte im 21. Jahrhundert – Systematik und Herausforderungen, JZ 2013, 853; *J. Neuner*, Der privatrechtliche Schutz der Persönlichkeit, JuS 2015, 961; *M. Staake/T. von Bressensdorf*, Grundfälle zum deliktischen Schutz des allgemeinen Persönlichkeitsrechts, JuS 2015, 683, 777; *M. Eifert*, Das Allgemeine Persönlichkeitsrecht des Art. 2 Abs. 1 GG, Jura 2015, 1181.

4. Zwischen Persönlichkeits- und Vermögensrecht: das „Recht am eingerichteten und ausgeübten Gewerbebetrieb"

Über die vom Gesetz gestalteten subjektiven Rechte hinaus hat die Rechtsprechung **352** ein weiteres absolutes Recht konstruiert, um dessen Daseinsberechtigung viele Diskussionen geführt worden sind: das „Recht am eingerichteten und ausgeübten Gewerbebetrieb". Da der Begriff des Betriebs und des (wirtschaftlichen) Unternehmens sich überschneiden, wird auch vom „Recht am Unternehmen" gesprochen. Rechtsinhaber ist „der Unternehmer", das kann ein Einzelunternehmer oder eine Gesellschaft sein, die das Gewerbe betreibt. Der deliktische Schutz des Unternehmens erscheint auf den ersten Blick als nahe liegendes Bedürfnis. Das BGB hat das **Unternehmen** als die organisatorische Einheit von Arbeit und Kapital zum Zwecke der Produktion wirtschaftlicher Leistungen nicht erfasst. Es bezieht die Zuordnungsrechte auf einzelne Gegenstände, nicht auf eine funktionelle Gegenstandsmehrheit (Rn 302). So gesehen stellt sich das Unternehmen zivilrechtlich als Konglomerat von vielen einzelnen Rechten dar (Eigentum an den zum Betrieb gehörigen Grundstücken und beweglichen Sachen, Patentrechte an den geschützten Erfindungen, Rechte aus den einzelnen Vertragsverhältnissen, Forderungen gegen beliebige Schuldner etc.). Auch dann, wenn diese Vielzahl einzelner Rechte in ein und derselben Person vereinigt sind, wird rechtskonstruktiv nicht das Unternehmen als Ganzes zum Gegenstand der Zuordnung. Wenn wir einen Fabrikanten als „Alleininhaber" seines Unternehmens bezeichnen, bedienen wir uns streng genommen einer außerjuristischen Redeweise; der Fabrikant ist eigentlich Inhaber aller zum Unternehmen gehörigen einzelnen Rechtspositionen, die nur zum Teil zu den „absoluten Rechten" im Sinne des § 823 I gehören. Infolgedessen müsste für den deliktischen Schutz der Unternehmerinteressen das Gleiche gelten, was für den deliktischen Schutz des Vermögens allgemein gesagt ist: Nur absolute Rechte werden nach § 823 I geschützt, sonstige Interessen nur gegen bestimmte, in ihrer Begehungsart missbilligte Beeinträchtigungen (§ 823 II, § 824, § 826 BGB; UWG, GWB). Es mag aber scheinen, dass dieser begrenzte Deliktsschutz nicht ausreichend ist. Denn das Unternehmen bildet eine funktionierende, organisatorische Einheit, deren Wert sich nicht im Wert der einzelnen zum Betrieb gehörigen Rechte und Gegenstände erschöpft. Das Unternehmen hat eine bestimmte Marktstellung, es unterhält laufende Geschäftsverbindungen, es hat für seine Produkte eine nachhaltige Werbewirkung entfaltet, eine gewinnorientierte Organisation gebildet, es hat bei Banken ein gewisses Vertrauen (Kredit) in seine wirtschaftliche Solidität erworben, es hat als funktionierende Einheit einen Wert. Das Unternehmen ist organisierte Gewinnchance und gerade diese lässt sich durch bloße Zusammenzählung der zum Betrieb gehörigen einzelnen Gegenstände nicht erfassen.

353   So gesehen erstaunt es nicht, dass das RG entgegen der Systematik des BGB ein absolutes Recht des Gewerbetreibenden an dem Betrieb als seinem vergegenständlichten Willen (RGZ 58, 24, 30) anerkannt hat. Seitdem hat sich das Recht am Betrieb in der herrschenden Dogmatik gehalten, freilich nicht ohne wesentliche Veränderungen.

Zunächst hatte das RG den Betrieb nur gegen solche Handlungen geschützt, welche **unmittelbar gegen den Bestand des Betriebes gerichtet** waren (so wenn der Betrieb faktisch behindert wurde, wenn seine Zulässigkeit bestritten oder seine Einstellung verlangt wurde). Die Schmälerung des Gewinns und der Erwerbsaussichten allein sollte nicht genügen (RGZ 102, 223, 225). Im weiteren Verlauf wurde der Schutzbereich erheblich erweitert. Eine Verletzung des Rechts am Betrieb soll auch bei Eingriffen in „die dem Unternehmen eigenen Erscheinungsformen wirtschaftlicher Tätigkeit" (BGH NJW 1963, 484) gegeben sein. Mit anderen Worten: Geschützt ist die **wirtschaftliche Tätigkeit des Unternehmers**, die er im Betrieb und mit Hilfe der betrieblichen Mittel entfaltet; das Unternehmen soll auch in seinem Funktionieren vor widerrechtlichen Eingriffen bewahrt bleiben (BGHZ 193, 227 Rn 19). Das bedeutet eine erhebliche Ausweitung möglicher schadensersatzpflichtiger Handlungen.

353a   Hinzu kommt, dass die neuere Rechtsprechung neben dem so entwickelten Schutz des Gewerbebetriebs aus dem allgemeinen Persönlichkeitsrecht ein „**Unternehmerpersönlichkeitsrecht**" ableitet, das den sozialen Geltungsanspruch eines Unternehmens und sein Ansehen in der Öffentlichkeit schützen soll (BGH NJW 1994, 1281, 1282; NJW 2015, 773 Rn 12; grundsätzlich oben Rn 137). Auf das Persönlichkeitsrecht wird vor allem zurückgegriffen, wenn das Ansehen eines Wirtschaftsunternehmens durch ungerechtfertigte Kritik an seiner Tätigkeit und seinen Produkten herabgesetzt wird (etwa durch unwahre Tatsachenbehauptungen, siehe den Fall BGH VersR 2015, 1295 Rn 27). Gelegentlich wird in diesem Zusammenhang auch der Schutz der Ehre ins Spiel gebracht („Geschäftsehre", BGH NJW 2015, 776 Rn 10). Eine klare Abgrenzung des „Rechts am Gewerbebetrieb" und des „Unternehmerpersönlichkeitsrechts" scheint freilich noch nicht gefunden; letztlich handelt es sich um zusammenhängende Facetten des Unternehmensschutzes.

354   Eine derartige Ausweitung des Unternehmerschutzes verlangt ebenso generalklauselartige **Einschränkungen**. Denn würde man schon die bloße Beeinträchtigung unternehmerischer Tätigkeit als Eingriff in das Recht am Betrieb qualifizieren, so bestünde das gesamte Wirtschaftsleben in permanenten Rechtsverletzungen: Eröffnet A ein Speiserestaurant, das zu Lasten der schon bestehenden Gaststätte des B Gäste anlockt, so würde A im Prinzip das Recht des B verletzen; das Ergebnis wäre in einem marktwirtschaftlichen System absurd.

Die Einschränkung des **Rechts am eingerichteten und ausgeübten Gewerbebetrieb** geschieht in doppelter Weise:

(a) Nur solche Beeinträchtigungen sind deliktisch relevant, die einen „**unmittelbaren Eingriff**" in den gewerblichen Tätigkeitskreis darstellen (BGHZ 29, 65, 69).

(b) Auch bei solchen unmittelbaren Eingriffen indiziert eine Beeinträchtigung der geschützten Interessen nicht schon die **Widerrechtlichkeit** des Handelns. Die Rechtswidrigkeit ist vielmehr, wie beim allgemeinen Persönlichkeitsrecht, erst das Ergebnis einer Interessenabwägung (Rn 332). Dasselbe gilt für Beeinträchtigungen des Unternehmerpersönlichkeitsrechts.

Zu (a): Das Merkmal der **Unmittelbarkeit des Eingriffs** in den gewerblichen Tätig-   **355** keitskreis kann nicht generell definiert werden, sondern wird von der Rechtsprechung nach Bedarf gehandhabt. Es soll sich um Eingriffe handeln, die gegen den Betrieb als solchen gerichtet („betriebsbezogen") sind und nicht vom Gewerbebetrieb ohne weiteres ablösbare Rechte oder Rechtsgüter betreffen (BGHZ 193, 227 Rn 21; NJW 2013, 2760 Rn 16). Es geht um den Schutz „solcher Erscheinungsformen des Gewerbebetriebes" handeln, „die ihm spezifisch und als solchem eigen sind" (BGHZ 29, 65, 74). Dass aus dem Sinn des Wortes „unmittelbar" kein klarer Anhaltspunkt gewonnen werden kann, zeigen die Beispiele:

Wird einem Betrieb durch fahrlässige Beschädigung der Stromzuleitung die Energie entzogen, soll kein unmittelbarer Eingriff vorliegen (BGHZ 29, 65; NJW 1976, 1740); ebenso nicht, wenn durch fahrlässig verursachten Dammbruch die Verkehrsverbindung zum Betrieb unterbrochen wird (BGHZ 86, 156); anders, wenn Sachen dadurch verderben, da sodann Eigentumsverletzung gegeben ist (BGHZ 41, 123). Ein betriebsbezogener Eingriff wurde in einem Fall bejaht, in dem ein fehlerhaft installierter Baustromverteiler zu einem Kurzschluss führte, der die Stilllegung der Bauarbeiten über mehrere Wochen zur Folge hatte (BGH NJW 1992, 41).

Wird ein *Arbeitnehmer fahrlässig körperlich verletzt* und entsteht dem Arbeitgeber dadurch ein Schaden, so liegt ebenfalls kein unmittelbarer Eingriff vor (BGHZ 7, 30; BGH NJW 2009, 355).

Als unmittelbare Eingriffe hingegen wurden angesehen: arbeitsrechtlich *unerlaubter Streik* (BAG NJW 1978, 2114; vgl auch BGHZ 69, 128 – „Bummelstreik" der Fluglotsen); *Aufforderung zum Boykott* eines Betriebs (BGHZ 24, 200); Aufforderung zum *„Mietboykott"*, dh zur Einstellung von Mietzahlungen an Vermieter (BGH NJW 1985, 1620); *unberechtigte Schutzrechtsverwarnungen* (BGH Gr.Sen. BGHZ 164, 1; BGHZ 165, 311); Zusendung von Werbe-Emails an einen Geschäftsbetrieb ohne Einwilligung des Adressanten (BGH NJW 2009, 2958 Rn 12; VersR 2014, 1462 Rn 15 – weil solche Zusendungen den Betriebsablauf beeinträchtigen). Auch die unberechtigte *öffentliche Kritik* an einem Unternehmen oder dessen Produkten und Leistungen ist als unmittelbarer Eingriff in das Recht am Gewerbebetrieb angesehen worden (BGHZ 3, 270; BGH NJW 1987, 2222; NJW 1999, 279); derartige Fälle werden aber auch als Verletzungen des Unternehmerpersönlichkeitsrechts eingeordnet (BGH VersR 2015, 1295 Rn 27; BGH NJW 2015, 773 Rn 12).

Zu (b): Eine Begrenzung des Schutzes des Gewerbebetriebs ergibt sich ferner aus der   **356** Annahme, dass die Widerrechtlichkeit eines Eingriffs bei der **Wahrnehmung berechtigter Interessen** des Handelnden oder der Öffentlichkeit endet (BGHZ 3, 280; 91, 117). Das Recht am Betrieb umschreibt demzufolge keinen Interessenbereich, dem die Zuweisungsdichte eines subjektiven Rechts eigen wäre. Es bildet einen „offenen" Tatbestand, dessen Inhalt und Grenzen sich erst aus einer Abwägung mit den konkret kollidierenden Interessen anderer ergeben (BGHZ 193, 227 Rn 27; NJW 2015, 773 Rn 16) Mit der vorsätzlichen oder fahrlässigen Beeinträchtigung der geschützten Interessensphäre allein, auch wenn sie „unmittelbar" erfolgt, ist noch kein Indiz für die Widerrechtlichkeit gegeben. Rechtswidrig ist ein Eingriff nur, wenn das

Interesse des betroffenen Unternehmens die schutzwürdigen Belange der anderen Seite überwiegt (BGHZ 199, 237 Rn 22). Das Gleiche gilt, wenn die Beeinträchtigung des Unternehmerpersönlichkeitsrechts in Frage steht; es bestehen hier die Schutzgrenzen wie beim allgemeinen Persönlichkeitsrecht (BGH NJW 2015, 773 Rn 16). Von besonderer Bedeutung sind auch in diesem Zusammenhang die Belange der **Meinungs- und Pressefreiheit**, die auch eine kritische Berichterstattung über Unternehmen und ihre Produkte umfasst.

Das Recht am eingerichteten und ausgeübten Gewerbebetrieb steht nach zutreffender Rspr. auch Angehörigen **freier Berufe**, etwa selbständig tätigen Sporttrainern zu (BGHZ 193, 227 Rn 19). Gleiches muss für **gemeinnützige Organisationen** gelten, die in ihrer sozialen Geltung geschädigt und in ihrer Wirksamkeit rechtswidrig behindert werden.

Die Rechtsprechung lässt erkennen, dass sie das Recht am eingerichteten und ausgeübten Betrieb als **subsidiäres Schutzinstrument** betrachtet. Es kommt in Betracht, wenn spezielle Schutzvorschriften zugunsten des Unternehmens nicht durchgreifen (BGHZ 166, 84 Rn 93; MDR 2014, 1222 Rn 12). Daraus folgt, dass in einschlägigen Fällen bei der Prüfung deliktischer Ansprüche zunächst die spezielleren Deliktstatbestände (etwa §§ 823 II, 824) zu prüfen sind; nur wenn diese nicht zum Ziele führen, kann auf den Unternehmensschutz nach § 823 I zurückgegriffen werden.

Literatur: *H. Buchner*, Die Bedeutung des Rechts am eingerichteten und ausgeübten Gewerbebetrieb für den deliktsrechtlichen Unternehmensschutz, 1971; *St. Glöckner*, Eigentumsrechtlicher Schutz von Unternehmen, 2005; *R. Sack*, Das Recht am Gewerbebetrieb, Geschichte und Dogmatik, 2007; *H. Hubmann*, Das Recht am Unternehmen, ZHR 117 (1955), 41; *R. Wiethölter*, Zur politischen Funktion des Rechts am eingerichteten und ausgeübten Gewerbebetrieb, Kritische Justiz 1970, 121; *E. Wolf*, Das Recht am eingerichteten und ausgeübten Gewerbebetrieb, Festschrift *F. v. Hippel*, 1967, 665; *F. Kübler*, Öffentliche Kritik an gewerblichen Erzeugnissen und beruflichen Leistungen, AcP 172, 177; *H. Forkel*, Allgemeines Persönlichkeitsrecht und „wirtschaftliches Persönlichkeitsrecht", Festschrift Karl H. Neumayer, 1985, 229; *K. Schmidt*, Integritätsschutz von Unternehmen nach § 823 BGB, JuS 1993, 985; *R. Sack*, Die Subsidiarität des Rechts am Gewerbebetrieb, VersR 2006, 1001; *L. J. Riedl*, Das Recht am eingerichteten und ausgeübten Gewerbebetrieb – eine noch zeitgemäße Rechtsfigur?, 2011; *P. Cronemeyer*, Das Unternehmenspersönlichkeitsrecht in der gerichtlichen Praxis, AfP 2014, 111.

Kapitel 5
Inhalt und Umfang des Schadensersatzanspruchs

1. Überblick; materieller – immaterieller Schaden

357 Die typische **Rechtsfolge** der unerlaubten Handlung ist, wie die Deliktstatbestände übereinstimmend festlegen, die **Pflicht zum Ersatz des daraus entstandenen Schadens**. Was das konkret bedeutet, ist freilich im Deliktsrecht nicht näher geregelt. Das hat seinen Grund im Aufbau des BGB: Schadensersatzansprüche entstehen nicht nur aus Delikt, sondern auch auf anderer Rechtsgrundlage, zB aus der Verletzung eines Vertrags oder aus unerlaubter Einmischung in fremde Angelegenheiten (siehe § 678). Infolgedessen hat das BGB die Frage, wie und in welchem Umfang Schadensersatz zu leisten ist, vor die Klammer gezogen. Die Vorschriften, welche die „Rechtsfolge Schadensersatz" näher beschreiben, finden sich in §§ 249–255, also im allgemeinen Schuldrecht. Diese Vorschriften gelten auch für das Deliktsrecht, das zu den allgemeinen Vorschriften lediglich einige Ergänzungen hinzufügt (§§ 842–845).

Der **Begriff des Schadens** ist **doppeldeutig.**   **358**

a) Vielfach versteht man darunter die *Verletzung eines Rechts (Rechtsguts)* selbst. So sprechen wir von „Körperschaden", wenn wir die Verletzung des Körpers meinen, von „Blechschaden", wenn die Karosserie eines Automobils beschädigt ist, usw. Auch das Gesetz verwendet den Schadensbegriff oft in diesem Sinne, etwa wenn es von einer Verantwortlichkeit „für einen Schaden" spricht (§§ 827, 828), wo es die Verantwortlichkeit für eine deliktische Handlung und ihren Verletzungserfolg meint.

b) Demgegenüber unterscheidet die moderne deliktsrechtliche Doktrin strikt zwischen der Verletzung des Rechts (Rechtsguts) einerseits und dem daraus entstehenden Schaden andererseits. „Schaden" in diesem Sinne ist *die Folge* der Rechtsverletzung. Beim Schadensersatz geht es folglich um die Wiedergutmachung der aus einem deliktischen Handeln resultierenden Schadensfolgen.

Der Schaden, der aus einer deliktischen Handlung entstehen kann, ist von doppelter Art: Er ist entweder **Vermögensschaden (materieller Schaden)**, dh er bedeutet eine Einbuße an Vermögenswerten des Geschädigten, oder er ist **Nichtvermögensschaden (immaterieller Schaden)**, welcher sich auf andere Weise als durch Vermögenseinbuße bemerkbar macht. Den Unterschied kann folgender Fall verdeutlichen.

> **Fall 19:** A ist begeisterter Briefmarkensammler. Er hat über viele Jahre hinweg eine Sammlung von Briefmarken aus der Zeit zwischen 1871 und 1919 zusammengebracht, auf die er sehr stolz ist. Durch einen von seinem Wohnungsnachbar B fahrlässig verursachten Hausbrand wird die Briefmarkensammlung zerstört.

B hat das Eigentum des A widerrechtlich und schuldhaft verletzt (§ 823 I). Aus diesem deliktischen Verhalten ergeben sich für den A zwei Arten von Schaden:

a) Der Untergang der Sammlung bedeutet für ihn einen erheblichen Vermögensverlust. Insoweit wird die Verpflichtung zum „Schadensersatz" bedeuten, dass der Schädiger B dem A einen Ausgleich für seine Vermögenseinbuße leisten muss. Dass dieser Ausgleich gerechtfertigt ist, wird niemand bezweifeln.

b) Außerdem ist A über den Verlust seiner Sammlung außerordentlich betrübt, vielleicht sogar verzweifelt. Wir können sagen: Er ist durch die Zerstörung seines Eigentums psychisch stark beeinträchtigt. Einen Schaden in diesem Sinne nennt das Gesetz einen „Schaden, der nicht Vermögensschaden ist". Auch für solche Schäden ist ein Schadensersatz denkbar, doch ist das deutsche Zivilrecht in diesem Punkte zurückhaltend (§ 253). Ob in unserem Fall A auch für seine seelische Pein einen Ersatz verlangen kann, wollen wir daher später gesondert erörtern (Rn 366 f).

359   Zum Inhalt der Schadensersatzpflicht enthält § 249 I die **Grundregel**: Wer zum Schadensersatze verpflichtet ist, hat den Zustand herzustellen, der bestehen würde, wenn der zum Ersatze verpflichtende Umstand nicht eingetreten wäre. Dieser Satz gilt für Vermögensschäden wie für Nichtvermögensschäden. Dem ist zu entnehmen, dass Schadensersatz entgegen landläufiger Vorstellung in erster Linie nicht Geldzahlung bedeutet, sondern „Herstellung eines Zustands" (**Naturalherstellung, Naturalrestitution**). Erst in zweiter Linie kommt stattdessen Schadensersatzleistung durch Geld in Betracht; freilich ist die Geldzahlung in der Praxis die übliche Entschädigungsform.

Der Ersatz des Vermögensschadens steht dabei im Vordergrund und soll uns zunächst beschäftigen.

Literatur zum Schadensrecht s. Rn 272: *H. Lange/G. Schiemann*, Schadensersatz, 3. Aufl. 2003; *U. Wolter*, Das Prinzip der Naturalrestitution in § 249 BGB, 1985; *U. Picker*, Die Naturalrestitution durch den Geschädigten, 2003; *Chr. Armbrüster*, Grundfälle zum Schadensrecht, JuS 2007, 411, 508.

2.   Der Ersatz des Vermögensschadens

360   Hat jemand durch eine tatbestandsmäßig-rechtswidrige Deliktshandlung schuldhaft einen anderen in seinen Rechten verletzt, so ist er dem Verletzten ohne weiteres zum Ersatz des daraus resultierenden Vermögensschadens verpflichtet. Für den Inhalt der Schadensersatzpflicht ist vom Prinzip des § 249 I auszugehen: Es ist der Zustand herzustellen, der bestehen würde, wenn der zum Ersatz verpflichtende Umstand nicht eingetreten wäre (wenn also zB die unerlaubte Handlung nicht begangen worden wäre). Wie schon gezeigt, ist diesem Grundsatz zufolge der Schadensersatz nicht primär in Geld zu leisten, sondern durch Herstellung eines Zustands. Hat jemand zB Schadensersatz für die Zerstörung einer im Handel erhältlichen Ware zu leisten, so besteht der Schadensersatz durch Naturalherstellung darin, dass der Schädiger dem Geschädigten ein neues Exemplar verschafft.

> Im **Fall 19** würde die Naturalherstellung darin bestehen, dass B dem A eine gleiche Briefmarkensammlung verschafft, was aber schwerlich möglich sein wird.

361   In einigen Fällen tritt jedoch die **Geldzahlung** an die Stelle oder neben die Naturalherstellung. Nach § 249 II 1 kann der Geschädigte statt der Herstellung den dazu erforderlichen Geldbetrag verlangen, wenn wegen Verletzung einer Person oder wegen Beschädigung einer Sache Schadensersatz zu leisten ist. Besonders wichtig sind die Regelungen des § 251: Ist die Herstellung nicht möglich oder zur Schadloshaltung des Gläubigers nicht genügend, so ist der Gläubiger in Geld zu entschädigen (§ 251 I). Andererseits weist § 251 II 1 dem Schuldner die Befugnis zu, statt der Herstellung die Entschädigung zu wählen, wenn die Herstellung nur mit unverhältnismäßigen Aufwendungen möglich ist.

Beispiele: 1) Hat jemand bei Bedienung eines fremden Computers auf der Festplatte gespeicherte, für den Geschäftsbetrieb des Eigentümers wichtige Dateien fahrlässig gelöscht und schuldet deswegen Schadensersatz, so schuldet er Naturalherstellung in Form der Wiederherstellung der Daten, bzw Ersatz der dafür anfallenden Kosten. Ist die Wiederherstellung der Daten aber technisch nicht möglich, so greift § 251 I ein, siehe BGH NJW 2009, 1066.

2) Schuldet jemand Schadensersatz wegen Beschädigung eines alten und geringwertigen Pkw, so hat der Geschädigte an sich nach seiner Wahl Anspruch auf Naturalherstellung, dh auf Durchführung der Reparatur (§ 249 I) *oder* auf Leistung des dazu nötigen Geldbetrags (§ 249 II 1) *oder* auf Anschaffung eines gleichwertigen Ersatzfahrzeugs (auch dies eine Form der Naturalrestitution, BGHZ 162, 161,166). Würden aber die Reparaturkosten den Wert des Pkw, den dieser vor dem Schadensfall hatte, weit übersteigen, so kann die Naturalherstellung wirtschaftlich sinnlos sein und ist in diesem Fall für den Ersatzpflichtigen unzumutbar. Der Ersatzpflichtige kann daher nach § 251 II 1 die Möglichkeit wählen, statt der Herstellung den eingetretenen Vermögensschaden in Geld auszugleichen (siehe BGH NJW 2015, 2958).

Eine Sonderregelung gilt für **Tiere**: Ist ein Tier verletzt, so sind die Aufwendungen für seine Heilbehandlung nicht schon dann unverhältnismäßig, wenn sie den Wert des Tieres erheblich übersteigen (§ 251 II 2). Die Vorschrift trägt den möglichen emotionalen Beziehungen des Menschen zum Tier Rechnung.

Die Entschädigung in Geld ist die unkomplizierteste Regulierung eines Schadensfalles; sie ermöglicht es dem Geschädigten, die empfangene Schadensersatzsumme beliebig zu verwenden. Leistet zB der Schädiger wegen der Beschädigung eines Kleidungsstücks Ersatz in Geld, so braucht der Geschädigte das Geld nicht dazu zu verwenden, das Kleidungsstück ausbessern zu lassen oder sich ein neues Stück zu kaufen; er kann mit dem Geld machen, was er will (BGHZ 154, 395, 398). Auch für den Schädiger ist die Geldzahlung meist am bequemsten. Deshalb werden die meisten Schadensersatzpflichten durch Geldzahlung erfüllt. Dies kann auch dann geschehen, wenn die Voraussetzungen der §§ 249 II 1, 250 und 251 nicht gegeben sind, sofern sich die Beteiligten auf Geldersatz einigen.   **362**

Den **Umfang der Schadensersatzpflicht** betreffend ergibt sich aus § 249 I ein wichtiges Grundprinzip. Der zum Schadensersatz Verpflichtete hat nicht etwa den Zustand wiederherzustellen, der *vor* der unerlaubten Handlung (dem „zum Ersatz verpflichtenden Umstand") bestanden hat. Vielmehr ist der Zustand herzustellen, der *„jetzt"*, *dh im Zeitpunkt der Beurteilung* bestehen würde, wenn die unerlaubte Handlung nicht begangen worden wäre. Herzustellen ist also **nicht der ursprüngliche Zustand**, sondern ein **hypothetischer**. Für die Schadensberechnung sind zwei Rechnungsposten zu ermitteln, deren Differenz die Schadenshöhe ergibt: **363**

Vermögensstand, der sich „jetzt" ergeben würde, wenn die unerlaubte Handlung nicht begangen worden wäre	minus	Vermögensstand, der „jetzt" tatsächlich besteht	= Schaden

Diese Art der Schadensberechnung ermöglicht es, den infolge des Schadensereignisses **entgangenen Gewinn** einzubeziehen, § 252. Als entgangen gilt nach § 252 S. 2 der Gewinn, der nach dem gewöhnlichen Verlauf der Dinge oder nach den besonderen Umständen mit Wahrscheinlichkeit erwartet werden konnte. Nach der Rechtsprechung (BGHZ 29, 393, 398) handelt es sich dabei jedoch nur um eine Vermutung, die der Ersatzpflichtige widerlegen kann.   **364**

365 Die Aussage, dass es für den Umfang des Schadensersatzes auf den Vermögensstand im Zeitpunkt der Beurteilung ankommt, darf nicht missverstanden werden. *Künftige Vermögensentwicklungen*, die *jetzt schon absehbar* sind, werden in die Berechnung einbezogen. Speziell für das Deliktsrecht findet dieser Gesichtspunkt in §§ 842, 843 Ausdruck. Nach **§ 842** umfasst die Schadensersatzverpflichtung wegen einer gegen die Person gerichteten unerlaubten Handlung auch die Nachteile, welche sich für den Erwerb oder das Fortkommen des Verletzten ergeben. Dazu gehören auch solche Erwerbsminderungen, die sich erst in Zukunft realisieren, jetzt aber schon abzusehen sind. Daher gibt es Fälle, in denen der Schadensersatz durch immer wiederkehrende Rentenzahlungen zu leisten ist (**§ 843**), weil vorauszusehen ist, dass sich der Schaden in der Zukunft immer wieder von neuem verwirklicht. Das ist zB der Fall, wenn eine Körperverletzung zur Erwerbsunfähigkeit des Verletzten geführt hat, der jetzt und in Zukunft außerstande ist, sich das bisherige Arbeitseinkommen zu verschaffen.

3. Der Ersatz des Nichtvermögensschadens; das Schmerzensgeld

366 Wie gezeigt kennt das BGB außer dem Vermögensschaden den „**Schaden, der nicht Vermögensschaden ist**" (§ 253 I) und den man auch als immateriellen Schaden bezeichnet. Dieser ist im allgemeinen Schadensbegriff enthalten. Daher gilt das Grundprinzip des § 249 I: Auch der immaterielle Schaden ist **durch Naturalherstellung** zu ersetzen.

Darüber hinaus ergibt sich die Frage, ob für den Fall, dass die Naturalherstellung nicht möglich oder ungenügend (§ 251 I) oder dem Schuldner nicht zumutbar (§ 251 II) ist, der immaterielle Schaden **durch Geld („Schmerzensgeld")** ausgeglichen werden soll.

Schon bei den Beratungen zum BGB war diese Frage sehr umstritten. Man fürchtete eine unangemessene Kommerzialisierung des persönlichen Empfindens, wenn man die Schleusen zu weit öffnete. Deshalb wurde die Schmerzensgeldgewährung eng begrenzt: Das BGB legt in § 253 fest, dass wegen eines Nichtvermögensschadens Entschädigung *in Geld* nur in den durch das Gesetz bestimmten Fällen gefordert werden kann. Bei der Anerkennung solcher Fälle schlug das BGB eine sehr zurückhaltende Linie ein. Im Prinzip wurden Schmerzensgeldansprüche nur *bei Ansprüchen aus Delikt* und auch hierbei nur *bei Verletzung bestimmter persönlicher Rechtsgüter* zugelassen (§ 847 aF).

367 Diese Einstellung zu Schmerzensgeldansprüchen wurde als zu eng empfunden. Das „**Zweite Gesetz zur Änderung schadensersatzrechtlicher Vorschriften**" vom 19. Juli 2002 (BGBl. I 2674) unterzog daher die einschlägigen Vorschriften einer Reform. Zwar bleibt es bei dem Grundsatz, dass Geldentschädigung für immateriellen Schaden nur in den vom Gesetz bestimmten Fällen gefordert werden kann (§ 253 I). Im Anschluss daran wird sogleich eine solche Bestimmung getroffen (§ 253 II): Ist wegen einer Verletzung des Körpers, der Gesundheit, der Freiheit oder der sexuellen Selbstbestimmung Schadensersatz zu leisten, kann auch wegen eines Schadens, der nicht Vermögensschaden ist, eine *billige Entschädigung in Geld* gefordert werden.

Bedeutsam ist dabei, dass diese Aussage nicht im Rahmen des Deliktsrechts, sondern des *allgemeinen Schadensersatzrechts* getroffen wird; sie betrifft daher *alle Scha-densersatzansprüche*, gleichgültig, auf welchem Rechtsgrund sie beruhen. Insbesondere kann nun auch aus einer **vertraglichen Schadensersatzpflicht** der Anspruch auf Schmerzensgeld hergeleitet werden. Voraussetzung ist allerdings stets, dass einer der in § 253 II genannten Rechtsgüter verletzt ist.

Auch bei den Schadensersatzpflichten aus **Gefährdungshaftung** ist nunmehr die Schmerzens-geldgewährung die Regel, soweit es um Körper- und Gesundheitsverletzungen geht. Die Voraussetzungen sind in den einzelnen Spezialgesetzen geregelt, vgl § 11 S. 2 StVG; § 6 S. 2 HaftpflichtG, § 8 S. 2 Produkthaftungsgesetz. Zum Reformgesetz: *G. Wagner*, NJW 2002, 2049.

> Zu **Fall 19**: Wie gezeigt, ist B dem A wegen Verletzung seines Eigentums aus § 823 I scha-densersatzpflichtig. Der „Nichtvermögensschaden" könnte dadurch ersetzt werden, dass dem B dem A eine gleiche Briefmarkensammlung verschafft, denn dann wäre der Ärger des A ausgeglichen; das wird aber nicht möglich sein. Die Frage ist dann weiterhin, ob A eine billige Entschädigung *in Geld* dafür verlangen kann, dass sein psychisches Wohlbefinden durch den Verlust der geliebten Sammlung stark beeinträchtigt wurde. Dies kommt nur in Betracht, wenn das Gesetz für Fälle dieser Art die Gewährung von Schmerzensgeld vorsieht (§ 253 I). Ein Fall des § 253 II liegt indes nicht vor. Eine Bestimmung, welche bei Eigen-tumsverletzungen die Gewährung von Schmerzensgeld vorsieht, ist auch sonst dem BGB fremd. Ein Schmerzensgeldanspruch ist nicht gegeben.

Bei der Handhabung des § 253 II ist zu berücksichtigen, dass der immaterielle Scha-den in Umfang und Höhe nicht in Geld berechenbar ist. Das Gesetz spricht daher von einer **billigen Entschädigung**. Dieser Begriff besagt, dass nicht vollständig entschä-digt werden muss; das wäre wegen der Unberechenbarkeit des immateriellen Scha-dens ohnehin nicht möglich. Im Übrigen hat der Begriff der Billigkeit keinen genauer umrissenen Inhalt, sondern überlässt die Festlegung der Kriterien, nach welchen die Höhe der Entschädigung bestimmt werden soll (Ausmaß der empfundenen Schmer-zen, Vermögensverhältnisse des Schädigers, Vermögensverhältnisse des Geschädig-ten, Grad des Verschuldens) der Rechtsanwendung.

368

Der BGH (Gr. Sen. BGHZ 18, 149) hat dazu folgende Gedanken entwickelt: Der Schmerzensgeldanspruch hat eine **doppelte Funktion**.

369

(a) Er soll dem Geschädigten für das zugefügte Leid Ausgleich schaffen (**Ausgleichs-funktion**): Die Lebenserleichterung, die mit dem Empfang des Schmerzensgeldes verbunden ist, soll die erlittene Lebenserschwernis kompensieren.

(b) Der Schmerzensgeldanspruch soll darüber hinaus dem Geschädigten Genugtuung verschaffen (**Genugtuungsfunktion**). Die zu erzielende Genugtuung lässt sich als Befriedigung des Geschädigten darüber beschreiben, dass auch der Schädiger etwas aufopfern muss, und zwar zu Gunsten des Geschädigten.

Der Schmerzensgeldanspruch ist gegeben, wenn **auch nur eine dieser Funktionen** erfüllt werden kann. Die Kombination der Gesichtspunkte lässt im Prinzip alle Fall-umstände für die Höhe des Schmerzensgeldes relevant sein. Im Rahmen der Aus-gleichsfunktion (a) sind Ausmaß und Dauer der erlittenen psychischen Beeinträchtigung entscheidend. Es wird gefragt, wie hoch das Schmerzensgeld sein muss, um dafür einen angemessenen Ausgleich zu bieten, wobei ein vollständiger Ausgleich vielfach gar nicht denkbar ist. Im Rahmen der Genugtuungsfunktion (b) kann beispielsweise der Grad des Verschuldens eine Rolle spielen (wie hoch muss das Schmerzensgeld sein, um dem Genugtuungsbedürfnis des Geschädigten bei vorsätzlicher, grobfahrlässiger etc Verletzung zu entsprechen?). Auch können die Vermögensverhältnisse sowohl des Geschädigten wie des Schädigers berücksichtigt werden.

(c) Die Rechtsprechung fügt der Ausgleichs- und Genugtuungsfunktion für bestimmte Fälle eine dritte hinzu, die **„zeichenhafte Sühnefunktion"**. Es geht um das Schmerzensgeld in Fällen, in denen eine Person so stark verletzt wurde, dass sie ihre **Erlebnis- und Empfindungsfähigkeit ganz oder weitgehend verloren** hat (vor allem bei schweren Gehirnschäden). Man könnte sagen: Eigentlich wird in solchen Fällen weder die Ausgleichs- noch die Genugtuungsfunktion des Schmerzensgeldes erfüllt, da der Verletzte weder die Kompensation seiner Persönlichkeitsschäden erleben noch die Genugtuung empfinden kann. Die ältere Rechtsprechung sprach zwar auch in solchen Fällen ein Schmerzensgeld zu, das aber im Hinblick darauf, dass seine Zwecke eigentlich nicht erreichbar schienen, gemindert wurde („symbolische Wiedergutmachung", vgl BGH NJW 1982, 2123). Diese Judikatur hat der BGH aufgegeben, indem er den **Begriff des immateriellen Schadens objektiviert**: Nicht nur die vom Verletzten als Folge der Körperverletzung empfundenen Leiden sind immaterieller Schaden, sondern schon _objektiv_ der „Verlust an personaler Qualität", unabhängig davon, ob der Betroffene die Beeinträchtigung empfindet (BGHZ 120, 1, 8). Der in der weitgehenden Zerstörung der Persönlichkeit liegende Verlust selbst ist, ohne Rücksicht auf das subjektiv empfundene Leid, auszugleichen; generelle Minderungen des Schmerzensgeldes im Hinblick auf den Wegfall der Empfindungsfähigkeit sind unzulässig. Im Zusammenhang mit dieser neuen Rechtsprechung wird von „Würdefunktion" des Schmerzensgeldes gesprochen.

4. Geldentschädigung bei Verletzung des allgemeinen Persönlichkeitsrechts

370 § 253 lässt, wie gezeigt, einen Schmerzensgeldanspruch nur in abschließend bestimmten Fällen zu. Bei Verletzung anderer deliktisch geschützter Positionen, etwa des Namensrechts (§ 12) oder der Ehre (§§ 185 ff StGB/823 II BGB) sollte gemäß der klaren Aussage des BGB kein Ersatz immaterieller Schäden in Geld verlangt werden können. Infolgedessen hätte auch bei Verletzungen des allgemeinen Persönlichkeitsrechts ein Schmerzensgeldanspruch verweigert werden müssen. Der BGH hielt sich an diese Linie bis zum Urteil vom 14.2.1958 (BGHZ 26, 349), durch das der folgende Fall entschieden wurde:

> **Fall 20:** Der Kläger betätigte sich als Herrenreiter auf Turnieren. Der Produzent eines Präparats, das nach gängiger Meinung auch der Hebung sexueller Potenz diente, verbreitete zu Werbezwecken ein Plakat mit der Abbildung eines Turnierreiters. Dem Plakat lag ein Originalfoto des Klägers zu Grunde. Eine Einwilligung zur Verwendung seines Bildes hatte der Kläger nicht erteilt.

> Der Kläger verlangte Schadensersatz mit der Erwägung, er habe sein Bild nicht zu Werbezwecken zur Verfügung gestellt; wenn er es aber überhaupt getan hätte, dann nur gegen Entgelt, das ihm der Beklagte als Schadensersatz zu entrichten habe.

Der BGH hat eine Verletzung des Rechts am eigenen Bild (§§ 22 KunstUrhG, 823 II BGB) bejaht. Indessen nahm das Gericht an, dass der Kläger keinen irgendwie fassbaren Vermögensschaden erlitten habe. Die Frage war sodann, ob die Klage unter dem Gesichtspunkt eines Schmerzensgeldanspruchs begründet war. Dies hat der BGH entgegen dem Wortlaut des damals geltenden § 847 (jetzt § 253 II) mit folgender Begründung bejaht. Aus Art. 1 und 2 GG ergebe sich, dass dem allgemeinen Persönlichkeitsrecht auch innerhalb der Zivilrechtsordnung Rechtsgeltung zukomme; daraus folge die Notwendigkeit, bei Verletzung des Persönlichkeitsbereichs Schutz gegen die der Verletzung wesenseigentümlichen Schäden zu gewähren. Dieses verfassungsrechtliche Argument münzte das Gericht sodann in eine erweiterte Auslegung des Begriffs der Freiheitsentziehung in § 847 I um; auf dem Hintergrund der Wertungen des GG solle auch bei Verletzung der „Freiheit der Selbstentschließung über den persönlichen Lebensbereich" (hier: Bestimmungsfreiheit über die Verwendung des Bildes) ein Schmerzensgeldanspruch gegeben sein. Es hielt im konkreten Fall den Betrag von 10 000 DM insbesondere im Hinblick auf die Genugtuungsfunktion für angemessen.

Seit dieser Entscheidung gewährt die Rechtsprechung einen Schmerzensgeldanspruch **371** bei Verletzungen des allgemeinen Persönlichkeitsrechts. Der Anspruch wird allerdings nur unter zwei Voraussetzungen gewährt, nämlich

(1) dass es sich um **schwere schuldhafte Eingriffe** handelt und

(2) dass die erlittene Beeinträchtigung **nicht auf andere Weise befriedigend ausgeglichen werden kann** (BGH NJW 1985, 1617, 1619; NJW 2015, 2500 Rn 33). Der Anspruch auf Geldentschädigung ist möglicherweise nicht gegeben, wenn der Verletzte bereits einen Anspruch auf Unterlassung der Beeinträchtigung gerichtlich durchgesetzt hat (BGHZ 183, 227 Rn 11; BGH NJW 2015, 2500 Rn 33).

Diese Rspr. ist vom Bundesverfassungsgericht grundsätzlich gebilligt (BVerfGE 34, 269; BVerfG NJW 2004, 2371). Das Ergebnis wird heute allerdings nicht mehr mit einem erweiterten Begriff der „Freiheitsentziehung" begründet, sondern unmittelbar auf Art. 1 und Art. 2 I GG gestützt (BGHZ 35, 363, 369 – Ginsengwurzel; 39, 124, 133 – Fernsehansagerin, seither ständige Rspr). Bei der Geldentschädigung für schwere Verletzungen des allgemeinen Persönlichkeitsrechts handelt es sich nach Auffassung des BGH **nicht im eigentlichen Sinn um Schmerzensgeld**, sondern um einen „Rechtsbehelf", mit dem verhindert werden soll, dass Verletzungen der Würde und Ehre des Menschen sanktionslos bleiben und der Rechtsschutz der Persönlichkeit verkümmert (BGH NJW 1996, 984, 985; BGH VersR 2015, 1437 Rn 38). Diese Deutung ermöglicht es, bei Verletzungen des Persönlichkeitsrechts die Genugtuungsfunktion in den Vordergrund zu rücken und darüber hinaus die Höhe des Schmerzensgeldes auch nach einer **Präventionsfunktion** des Schmerzensgeldes zu bemessen. Insbesondere rechtfertigt die Absicht des Schädigers, mit dem Eingriff in das Persönlichkeitsrecht Gewinne zu erzielen, eine höhere Bemessung der Geldentschädigung (BGH NJW 1995, 861, 865; BGHZ 160, 298, 306).

372 Diese Rechtsprechung ist in neuerer Zeit einer wichtigen **Modifikation** unterzogen worden. Im Zusammenhang mit dem Problem des postmortalen Persönlichkeitsrechts (Rn 125) hat die Rspr eine Unterscheidung zwischen den **ideellen** und den **vermögenswerten Bestandteilen des allgemeinen Persönlichkeitsrechts** entwickelt, die sich auf die Rechtsfolgen einer Beeinträchtigung auswirkt:

a) Ist die **ideelle Seite des Persönlichkeitsrechts betroffen**, so gelten die oben beschriebenen Grundsätze für eine Geldentschädigung. Insbesondere wird der Entschädigungsanspruch auf die Fälle schwerer schuldhafter Eingriffe beschränkt.

b) Sind die **vermögenswerten Bestandteile** betroffen, so gelten die genannten Einschränkungen nicht. Das allgemeine Persönlichkeitsrecht ist durch § 823 I auch im Hinblick auf die wirtschaftlichen Interessen geschützt. Als ein solches wirtschaftliches Interesse behandelt die Rechtsprechung vor allem die freie Entscheidung einer Person darüber, ob und unter welchen Voraussetzungen ihre kennzeichnenden Persönlichkeitsmerkmale den Geschäftsinteressen Dritter, etwa in der Werbung, dienstbar gemacht werden (BGHZ 143, 214, 219; BGH NJW 2013, 793 Rn 15). Einen Anlass, den Rechtsschutz auf besonders gravierende Eingriffe zu begrenzen, sieht die Rspr nicht mehr, soweit nicht ideelle, sondern nur kommerzielle Interessen betroffen sind (BGHZ 143, 214, 228). Insoweit handelt es sich gar nicht um „Schmerzensgeld", sondern um den Ausgleich von **Vermögensschäden**, deren Ersatzfähigkeit durch § 253 I nicht eingeschränkt ist. Der Umfang des Schadens errechnet sich dann nach rein wirtschaftlicher Betrachtung, sodass zB bei unbefugter Verwendung des Bildes eines Prominenten in der Werbung ein Anspruch auf Zahlung der entgangenen Lizenzgebühr gegeben wird (BGH NJW 2009, 3032 Rn 34 – Wer wird Millionär?).

Neben deliktischen Schadensersatzansprüchen kommt bei Eingriffen in die vermögensrechtliche Seite des Persönlichkeitsrechts auch der Anspruch aus **ungerechtfertigter Bereicherung** (§ 812 I Alt. 2) zum Zuge, da insoweit ohne Rechtsgrund in den vermögensrechtlichen Zuweisungsgehalt des Persönlichkeitsrechts eingegriffen und dadurch ein Vorteil erlangt wird (BGH NJW 2008, 3782 Rn 11; NJW 2009, 3032 – Rn 34); eines Verschuldens bedarf es bei dieser Anspruchsgrundlage nicht.

Der Unterschied zwischen dem Entschädigungsanspruch bei Verletzung der vermögenswerten und der ideellen Interessen schlägt sich auch bei der Frage der Vererblichkeit nieder: Die ideellen Bestandteile des Persönlichkeitsrechts sind an die Person des Trägers gebunden, ein aus ihrer Verletzung resultierender Entschädigungsanspruch ist nach BGH daher unvererblich (BGHZ 201, 45 Rn 9). Dagegen wird anerkannt, dass die „vermögenswerten Bestandteile" nach dem Tode des Trägers vererblich sind (BGHZ 143, 214 Rn 52). Zum postmortalen Schutz des Persönlichkeitsrechts generell oben Rn 125, 126).

373 Der Schutz gegen **unerlaubte kommerzielle Ausbeutung** der Persönlichkeitsrechte wird von der Rechtsprechung **relativiert**. Unter dem Schutz der Verfassung (Art. 2 I, Art. 1 I GG) stehen die Persönlichkeitsrechte nur, soweit sie dem Schutz ideeller Interessen dienen, während der Schutz der vermögensrechtlichen Bestandteile „lediglich zivilrechtlich" begründet sein soll (BGH NJW 2008, 3782 Rn 14; BGHZ 169, 340 Rn 21; BVerfG NJW 2006, 3409, 3410). Daraus schließt der BGH, dass der Schutz der vermögensrechtlichen Elemente der Persönlichkeitsrechte zurückweicht, wenn der Nutzer des fremden Persönlichkeitsrechts seinerseits im Rahmen eines ihm zustehenden Grundrechts, etwa der Meinungsäußerungsfreiheit, handelt (zumindest kein

Vorrang der vermögenswerten Bestandteile des Persönlichkeitsrechts, BGH NJW 2008, 3782 Rn 14, 18; BGH GRUR 2011, 647 Rn 34). Dieser Ansatz *greift zu kurz*: Wenn das Persönlichkeitsrecht bezüglich der vermögenswerten Bestandteile vom verfassungsrechtlichen verbürgten Recht auf freie Entfaltung der Persönlichkeit (Art. 2 I GG) völlig abgelöst werden kann, dann stellt es insoweit ein **Eigentumsrecht der Person** dar, welches den Schutz des Art. 14 I GG genießt; es ist dann unrichtig, dem Träger des Persönlichkeitsrechts jegliche Grundrechtsposition vorzuenthalten.

Ob eine saubere **Trennung der ideellen und vermögenswerten Bestandteile** des allgemeinen Persönlichkeitsrechts gelingen kann, erscheint fraglich. Denn die geistig-seelischen und wirtschaftlichen Interessen pflegen miteinander verbunden zu sein. Eine rein wirtschaftliche Betrachtungsweise der vermögenswerten Bestandteile ist überhaupt nur bei solchen Personen denkbar, die gewerbsmäßig Name und Bild in der Werbung vermarkten, also „ihren Tarif" haben, wie dies bei Spitzensportlern oder Showmastern vorkommt. Auch in solchen Fällen ist zu bedenken, nicht jede unerlaubte Verwendung des Namens oder Bildes bloß die vermögensrechtliche Seite des Persönlichkeitsrechts tangiert, man denke nur an Werbung für Produkte mit bestrittener Akzeptanz wie Zigaretten oder Spielcasinos. Auch die *Art der Verwendung* kann das Persönlichkeitsrecht im Kern verletzen. zB wenn die „verwendete" Person zugleich lächerlich gemacht wird (BVerfG NJW 2006, 3409). **374**

Literatur zur Problematik des Schmerzensgeldes: *G. Wiese*, Der Ersatz des immateriellen Schadens, 1964; *J. Köndgen*, Haftpflichtfunktionen und Immaterialschaden. Am Beispiel von Schmerzensgeld bei Gefährdungshaftung, 1976; *E. Lorenz*, Immaterieller Schaden und „billige Entschädigung in Geld", 1981; *G. Kegel*, Haftung für Zufügung seelischer Schmerzen, 1983; *W. Odersky*, Schmerzensgeld bei Tötung naher Angehöriger, 1989; *I. Ebert*, Pönale Elemente im deutschen Privatrecht, 2004; *J. Ady*, Ersatzansprüche wegen immaterieller Einbußen, 2004; *B.-R. Kern*, Die Genugtuungsfunktion des Schmerzensgeldes – ein pönales Element im Schadensrecht? AcP 191, 247; *J. Rosengarten*, Der Präventionsgedanke im deutschen Zivilrecht, NJW 1996, 1935; *Chr. Katzenmeier*, Die Neuregelung des Anspruchs auf Schmerzensgeld, JZ 2002, 1029; *G. Wagner*, Ersatz immaterieller Schäden: Bestandsaufnahme und europäische Perspektiven, JZ 2004, 319; *I. Ebert*, Pönale Elemente im deutschen Privatrecht, 2004; *J. Ady*, Ersatzansprüche wegen immaterieller Einbußen, 2004; *St. R. Göthel*, Funktionen des Schmerzensgeldes, RabelsZ 2005, 255; *G. Wagner*, Prävention und Verhaltenssteuerung durch Privatrecht. Anmaßung oder legitime Aufgabe?, AcP 206, 352. Zur Geschichte: *U. Walter*, Geschichte des Anspruchs auf Schmerzensgeld bis zum Inkrafttreten des Bürgerlichen Gesetzbuches, 2004.

Zum Schmerzensgeld bei Persönlichkeitsrechtsverletzung: *E. Steffen*, Schmerzensgeld bei Persönlichkeitsrechtsverletzungen durch Medien, NJW 1997, 10; *Chr. Siemes*, Gewinnabschöpfung bei Zwangskommerzialisierung der Persönlichkeit durch die Presse, AcP 201, 202; *N. Witzleb*, Geldansprüche bei Persönlichkeitsrechtsverletzungen durch Medien, 2002; *J. Helle*, Das kommerzielle Persönlichkeitsrecht und das Grundgesetz. AfP 2010, 531-538; *St. Glasmacher/St. Pache*, Geldentschädigungsanspruch bei Persönlichkeitsrechtsverletzungen, JuS 2015, 303.

Kapitel 6

Der Beseitigungs- und der Unterlassungsanspruch

1. Anspruchsgrundlagen und Bedeutung

375   **Fall 21:** Der Kunstmaler Schniefke (S) aus München nimmt den Künstlernamen „Vladimir Kolkow" an, um besser ins Geschäft zu kommen. Er weiß dabei nicht, dass es einen Mann dieses Namens bereits gibt, der als Schriftsteller in Berlin lebt. Als der echte Vladimir Kolkow (K) davon erfährt, dass Schniefke unter dem angenommenen Künstlernamen eine Ausstellung ankündigt, will er gegen Schniefke vorgehen. Was könnte er verlangen?

K hat ein Interesse daran, nicht mit dem Maler verwechselt zu werden; er möchte seinen Namen als individuelles Unterscheidungsmerkmal seiner Person und seiner Leistungen behalten. Er hat daher ein Interesse daran,

(1) dass alle Maßnahmen, die S als „K" ausweisen, wieder **beseitigt** werden; dass zB der Name „K" von den Ausstellungsplakaten und Prospekten des S beseitigt wird; weiterhin, dass S Rundfunk und Presse gegenüber eine Namensberichtigung zukommen lässt;

(2) dass S es auch künftig **unterlässt**, sich „K" zu nennen.

Verlangt K von S die Durchführung der unter (1) genannten Maßnahmen, so erhebt er einen **Beseitigungsanspruch**: Er fordert die Beseitigung eines sein Interesse am Namen störenden Zustandes, nämlich Beseitigung der eingetretenen Verwechslungswirkung und -gefahr.

Verlangt K von S künftige Unterlassung der Namensführung (2), so erhebt er einen **Unterlassungsanspruch**.

Beide Anspruchsinhalte ergänzen sich, sind aber grundverschieden. Der Beseitigungsanspruch geht auf die *Vornahme von Handlungen*, die eine mit dem Recht nicht übereinstimmende Lage beenden sollen. Der Unterlassungsanspruch zielt hingegen auf ein *Handlungsverbot* ab: S soll eine bestimmte Handlung künftig nicht vornehmen.

376   Die Interessenwertung wird zum Ergebnis gelangen, dass dem K beide Ansprüche zustehen sollen. Es kann zwar niemand erwarten, dass er der einzige Träger der Namensbezeichnung ist, die seinen Namen ausmacht (man denke an die zahlreichen Müllers und Maiers). Es hat aber zumindest ein jeder, der unter seinem Namen Leistungen erbringt, die ihm unter diesem Namen zugerechnet werden, ein berechtigtes Interesse daran, dass nicht ein anderer den gleichen Namen als Pseudonym verwendet und damit eine Verwechselungsgefahr heraufbeschwört.

Diese Auffassung hat auch Niederschlag im BGB gefunden. § 12 anerkennt ein Recht zum Gebrauch des eigenen Namens (§ 12, s. Rn 9) und gewährt dem Namensberechtigten

(1) einen *Beseitigungsanspruch*, wenn sein Recht zum Namensgebrauch bestritten wird oder wenn jemand sein Interesse durch unbefugten Gebrauch des gleichen Namens verletzt (§ 12 S. 1);

(2) einen *Unterlassungsanspruch*, wenn weitere Beeinträchtigungen zu besorgen sind (§ 12 S. 2).

Vgl für den Schutz des Handelsnamens (= Firma) § 37 HGB.

Beseitigungs- und Unterlassungsansprüche ähnlicher Art bestehen auch im Hinblick auf andere Rechte oder Schutzinteressen, zB bei Störung des Besitzes (§ 862 I), des Eigentums (§ 1004) und anderer dinglicher Rechte (§§ 1027, 1065, 1134 I, 1227). Dabei fällt auf, dass es – anders als für die deliktische Schadensersatzpflicht – **keinen Generaltatbestand** nach dem Vorbild des § 823 I gibt. Die gesetzliche Lage lässt sich also wie folgt beschreiben: Nicht jedes Recht oder Interesse, dessen Verletzung unter bestimmten Voraussetzungen schadensersatzpflichtig macht, ist ausdrücklich auch durch einen Beseitigungsanspruch und durch einen Unterlassungsanspruch geschützt. Vielmehr sind Beseitigungs- und Unterlassungsanspruch vom Gesetzestext her gesehen nur zum Schutz einzelner Rechte eingeräumt, für die dies besonders angeordnet ist. **377**

2. Die Ausweitung des Anwendungsbereichs

Für die Rechtsanwendung stellte sich schon früh die Frage, ob man es bei dieser gesetzlichen Lage belassen oder ob man Beseitigungs- und Unterlassungsansprüche auch hinsichtlich der anderen deliktisch geschützten Rechte und Interessen zuerkennen solle. Wenn es einen Anspruch auf Unterlassung unbefugten Namensgebrauchs gibt, warum dann keinen Anspruch auf Unterlassung von angedrohten Körperverletzungen? Warum soll der Träger eines Rechts oder deliktisch geschützten Interesses erst warten, bis ein Schaden entstanden ist, um dann mit seinem Ersatzanspruch den Ereignissen hinterherzuhinken? Warum soll er nicht sogleich die Beseitigung der Gefahrenlage und die Unterlassung künftiger Verletzung verlangen können? **378**

Rechtsprechung und Wissenschaft haben unter solchen Gesichtspunkten den Anwendungsbereich des Beseitigungs- und Unterlassungsanspruchs beträchtlich ausgedehnt. Die Praxis lässt den Beseitigungs- und Unterlassungsanspruch **bei Beeinträchtigung bzw drohender Beeinträchtigung jedes deliktisch geschützten Rechts und Interesses** zu, sofern die nach dem Vorbild der §§ 12, 1004 etc gebildeten Anspruchsvoraussetzungen gegeben sind. Im Vordergrund der Entwicklung stand der Unterlassungsanspruch, der schon bald nach Inkrafttreten des BGB zum vorbeugenden Schutz deliktisch geschützter Rechte und Interessen eingesetzt wurde (RGZ 48, 114, 119; RGZ 60, 6, 7). Auch der Anwendungsbereich der Ansprüche auf Beseitigung einer Beeinträchtigung fand entsprechende Ausdehnung (vgl RGZ 148, 114, 123). **379**

Die Entwicklung wurde mit Hilfe von Begriffen vollzogen, die gelegentlich heute noch gebraucht werden, aber eher verwirrend als nützlich sind. So hat man den Beseitigungsanspruch auch als „wiederherstellende Unterlassungsklage" bezeichnet und davon die eigentliche Unterlassungsklage als „vorbeugende" unterschieden. Leider **380** ist dieser Sprachgebrauch, der den Unterlassungsanspruch (Unterlassungsklage) als Oberbegriff für den Beseitigungs- und den eigentlichen Unterlassungsanspruch setzt, auch in einige Gesetze eingegangen. Innerhalb des eigentlichen Unterlassungsanspruchs hat man einen Unterschied zwischen dem negatorischen (bezüglich der absoluten Rechte) und quasi-negatorischen (bezüglich sonstiger geschützter Interessen) gemacht. Heute ist diese historisch bedingte, in der Sache aber unergiebige Begriffsbildung entbehrlich. Es genügt, Unterlassungsanspruch und Beseitigungsanspruch mit ihrem verschiedenen **Anspruchsinhalt klar zu unterscheiden**: Der **Beseitigungsanspruch** zielt auf die Beendigung eines (noch) bestehenden Störungszustandes; der **Unterlassungsanspruch** auf die *künftige Nichtvornahme* von Störungen. Eine ganz andere Frage ist, unter welchem Voraussetzungen und zum Schutz welcher Rechte derartige Ansprüche gewährt werden.

Im weiteren Verlauf hat die Gesetzgebung die Entwicklung der Rechtsprechung in gewissem Umfange anerkannt. So bestimmt § 1 I des **Gewaltschutzgesetzes** vom 11.12.2001: Hat eine Person vorsätzlich den Körper, die Gesundheit oder die Freiheit einer anderen Person widerrechtlich verletzt, hat das Gericht auf Antrag der verletzten Person die zur Abwendung weiterer Verletzungen erforderlichen Maßnahmen zu treffen. Das Gericht kann insbesondere anordnen, dass der Täter es unterlässt, die Wohnung der verletzten Person zu betreten, sich in einem bestimmten Umkreis der Wohnung der verletzten Person aufzuhalten, andere Orte aufzusuchen, an denen sich die verletzte Person regelmäßig aufhält, Verbindung zur verletzten Person aufzunehmen oder Zusammentreffen mit der verletzten Person herbeizuführen. Gleiches gilt bei widerrechtlichen Drohungen mit derartigen Rechtsverletzungen (§ 1 II Nr 1), bei widerrechtlichem und vorsätzlichem Eindringen in die Wohnung oder das befriedete Besitztum einer anderen Person (§ 1 II Nr 2a) und schließlich bei wiederholter Nachstellung und bei Verfolgung einer Person mit Mitteln der Telekommunikation (§ 1 II Nr 2b). Damit anerkennt das Gesetz einen Unterlassungsanspruch bei drohender Verletzung der geschützten Interessen, zu denen im Falle der Nachstellung bzw Verfolgung auch das allgemeine Persönlichkeitsrecht des Opfers gehört. Die Gesetzesmaterialien sehen die materielle Anspruchsgrundlage der gerichtlichen Gewaltschutzmaßnahmen in der analogen Anwendung des § 1004 (BT-Drucks. 14/5429 S. 27).

3. Das Verhältnis zum Deliktsrecht

381 Mit dem Einsatz des Beseitigungs- und des Unterlassungsanspruchs zum Schutz aller deliktisch geschützten Rechte und Interessen hat die Rechtsprechung einen engen Zusammenhang dieser Ansprüche mit den §§ 823 ff hergestellt. Der Beseitigungsanspruch aus § 1004 I 1 unterscheidet sich von der Haftung auf Schadensersatz aus unerlaubter Handlung darin, dass er **kein Verschulden** voraussetzt; erforderlich und genügend ist nach der heute herrschenden Rspr die **Widerrechtlichkeit** der zu beseitigenden Störung (BGHZ 203, 239 Rn 13). Dabei ist die Lehre vom Erfolgsunrecht (Rn 269) zu Grunde gelegt. Sonach kommt für ein deliktisch-widerrechtliches Verhalten eine dreifache Rechtsfolge in Betracht: a) ein Beseitigungsanspruch nach § 1004 I 1, 2; b) unter den Voraussetzungen des § 1004 I 2 ein Unterlassungsanspruch; c) sofern das Verschulden hinzutritt, ein Schadensersatzanspruch.

382 Dieses Schutzsystem überzeugt durch eine klare Linie. Gleichwohl kann man zweifeln, ob der Beseitigungsanspruch aus § 1004 I 1 stets notwendigerweise die **Widerrechtlichkeit** der (drohenden) Beeinträchtigung voraussetzt. Im Gesetz selbst ist da-

von nicht die Rede; die Ansprüche sind nur dann ausgeschlossen, wenn der Eigentümer zur Duldung der Beeinträchtigung seines Rechts verpflichtet ist (§ 1004 II). Ein Beispiel soll das verdeutlichen.

Fall 22: S ist Eigentümer eines unbebauten Grundstücks. E bewohnt in der Nähe ein Eigenheim. Unbekannte Personen, deren Namen nicht ermittelt werden können, laden nachts auf dem Grundstück des S stinkenden Müll ab, der sich auch auf dem Grundstück des E unerträglich auswirkt. E verlangt von S die Beseitigung des Mülls.

Anspruchsgrundlage ist § 1004 I 1. Das Eigentum des E ist dadurch beeinträchtigt, dass durch die Geruchsentwicklung die Benutzbarkeit des Grundstücks eingeschränkt ist. Man kann auch den S als Störer bezeichnen, weil von seinem Grundstück die Beeinträchtigung ausgeht. Die Rspr. begreift als Störer unter bestimmten Voraussetzungen auch denjenigen, von dessen Willen die Beseitigung eines ohne sein Zutun eingetretenen Störungszustandes abhängt (BGHZ 41, 393, 397; BGH NJW 2007, 432). Demzufolge ergäbe sich nach der gängigen Deutung des § 1004 die weitere Frage, ob S die Beeinträchtigung widerrechtlich herbeigeführt oder geduldet hat. Das ist indes schwer zu begründen: Den S kann schlechterdings nicht der Vorwurf widerrechtlichen Verhaltens gemacht werden, solange er von der Müllablagerung nichts wusste und auch nicht damit rechnen musste. Und dennoch wird eine Interessenwertung zum Ergebnis kommen müssen, dass E den Anspruch haben soll. Das Grundeigentum bildet einen der Bestimmungsgewalt des Eigentümers unterworfenen Exklusivbereich; Folge dieser „Herrschaft" muss es sein, dass der Eigentümer alle zumutbaren Anstrengungen zu unternehmen hat, um schädliche Einwirkungen aus seinem Eigentumsbereich auf die geschützten Rechte und Interessen anderer zu unterbinden und zu verhindern. Gehen von einem Grundstück Gefahren für andere aus, so ist der Eigentümer grundsätzlich zu ihrer Beseitigung verpflichtet, selbst wenn er sie weder selbst geschaffen hat noch pflichtwidrig hat entstehen oder fortbestehen lassen. Zutreffend sagt der BGH in einigen Entscheidungen, das Gesetz knüpfe die Rechtsfolge des § 1004 BGB an jegliche Beeinträchtigung, die der Eigentümer nicht zu dulden braucht. „Nicht die Rechtswidrigkeit des Eingriffs, sondern der dem Inhalt des Eigentums widersprechende Zustand begründet den Abwehranspruch" (BGHZ 66, 37, 39; BGH NJW 2007, 432).

Infolgedessen bildet der Beseitigungsanspruch nicht notwendig eine Reaktion auf widerrechtlich-deliktisches *Verhalten*, sondern auf einen *Zustand*, dessen Beseitigung demjenigen auferlegt wird, von dessen Verantwortungsbereich die Störung ausgeht und der in der Lage ist, sie zu beseitigen. Der Anspruch ist nach § 1004 II nur dann ausgeschlossen, wenn der Eigentümer aus besonderen Gründen (wie §§ 904, 906) zur Duldung der Störung verpflichtet ist. **383**

Soweit die Rechtsprechung auf die Widerrechtlichkeit der Störung abstellt, behilft sie sich mit dem Gedanken, dass es dafür genüge, dass die *Aufrechterhaltung des störenden Zustandes* widerrechtlich sei; dem steht nach BGH nicht entgegen, dass dem „Störer" die Kenntnis der die Tatbestandsmäßigkeit und Rechtswidrigkeit begründenden Umstände fehlt (BGHZ 197, 213 Rn 24).

Das für den Beseitigungsanspruch bei Eigentumsstörung Gesagte gilt auch für die sonstigen Beseitigungsansprüche. In **Fall 21** (Rn 362) hat K den Beseitigungsanspruch auch dann, wenn S weder wusste noch wissen musste, dass es einen Träger des **384**

Namens „K" schon gab. Stellt jemand eine ehrenrührige Tatsachenbehauptung über einen anderen auf, die später als unwahr erwiesen wird, so ist er zur Beseitigung der fortwirkenden Ehrminderung durch Widerruf der Behauptung selbst dann verpflichtet, wenn er zunächst nach den ihm erkennbaren Umständen die Behauptung für zutreffend halten durfte; ja selbst dann, wenn er ursprünglich in Wahrnehmung berechtigter Interessen gehandelt hat (BGH JZ 1960, 701; BGHZ 203, 239 Rn 34 f).

Im praktischen Fall ergeben sich häufig Beseitigungs-, Unterlassungs- und Schadensersatzansprüche nebeneinander. Eine Künstlerin, deren Bild ohne ihre Zustimmung zu Reklamezwecken verwendet wird, hat nebeneinander wegen Beeinträchtigung ihres Rechts am eigenen Bild und ihres allgemeinen Persönlichkeitsrechts Anspruch auf *Beseitigung* der Werbemaßnahmen, auf künftige *Unterlassung* derartiger Maßnahmen, und – wenn Verschulden beim Schädiger vorliegt – auf *Ersatz ihres Schadens*.

Literatur zum Beseitigungs- und Unterlassungsanspruch: *E. Picker*, Der negatorische Beseitigungsanspruch, 1972, 2. Aufl. 2005; *G. Hohloch*, Die negatorischen Ansprüche und ihre Beziehungen zum Schadensersatzrecht, 1976; *G. Lepeska*, Der negatorische Beseitigungsanspruch im System des privatrechtlichen Eigentumsschutzes, 2000; *J. Fritzsche*, Unterlassungsanspruch und Unterlassungsklage, 2000; *M. Wolf*, Negatorische Beseitigung und Schadensersatz, 2006; *E. Wagner*, Gesetzliche Unterlassungsansprüche im Zivilrecht, 2005; *R. Wilhelmi*, Risikoschutz durch Privatrecht, 2009; *J.C. Funcke*, Die sogenannte actio quasinegatoria, 2010; *W. Münzberg*, Bemerkungen zum Haftungsgrund der Unterlassungsklage, JZ 1967, 689; *E. Herrmann*, Die Haftungsvoraussetzungen nach § 1004 BGB, JuS 1994, 273; *K.-H. Gursky*, Der Inhalt des negativen Beseitigungsanspruchs aus § 1004 BGB, JZ 1996, 683; *E. Wanckel*, Die Durchsetzung von presserechtlichen Unterlassungsansprüchen, NJW 2009, 3353; *M. Katzenstein*, Der Beseitigungsanspruch nach § 1004 Abs.1 Satz 1 BGB, AcP 211, 58; *K. Schreiber*, Der Beseitigungs- und Unterlassungsanspruch aus § 1004 BGB, Jura 2013, 111; *K.-N. Peifer*, Beseitigungsansprüche im digitalen Äußerungsrecht, NJW 2016, 23; *J. Fritzsche*, Der Beseitigungsanspruch nach § 1004 I BGB und seine Abgrenzung zum Schadensersatz (§§ 823 I, 249 I BGB), AL 2016, 1.

4. Zum Beseitigungsanspruch insbesondere

385 Nimmt man § 1004 I 1 als Modell für den allgemeinen Beseitigungsanspruch, so besteht der Tatbestand aus folgenden Elementen. Der Anspruch setzt voraus,

(1) dass ein deliktisch geschütztes Recht oder Interesse beeinträchtigt ist,

(2) und dass der Anspruchsgegner als „Störer" eingestuft werden kann.

(3) *Einwendung:* Der Anspruch besteht nicht, wenn der Rechtsträger zur Duldung verpflichtet ist (§ 1004 II).

Zu (1): Es genügt die objektive Beeinträchtigung der Interessen; Vorsatz oder Fahrlässigkeit ist nicht vorausgesetzt. Bei der Anwendung des Beseitigungsanspruchs auf Schutzinteressen, die nicht die Zuweisungsdichte eines subjektiven Rechts erreichen, ist auf folgendes zu achten: Mit dem Anspruch kann die Beseitigung nur solcher Beeinträchtigungen verlangt werden, gegen die sich der Deliktsschutz richtet (zB Ehrverletzung nach §§ 185–187 StGB); auch insoweit stimmen die Schutzbereiche der deliktischen Schadensersatzansprüche und des Beseitigungsanspruchs überein.

Zu (2): „Störer" ist derjenige, dem im sozialen Kontakt die Pflicht zur Beseitigung auferlegt wird. Die Rechtsprechung (BGH NJW 2007, 432) unterscheidet zwei Ansatzpunkte:

- Als **Handlungsstörer** kann derjenige belangt werden, der durch sein positives Tun oder pflichtwidriges Unterlassen die Beeinträchtigung des geschützten Rechts verursacht hat. Einzubeziehen ist auch der „mittelbare Störer", der in irgendeiner Weise willentlich und adäquat kausal an der Herbeiführung der rechtswidrigen Beeinträchtigung mitgewirkt hat (BGH VersR 2015, 1295 Rn 34). Nach der Rspr. genügt ein Verhalten, das eine Beeinträchtigung *befürchten* lässt (BGHZ 197, 213 Rn 24 – relevant m.E. nur für den Unterlassungsanspruch).

- Als **Zustandsstörer** kann derjenige in Anspruch genommen werden, von dessen Bestimmungsbereich die Störung ausgeht, ohne dass er sie durch sein Verhalten herbeigeführt hat. Die Rspr. verlangt für diesen Fall aber, dass die Beeinträchtigung durch den maßgebenden Willen des Störers aufrechterhalten wird, dass also die Beeinträchtigung „wenigstens mittelbar auf den Willen des Eigentümers oder Besitzers der störenden Sache zurückgeht"; dafür sei entscheidend, ob es Sachgründe dafür gibt, ihm die Verantwortung für das störende Geschehen aufzuerlegen (BGH NJW 2007, 432 Rn 12, 14).

Ein besonderes Problem besteht darin, den Beseitigungsanspruch inhaltlich präzise **386** **vom Schadensersatzanspruch abzugrenzen**. Die Inhalte können sich insoweit überschneiden, als Schadensersatz durch **Naturalherstellung** in Betracht kommt. Doch dürfen mit dem Beseitigungsanspruch die strengeren Voraussetzungen des deliktischen Schadensersatzanspruchs nicht umgangen werden. Deshalb ist zu beachten, dass der Beseitigungsanspruch in keinem Fall die Zahlung einer Geldsumme zum Zwecke der Finanzierung einer Beseitigungsmaßnahme zum Inhalt hat. Beseitigt der Eigentümer die Beeinträchtigung selbst, so kommt ihm ein Anspruch auf Erstattung der dafür aufgewendeten Kosten nicht aus § 1004 I 1 unmittelbar zu. In Betracht kommt ein Anspruch aus § 823, darüber hinaus aus Geschäftsführung ohne Auftrag (§§ 683, 684) und aus ungerechtfertigter Bereicherung (§ 812 I 1; dazu BGH NJW 2005, 1366; zur Problematik *T. Bezzenberger*, JZ 2005, 373). Im Übrigen ist der Unterschied zwischen den Ansprüchen am besten vom Beseitigungsanspruch aus zu ziehen. Er setzt voraus, dass „jetzt", dh im Zeitpunkt der Beurteilung ein Zustand besteht, der sich als fortdauernde Gefährdung des betroffenen Rechts oder Schutzinteresses darstellt. Hauptfälle sind die folgenden:

- Jemand ist für eine **latente Gefahrenlage** verantwortlich, die jederzeit zu einer Schädigung führen kann (zB es lagert jemand Sprengstoff ohne die nötigen Sicherungsvorkehrungen auf seinem Grundstück und gefährdet Leben, körperliche Unversehrtheit und Eigentum des Nachbarn; der Anspruch geht auf Beseitigung des Gefahrenzustandes);

- Jemand beeinträchtigt ein geschütztes Interesse nicht durch ein einmaliges, sondern **fortdauerndes Handeln**, sodass das Interesse fortdauernd angegriffen wird (zB jemand betreibt auf seinem Grundstück unerlaubt eine lärmende Maschine, die fortwährend die Gesundheit der Nachbarn verletzt; der Anspruch geht auf Beseitigung der Lärmquelle);

– Jemand beeinträchtigt ein Recht oder Schutzinteresse durch ein einmaliges Handeln, dessen Wirkung sich jedoch **qualitativ** (nicht nur quantitativ in Bezug auf die Schadenshöhe) **noch fortentwickelt.**

Beispiel: Jemand behauptet über einen anderen eine unwahre, dessen Ansehen gefährdende Tatsache; die Behauptung als Handlung ist abgeschlossen; ihre Wirkung entwickelt sich jedoch fort, indem die Behauptung verbreitet und das geschäftliche Ansehen des Opfers in immer weiteren Kreisen herabgesetzt wird; daher Anspruch auf Beseitigung in Gestalt des Widerrufs der Behauptung.

387 Der Anspruch **auf Widerruf, Richtigstellung oder Ergänzung von Behauptungen**, die sich als Beeinträchtigung des Persönlichkeitsrechts oder des Rechts am Gewerbebetrieb darstellen, macht heute das Hauptanwendungsgebiet des gesetzlich nicht geregelten Beseitigungsanspruchs aus. Im Interesse der Meinungsfreiheit beschränkt der BGH den *Widerrufsanspruch* auf die Fälle, in denen eine erweislich unwahre Tatsachenbehauptung aufgestellt (BGHZ 37, 187) oder wiedergegeben wurde. Wurde eine nachweislich falsche Behauptung abrufbar ins Internet gestellt, so kann ihre Löschung bzw. das Hinwirken auf eine Löschung im Internet verlangt werden (BGH VersR 2015, 1295 Rn 13). Der Anspruch auf *Richtigstellung* wird zB gewährt, wenn ein Vorgang unter Auslassung oder Verzerrung wesentlicher Tatsachen wiedergegeben wurde (BGH NJW 1961, 1913; BGHZ 31, 308 – entstellende Einseitigkeit einer Reportage). Die Pflicht zu *ergänzenden Mitteilungen* („Berichtigung") kann zB entstehen, wenn nach dem Bericht über ein Strafverfahren die betroffene Person später freigesprochen worden ist (BGHZ 203, 239 Rn 13). Derartige Ansprüche werden allerdings nur zugesprochen, soweit die verlangte Veröffentlichung zur Beseitigung der Beeinträchtigung erforderlich und dem Verletzer zumutbar ist (BGHZ 99, 133, 138; 203, 239 Rn 40 ff).

388 Hingegen kann die **Rücknahme von Werturteilen nicht** verlangt werden (BGHZ 10, 104; 65, 325, 337). Der Zwang, eine wertende Kritik zu widerrufen, würde auch dann in das Grundrecht der Meinungsfreiheit eingreifen, wenn das Werturteil sachlich unhaltbar erscheint (BGH NJW 1988, 1589).

Für die Frage, ob eine Ehrverletzung zu einem Beseitigungsanspruch der betroffenen Person führen kann (Widerruf der verletzenden Äußerung), kommt es also wesentlich darauf an, ob es sich um eine Tatsachenbehauptung oder um ein Werturteil handelt. Diese Unterscheidung ist oft nicht leicht zu treffen, weil Tatsachenbehauptungen mit wertenden Äußerungen vermengt sein können. Die Rechtsprechung stellt entscheidend darauf ab, ob die Aussage mit Mitteln des Beweises überprüft werden kann (dann Tatsachenbehauptung) oder nicht (BGH NJW 2005, 279, 281).

389 Wohl aber kann die Äußerung ehrmindernder Werturteile zu einem Anspruch führen, die Wiederholung künftig **zu unterlassen.** Es handelt sich hierbei nicht um einen Beseitigungsanspruch, sondern um den Unterlassungsanspruch analog § 1004 I 2, der grundsätzlich eine Wiederholungsgefahr voraussetzt. Der Anspruch besteht selbstverständlich nur, soweit das ehrmindernde Werturteil den Bereich der grundgesetzlich garantierten Meinungsfreiheit überschreitet; dieser Bereich ist bei wertender Kritik sehr viel weiter zu ziehen als bei nachweislich falschen Tatsachenbehauptungen.

5. Zum Unterlassungsanspruch insbesondere

Der Unterlassungsanspruch zielt auf ein Handlungsverbot ab. Der Anspruchsgegner **390** ist verpflichtet, ein bestimmtes Tun künftig zu unterlassen: etwa die Führung eines Namens, die Wiederholung einer falschen Behauptung, den Betrieb einer lärmerzeugenden Maschine. Handelt der zur Unterlassung Verurteilte seiner Unterlassungspflicht zuwider, so treffen ihn harte Sanktionen, § 890 ZPO. Der Unterlassungsanspruch dient also präventiven Zwecken. § 1004 I 2 – der wiederum als Modell für die nichtgesetzlichen Unterlassungsansprüche dient – verlangt als Tatbestand ein Zweifaches:

(1) es muss eine Beeinträchtigung eines Rechts oder geschützten Interesses geschehen sein;

(2) es müssen weitere Beeinträchtigungen zu besorgen sein (Wiederholungsgefahr).

(3) *Einwendung:* Der Anspruch ist ausgeschlossen, wenn der Rechtsträger zur Duldung der Beeinträchtigung verpflichtet ist (§ 1004 II).

Aus (2) ergibt sich bei wörtlicher Anwendung, dass der Rechtsinhaber sich die *erste* **391** Beeinträchtigung erst einmal gefallen lassen muss, bevor er Unterlassung verlangen kann. Das führt zu ungereimten Ergebnissen: Wenn A dem B ankündigt, er werde eine unwahre kreditgefährdende Behauptung über ihn verbreiten, so müsste demnach B mit seiner Unterlassungsklage warten, bis A zum ersten Mal die Behauptung einem Dritten gegenüber aufgestellt und damit möglicherweise schon schwerwiegende Schäden hervorgerufen hat. Die Rechtsprechung hat daher in besonderen Fällen auf das Erfordernis einer schon geschehenen Beeinträchtigung verzichtet und hat die **unmittelbar drohende Gefahr künftiger Beeinträchtigung** genügen lassen (BGHZ 2, 395). Nach zutreffender Auffassung genügt jede aktuelle Gefährdung.

Kapitel 7
Schadensersatzansprüche aus Gefährdungshaftung

1. Das Problem

Fall 23: H gerät mit seinem PKW ins Schleudern. Er stößt mit dem auf der anderen Fahr- **392** bahnseite entgegenkommenden PKW des V zusammen. V wird verletzt, sein Wagen beschädigt. Ein Fahrfehler des H lässt sich nicht feststellen. Vielmehr beruht der Unfall darauf, dass am Wagen des H ein Reifen platzte. Reifenprofil und Reifendruck entsprachen den Vorschriften, für die Schadhaftigkeit des Reifens bestanden keine sichtbaren Anzeichen.

V verlangt von H Schadensersatz.

Als *deliktische Anspruchsgrundlage* kommt § 823 I in Betracht (außerdem § 823 II/§ 229 StGB). H hat V geschädigt, indem er dessen körperliche Integrität und dessen Eigentum beeinträchtigte. Fraglich ist, ob H ein Verschulden trifft. Vorsatz ist nicht gegeben. Die Fahrlässigkeit setzt einen Verstoß gegen die im Verkehr erforderliche Sorgfalt voraus (§ 276 II). Damit stellt sich die Frage, welche Sorgfaltsanforderungen man an denjenigen stellen soll, der ein Kraftfahrzeug betreibt. Man könnte folgender Auffassung sein: Da von einem Kraftfahrzeug große Gefahren für andere ausgehen, ist der Fahrzeughalter verpflichtet, alle nur denkbaren technischen Möglichkeiten auszuschöpfen, um Unfälle zu vermeiden; ein Fachmann hätte durch sorgfältige Untersuchungen die Möglichkeit gehabt, die Schadhaftigkeit des Reifens zu entdecken; also hätte V den Reifen vor jeder Fahrt überprüfen lassen müssen; hat er dies nicht getan, so handelte er fahrlässig. Mit einer solchen Argumentation würden jedoch die Sorgfaltsanforderungen ins Utopische gesteigert. Auch wenn der technische Fehler einer Maschine auf Verschleiß beruht, pflegt er plötzlich und zu einem nicht berechenbaren Zeitpunkt aufzutreten. Die Unvollkommenheit menschlicher Arbeit und die begrenzte Perfektion der Technik ermöglichen permanent Funktionsausfälle. Würde man verpflichtet sein, alles technisch Mögliche zu tun, um sie zu vermeiden, so könnte man ein Kraftfahrzeug gleich für immer in der Werkstatt belassen. Infolgedessen hält man die Sorgfaltspflichten gleichsam auf einer mittleren Linie. Es werden die im Rahmen einer gewissen Normalität liegenden Sorgfaltsanstrengungen zugemutet: etwa, dass der Wagen nach Vorschrift technisch überwacht wird und dass spür- und sichtbare Mängel sofort behoben werden. Unter solchen Voraussetzungen wird man dem H einen Sorgfaltsverstoß nicht anlasten können. Ein Anspruch nach § 823 I, II ist nicht gegeben.

393 Das Ergebnis erscheint jedoch unbefriedigend. Vom Standpunkt des V aus könnte man sagen: Was geht es mich an, worauf der Reifenfehler am Wagen des H beruht und ob er bei zumutbaren Sicherheitsanstrengungen vermeidbar war oder nicht; ein Automobil ist eine gefährliche Angelegenheit; wer sich seiner bedient, muss für die aus dem Betrieb des Automobils entstehenden Gefahren einstehen, *gleichgültig, ob er sie mit zumutbaren Sorgfaltsanstrengungen vermeiden konnte oder nicht.*

Derartige Erwägungen waren es, die zur Einführung von Schadensersatzansprüchen aus dem Gesichtspunkt der **Gefährdungshaftung** führten. Der Grundgedanke ist: Es gibt Hilfsmittel unserer Lebensführung, die eine besondere, vom Einzelnen nicht voll beherrschbare Gefährdung anderer mit sich bringen, deren Einsatz aber gleichwohl aus Gründen wirtschaftlicher Notwendigkeit oder nach dem kulturellen Bewusstsein der Gesellschaft für erlaubt gehalten wird. Unsere Existenz- und Kulturbedürfnisse werden zunehmend mit Hilfe von technischen Anlagen und weit verzweigten Organisationsstrukturen befriedigt, deren Gefahrwirkungen nicht völlig beherrschbar sind. Eine Rückkehr in das vorindustrielle Zeitalter durch Verbote ist nicht durchführbar. *Wenn aber derartige Gefährdungen erlaubt sind, muss eine veränderte Risikoverteilung die Folge sein.* Wer sich solcher erlaubt-gefährlicher Mittel bedient, soll nicht nur dann auf Schadensersatz haften, wenn er die ihm zumutbaren Anstrengungen zur Gefahrvermeidung vernachlässigt hat; vielmehr soll er ohne Rücksicht auf Verschulden das Risiko für alle Schäden tragen, die typischerweise mit dem eingesetzten Mittel verbunden sind. **Gefährdungshaftung ist Schadensersatzhaftung ohne Rücksicht auf Verschulden auf Grund der Unterhaltung einer erlaubten Gefahrenquelle.**

2. Rechtsgrundlagen der Gefährdungshaftung

Die Gefährdungshaftung ist durch gesetzliche Normen für ganz bestimmte Gefahren-quellen eingeführt. Das BGB kennt nur die Gefährdungshaftung des Tierhalters nach § 833 S. 1. Im Übrigen hat sich das Recht der Gefährdungshaftung außerhalb des BGB entwickelt. Die Gefährdungshaftung ist in ihren heute gültigen Grundgedanken und Anwendungsbereichen eine Konsequenz der technisch-industriellen Entwicklung seit dem 19. Jahrhundert. Hervorgehoben seien die folgenden Tatbestände:

394

(a) Nach dem Haftpflichtgesetz ist der Unternehmer einer **Schienenbahn** oder einer **Schwebebahn** zum Schadensersatz verpflichtet, wenn bei dem Betrieb einer solchen Bahn ein Mensch getötet, der Körper oder die Gesundheit eines Menschen verletzt oder eine Sache beschädigt wird (§ 1). Die Ersatzpflicht entfällt, wenn der Unfall durch höhere Gewalt verursacht wurde.

(b) Eine Gefährdungshaftung trifft auch den Inhaber einer **Stromleitungs- oder Rohrleitungsanlage** oder einer sonstigen **Anlage zur Abgabe von Elektrizität, Gasen, Dämpfen oder Flüssigkeiten** (§ 2 Haftpflichtgesetz). Die Gefährdungshaftung im Zusammenhang mit der Gewinnung von **Kernenergie** ist durch internationale Übereinkommen und das Atomgesetz geregelt.

(c) Nach § 7 I Straßenverkehrsgesetz (StVG) ergibt sich eine Gefährdungshaftung des **Halters eines Kraftfahrzeuges** für Schäden, die dadurch entstanden sind, dass beim Betrieb eines Kraftfahrzeugs ein Mensch getötet, der Körper oder die Gesundheit eines Menschen verletzt oder eine Sache beschädigt wurde. Die Ersatzpflicht ist ausgeschlossen, wenn der Unfall durch höhere Gewalt verursacht ist (§ 7 II). Die gleiche Haftung trifft denjenigen, der das Fahrzeug ohne Wissen und Willen des Fahrzeughalters benutzt (§ 7 III). Nicht hingegen ist der jeweilige Fahrer („Führer") des Fahrzeugs von der Gefährdungshaftung betroffen, wenn er nicht gleichzeitig der Halter ist (vgl aber § 18 I 2 StVG: vermutetes Verschulden). Als Fahrzeughalter wird derjenige angesehen, der das Kraftfahrzeug auf eigene Rechnung in Gebrauch hat und eine dementsprechende Verfügungsgewalt ausübt (siehe BGHZ 13, 351). Für die mit dem Betrieb von **Luftfahrzeugen** verbundene Gefahr sind Tatbestände der Gefährdungs-haftung im Luftverkehrsgesetz enthalten.

(d) Der Verbesserung des Umweltschutzes dient das **Gesetz über die Umwelthaftung** vom 10.12.1990. Eine Gefährdungshaftung trifft danach die Inhaber bestimmter, im Gesetzesanhang genau beschriebener Anlagen, wenn durch eine von ihnen ausgehende Umwelteinwirkung jemand getötet, sein Körper verletzt oder eine Sache beschädigt wird (§ 1). Keine Haftung trifft den Inhaber der Anlage, soweit der Schaden durch höhere Gewalt verursacht wurde (§ 4). Auch bei dieser Gefährdungshaftung bestehen Haftungshöchstgrenzen (§ 15). Eine Schadensersatzverpflichtung nach allgemeinen Anspruchsgrundlagen, insbesondere nach Deliktsrecht bleibt durch das Umwelthaftungsgesetz unberührt (§ 18 I); das ist insbesondere wichtig, wenn Schäden geltend gemacht werden, die über die Höchstgrenzen hinausgehen. Siehe in diesem Zusammenhang ferner das Umweltschadensgesetz vom 10.5.2007.

Für den Kampf gegen die Umweltverschmutzung hat auch die Haftung nach §§ 89 ff **Wasserhaushaltsgesetz** vom 31.7.2009 besondere Bedeutung.

(e) Der Hersteller eines Produkts haftet auch ohne Verschulden auf Schadensersatz, wenn durch den Fehler des Produkts jemand getötet oder seine Gesundheit verletzt oder eine Sache beschädigt wird (§ 1 **Produkthaftungsgesetz** vom 15.12.1989). Hersteller im Sinne dieser wichtigen Haftungsvorschrift ist auch derjenige, der sich (zB durch Anbringung eines Warenzeichens) als Hersteller ausgibt (§ 4 I 2). Ist ein Hersteller nicht feststellbar, kann die Haftung auch den Lieferanten treffen (§ 4 III). Beweislast für das Vorliegen des Fehlers, den Eintritt eines Schadens und die Ursächlichkeit zwischen Fehler und Schaden trägt der Geschädigte (§ 1 IV S. 1). Der Gefährdungshaftung steht ein Katalog von Einwendungen entgegen; so tritt die Haftung nicht ein, wenn der Hersteller das Produkt nicht in den Verkehr gebracht hat (§ 1 II Nr 1) oder wenn davon auszugehen ist, dass das Produkt den schadenstiftenden Fehler in dem Zeitpunkt, da es in den Verkehr gebracht wurde, noch nicht hatte (§ 1 II Nr 2) oder wenn der Fehler in diesem Zeitpunkt nach dem Stand von Wissenschaft und Technik nicht erkannt werden konnte (§ 1 II Nr 5). Für das Vorliegen dieser Ausnahmegründe trägt der Hersteller die Beweislast (§ 1 IV 2). Die Haftung für Personenschäden ist auf 85 Millionen € begrenzt; die Grenze gilt auch für den Gesamtschaden, den das gleiche Produkt mit demselben Fehler anrichtet (§ 10 I). Für Sachschäden ist eine Selbstbeteiligung des Geschädigten bis 500 € vorgesehen (§ 11). Neben der Gefährdungshaftung kann den Hersteller eine Schadensersatzpflicht nach allgemeinen Rechtsgrundlagen (vertragliche Haftung, Deliktsrecht) treffen (§ 15 II). Auch ein Schmerzensgeldanspruch des Geschädigten kann gemäß § 8 S. 2 begründet sein.

(f) Ferner enthalten zB das **Arzneimittelgesetz** und das **Datenschutzgesetz** Tatbestände der Gefährdungshaftung.

395 **Voraussetzungen und Umfang der Gefährdungshaftung** sind in den Spezialgesetzen sehr detailliert und vielfach abweichend voneinander geregelt. Es gilt, bei sehr unterschiedlichen Gefahrenlagen jeweils einen gerechten Interessenausgleich zu finden, ohne den Einsatz der modernen Technik völlig unmöglich zu machen. Es ist das sichtbare Bestreben des Gesetzgebers, die Gefährdungshaftung nicht ausufern zu lassen. Dem gelten zB die Beschränkung der Gefährdungshaftung auf betriebsspezifische Gefahren („bei dem Betrieb") und der Ausschluss der Haftung bei „höherer Gewalt" (§ 7 II StVG). Auch die Festlegung von Höchstgrenzen der Schadensersatzpflicht dient dem Ziel, den Einsatz moderner Technik mit einem überschaubaren Schadensersatzrisiko zu befrachten.

Wie schon bei einzelnen Regelungen erwähnt, **verdrängen** die Ansprüche aus Gefährdungshaftung **nicht die Haftung aus Delikt** (siehe § 16 StVG). Vielmehr können Deliktsansprüche daneben bestehen und geltend gemacht werden. Derjenige, der eine an sich gefährliche, aber erlaubte Anlage betreibt, ist von Sorgfaltspflichten nicht freigestellt. Er ist gehalten, alles Zumutbare zu unternehmen, um die Gefahr – wenn er sie schon nicht völlig beherrschen kann – gering zu halten und den möglichen Eintritt eines Schadens zu verhindern. Handelt er dieser Verpflichtung zuwider, so kommen die Anspruchsgrundlagen der Gefährdungshaftung und der Deliktshaftung nebeneinander zum Zuge. Es ist dies sehr wichtig, weil die Rechtsfolgen der Deliktshaftung der Gefährdungshaftung im Hinblick auf deren Höchstgrenzen nur teilweise identisch sind.

Ein wichtiger Unterschied zwischen Delikts- und Gefährdungshaftung ergab sich früher auch im Hinblick darauf, dass die meisten Gefährdungshaftungsgesetze keinen **Schmerzensgeldanspruch** vorsahen, sodass ein solcher Anspruch nur aus Deliktsrecht hergeleitet werden konnte. Durch das „Zweite Gesetz zur Änderung schadensersatzrechtlicher Vorschriften" vom 19. Juli 2002 hat sich die Rechtslage grundlegend gewandelt: Die Gefährdungshaftungsgesetze sehen nun durchweg vor, dass bei Körper- und Gesundheitsverletzungen auch für den immateriellen Schaden billige Entschädigung in Geld gefordert werden kann (Rn 369).

Für **Fall 23** ergibt sich: Anspruchsgrundlage ist § 7 I StVG, dessen Voraussetzungen erfüllt sind. Freilich ist die Ersatzpflicht nach § 7 II StVG ausgeschlossen, wenn der Unfall durch höhere Gewalt verursacht ist. Mit der Ausnahme der „höherer Gewalt" soll die Gefährdungshaftung für *betriebsfremde*, von außen durch elementare Naturkräfte oder durch Handlungen Dritter herbeigeführte Ereignisse ausgeschlossen werden, die entweder nicht vorhersehbar oder mit zumutbaren Mitteln nicht beherrschbar sind (vgl BGH NJW 1986, 2313). Da ein Versagen der Verrichtungen des Fahrzeugs (Ausfall des Reifens) vorliegt, kann von einem betriebsfremden Ereignis nicht die Rede sein; dieses Geschehen ist dem Betrieb eines Automobils gerade immanent. H haftet dem V auf Schadensersatz in den vom StVG gezogenen Grenzen. Ein deliktischer Anspruch hingegen ist, wie wir eingangs gesehen haben, nicht gegeben.

3. Produzentenhaftung nach Deliktsrecht

Neben der Gefährdungshaftung gibt es ein anderes Instrument, die Risikoverteilung zu Gunsten des Geschädigten zu verändern: die **Umverteilung der Beweislast für das Verschulden innerhalb der Deliktshaftung**. Das Gesetz selbst geht diesen Weg in vielen Fällen. Im Rahmen des § 823 I trägt der Kläger die Darlegungs- und Beweislast dafür, dass der Beklagte ihn in seinen Rechten *schuldhaft* verletzt hat. Für den Führer eines Kraftfahrzeugs dreht der besondere Haftungstatbestand des § 18 I StVG die Beweislast um, indem er das Nichtverschulden als anspruchshinderndes Element ausgestaltet; steht fest, dass der Fahrer beim Betrieb eines Kraftfahrzeugs einen anderen getötet, körperlich verletzt oder dass er eine Sache beschädigt hat, so liegt es an ihm, darzulegen und wenn nötig zu beweisen, dass ihn kein Verschulden trifft. Es ist dies ein gewisser Schritt in Richtung auf die Gefährdungshaftung: Dem Führer des Kraftfahrzeugs wird das Risiko immer dann auferlegt, wenn die Tatsachen, von denen die Feststellung einer Sorgfaltspflichtverletzung abhängt, ungewiss bleiben (weitere Fälle: §§ 831; 832; 833 S. 2; 834; 836 BGB). **396**

Die Umverteilung der Beweislast kann auch ohne ausdrückliche Regelung im Gesetz durch die Rechtsprechung selbst vorgenommen werden. Dies ist zB für die **Produzentenhaftung im Rahmen des § 823 I** geschehen. Hat der durch ein fehlerhaft hergestelltes Produkt Geschädigte nachgewiesen, dass sein Schaden im Organisations- und Gefahrenbereich des Herstellers ausgelöst worden ist, so liegt es am Produzenten, den Nachweis zu führen, dass ihn kein objektiver Pflichtenverstoß und kein Verschulden trifft (BGHZ 51, 91; BGH NJW 1999, 1028). Auch die Beweislast dafür, dass der Produktfehler in der Sphäre des Herstellers entstanden ist und dass er ursächlich für den Schaden war, kann sich nach den Regeln des Prima-facie-Beweises umkehren: So liegt es beim Produzenten, die Nichtursächlichkeit zu beweisen, wenn der Geschä- **397** digte hat nachweisen können, dass bei verschiedenen Verwendern des Produkts gleiche oder ähnliche Schäden aufgetreten sind (BGH NJW 1987, 1694, 1695; zur Beweislastumkehr grundsätzlich auch BGHZ 104, 323).

Eine deliktische Haftung des Herstellers kann sich auch daraus ergeben, dass er über die Gefährlichkeit seines Produkts **nicht oder nicht hinreichend aufgeklärt** hat (Instruktionsfehler). In solchen Fällen liegt es bei dem durch die unterbliebene Warnung Geschädigten, darzulegen und zu beweisen, dass die vom Produkt ausgehende Gefahr objektiv eine Information erfordert hätte und dass der Hersteller die Sache ohne eine solche Instruktion in den Verkehr gegeben hat. Gelingt das, so kann sich der Produzent der Haftung seinerseits durch den Nachweis entziehen, er habe die Gefahren nicht erkennen können (BGHZ 80, 186, 198 f; BGH NJW 1999, 2815, 2816; zu den Instruktionspflichten grundsätzlich BGHZ 181, 253 Rn 23). Die Verantwortlichkeit des Produzenten wird außerdem durch Anhäufung von Sorgfaltspflichten gesteigert, zB durch die Pflicht, die in Verkehr gebrachten Massenerzeugnisse zu beobachten und sich über gefährliche Verwendungsfolgen zu informieren (BGHZ 80, 202; 179, 157 Rn 10 ff).

Die Rechtsprechung zur Produzentenhaftung im Rahmen des § 823 bleibt neben der Haftung aus dem ProdHaftG bedeutsam, zB wenn die Haftungshöchstgrenzen des § 10 ProdHaftG überschritten sind (siehe § 15 II ProdHaftG).

398 Deliktshaftung und Gefährdungshaftung sind zwar konstruktiv verschieden; es gibt aber Berührungspunkte und Übergänge, weil beide Haftungsarten letztlich unter dem Gesichtspunkt der angemessenen Risikoverteilung stehen. Es kommt dies bereits in dem objektiven Verschuldensbegriff des Zivilrechts zum Ausdruck. Je mehr unser Leben von der Technik und von schwer beherrschbaren Organisationen bestimmt wird, desto mehr wird sich das Gewicht von der Haftung auf Grund missbilligter Handlung auf eine Haftung unter dem Gesichtspunkt gerechter Risikoverteilung verlagern.

Literatur zur Gefährdungshaftung: *J. Esser*, Grundlagen und Entwicklung der Gefährdungshaftung, 2. Aufl. 1969; *A. Blaschczok*, Gefährdungshaftung und Risikozuweisung, 1993; *H. Kötz*, Haftung für besondere Gefahr, AcP 170, 1; *U. Bälz*, Ersatz oder Ausgleich?, JZ 1992, 57; *P. Marburger*, Grundsatzfragen des Haftungsrechts unter dem Einfluss der gesetzlichen Regelungen zur Produzenten- und Umwelthaftung, AcP 192, 1; *E. Deutsch*, Das neue System der Gefährdungshaftungen: Gefährdungshaftung, erweiterte Gefährdungshaftung und Kausalvermutungshaftung, NJW 1992, 73; *D. Medicus*, Gefährdungshaftung im Zivilrecht, Jura 1996, 561; *D. Coester-Waltjen*, Beweiserleichterungen und Gefährdungshaftung, Jura 1996, 608; *C. Eberl-Borges*, § 830 und Gefährdungshaftung, AcP 196, 491; *A. Röthel*, Gefährdungshaftung, Jura 2012, 444; *H. Zech*, Gefährdungshaftung und neue Technologien, JZ 2013, 21; *J. Metzing*, Gefährdungshaftung: Einzelgesetze oder Generalklausel?, Bucerius Law Journal 2014, 80.

Kapitel 8

Der Anspruch aus ungerechtfertigter Bereicherung

Fall 24: Der zerstreute Hochschullehrer P erhält vom Buchhändler R eine Rechnung für gelieferte Bücher über 150 €. Er bezahlt den Betrag umgehend. Nach einigen Wochen findet er die Rechnung unter seinen Papieren auf dem Schreibtisch. Da er sich an die Zahlung nicht erinnern kann, überweist er noch einmal den Betrag auf das Bankkonto des R. Kann P von R die Zahlung von 150 € verlangen?

399

Ein Anspruch aus unerlaubter Handlung scheidet aus; P hat sich selbst geschädigt. Gleichwohl lässt sich nicht einsehen, dass R die Zerstreutheit des P soll ausnützen können, um auf dessen Kosten 150 € ohne Gegenleistung zu erhalten. Die Interessenabwägung spricht dafür, dem P einen Anspruch zu geben, mit dessen Hilfe die zu seinen Ungunsten eingetretene Vermögensänderung wieder rückgängig gemacht werden kann.

Grundsätzlich ist folgendes zu erwägen: Der Übergang von Vermögenswerten von einer Person auf eine andere hat gewöhnlich einen rechtlichen Grund, aus dem sich erklärt, dass und warum dem Begünstigten der zugefallene Vermögensvorteil gebührt. So kann für eine Zahlung die rechtliche Grundlage das Bestehen einer Zahlungspflicht (zB § 433 II) sein. Möglich ist auch, dass im Zeitpunkt einer Leistung zwar keine Leistungspflicht besteht, dass es aber eine rechtliche Grundlage dafür gibt, dass der Empfänger die Leistung behalten darf (zB §§ 656 I 2; 762 I 2). Andererseits kann es vorkommen, dass einer Person ein wirtschaftlicher Vorteil zufällt, der keine rechtliche Grundlage hat, dh von der Rechtsordnung nicht dem Begünstigten zugesprochen wird. Dann erhebt sich die Frage, ob der Begünstigte den Vorteil behalten darf oder ob er ihn herauszugeben hat, gegebenenfalls an wen.

Diese Frage zu lösen ist die Aufgabe der Ansprüche aus ungerechtfertigter Bereicherung (**Kondiktionen**), die das BGB in §§ 812–822 zu einem komplizierten Anspruchssystem ausgebaut hat.

400

Auszugehen ist von § 812 I 1. Diese grundlegende Anspruchsnorm wird ergänzt durch spezielle Bereicherungstatbestände: §§ 812 I 2 Alt. 1 und 2, 813, 816 I 1 und 2, 816 II, 817 S. 1, 822.

Der Zweck der Bereicherungsansprüche kommt in § 812 I 1 zum Ausdruck: Es soll derjenige, der etwas ohne rechtlichen Grund (rechtsgrundlos) erlangt hat, demjenigen, auf dessen Kosten er bereichert ist, zur Herausgabe des Erlangten verpflichtet sein. Sinn der Bereicherungsansprüche ist demzufolge die **Abschöpfung ungerechtfertigter Vermögensvorteile**.

Der **Tatbestand des § 812 I 1** weist vier Elemente auf. Derjenige, der (a) etwas erlangt hat, und zwar (b) durch Leistung eines anderen oder in sonstiger Weise (c) auf Kosten des anderen und (d) ohne rechtlichen Grund, soll dem anderen zur Herausga-

401

be des Erlangten verpflichtet sein. Die hM spaltet diesen einheitlich erscheinenden Tatbestand jedoch in zwei verschieden zu behandelnde Fallgruppen auf: die **Leistungskondiktion** („durch Leistung eines anderen") und die **Nichtleistungskondiktion** („in sonstiger Weise", zB durch eigenes Tun des Bereicherten, durch Naturereignisse, generell durch Geschehnisse, die sich nicht als Leistung darstellen).

402 Die **Leistungskondiktion** (§ 812 I 1 Alt. 1) ist stets zuerst zu überprüfen. Denn man nimmt ein Rangverhältnis zwischen Leistungs- und Nichtleistungskondiktion an, demzufolge der *Empfänger einer Leistung nur dem Leistenden gegenüber* unter den Voraussetzungen der Leistungskondiktion zur Herausgabe verpflichtet ist, während dem möglicherweise entreicherten „Dritten" dann kein Bereicherungsanspruch gegen den Empfänger zustehen soll (str.; gesetzliche Ausnahmen §§ 816 I 2, 822). Als Leistung begreift man in diesem Zusammenhang die bewusste und zweckgerichtete (dh auf einen gedachten Rechtsgrund bezogene) Mehrung fremden Vermögens. Dabei ist Vermögen alles, was Gegenstand der Leistung sein kann.

> In **Fall 24** handelt es sich um einen Fall der Leistungskondiktion: P hat bewusst das Vermögen des R um 150 € vermehrt; dies geschah „zweckgerichtet", dh im Hinblick auf einen gedachten Schuldgrund (Zahlungspflicht aus Kaufvertrag). Auch die übrigen Voraussetzungen des § 812 I 1 sind gegeben: R hat durch die Leistung „etwas", nämlich ein Guthaben über 150 € erlangt. Dass der Bereicherungsvorgang „auf Kosten des Leistenden" geht, ergibt sich ohne weiteres. Die Leistung erfolgte auch rechtsgrundlos, da die Zahlungspflicht des P durch die erste Zahlung bereits erloschen war (§ 362 I). Folglich hat R an P das Erlangte nach § 812 I 1 herauszugeben.

403 Unter den Fällen der **Nichtleistungskondiktion** (§ 812 I 1 Alt. 2) ragt als besondere Fallgruppe die der **Eingriffskondiktion** heraus. Hier vollzieht sich die Bereicherung dadurch, dass sich der Bereicherte durch eigenes Verhalten einen Vermögensvorteil verschafft, der kraft eines subjektiven Rechts oder kraft anderer Interessenschutzbestimmungen einer anderen Person zugewiesen ist.

Beispiel: Ein bekannter Filmschauspieler lässt sich auf einem Motorrad sitzend fotografieren; ihm wird gesagt, das Bild sei zur Veröffentlichung in einer Zeitschrift bestimmt; in Wahrheit wird das Foto für eine Plakataktion verwendet, die für die Motorradfirma werben soll.

Damit ist in das Recht am eigenen Bild (§ 22 KunstUrhG) eingegriffen, weil Bildveröffentlichungen ohne Einwilligung des Abgebildeten nur in bestimmten, hier nicht gegebenen Fällen (§§ 23, 24 KunstUrhG) zulässig sind. Der Firma entsteht dadurch ein Vermögensvorteil, nämlich die Ersparung des sonst üblichen Entgelts für Werbeaufnahmen; dieser durch kommerzielle Verwertung des eigenen Bildes erzielbare Vermögensvorteil ist durch das Recht am eigenen Bild jedoch dem Abgebildeten zugewiesen (BGHZ 20, 345, 353 ff – Paul Dahlke; BGH NJW 2009, 3032 Rn 26). Den ihr daher „rechtsgrundlos" und „auf Kosten eines anderen" zugewachsenen Vermögensvorteil hat die Firma an den Schauspieler herauszugeben. Der Zuweisungsgehalt des beeinträchtigten Rechts (hier: Recht am eigenen Bild) bildet in solchen Fällen das Kriterium sowohl für die Frage des Rechtsgrundes (ist dem Bereicherten der Vorteil durch die Rechtsordnung zugewiesen?) als auch für die Bestimmung des Bereicherungsgläubigers (*wem* ist der Vorteil durch die Rechtsordnung zugewiesen?).

Der **Umfang** des Bereicherungsanspruchs ist in § 818 näher bestimmt. Die Verpflich- **404** tung zur Herausgabe erstreckt sich auf die gezogenen Nutzungen sowie auf dasjenige, was der Empfänger auf Grund eines erlangten Rechts oder als Ersatz für die Zerstörung, Beschädigung oder Entziehung des erlangten Gegenstandes erwirbt (§ 818 I).

Wenn die Herausgabe des Erlangten wegen dessen Beschaffenheit unmöglich ist oder wenn der Empfänger aus anderem Grunde dazu außer Stande ist, so ist der **Wert des Empfangenen** zu ersetzen (§ 818 II).

Besonders wichtig ist die **Begrenzung des Bereicherungsanspruchs nach § 818 III**: **405** Die Verpflichtung zur Herausgabe oder zum Wertersatz ist ausgeschlossen, soweit der Empfänger nicht mehr bereichert ist. Der Bereicherungsschuldner soll also den wirtschaftlichen Vorteil nur insoweit herausgeben müssen, als er ihn im Zeitpunkt der Beurteilung *noch hat*. Grund für diese begrenzte Herausgabepflicht ist der Umstand, dass sich der Bereicherte möglicherweise darauf eingestellt hat, dass ihm das Erlangte gebührt. Er soll in diesem seinem Vertrauen in gewissem Umfang geschützt werden. Die Begrenzung des § 818 III entfällt infolgedessen – das bedeutet die Verweisung auf die allgemeinen Vorschriften – für die Zeit ab Eintritt der Rechtshängigkeit, dh im Regelfall der Klageerhebung, weil der Bereicherte dann nicht mehr auf das Bestehen eines Rechtsgrunds für den erhaltenen Vermögensvorteil vertrauen kann, § 818 IV. Das gleiche gilt von dem Zeitpunkt an, da der Empfänger den Mangel des rechtlichen Grundes kennt (§ 819 I), und in weiteren Konstellationen, in denen der Empfänger einen Vertrauensschutz nicht verdient (§§ 819 II, 820). In allen diesen Fällen (§§ 818 IV, 819, 820) kann sich der Empfänger auf § 818 III nicht berufen.

Literatur: Siehe die Lehrbücher des Schuldrechts (Besonderer Teil) sowie *K.-H. Gursky*, 20 Probleme aus dem BGB – Bereicherungsrecht, 6.Aufl. 2008; *H. Chr. Grigoleit/M. Auer*, Schuldrecht III – Bereicherungsrecht, 2. Aufl. 2016; *U. Loewenheim*, Bereicherungsrecht, 3. Aufl. 2006; *H.J. Wieling*, Bereicherungsrecht, 4. Aufl. 2006.

Teil V
Das Rechtsgeschäft

Kapitel 1
Einleitung

1. Die rechtsgeschäftliche Handlungsfreiheit

406 Das Zivilrecht gesteht den Privatrechtssubjekten in weitem Umfange die Befugnis zu, ihre Rechtsverhältnisse nach ihrem Willen zu gestalten. Die rechtsgeschäftliche Handlungsfreiheit überlässt es dem Willen der Personen, *mit wem* sie rechtsgeschäftliche Beziehungen eingehen wollen (**Abschlussfreiheit**), *welchen Inhalt* diese Beziehungen haben sollen (**inhaltliche Gestaltungsfreiheit**) und in *welcher Form* sie diese Beziehungen begründen (**Formfreiheit**). Wie weit diese Bestimmungsmacht reicht und unter welchen Voraussetzungen sie zu betätigen ist, hängt von den Grundentscheidungen des politischen Systems ab. In einem Polizeistaat oder in einem zwangswirtschaftlichen System wird die rechtsgeschäftliche Handlungsfreiheit zurückgedrängt sein, im freiheitlichen Staatswesen hingegen das Grundprinzip ausmachen. Unsere heutige Situation ist durch die Spannung gekennzeichnet, die zwischen Individualfreiheit, Gruppenfreiheit, Sozialstaat und dem Ziel der Krisenbewältigung besteht (Rn 69 ff). Dem entspricht es, dass die rechtsgeschäftliche Handlungsfreiheit grundsätzlich gewährt, aber doch in vielfacher Hinsicht begrenzt wird.

2. Grundbegriffe: Rechtsgeschäft, Willenserklärung, Vertrag

407 Das Geschehen, durch das eine gewollte Rechtsfolge hervorgebracht wird, nennt das BGB **Rechtsgeschäft** (§§ 104–185). Das Zustandekommen der Rechtsgeschäfte ist im Einzelnen je nach den besonderen Zwecken unterschiedlich geregelt. Den Entstehungstatbeständen aller Rechtsgeschäfte ist jedoch gemeinsam, dass zumindest eine Person ihren Willen kundgibt, eine bestimmte Rechtswirkung (Rechtsfolge) zu wollen.

Die Kundgabe (Äußerung) des Willens, dass eine bestimmte Rechtsfolge eintreten solle, nennt das BGB **Willenserklärung**. Die Willenserklärung ist demnach das zentrale Element des Rechtsgeschäfts. Das Gesetz legt bei bestimmten Rechtsgeschäften fest, dass über eine oder mehrere Willenserklärungen hinaus noch weitere Elemente hinzukommen müssen, um die gewollte Rechtswirkung hervorzurufen, zB Übereignung einer beweglichen Sache nach § 929 S. 1: Einigung (= Rechtsgeschäft) *und* Übergabe (= Realakt).

408 Im Regelfall ist, um eine gewollte Rechtswirkung hervorzurufen, erforderlich, dass mehrere Personen im Zusammenwirken miteinander das Rechtsgeschäft tätigen (**mehrseitiges Rechtsgeschäft**), nämlich alle Rechtssubjekte, in deren Rechtskreis die angestrebte Rechtsfolge eintreten soll. Die Hauptform des mehrseitigen Rechtsgeschäfts ist der **Vertrag**: Dieser kommt dadurch zustande, dass zwei (oder mehrere) Personen erklären, im Zusammenwirken miteinander dieselben Rechtsfolgen herbeiführen zu wollen. Der Vertrag setzt also zumindest zwei Willenserklärungen voraus, genauer gesagt: eine Willenserklärung jeder Person, die vertraglich gebunden sein soll. Die rechtsgeschäftliche Handlungsfreiheit stellt sich demnach hauptsächlich als **Vertragsfreiheit** dar.

Beispiel: Wollen Anna und Bertold gemeinsam eine Wohnung vom Vermieter Knoll mieten, um in diesen Räumen zusammenzuleben, so ist eine Willenserklärung der Anna, des Bertold und des Knoll erforderlich.

Die **Rechtswirkungen eines Vertrages** treffen grundsätzlich nur die Vertragsschließenden selbst. Ausnahmen von diesem Grundsatz werden gemacht, wenn einem am Vertragsschluss Unbeteiligten (= Dritten) ausschließlich vorteilhafte Rechtswirkungen zukommen sollen. Das ist der Fall beim **Vertrag zu Gunsten Dritter** (§§ 328–335). Durch einen solchen Vertrag erhält eine Person, die am Vertragsschluss nicht beteiligt war, das Recht, von einer Vertragspartei eine Leistung zu fordern (zB: Lebensversicherungsvertrag des Ehemannes mit einer Versicherungsgesellschaft, wonach die Versicherungssumme im Falle seines Todes unmittelbar an die Ehefrau geleistet werden soll). Selbst in solchem Fall kann der durch den Vertrag begünstigte Dritte aber das zu seinen Gunsten vereinbarte Recht zurückweisen (§ 333). Auf der anderen Seite ist kein Vertrag möglich, durch den ein Unbeteiligter zu etwas verpflichtet werden soll **(kein Vertrag zu Lasten Dritter)**. **409**

Ausnahmsweise genügt indes schon die Willenserklärung *einer* Person, um die gewünschte Rechtswirkung auszulösen **(einseitiges Rechtsgeschäft)**. Einseitige Rechtsgeschäfte sind zB der Widerruf oder die Anfechtung einer Willenserklärung, die Kündigung eines auf Dauer angelegten Vertrages oder der Rücktritt von einem Vertrag. Dass Rechtswirkungen durch die Erklärung nur einer Person eintreten, bedarf einer besonderen Begründung, wenn eine andere Person davon betroffen ist. Denn nach dem Gedanken der Freiheit und Gleichheit soll keine Person über andere herrschen können, indem sie einseitig die Rechtsfolgen für andere bestimmt (siehe weiter unten Rn 413). **410**

Einen **Sondertyp des mehrseitigen Rechtsgeschäfts** bildet der **Beschluss** einer Personenmehrheit oder des Kollegialorgans einer juristischen Person (zB Mitgliederversammlung eines Vereins). Dem Beschluss ist eigentümlich, dass seine Rechtswirkungen auch für diejenigen Mitglieder des Beschlussgremiums eintreten, die ihm nicht zugestimmt oder ihn sogar abgelehnt haben, sofern sie in der Minderheit geblieben sind. Dadurch unterscheidet sich der Beschluss vom Vertrag: An den Vertrag ist nur gebunden, wer sich mit der vertraglichen Bindung einverstanden erklärt hat. **411**

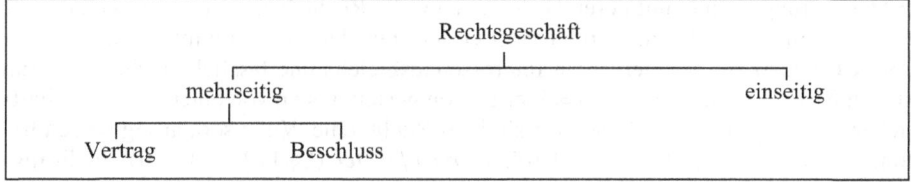

412   Außer dem Vertrag als dem klassischen Mittel, mit dem mehrere Personen ein- und dieselbe Rechtswirkung erzielen können, kennt die Privatrechtsordnung **weitere Techniken**, mit deren Hilfe mehrere Personen eine Rechtsfolge erzeugen können. So kann vorgeschrieben sein, dass eine bestimmte Rechtsfolge dann eintritt, wenn die davon betroffenen Personen **unabhängig voneinander gleichgerichtete Willenserklärungen** abgeben („parallel laufende Erklärungen"). Es handelt sich dann um mehrere _einseitige_ Rechtsgeschäfte, die aber erst _zusammen_ die gewollte Rechtsfolge auslösen. So erwerben zB die Eltern eines Kindes, die nicht miteinander verheiratet sind, das gemeinsame Sorgerecht, wenn sie beide erklären, die Sorge gemeinsam übernehmen zu wollen (§ 1626a I Nr 1). Diese Erklärungen bilden aber keinen Vertrag; es genügt, wenn jeder Elternteil selbstständig diese Erklärung abgibt; die Erklärung des einen muss sich auch nicht auf die des anderen beziehen; beide Erklärungen bilden selbstständige Rechtsgeschäfte, die aber erst zusammen die gewünschte Rechtswirkung auslösen.

Ähnlich ist die Konstruktion, wenn die Wirksamkeit eines Rechtsgeschäfts von der **Zustimmung eines Dritten** abhängig gemacht wird (zB nach §§ 185, 1365 oder 1369). Auch hier bilden das „Hauptgeschäft" und die erforderliche Zustimmung des Dritten jeweils selbstständige Rechtsgeschäfte, die aber auf das gleiche Rechtsfolgenziel gerichtet sind.

Zu diesen Zusammenhängen: _D. Schwab_, FS Medicus, 2000, 587.

3. Einseitige Rechtsgeschäfte

413   ▶ Falltraining 1, Fall 54

Die wirksame Vornahme eines einseitigen Rechtsgeschäfts setzt ein **Gestaltungsrecht** (Rn 187) des Erklärenden voraus, das sich entweder (1) auf die Rechtsordnung unmittelbar, oder (2) auf ein Rechtsgeschäft gründet.

(1) (a) Das **Gesetz** lässt die Wirksamkeit eines einseitigen Rechtsgeschäfts besonders in solchen Fällen zu, in denen der Erklärende niemanden außer möglicherweise sich selbst benachteiligt, so etwa beim Verzicht auf das Eigentum an einem Grundstück (§ 928 I) und bei der Ausschlagung einer Erbschaft (§ 1945 I). Aber selbst in diesem Zusammenhang ist das Gesetz gegenüber der Möglichkeit einseitiger Rechtsfolgenbewirkung sehr zurückhaltend. Das BGB kennt die Rechtsfigur des _einseitig wirksamen Verzichts_ auf ein Recht nur in besonderen Fällen und nicht als allgemeines Instrument. Will zB ein Gläubiger dem Schuldner seine Verbindlichkeit erlassen, so genügt nicht seine Verzichtserklärung; vielmehr ist ein Vertrag des Gläubigers mit dem Schuldner notwendig (Erlassvertrag, § 397 I).

(b) Gestaltungsrechte, mit deren Hilfe man auf die Rechtslage _eines anderen_ benachteiligend einwirken kann, werden vom Gesetz nur dann eingeräumt, wenn es unter dem Gesichtspunkt des gerechten Interessenausgleichs unerlässlich erscheint. Voran stehen Fälle, in denen das Gesetz einer Person gestattet, sich von einer rechtsgeschäftlichen Bindung zu lösen. Zu nennen sind das Recht, eine Willenserklärung wegen Irrtums, arglistiger Täuschung oder Drohung _anzufechten_ (§§ 119, 120, 123); die Befugnis, ein Rechtsverhältnis aus wichtigem Grund zu *kündigen* (zB §§ 543, 569 – Kündigung eines Mietverhältnisses aus wichtigem Grund; § 314 – Kündigung von Dauerschuldverhältnissen aus wichtigem Grund, soweit keine Sonderregelung existiert), die Befugnis, von einem Vertrag wegen einer Pflichtverletzung *zurückzutreten* (zB §§ 323, 324) oder ein Rechtsgeschäft zu *widerrufen* (zB nach § 355 ff).

(c) Eine Besonderheit bildet die Freiheit der natürlichen Person, über das rechtliche Schicksal ihres Vermögens nach dem Tode durch einseitiges Rechtsgeschäft, nämlich durch *Testament* (letztwillige Verfügung, § 1937) zu bestimmen (Testierfreiheit). Obwohl das Testament auf die rechtliche Lage anderer einwirkt, insofern es die Erbfolgeordnung (§§ 1924 ff) verändert, ist es als einseitiges Rechtsgeschäft ausgestaltet und kann grds. auch jederzeit widerrufen werden, § 2253, weil der Selbstbestimmung des Testierenden eine hohe Bedeutung zugemessen wird; den legitimen Erwartungen seines Ehegatten, seiner Abkömmlinge und seiner Eltern ist demgegenüber durch Einräumung eines Pflichtteilanspruchs (§ 2303) Rechnung getragen.

Die Erbfolge kann auch durch bindenden Vertrag bestimmt werden (*Erbvertrag*, § 2278). Testament (= letztwillige Verfügung) und Erbvertrag werden unter dem Oberbegriff *Verfügungen von Todes wegen* zusammengefasst.

414 (2) Über die vom Gesetz unmittelbar bestimmten Fälle hinaus kann eine Person durch **Rechtsgeschäft** einer anderen **die Befugnis einräumen**, durch einseitige Erklärung das gegenseitige Rechtsverhältnis zu bestimmen. Beispiele: Eine Vertragspartei behält sich bei Abschluss des Vertrags im Einvernehmen mit der anderen den Rücktritt vom Vertrag vor (§ 346 I); es wird vertraglich vereinbart, dass die Parteien eines Rechtsverhältnisses unter bestimmten Voraussetzungen ein Recht zur Kündigung haben sollen. In diesen Fällen beruht das Gestaltungsrecht des einen auf der vorherigen Unterwerfung des anderen.

4. Wesen und Schranken der Privatautonomie

415 Das Zivilrecht der Bundesrepublik Deutschland wird durch das **Prinzip der rechtsgeschäftlichen Freiheit** (**Privatautonomie**) bestimmt, die durch Art. 2 I GG verfassungsrechtlich gewährleistet ist (BVerfGE 8, 274, 328; 89, 214, 231; 103, 89). Der Begriff der Privatautonomie darf nicht dahin missverstanden werden, als gäbe es einen vom staatlichen Recht unberührten gesellschaftlichen Bereich, in dem die Privatpersonen ihr Recht selbst setzen könnten. Die rechtsgeschäftliche Freiheit wird vielmehr durch den Staat in einem durch das staatliche Recht gegebenen Rahmen verwirklicht und der Staat stellt den Privatpersonen seine Rechtsschutzorganisation zur Verfügung. Die Privatautonomie äußert sich namentlich in der

- **Vertragsfreiheit**, dh dem Recht jeder Person, Verträge beliebigen Inhalts mit beliebigen anderen Personen abzuschließen, sofern diese dazu bereit sind;
- **Verfügungsfreiheit**, dh dem Recht jeder Person, über die ihr zustehenden Rechte und Güter zu verfügen, soweit diese nicht ausnahmsweise unverfügbar sind;
- **Testierfreiheit**, dh dem Recht einer Person, für den Fall ihres Todes über die Rechtsnachfolge der ihr gehörigen Rechte und Güter zu bestimmen; schließlich die

– **Vereinigungsfreiheit**, dh das Recht jeder Person, sich mit anderen zu privatrechtlichen Vereinigungen zu verbinden.

416 Im Rechtsgeschäft greifen der **Rechtsfolgewille der Privatpersonen** und der **Rege-
lungswille staatlicher Instanzen** ineinander. Dies zeigt sich hauptsächlich in folgenden Zusammenhängen:

(1) Das Zivilrecht stellt für die Ausübung der Privatautonomie die nötigen **Rechtstechniken** zur Verfügung, die von den Grundwertungen des Zivilrechts abgeleitet sind. Es
geschieht dies teils durch disponible, teils durch zwingende Regelungen, die dem Privatrechtsverkehr insgesamt gesehen ein logisches und zusammenhängendes Zivilrechts-
system bieten. Dabei herrscht zum Teil *Typenzwang* (zB bei den dinglichen Rechten
und den Vereinigungsformen), um der Rechtsunsicherheit vorzubeugen. In diesen Zusammenhang gehören auch Vorschriften darüber, in welcher Weise der rechtsgeschäftliche Wille geäußert werden muss, um seine Wirkungen entfalten zu können.

(2) Die Rechtsordnung bestimmt den **Inhalt der Rechtsgeschäfte** mit. Zwar treten
die Hauptwirkungen eines Rechtsgeschäfts deshalb ein, weil sie von den handelnden
Parteien gewollt sind; doch fügt die Rechtsordnung weitere Rechtsfolgen hinzu, die
auch ohne den Willen der Beteiligten eintreten, und zwar entweder zwingend (zB
§ 619) oder nachgiebig (zB die Regelung der einzelnen Schuldverträge, §§ 433 ff,
siehe Rn 49 ff). Auch die Gerichte bestimmen den Inhalt der Rechtsgeschäfte mit, indem sie zB die Verträge auslegen (dazu Rn 587) oder einer veränderten Lage anpassen (dazu Rn 649).

417 (3) Die Rechtsordnung wacht darüber, ob beim Abschluss von Rechtsgeschäften die
Mindestvoraussetzungen rechtsgeschäftlicher Handlungsfreiheit für die beteiligten Personen gegeben waren oder das Rechtsgeschäft sich nicht vielmehr als einseitige und grob belastende Fremdbestimmung eines Teils durch den anderen darstellt.
Dieser Gesichtspunkt spielt bei den Allgemeinen Geschäftsbedingungen (Rn 781 ff)
und den Regelungen zum Verbraucherschutz (Rn 814 ff) eine entscheidende Rolle,
ist darüber hinaus aber für das gesamte Privatrecht maßgebend (vgl BVerfGE 89,
214). Ein Vertrag, der sich als einseitiges Diktat einer Partei darstellt, kann nach
§ 138 nichtig oder nach § 242 zu korrigieren sein.

(4) Die Rechtsordnung **beschränkt**, soweit gewichtige Gründe im Interesse anderer
oder der Allgemeinheit dies rechtfertigen, die **inhaltliche Gestaltungsfreiheit**, sei es
durch gesetzliche Verbote (§§ 134, 135, Rn 660 ff), sei es durch die Ermächtigung
der Gerichte, die Unwirksamkeit von Rechtsgeschäften wegen Verstoßes gegen die
guten Sitten festzustellen (§ 138, Rn 667 ff), oder Korrekturen nach dem Maßstab des
§ 242 vorzunehmen.

(5) In Ausnahmefällen ist eine **behördliche Mitwirkung** für das Rechtsgeschäft vorgesehen (zB eine behördliche Genehmigung wie in §§ 1819-1822).

(6) Unter besonderen Voraussetzungen greift die Rechtsordnung sogar in die **rechtsgeschäftliche Abschlussfreiheit** ein (Kontrahierungszwang, Rn 557 ff).

Diese Einschränkungen der Privatautonomie sind indes keineswegs beliebig. Sie
müssen sich aus dem Grundgedanken der rechtsgeschäftlichen Handlungsfreiheit herleiten oder aus den Schranken des Art. 2 Abs. 1 GG gerechtfertigt sein.

Literatur: Zum Thema „Privatautonomie" liegen sehr unterschiedliche Stellungnahmen vor, vgl *F. v. Hippel*, Das Problem der rechtsgeschäftlichen Privatautonomie, 1936; *L. Raiser*, Vertragsfreiheit heute, JZ 1958, 1; *ders.*, Vertragsfunktion und Vertragsfreiheit, DJT-Festschrift, I, 101; *W. Flume*, Rechtsgeschäft und Privatautonomie, DJT-Festschrift, I 135; AT, II, § 1; *K. Adomeit*, Gestaltungsrechte, Rechtsgeschäfte, Ansprüche – Zur Stellung der Privatautonomie im Rechtssystem, 1969; *K. Zweigert*, „Rechtsgeschäft" und „Vertrag" heute, Ius privatum gentium, Festschrift M. Rheinstein 1969, II, 493; *H. Merz*, Privatautonomie heute – Grundsatz und Rechtswirklichkeit, 1970; *M. Wolf*, Rechtsgeschäftliche Entscheidungsfreiheit und vertraglicher Interessenausgleich, 1970; *U. Mückenberger*, Legitimation durch Realitätsverleugnung, Kritische Justiz 1971, 248; *F. Bydlinsky*, Privatautonomie und objektive Grundlagen des verpflichtenden Rechtsgeschäfts, 1967; *E.A. Kramer*, Die „Krise" des liberalen Vertragsdenkens, 1974; *M. Wolf*, Selbstbestimmung durch vertragliches Abschlussrecht, JZ 1976, 41; *K. Biedenkopf*, Die Wiederentdeckung des Privatrechts, Festschrift für H. Coing, Bd. 2, 1982, 21; *J. Schmidt*, Vertragsfreiheit und Schuldrechtsreform, 1985; *H. Honsell*, Privatautonomie und Wohnungsmiete, AcP 186, 115; *P. Derleder*, Privatautonomie, Wirtschaftstheorie und Ethik des rechtsgeschäftlichen Handelns, Festschrift R. Wassermann, 1985, 643; *J. Schapp*, Grundfragen der Rechtsgeschäftslehre, 1986, 50; *W. Höfling*, Vertragsfreiheit, 1991; *L. Fastrich*, Richterliche Inhaltskontrolle im Privatrecht, 1992; *W. Grunsky*, Vertragsfreiheit und Kräftegleichgewicht, 1995; *R. Singer*, Vertragsfreiheit, Grundrechte und der Schutz des Menschen vor sich selbst, JZ 1995, 1133; *W. Zöllner*, Regelungsspielräume im Schuldvertragsrecht, AcP 196, 1; *S. Lorenz*, Der Schutz vor dem unerwünschten Vertrag, 1997; *U. Knobel*, Wandlungen des Verständnisses der Vertragsfreiheit, 2000; *M. Bäuerle*, Vertragsfreiheit und Grundgesetz. Normativität und Faktizität individueller Vertragsfreiheit in verfassungsrechtlicher Perspektive, 2001; *S. Hofer*, Historisch-Kritischer Kommentar zum BGB, vor §§ 241 ff BGB, 2009.

Zum Problem des Vertrags als Rechtsquelle: *E.-J. Mestmäcker*, Über die normative Kraft privatrechtlicher Verträge, JZ 1964, 441; *U. Meyer-Cording*, Die Rechtsnormen, 1971; *M. Wolf*, Normsetzung durch private Institutionen, JZ 1973, 229; *Th. Bühler*, Rechtsquellenlehre, Bd. 3 (1985), 154; *C. Hillgruber*, Der Vertrag als Rechtsquelle, ARSP 85, 348.

418

Kapitel 2

Verpflichtungsgeschäfte und Verfügungsgeschäfte

1. Die Verpflichtungsgeschäfte

a) Begriff

Rechtsgeschäfte können auf unterschiedliche Arten von Rechtsfolgen gerichtet sein. Unter diesem Gesichtspunkt sind zwei Rechtsgeschäftstypen von besonderer Bedeutung: Verpflichtungsgeschäfte und Verfügungsgeschäfte.

419

Beim **Verpflichtungsgeschäft** erstreben die Beteiligten als hauptsächliche Rechtsfolge die Entstehung (oder Bekräftigung) von Pflichten. So erklären die Parteien eines Kaufvertrags über eine Sache, dass der Verkäufer verpflichtet sein soll, die gekaufte

Sache dem Käufer zu übergeben und zu übereignen; dass ferner der Käufer verpflichtet sein soll, dem Verkäufer den Kaufpreis zu zahlen und die Sache abzunehmen, vgl § 433 BGB. Die Parteien eines Dienstvertrags erklären, dass der Dienstnehmer zur Leistung von Diensten an den Dienstgeber, der Dienstgeber zur Zahlung der vereinbarten Vergütung an den Dienstnehmer verpflichtet sein soll, vgl § 611 BGB.

420 Gewöhnlich zielt ein Verpflichtungsgeschäft darauf ab, dass alle Vertragsparteien zu einer Leistung verpflichtet werden. Stehen sich die von den Parteien geschuldeten Leistungen in einem derartigen Austauschverhältnis gegenüber (zB Kauf: Lieferung der Ware im Austausch gegen Zahlung des Kaufpreises) so sprechen wir von **entgeltlichen** Rechtsgeschäften. Es gibt aber auch Schuldverträge, die nur eine Vertragspartei zu einer Leistung verpflichten (einseitig verpflichtender Vertrag, zB: Schenkung); da der Leistung des einen Teils keine Gegenleistung des anderen gegenübersteht, handelt es sich um **unentgeltliche** Rechtsgeschäfte.

Eine Reihe von – entgeltlichen wie unentgeltlichen – Verpflichtungsgeschäften hat das Gesetz näher ausgestaltet, vornehmlich im Abschnitt „Einzelne Schuldverhältnisse" (§§ 433 ff) und damit korrespondierend im HGB (Handelsgeschäfte, §§ 343 ff HGB). Wichtige Typen der Verpflichtungsgeschäfte seien nachfolgend umrissen. Sie lassen sich in die drei Gruppen der Austauschverträge, Treuhandverträge und Gesellschaftsverträge einteilen, die sich durch die jeweilige Verknüpfung der Interessen der beteiligten Vertragspartner unterscheiden: Beim Leistungsaustausch stehen sich die Vertragspartner als Gegenspieler gegenüber, jede Partei verfolgt ausschließlich ihre eigenen Interessen; bei der Treuhand nimmt ein Teil die Interessen des anderen Teils wahr; bei der Gesellschaft verfolgen die Vertragsparteien gemeinsam gleichgerichtete Interessen.

b) Austauschverträge

421 **aa) Umsatz: Kauf, Tausch, Schenkung.** Den **Kaufvertrag** betreffend unterscheidet das Gesetz den Kauf einer Sache (§ 433) und den Kauf eines Rechts und sonstiger Gegenstände (§ 453). Es gelten grundsätzlich die gleichen Regeln.

- Ist das **Kaufobjekt eine Sache**, so verpflichtet sich der *Verkäufer*, dem Käufer die Sache zu übergeben und das Eigentum an ihr zu verschaffen (§ 433 I 1). Zu seinen Erfüllungspflichten gehört es auch, dem Käufer die Sache frei von Sach- und Rechtsmängeln zu verschaffen (§ 433 I 2). Der *Käufer* verpflichtet sich durch den Kaufvertrag, dem Verkäufer den vereinbarten Kaufpreis zu zahlen und die Sache abzunehmen (§ 433 II).
- Ist **Gegenstand des Kaufs ein Recht**, so gilt im Prinzip das Gleiche: Der Verkäufer ist verpflichtet, dem Käufer das Recht zu übertragen. Nur entfällt gewöhnlich die Pflicht des Verkäufers zur Sachübergabe; eine solche Pflicht besteht nur dann, wenn das verkaufte Recht zum Besitz einer Sache berechtigt (§ 453 III).
- Über Sachen und Rechte hinaus können **beliebige Gegenstände** Objekt eines Kaufvertrags sein, zB ein Unternehmen, elektrischer Strom, Fernwärme oder Computersoftware. Auch hier gelten die Regeln der §§ 433 ff in einer dem jeweiligen Kaufgegenstand angepassten Weise.

Gemäß **§ 651 S. 1** finden die Vorschriften über den Kauf auch auf solche Verträge Anwendung, welche die **Lieferung herzustellender oder zu erzeugender bewegli-**

cher Sachen zum Gegenstand haben, zB auf einen Vertrag mit dem Schneider, einen Maßanzug zu fertigen. Bei derartigen Verträgen stellt sich die Frage, ob das Kauf- oder das Werkvertragsrecht die geeigneteren Regeln bietet. Der Gesetzgeber hat die Frage zugunsten des Kaufrechts gelöst, doch kommen, wenn es sich um nicht vertretbare Sachen handelt, auch einige Regeln des Werkvertragsrechts zum Zuge (§ 651 S. 3).

Für den **Handelskauf** gelten zusätzlich die Sonderregeln der §§ 373–381 HGB.

Der **Tauschvertrag** (§ 480) unterscheidet sich vom Kauf nur dadurch, dass als Gegenleistung für einen Gegenstand nicht Geld zu zahlen, sondern ein anderes Objekt (zB Eigentum und Besitz an einer Sache oder ein anderes Recht) zu verschaffen ist. Die Vorschriften über den Kauf finden daher entsprechende Anwendung.

Unentgeltliches Gegenstück dieser Umsatzgeschäfte ist die **Schenkung**, § 516: Sie verpflichtet einen Teil, dem anderen einen Vermögenswert zuzuwenden, ohne dass der andere zu einer Gegenleistung verpflichtet sein soll („schenkweise", § 518). Der Unterschied zum Kauf- und Tauschvertrag liegt also darin, dass die Leistung des einen Vertragspartners nicht in einem Austauschverhältnis mit einer Gegenleistung des anderen Teils steht. **422**

bb) Nutzungsüberlassung: Miete, Pacht, Leihe. Eine andere Gruppe von Austauschverträgen bilden Miete, Pacht und Leihe. Der **Mietvertrag** (§§ 535–580a) verpflichtet den *Vermieter*, dem Mieter den Gebrauch einer Sache während einer gewissen Mietzeit zu gewähren; dabei hat er die Mietsache dem Mieter in einem zum vertragsgemäßen Gebrauch geeigneten Zustand zu überlassen und sie während der Mietzeit in diesem Zustand zu erhalten (§ 535 I 1, 2). Der *Mieter* ist demgegenüber verpflichtet, dem Vermieter die vereinbarte Miete zu entrichten (§ 535 II). **423**

Anders als der Verkäufer einer Sache verpflichtet sich der Vermieter nicht dazu, dem anderen Teil ein Recht an der Sache zu übertragen, sondern ihm den *tatsächlichen Gebrauch* für gewisse Zeit zu überlassen. Das schließt die Pflicht ein, dem Mieter die Sache zu übergeben. Da das Recht des Mieters auf Gebrauch der Sache nur für gewisse, im Vertrag näher bestimmte Zeit besteht, entsteht mit Ablauf dieser Zeit wiederum die Pflicht des Mieters, den Besitz an der Sache an den Vermieter zurückzuübertragen. Die wesentliche Vermieterleistung liegt also in der Gewährung der Gebrauchsvorteile (§ 100) einer Sache. Gewöhnlich richtet sich die Pflicht des Vermieters auf ein fortgesetztes Leisten, nämlich auf Gebrauchsüberlassung innerhalb einer gewissen Dauer; auch die Leistung des Mieters ist häufig keine einmalige, dann nämlich, wenn der Mietpreis in wiederkehrenden Zeitabständen fällig wird (zB Monatsmiete). Schuldverhältnisse, die ein fortgesetztes oder wiederholtes Leisten vorsehen, nennt man **Dauerschuldverhältnisse** (siehe § 314).

Der **Pachtvertrag** (§§ 581–597) ist mit dem Mietvertrag eng verwandt; deswegen findet grundsätzlich das Mietrecht auf ihn Anwendung (§ 581 II). Der Unterschied zum Mietvertrag liegt darin, dass der Verpächter dem anderen Teil nicht nur, wie der Vermieter, die Überlassung des Gebrauchs, sondern darüber hinaus die Überlassung des Fruchtgenusses (§ 99) am verpachteten Gegenstand schuldet. So ist zB ein Grundstück nicht vermietet, sondern verpachtet, wenn der andere Vertragspartner das Grundstück landwirtschaftlich für sich nutzen darf. Ein Unterschied zwischen Miete **424** und Pacht besteht ferner darin, dass sich der Mietvertrag auf Sachen bezieht, während nicht nur Sachen, sondern beliebige Vermögensgegenstände verpachtet werden können. Da § 100 die Gebrauchsvorteile und die Früchte einer Sache oder eines Rechts unter dem Oberbegriff „Nutzungen" zusammenfasst, können wir Miete und Pacht als auf *Nutzungsüberlassung* gerichtete Verträge zusammenfassen.

425 Unentgeltliches Gegenstück der Miete ist die **Leihe** (§§ 598–606), bei welcher der Verleiher zur Überlassung des Sachgebrauchs verpflichtet wird, ohne dass dem eine Gegenleistungsverpflichtung des Entleihers gegenübersteht. In der Alltagssprache wird jedoch die Bezeichnung „Leihe" häufig im Sinne der entgeltlichen Gebrauchsüberlassung, also der Miete gebraucht („Autoverleih"). Benutzen die Parteien dieses Wort bei Vertragsschluss, so ist genau zu untersuchen, was sie wirklich gewollt haben, ob also wirklich die Pflicht zur unentgeltlichen Gebrauchsüberlassung beabsichtigt war.

426 cc) **Darlehen.** Den auf Nutzungsüberlassung gerichteten Verpflichtungsverträgen ähnelt der **Darlehensvertrag**. Beim Gelddarlehen (§§ 488–498) verpflichtet sich der eine Teil (Darleiher, Darlehensgeber), dem anderen (Darlehensnehmer) einen Geldbetrag in vereinbarter Höhe *auf Zeit* zur Verfügung zu stellen (§ 488 I 1). Der Darlehensnehmer schuldet als Gegenleistung den vereinbarten Zins (§ 488 I 2). Da das Kapital nur auf Zeit zur Verfügung gestellt wird, hat der Darlehensnehmer außerdem die zur Verfügung gestellte Darlehenssumme bei Fälligkeit an den Darlehensgeber zurückzuzahlen (§ 488 I 2).

Der Unterschied zwischen Miete und Darlehen liegt in Folgendem: Der Darlehensgeber verpflichtet sich nicht nur dazu, dem anderen Teil den Besitz, sondern *auch das Eigentum* am Geld zu verschaffen. Infolgedessen trifft den Darlehensnehmer nach Beendigung des Darlehensverhältnisses seinerseits die Pflicht, wiederum Geld in entsprechender Summenhöhe an den Darleiher zu übereignen.

427 Das Gesetz regelt das **verzinsliche Darlehen** als **entgeltliches Rechtsgeschäft**. Die Überlassung des Geldes und die Zinszahlung stehen sich als Leistung und Gegenleistung gegenüber. Das Darlehen kann aber auch **zinslos** gewährt werden und zählt dann zu den **unentgeltlichen Geschäften**. Auch beim zinslosen Darlehen ist der Darlehensnehmer verpflichtet, bei Fälligkeit die geliehene Summe zurückzuzahlen; doch stellt diese Rückzahlung nicht eine Gegenleistung des Darlehensnehmers dar, sondern ist selbstverständliche Folge der Beendigung des Darlehensverhältnisses.

Als Oberbegriff für Geschäfte, durch die einer Person die wirtschaftliche Nutzung von Geldkapital auf Zeit ermöglicht wird, dienen die Begriffe **„Kreditvertrag"**, **„Kreditverhältnis"** etc, vgl § 493 („Überziehungskredit"). Kredit kann auch auf andere Weise als durch Darlehen gewährt werden, zB bei Verkauf einer Sache dadurch, dass dem Käufer ein Zahlungsaufschub gewährt wird (§ 499 I). Kreditverhältnisse zwischen Verbrauchern und Unternehmern (Verbraucherkredit) haben eine ausführliche, dem Gedanken des Konsumentenschutzes verpflichtete Regelung gefunden (Verbraucherdarlehen: §§ 491–498; Finanzierungshilfen: §§ 499–505).

428 dd) **Tätigkeit für einen anderen: Dienstvertrag, Werkvertrag, Auftrag.** Eine weitere Gruppe von Austauschverträgen zeichnet sich dadurch aus, dass sich der eine Teil zu einer bestimmten Tätigkeit für den anderen verpflichtet.

Der **Dienstvertrag** (§§ 611–630) verpflichtet den einen Teil (Dienstnehmer) zur Leistung der versprochenen Dienste, den anderen (Dienstgeber) zur Zahlung der vereinbarten Vergütung. Der Dienstnehmer verpflichtet sich, anders als etwa der Verkäufer oder Vermieter, zum Einsatz seiner Person (siehe § 613). Wichtigster Anwendungsfall des Dienstvertrages ist der **Arbeitsvertrag**. Dieser verpflichtet den „Arbeitnehmer" dem „Arbeitgeber" gegenüber zur Leistung von unselbstständiger, fremdbestimmter Tätigkeit gegen Entgelt.

Im Zusammenhang mit dem Dienstvertrag bietet das Gesetz besondere Regeln über den **Behandlungsvertrag** (§§ 630a–h). Dabei handelt es sich um einen Vertrag, in dem sich derjenige, welcher die medizinische Behandlung eines Patienten zusagt (Behandelnder), zur Leistung der versprochenen Behandlung, der andere Teil (Patient) zur Gewährung der vereinbarten Vergütung verpflichtet, soweit nicht ein Dritter (insb eine gesetzliche Krankenkasse) zur Zahlung verpflichtet ist. Der Behandlungsvertrag ist als Sondertypus aus dem Dienstvertragsrecht entwickelt worden; für ihn gelten im Sinne des Schutzes der Patientenrechte weitgehend spezielle Vorschriften.

Beim **Werkvertrag** (§§ 631–650) verpflichtet sich der *Werkunternehmer* zur Herstellung des dem *Werkbesteller* versprochenen Werks (§ 631 I). Das Werk kann in der Herstellung oder Veränderung einer Sache oder in einem anderen durch Arbeit oder Dienstleistung herbeizuführenden Erfolg bestehen (§ 631 II). Zudem hat der Werkunternehmer dem Besteller das Werk frei von Sach- und Rechtsmängeln zu verschaffen (§ 633 I). Der Werkbesteller andererseits ist zur Entrichtung der vereinbarten Vergütung verpflichtet (§ 631 I). Auch der Werkunternehmer ist zu einem Tätigwerden für einen anderen verpflichtet; im Unterschied zum Dienstnehmer schuldet er aber nicht nur die Tätigkeit als solche, sondern darüber hinaus auch den versprochenen **Tätigkeitserfolg**. **429**

Beispiel: Ein Arzt ist verpflichtet, „gute Arbeit" zu leisten, also seinen Patienten zielgerichtet und sachgerecht zu behandeln. Er will aber darüber hinaus nicht dafür einstehen, dass seine Tätigkeit auch zum Heilungserfolg führt. Denn das Misslingen des angestrebten Erfolges kann die unterschiedlichsten Gründe haben, die nicht vom Arzt beherrschbar sind. Ein solcher Vertrag ist ein *Dienstvertrag* in Form eines Behandlungsvertrages. Verpflichtet sich hingegen der Inhaber der Kfz-Werkstätte einem Kunden gegenüber, an dessen Automobil einen Fehler zu beheben, so verspricht er nicht bloß, eine dahin gerichtete Tätigkeit zu verrichten, sondern – denn nur darauf kommt es dem Kunden an – den Reparaturerfolg, soweit er im Rahmen des Üblichen liegt und technisch möglich ist. Nicht die bloße Reparaturtätigkeit allein führt zur Vertragserfüllung, sondern erst der Erfolg ist „die Herstellung des Werks". Funktioniert das reparierte Automobil nicht, so ist es dem Besteller gleichgültig, ob dies an unsachgemäßer Arbeit, am Material oder an den Gerätschaften liegt; er will zur Gegenleistung nur um des Reparaturerfolgs willen verpflichtet sein. Ein solcher Vertrag ist ein *Werkvertrag*.

Im Zusammenhang mit dem Werkvertrag bietet das Gesetz besondere Regeln über den **Reisevertrag** (§§ 651a–m). Dabei handelt es sich um einen Vertrag, in dem sich ein *Reiseveranstalter* verpflichtet, einem *Reisenden* eine Gesamtheit von Reiseleistungen (zB Flug und Hotelunterkunft) gegen Entgelt zu erbringen. Der Reisevertrag ist als Sondertypus aus dem Werkvertragsrecht entwickelt worden; für ihn gelten im Sinne des Verbraucherschutzes weitgehend spezielle Vorschriften.

Als unentgeltliches Pendant zu Dienst- und Werkvertrag ist nach dem Willen des Gesetzgebers der **Auftrag**, §§ 662 ff, anzusehen. Es sind also zwei verschiedene Formen **430** des Auftrags zu unterscheiden: Der Dienst- und der Werkauftrag. Allerdings fällt auf, dass das Auftragsrecht weitgehend Normen enthält, die erstens über die Verweisung aus § 675 I auch für Geschäftsbesorgungsverträge (also Treuhandverträge, dazu Rn 431 ff) gelten und sich zweitens von den Regelungen des Dienst- und Werkvertragsrechts erheblich unterscheiden. Derartige Unterschiede sind zwischen Kauf und Schenkung oder Miete und Leihe nicht festzustellen; es ist auch nicht einzusehen, dass für einen Dienst- oder Werkvertrag, der lediglich um die Gegenleistungsverpflichtung des anderen Teils reduziert ist, völlig andere Regeln gelten sollen. Deshalb wird man verstärkt Normen aus dem jeweiligen entgeltlichen Pendant, also aus §§ 611 ff und 631 ff, heranzuziehen haben, bevor man auf §§ 662 ff zurückgreifen kann; hier ist jedoch im Einzelnen vieles streitig.

c)   Treuhandverträge

431   **aa)   Treuhandverträge, die zur Tätigkeit verpflichten.**   Treuhandverträge zeichnen sich dadurch aus, dass die Interessen der Parteien nicht gegenläufig sind, sondern die Interessen eines Teils durch den anderen Teil wahrgenommen werden. Gesetzlicher Grundtyp der **entgeltlichen** Interessenwahrnehmung ist die **Geschäftsbesorgung**, § 675 I. Bei der entgeltlichen Geschäftsbesorgung iSd § 675 I handelt es sich um Tätigkeiten „höherer Art", bei denen der „Geschäftsführer" (Treuhänder) *selbstständig in fremdem Interesse* tätig wird, wenngleich grundsätzlich eine Bindung an Weisungen des „Geschäftsherrn" (Treugeber) besteht (vgl § 665). Unter die entgeltlichen Geschäftsbesorgungsverträge rechnet man zB Verträge zwischen Anwalt und Klient sowie Verträge, in denen sich jemand gegen Entgelt zur Vermögensverwaltung für einen anderen verpflichtet. Besondere Treuhandverträge sind in §§ 676 ff und §§ 688 ff geregelt; darüber hinaus finden sich in vielen anderen Gesetzen Regelungen zu Treuhandverhältnissen, etwa in §§ 383 ff HGB zur Kommission.

431a   Den Vertrag, mit dem sich jemand **unentgeltlich** zu einer Geschäftsbesorgung für einen anderen verpflichtet, nennt das Gesetz **Auftrag** (§§ 662–674). Der Begriff **„Geschäftsbesorgung"** in § 662 ist jedoch in anderem, nämlich **weiterem Sinn** als in § 675 I zu verstehen: Der Begriff umfasst hier *jegliche* Tätigkeit in fremdem Interesse. Es gibt danach einen weiten Geschäftsbesorgungsbegriff in § 662, einen engen in § 675. Denn der Auftrag steht sowohl den Austauschschuldverhältnissen Dienst- und Werkvertrag (Rn 428 f), als auch dem treuhänderischen Geschäftsbesorgungsvertrag als unentgeltliches Pendant gegenüber. Der Gesetzgeber des BGB hat die unentgeltliche Interessenwahrnehmung eingehend, die entgeltliche Interessenwahrnehmung hingegen nur durch die Verweisungsnorm des § 675 I geregelt, weil das überkommene römischrechtliche *mandatum* Unentgeltlichkeit vorsah. Deshalb spricht § 675 I auch von „einem Dienstvertrag oder Werkvertrag, der eine Geschäftsbesorgung zum Gegenstand hat", womit aber nur gesagt ist, dass der Treuhänder je nach Parteivereinbarung mit dem Treugeber entweder nur zu zielgerichtetem Tätigwerden (so der Regelfall der dienstvertraglichen Treuhand) oder zur Erreichung eines bestimmten Erfolgs bei der Interessenwahrnehmung (werkvertragliche Treuhand) verpflichtet sein kann. So ist beispielsweise der Anwalt seinem Klienten gegenüber nicht dazu verpflichtet, einen Rechtsstreit siegreich zu beenden, wohl aber zu zielgerichtetem Handeln in diese Richtung.

bb) Treuhandverträge, die nicht zur Tätigkeit verpflichten. Gewisse Ähnlichkeit **432** mit den behandelten Verträgen, in denen sich jemand zum Interessen wahrnehmenden Tätigwerden für einen anderen verpflichtet, weist der **Mäklervertrag** (§§ 652 – 656) auf: In einem solchen Vertrag verspricht jemand einem anderen (dem „Mäkler" oder „Makler") eine Vergütung dafür, dass infolge der Nachweis- oder Vermittlungstätigkeit des Mäklers ein Vertrag mit einem Dritten zustande kommt. Der Vergütungsanspruch entsteht nach § 652 I 1 erst dann, wenn infolge des Nachweises oder der Vermittlung des Mäklers ein Vertrag der in Aussicht gestellten Art zustande gekommen ist.

Beispiel: Vertrag eines Wohnungssuchenden mit einem Wohnungsmakler, wonach der Wohnungssuchende eine Vergütung zahlen will, wenn er auf Grund des Nachweises oder der Vermittlung des Maklers eine Wohnung mietet.

Der Mäklervertrag, so wie er in §§ 652 ff geregelt ist, ist kein Geschäftsbesorgungsvertrag im Sinne des § 675 I, weil sich der Mäkler **nicht zu bestimmten Nachweis- oder Vermittlungstätigkeiten verpflichtet**; es bleibt also ihm überlassen, welche Anstrengungen er unternimmt, um sich den Mäklerlohn zu verdienen.

Doch können die Parteien eines Mäklervertrags auch über die gesetzliche Regelung hinausgehen und – in vertraglich näher zu bestimmendem Ausmaß – bestimmte Handlungspflichten des Mäklers vereinbaren. So kann sich zB der Mäkler im Rahmen eines Dienstvertrages oder entgeltlichen Geschäftsbesorgungsvertrages (§ 675) verpflichten, für den Vertragspartner tätig zu werden (**Mäklerdienstvertrag**).

Literatur: *M. Löhnig*, Treuhand – Interessenwahrnehmung und Interessenkonflikte (2006).

d) Gesellschaftsverträge

Zu den Verpflichtungsgeschäften gehört auch der Gesellschaftsvertrag. Das BGB re- **433** gelt ihn unter dem Titel „Gesellschaft". Man muss dabei beachten, dass die sog. BGB-Gesellschaft der §§ 705–740 nur eine von mehreren Rechtsformen darstellt, die unser Recht für Zusammenschlüsse von Personen zu gemeinschaftlichem Wirken vorsieht. Besonderheiten gelten für die im HGB geregelten Personenhandelsgesellschaften (offene Handelsgesellschaft – oHG, Kommanditgesellschaft – KG), völlig andere Normen für die Vereine (Rn 130 ff) sowie die im GmbHG und im AktG geregelten Kapitalgesellschaften (Gesellschaft mit beschränkter Haftung – GmbH, Aktiengesellschaft – AG).

Nach § 705 verpflichten sich durch den Gesellschaftsvertrag die Beteiligten („Gesellschafter") gegenseitig, die Erreichung eines gemeinsamen Zweckes zu fördern. Als besonderes Beispiel für den vertraglichen Pflichtinhalt ist die Leistung der vereinbarten Beiträge genannt. Im Gegensatz zu den bisher erörterten Austausch- und Treuhandverträgen tritt hier das Zusammenwirken auf einen **gemeinschaftlichen Zweck** hin als die Hauptsache hervor. Deshalb kann der Gesellschaftsvertrag weder als entgeltlicher noch als unentgeltlicher Vertrag beschrieben werden. Die gegenseitigen Verpflichtungen, wie etwa die Pflicht zur Beitragszahlung, zielen nämlich nicht auf Leistung und Gegenleistung im Sinne wirtschaftlichen Austausches, sondern bestimmen den von den Einzelmitgliedern allen anderen gegenüber geschuldeten Einsatz für die gemeinsamen Ziele.

Ein weiteres ist hervorzuheben: Der Gesellschaftsvertrag gibt sich in § 705 wie ein gewöhnlicher Verpflichtungsvertrag (vgl etwa § 705 mit § 433!). In Wirklichkeit geht seine Natur über die Verpflichtungswirkung hinaus. Mit dem Gesellschaftsvertrag und seiner Durchführung wird nämlich der Gesellschafter Mitglied (Teilhaber) einer Vereinigung. Mit dem Vertragsschluss und dem Beginn der gemeinschaftlichen Tätigkeit entsteht eine soziale Größe („die Gesellschaft"), für die der Vertragsschluss lediglich die rechtliche Grundlage schafft. Über seinen verpflichtenden Charakter hinaus hat also der Gesellschaftsvertrag die Natur eines **Organisationsvertrages**, auf dessen Grundlage eine im Rechtsverkehr handlungsfähige Einheit entsteht, die selbst Träger von Rechten und Pflichten sein kann.

e) Typenfreiheit; gemischte Verträge

434 Die genannten Geschäftstypen bilden Beispiele aus der größeren Zahl gesetzlich ausgestalteter Verpflichtungsgeschäfte. Wichtiger als eine erschöpfende Aufzählung ist die Erkenntnis, dass die im Schuldrecht normierten Verpflichtungsgeschäfte **keinen abschließenden Katalog** bilden („kein numerus clausus"; „kein Typenzwang"). In einer auf Individualfreiheit ausgerichteten Rechtsordnung kann sich eine Person dem Grundsatz nach zu allem verpflichten, was nicht Gesetz (§ 134) und gute Sitten (§ 138) verbieten. Deshalb ist ein Verpflichtungsvertrag keineswegs schon deshalb unwirksam, weil sein Inhalt von den gesetzlichen Geschäftstypen abweicht.

Dass die Vertragsparteien an die Verpflichtungsinhalte der gesetzlichen Geschäftstypen nicht gebunden sind, kann auch dem **§ 311 I** entnommen werden. Danach ist zur Begründung eines Schuldverhältnisses durch Rechtsgeschäft ein Vertrag erforderlich, soweit nicht das Gesetz ein anderes vorschreibt. Daraus wird hergeleitet, dass man durch Vertrag jegliche Art von Schuldverhältnis begründen kann. Es ergibt sich dies ohnehin aus dem verfassungsrechtlich verbürgten Prinzip der Vertragsfreiheit.

435 Die gesetzlich ausgestalteten Verpflichtungsverträge erfassen allerdings so viele Vorgänge, dass nur selten ganz neue Geschäftsarten „erfunden" werden. Sehr viel häufiger verschmelzen die vertragsschließenden Elemente mehrerer gesetzlicher Geschäftstypen zu einem Mischtyp. Sagt ein Hotelier einem Urlauber zu, ihm gegen Entgelt für drei Wochen ein „Einzelzimmer mit Vollpension" zur Verfügung zu stellen, so treffen ihn sowohl typische Vermieterpflichten (Vermietung des Zimmers), als auch kaufrechtliche Pflichten (Herstellung und Darbietung der Speisen, siehe § 651) als auch Pflichten aus einem Dienstvertrag (Verpflichtung zum üblichen Hotelservice); gleichwohl handelt es sich um *einen* Vertrag und um *ein* Schuldverhältnis. Überlässt ein Händler seinem Kunden eine Maschine zum Gebrauch gegen monatliche Mietzahlungen und räumt ihm zugleich das Recht ein, sich – unter Anrechnung der Mietzahlungen oder eines Teils davon auf den Preis – für den Kauf der Maschine zu entscheiden, dann liegt eine Verbindung von Miete und Kauf vor (Mietkauf). Solche **gemischten Verträge** sind in unzähligen Varianten denkbar und nach dem Prinzip der Vertragsfreiheit möglich. Es ergibt sich dann die Frage, welcher der mehreren verbundenen Vertragstypen die anzuwendenden Gesetzesregeln bestimmt, ob zB der Mietkauf primär nach Mietrecht oder Kaufrecht behandelt werden soll. Hierzu sind einige Theorien entwickelt worden. Nach der *Absorptionstheorie* (BGHZ 63, 306, 309) sind diejenigen Regeln heranzuziehen, die für den im konkreten Fall vorherrschenden Vertragstypus maßgebend sind. Nach der *Kombinationstheorie* können die Regeln der unterschiedlichen Vertragstypen nebeneinander angewendet werden, zB das für die jeweils zu erbringende Leistung anwendbare Recht (zB beim Mietkauf: Kaufrecht, wenn von der Kaufoption Gebrauch gemacht wird und es um die Erfüllung der Käufer- und Verkäuferpflichten geht; Mietrecht, soweit es um die Pflichten von Mieter und Vermieter geht).

f) Verpflichtung und Erfüllung

Dem Verpflichtungsgeschäft ist eigentümlich, dass es, für sich betrachtet, einen wirtschaftlichen Vorgang nicht vollendet, sondern erst einleitet. Wenn gesagt wird, das Wesen des Sachkaufs bestehe im Austausch von Ware und Geld, so ist dies ungenau. Der Kauf (= Kaufvertrag) lässt nur die *Verpflichtung* der Parteien zu diesem Austausch entstehen, *die Pflicht* des Verkäufers, die Sache an den Käufer zu übergeben und zu übereignen, und *die Pflicht* des Käufers, den Kaufpreis zu zahlen und die Sache abzunehmen. Der Kauf bedeutet also nicht schon Übereignung und Übergabe oder Zahlung und Abnahme selbst. Diese letztgenannten Akte geschehen erst *in Erfüllung* des Kaufvertrags und sind vom Vertragsabschluss selbst streng zu unterscheiden. Meist sind sie vom Vertragsschluss durch eine Zeitspanne getrennt, so wenn jemand mit einem Automobilhändler einen Kaufvertrag über ein fabrikneues Automobil abschließt, das vereinbarungsgemäß erst vier Wochen später geliefert wird. Freilich kann der Abschluss eines Verpflichtungsgeschäfts mit den Erfüllungsakten zeitlich zusammenfallen, etwa wenn jemand in einer Buchhandlung ein Buch aus dem Regal nimmt, es an der Kasse bezahlt und damit weggeht; auch in solchem Fall bleiben jedoch das *Zustandekommen* des Kaufs und die *Erfüllung* des Kaufvertrags juristisch streng zu unterscheiden.

436

Wichtig also: Wer einen *Kaufvertrag* über eine Sache abgeschlossen hat, hat die Sache *deshalb allein* noch nicht im Eigentum und Besitz; er hat zunächst lediglich einen *Anspruch* auf Übereignung und Übergabe der Sache aus § 433 I.

g) Das Verpflichtungsgeschäft als Grundlage eines Schuldverhältnisses

Mit dem Verpflichtungsgeschäft werden die Parteien also auf künftiges Verhalten (= Erfüllung der Vertragspflichten) hin ausgerichtet. Somit entsteht zwischen ihnen ein Rechtsverhältnis, das gewisse Zeit andauert und im Regelfall erst mit der vollständigen Erfüllung erlischt (§ 362 I). Ein solches Rechtsverhältnis wird als **Schuldverhältnis** bezeichnet (§ 241 I, § 311 I). Das Recht der Schuldverhältnisse wird zusammenfassend „Schuldrecht" genannt.

437

Schuldverhältnisse können **durch Rechtsgeschäft** begründet werden, gewöhnlich ist dazu ein Vertrag erforderlich (§ 311 I; rechtsgeschäftliche/vertragliche Schuldverhältnisse). Sie können aber auch **unmittelbar auf Grund Gesetzes** entstehen (gesetzliche Schuldverhältnisse, zB durch eine deliktische Handlung, §§ 823 ff).

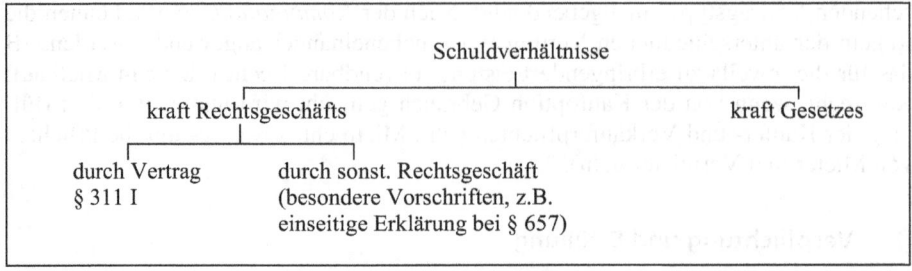

438 Ein Schuldverhältnis ist dadurch gekennzeichnet, dass unter den Beteiligten **Verhaltenspflichten** bestehen. Bezüglich der *Art der Pflichten* ist zu unterscheiden: In der Regel resultieren aus dem Schuldverhältnis **Leistungspflichten**. Diejenige Partei, die eine Leistung zu fordern berechtigt ist, heißt **Gläubiger**, diejenige, welche die Leistung zu erbringen hat, **Schuldner**. Kraft des Schuldverhältnisses ist der Gläubiger berechtigt, vom Schuldner eine Leistung zu fordern (§ 241 I 1). Das kann ein beliebiges Tun sein. Was konkret geschuldet ist, ergibt sich aus dem Schuldverhältnis, zB aus dem geschlossenen Verpflichtungsvertrag. Nach der Klarstellung des § 241 I 2 kann die Leistung auch in einem Unterlassen bestehen, dh in der *Nichtvornahme* einer bestimmten Handlung (zB in der Nacht Klavier zu spielen). Der Verpflichtung des einen Teils steht der Anspruch des anderen gegenüber, die Verpflichtung zu erfüllen. Der schuldrechtliche Anspruch wird im Gesetz als **Forderung** bezeichnet. Der Gläubiger kann gegen den Schuldner auf Erfüllung der Forderung klagen (Leistungsklage) und so ihre Durchsetzung erzwingen.

Meist umfasst ein- und dasselbe Schuldverhältnis mehrere Leistungspflichten: So stehen sich beim Sachkauf die Pflichten des Verkäufers (Übergabe und Übereignung) und des Käufers (Zahlung) als Einzelpflichten gegenüber; gleichwohl handelt es sich nur um *ein* Schuldverhältnis. Bei diesen beispielhaft genannten Leistungspflichten handelt es sich um die vertragsprägenden **Hauptleistungspflichten**, die von **Nebenleistungspflichten** flankiert werden, etwa der ordnungsgemäßen Verpackung der Kaufsache oder der Einweisung in die Bedienung einer gekauften Maschine.

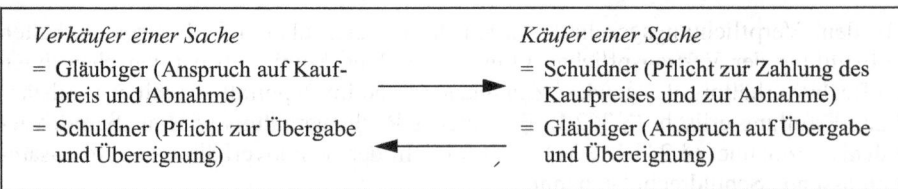

439 Außer den Leistungspflichten kann das Schuldverhältnis weitere Pflichten umfassen, die das Gesetz als Pflichten zur Rücksicht auf die Rechte, Rechtsgüter und Interessen des anderen Teils umschreibt (§ 241 II). Diese **Nebenpflichten** zielen nicht auf eine Leistung ab, sondern auf ein bestimmtes Sorgfaltsverhalten gegenüber den Partnern des Schuldverhältnisses bei dessen Durchführung. Auf Erfüllung derartiger Pflichten kann nicht geklagt werden, wohl aber führt die zurechenbare Pflichtverletzung zum Anspruch auf Schadensersatz (§ 280 I; näheres Rn 943).

Beispiel: Der Wohnungsinhaber hat einen Werkvertrag mit einem Malermeister geschlossen, der die Wohnung neu tünchen soll. *Leistungspflicht* des Malers ist Herstellung des Werks, also das fachgerechte Anstreichen der Wohnung. Darüber hinaus treffen ihn aber auch vertragliche *Nebenpflichten*, zB sich in der Wohnung so zu verhalten, dass keine Einrichtungsgegenstände beschädigt werden.

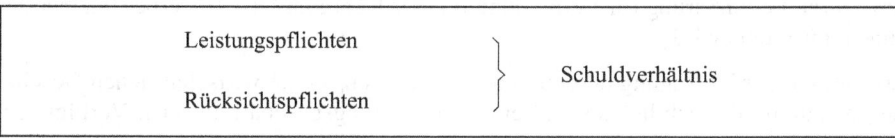

Leistungspflichten

Rücksichtspflichten
}
Schuldverhältnis

Gewöhnlich treffen, wie dieses Beispiel zeigt, Leistungspflichten nach § 241 I und Nebenpflichten nach § 241 II in einem Schuldverhältnis zusammen. Es gibt aber Schuldverhältnisse, in denen keine Leistung zu erbringen ist, deren Inhalt also **ausschließlich** in Nebenpflichten besteht. So entstehen Nebenpflichten bereits durch die Aufnahme von Vertragsverhandlungen, durch bestimmte Arten der Vertragsanbahnung und durch ähnliche geschäftliche Kontakte (§ 311 II iVm § 241 II). In solchen Fällen sind, da der Vertrag (noch) nicht geschlossen wurde, (noch) keine Leistungspflichten entstanden. Wohl aber sind die Beteiligten zB vom Augenblick der Vertragsverhandlungen an verpflichtet, aufeinander Rücksicht zu nehmen; auch dadurch entsteht bereits ein Schuldverhältnis, unabhängig davon, ob am Ende ein Vertrag geschlossen wird oder der Vertragsschluss unterbleibt (Weiteres dazu Rn 952 ff).

Beispiel: Im obigen Fall ist noch kein Vertrag geschlossen, der Malermeister besichtigt erst die Wohnung, um das erbetene Kostenangebot errechnen zu können. Auch bei dieser Besichtigung ist er bereits verpflichtet, sorgfältig mit den Einrichtungsgegenständen seines Verhandlungspartners umzugehen.

2. Die Verfügungsgeschäfte

a) Begriff

Bei einer **Verfügung** (Verfügungsgeschäft) gehen die Beteiligten von der Vorstellung aus, dass einem von ihnen ein bestimmtes subjektives Recht, zB das Eigentum an einer Sache, zusteht (oder künftig zustehen wird). Die mit der Verfügung erstrebte Rechtsfolge ist eine **Veränderung an diesem Recht**.   **440**

Als Beispiel diene die **Übereignung einer beweglichen Sache**. Die Übereignung ist   **441** eine Verfügung über das Eigentumsrecht. Die erstrebte Rechtsfolge ist die Änderung der Inhaberschaft am Eigentum: Es soll bewirkt werden, dass an Stelle des bisherigen Rechtsinhabers eine andere Person Eigentümer wird. Nach dem Grundtatbestand des § 929 S. 1 geschieht die Übereignung einer beweglichen Sache dadurch, dass der Eigentümer dem Erwerber die Sache übergibt und beide darüber einig sind, dass das Eigentum auf den Erwerber übergehen soll. Der rechtsgeschäftliche Tatbestand setzt sich demnach aus einem Vertrag (Einigung) und einem Realakt (Übergabe) zusammen.

Für den Charakter der Übereignung als Verfügung ist der Inhalt des Einigungsvertrags maßgebend. In der Einigung des § 929 S. 1 erklären die Beteiligten nicht etwa, dass der Eigentümer hiermit verpflichtet sein soll, das Eigentum auf den Erwerber zu übertragen. Der Eigentümer erklärt vielmehr: Ich will, dass *hiermit* das Eigentum an dieser Sache von mir auf dich – den Erwerber – *übergeht*. Der Erwerber erklärt: Ich will, dass *hiermit* das Eigentum an dieser Sache von dir – dem bisherigen Eigentümer – auf mich *übergeht*. Mit anderen Worten: Die Beteiligten sind einig darüber, dass kraft ihrer Vereinbarung (in Verbindung mit der Übergabe) der Erwerber Inhaber des Eigentumsrechts wird.

442 Das Wesen der Verfügung erkennt man am deutlichsten an wirtschaftlichen Geschehensabläufen, die rechtlich sowohl ein Verpflichtungsgeschäft als auch Verfügungsgeschäfte enthalten.

> **Fall 25:** A verkauft an B ein gebrauchtes Fahrrad für 80 €. Der Vereinbarung zufolge soll A das Rad noch einmal reinigen und dann an den B liefern. Nach einigen Tagen händigt A dem B das gereinigte Fahrrad aus und erhält von ihm den Kaufpreis. Wie viele Rechtsgeschäfte sind vorgenommen worden? Welcher Art sind sie?

(a) Am Beginn des Vorganges steht ein Kaufvertrag, § 433, also ein Verpflichtungsgeschäft, in dem sich A zur Lieferung des Fahrrads, B zur Bezahlung des Kaufpreises verpflichtet.

Sodann erfolgt die Erfüllung des Kaufs durch Lieferung der Ware und Zahlung des Preises. In den Erfüllungsakten sind weitere Rechtsgeschäfte enthalten, und zwar Verfügungsgeschäfte:

(b) Mit der Aushändigung (Übergabe) des Fahrrads erklären A und B zugleich ihr Einigsein darüber, dass B hiermit Eigentümer des Fahrrads wird (Einigung). Somit übereignet A das Fahrrad gemäß § 929 S. 1 an B.

(c) Auch die Zahlung des Kaufpreises von B an A besteht aus Verfügungsgeschäften. Geldscheine sind bewegliche Sachen. „Zahlung" bedeutet – im Falle der Barzahlung – Übereignung von Geldscheinen gemäß § 929 S. 1.

Ein wirtschaftlich zusammengehöriger Vorgang – „Austausch Ware gegen Geld" – ist demnach in drei Rechtsgeschäfte (a)-(c) gegliedert. Dabei bildet das Verpflichtungsgeschäft (in unserem Fall: Kauf) die Grundlage, die dem Vorgang den Sinn gibt; die Verfügungen stellen sich demgegenüber als Erfüllung der im Kaufvertrag übernommenen Pflichten dar.

Aus dem Beispiel kann auch ersehen werden, dass Verfügungsgeschäfte *isoliert betrachtet* ihren wirtschaftlichen Sinn nicht in sich tragen, sondern erst aus einem Verpflichtungsgeschäft oder einem sonstigen Schuldverhältnis gewinnen. Wenn ich beobachte, dass die Person X der Person Y ein Buch übereignet, dann ergibt sich daraus noch nicht, welcher Sinn damit verfolgt wird: Möglicherweise will X dem Y das Buch schenken (§ 516 I), genauso gut kann es aber sein, dass X das Buch dem Y verkauft hat und nun seine Verkäuferpflichten erfüllt. Verfügungsgeschäfte dienen gewöhnlich der Durchführung von Verpflichtungen. Gleichwohl sind sie juristisch selbständig (siehe weiterhin Rn 453 ff).

b) Typen der Verfügung

Auch die Verfügungen lassen sich in Typen untergliedern. Allen gemeinsam ist, dass **443**
die am Rechtsgeschäft Beteiligten eine Rechtsänderung an einem bestehenden (oder
als bestehend gedachten) subjektiven Recht bewirken wollen. Es kommen hauptsächlich die folgenden Verfügungsgeschäfte in Betracht.

aa) Die **Übertragung des Rechts** auf einen anderen Inhaber (= **Veräußerung**). Die
mit dem Rechtsgeschäft erstrebte Rechtsfolge besteht also im Wechsel des Rechtsinhabers. An die Stelle des bisherigen Eigentümers soll zB ein neuer Eigentümer („Erwerber") treten. Die Übereignung einer beweglichen Sache ist demnach ein Fall der
Veräußerung. Eine Rechtsübertragung liegt auch dann vor, wenn ein Recht unter
mehreren Inhabern geteilt werden soll *(Teilung)* und wenn ein Teil (zB Miteigen-
tumsanteil) den Inhaber wechseln soll.

bb) Die **Veränderung** des Inhalts eines Rechts, zB die Umwandlung eines Nieß-
brauchs in eine Dienstbarkeit.

cc) Die **Aufhebung eines Rechts**. Mit ihr erstreben die Beteiligten das Erlöschen
des Rechts, so zB mit dem *Erlassvertrag* (§ 397) den Untergang des Schuldverhältnisses und damit der Forderung des Gläubigers gegen den Schuldner. Zu den Verfügungen dieser Art gehört auch der *Verzicht* auf das Eigentum (für bewegliche Sachen:
§ 959; für Grundstücke: § 928 I).

dd) Die **Belastung** eines Rechts mit einem anderen Recht. **444**

Der Eigentümer einer Sache kann gewisse im Eigentum enthaltene Bestimmungsbefugnisse als selbstständige Rechte (beschränkte dingliche Rechte) auf einen anderen
übertragen. Diesen Vorgang, der bildlich gesprochen einen Teil der Eigentümerbefugnisse aus dem Eigentum herausschneidet, nennt das Gesetz „Belastung". Eine Belastung liegt beispielsweise vor, wenn der Eigentümer einem anderen ein Verwertungsrecht (Pfandrecht, § 1204; Hypothek, § 1113; Grundschuld, § 1191) oder ein
Nutzungsrecht (Nießbrauch, § 1030) an der Sache einräumt; nicht aber, wenn er die
Sache lediglich vermietet oder verpachtet, weil die Gebrauchsbefugnis des Mieters
und die Nutzungsbefugnis des Pächters nicht als dingliche Rechte ausgestaltet sind.
Die Belastung des Eigentums mit einem beschränkten dinglichen Recht ähnelt in gewissem Sinn der Aufteilung des Eigentums in Miteigentumsanteile mehrerer Eigentümer; sie unterscheidet sich von ihr durch die *Art* der Teilung: Der beschränkt-dinglich
Berechtigte erhält nicht einen Bruchteil vom gesamten Zuweisungsgehalt des Eigentums, sondern nur gewisse, funktional bestimmte Befugnisse (zB Nutzungsbefugnis).

Zur Ausdrucksweise: Das BGB spricht gelegentlich (zB § 311c) von der „Veräußerung oder
Belastung einer Sache". Das führt zu der Vorstellung, „die Sache" sei Gegenstand der Verfügung. Es handelt sich aber nur um einen bildhaften, eher missverständlichen Ausdruck. Wir
wollen daher festhalten: *Gegenstand der Verfügung ist stets ein Recht.* „Veräußerung einer Sache" ist der abgekürzte Ausdruck für die Übertragung des Eigentums an der Sache; „Belastung
einer Sache" ist der abgekürzte Ausdruck für die Belastung des Eigentums an der Sache mit
einem beschränkten dinglichen Recht.

c) Typenzwang

445 Die Voraussetzungen einer wirksamen Verfügung sind vom Gesetz zwingend vorgeschrieben. Da die Frage, wem ein Recht zusteht, möglichst leicht zu überprüfen sein soll, ist es nicht möglich, selbstersonnene Verfügungsformen zu verwenden. Aus dem Kreis der gesetzlichen Verfügungstatbestände sollen einige Veräußerungsformen näher vorgestellt werden.

Die **Veräußerung** ist rechtstechnisch als **Grundform der Verfügung** ausgestaltet, auf die auch für andere Verfügungen Bezug genommen wird. Da Gegenstand der Veräußerung stets ein Recht ist, bildet § 413 die **systematische Ausgangsvorschrift**. In §§ 398–412 ist die Übertragung einer Forderung detailliert geregelt; in § 413 ist sodann gesagt, dass diese Regelung auch für die Übertragung „anderer Rechte" entsprechend anwendbar ist, soweit nicht das Gesetz ein anderes vorschreibt.

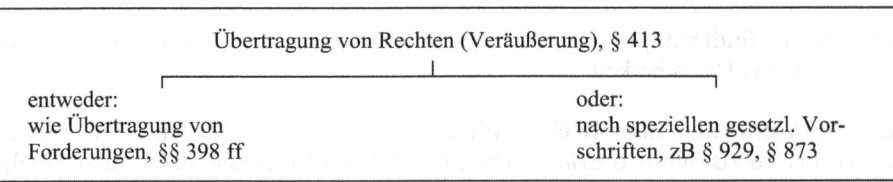

Übertragung von Rechten (Veräußerung), § 413

| entweder: wie Übertragung von Forderungen, §§ 398 ff | oder: nach speziellen gesetzl. Vorschriften, zB § 929, § 873 |

Will man überprüfen, wie ein Recht übertragen werden kann, so hat man zuerst spezielle gesetzliche Vorschriften zu suchen; gibt es solche nicht, so bleibt es bei § 413/ §§ 398 ff.

d) Die Abtretung als Regeltyp der Veräußerung

446 ▶ Falltraining 2, Teil 1 Fall 10; Teil 3 Fälle 2, 3

Regelform für die Rechtsübertragung ist die Übertragung einer Forderung (Abtretung, Zession). Sie geschieht nach § 398 S. 1 durch einen Vertrag zwischen dem Inhaber der Forderung (Zedent, bisheriger Gläubiger) und demjenigen, der die Forderung erwerben soll (Zessionar, neuer Gläubiger). In dem Vertrag erklären die Beteiligten ihre Einigkeit darüber, dass *hiermit, dh kraft dieses Vertrags*, die Forderung vom bisherigen Inhaber auf den anderen Teil übergehen soll. Mit dem Abschluss des Verfügungsvertrags tritt der neue Gläubiger an die Stelle des bisherigen; er wird Inhaber der abgetretenen Forderung.

> **Fall 26:** A hat gegen S aus einem Darlehensvertrag eine am 1.1.2018 fällige Forderung auf Rückzahlung der Darlehenssumme von 1000 €. Da er auszuwandern beabsichtigt, will er seine gesamte Habe verkaufen. Am 1.6.2016 verkauft er die Forderung für 800 € an N. N zahlt den Kaufpreis an A in bar; dieser wiederum tritt die Forderung an N ab. Wie viele Rechtsgeschäfte sind zwischen A und N getätigt? Welche Rechtsnatur haben sie?

Für das Verständnis der Abtretung ist wichtig, sie nicht mit einem Verpflichtungsgeschäft zu verwechseln, mit dem sie im Zusammenhang steht. In unserem Beispiel kommt zwischen A und N zunächst ein Verpflichtungsgeschäft zustande, nämlich ein Rechtskauf (§ 453), durch den A verpflichtet wird, dem N die verkaufte Forderung zu

„verschaffen", und N verpflichtet wird, den Kaufpreis zu bezahlen. Mit Abschluss des Kaufs ist nicht etwa die verkaufte Forderung schon auf N übergegangen. Vielmehr ist der A durch den Kauf erst verpflichtet worden, sie künftig an N zu übertragen. Sodann wird der Kauf durch zwei Verfügungsgeschäfte erfüllt: N zahlt an A den Kaufpreis, dh verfügt über das Eigentum an Geldstücken nach § 929 S. 1; A „tritt" die Forderung an N „ab", dh A und N schließen einen Vertrag nach § 398, kraft dessen N der neue Inhaber der Forderung wird. Damit ist der gesamte Vorgang abgeschlossen. Mit Eintritt der Fälligkeit kann N von S Zahlung von 1000 € verlangen.

Die rechtlichen Vorgänge lassen sich in folgendem Schaubild darstellen:

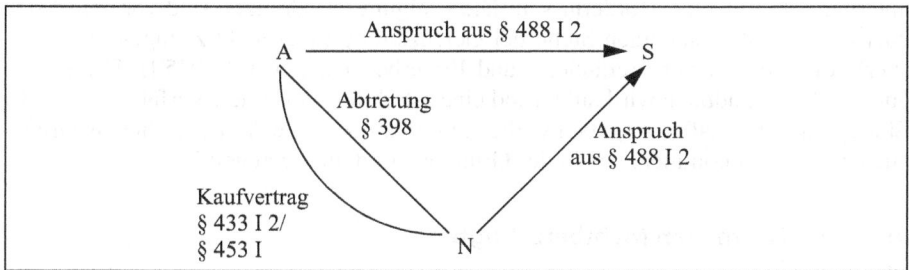

e) Die Übereignung beweglicher Sachen

Die Übertragung von Rechten ist insbesondere dann abweichend von §§ 413/398 geregelt, wenn sich die Rechte auf Sachen, § 90, beziehen. Bei der **Übereignung beweglicher Sachen** berücksichtigt das Gesetz den Umstand, dass das Eigentum die Befugnis zur tatsächlichen Sachherrschaft (Besitz) verleiht (siehe Rn 316). Der Eigentümer wird idealtypisch als der Besitzer der Sache gedacht; deshalb wird nach § 1006 I der Besitzer widerleglich als Eigentümer vermutet. Der Zusammenhang des Eigentums mit dem Besitz soll nach der Konzeption des BGB auch in dem Übereignungsakt zum Ausdruck kommen. Der Übereignungsvorgang soll in einer gewissen Offenkundigkeit (Publizität) vor sich gehen. Ferner soll der Erwerber in gewissem Grade darauf vertrauen können, dass der Veräußerer auch wirklich Eigentümer ist; das ist der Fall, wenn die Vermutung des § 1006 I für ihn als Eigentümer spricht. **447**

Grundform der Übereignung ist daher **Einigung und Übergabe, § 929 S. 1**:

– Veräußerer und Erwerber erklären sich einig, dass der Erwerber Eigentümer werden soll;
– ferner übergibt der Veräußerer dem Erwerber die Sache, dh er verschafft dem Erwerber den Besitz, während er selbst jegliche Besitzposition aufgibt.

Die *Einigung* bildet einen Verfügungsvertrag, die *Übergabe* einen Realakt; beide zusammen machen das Rechtsgeschäft der Übereignung aus.

Aus Gründen der Zweckmäßigkeit und des wirtschaftlichen Bedürfnisses kennt das BGB weitere Formen der Übereignung beweglicher Sachen, bei denen der Gedanke der Publizität zurücktritt, §§ 929 S. 2, 930, 931 BGB, und auf die hier nicht näher eingegangen werden kann. **448**

f)   Die Übereignung von Grundstücken

449   Die Übereignung von Grundstücken geschieht auf völlig andere Weise. Entscheidend dafür ist der Umstand, dass die Rechtsverhältnisse an Grundstücken in einem amtlichen Register, dem Grundbuch, verlautbart werden, um Verwirrungen und betrügerischen Geschäften vorzubeugen. Die Übereignung eines Grundstücks geschieht demzufolge durch **Einigung** zwischen Veräußerer und Erwerber und **Eintragung** des Eigentumswechsels **in das Grundbuch**. Erst wenn beide Akte vorliegen, ist die Übereignung wirksam (§ 873).

Die **Einigung** wird bei der Grundstücksübereignung als **Auflassung** bezeichnet und unterliegt besonderen Erfordernissen: Die Einigungserklärungen sind vor dem Notar oder einer sonst zuständigen Stelle bei gleichzeitiger (aber nicht zwingend persönlicher) Anwesenheit von Veräußerer und Erwerber abzugeben (§ 925 I). Die Eintragung in das Grundbuch wird auf Grund eines stark formalisierten Verfahrens, das der Eintragung fehlerhafter Angaben vorbeugen will, durch die Amtsgerichte als Grundbuchämter vorgenommen, das in der Grundbuchordnung geregelt ist.

g)   Der Erwerb vom Nichtberechtigten

450   **aa) Bewegliche Sachen.**   Wir sind bei der Beschreibung der Übereignungsvorgänge bisher davon ausgegangen, dass der Veräußerer auch der Eigentümer ist. So scheint dies selbstverständlich: Im Prinzip kann nur derjenige Eigentum übertragen, der es selbst hat.

Darüber hinaus lässt es **§ 185 BGB** aber zu, dass auch ein „Nichtberechtigter" (hier: der Nichteigentümer) wirksam über einen Gegenstand verfügen kann, wenn der „Berechtigte" (hier: der Eigentümer) *zustimmt*, dh entweder vorher *einwilligt* (§ 185 I) oder die Verfügung nachträglich *genehmigt* (§ 185 II 2). Es kann zB also A den B ermächtigen, eine dem A gehörige Sache an C zu übereignen. Kraft der dem „Nichtberechtigten" B eingeräumten Verfügungsbefugnis ist die Übereignung an C wirksam.

Wie aber, wenn jemand eine Sache veräußert, die ihm nicht gehört und über die ihm auch keine Verfügungsbefugnis nach § 185 eingeräumt ist?

> **Fall 27:** V vermietet an M eine Maschine. M verkauft sie an X. Zur Erfüllung des Kaufvertrags einigt sich M mit X über den Eigentumsübergang und übergibt ihm die Maschine. Ist X Eigentümer geworden?

Man wird geneigt sein, die Frage zu verneinen. Der Mieter einer Sache hat einen bloß schuldrechtlichen Anspruch auf Überlassung des Sachgebrauchs während der Mietzeit und in diesem Rahmen eine Berechtigung zum unmittelbaren Besitz. Soll der Mieter dem Eigentümer sein Eigentum einfach dadurch entziehen können, dass er die gemietete Sache veräußert? Auf der anderen Seite ist die Lage des X zu beachten. Angenommen, X hielt den M für den Eigentümer und hatte auch keinen Anlass, Argwohn zu schöpfen. Durfte er nicht darauf vertrauen, dass dem M das Eigentum zustand? Steht nicht die Vermutung des § 1006 I dafür, dass M als Besitzer auch Eigentümer war?

Das BGB berücksichtigt die Lage des Erwerbers durch die Regeln über den **gutgläu-** 451
bigen Eigentumserwerb, §§ 932–936, und schützt den Erwerber, der vom Besitz des
Veräußerers auf dessen Eigentum schließt: Der Erwerber wird im Falle der Übereignung nach § 929 S. 1 auch dann Eigentümer, wenn die Sache nicht dem Veräußerer
gehört, *es sei denn*, dass er ausnahmsweise nicht „in gutem Glauben" ist (§ 932 I 1).
Er ist nicht in gutem Glauben, wenn ihm bekannt oder auf Grund grober Fahrlässigkeit unbekannt ist, dass die Sache nicht dem Veräußerer gehört (§ 932 II). Freilich ist
gutgläubiger Eigentumserwerb nicht möglich, wenn die Sache dem Eigentümer abhanden gekommen ist, dh wenn er (oder sein Besitzmittler) den unmittelbaren Besitz
ohne seinen Willen verloren hat, § 935 I. Selbst an abhanden gekommenen Sachen ist
jedoch gutgläubiger Erwerb möglich, wenn es sich um Geld oder Inhaberpapiere handelt (§ 935 II). Für die Umlauffähigkeit des Geldes ist das von großer Bedeutung:
Selbst an gestohlenem Geld kann also der redliche Erwerber Eigentümer werden.

> In **Fall 27** geschah die Veräußerung nach § 929 S. 1; anwendbar ist demzufolge § 932 I 1.
> An der Maschine ist gutgläubiger Erwerb möglich, weil der Eigentümer den unmittelbaren
> Besitz freiwillig dem M eingeräumt hatte; die Maschine war dem Eigentümer also nicht ab-
> handen gekommen, § 935 I. Der Erwerb scheitert folglich nur dann, wenn X „nicht in gutem
> Glauben" war, § 932 I 1, § 932 II. Dies ist nach den konkreten Gegebenheiten des Falles zu
> beurteilen; fehlt es an Angaben hierzu, so ist von der Regel der Gutgläubigkeit auszugehen.
> War X nicht bösgläubig, so ist er Eigentümer der Maschine geworden.

bb) Grundstücke und Grundstücksrechte. Anknüpfungspunkt für den gutgläubi- 452
gen Eigentumserwerb an beweglichen Sachen ist die Rechtsscheinwirkung des Besitzes, die in der Vermutung des § 1006 I zum Ausdruck gebracht wird. Ungleich stärker noch ist die Rechtsscheinwirkung, die hinsichtlich der **Rechtsverhältnisse an**
Grundstücken durch das Grundbuch als ein amtliches Register erzeugt wird (vgl
§ 891; **öffentlicher Glaube des Grundbuchs**). Der Erwerb vom Nichtberechtigten
ist hier durch § 892 ermöglicht. Zu Gunsten des Erwerbers eines Rechts, das durch
das Grundbuch verlautbart wird, gilt der Inhalt des Grundbuchs als richtig, wenn
nicht ein Widerspruch gegen die Richtigkeit des Grundbuchs eingetragen oder die
Unrichtigkeit dem Erwerber bekannt ist. Anders als bei beweglichen Sachen hindert
demzufolge die grobfahrlässige Unkenntnis den Erwerb nicht.

Beispiel: A ist zu Unrecht als Eigentümer im Grundbuch eingetragen und übereignet das
Grundstück durch Auflassung und Eintragung an B (§§ 873 I, 925 I). Durch diesen Vorgang
wird B selbst dann Eigentümer, wenn ihm das Verhalten des A verdächtig vorgekommen war,
sofern er nur nicht um die Unrichtigkeit des Grundbuchs wusste oder ein Widerspruch gegen
die Richtigkeit der Eintragung des A aus dem Grundbuch ersichtlich war.

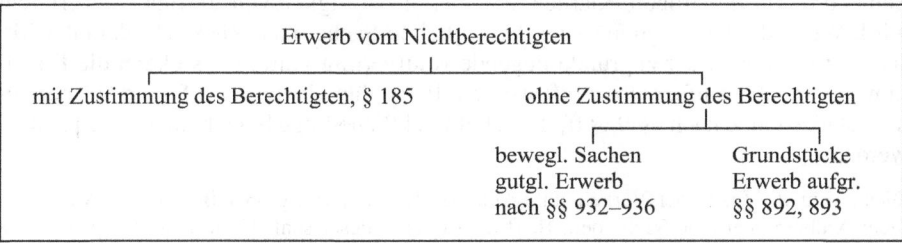

h) Die Abstraktheit der Verfügungen

453 Wenn jemand über ein Recht verfügt, zB ein Buch übereignet, wird er es nicht aus bloßer Laune tun, sondern einen Grund dafür haben. Unter der Vielzahl möglicher Motive (zB das verstaubte Buch endlich loszuwerden) interessiert uns der *rechtliche* Grund, der für die Verfügung besteht. Die Verfügung ruht, wie wir gesehen haben (Rn 440) nicht völlig in sich. Sagt man „A übereignet dem B einen 10-EURO-Schein", so ist zwar ein Eigentumswechsel ausgesagt; keineswegs ist damit aber schon geklärt, ob A diese Übereignung vorgenommen hat, um einen Kaufpreis zu zahlen, Schadensersatz zu leisten oder eine Schenkung zu tätigen (§ 516 I). Für das rechtliche Verständnis des gesamten Vorganges ist das aber entscheidend.

454 Wir können demnach sagen: Die Verfügung hat einen rechtlichen Grund, aufgrund dessen sie vorgenommen wird und welcher dem Verfügungsvorgang seinen Sinn gibt. Der **rechtliche Grund (causa)** besteht meist in einer Verpflichtung. Diese kann sich aus einem Verpflichtungsgeschäft („Kausalgeschäft") oder aus dem Gesetz unmittelbar ergeben. Dann stellt sich die Verfügung als Erfüllung einer Verpflichtung dar.

455 Es kommt nun aber vor, dass der **rechtliche Grund**, im Hinblick auf den eine Verfügung vorgenommen wurde, in Wirklichkeit **nicht oder nicht mehr** besteht. Zahlt A dem B 100 € in der Annahme, er sei ihm diesen Betrag aus Darlehen schuldig, während er das Darlehen in Wirklichkeit längst zurückgezahlt hat, so besteht kein rechtlicher Grund für die Übereignung des Geldes. Denn die Rückzahlungspflicht aus dem Darlehen war bereits durch Erfüllung erloschen (§ 362 I). Die gleiche Lage entsteht, wenn durch eine Verfügung ein Verpflichtungsgeschäft erfüllt werden soll, das zwar abgeschlossen, aber aus irgendeinem Grunde ungültig ist. In solchen Fällen fragt es sich, ob die Verfügung, für die kein rechtlicher Grund existiert, überhaupt wirksam ist. Soll der vermeintliche Darlehensgläubiger B Eigentümer der ihm gezahlten 100 € werden, obwohl ihm kein Anspruch darauf zusteht?

Das BGB bejaht diese Frage: **Die Wirksamkeit einer Verfügung ist unabhängig vom Bestehen des rechtlichen Grundes, im Hinblick auf den die Verfügung vorgenommen wurde**. Man sagt auch: die Verfügung ist gegenüber dem Kausalverhältnis „abstrakt" und spricht daher vom **Abstraktionsprinzip**. Dieses Prinzip ist im BGB nicht zusammenhängend formuliert. Es ergibt sich daraus, dass im Tatbestand der Verfügungsgeschäfte (zB § 929, § 398) die Wirksamkeit des Kausalverhältnisses nicht zur Voraussetzung wirksamer Verfügung gemacht ist und dass das BGB in §§ 812 ff Regelungen für die Rückabwicklung solcher rechtsgrundloser Verfügungen bereithält.

456 Das Abstraktionsprinzip ist rechtspolitisch umstritten, es birgt Vor- und Nachteile. Sein Vorteil ist die größere Klarheit, die über die Gültigkeit von Verfügungen erreicht wird. Wenn die Übereignung einer beweglichen Sache ohne Rücksicht darauf wirksam wird, ob auch der zugrunde liegende Kaufvertrag gültig ist, so kann die Eigentumslage relativ einfach überprüft werden. Es genügt eben die Prüfung der Übereignungstatbestände nach §§ 929 ff, die schuldrechtliche Lage braucht nicht überprüft zu werden.

Dies ist für die Frage der Verkehrsfähigkeit von Rechten von großer Bedeutung. Angenommen: A übereignet eine Sache dem B, B dem C und dieser schließlich dem D, jeweils nach

§ 929 S. 1. War A Eigentümer, so sind nacheinander B, C und D Eigentümer geworden. Man kann diese Aussage machen, ohne zu überprüfen, aus welchem rechtlichen Grund A, B und C die Übereignung getätigt haben. Gelte hingegen das Abstraktionsprinzip nicht, so würde D nur Eigentümer werden, wenn die Kausalverhältnisse sowohl zwischen A und B, als auch zwischen B und C, als auch zwischen C und D zur Zeit der jeweiligen Verfügung bestanden hätten. Damit wäre aber der Rechtserwerb erheblichen Unsicherheiten ausgesetzt.

Nachteile ergeben sich aus dem Abstraktionsprinzip vor allem für den Verfügenden, **457** dh denjenigen Partner des Verfügungsgeschäfts, der ein Recht veräußert oder sonst eine Minderung seiner Rechtsposition durch die Verfügung bewirkt. Der Verfügende erleidet den Rechtsverlust oder die Rechtsminderung auch dann, wenn dafür kein rechtlicher Grund besteht. Der Erwerber erhält in solchem Fall kraft der Verfügung eine Rechtsposition, die ihm, da rechtsgrundlos, gar nicht gebührt. Hier schafft der **Bereicherungsanspruch** (§§ 812 ff; Rn 399 ff) einen Ausgleich. Der Verfügende kann, da er rechtsgrundlos eine Leistung erbringt, von dem Leistungsempfänger die Herausgabe des ohne rechtlichen Grund Erlangten fordern (§ 812 I 1, 1. Alt.). Ist eine bewegliche Sache rechtsgrundlos übergeben und übereignet, so besteht die Herausgabe der Bereicherung nicht nur in Rückgabe, sondern darüber hinaus in der Rückübereignung der Sache. Der Bereicherungsanspruch schützt den Verfügenden freilich nicht optimal. Hat zB jemand auf Grund eines unwirksamen Kaufvertrags eine bewegliche Sache übereignet, so hat der Erwerber volles und unangefochtenes Eigentum erlangt, über das er ungehindert verfügen kann. Bis der Veräußerer die Unwirksamkeit des Kaufs bemerkt und seinen Anspruch auf Rückgabe und Rückübereignung nach § 812 I 1, 1. Alt. geltend macht, kann die Sache längst weiterveräußert sein. Dann ergibt sich das Problem, ob an die Stelle des Herausgabeanspruchs Ersatzansprüche treten (siehe §§ 818, 819).

Unklarheiten über das Abstraktionsprinzip bestehen in Fällen, in denen das Kausalgeschäft wegen Sittenwidrigkeit nichtig (§ 138) oder wegen arglistiger Täuschung angefochten (§ 123) ist (vgl unten Rn 697 ff); hier soll die Nichtigkeit des Verpflichtungsgeschäfts auf das Verfügungsgeschäft „durchschlagen". Ferner wird diskutiert, inwieweit die Parteien eines Rechtsverhältnisses das Abstraktionsprinzip wirksam abbedingen können und wann ein dementsprechender Wille der Parteien anzunehmen ist.

i) Die Spezialität des Verfügungsgegenstandes

Es soll möglichst klar und leicht überprüfbar sein, wer Eigentümer einer bestimmten **458** Sache oder Inhaber einer bestimmten Forderung oder eines sonstigen Rechts ist. Dieser Klarheit dienen außer dem Abstraktionsprinzip zwei weitere, für Verfügungsgeschäfte maßgebende Grundsätze: der Spezialitätsgrundsatz und der Bestimmtheitsgrundsatz.

Der **Grundsatz der Spezialität** besagt: **Gegenstand einer Verfügung kann immer** **459** **nur ein Recht (oder ein Teilrecht) sein**, nicht aber ein Bündel (Inbegriff) von Rechten als solches.

Angenommen: A hat gegen B zwei Zahlungsforderungen, eine aus Kauf, eine aus Darlehen; A will beide Forderungen an C abtreten. Dazu bedarf es kraft des Spezialitätsgrundsatzes stets zweier Verfügungen nach § 398; die beiden Forderungen können nicht Gegenstand ein und derselben Verfügung sein. Freilich können die beiden

Abtretungen gleichzeitig vorgenommen, zB in ein und demselben Schriftstück verlautbart werden. Das hindert aber nicht, dass es sich rechtlich um zwei Verfügungen handelt. Wozu diese für Nichtjuristen lebensfremde Konstruktion? Könnte man ein Bündel von Rechten zum Gegenstand *einer* Verfügung machen, so würden Unsicherheiten entstehen, sobald die Wirksamkeit der Verfügung hinsichtlich eines dieser Rechte zweifelhaft wäre, etwa weil es von einem gesetzlichen Veräußerungsverbot (§§ 134, 135) betroffen ist. Es würde dann die schwierige Frage entstehen, ob die Unwirksamkeit der Verfügung hinsichtlich der *einen* Forderung die Verfügung auch hinsichtlich der *anderen* Forderung ungültig macht. Der Spezialitätsgrundsatz schafft Klarheit: Jedes einzelne Recht ist Gegenstand einer selbstständigen Verfügung. Die Unwirksamkeit einer Verfügung berührt die Wirksamkeit einer anderen Verfügung auch dann nicht, wenn sie gleichzeitig und im selben Zweckzusammenhang vorgenommen werden.

Besondere Bedeutung hat das Spezialitätsprinzip im **Sachenrecht**. Eigentum und andere dingliche Rechte können sich, wie gezeigt, nur auf einzelne Sachen (und unwesentliche Sachbestandteile), aber nicht auf Sachinbegriffe beziehen (Rn 294 ff). Wird „ein Warenlager" übereignet, so liegen rechtlich gesehen so viele Verfügungen vor, wie Warenstücke im Lager sind. Ist die Übereignung hinsichtlich einzelner Stücke unwirksam, so hindert das die Gültigkeit der übrigen Verfügungen nicht.

460 Demgegenüber gilt der **Spezialitätsgrundsatz nicht für Verpflichtungsgeschäfte**. Man kann ein Warenlager, ein gewerbliches Unternehmen oder sonst eine beliebige Zweckeinheit von Gegenständen zum Gegenstand *eines* Kaufvertrages, *eines* Pachtvertrages etc machen. Bei den Verfügungen, durch die ein solcher Verpflichtungsvertrag erfüllt werden soll, gilt hingegen das Spezialitätsprinzip. Ist zB ein Warenlager verkauft, so geschieht die Erfüllung der Verkäuferpflichten durch eine Vielzahl von Übereignungen, nämlich so vieler Übereignungen, wie einzelne Sachen im Lager vorhanden sind.

461 Ausnahmsweise ist der Grundsatz der Spezialität des Verfügungsgegenstandes durchbrochen. Es gibt Fälle, in denen jemand das gesamte Vermögen eines anderen (als Inbegriff der geldwerten Rechte) durch ein und denselben rechtlichen Vorgang erwirbt (**Universalsukzession**, Gesamtnachfolge; Gegensatz: **Singularsukzession**, Sondernachfolge). Eine Universalsukzession kann, wie zB im Erbrecht, auf einer Verfügung beruhen. Setzt A den B durch letztwillige Verfügung zum Alleinerben ein, so gehen kraft dieser *einen* Verfügung im Zeitpunkt, in dem A stirbt, das gesamte Vermögen und damit alle erblichen Rechte des A auf B über (§ 1922 I). Der Übergang des gesamten Vermögens hat ipso iure den Übergang aller einzelnen Rechte zur Folge.

j)   Die Bestimmtheit des Verfügungsgegenstandes

462 Der **Bestimmtheitsgrundsatz** besagt: **Spätestens in dem Zeitpunkt, in dem eine Verfügung wirksam werden soll, muss feststehen, über welches individuelle Recht verfügt wird.** Dies klingt selbstverständlich: Es muss klar sein, *welche* Sache übereignet oder *welche* Forderung verpfändet wird (BGH NJW 2000, 2898).

Auch im Erfordernis der Bestimmtheit unterscheiden sich die Verfügungen von den Verpflichtungsgeschäften. Zwar muss auch bei Verpflichtungen der Inhalt der Pflicht feststellbar sein. Aber es kann eine Verpflichtung dergestalt begründet werden, dass sie mit Hilfe einer unbestimmten Vielzahl von Leistungsgegenständen oder -handlungen erfüllt werden kann. So ist es zB bei der Gattungsschuld (§ 243 I): Das Bestimmtheitserfordernis bezieht sich hier nur auf die Art- und Gütemerkmale der zur Erfüllung tauglichen Gegenstände. Bei Verfügungen muss der Gegenstand des Rechtsgeschäfts hingegen *individuell* bestimmt sein.

Missverständlich ist es, in diesem Zusammenhang von der „Bestimmbarkeit" des Verfügungsgegenstands zu sprechen. „Bestimmt" oder „bestimmbar" muss der Gegenstand sowohl der Verpflichtung wie der Verfügung sein; es gelten nur unterschiedliche Erfordernisse für die jeweils ausreichende Bestimmtheit. *Verfügungen* beziehen sich auf *individuell bestimmte* Rechte; *Verpflichtungen* können sich auch auf *gattungsmäßig* oder sonst *nach allgemeinen Merkmalen bestimmte* Leistungsgegenstände beziehen.

Kapitel 3
Willenserklärung und Vertragsschluss

1. Zum Vertrag

▶ Falltraining 1, Fälle 18 ff   463

Das Wesen des Vertrages besteht darin, dass **mehrere Personen im Zusammenwirken miteinander übereinstimmend gewollte Rechtswirkungen hervorrufen**. Der Vertragsschluss besteht daher aus zwei (oder mehreren) Willenserklärungen, wobei von jedem, der Vertragspartei sein will, eine Erklärung gefordert wird. Der Vertrag wird geschlossen, indem die Partner erklären, im Zusammenwirken miteinander bestimmte Rechtsfolgen herbeiführen zu wollen. Notwendig ist demnach die Willenserklärung aller Parteien. Das erklärte Einigsein muss sich beziehen a) auf dieselben Rechtsfolgen und b) darauf, dass diese Rechtsfolgen kraft der vertraglichen Einigung herbeigeführt werden sollen.

Die **Einigung**, die mit dem Austausch der übereinstimmenden Willenserklärungen   464
erzielt wird, bezieht sich allein auf die beiderseits gewünschten **Rechtswirkungen**. Konkret gesprochen: Es ist für den Vertragsinhalt und für die vertragliche Bindung im Allgemeinen ohne Belang, ob der Käufer die Interessen, die er mit der gekauften Sache verfolgt, auch wirklich befriedigen kann; ob also das gekaufte Hochzeitsgeschenk auch wirklich die beschenkten Brautleute erfreut oder ob der Verkäufer das Geld, das er als Kaufpreis erhalten soll, tatsächlich so anlegen kann, wie er sich dies vorgestellt hat. Die **Motive** der Parteien für den Vertragsschluss sind im Allgemeinen nicht Gegenstand der Einigung und daher auch nicht Inhalt der Willenserklärung; denn die Motive sind auf beiden Seiten durchaus verschieden und brauchen in der Regel den jeweiligen Partner nicht zu interessieren.

Freilich können die Parteien im Rahmen der Vertragsfreiheit die Gültigkeit des Vertrages davon abhängig sein lassen, dass die Erwartungen des einen oder anderen Teils in Erfüllung gehen, zB wenn im Kaufvertrag ein Rücktrittsrecht des Käufers für den Fall vereinbart wird, dass die zu Geschenkzwecken gekaufte Sache dem Beschenkten nicht gefällt (§ 346 I). **In der Regel** werden die Partner aber derartige Abmachungen nicht treffen; derartige Abreden dürfen also den Parteien nicht einfach unterstellt werden.

2. Zum Begriff der Willenserklärung

465 ▶ Falltraining 1, Fälle 15, 36

Hauptelement jedes Rechtsgeschäfts ist die Willenserklärung. Beim Vertragsschluss müssen Willenserklärungen aller Partner vorliegen. Fehlt die Willenserklärung auch nur eines Partners oder ist sie unwirksam (zB § 105 I), so ist der Vertrag nicht zustande gekommen, weil es an einer Willenseinigung fehlt. Es ist daher notwendig, die Wirksamkeit jeder einzelnen Willenserklärung gesondert zu prüfen.

466 Die Willenserklärung besteht in der **Kundgabe eines Rechtsfolgewillens**, dh des Willens, kraft der Erklärung (uU im Zusammenwirken mit anderen Erklärungen und Akten) eine bestimmte Rechtsfolge (Rechtswirkung) herbeizuführen (vgl BGHZ 149, 129, 134). Ihrer Grundstruktur nach besteht die Willenserklärung demnach aus (a) dem **Rechtsfolgewillen** als psychischer Tatsache und (b) der **Kundgabe** (Äußerung, Verlautbarung) dieses Willens.

467 Der **Rechtsfolgewille** lässt sich in folgende psychische Schichten gliedern:
– die Basis bildet der *natürliche Handlungswille*, dh das betreffende Verhalten einer Person muss von ihr überhaupt gewollt sein. Dieser Wille fehlt zB bei unbewussten Handbewegungen oder bei Handlungen unter unmittelbarem körperlichen Zwang;
– außerdem muss der Wille oder zumindest das Bewusstsein hinzukommen, dass mit der Mitteilung eine Rechtswirkung herbeigeführt werden soll, was in der Regel *rechtsgeschäftliches Erklärungsbewusstsein* genannt wird und zu unterscheiden ist vom
– Willen, eine ganz bestimmte Rechtsfolge herbeizuführen, dem sogenannten *Geschäftswillen*.

468 Im Zusammenhang mit den genannten Willensbestandteilen besteht das Problem, ob zum Schutze des Rechtsverkehrs ausnahmsweise das Vorliegen einer Willenserklärung auch dann bejaht werden kann, wenn eines der oben genannten drei **Elemente fehlt**.

Fehlt es schon am *natürlichen Handlungswillen*, so liegt in keinem Fall eine Willenserklärung vor. Im Zusammenhang mit Willensdefiziten bei einer Erklärung trifft § **105 II** eine Regelung, die auf den ersten Blick erstaunt: Eine Willenserklärung, die im Zustand ua der **Bewusstlosigkeit** abgegeben wird, wird als nichtig angesehen. Das verwundert deshalb, weil eine Person, der wirklich jegliches Bewusstsein fehlt (zB der Ohnmächtige), in diesem Zustand noch nicht einmal einen natürlichen Handlungswillen zu haben pflegt, von Kundgabe- und Geschäftswillen ganz zu schweigen. Man sollte also meinen, dass unter solchen Voraussetzungen eine Willenserklärung, die man für „nichtig" erklären könnte, vor vornherein gar nicht gegeben ist. Man löst das Problem durch eine Unterscheidung:

- bei völligem Fehlen des Bewusstseins kann mangels Handlungswillens keine Willenserklärung vorliegen, § 105 II braucht nicht herangezogen zu werden;
- bei schweren Trübungen des Bewusstseins (zB hochgradigen Rauschzuständen, Nachtwandeln) kann ein Handlungswille, im Einzelfall sogar ein Geschäftswille gegeben sein; dann ist aber die Willenserklärung nach § 105 II nichtig.

Fehlt das *rechtsgeschäftliche Erklärungsbewusstsein*, so kann gleichwohl das Vorlie-   **469** gen einer Willenserklärung bejaht werden, wenn der Erklärende bei Anwendung der erforderlichen Sorgfalt hätte erkennen und vermeiden können, dass sein Verhalten als Willenserklärung aufgefasst werden konnte, und wenn der Adressat sie auch tatsächlich so verstanden hat (Formulierung nach BGHZ 91, 324; 149, 129, 136). Es wird also das berechtigte Vertrauen des Empfängers in das Vorliegen einer Willenserklärung geschützt. Man könnte auch sagen: An sich liegt keine Willenserklärung vor, zu Gunsten des Empfängers wird der Erklärende so behandelt, als habe er eine Willenserklärung abgegeben.

> Die von der Rechtsprechung verlangten Voraussetzungen lassen sich am besten wie folgt aufgliedern: Fehlt das rechtsgeschäftliche Erklärungsbewusstsein, so liegt gleichwohl eine Willenserklärung vor, wenn
>
> a) der Adressat das Verhalten als Willenserklärung aufgefasst hat,
>
> b) dies auch nach allen ihm erkennbaren Umständen durfte, und
>
> c) ferner der „Erklärende" die Möglichkeit eines solchen Missverständnisses bei Anwendung der gebotenen Sorgfalt hätte erkennen und vermeiden können.

Als traditionelles Lehrbuchbeispiel dient der Fall der „Trierer Weinversteigerung": Auf einer Versteigerung winkt einer der Anwesenden einem Freund zu, um diesen auf sich aufmerksam zu machen; diese Geste wird vom Auktionator als Gebot aufgefasst, dem Winkenden wird der Zuschlag erteilt (§ 156). Hier liegt natürlicher Handlungswille, aber kein rechtsgeschäftliches Erklärungsbewusstsein vor. Entspricht das „Winken" einer für die Versteigerung typischen Gebotsgeste und fasst der Auktionator sie so auf, dann ist nach dem Gesagten ein wirksames Gebot abgegeben.

Fehlt der *Geschäftswille*, so liegt jedenfalls eine wirksame Willenserklärung vor und der Erklärende kann sich wegen eines Irrtums nach §§ 119 I, 142 I durch **Anfechtung vom Vertrag lösen** (dazu Rn 601 ff). Das muss *erst recht* gelten, wenn bei Fehlen des Erklärungsbewusstseins (zweite Stufe) der Erklärende so behandelt wird, als läge eine Willenserklärung vor.

Literatur zur Willenserklärung: *U. Eisenhardt*, Zum subjektiven Tatbestand der Willenserklärung, JZ 1986, 875; *R. Hepting*, Erklärungswille, Vertrauensschutz und rechtsgeschäftliche Bindung, Festschrift Rechtswiss. Fakultät Köln, 1988, 209; *R. Singer*, Selbstbestimmung und Verkehrsschutz im Recht der Willenserklärungen, 1995; *N. Brehmer*, Wille und Erklärung. Zu Geltungsgrund, Tatbestand und Zurechnung der Willenserklärung, 1992.

3. Die Erklärungshandlung insbesondere

470 Willenserklärungen können nur wirksam werden, wenn der Erklärende eine Erklärungshandlung vornimmt, also dasjenige äußere Verhalten zeigt, das sich als Bekundung des Rechtsfolgewillens darstellt (Absenden eines Briefes, Nicken mit dem Kopf etc). Die **Vornahme der Erklärungshandlung** nennt das BGB die **Abgabe** der Erklärung.

Notwendig ist also eine Erklärungs*handlung*. Es fragt sich, wie die Erklärungshandlung beschaffen sein muss. Der Grundsatz ist einfach: Wenn das Gesetz nicht eine besondere Form vorschreibt, kann der Rechtsfolgewille *in beliebiger Form* geäußert werden, durch gesprochene Worte ebenso wie durch geschriebene, durch beliebige Zeichen und Gebärden wie Winken, Nicken etc. Jegliches äußerlich registrierbare menschliche Verhalten vermag eine Willenserklärung auszudrücken. Es besteht **Formfreiheit**, wenn nicht das Gesetz ein anderes vorschreibt.

471 Dabei ist freilich zu beachten, dass die Willenserklärung in der Regel „**einem anderen gegenüber**" abzugeben ist (**empfangsbedürftige Willenserklärung**). Der rechtsgeschäftliche Verkehr findet zwischen bestimmten Personen statt, es werden Rechtsbeziehungen zwischen bestimmten Personen geschaffen. Deshalb wird die Willenserklärung regelmäßig einen Adressaten haben, dh eine Person, an die sie gerichtet ist (**Erklärungsgegner**). So richtet sich zB der Antrag an den, mit dem der Vertrag abgeschlossen werden soll. Infolgedessen muss die Frage, ob in einem bestimmten Verhalten eine Willenserklärung gesehen werden kann, *vom Standpunkt des Erklärungsgegners aus* beurteilt werden *(Empfängerhorizont)*. Eine Willenserklärung, die einem anderen gegenüber abgegeben werden soll, kann also nur in einem solchen Verhalten gesehen werden, aus dem der Adressat nach allen für ihn erkennbaren Umständen einen bestimmten Rechtsfolgewillen entnehmen kann (siehe Rn 566).

Beispiel: Gibt in einem Gasthaus der Gast dem Wirt ein Zeichen mit der Hand, so kann daraus im Allgemeinen nicht die Äußerung eines bestimmten Rechtsfolgewillens gesehen werden. Anders aber, wenn ein Stammgast die Bestellung von einem Glas Bier mit einer dem Wirt vertrauten Handbewegung ausdrückt; dann liegt eine Willenserklärung vor, auch wenn ein Unbeteiligter die Handbewegung gar nicht deuten könnte. Erforderlich und genügend ist, dass gerade der Erklärungsempfänger verstehen kann, was gewollt ist.

Dem ist zu entnehmen, dass die Abgabe von Willenserklärungen und folglich der Abschluss von Geschäften nicht der Öffentlichkeit zur Kenntnis gebracht werden müssen. Die rechtsgeschäftlichen Vorgänge können sich – wo das Gesetz nicht ausnahmsweise etwas anderes vorschreibt – im Geheimen vollziehen, selbst wenn Interessen der Gesellschaft tangiert werden.

472 Im Zusammenhang mit der Einsicht, dass in beliebigem Verhalten eine Willenserklärung zum Ausdruck kommen kann, ist vielfach von **schlüssigem (konkludentem) Handeln** die Rede. Über den Kreis der damit bezeichneten Sachverhalte und über die Rechtsfolgen besteht in der Lehre keine Einigkeit. Korrekterweise sollte man von schlüssigem Handeln nur dort sprechen, wo man den Erklärungsgehalt eines Tuns durch einen Rückschluss gewinnt *(Flume, AT, II, § 5, 4)*. Die Situation ist wie folgt:

Eine Person drückt ihren Willen durch eine Handlung aus, die an sich keinen typischen Erklärungsgehalt für das angestrebte Geschäft aufweist; aus den konkreten Umständen ist aber auf einen solchen Erklärungsgehalt zu schließen.

In diesem Zusammenhang wählt man das klassische Beispiel, dass ein Darlehensgeber einen Darlehensvertrag verlängert, indem er die Zinsen für den Verlängerungszeitraum vom Schuldner annimmt. Man sagt: Zwar ist das Annehmen von Zinsen keine für eine Darlehensverlängerung typische Erklärungshandlung; wenn der Gläubiger die Zinsen annimmt, dann will er aber folgerichtig auch die Verlängerung des Darlehensverhältnisses.

Zu schlüssigen Handlungen gehören auch Sachverhalte, in denen jemand eine Leistung tatsächlich in Anspruch nimmt. Begibt sich der Gast eines Restaurants zum kalten Buffet und füllt seinen Teller, so kann man daraus auf seinen Willen schließen, für das Genommene zu zahlen. Näher besehen ist die Figur des „schlüssigen Verhaltens" entbehrlich. Es genügt die Erkenntnis, dass für empfangsbedürftige Willenserklärungen grundsätzlich jedes Verhalten genügt, das der Adressat den Umständen nach als Ausdruck eines Rechtsfolgewillens erfassen kann.

Oft wird das „schlüssige Verhalten" auch dem Begriff der „stillschweigenden Erklärung" beigefügt (siehe unten Rn 474 ff). Wir werden aber nachfolgend sehen, dass eine *Erklärung durch Schweigen* etwas völlig anderes ist.

- Beim schlüssigen Verhalten *handelt* der Erklärende, und zwar so, dass aus seinem wahrnehmbaren Tun auf seinen rechtsgeschäftlichen Willen rückgeschlossen werden kann.
- Bei der Erklärung durch Schweigen wird der rechtsgeschäftliche Wille daraus geschlossen, dass der Betreffende *etwas Bestimmtes nicht tut* (nicht widerspricht; nicht kündigt etc).

Dringt eine empfangsbedürftige Willenserklärung ohne den Willen ihres Urhebers **473** nach außen, so stellt sich die Frage nach der Verbindlichkeit dieser Erklärung („**abhandengekommene Willenserklärung**"). Als Beispiel diene der Fall, dass ein unterschriebener Brief des Chefs, den dieser bewusst (noch) nicht abgeschickt hat, von einem eifrigen Mitarbeiter in ein Kuvert gesteckt und abgeschickt wird. Nach gängiger Auffassung ist hier zum Schutze des Empfängers, der von diesem Vorgang keine Kenntnis haben muss, so zu verfahren, als hätte der Chef eine Willenserklärung abgegeben. Allerdings ist – soweit ein Widerruf (Rn 500) ausscheidet – eine Vernichtung der Willenserklärung nach den Regelungen über die Anfechtung wegen Irrtums möglich, §§ 119 I, 142 I (dazu Rn 604).

4. Insbesondere: Schweigen als Erklärung

► Falltraining 2, Teil 1 Fall 5; Teil 3 Fall 4

a) Vereinbarung oder Verkehrssitte

Nur unter besonderen Voraussetzungen kann auch ein „Schweigen" eine Willenser- **474** klärung bedeuten oder die Wirkung einer Willenserklärung haben.

Fall 28: Der Metzger H beliefert den Gastwirt G jeden Freitag mit Frischfleisch. Beide kommen überein, dass G seine Wünsche bis Mittwochabend telefonisch durchgibt; anderenfalls liefert H die gleiche Menge wie in der Vorwoche. Da G sich nicht gemeldet hat, wiederholt H am Freitag, dem 15.6., die Lieferung der Vorwoche. G verweigert die Annahme des Fleisches, da er für das Wochenende Betriebsferien angekündigt hat. Ist er zur Zahlung des Kaufpreises und Abnahme verpflichtet?

Die genannten Verpflichtungen des G setzen den Abschluss eines Kaufvertrages über das angelieferte Fleisch voraus. Ein solcher Vertrag liegt nicht schon in der generellen Abrede, dass H mangels anderer Anweisung die gleiche Menge liefern solle wie in der Vorwoche. Denn G wollte sich mit dieser Abrede nicht schon zur Abnahme künftiger Fleischsendungen verpflichten. Eine Willenserklärung des G kann nur darin gesehen werden, dass er bis zum Mittwoch, den 13.6. abends, *etwas Bestimmtes nicht getan* hat, nämlich keine anderweitigen Wünsche telefonisch durchgegeben hat. Dieses Unterlassen einer bestimmten Erklärungshandlung („Schweigen") stellte sich für den H als Erklärung dar, die auf den Kauf der gleichen Menge wie in der Vorwoche gerichtet war, demgemäß als Antrag, den H annahm. Damit war der Vertrag geschlossen.

475   Das **Unterlassen einer bestimmten Handlung** kann grundsätzlich nur dadurch zum Erklärungszeichen werden, dass es zwischen den Parteien vorher **als Erklärungszeichen verabredet** ist. Gewöhnlich entnehmen wir den Erklärungswillen einer Person daraus, dass sie etwas Bestimmtes *tut*, etwa gewisse Worte spricht oder mit dem Kopf nickt. Hingegen folgern wir regelmäßig einen Erklärungswillen nicht aus dem Umstand, dass jemand etwas Bestimmtes *nicht* tut. Denn die Äußerung des Rechtsfolgewillens ragt aus dem normalen menschlichen Tun als etwas Besonderes heraus. Wir erwarten, dass jemand, der eine Willenserklärung abgeben will, dies durch irgendein deutliches Tun zu erkennen gibt. Das hindert jedoch nicht, auch die Unterlassung eines bestimmten Tuns als Willenserklärung anzusehen, wenn sie für den Adressaten nach allen für ihn erkennbaren Umständen diese Bedeutung hat.

Gewöhnlich setzt das die **vorherige Absprache** in Form einer rechtsgeschäftlichen Vereinbarung zwischen den Beteiligten voraus. Darüber hinaus kann es sein, dass es innerhalb einer ständigen Geschäftsverbindung oder in gewissen Geschäftskreisen **(Verkehrssitte)** üblich ist, das Unterlassen einer bestimmten Erklärung als Zustimmung zu deuten (BGH VuR 2007, 159: Schweigen auf einen Antrag auf Abschluss eines Darlehensvertrags auch im Handelsverkehr keine Annahme). Es sind dies Fälle, wo das „Schweigen" (dh das Unterlassen eines bestimmten Handelns, etwa des Widersprechens, einer anderweitigen Anweisung etc) Willenserklärung ist, weil es **durch eine bestehende Konvention** als Erklärungszeichen akzeptiert ist.

Ein Schweigen kann auch dann als Erklärung gewertet werden, wenn nach dem Verlauf der Vertragsverhandlungen die Angelegenheit so weit gediehen ist, dass der andere Teil mit dem Scheitern des Vertragsschlusses nicht mehr zu rechnen braucht, ein entgegenstehender Wille folglich nach Treu und Glauben ausdrücklich zu verlautbaren ist. So sieht der BGH, bezogen auf den Geschäftsverkehr, im Schweigen auf einen Antrag in der Regel eine Annahme, wenn der Antrag das Ergebnis einverständlicher und alle wichtigen Punkte betreffender Vertragsverhandlungen ist (BGH NJW 1995, 1281; 1996, 919 – Grenzfall, in dem der BGH es ablehnte, das Schweigen auf einen Antrag als Annahme zu deuten).

b) Die unverlangte Erbringung von Leistungen insbesondere

Bei der Deutung eines Schweigens als Annahme eines Antrags ist also Zurückhaltung **476** angebracht. Das gilt insbesondere bei der **unverlangten Zusendung von Waren**. Darin kann zwar ein Antrag des Absenders an den Empfänger gesehen werden. Das Schweigen des Empfängers hierauf ist jedoch in aller Regel nicht als Annahme anzusehen. Sonst würde man den Adressaten beliebiger Warensendungen die Obliegenheit auferlegen, fortlaufend zu protestieren, wenn sie einen unerwünschten Vertragsschluss vermeiden wollten. Das gilt allgemein, in besonderem Maße aber im Verhältnis **zwischen Unternehmern und Verbrauchern**.

Fall 29: A erhält von der S-GmbH, die Sportartikel vertreibt und mit der A nie zu tun hatte, per Post unverlangt ein Exemplar des Fitness-Geräts „Bauch-Roller". Im Begleitbrief heißt es: „Schlank werden leicht gemacht! Rollen auch Sie Ihren Bauch weg – 5 Minuten am Tag genügen! Wir senden Ihnen dieses äußerst effiziente Gerät zur unverbindlichen Probe zu. Gefällt es ihnen nicht, so senden Sie es einfach binnen zwei Wochen an uns zurück. Möchten Sie es behalten, so brauchen Sie nichts weiter zu unternehmen, als nach Ablauf von zwei Wochen die beigefügte Rechnung über 69,90 € zu überweisen.". A legt die Sendung, die er nicht haben will, beiseite und vergisst sie. Muss er nach zwei Wochen den Kaufpreis bezahlen?

Eine Erklärung des A, in der wir die Annahme des Antrags sehen könnten, könnte nur im „Nichtstun" liegen, dh im Unterlassen der Rücksendung des Geräts binnen der genannten Frist. Diesem Unterlassen wird – wie sich aus dem „Begleitschreiben" ergibt – von Seiten der S-GmbH auch ein bestimmter Erklärungswert beigemessen. Im Unterschied zu Fall 29 bestand aber zuvor keine Konvention unter den Beteiligten, der zufolge das „Schweigen" die Bedeutung einer Erklärung haben sollte. Weder bestand ein dementsprechender Geschäftsusus zwischen A und S; noch besteht eine allgemeine Verkehrssitte, wonach man durch Unterlassen der Rücksendung von Waren, die unverlangt zugeschickt wurden, eine Kauferklärung abgibt. Eine solche Verkehrssitte würde es den gewerblichen Verkäufern allzuleicht machen, den Verbrauchern unerwünschte Verträge aufzudrängen; sie bräuchten dem potentiellen Kunden nur die Ware oder ein Angebot ins Haus zu schicken mit dem Vermerk: „Sie kaufen diese Ware, wenn sie nicht binnen ... widersprechen (zurückschicken, etc)". Um unerwünschte Vertragsschlüsse zu vermeiden, müsste man alle zugesandten Papiere lesen, um nur ja nicht die Ablehnung eines derartigen Antrags zu versäumen.

Folglich hat A in **Fall 29** nichts erklärt; ein Kaufvertrag ist nicht zustande gekommen.

Dieses Ergebnis ergibt sich bereits aus der allgemeinen Rechtsgeschäftslehre. Der **477** Gesetzgeber hat zur Problematik der unverlangten gewerblichen Leistungen zudem die **Verbraucherschutznorm des § 241a BGB** eingefügt. Danach wird durch die Lieferung unbestellter Sachen oder durch die Erbringung unbestellter sonstiger Leistungen **durch einen Unternehmer an einen Verbraucher** ein Anspruch gegen diesen nicht begründet (§ 241a I). Diese Vorschrift bestätigt unser schon gefundenes Ergebnis. Hingegen hindert § 241a I nicht das Zustandekommen eines Vertrags durch *ausdrückliche Annahme* seitens des Verbrauchers.

Bezahlt also A im **Fall 29** die Rechnung, weil er das Gerät behalten will, so liegt darin eine Annahme des Antrags der S-GmbH, der Vertrag kommt zustande. Gleiches gilt, wenn A der S-GmbH schreibt oder fernmündlich mitteilt, er nehme den Antrag an.

§ 241a I regelt darüber hinaus, dass durch die unverlangte Zusendung etc *auch keine gesetzlichen Ansprüche* des Unternehmers gegen den Verbraucher entstehen. Gemäß dem Wortlaut des Gesetzes bedeutet das: Obwohl kein Kaufvertrag zustande gekommen ist, kann der Unternehmer die unverlangt zugesendete Ware nicht aus ungerechtfertigter Bereicherung, § 812 I 1, 1. Alt., zurückverlangen. Auch wenn der Unternehmer Eigentümer der Ware ist, kann er nicht ihre Rückgabe nach § 985 fordern. Nutzt der Verbraucher die Sache oder beschädigt er sie, so kann der Unternehmer daraus keine Ansprüche herleiten. Im Grunde kann der Empfänger mit der unverlangt zugesandten Ware machen, was er will.

Dieser Umstand wirkt auch zurück auf die Frage, unter welchen Voraussetzungen wir annehmen können, dass der Verbraucher den Antrag durch *konkludentes Verhalten* annimmt. Angenommen, in **Fall 29** trainiert A zwei Monate hindurch täglich mit dem Gerät, ohne es zu bezahlen. Wir könnten diese intensive Inanspruchnahme der angebotenen Sache dahingehend deuten, dass A das Gerät kaufen will; die Erklärung müsste, um wirksam zu sein, gemäß § 151 S. 1 der S-GmbH auch nicht zugehen (dazu Rn 553). Doch verbietet uns § 241a I eine solche Deutung: Da A als Verbraucher mit dem unverlangt zugesandten Gerät machen kann, was er will, ohne irgendwelchen Ansprüchen ausgesetzt zu sein, kann auch der langfristige Gebrauch der Sache nicht als Ausdruck des Willens zur Vertragsannahme gedeutet werden.

478 Die Regelung des § 241a I stellt den Unternehmer, der an einen Verbraucher unverlangt eine Leistung erbringt, praktisch rechtlos; sie erweckt den Eindruck, ihn bestrafen zu wollen. Deshalb wird diskutiert, ob bei dem Ausschluss *auch der gesetzlichen Ansprüche* nicht gewisse Grenzen zu ziehen sind. Eine **Ausnahme** formuliert das Gesetz selbst: Gesetzliche Ansprüche sind nicht ausgeschlossen, wenn die Leistung nicht für den Empfänger bestimmt war oder in der irrigen Vorstellung einer Bestellung erfolgte und der Empfänger dies erkannt hat oder bei Anwendung der im Verkehr erforderlichen Sorgfalt hätte erkennen können (**§ 241a II**).

479 Die Regel des § 241a I **gilt** auch dann **nicht**, wenn dem Verbraucher statt der bestellten eine nach Qualität und Preis gleichwertige Leistung angeboten wird und er zudem darauf hingewiesen wird, dass er zur Annahme nicht verpflichtet ist und die Kosten der Rücksendung nicht zu tragen hat (**§ 241a III**). In diesem Fall liegt nach Ansicht des Gesetzgebers kein Fall der „unbestellten Leistung" vor.

Beispiel: Frau M bestellt beim Versandhändler N eine Jacke aus Ziegenleder für 450 €. Nach zehn Tagen erhält sie von N ein Paket, das aber nicht die bestellte Jacke, sondern eine Jacke aus Rinderleder mit ähnlichem Schnitt enthält. Dazu schreibt N: „Leider waren die Jacken aus Ziegenleder rasch ausverkauft. Wir bieten Ihnen als Ersatz eine hochwertige Jacke aus Rinder-Nappa, ähnlich anschmiegsam und hervorragend verarbeitet, zum Preis von 420 €. Natürlich sind Sie nicht verpflichtet, diese Jacke abzunehmen. Wenn sie Ihnen wider Erwarten nicht gefallen sollte, senden Sie die Jacke bitte auf unsere Kosten zurück."

In solchem Fall soll nach der Aussage des § 241a III die Regel des § 241a I keine Anwendung finden. Was aber bedeutet das? Es besagt zunächst, dass die Frage, ob ein *Vertrag* über den Ersatzgegenstand (also die Jacke aus Rinderleder) zustande gekommen ist, nicht nach § 241a I, sondern nach den allgemeinen Regeln zu lösen ist. Ferner ergibt sich aus § 241a III, dass in solchem Fall kein Ausschluss der *gesetzlichen* Ansprüche stattfindet.

Angenommen: Frau M gefällt die Jacke aus Rinderleder nicht. Sie ist auch zu bequem, die Jacke zurückzusenden oder sich sonst zu äußern. Kommt dadurch ein Vertrag zustande? Das wäre nur der Fall, wenn wir das „Nicht-Zurücksenden", also ein Schweigen, als Annahmeerklärung deuten würden. Das setzt voraus, dass dies vorher unter den Parteien so vereinbart war oder dass dies der Verkehrssitte entspricht. Das ist aber nicht der Fall: Eine vorherige Vereinbarung (etwa derart: „Schweigen auf die Zusendung anderer als der bestellten Ware ist als Vertragsannahme anzusehen") liegt nicht vor. Auch gibt es zwischen Unternehmer und Verbraucher keine Verkehrssitte, wonach das Schweigen auf die Zusendung einer anderen als der bestellten Ware als Zustimmung zu betrachten wäre. Ein Vertrag ist in diesem Fall also nicht zustandegekommen, wohl aber hat die N gesetzliche Ansprüche auf Rückgabe der Jacke (§ 985, § 812 I 1, 1. Alt.).

Generell dürfen aus der Regelung des § 241a **keine falschen Schlüsse** gezogen werden. Liegen die Voraussetzungen des § 241a I nicht vor, so darf daraus nicht gefolgert werden, das Schweigen auf die unverlangte Zusendung von Waren bedeute die Vertragsannahme. Vielmehr bleibt es dann bei den oben entwickelten allgemeinen Regeln (Rn 476 ff). Nur der Ausschluss der *gesetzlichen* Ansprüche ist an das Vorliegen der Voraussetzungen des § 241 I, II gebunden.

Literatur zu § 241a: *C. Berger*, Der Ausschluß gesetzlicher Rückgewähransprüche bei der Erbringung unbestellter Leistungen nach § 241a BGB, JuS 2001, 649; *St. Deckers*, Zusendung unbestellter Waren, NJW 2001, 1474; *W. Hau*, Geschäftsführung ohne Verbraucherauftrag, NJW 2001, 2863; *Ph. Link*, Ungelöste Probleme bei der Zustellung unbestellter Sachen, NJW 2003, 2811; *M. Löhnig*, Zusendung unbestellter Waren und verwandte Probleme nach Inkrafttreten des § 241a BGB, JA 2001, 33; *A. Thier*, Aliud- und Minus-Lieferung, AcP 203 (2003), 399; *I. Czeguhn/R. Dickmann*, Die Fortwirkung des § 241a BGB nach Zusendung unbestellter, mangelhafter Ware, JA 2005, 587; *H. Köhler*, Unbestellte Leistungen – Die richtlinienkonforme Auslegung am Beispiel des neugefassten § 241a BGB, JuS 2014, 865

c) Gesetzliche Regelungen zur „stillschweigenden Erklärung"

In einer Reihe von Vorschriften beschäftigt sich das Gesetz mit dem „Schweigen" oder „stillschweigenden" Erklärungen. Dabei wird der Begriff nicht einheitlich gebraucht: Wenn in gesetzlichen Vorschriften von „Stillschweigen" die Rede ist, muss darauf geachtet werden, in welchem Zusammenhang der Begriff steht. **480**

1) Oft soll **„stillschweigend"** nur den **Gegensatz zu „ausdrücklich"** bedeuten. So besagt § 89 II ZPO, dass eine Partei das Handeln eines vollmachtlosen Prozessvertreters gegen sich gelten lassen muss, wenn sie die Prozessführung „ausdrücklich oder stillschweigend genehmigt" hat. Hier steht „stillschweigend" für jedes nicht ausdrückliche Erklärungsverhalten; hauptsächlich ist also das schlüssige Handeln gemeint; aber auch das echte Schweigen fällt darunter, sofern eine entsprechende Erklärungskonvention besteht. Dieser weite Sprachgebrauch, der die „stillschweigende" Erklärung in weitem Sinne unter Einschluss des schlüssigen Verhaltens begreift, ist in der allgemeinen Rechtssprache verbreitet und auch in ausländischen Rechtsordnungen anzutreffen. Die Begriffe lassen sich wie folgt darstellen:

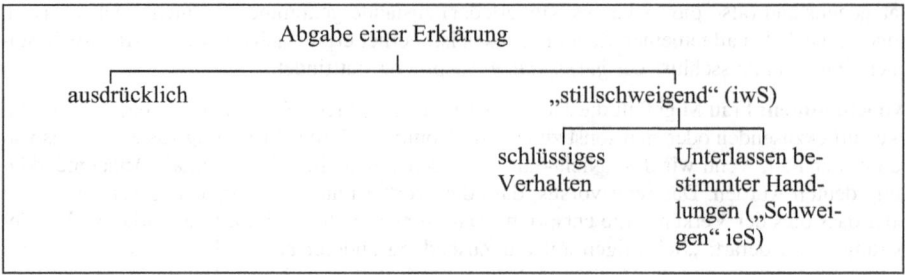

481 2) Aber nicht in allen gesetzlichen Vorschriften hat der Terminus „stillschweigend" diese Bedeutung. Häufig wird er zu dem ganz anderen Zweck verwendet, einer Person **eine Willenserklärung zu unterstellen, die sie** (möglicherweise) gar **nicht abgegeben hat.** So „gilt" im Werkvertragsrecht eine Vergütung „als stillschweigend vereinbart, wenn die Herstellung des Werkes den Umständen nach nur gegen eine Vergütung zu erwarten ist" (**§ 632 I**). Man könnte meinen, diese Vorschrift treffe nur eine Aussage über den *mutmaßlichen* Willen dessen, der bei einem anderen ein Werk bestellt: Ist das Werk nach den Umständen des Falles nur gegen Entgelt zu erwarten, hat der Besteller im Zweifel auch die Entgeltlichkeit gewollt bzw darf der Werkunternehmer aus seinem Empfängerhorizont diesen Willen annehmen. Die herrschende Lehre geht aber über diese Interpretation des § 632 I hinaus: Eine Vergütung ist auch dann „stillschweigend" vereinbart, wenn feststeht, dass der Besteller die Entgeltlichkeit *nicht* gewollt hat und nach Lage der Dinge eine Vergütungsvereinbarung nicht getroffen ist. Das Zustandekommen einer solchen Vereinbarung wird dann **fingiert** („gilt als stillschweigend vereinbart").

Diese Fiktion schließt nach hM sowohl die Anwendung der §§ 154, 155 als auch die Anfechtbarkeit wegen Irrtums nach § 119 I aus. Ähnliche Regelungen: § 612 I (Dienstvertrag), § 653 I (Mäklervertrag), § 689 (Verwahrungsvertrag).

482 In ähnlichem Zusammenhang ist die Regelung des **§ 362 HGB** zu sehen. Auch hier lässt die Rechtsordnung die Wirkungen einer Willenserklärung eintreten, ohne dass der Tatbestand einer Willenserklärung vorliegt: Geht einem Kaufmann, dessen Gewerbebetrieb die Besorgung von Geschäften für andere mit sich bringt, ein Antrag über die Besorgung solcher Geschäfte von jemandem zu, mit dem er bereits in Geschäftsverbindung steht (§ 362 I 1 HGB), so ist er verpflichtet, auf den Antrag unverzüglich zu antworten. Tut er es nicht, so „gilt" sein Schweigen als Annahme des Antrags. Das Schweigen hat die Wirkung der Annahmeerklärung auch dann, wenn es nicht als Erklärungszeichen zwischen den Beteiligten verabredet war. Wie lässt sich die gesetzliche Regelung begründen? Das Gesetz will denjenigen schützen, der auf die Vertragsbereitschaft eines Kaufmanns der beschriebenen Art vertrauen darf.

Es gibt zahlreiche weitere Vorschriften, in denen das Gesetz dem „Schweigen", also der Nichtvornahme einer bestimmten Handlung, einen bestimmten Erklärungswert beimisst. Dabei muss zwischen bloßer *Willensvermutung und Fiktion* unterschieden werden. Wenn das Gesetz sagt, „im Zweifel" sei diese oder jene Regelung getroffen, so handelt es sich um eine gesetzliche Interpretation des Parteiwillens, die im Einzelfall widerlegt werden kann (was haben die Parteien vermutlich gewollt? vgl zB § 315 I). Knüpft hingegen das Gesetz an das „Schweigen" eine festbestimmte Rechtsfolge, ohne noch Raum für eine individuelle Auslegung des Parteiwillens zu lassen, so arbeitet es mit einer Fiktion: Der vom Gesetz vorgegebene Erklärungsinhalt gilt dann unabhängig davon, was die Partei wirklich gewollt hat (zB § 108 II 2 oder § 177 II 2).

d) Weitere Fälle der Erklärungswirkung ohne Erklärung

Wir haben gesehen, dass von dem Stichwort „Erklärung durch Schweigen" (im enge- **483** ren Sinne = Unterlassen einer bestimmten Handlung) zwei völlig unterschiedliche Fallgruppen umfasst werden:

(a) Das „Schweigen" gilt als Willenserklärung, wenn es zuvor unter den Beteiligten als Erklärungszeichen vereinbart wurde oder wenn kraft Verkehrssitte eine Vereinbarung über seine Erklärungsbedeutung bestand.

(b) In anderen Fällen wird durch das Gesetz ein „Schweigen" als Willenserklärung fingiert; es wird also dem Unterlassen einer bestimmten Handlung eine rechtsgeschäftliche Wirkung beigelegt ohne Rücksicht darauf, ob diese Wirkung von der betreffenden Person gewollt ist. Zum Schutze anderer wird eine Person so behandelt, *als habe* sie eine Erklärung abgegeben.

Bei allen konstruktiven Unterschieden sind die beiden Fallgruppen jedoch miteinander verwandt. Man könnte sagen: Die gesetzliche Fiktion einer Erklärung in dieser oder jener Fallkonstellation hat eine ähnliche Funktion wie die „Verkehrssitte": Sie misst dem Verhalten einer Person im Hinblick auf das schutzwürdige Vertrauen anderer einen bestimmten Erklärungswert bei. Dieser wäre vermutlich auch aus der Verkehrssitte abzuleiten, doch lässt es die Rechtsnorm nicht darauf ankommen, sondern bestimmt den Erklärungsgehalt unmittelbar.

Was durch gesetzliche Vorschrift bestimmt werden kann, kann sich auch auf Grund **484** **richterlicher Wertung** ergeben.

1) Das wichtigste Beispiel bietet die Rechtsprechung zum **kaufmännischen Bestätigungsschreiben**. Sie betrifft, wie der Name sagt, nur Vertragsverhältnisse unter Kaufleuten. Im Geschäftsleben ist es üblich, das Ergebnis von mündlichen Vertragsverhandlungen noch einmal schriftlich festzuhalten. Das geschieht häufig in einseitiger Weise: Der eine Verhandlungspartner teilt das Ergebnis der Verhandlungen (oder was er dafür hält) dem anderen schriftlich mit (Bestätigungsschreiben). Der andere Teil soll dann gehalten sein, unverzüglich zu widersprechen, wenn er den Inhalt des Bestätigungsschreibens nicht gegen sich gelten lassen will (BGHZ 11, 1; 18, 216). Das „Schweigen" auf das Bestätigungsschreiben behandelt die Rechtsprechung als Zustimmung: Der Vertrag „gilt" als mit dem Inhalt zustande gekommen, der im Bestätigungsschreiben festgelegt ist (BGH NJW 1994, 1288), selbst dann, wenn der mitgeteilte Inhalt unbeabsichtigt vom wirklichen Inhalt der mündlichen Vereinbarungen abweicht.

Konstruktiv gleicht die Behandlung des „Schweigens" (dh Unterlassens eines unverzüglichen Widerspruchs) den oben (Rn 481) behandelten gesetzlichen Fiktionen. Umso wichtiger ist es, die *Grenzen* zu beachten, die die Rechtsprechung der Anwendung der Lehre vom kaufmännischen Bestätigungsschreiben setzt.

– Die Grundsätze über das kaufmännische Bestätigungsschreiben gelten nur, wenn zuvor eine vertragliche Einigung erzielt wurde oder wenn zumindest dem Bestätigungsschreiben *hinreichend konkrete* Vertragsverhandlungen mit einem bestimmten Ergebnis vorausgegangen waren (vgl BGH NJW-RR 2001, 680).

– Eine Obliegenheit zum unverzüglichen Widerspruch besteht nicht, wenn sich der Inhalt des Bestätigungsschreibens so weit vom Ergebnis der Vertragsverhandlungen entfernt, dass der Absender mit dem Einverständnis des Empfängers nicht rechnen kann (BGHZ 61, 282, 286; 101, 357, 365; NJW 1994, 1288). Diese erhebliche Abweichung hat allerdings der Empfänger darzulegen und zu beweisen (BGH NJW-RR 2001, 680).

Keinesfalls darf die Lehre vom kaufmännischen Bestätigungsschreiben auf das Verhältnis zwischen gewerblich Tätigen und privaten Verbrauchern übertragen werden. Denn sie bietet die Chance, einem Vertragspartner, der nicht genau aufpasst oder das Manöver nicht durchschauen kann, einen Vertragsinhalt aufzudrängen, der von ihm nicht gewollt ist. Auch auf das Verhältnis unter beliebigen Privatleuten außerhalb des kaufmännischen Verkehrs ist die Doktrin nicht anwendbar.

485 2) Eine verbreitete Lehre hat den Fällen, in denen ein Schweigen als Erklärung fingiert wird, ein **allgemeines Prinzip** abgewonnen. Generell soll es unter bestimmten, im Einzelnen streitigen Voraussetzungen möglich sein, dass einem faktischen Verhalten, das nicht als Willenserklärung angesehen werden kann, die Wirkung einer Erklärung beigelegt wird. Vielfach wird in diesem Zusammenhang mit dem **Grundsatz des Vertrauens im Rechtsverkehr** argumentiert. Wer zurechenbar den Anschein einer Erklärung erweckt oder nicht beseitigt, soll so behandelt werden, als habe er die Erklärung abgegeben. Weiter noch: Die Wirkungen einer Willenserklärung sollen auf Grund eines gesetzten Vertrauenstatbestandes eintreten, wenn dies im Verkehrsinteresse geboten ist. Das Verständnis dieses Problems wird durch den Umstand erschwert, dass der Begriff der Willenserklärung unterschiedlich verstanden wird; teils wird sie mehr vom Subjekt des Erklärenden aus (subjektiv), teils mehr vom Horizont des Erklärungsempfängers aus (objektiv) betrachtet, sodass die Grenzen zwischen Willenserklärung und Erklärungsfiktion in problematischer Weise verschwimmen.

486 **Literatur:** Der Gesamtbereich der Probleme, die mit den Stichworten „schlüssiges Verhalten", „Schweigen", „Zurechnung" bzw „Fiktion" von Willenserklärungen bezeichnet werden, ist kontrovers; allgemein: *H. Hübner*, Zurechnung statt Fiktion einer Willenserklärung, Festschrift *H.C. Nipperdey* 1965, I, 373; *P. Hanau*, Objektive Elemente im Tatbestand der Willenserklärung. Ein Beitrag zur Kritik der „stillschweigenden und schlüssigen Willenserklärungen", AcP 165 (1965), 220; *A. Lüderitz*, Auslegung von Rechtsgeschäften, 1966, 390; *F. Bydlinski*, Privatautonomie und objektive Grundlagen des verpflichtenden Rechtsgeschäfts, 1967; *C.-W. Canaris*, Die Vertrauenshaftung im deutschen Privatrecht, 1971; *J. Schapp*, Grundfragen der Rechtsgeschäftslehre, 1986; *H. Honsell*, Grundprobleme des Vertragsschlusses, JuS 1986, 969; *N. Brehmer*, Wille und Erklärung: Zu Geltungsgrund, Tatbestand und Zurechnung der Willenserklärung, 1992; *I. Ebert*, Schweigen im Vertrags- und Deliktsrecht, JuS 1999, 754.

487 3) In diesen Zusammenhang gehört auch die **Lehre von den faktischen Vertragsverhältnissen**. Man kann fragen: Tritt jemand, der eine öffentlich dargebotene Leistung tatsächlich in Anspruch nimmt (zB mit der Straßenbahn fährt), in ein Vertragsverhältnis mit dem Leistenden auch dann ein, wenn er keinen rechtsgeschäftlichen Willen geäußert hat; ja sogar dann, wenn er die rechtsgeschäftliche Bindung ausdrücklich abgelehnt hat? Nach der Lehre von den faktischen Vertragsverhältnissen beruht in solchen Fällen die Verpflichtung zur Gegenleistung auf „sozialtypischem Verhalten", das dieselben Wirkungen hervorbringen soll, als wenn ein Vertrag geschlossen worden wäre. Die von *Haupt, Larenz* ua entfaltete Lehre ist anfänglich vom BGH (BGHZ 21, 319; 23, 175, 177 f; NJW 1965, 387) übernommen worden.

Zur Entscheidung stand folgender **Fall**: Es hatte jemand auf einen bewachten, „gebührenpflichtigen" Parkplatz seinen PKW gestellt und den dort eingesetzten Ordnern von vorn herein erklärt, dass er die Zahlung eines Entgelts ablehne. Obwohl folglich kein Bewachungsvertrag mit dem Inhaber des Parkplatzes zustande kam, hat der BGH aus der bloßen Benutzung des Parkplatzes ein „vertragliches Rechtsverhältnis" hergeleitet, das „zur Bezahlung eines Entgelts entsprechend dem Parkgeldtarif verpflichtet".

Ein bestimmtes faktisches Verhalten soll nach der genannten Lehre zu Leistungsansprüchen führen, *so als ob entsprechende Verpflichtungsverträge abgeschlossen worden wären*. Wichtig ist es, das Anliegen dieser Theorie zu verstehen. In vielen Bereichen des modernen Lebens ist der Vertragsschluss kein persönlicher Vorgang mehr. Vielmehr werden häufig standardisierte Leistungen öffentlich Angeboten, von denen die Menschen ohne viel denken Gebrauch machen. Die Juristen tun sich schwer, alle möglichen Benutzungshandlungen als Willenserklärungen zu interpretieren. Die These, *die Inanspruchnahme der Leistung als solche* – und nicht ein darin enthaltener und irgendwie erklärter Wille – bringe die Pflicht zur Gegenleistung hervor, hat so gesehen einiges für sich. Gleichwohl ist die Lehre vom faktischen Vertrag abzulehnen, weil sie die Privatautonomie gefährdet. Nur zu leicht könnten einer Person quasivertragliche Leistungspflichten auferlegt werden, die sie nicht gewollt hat.

Die meisten einschlägigen Fälle können mit der Annahme **schlüssiger Willenserklärungen** zufriedenstellend gelöst werden: Wer eine dargebotene Leistung in Anspruch nimmt, die den Umständen nach nur entgeltlich zu erhalten ist, nimmt den Antrag des Anbieters durch schlüssiges Verhalten an. Die vorhergehende oder gleichzeitige Erklärung, keinen Vertrag schließen zu wollen, ist als widersprüchliches Verhalten unbeachtlich (so BGH NJW 2003, 3131 – Inanspruchnahme der Wasserversorgung). **488**

Auch diese Konstruktion stößt auf Grenzen: Jemand, der im Supermarkt etwas heimlich in die Manteltasche steckt, weil er es an der Kasse nicht bezahlen will, gibt keinen Antrag ab, auch nicht durch schlüssiges Verhalten. Der Inhaber des Geschäfts hat in solchem Fall Ansprüche aus unerlaubter Handlung, aus Eigentümer-Besitzer-Verhältnis und aus ungerechtfertigter Bereicherung, die seine Interessen hinreichend sicherstellen. Besonders problematisch wird die Lehre von den faktischen Vertragsverhältnissen, wenn mit ihrer Hilfe beschränkt Geschäftsfähige oder Geschäftsunfähige zu Leistungen verpflichtet werden, zu denen sie sich kraft ihrer Willenserklärungen nicht (selbstständig) verpflichten könnten (siehe LG Bremen NJW 1966, 2360; AG Köln NJW 1987, 447; AG Hamburg NJW 1987, 448).

Literatur: *G. Haupt*, Über faktische Vertragsverhältnisse, 1941; *K. Larenz*, Die Begründung von Schuldverhältnissen durch sozialtypisches Verhalten, NJW 1956, 1897; *S. Simitis*, Die faktischen Vertragsverhältnisse als Ausdruck der gewandelten sozialen Funktion der Rechtsinstitute des Privatrechts, 1957; *H. Lehmann*, Faktische Vertragsverhältnisse, NJW 1958, 1; *W. Siebert*, Faktische Vertragsverhältnisse, 1958; *F. Wieacker*, Willenserklärung und sozialtypisches Verhalten, Göttinger Festschrift für das OLG Celle, 1961, 263; *A. Teichmann*, Die protestatio facto contraria, Festschrift K. Michaelis, 1972, 294; *S. Weth*, Zivilrechtliche Probleme des Schwarzfahrens in öffentlichen Verkehrsmitteln, JuS 1998, 795.

4) Die Frage, ob nicht auch ohne Vorliegen von Willenserklärungen im herkömmlichen Sinn das Entstehen vertraglicher Beziehungen angenommen werden muss, verschärft sich, je weiter die **elektronische Datenverarbeitung** im Geschäftsleben zum **489**

Einsatz kommt. Solange es sich nur um den Einsatz der Telekommunikation für die Übermittlung von Erklärungen handelt, die auf den konkreten Rechtsfolgewillen einer Person zurückgehen (zB A macht dem B ein Antrag durch ein System der Datenfernübertragung, an das beide angeschlossen sind, also etwa per Email oder WhatsApp), liegen unzweifelhaft Willenserklärungen vor. Die Elektronik wird in solchen Fällen nur als modernes Mittel des Transports von Mitteilungen benutzt. Problematisch wird die Annahme von Willenserklärungen, wenn ein EDV-System so programmiert ist, dass es „von sich aus" handelt (**Computer-Erklärung**).

Beispiel: Ein Warengroßhändler hat eine EDV-Anlage installiert, die den Warenbestand fortlaufend überprüft und beim Absinken dieses Bestands unter eine bestimmte Menge automatisch bei dem Lieferanten nachbestellt. Das kann so organisiert sein, dass weder der Großhändler noch seine Angestellten auch nur Kenntnis von dem Vorgang erhalten, dh es kann die Bestellungserklärung vollautomatisch ausgefertigt und abgesendet werden. Funktioniert auch beim Lieferanten ein solches EDV-System, so ist ein „Vertragsschluss unter Computern" denkbar, ohne dass der Inhalt des einzelnen Geschäfts („Bestellung von 2000 Packungen Fertigwindeln zum gültigen Listenpreis") von irgendeiner Person konkret gewollt war.

Ein Teil der Lit. lehnt das Vorliegen einer Willenserklärung in solchen Fällen ab; dann bleibt nur der Rückgriff auf die Lehre von den Erklärungswirkungen auf Grund in Anspruch genommenen Vertrauens oder die Lehre von den faktischen Vertragsverhältnissen (oben Rn 460). Doch ist nicht zu leugnen, dass auch in unserem Fall das Geschehen auf den menschlichen Willen zurückzuführen ist. Die Computer sind gezielt so programmiert, dass sie in bestimmten vorausgesehenen Fällen in bestimmter Weise reagieren. Man kann also sagen: Einrichtung, Programmieren und Inbetriebnahme des EDV-Systems enthalten einen allgemeinen, dh auf eine Vielzahl künftiger Rechtsgeschäfte gerichteten Geschäftswillen, der sich in einem zeitlich gestreckten Prozess der Arbeitsteilung zwischen Mensch und Maschine in einzelnen Erklärungen konkretisiert. Jede einzelne Bestellung ist daher im obigen Fall dem Großhändler als Willenserklärung zuzurechnen, auch wenn er von ihr im Augenblick ihrer Formulierung und Absendung nichts weiß. Die Fragen um die „Computererklärung" sind naturgemäß streitig. Sie werden noch komplizierter, je „offener" die elektronischen Systeme werden, dh je weniger die Reaktion des Computers auf bestimmte künftige Geschehnisse determiniert ist (Einsatz künstlicher Intelligenz).

Literatur: *M. Kuhn*, Rechtshandlungen mittels EDV und Telekommunikation, 1991; *A. Wiebe*, Die elektronische Willenserklärung, 2002; *H. Köhler*, AcP 182, 126; *R. Clemens*, NJW 1985, 1998; *W. Brehm*, FS Niederländer (1991), 233; *U. Burgard*, AcP 195, 74; *J. Fritzsche/ H. Malzer*, DNotZ 1995, 3.

5. Wirksamwerden der Willenserklärung

a) Nicht empfangsbedürftige Erklärungen

490 ▶ Falltraining 1, Fall 29

Die nicht empfangsbedürftige Willenserklärung wird mit ihrer Abgabe wirksam. Als Beispiel diene das Testament. Darin bekundet der Testierende seinen Willen darüber, welches rechtliche Schicksal sein Vermögen nach seinem Tode haben soll. Zur Wirksamkeit des Testaments ist zwar die Beachtung gewisser Formen vorgeschrieben (§§ 2231 ff), keineswegs ist aber nötig, dass es an eine bestimmte Person gerichtet ist. Mit dem Eintritt des Todes tritt die vom Testierenden gewünschte Erbfolge ein ohne Rücksicht darauf, ob zB der im Testament eingesetzte Erbe davon Kenntnis hat oder haben kann.

b)   Empfangsbedürftige Erklärungen

▶ Falltraining 1, Fälle 15, 54

aa) Das Problem. Bei empfangsbedürftigen Willenserklärungen ergibt sich die **491** Frage, **unter welchen Voraussetzungen** die Willenserklärung **wirksam** wird. Denn mit der Abgabe einer Erklärung (= Vornahme der Erklärungshandlung) ist noch nicht gesagt, dass sie auch beim Adressaten „angekommen" ist und dass dieser sie zur Kenntnis genommen hat. Worauf soll es ankommen? Darauf, dass die Erklärung geäußert wurde („Äußerungstheorie")? Oder dass sie in Richtung auf den Adressaten auf den Weg gebracht wurde („Entäußerungstheorie")? Oder darauf, dass sie in den Machtbereich des Adressaten gelangt ist („Empfangstheorie")? Oder darauf, dass der Adressat sie zur Kenntnis genommen hat („Vernehmungstheorie")?

Das wichtige Problem, unter welchen Voraussetzungen und zu welchem Zeitpunkt **492** eine empfangsbedürftige Erklärung wirksam wird, ist **im BGB nur unvollständig geregelt.** § 130 I 1 befasst sich nur mit dem Fall, dass eine Erklärung gegenüber einem *Abwesenden* abgegeben wird, nicht jedoch mit Erklärungen gegenüber einem *Anwesenden.* In der Lit. wird die Problemlage ferner unterschiedlich gesehen, je nachdem, ob die Erklärung *verkörpert* (zB in einem Schriftstück) oder *unverkörpert* (zB mündlich kundgegeben wird) ist.

bb) Unverkörperte Erklärung unter Anwesenden. Wird eine *unverkörperte* Erklä- **493** rung unter Anwesenden abgegeben, so gilt nach herrschender Ansicht die **eingeschränkte Vernehmungstheorie:** Mündliche Erklärungen gegenüber einem Anwesenden werden wirksam, sobald der Erklärende davon ausgehen darf, dass sie vom Adressaten akustisch vernommen wurden; dem unerkannt Schwerhörigen, der nicht nachfragt, geht also eine Erklärung auch dann zu, wenn er sie nicht vernommen hat. Außerdem kommt es nicht darauf an, ob der Adressat auch den Inhalt der Erklärung erfasst oder richtig versteht. Als mündliche Erklärung unter Anwesenden wird auch jede Erklärung angesehen (vgl § 147 I 2), die im Rahmen einer Verbindung, die ermöglicht, dass die Beteiligten unmittelbar und ohne nennenswerten Zeitverlust miteinander kommunizieren können, abgegeben wird (zB Telefon oder skype; anders beim Sprechen auf den Anrufbeantworter des Empfängers).

cc) Verkörperte Erklärung unter Anwesenden. Wird eine *verkörperte* Erklärung **494** unter Anwesenden abgegeben (zB der Vermieter überreicht dem Mieter persönlich die schriftliche Kündigung), so gilt die unten dd) zu besprechende **Empfangstheorie** (RGZ 61, 414, 415).

dd) Verkörperte Erklärung unter Abwesenden. Die eigentlich komplizierten Prob- **495** leme ergeben sich, wenn eine verkörperte Erklärung *einem abwesenden Adressaten* *gegenüber* erfolgen soll. Dann schiebt sich zwischen Abgabe und Kenntnisnahme ein Zeitraum (Transport eines Briefes durch die Post, Übermittlung eines E-Mails etc). Möglicherweise nimmt der Adressat sogar überhaupt keine Kenntnis von der Erklärung, zB wenn der Brief beim Transport verlorengeht oder ein E-Mail vom Provider als Spam aussortiert wird.

> **Fall 30:** V hat an M eine Maschine vermietet. Es ist vereinbart, dass beide Seiten den Vertrag spätestens am 15. eines jeden Monats mit Wirkung zum 1. des darauf folgenden Monats kündigen können. Am 13.5. verfasst V ein Schreiben, worin er dem M zum 1.6. kündigt. V gibt den Brief am 14.5. bei der Post auf; der Brief wird vom Postboten am 15.5. vormittags in den Wohnungsbriefkasten des M geworfen. M öffnet den Briefkasten erst am 16.5.
>
> **Oder:** der Brief des V gerät, ehe M ihn entdeckt hat, unter einen Stoß Reklamesendungen, die M mitsamt dem Brief wegwirft.
>
> Hat V wirksam zum 1.6. gekündigt?

Die Kündigung ist eine empfangsbedürftige Willenserklärung; sie ist demjenigen zu erklären, dem gekündigt werden soll. In unserem Beispiel ist zu fragen, durch welches Ereignis die Kündigung des V wirksam geworden sein kann. Sicherlich wäre es unhaltbar, eine Wirksamkeit der Kündigung schon in dem Zeitpunkt anzunehmen, in dem V den Brief unterzeichnete („Äußerungstheorie"), denn da konnte der M von dem Brief und seinem Inhalt noch gar nichts wissen. Aus dem gleichen Grund kann auch nicht der Zeitpunkt maßgebend sein, in dem V den Brief bei der Post aufgab („Entäußerungstheorie"). Umgekehrt würde der V unangemessen benachteiligt, wenn erst die tatsächliche Kenntnisnahme durch M die Erklärung wirksam sein ließe („Vernehmungstheorie"). Denn dann hätte es M in der Hand, die Wirksamkeit unliebsamer Erklärungen beliebig zu verhindern, indem er zB die ihm zugestellte Post ungeöffnet wegwirft.

496 Das BGB wählt daher einen Mittelweg, der als **Empfangstheorie** bezeichnet wird: Eine empfangsbedürftige Willenserklärung, die in Abwesenheit des Empfängers abgegeben wird, ist nicht schon mit der Abgabe und nicht notwendig erst mit der Kenntnisnahme wirksam, sondern mit dem **Zugang beim Empfänger** (§ 130 I 1).

Der Zugang kann infolgedessen schon eintreten, *bevor* der Adressat vom Inhalt der Erklärung Kenntnis nimmt. Für den **Zugang** genügt es nach einer gängigen Formulierung, wenn die Willenserklärung (1) mit Willen des Erklärenden so in den Macht- und Zugriffsbereich des Empfängers gelangt ist, dass dieser (2) unter gewöhnlichen Verhältnissen die Möglichkeit hat, von ihrem Inhalt Kenntnis zu nehmen (BGH NJW 1999, 1633, 1635). Eine Willenserklärung kann deshalb beispielsweise auch dann zugehen, wenn ihr Empfänger mehrere Wochen verreist ist (BGH NJW 2004, 1320), weil er *gewöhnlich* tagtäglich seinen Briefkasten leert.

Bei verkörperten Erklärungen (zB einem Schriftstück) muss der Adressat **tatsächlichen Zugriff** nehmen können (Aushändigung, Einwurf in den Briefkasten etc); deshalb ist der Einwurf einer Benachrichtigung („Das Einschreiben kann zu den üblichen Öffnungszeiten beim Postamt abgeholt werden") nicht ausreichend.

Vom Augenblick des Zugangs trifft den **Empfänger das Risiko**, dass die Erklärung verloren geht oder dass er aus sonstigen Gründen von ihr keine Kenntnis nimmt.

Freilich kann nicht jedes Einbringen einer Erklärung in den Einflussbereich des Ad- **497**
ressaten als Zugang anerkannt werden. Sonst könnte man eine schriftliche Erklärung
dadurch wirksam abgeben, dass man dem Empfänger einen Zettel unbemerkt in die
Tasche steckt. Vielmehr muss die Erklärung *auf solchen Wegen* in den Bereich des
Empfängers gelangen,

– die entweder für Mitteilungen solcher Art *üblich* sind (zB Einwerfen in den Hausbriefkasten; Versendung an die E-Mail-Adresse des Empfängers; Übergabe an
Hausangestellte);
– oder die zwar nicht üblich, aber zwischen Erklärendem und Empfänger *vereinbart*
sind (zB Vereinbarung postlagernder Sendungen).

Wichtig: Die Erklärung ist **spätestens** in dem Augenblick **zugegangen**, in dem der **498**
Adressat auf Veranlassung des Erklärenden vom Inhalt der Erklärung **tatsächlich
Kenntnis nimmt**. Das ist von Bedeutung für die Fälle, in denen eine Erklärung auf
ungewöhnliche Weise in den Empfängerbereich gebracht wird, etwa durch das er-
wähnte Zustecken eines Zettels; in dem Augenblick, in dem der Adressat den Zettel
entdeckt und liest, ist der Zugang gegeben, auch wenn der dafür gewählte Weg an
sich nicht geeignet war.

In **Fall 30** ist in beiden Varianten die Kündigung am 15.5. durch das Einwerfen des Kündi-
gungsschreibens in den Briefkasten und folglich rechtzeitig zugegangen.

ee) Unverkörperte Erklärungen unter Abwesenden. Inwieweit § 130 I 1 auch bei **499**
unverkörperten Erklärungen unter Abwesenden anzuwenden ist, wird diskutiert. UE
gilt bei mündlichen Erklärungen durch einen **Boten des Erklärenden** die Vernehmungstheorie, dh die Erklärung wird wirksam, sobald der Adressat die Worte des Er-
klärungsboten vernommen hat. Hingegen ist die Empfangstheorie anzuwenden, wenn
auf Seite des Adressaten ein Bote eingesetzt wird (Empfangsbote, dazu Rn 502).

ff) Widerruf bis zum Zugang. Da die Willenserklärung unter Abwesenden erst mit **500**
dem Zugang beim Empfänger wirksam wird, kann der Erklärende sie **bis zum Zugang
widerrufen** (§ 130 I 2). Es genügt, wenn die Widerrufserklärung *gleichzeitig* zugeht
(zB schriftliche Erklärung und Widerrufserklärung durch die gleiche Post). Sicherer ist
es freilich, für den vorherigen Zugang der Widerrufserklärung zu sorgen (zB telefoni-
scher Widerruf der am nächsten Tag per Post zugestellten schriftlichen Erklärung).

c) Einzelprobleme des Zugangs

▶ Falltraining 2, Teil 1 Fall 8

aa) Fristwahrung. Probleme können sich ergeben, wenn der Zeitpunkt des Zu- **501**
gangs über die Wahrung einer Frist entscheidet. Wäre in **Fall 30** die Kündigung auch
dann am 15.5. und damit rechtzeitig zugegangen, wenn V das Kündigungsschreiben
nicht durch die Post versendet, sondern am 15.5. um 21 Uhr in den Hausbriefkasten
des M gesteckt hätte, sodass M den Brief erst am nächsten Tag unter der Post gefunden hätte? Das wird verneint: Eine Erklärung ist (vor dem Zeitpunkt tatsächlicher
Kenntnisnahme) erst zu dem Zeitpunkt zugegangen, in dem sich der Empfänger unter

gewöhnlichen Verhältnissen Kenntnis vom Inhalt der Erklärung verschaffen konnte und in dem nach den Gepflogenheiten des Verkehrs die Kenntnisnahme auch von ihm zu erwarten war (RGZ 142, 407). Da nicht zu erwarten war, dass M abends noch einmal den Hausbriefkasten öffnete, wäre der Brief im zuletzt genannten Fall erst am 16.5. und damit verspätet zugegangen – anders wiederum, wenn M tatsächlich am 15.5. noch den Brief entdeckt und gelesen hätte! Die Rechtsprechung zum Zeitpunkt des Zugangs ist besonders wichtig für den *Geschäftsverkehr*: Wird ein Schreiben, das an einen Gewerbetreibenden gerichtet ist, nach Geschäftsschluss in den Firmenbriefkasten geworfen, so geht es an diesem Tage nicht mehr zu, weil vor dem nächsten Tag nicht mit einer Kenntnisnahme gerechnet werden kann.

502 **bb) Empfangsbote.** Häufig ist beim Empfänger ein Empfangsbote eingeschaltet, dh jemand, der als „personifizierte Empfangseinrichtung" (BGH NJW-RR 1989, 758) des Adressaten fungiert. Unstreitig kann der Zugang einer Erklärung dadurch bewirkt werden, dass sie einem Empfangsboten gegenüber verlautbart oder ihm in verkörperter Form übergeben wird, sofern der Adressat den Boten zum Empfang *ermächtigt* hat. Dem wird der Fall gleichgestellt, dass eine Person *kraft Verkehrssitte* als empfangsbefugt anzusehen ist; so werden zB der Ehegatte und andere mit dem Empfänger in häuslicher Gemeinschaft lebende Angehörige kraft Verkehrssitte als empfangsberechtigt angesehen, soweit diese ihrem Alter und Geisteszustand nach zur zuverlässigen Übermittlung einer Erklärung in der Lage sind. Leben Ehegatten in einer gemeinsamen Wohnung und sind sie deshalb nach der Verkehrsanschauung füreinander als Empfangsboten anzusehen, gelangt eine an einen der Ehegatten gerichtete Willenserklärung grundsätzlich auch dann in dessen Macht- und Zugriffsbereich, wenn sie dem anderen Ehegatten außerhalb der Wohnung übermittelt wird (BAG NJW 2011, 2604). Problematisch erscheint allerdings, wie weit der Kreis der kraft Verkehrssitte empfangsberechtigten Personen gezogen werden kann; entscheidender Gesichtspunkt ist die nach der Verkehrssitte mutmaßliche Empfangsermächtigung durch den Adressaten (BGH NJW 2002, 1565, 1566). Wer nicht Empfangsbote ist, wird als Erklärungsbote der Sphäre des Erklärenden zugeschlagen. Infolgedessen trägt der Erklärende das Risiko der Übermittlung der Willenserklärung durch den Boten an den Empfänger, während bei Einschaltung eines Empfangsboten der Erklärungsempfänger das Übermittlungsrisiko trägt.

Den *Zeitpunkt* des Zugangs betreffend stellt die Rechtsprechung darauf ab, wann den Umständen nach mit der Kenntnisnahme durch den Adressaten zu rechnen ist; möglicherweise ist also noch ein Zeitraum für die voraussichtliche Übermittlungstätigkeit des Empfangsboten einzukalkulieren („Zeitspanne ..., die der Bote bei sachgerechter Ausübung seiner Botenfunktion normalerweise benötigen würde, um die Erklärung dem Adressaten tatsächlich zu übermitteln", BGH NJW-RR 1989, 759) oder darauf abzustellen, wann der Empfangsbote unter *gewöhnlichen Verhältnissen* dem Empfänger Nachrichten bestellt. Wichtig: Lehnt die als Empfangsbote angesprochene Person es dem Erklärenden gegenüber ab, die Erklärung weiterzugeben, so ist grundsätzlich ein Zugang nicht gegeben (BAG NJW 1993, 1093).

Vom Empfangsboten ist der *passive Stellvertreter* zu unterscheiden (siehe unten Rn 737 ff); hier kommt es darauf an, ob und wann die Erklärung *dem Stellvertreter* zugeht; ob und wann der Vertretene vom Inhalt der Erklärung Kenntnis erlangen kann, ist gleichgültig.

cc) Moderne Kommunikationstechniken. Zugangsprobleme können die **moder-**   **503**
nen Kommunikationstechniken (Telefax, E-Mail ua) aufwerfen. Für die elektronische Datenkommunikation wird nach hM die *Empfangstheorie* angewendet: Die Erklärung ist wirksam, sobald sie so in den Machtbereich des Empfängers gelangt ist,
dass üblicherweise mit der Kenntnisnahme durch ihn gerechnet werden kann. Die
Frage, wann diese Voraussetzung gegeben ist, wird kontrovers diskutiert: Schon
dann, wenn die zu übermittelnden Daten über die Schnittstelle hinweg in die EDV-
Anlage des Empfängers gelangt sind? Oder erst, wenn das Empfängergerät sie sichtbar darstellt? Oder erst, wenn sie dem Empfänger speicherbar zur Verfügung stehen?
Letztlich geht es darum, wer das Risiko dafür trägt, dass das Empfängergerät nicht
ordnungsgemäß funktioniert.

Nach der Rechtsprechung geht eine **Telefax-Erklärung** dem Adressaten grundsätz-   **504**
lich erst dadurch zu, dass das Empfängergerät eine lesbare Fernkopie ausgibt oder
den Text auf dem Bildschirm verfügbar macht; doch wird der Weg für Ausnahmen
von diesem Grundsatz bei Zugangshindernissen in der Sphäre des Adressaten offen
gehalten (BGH NJW 1994, 2097; 1995, 665 f). Den Zeitpunkt des Zugangs betreffend kommt es wie auch sonst darauf an, wann mit einer Kenntnisnahme durch den
Adressaten den Umständen nach gerechnet werden kann (BGH NJW 2004, 1320).

Erklärungen durch **E-Mail** sind *spätestens* dann zugegangen, wenn der Empfänger   **505**
die Nachricht auf sein Empfangsgerät herunterlädt. UE ist der Zugang bereits vorher
erfolgt, nämlich sobald die Nachricht auf dem Mail-Server des vom Empfänger eingesetzten Providers zum Abruf für den Empfänger bereit steht (vgl OLG Köln NJW
1990, 1608; LG Nürnberg-Fürth NJW-RR 2002, 1721) und der Empfänger unter *ge-*
wöhnlichen Umständen seine E-Mails abruft.

Den Zeitpunkt des Zugangs betreffend gelten auch hier die allgemeinen Regeln. Es
kann nicht erwartet werden, dass der Empfänger rund um die Uhr in kurzen Zeitabständen prüft, ob für ihn E-Mails eingegangen sind. Doch wird man bei *Gewerbebe-*
trieben davon ausgehen können, dass der Eingang elektronischer Post mindestens
einmal täglich überprüft wird. Auch gehen Mails, die erst in der Zeit nach dem üblichen Betriebsschluss (also abends und nachts, am Wochenende) verfügbar werden,
erst am nächsten Werktage zu. Anderes kann aber je nach Art des Betriebs und der
Geschäftsverbindung gelten. Bei *Privatpersonen* bestehen noch keine ganz festen Regeln darüber, in welchen Zeitabständen von ihnen die Kontrolle ihres elektronischen
Posteingangs erwartet werden kann. Auch hier gilt aber im Grundsatz: Wer sich
einem Kommunikationssystem anschließt und seinen Geschäftspartnern – etwa durch
Mitteilung seiner Emailadresse – zu erkennen gibt, dass er Willenserklärungen auf
diesem Wege zu empfangen bereit ist, ist gehalten, das System fortlaufend auf Ein-
gänge zu überprüfen, so dass Erklärungen **werktäglich zugehen**.

Literatur: *U. John*, Grundsätzliches zum Wirksamwerden empfangsbedürftiger Willenserklärungen, AcP 184, 385; *U. Burgard*, Das Wirksamwerden empfangsbedürftiger Willenserklärungen im Zeitalter moderner Telekommunikation, AcP 195, 74; *M.L. Ultsch*, Zugangsprobleme bei elektronischen Willenserklärungen, NJW 1997, 3007; *P. Mankowski*, Der Nachweis des
Zugangs elektronischer Erklärungen, NJW 2004, 1901.

506 **dd) Scheitern des Zugangs aus Gründen in der Sphäre des Empfängers.** Der Adressat einer Erklärung unter Abwesenden könnte versucht sein, ihren Zugang und damit ihr Wirksamwerden zu verhindern, wenn sie für ihn voraussichtlich unangenehme Folgen hat (zB wenn die Kündigung eines Vertragsverhältnisses wegen Zahlungsverzugs droht). Es kann aber auch sein, dass der Zugang daran scheitert, dass ohne Willen des Adressaten seine Empfangsvorrichtungen fehlerhaft sind. Es ist dann die Frage, inwieweit der Erklärende den Nachteil dahingehend tragen muss, dass seine Erklärung nicht wirksam werden kann. Hier ist zu unterscheiden.

– Verweigert der Empfänger den Zugang vorsätzlich (zB er lehnt die Annahme eines ihm persönlich zu übergebenden Schriftstücks ab), so wird der Zugang fingiert, dh er wird so behandelt, als sei ihm die Erklärung zugegangen. Gleiches gilt, wenn der Adressat den Zugang arglistig vereitelt, zB wenn er die bei seinem E-Mail-Provider zwischengelagerte Post nicht abruft, sodass die Speicherkapazität der für ihn beim Provider eingerichteten Mailbox erschöpft ist und weitere Erklärungen dort nicht festgehalten werden können.

– In den Fällen der fahrlässigen Zugangsvereitelung ist eine Teilung des Risikos angemessen. Zwar ist es Sache des Empfängers, geeignete Vorkehrungen zu treffen, damit ihn Erklärungen im rechtsgeschäftlichen Verkehr erreichen können. Sind diese Vorkehrungen mangelhaft und beruht dies auf einem Sorgfaltsverstoß des Adressaten, so kann er schadensersatzpflichtig sein, zB aus §§ 311 II, 241 II, 280 I, siehe Rn 952 ff. Aber es findet keine Zugangsfiktion statt. Bemerkt der Erklärende, dass seine Botschaft nicht empfangen worden ist, so obliegt es ihm, eine Zustellung erneut, gegebenenfalls auch auf anderem Wege zu versuchen. Gelingt der Zugang schließlich, so kann – soweit es, wie etwa bei Kündigungen, darauf ankommt – der Zugangszeitpunkt auf den üblichen Zugangszeitpunkt nach dem ersten Übermittlungsversuch vorverlegt werden.

Beispiel: A sendet an B eine Erklärung per Einschreiben. Als das Einschreiben zugestellt werden soll, ist B nicht zu Hause, in seinen Hausbriefkasten wirft der Zusteller einen Benachrichtigungsschein ein, in dem B mitgeteilt wird, er könne sich das Einschreiben bei der Post abholen. B holt das Einschreiben nicht ab. Das wird dem A von der Post mitgeteilt. Die Erklärung des A ist noch nicht zugegangen. Der Einwurf des Benachrichtigungszettels genügt hierfür nicht, weil aus dem Zettel nichts über den Absender mitgeteilt wird; B kann nicht wissen worum es sich handelt. A ist in solchem Falle also gehalten, die Zustellung noch einmal zu versuchen (BGH NJW 1998, 976), freilich nicht endlos. Es gibt eine Grenze, ab der weitere Bemühungen des Absenders nicht zumutbar sind und der Zugang fingiert wird.

Weiteres Beispiel: Der Absender einer Erklärung durch E-Mail erhält die Rückmeldung, das Dokument könne aus Ursachen im Bereich des Empfängers (zB fehlende Speicherkapazität) nicht übermittelt werden. Der Erklärende ist gehalten, es noch einmal zu versuchen, notfalls auch das Dokument über die gewöhnliche Post zustellen zu lassen, außer wenn diese Übermittlungsform nach Art der konkreten Geschäftsbeziehung nicht in Betracht kommt.

d) Tod und Geschäftsunfähigkeit nach Abgabe der Erklärung

507 ▶ Falltraining 1, Fall 22

Nach § 130 II bleibt es auf die Wirksamkeit einer Willenserklärung ohne Einfluss, wenn der Erklärende nach der Abgabe stirbt oder geschäftsunfähig wird. Dieser

Grundsatz ist für nicht empfangsbedürftige Erklärungen ohnehin selbstverständlich, da die Erklärung mit der Abgabe bereits wirksam geworden ist. Seine eigentliche Bedeutung entfaltet § 130 II für empfangsbedürftige Willenserklärungen unter Abwesenden: Tritt Tod oder Geschäftsunfähigkeit zwischen Abgabe und Zugang ein, so wird die Erklärung durch den Zugang gleichwohl wirksam. Im Falle des Todes ergibt sich dann eine Bindung des Erben an die Erklärung.

Zu beachten ist ferner, dass bei **Geschäftsunfähigkeit oder beschränkter Geschäftsfähigkeit des Empfängers** Besonderheiten gelten (§ 131, hierzu unten Rn 710 ff).

Literatur: *J. Eisfeld*, Der Zugang von Willenserklärungen, JA 2006, 851.

6. Besondere Formvorschriften

▶ Falltraining 1, Fälle 28, 31; Falltraining 2, Teil 1 Fall 8; Teil 3 Fälle 3, 5

a) Gesetzliche Formvorschriften

aa) Übersicht. Grundsätzlich kann eine Willenserklärung durch beliebiges Verhalten ausgedrückt werden (**Grundsatz der Formfreiheit**). 508

Doch gilt dies nicht ohne Ausnahme. In bestimmten Fällen schreibt das Gesetz vor, dass ein Rechtsgeschäft ganz oder zum Teil in einer besonderen Form vorgenommen werden muss. Die **gesetzlichen Formvorschriften** dienen **unterschiedlichen Zwecken**:

– Es soll mit ihrer Hilfe ein rechtsgeschäftlicher Vorgang für Nichtbeteiligte wahrnehmbar gemacht werden, weil Dritte oder die **Öffentlichkeit ein Interesse** an ihm haben. Dies ist etwa bei der Eheschließung der Fall, die nach der Einschätzung unserer Gesellschaft nicht bloß „Privatsache" ist, die einem geheimen Vertragsschluss anheim gegeben werden könnte, sondern einen öffentlichen personenrechtlichen Status begründet.

– Es soll verhindert werden, dass bei wichtigen Rechtsgeschäften rechtliche Unsicherheit entsteht. Bei der bloß mündlichen Absprache kann es leicht zu Meinungsverschiedenheiten über den Inhalt des Vereinbarten kommen. Die schriftliche Festlegung schafft eine sichere **Beweisgrundlage**.

– Es soll der Erklärende durch das Formerfordernis von übereiltem Handeln bei **riskanten Geschäften** abgehalten werden. Deshalb bedarf zB ein Vertrag, durch den sich jemand zur Verfügung über sein ganzes Vermögen oder einen Bruchteil davon verpflichtet, der öffentlichen Beurkundung (§ 311b III), desgleichen das Schenkungsversprechen (§ 518 I). Aus dem gleichen Grunde bedarf die Bürgschaftserklärung (§ 766) der Schriftform.

– Mit der Form der öffentlichen Beurkundung erzwingt das Gesetz zudem, dass die Geschäftsparteien sich der Hilfe eines „neutralen" Juristen, nämlich des Notars bedienen, so etwa bei Grundstücksgeschäften (§ 311b I), der die Parteien **beraten** kann.

Gesetzliche Systematik: Ob ausnahmsweise eine Form einzuhalten ist, und gegebenenfalls welche, ergibt sich aus Vorschriften, die teils im allgemeinen Schuldrecht 509 enthalten, teils bei den besonderen Rechtsgeschäftstypen verlautbart sind. In den §§ 126–129 finden sich darüber hinaus allgemeine Regeln, die sich mit den Erfordernissen der einzelnen Formen und mit der Folge ihrer Nichtbeachtung befassen. Die §§ 126–129 kommen also nicht isoliert, sondern nur in Verbindung mit einer konkreten Formvorschrift zur Anwendung. Man fragt also:

– Besteht für die Willenserklärung/das Rechtsgeschäft eine gesetzliche Formvorschrift? Diese kann sich in beliebigen gesetzlichen Vorschriften finden (etwa § 518 oder § 766).
– Wenn ja: Welche sind die Erfordernisse der vorgeschriebenen Form im Einzelnen? Dies ergibt sich aus §§ 126–129.
– Sind diese Erfordernisse im konkreten Fall eingehalten?
– Wenn nein: Welches ist die Folge der Formwidrigkeit? Diese ergibt sich aus § 125, sofern nicht die speziellen Vorschriften eine Ausnahme davon statuieren.

510   Bei der Anwendung der Formvorschriften ist darauf zu achten, ob das **gesamte Rechtsgeschäft** (zB der Vertrag) der vorgeschriebenen Form bedarf oder nur **eine bestimmte Willenserklärung,** auch wenn sie Teil eines mehraktigen Rechtsgeschäfts ist. So ist zur Gültigkeit eines Vertrages, durch den eine Leistung schenkweise versprochen wird, die notarielle Beurkundung der Erklärung *nur des versprechenden Teils*, nicht aber des Beschenkten erforderlich (§ 518 I). Gleichfalls bedarf beim Bürgschaftsvertrag nur die Erklärung des Bürgen, nicht die des Gläubigers der Schriftform gemäß § 766 S. 1. Es handelt sich hier um Verträge, bei denen die vorgeschriebene Form typischerweise nur für eine der Vertragsparteien eine Warnfunktion erfüllt. Ein Grundstückskaufvertrag hingegen unterliegt insgesamt der Formpflicht, § 311b I.

511   Das Gesetz kennt unterschiedliche **Formtypen.** Die herkömmlichen Formen sind die Schriftform (§ 126), die notarielle Beurkundung (§ 128) und die öffentliche Beglaubigung (§ 129). Die Entwicklung der Telekommunikationstechnik hat den Gesetzgeber veranlasst, weitere Formtypen hinzuzufügen. Mit ihnen soll erreicht werden, dass auch dort, wo Formvorschriften nötig erscheinen, der elektronische Geschäftsverkehr nicht unangemessen behindert wird; daher sind die „elektronische Form" (§ 126a) und die „Textform" (§ 126b) eingeführt worden.

512   **bb)   Die Schriftform.**   Ist **schriftliche Form** (§ 126 I) vorgeschrieben, so ist erforderlich:

(1) Die Erklärung muss in einer Urkunde, dh auf Papier oder sonst beschreibbarem Material, auf irgendeine Weise (Handschrift, Druck, Schreibmaschine) **schriftlich festgehalten** sein.

(2) Die Urkunde muss zudem vom Aussteller **eigenhändig durch Namensunterschrift** (oder durch beglaubigtes Handzeichen) **unterzeichnet** sein. Bei der Unterschrift genügt der gedruckte oder maschinenschriftlich hergestellte Name nicht; sie muss eigenhändig erfolgen. Ferner muss die Unterschrift den Text räumlich abschließen, sie darf also zB nicht über dem Text (BGHZ 113, 48, 54) oder inmitten des Textes stehen.

513   Das Erfordernis eigenhändiger Unterschrift wirft bei Benutzung der **modernen Kommunikationstechniken** Probleme auf. Die gesetzlich gebotene Schriftform kann auch nicht dadurch gewahrt werden, dass dem Empfänger eine Fernkopie (Fax) der handschriftlich unterzeichneten Erklärung zugeht: Die Fernkopie gibt zwar die eigenhändige Unterschrift wieder, jedoch nur im Abbild, während das eigenhändig unterschriebene Schriftstück im Besitz des Absenders verbleibt. So kann zB die Bürgschaftserklärung, für welche das Gesetz die schriftliche Erteilung vorschreibt (§ 766 S. 1), nicht durch Übermittlung der Fernkopie des beim Erklärenden verbleibenden Originals wirksam erteilt werden (BGHZ 121, 224; vgl auch BGH NJW 1997, 3169). Gleiches gilt für E-Mails, denen eine gescannte Unterschrift angefügt wird.

Ist die Schriftform für einen **Vertrag** vorgeschrieben, so müssen die Erklärungen aller Vertragsparteien den genannten Erfordernissen genügen. Darüber hinaus stellt § 126 II sicher, dass die Schriftform auch den **Zusammenhang**, in dem die **einzelnen Erklärungen** der Vertragsparteien stehen, ausdrückt. *Entweder* muss die Unterschrift der Parteien auf derselben Urkunde erfolgen (§ 126 II 1). *Oder* es müssen mehrere gleichlautende Urkunden hergestellt werden, von denen eine Partei die jeweils für die andere bestimmte Ausfertigung unterzeichnet (§ 126 II 2). Dabei ist zu beachten, dass jede Ausfertigung den gesamten Vertragstext enthalten muss; es genügt zB nicht, wenn die eine Seite nur einen schriftlichen Antrag abgibt und die andere schriftlich die Annahme erklärt, oder wenn sich sonst die Willensübereinstimmung erst aus der Zusammenfassung mehrerer Urkunden ergibt (BGH NJW 2001, 221). **514**

Bei der Schriftform ergibt sich – wie bei anderen Formvorschriften – das Problem, ob die Form auch dann gewahrt ist, wenn **nicht der gesamte Vertragsinhalt** formgerecht verlautbart ist, sondern zB bestimmte Nebenabreden nur mündlich getroffen sind. Grundsätzlich sind alle Abreden, die nach dem Willen der Parteien Inhalt des Vertrages werden sollen, formbedürftig, auch wenn sie nicht den Hauptgegenstand des Vertrages betreffen. „Nebenabreden" betreffend macht die Rechtsprechung Ausnahmen nach dem Zweck der Formvorschrift. So ist beim Wohnungsmietvertrag (§ 550) anerkannt, dass Abreden, die für den Inhalt des Vertrags nur von nebensächlicher Bedeutung sind, nicht der vorgeschriebenen Schriftform bedürfen (BGH NJW 1999, 2591). **515**

cc) Die elektronische Form. Die elektronische Form erfordert, dass der Erklärende („Aussteller der Erklärung") einer elektronisch festgehaltenen Willenserklärung seinen Namen hinzufügt und das elektronische Dokument mit einer *qualifizierten* elektronischen Signatur versieht (§ 126a I). Die Voraussetzungen einer qualifizierten elektronischen Signatur ergeben sich aus § 2 Nr 1–3, § 7 des Signaturgesetzes. Sie stellen nach dem Stand der Technik sicher, dass die Erklärung dem Aussteller verlässlich zugeordnet werden kann und gegenüber Veränderungen während des Transports gesichert ist, so dass der Empfänger sich auf die Identität des Erklärenden und die Authentizität der Erklärung verlassen kann. Diese Sicherheit beruht auf einer elektronischen Verschlüsselung der Erklärung in Verbindung mit einem qualifizierten Zertifikat, das von Anbietern von Zertifizierungsdiensten ausgestellt wird. **516**

Die elektronische Form kann die gesetzlich vorgeschriebene **Schriftform ersetzen**, wenn sich aus dem Gesetz nichts anderes ergibt (§ 126 III). Das bedeutet: Es gibt keine gesetzlichen Vorschriften, die speziell die elektronische Form vorschreiben. Vielmehr ist an das Erfordernis der Schriftform anzuknüpfen: Wo vom Gesetz die *Schriftform* verlangt wird, kann sie grundsätzlich auch durch die *elektronische Form* erfüllt **517** werden, sofern diese Möglichkeit nicht ausdrücklich vom Gesetz verneint wird. Ausgeschlossen ist die elektronische Form insbesondere in Vorschriften mit Warnfunktion vor riskanten Geschäften. So ist für die Erteilung einer Bürgschaftserklärung Schriftform vorgeschrieben, aber die elektronische Form ausgeschlossen (§ 766 S. 2; siehe auch § 780 S. 2 – Schuldversprechen; § 781 S. 2 – Schuldanerkenntnis).

518 Auch in Fällen, in denen die elektronische Form vom Gesetz nicht ausdrücklich ausgeschlossen ist, erscheint **fraglich, ob sie stets die Schriftform ersetzen kann**. Denn bei weitem nicht alle Teilnehmer des rechtsgeschäftlichen Verkehrs sind so ausgerüstet, dass sie qualifizierte elektronische Signaturen verwenden. Soweit es sich um empfangsbedürftige Willenserklärungen handelt, genügt daher die elektronische Form nur, wenn der Empfänger ausdrücklich oder konkludent zu erkennen gegeben hat, dass er bei Teilnahme am Geschäftsverkehr die Anwendung der elektronischen Form billigt. Bedauerlicherweise hat diese Voraussetzung im Gesetzestext keinen Ausdruck gefunden. Jedenfalls ersetzt die elektronische Form die Schriftform nicht, wenn dem Erklärenden erkennbar ist, dass der Empfänger zu dieser Art geschäftlicher Kommunikation nicht in der Lage oder bereit ist (zB weil er keine Emailadresse im Geschäftsverkehr verwendet).

519 Bei einem **Vertrag** müssen die Parteien jeweils ein gleichlautendes Dokument in der beschriebenen Weise elektronisch signieren (§ 126a II). Es ist also nicht erforderlich, dass ein und dasselbe Dokument von beiden Seiten signiert wird, es genügt die Signierung jeweils getrennter, aber textlich übereinstimmender Dokumente durch jeden Vertragschließenden. Hingegen ist es auch hier nicht ausreichend, wenn die eine Seite nur ihre Vertragsofferte, die andere nur die Annahmeerklärung signiert. Andererseits wird die vorgeschriebene Schriftform auch dann gewahrt, wenn die Erklärung der einen Seite in der elektronischen Form abgegeben wird, während die andere eine gleichlautende schriftliche Erklärung abgibt.

520 **dd) Die Textform.** Die Textform (§ 126b) bleibt hinter den Erfordernissen der Schriftform und der elektronischen Form weit zurück. Sie kann daher die Schriftform nicht ersetzen, während umgekehrt die Einhaltung der Schriftform stets auch der Textform genügt. Zu den Erfordernissen der Schriftform ergeben sich vor allem zwei Unterschiede: Die Erklärung muss **nicht unbedingt auf Papier** oder gleichstehenden Materialien festgehalten sein und sie muss **nicht eigenhändig unterschrieben** sein. Die Textform hat folgende Erfordernisse:

(1) Die Erklärung muss in einer Urkunde oder auf andere Weise abgegeben werden, die zur dauerhaften Wiedergabe in Schriftzeichen geeignet ist (zB auch Übermittlung per Telefax, E-Mail, sonstige elektronische Übermittlung, immer vorausgesetzt, dass der Empfänger die Erklärung in Schriftzeichen wahrnehmen und in seinem Einflussbereich sichern kann).

(2) Die Person des Erklärenden muss genannt sein.

(3) Der Abschluss der Erklärung muss erkennbar gemacht sein. Dies kann durch eine gescannte Namensunterschrift geschehen, aber auch auf beliebige andere Weise. Es genügt zum Beispiel der am Ende des Erklärungstextes stehende Zusatz „Diese Erklärung ist nicht unterschrieben".

Wann die Textform erforderlich ist, ergibt sich aus dem Gesetz. So hat zB ein Ver- 521
mieter von Wohnraum sein Mieterhöhungsverlangen dem Mieter gegenüber in Textform zu erklären und zu begründen (§ 558a I). Die Textform wird vom Gesetz vorwiegend in Konstellationen vorgesehen, in denen aus Gründen der Klarstellung ein
Bedarf für textliche Fixierung besteht, ohne dass eine eigenhändige Unterschrift erforderlich erscheint. Für Fälle, in denen dem Formerfordernis eine hohe Warn- oder
Beweisfunktion zukommt, ist die Textform hingegen ungeeignet.

ee) Die öffentliche Beglaubigung. Ist durch Gesetz die **öffentliche Beglaubigung** 522
(§ 129) einer Erklärung vorgeschrieben, so muss

(1) die Erklärung in gleich welcher Weise schriftlich abgefasst sein,

(2) vom Erklärenden handschriftlich (oder mittels beglaubigten Handzeichens) unterzeichnet sein, und

(3) die Unterschrift durch einen Notar beglaubigt sein.

Das Besondere dieser Form ist die Beglaubigung der Unterschrift durch eine öffentliche Urkundsperson. Es wird amtlich die Echtheit der Unterschrift bezeugt. Zu diesem
Zwecke wird in einem Beglaubigungsvermerk die Person genannt, welche die Unterschrift in Gegenwart der Urkundsperson tatsächlich geleistet hat (Näheres §§ 40, 41
Beurkundungsgesetz; § 20 I Bundesnotarordnung). Ist die Erklärung notariell beurkundet, so ist zugleich auch das Formerfordernis der öffentlichen Beglaubigung gewahrt (§ 129 II BGB).

ff) Die notarielle Beurkundung und das gerichtliche Vergleichsprotokoll. Ist die 523
notarielle Beurkundung einer Erklärung vorgeschrieben, so wird ein amtliches
Zeugnis über die gesamte Erklärung, also nicht nur über die Unterschrift ausgestellt.
Die Urkundsperson bezeugt, dass die in der Urkunde genannte Person die Erklärung
so, wie sie in der Niederschrift aufgezeichnet ist, vor der Urkundsperson abgegeben
und in Gegenwart der Urkundsperson eigenhändig unterzeichnet hat (Näheres § 128
BGB, §§ 8 ff Beurkundungsgesetz; § 20 I Bundesnotarordnung). Die notarielle Beurkundung kann durch ein **gerichtliches Vergleichsprotokoll** ersetzt werden (§ 127a).

gg) Sonstige Formen. Über die genannten Formtypen hinaus kennt das Gesetz in 524
einzelnen Regelungszusammenhängen weitere Formvorschriften. So kann vorgeschrieben sein, dass eine Erklärung *vor einer Amtsperson*, dh zu deren Wahrnehmung
abzugeben ist (Beispiel: Eheschließung vor dem Standesbeamten, § 1310 I). Für die
Errichtung eines privatschriftlichen Testaments ist vorgeschrieben, dass die Erklärung nicht nur eigenhändig unterschrieben, sondern auch der Erklärungstext selbst *eigenhändig geschrieben* sein muss (§ 2247).

hh) Folgen des Verstoßes gegen eine gesetzliche Formvorschrift. Folge des Ver- 525
stoßes gegen eine gesetzliche Formvorschrift ist grundsätzlich die **Nichtigkeit des
Rechtsgeschäfts** (§ 125 S. 1). Das gilt auch, wenn nur *eine* der für den Abschluss des
Rechtsgeschäfts nötigen Willenserklärungen der vorgeschriebenen Form entbehrt.

Die Folge der Nichtigkeit tritt **nicht ausnahmslos** ein. Bei einer Reihe von Formvor- 526
schriften sieht das Gesetz selbst eine von § 125 abweichende Gestaltung vor, vgl etwa

§ 550 (Schriftform für Mietvertrag über Wohnraum). Bei einigen Formvorschriften sind die Folgen des Verstoßes spezieller ausgestaltet, so etwa beim Verbraucherdarlehensvertrag (§ 494); diese besonderen Vorschriften für einzelne Geschäftstypen gehen dann der allgemeinen Regel des § 125 im Rang vor. Teilweise sieht das Gesetz auch eine Heilung des nichtigen Geschäfts durch „Bewirkung der versprochenen Leistung" vor, etwa in § 518 II.

527 **Ist das Rechtsgeschäft** nach § 125 S. 1 **nichtig**, so bleiben die gewollten Rechtswirkungen aus. Leistungen, die zur Erfüllung des Geschäfts bereits erbracht worden sind, entbehren des rechtlichen Grundes und sind zurückzuerstatten (§ 812 I 1, 1. Alt.). Diese Rechtslage kann in Einzelfällen zu schweren Belastungen einer Partei führen, die auf die **Gültigkeit des Vertrages vertraut** hat. Vor allem die wichtige Formvorschrift des § 311b I BGB hat zu problematischen Fällen geführt. Nach dieser Norm bedarf ein Vertrag, durch den sich der eine Teil verpflichtet, das Eigentum an einem Grundstück zu übertragen oder zu erwerben, der notariellen Beurkundung. In den gerichtlich entschiedenen Fällen spielt vor allem die Konstellation eine Rolle, dass ein in Grundstücksgeschäften versiertes Unternehmen mit Eigenheiminteressenten zunächst nur privatschriftliche Verträge („Vorverträge") schließt und sich später, wenn es vor der notariellen Beurkundung des Kaufvertrags zu Auseinandersetzungen über Baumängel kommt, auf die Formnichtigkeit der schriftlichen Vereinbarung beruft.

Zu Recht hat der BGH entschieden, dass in Einzelfällen die Berufung einer Partei auf die Formnichtigkeit eines Geschäfts gegen **Treu und Glauben** verstoßen und sich als unzulässige Rechtsausübung darstellen kann – mit der Folge, dass das Geschäft entgegen § 125 als wirksam zu behandeln ist. Allerdings soll dies nur gelten, wenn bei Nichtigkeit des Geschäfts ein „schlechthin untragbares Ergebnis" droht, insbesondere, wenn der Vertragspartei, die sich auf die Formnichtigkeit beruft, eine besonders schwere Treuepflichtverletzung anzulasten ist (BGHZ 138, 339, 348; NJW 2004, 3330, 3331), etwa wenn sie es von vorneherein darauf angelegt hat, die Formnichtigkeit herbeizuführen, um sich später darauf berufen zu können (siehe BGHZ 85, 245, 251, 318). Auch die drohende Existenzgefährdung des Vertragspartners kann die Berufung auf die Formnichtigkeit als unzulässig erscheinen lassen (vgl BGH NJW 1996, 2503, 2504). In anderen Fällen – wenn die Nichtigkeit zwar zu harten, aber nicht zu schlechthin untragbaren Ergebnissen führt – soll es bei der Nichtigkeitsfolge des § 125 bleiben; der geschädigte Teil hat aber möglicherweise einen Schadensersatzanspruch gegen den anderen wegen Pflichtverletzung bei Vertragsschluss (§§ 311 II, 241 II, 280 I) oder aus § 826 (BGH NJW-RR 1999, 1687).

Literatur zur gesetzlichen Form von Rechtsgeschäften: *L. Häsemeyer*, Die gesetzliche Form der Rechtsgeschäfte, 1971; *U. Köbl*, Die Bedeutung der Form im heutigen Recht, DNotZ 1983, 207; *P. Rösler*, Formbedürftigkeit der Vollmacht, NJW 1999, 1150; *B. Mertens*, Die Reichweite gesetzlicher Formvorschriften im BGB, JZ 2004, 431; *J.-H. Binder*, Gesetzliche Form, Formnichtigkeit und Blankett im Bürgerlichen Recht, AcP 207, 155.

b) Gewillkürte Formvorschriften

528 Formerfordernisse für rechtsgeschäftliches Handeln können auch **durch Vereinbarung** errichtet werden (gewillkürte Formvorschrift). Damit wird gewöhnlich der Zweck der Rechtssicherheit verfolgt. So kann zB in einem Mietvertrag über eine Maschine bestimmt werden, dass die Kündigung des Mietverhältnisses der Schriftform bedarf (Beachte: Bei der *Wohnraum*miete besteht für Kündigungen bereits die *gesetzliche* Formvorschrift des § 568). Oder es kann eine Vereinssatzung vorsehen, dass der Austritt aus dem Verein der Schriftform bedarf. Es kann auch das Erfordernis der elektronischen Form oder der Textform vereinbart werden. Welche Erfordernisse die gewillkürte Formvorschrift im Einzelnen stellt, ist in erster Linie der Vereinbarung der Parteien zu entnehmen; es herrscht auch hier Vertragsfreiheit. Zu beachten ist, dass eine Vereinbarung über eine besondere Versendungsart (Einschreiben) idR nicht als Abrede einer bestimmten Form anzusehen ist, sondern lediglich den Zugang und seinen Beweis sichern soll (BGH NJW 2004, 1320).

Gewillkürte Formvorschriften können grundsätzlich auch durch Allgemeine Geschäftsbedingungen errichtet werden, doch bestehen hier Einschränkungen, zB nach § 309 Nr 13.

Nach der **Auslegungsregel des § 127** gelten die Vorschriften der §§ 126, 126a und 126b **im Zweifel** auch für die vereinbarte Form. So ist die **vereinbarte Schriftform** im Zweifel an die gleichen Formerfordernisse gebunden, die bei der gesetzlichen Schriftform (§ 126) zu beachten sind (§ 127 I). Freilich sieht das Gesetz hier einige **Erleichterungen** (§ 127 II) vor, die gelten, soweit nicht ein anderer Wille der Parteien anzunehmen ist: **529**

– Zur Wahrung der gewillkürten Schriftform genügt jede Art der telekommunikativen Übermittlung, etwa durch Telefax oder E-Mail. Einer eigenhändigen Unterschrift bedarf es nicht. Es muss aber für den Empfänger erkennbar sein, wer der Erklärende ist. Erforderlich ist, dass der Empfänger den Inhalt der Erklärung als dauerhaften schriftlichen Text erhält. Die fernmündliche Durchsage genügt nicht.

– Ferner genügt – anders als nach § 126 II – für den **Vertragsschluss** auch ein Briefwechsel, bei dem zB der Antrag in dem einen, die Annahme in dem anderen Brief verlautbart ist. Die beiden Erleichterungen können auch verbunden sein: So genügt der gewillkürten Schriftform im Zweifel auch der Ausdruck der vertraglichen Einigung in Form gegenseitiger Telefaxe oder die Annahme eines brieflichen Antrags durch eine E-Mail, etc.

Machen die Parteien oder eine von ihnen von diesen Erleichterungen Gebrauch, so kann jede von ihnen *nachträglich* die Beurkundung nach den Erfordernissen der gesetzlichen Schriftform (§ 126) verlangen (§ 127 II 2). **530**

Die Parteien können auch die **elektronische Form** oder die **Textform** vereinbaren (§ 127 I). Bei der gewillkürten elektronischen Form gelten ebenfalls im Zweifel Erleichterungen (§ 127 III): Es genügt eine einfachere als die qualifizierte elektronische Signatur (vgl § 2 Nr 1 und 2 SigG). Ferner kann ein Vertrag durch Austausch von entsprechend signierten Antrags- und Annahmeerklärungen geschlossen werden. Werden diese Erleichterungen gewählt, so kann auch hier jede Partei nachträglich die Beurkundung der Erklärung bzw des Vertrages gemäß § 126 verlangen. **531**

Ein wesentlicher Unterschied zu den gesetzlichen Formvorschriften ergibt sich auch bei den **Folgen der Nichteinhaltung**: Das entgegen der gewillkürten Formvorschrift getätigte Geschäft ist nicht stets, sondern **nur im Zweifel nichtig** (§ 125 S. 2). Es ist also zu fragen, ob die Parteien bei der Abrede über die Form deren Einhaltung für so entscheidend gehalten haben, dass davon die Wirksamkeit des Rechtsgeschäfts ab- **532** hängen sollte; im Zweifelsfall ist Nichtigkeit anzunehmen. Im Einzelfall kann es auch sein, dass eine Schriftformabrede später von den Parteien konkludent aufgehoben wurde und daher nicht mehr maßgeblich ist; als actus contrarius zur formfreien Begründung des Formzwangs ist die Aufhebung der Formabrede nämlich gleichfalls formfrei. Dies ist jedoch nicht der Fall, wenn die Schriftform gerade auch für die Aufhebung der Schriftformabrede vereinbart worden ist (**doppelte Schriftformabrede**).

7. Die Abgrenzung der Willenserklärung von geschäftsähnlichen Handlungen

533   Nach dem Gesagten ist vom Begriff der Willenserklärung eine große Zahl von zielgerichteten Handlungen auszunehmen, die **nicht auf die Herbeiführung einer Rechtsfolge abzielen**. Wer mit einem Transparent auf der Straße herumläuft, um gegen die Teuerung der Bierpreise zu demonstrieren, verlautbart einen politischen Willen, gibt aber keine Willenserklärung im Sinne des BGB ab, weil er nicht kraft seines Verhaltens eine Rechtsfolge auf sich ziehen will. Wer einen Bekannten zu einem Glas Wein zu sich einlädt, hat zwar einen Willen und gibt eine Erklärung ab; gleichwohl stellt die Einladung keine Willenserklärung dar, weil damit keine Rechtsfolge erzielt werden soll. Denn der Einladende will sich nicht *rechtlich* verpflichten, den Gast auch wirklich in seine Wohnung zu lassen und ihm Wein vorzusetzen (bloße **„Gefälligkeit"**). Der Gast, der die Einladung annimmt, will nicht rechtlich verpflichtet sein, auch wirklich zu erscheinen. Man kann freilich auch hier von „Verpflichtungen" sprechen; es sind dies aber keine rechtlichen, sondern bloß „gesellschaftliche" im Sinne des guten Tons. Erscheint also der Gast nicht, so begeht er eine Unhöflichkeit, aber kein Unrecht.

Gibt jemand einem anderen **die Zusage, unentgeltlich** für ihn **tätig zu werden**, so kann *entweder* ein Gefälligkeitsverhältnis *oder* die Eingehung einer rechtsgeschäftlichen Verpflichtung (Auftrag, unentgeltliche Verwahrung etc) vorliegen. Die Einordnung fällt manchmal nicht leicht. Entscheidend ist, ob eine derartige Abrede mit dem erkennbaren Willen zur rechtlichen Bindung getroffen wird (BGH NJW 1971, 404). Es kommt insbesondere darauf an, welche Bedeutung die Angelegenheit hat, ob sie ihrer Art nach im Zweifel nur auf rechtlich abgesicherter Grundlage vollzogen zu werden pflegt. Dabei zieht die Rspr alle Umstände des Falles heran (Art und Zweck der zugesagten Tätigkeit, ihre wirtschaftliche und rechtliche Bedeutung insbesondere für den Empfänger, die Umstände, unter denen die Zusage gemacht wird und die dabei entstehende Interessenlage, BGHZ 21, 102, 106 f; NJW 2003, 1521, 1523). So wird die Zusage der kostenlosen Mitnahme einer Person im Auto im Allgemeinen als Gefälligkeit beurteilt (vgl BGH NJW 1992, 498), während die Abrede einer unentgeltlichen Beaufsichtigung von Nachbarskindern in der Regel rechtsgeschäftlichen Charakter hat (BGH NJW 1968, 1874).

In Fällen, in denen eine Zusage zu unentgeltlichem Tun nicht rechtsverbindlich ist und daher kein Anspruch auf Erfüllung der zugesagten Leistung entsteht, können besondere Nebenpflichten unter den Beteiligten nach § 241 II gegeben sein. **Beispiel:** Der Rechtsanwalt B lädt seine Freunde zu einer großen Party in sein Bootshaus am Ammersee ein. Unter anderem hat der Schulfreund C aus Hamburg eine solche Einladung erhalten. C sagt zu und reist erwartungsvoll an den Ammersee, um dort zu erfahren, dass B die Party wegen Meinungsverschiedenheiten mit seiner Freundin ausfallen lässt. In diesem Fall ist B keine Rechtsverpflichtung eingegangen, die Party durchzuführen und seine Gäste zu empfangen (insoweit Gefälligkeit). Es traf ihn aber die Schutzpflicht, seinen von auswärts anreisenden Gästen die Absage der Veranstaltung rechtzeitig mitzuteilen. C kann also einen Schadensersatzanspruch aus §§ 280 I, 241 II wegen der nutzlos aufgewendeten Reisekosten haben.

Der Begriff der Willenserklärung ist noch weiter einzuengen. Nicht jedes gewollte **534** Handeln, das Rechtswirkungen auslöst, bildet eine Willenserklärung. Kennzeichen der **Willenserklärung** ist es, dass die gewünschte Rechtsfolge deshalb eintreten soll, **weil sie gewollt ist**. Es gibt nun aber eine Fülle von zielgerichteten Verhaltensweisen, die Rechtsfolgen auslösen ohne Rücksicht darauf, ob diese gewollt sind. Wer einen anderen vorsätzlich schlägt und verletzt, ist zB unter den Voraussetzungen des § 823 I dem Verletzten zum Schadensersatz verpflichtet. Obwohl hier gewolltes Verhalten eine Rechtsfolge auslöst, kann in dem Schlagen keine Willenserklärung erblickt werden. Denn erstens wird der Schläger die Rechtsfolge der Schadensersatzpflicht nicht wollen, zweitens – und das ist entscheidend – tritt die Rechtsfolge ohne Rücksicht darauf ein, ob sie gewollt ist. Entstehungstatbestand der Schadensersatzpflicht ist die zurechenbare Körperverletzung, nicht aber ein auf Rechtsfolgen gerichteter Wille.

> **Fall 31:** K hat beim Antiquar V einen Schreibtisch gekauft. Dabei wurde die Verpflichtung **535**
> des V verabredet, in den nächsten Tagen den Schreibtisch ins Büro des K zu liefern. Als
> nach einer Woche der Schreibtisch nicht eingetroffen ist, mahnt K bei V die Lieferung
> schriftlich an. Bildet die Mahnung eine Willenserklärung?

Manches spricht dafür. Denn durch die Mahnung des K kommt V in Schuldnerverzug (§ 286 I 1), es sei denn, dass er das Ausbleiben der Leistung nicht zu vertreten hat (§ 286 IV). Der Verzug wiederum löst Rechtsfolgen aus (vgl §§ 280 I, II; 287–290). Gleichwohl stellt die Mahnung keine Willenserklärung dar: Die an sie geknüpften Rechtsfolgen treten **ohne Rücksicht darauf** ein, **ob sie gewollt** sind. Sie treten auch dann ein, wenn K bei seinem Schreiben an V keine Ahnung davon hatte, dass das Gesetz die genannten Rechtswirkungen an die Mahnung anknüpft. Andererseits ähnelt die Mahnung in gewisser Hinsicht einer Willenserklärung: Auch mit ihr soll etwas mitgeteilt und zumindest faktisch bewirkt werden (Steigerung der Leistungsbereitschaft des Schuldners). Infolgedessen entstehen ähnliche Probleme wie bei einer Willenserklärung. Ist die Mahnung eines Geistesgestörten wirksam? Kann man durch einen Stellvertreter mahnen lassen? Deshalb wenden wir die **Regeln für Willenserklärungen auf die Mahnung analog** an, soweit sie passen (BGHZ 106, 163, 166). § 105 und die Regeln über die Stellvertretung gehören zweifelsfrei zu den anwendbaren Vorschriften; ein vollmachtsloser Vertreter kann nicht wirksam mahnen, § 180 S. 1 (BGH NJW 2006, 687).

Was für die Mahnung gesagt ist, gilt für alle **geschäftsähnlichen Handlungen**. Es sind dies erlaubte Handlungen mit Mitteilungscharakter, an welche die Rechtsordnung Rechtsfolgen knüpft ohne Rücksicht darauf, ob sie vom Erklärenden gewollt sind: Fristsetzungen (§ 281 I oder § 323 I), Androhungen (§ 303 S. 2), Weigerungen (§ 179 I), Aufforderungen (§ 177 II) uam.

Literatur: *B. Ulrici*, Geschäftsähnliche Handlungen, NJW 2003, 2053.

Die Einsicht, dass eine Willenserklärung auf Rechtsfolgen abzielt, darf nicht zu der **536** Vorstellung verleiten, als müsse man, um eine Willenserklärung wirksam abgeben zu können, Rechtskenntnisse haben. Es genügt vielmehr, dass der Erklärende ein bestimmtes (faktisches, wirtschaftliches) Ergebnis als ein rechtlich gesichertes erreichen will (BGH NJW 1993, 2100). Seine Erklärung ist dahingehend aufzufassen, dass er diejenigen Rechtsfolgen will, die nötig sind, um das von ihm gewünschte Ergebnis rechtlich abzusichern. Betritt jemand einen Buchladen, nennt einen von ihm gewünschten Buchtitel und lässt sich ein Exemplar vom Buchhändler gegen Zahlung des Preises aushändigen, so schließt er einen Kaufvertrag und nimmt außerdem zusammen mit dem Buchhändler Verfügungen (Übereignung des Buches; Übereignung des Geldes) vor. Er braucht dabei weder zu wissen, was ein Kaufvertrag ist, noch bedarf es eines präzisen Begriffs vom Eigentum, noch muss er sich dessen bewusst sein, dass der wirtschaftliche Austausch in mehrere rechtsgeschäftliche Vorgänge zerfällt. Er erklärt seinen Willen, „das Buch" gegen Hingabe von Geld zu „erhalten", und zwar so, dass es ihm von Rechts wegen „gehört", während dem Buchhändler das Geld „gehören" soll. Es ist dann **Aufgabe des Juristen**, diesen **Willen der Beteiligten in die Rechtssprache zu übersetzen**, und das heißt, diejenigen Rechtsfolgen als Willensinhalt auszumachen, die das gewünschte Ergebnis rechtlich absichern. Die Aufgabe, den primär auf faktische Ergebnisse gerichteten Willen der Parteien ins Rechtliche zu übersetzen, ist oft nicht leicht. Der Jurist hat sich auf die Verständnisebene der Parteien zu begeben und zu fragen: Was haben sie wirklich gewollt? Nicht die gebrauchten Worte, die oft „juristisch falsch" sind, sondern das erstrebte Ergebnis ist entscheidend.

8.   Der Vertragsschluss

▶ Falltraining 1, Fälle 18 ff

a)   Antrag und Annahme

537   So einfach das Prinzip des Vertragsschlusses ist, so kompliziert können Einzelprobleme werden. Da ein Zusammenwirken von Erklärungen erforderlich ist, kann es leicht vorkommen, dass die Parteien aneinander vorbeireden oder -handeln. Einen Teil derartiger Probleme will das BGB in den Vorschriften über Antrag und Annahme (§§ 145–153) erfassen. Diese Regeln gehen von der Erwägung aus, dass die Willenserklärungen der Vertragsschließenden üblicherweise nicht zur selben Zeit abgegeben werden, sondern dass die Erklärung des einen Teils der Erklärung des anderen zeitlich vorausgeht (Beispiel: Jemand ruft die Taxizentrale an und bestellt ein Taxi an seine Adresse; daraufhin wird ihm die Ausführung der Bestellung zugesichert). Die zeitlich erste Erklärung nennt das Gesetz **Antrag** (häufig spricht man auch von „Angebot" oder „Offerte"). Die Willenserklärung des anderen Teils, mit welcher der Antrag akzeptiert wird, nennt das Gesetz **Annahme**. *Der Vertrag kommt* demnach *durch Antrag und Annahme zustande.*

Es kann auch sein, dass die Erklärungen der Vertragsparteien **gleichzeitig** erfolgen, zB wenn ein beim Notar geschlossener Vertrag unter Anwesenheit beider Parteien beurkundet wird.

538   Antrag und Annahme haben unterschiedliche Gestalt. Der **Antrag** bildet sozusagen einen (für den Antragenden verbindlichen) Entwurf für den zu schließenden Vertrag.

Der Antrag muss daher Regelungsvorschläge zu allen geschäftstypischen Wesenselementen des Vertrags enthalten, weiterhin zu allen Punkten, „über die nach der Erklärung auch nur einer Partei eine Vereinbarung getroffen werden soll" (§ 154 I). *Der
Antrag muss mithin den Inhalt des zu schließenden Vertrags (Vertragsparteien, geschuldete Leistungen) derart vollständig wiedergeben, dass ein schlichtes „Ja" des
anderen Teils zum Zustandekommen des Vertrags genügt.*

Ausreichend ist es jedoch auch, einen nur unvollständigen Antrag, verbunden mit bestimmten Regeln zur Vervollständigung des Vertragsinhalts durch den Annehmenden, abzugeben.

Beispiel: Durch das Freischalten der Zapfsäule an einer SB-Tankstelle gibt der Inhaber der
Tankstelle einen Antrag an einen unbestimmten Personenkreis auf Abschluss eines Kaufvertrages über Kraftstoff in der vom jeweiligen Kunden gewünschten Menge zu dem vom Computer-
system der Tankstelle gerade angezeigten aktuellen Literpreis ab. Der tankende Kunde nimmt
den Antrag durch das Betätigen der Zapfsäule an und vervollständigt den Vertragsinhalt damit
gleichzeitig um die Person des Käufers, die gekaufte Menge Kraftstoff und den gerade aktuellen Preis (vgl BGH NJW 2011, 2871).

Die **Annahme** bildet die bloße Zustimmungserklärung zum Antrag. Erfolgt die An-   **539**
nahme unter **Erweiterungen, Einschränkungen** oder sonstigen Änderungen, so
„gilt" sie gemäß **§ 150 II** als Ablehnung verbunden mit einem neuen Antrag. Das gilt
auch, wenn es sich um geringfügige Änderungsvorschläge handelt (BGH NJW 2001,
221, 222; außer wenn der Annehmende klar zum Ausdruck bringt, dass er den Antrag
auch dann annehmen will, wenn der Antragende auf die Änderungsvorschläge nicht
eingeht). Die Grundsätze von Treu und Glauben erfordern, dass der Empfänger eines
Vertragsangebots seinen davon abweichenden Vertragswillen in der Annahmeerklärung klar und unzweideutig zum Ausdruck bringt (BGH NJW 2014, 2100).

Beispiel: G bietet H telefonisch an: 1000 Schulhefte zu 98 € zuzüglich Mehrwertsteuer; H
schickt eine E-Mail: kaufe 1000 Schulhefte zu 98 € inklusive Mehrwertsteuer. Die Annahme
durch H deckt sich in der Frage, ob die Mehrwertsteuer im Preis enthalten sein soll, nicht mit
dem Antrag des G. Damit ist der Antrag des G abgelehnt. Gleichzeitig hat H aber zu erkennen
gegeben, dass er einen Vertrag mit G schließen will, wenn auch mit etwas anderem Inhalt; er
hat gleichsam einen Gegenentwurf zum Antrag des G gemacht. Dieser Gegenentwurf „gilt"
nach § 150 II nunmehr als neuer Antrag des H an G, den G wiederum annehmen oder ablehnen
kann. Die Rollen des Antragenden und Annehmenden können im Verlauf von Vertragsverhandlungen also getauscht werden.

Literatur: *J. Fritzsche*, Der Abschluss von Verträgen, §§ 145 ff BGB, JA 2006, 674.

Beachte: Eine Sonderregelung zu §§ 145–153 findet sich in § 305 für die Einbezie-   **539a**
hung allgemeiner Geschäftsbedingungen (**AGB**) in einen Vertrag. Über die Einigung
beider Parteien hinaus (Stellen der AGB durch eine Vertragspartei, den Verwender,
§ 305 I, und Einverständnis der anderen Vertragspartei, § 305 II aE) ist hier erforderlich, dass der Verwender die andere Vertragspartei ausdrücklich (oder, wenn ein ausdrücklicher Hinweis wegen der Art des Vertragsschlusses nur unter unverhältnismäßigen Schwierigkeiten möglich ist, durch deutlich sichtbaren Aushang am Orte des
Vertragsschlusses) auf die AGB hinweist und der anderen Vertragspartei außerdem
die Möglichkeit verschafft, in zumutbarer Weise vom Inhalt der AGB Kenntnis zu
nehmen (dazu Rn 793 ff).

b) Die Gebundenheit des Anbietenden an den Antrag

540 **aa) Die Bindung an den Antrag.** Zwischen Antrag und Annahme wird regelmäßig eine gewisse Zeit verstreichen. Dann ergeben sich folgende Fragen:

(1) Kann der Anbietende seinen Antrag zurücknehmen, solange die Annahme noch nicht erfolgt ist?

(2) Bis zu welchem Zeitpunkt kann der Antrag angenommen werden?

Das Gesetz regelt beide Fragen im Zusammenhang. Nach § 145 ist der Antragende grundsätzlich an seinen **Antrag gebunden**. Gebundenheit bedeutet, dass der Anbietende seinen Antrag nicht zurücknehmen (widerrufen) kann; es liegt nun ganz in der Macht des anderen Teils, den Vertrag durch die Annahme zustande zu bringen. Dabei ist freilich § 130 I 2 zu beachten: Der Antragende kann die Wirksamkeit des Zugangs seines Antrags verhindern, wenn er dem anderen Teil vorher oder gleichzeitig einen Widerruf zugehen lässt. Ist der Antrag aber wirksam zugegangen, so tritt die Gebundenheit des § 145 ein.

Eine **Bindung** an den Antrag tritt nicht ein, wenn der Antragende sie – für den Adressaten erkennbar – **ausgeschlossen** hat. Im Geschäftsleben werden häufig Formeln verwendet, deren rechtliche Bedeutung je nach den Umständen schwankt. So kann zB der Antrag einer Ware „unverbindlich" eine mehrfache Bedeutung haben: Entweder es liegt überhaupt noch kein Antrag, sondern eine bloße Aufforderung zum Eintritt in Vertragsverhandlungen vor (dazu Rn 547 ff); oder es handelt sich um einen Antrag, bei dem die Gebundenheit ausgeschlossen sein soll. Ob das eine oder das andere vorliegt, ist durch Auslegung aus dem Empfängerhorizont (§ 157) zu ermitteln.

541 **bb) Das Erlöschen der Bindung.** Die Gebundenheit an den Antrag kann aber nicht ewig anhalten. Denn es ist ungewiss, ob der andere Teil den Antrag annehmen wird. Im Interesse des Anbietenden darf diese Ungewissheit nicht allzu lange dauern. Das Gesetz ordnet daher in §§ 146–150 an, dass der **Antrag** unter bestimmten Voraussetzungen **wieder erlischt**. Im Überblick ergeben sich folgende Erlöschensgründe:

a) Der Antrag erlischt mit der **Ablehnung** des Antrags, § 146 Alt. 1.

b) Der Antrag erlischt, wenn er **nicht rechtzeitig angenommen** wird (Verspätung der Annahme), § 146 Alt. 2. Hier unterscheidet das Gesetz einige Varianten:

– Hat der Antragende eine *Annahmefrist* bestimmt, so kann die Annahme nur innerhalb der Frist erfolgen; mit Ablauf der Frist erlischt der Antrag, § 148.

– Der einem *Anwesenden* gemachte Antrag kann nur sofort angenommen werden, sonst erlischt er, § 147 I 1. Das gilt auch von einem mittels Telefon oder einer sonstigen technischen Einrichtung von Person zu Person gemachten Antrag (§ 147 I 2, dazu Rn 493). Freilich gilt der Grundsatz des § 147 I 1 nicht, wenn der Antragende dem anderen Teil eine bestimmte Annahmefrist (§ 148) oder eine gewisse Bedenkzeit einräumt; § 147 I 1 ist also dispositiv.

– Der einem *Abwesenden* gemachte Antrag kann nur bis zu dem Zeitpunkt angenommen werden, in welchem der Antragende den Eingang (= Zugang) der Antwort unter regelmäßigen Umständen erwarten darf, § 147 II. Auch dieser Grundsatz ist dispositiv: Hat der Antragende dem anderen Teil eine bestimmte Annahmefrist gesetzt, so ist diese maßgeblich (§ 148).

Die **Regelung des § 147 II** wirft die meisten Schwierigkeiten auf. Denn die Geltungsdauer des Antrags ist von den Beteiligten selbst nicht genau abzuschätzen, sondern hängt im Streitfall von der Wertung des Richters ab. Es ist dabei zu fragen: Wie lange kann dem Anbietenden unter den konkreten Umständen die Gebundenheit an den Antrag zugemutet werden? Andererseits muss dem Empfänger eine dem Gegenstand des Geschäfts angemessene Überlegungsfrist eingeräumt werden: Es ist etwas anderes, ob man einen alltäglichen Gegenstand kauft oder einen Versicherungsvertrag schließt. Bei Berechnung des Zeitraums ist anzusetzen a) die Zeit, die bis zum regelmäßigen Zugang des Antrags an den Adressaten zu verstreichen pflegt (zB die gewöhnliche Zustellungsdauer des Briefes); b) eine Überlegungsfrist, die je nach Art und Bedeutung des Geschäftsgegenstands variiert (vgl dazu etwa BGH NJW 2010, 2873); c) die Zeit, die von der Abgabe der Annahmeerklärung bis zum Zugang beim Anbietenden (unter Verwendung der identischen Übermittlungseinrichtung) benötigt zu werden pflegt. Es kommt auch darauf an, ob der Antragende zum Ausdruck gebracht hat, dass er baldige Antwort erwartet. Weiß der Anbietende, dass außergewöhnliche Umstände den üblichen Postweg verlängern (Streik, etc), so ist auch dies zu berücksichtigen. **542**

Für den Fall des **§ 151** bietet dessen Satz 2 noch eine besondere Regel: Der Zeitpunkt, in welchem der Antrag erlischt, bestimmt sich nach dem aus dem Antrag oder den Umständen zu entnehmenden Willen des Antragenden. Das bedeutet: In erster Linie ist eine vom Antragenden gesetzte Frist maßgebend. Hat dieser keine bestimmte Frist benannt, so kommt es auf den Willen des Antragenden an, den der Empfänger nach allen ihm erkennbaren Umständen annehmen darf (vgl BGH NJW 1999, 2179, 2180). Auch hier ist in der Regel anzunehmen, dass der Antragende nicht endlos an seinen Antrag gebunden sein will. Der Umstand, dass er auf die Empfangsbedürftigkeit der Annahmeerklärung verzichtet hat, spricht eher für den Willen, nur relativ kurze Zeit gebunden zu sein (anders BGH NJW 1999, 2179); denn es ist für ihn gefährlich, lange an einem Antrag festgehalten zu werden, von dessen Annahme er keine Kenntnis erhalten muss. **543**

cc) Die verspätete Annahme. Erlischt der Antrag, so kann ihn der andere Teil nicht mehr annehmen. Die **verspätete Annahme** gilt gem. **§ 150 I** als ein **neuer Antrag** des Annehmenden. **544**

Ist die Annahme verspätet und gilt nach § 150 I als neuer Antrag des Annehmenden, so obliegt es dem ursprünglichen Anbieter in aller Regel, unverzüglich zu reagieren, dh entweder den neuen Antrag zu akzeptieren oder abzulehnen. Lässt er nichts von sich hören, obwohl er damit rechnen muss, dass der Verhandlungspartner auf Grund seiner – verspäteten – Annahme den Vertrag für schon geschlossen hält, so ist möglicherweise sein „Schweigen" als Annahme zu interpretieren (vgl BGH NJW-RR 1994, 1163, 1165).

In diesem Zusammenhang ist die Vorschrift des **§ 149** zu beachten: Ist eine verspätet zugegangene Annahmeerklärung zu einem solchen Zeitpunkt abgesendet worden, dass sie bei regelmäßiger Beförderung rechtzeitig zugegangen sein würde, und muss- **545** te der Antragende dies erkennen, so hat er die Verspätung dem Annehmenden unverzüglich anzuzeigen. Verzögert er die Anzeige, so *gilt die Annahme als nicht verspätet*. Der Vertrag kommt also, wenn die sonstigen Voraussetzungen gegeben sind, zustande.

Zur Problematik: *N. Hilger*, Die verspätete Annahme, AcP 1985, 559.

546   **dd)   Tod und Geschäftsunfähigkeit des Antragenden, § 153.**   Der Tod des Antragenden soll nach der Entscheidung des Gesetzes das Zustandekommen des Vertrags nicht hindern, auch wenn er vor der Annahme eingetreten ist. Dem Willen des Verstorbenen wird dann über seinen Tod hinaus Bedeutung zugemessen, seine Selbstbestimmung geachtet. In diesem Zusammenhang sind zwei Vorschriften zu beachten.

–   Nach § 130 II ist es ohne Einfluss auf die Willenserklärung, wenn der Erklärende *nach der Abgabe*, wenngleich vor einem etwa nötigen Zugang der Erklärung stirbt.

–   Zudem wird gemäß § 153 das Zustandekommen eines Vertrages nicht dadurch gehindert, dass der Antragende vor der Annahme stirbt, sofern nicht ein anderer Wille des Antragenden anzunehmen ist. Da der Antragende als Rechtspersönlichkeit nicht mehr existiert, muss die Annahme seinen Erben erklärt werden.

Die beiden Vorschriften können ineinander greifen (müssen es aber nicht).

Beispiel: Der Sammler X schickt dem Sammler Y per Post ein Kaufangebot über eine von diesem gesuchte seltene Briefmarke. Nach Absendung, aber vor Zustellung des Briefes erleidet X einen tödlichen Verkehrsunfall. Der Brief wird dem Y zugestellt. Der Zugang an Y wird durch den Tod des X nicht gehindert (§ 130 II). Auch kann Y den Antrag noch annehmen, sofern kein anderer Wille des X für diesen Fall anzunehmen ist (§ 153). Freilich muss die Annahme nun den Erben des X erklärt werden.

Die Grundsätze der §§ 130 II und § 153 gelten auch in dem Fall, dass der Antragende nach der Abgabe seiner Erklärung **geschäftsunfähig wird**.

Beispiel wie oben, aber: X wird durch den Verkehrsunfall, den er nach Abgabe des Antrags erleidet, nicht getötet, sondern durch schwere Hirnverletzungen geschäftsunfähig. Auch hier wird der Antrag wirksam (§ 130 II) und kann von Y noch angenommen werden. Die Annahme erfolgt durch Erklärung gegenüber dem gesetzlichen Vertreter des X, also seinem Betreuer (§§ 1896, 1902, siehe Rn 168).

c)   Die Aufforderung zum Eintritt in Vertragsverhandlungen

547   Wie gezeigt, verschafft der Antrag dem Empfänger eine starke Position: Durch sein bloßes „Ja" oder „Nein" entscheidet er über Zustandekommen oder Scheitern des Vertragsschlusses. Indes gibt es eine Reihe von Mitteilungen, die einem Antrag ähneln, vielleicht auch „Antrag" oder „Angebot" genannt werden, die jedoch **keine Vertragsanträge im Rechtssinne** sind, weil es am Willen fehlt, dem Empfänger die genannte starke Rechtsposition einzuräumen. Versendet zB der Inhaber eines Feinkostgeschäfts vor Weihnachten einen Warenprospekt, auf dem „Fresskörbe" mit Preis- und Inhaltsangabe abgebildet sind, so möchte er zwar die Kunden für seine Waren interessieren, er möchte aber keineswegs jeden Leser des Prospekts in die Lage versetzen, durch ein bloßes „Ja" zu einer der aufgeführten Positionen einen Kaufvertrag zustande zu bringen. Denn er hat gewöhnlich nur begrenzte Waren auf Lager. Könnte jedermann durch bloße Zustimmung einen Vertrag zustande bringen, so liefe der Geschäftsmann Gefahr, mehr Verpflichtungen einzugehen, als er erfüllen kann.

Ein Warenprospekt der genannten Art ist deshalb als bloße Aufforderung an die Adressaten zu verstehen, ihrerseits einen Antrag abzugeben (**invitatio ad offerendum**) oder sich in Vertragsverhandlungen zu begeben, nicht aber als Antrag im Rechtssinne. Der Antrag geht dann gewöhnlich vom Kunden aus, der sich für die angepriesene Ware interessiert. In diesem Fall kommt der Vertrag erst zustande, wenn der Geschäftsinhaber den Antrag des Kunden seinerseits annimmt. **548**

Als bloße Aufforderung zum Eintritt in Vertragsverhandlungen werden angesehen: Auslegen oder Übersendung von Warenkatalogen, Werbemaßnahmen für bestimmte Waren oder sonstige Leistungen, das „Anbieten" von Waren oder Leistungen durch Zeitungsannoncen, das Ausstellen von Waren in Schaufenstern, das „Anbieten" von Waren und Leistungen über das Fernsehen (Tele-Shopping) oder das Internet und dergleichen. **549**

Freilich wird man den Charakter solcher Anpreisungen immer *von den besonderen Umständen her* zu würdigen haben. Die bloße Aufforderung zum Eintritt in Vertragsverhandlungen ist nicht leicht von einem Antrag zu unterscheiden, bei dem die Gebundenheit ausgeschlossen ist (§ 145, letzter Halbsatz). Ergeht die Mitteilung über die Möglichkeit des Warenbezugs zu bestimmten Konditionen an einen ausgewählten, engeren Kundenkreis und ist die Klausel „freibleibend" hinzugefügt, so ist eher an einen Antrag zu denken, bei dem die Gebundenheit ausgeschlossen ist. Ausschlaggebend ist aber nie allein der Wortlaut, sondern der aus Wortlaut und den jeweiligen Umständen zu entnehmende Wille (lehrreich zur Klausel „Lieferungsmöglichkeit vorbehalten" BGH NJW 1958, 1628; zur Klausel „freibleibend" BGH NJW 1984, 1885; 1996, 919; zur Klausel „Selbstbelieferung vorbehalten" BGHZ 92, 396). Die entscheidende Frage ist: Wollte der „Anbietende", dass jeder Adressat seiner Werbeaktion durch bloßes „Ja" einen Vertrag mit ihm zustandebringen kann? Dann Antrag; andernfalls liegt nur eine invitatio ad offerendum vor. Ob das eine oder das andere gewollt ist, wird aus der Sicht des Empfängers beurteilt („Empfängerhorizont", dazu Rn 568).

Kontrovers wird diskutiert, ob **das Auslegen der Ware in Selbstbedienungsläden** bereits einen Antrag des Händlers an die Kunden enthält, den diese dadurch annehmen, dass sie die gewünschten Waren in ihren Einkaufskorb legen. Das ist uE für den Regelfall zu verneinen: Der Kunde möchte erst dann gebunden sein, wenn er mit dem Einkaufswagen an der Kasse erscheint, um die ausgesuchten Waren zu zahlen. Etwas anders gilt für Waren, die nicht fertig verpackt sind, sondern für den Kunden individuell bereitgestellt werden (etwa der an der Fleischtheke für den Kunden zugeschnittene Schweinebraten).

Beim „Angebot" von Leistungen über das **Internet** kann es im Einzelfall sein, dass derjenige, der eine Leistung anpreist, schon einen Antrag im Rechtssinne abgibt, zB wenn das Herunterladen (Download) einer bestimmten Software gegen Entgelt angeboten wird, da hier das Problem der begrenzten Verfügbarkeit des Anbieters gewöhnlich nicht besteht. Doch auch in solchen Fällen verdeutlichen viele Online-Händler, dass sie erst dann verpflichtet sein wollen, wenn sie ihrerseits einen Antrag des Kunden angenommen („bestätigt") haben. Zu den Problemen *Mehrings* BB 1998, 2373, 2375.

550 Für **Versteigerungen** enthält § 156 S. 1 die Klarstellung, dass der Vertrag zwischen dem Versteigerer und Bieter erst mit dem Zuschlag zustande kommt. Das bedeutet: Die Veranstaltung einer Versteigerung stellt nicht schon einen bindenden Antrag an den Meistbietenden dar, sondern eine invitatio ad offerendum. Der Antrag geht vom Bieter aus. Er erlischt, wenn ein höheres Gebot abgegeben wird (§ 156 S. 2). Der Versteigerer hat es dann in der Hand, das höchste Gebot durch eine – „Zuschlag" genannte – Erklärung anzunehmen und damit den Vertrag zustande zu bringen.

Bei **„Auktionen im Internet"** ist es möglich, dass derjenige, der per Internet eine Ware gegen Höchstgebot feilbietet, bereits einen bindenden Antrag an jedermann (= ad incertas personas, vgl auch Rn 538) erklärt, der durch den Höchstbietenden angenommen wird; hier ist also nicht der Kaufpreis, wohl aber der Modus der Kaufpreisermittlung (Höchstes „Gebot" innerhalb einer bestimmten Frist) vom Anbietenden festgelegt worden (Weiteres unter Rn 475).

d) Wirksamwerden der Annahmeerklärung

551 **aa) Grundsatz.** Die Annahme ist wie der Antrag eine **empfangsbedürftige Willenserklärung**; sie ist dem Partner, mit dem der Vertrag geschlossen werden soll, gegenüber abzugeben. Es gelten also die Ausführungen unter Rn 491. Bei Vertragsschluss unter Abwesenden müssen also beide Erklärungen dem jeweiligen Verhandlungspartner zugehen.

552 **bb) Nicht empfangsbedürftige Annahmeerklärung nach § 151.** Die **Annahmeerklärung** ist jedoch **nicht in jedem Fall** empfangsbedürftig, wie sich aus der Regelung des § 151 ergibt.

> **Fall 32:** Die G-GmbH betreibt ein kostenpflichtiges Parkgelände. Dieses ist so organisiert, dass der Kunde bei der Einfahrt eine Schranke überwinden muss. Dies geschieht durch Tastendruck an einem Automaten, der daraufhin ein Ticket ausgibt. Vor dem Ausfahren ist der Kunde dann gehalten, mit dem Ticket an eine nahe der Ausfahrt befindliche Kasse zu gehen, wo ein Angestellter der GmbH gegen Zahlung das Ticket für die Ausfahrt freischaltet. F fährt – unter Beachtung der genannten Prozedur – in das Parkgelände und stellt seinen Wagen auf einem freien Platz unter. Ist ein Vertrag zustande gekommen? Gegebenenfalls wodurch?

Ein Antrag „an jedermann" liegt darin, dass die G-GmbH die entgeltliche Benutzung des Parkgeländes durch entsprechende Beschilderung öffentlich anbietet: Solange das Parkgelände nicht voll belegt ist, soll jede beliebige Person gegen Entgelt ihren Wagen darauf abstellen können. Dieser Antrag geht auch den potenziellen Kunden, welche das Parkgelände und seine Beschilderung wahrnehmen, zu. Worin aber liegt die Annahmeerklärung des Kunden? Man könnte denken: Wenn er am Ende der Parkzeit bei der Kasse zahlt. Das liegt aber nicht im Sinne der GmbH: Diese will den Kunden bereits dadurch verpflichtet wissen, dass dieser von dem Angebot *tatsächlich Gebrauch macht*, also in die Anlage fährt und den Wagen (bestimmte Zeit) parkt. Davon muss auch der Kunde ausgehen. Wir können also sagen: Durch das Hineinfahren und Parken erklärt der Kunde konkludent seinen Annahmewillen. Freilich fehlt es bei dieser Erklärung an einem Adressaten. Der Angestellte an der Kasse braucht von der Zufahrt eines weiteren Autos nichts zu bemerken, das Erklärungsverhalten des Parkenden ist nicht an ihn (als Vertreter der GmbH) adressiert. Soll der Vertragsschluss daran scheitern?

Bei der Interessenwertung muss bedacht werden, dass die Empfangsbedürftigkeit der Willenserklärung zum Schutz des Empfängers angeordnet ist. Dieser kann folglich darauf verzichten. Durch die Organisation der Parkanlage will die GmbH potenzielle Kunden in die Lage versetzen, auf vertraglicher Basis eine Leistung in Anspruch zu nehmen, ohne dass die Annahme *ihr gegenüber* erklärt werden muss. Das Abstellen des Wagens auf dem Gelände soll den Vertrag zustandebringen, ohne dass der GmbH eine Annahmeerklärung zugehen müsste. Es soll ein Handeln genügen, aus der sich objektiv der Annahmewille ergibt, das sich aber nicht an den Anbietenden richten muss.

Dieser Interessenlage trägt § 151 S. 1 Rechnung. Diese Vorschrift bestimmt, dass in **553** zwei Fallgestaltungen eine **Annahmeerklärung nicht dem Antragenden gegenüber** erklärt zu werden braucht, nämlich

- wenn der anbietende Teil auf die Empfangsbedürftigkeit der Annahmeerklärung *verzichtet* hat (wie im obigen Fall),
- oder wenn eine empfangsbedürftige Annahmeerklärung *nach der Verkehrssitte nicht zu erwarten* ist.

Eine solche **Verkehrssitte** nimmt die Rechtsprechung bei dem Antrag einer unentgeltlichen Zuwendung oder eines lediglich vorteilhaften Geschäfts an (BGH NJW 2000, 276, 277), zB wenn jemand einem anderen anbietet, für dessen Schulden zu bürgen oder sonst eine Mithaftung zu übernehmen. Dann braucht die Annahme eines solchen Antrags *nicht dem Antragenden gegenüber* erklärt zu werden.

Beachte: Unter den Voraussetzungen des § 151 S. 1 **entfällt nur das Erfordernis des Zugangs** der Annahmeerklärung, nicht einer Annahmeerklärung überhaupt. Der Annahmewille muss also irgendwie zum Ausdruck kommen, wenngleich nicht an den Anbietenden adressiert sein (BGH NJW 2000, 276, 277: NJW 2004, 287). Bei bloß vorteilhaften Anträgen lässt es die Rechtsprechung als Betätigung des Annahmewillens allerdings genügen, wenn der Empfänger es unterlässt, den Antrag durch eine äußerlich erkennbare Willensäußerung zurückzuweisen (BGH NJW 1997, 2233; NJW 2000, 276, 277), hier wird im „Schweigen" also die Zustimmung gesehen.

Bei der Anwendung des § 151 S. 1 BGB ist sorgfältig zu prüfen, ob seine Voraus- **554** setzungen auch wirklich vorliegen. Mit dem Verzicht auf die Zugangsbedürftigkeit der Annahme geht der Anbietende ein Risiko ein. Er läuft Gefahr, dass der Vertrag zustande kommt, ohne dass er es erfährt. Es ist daher zu fragen: Ergibt sich aus der Art und den Umständen des Antrags, dass der Anbietende den Partner in die Lage bringen wollte, den Vertrag auch durch ein Verhalten zustande zu bringen, von dem der Anbietende möglicherweise keine Kenntnis erlangt? Auf der anderen Seite kann das Verfahren nach § 151 auch für den Annehmenden Nachteile bringen: Er wird an einem äußerlich wahrnehmbaren Willensentschluss festgehalten, den er gar nicht an den Anbietenden adressiert hat. Es ist daher auch zu fragen, ob in seinem Verhalten auch wirklich der Wille zur vertraglichen Bindung zum Ausdruck kommt.

Besonders wichtig ist § 151 S. 1 bei Verträgen, die durch Benutzung eines **Warenau- 555 tomaten** abgeschlossen werden. Wer einen Warenautomaten aufstellt, macht an jedermann einen Antrag auf Abschluss eines Kaufvertrags (dieser Antrag steht unter der Bedingung, dass der Automat funktionstüchtig ist und bezieht sich nur auf die jeweils noch vorhandene Ware). Durch Einwerfen der Münzen in entsprechender Summenhöhe wird der Antrag angenommen, ohne dass die Annahmeerklärung beim Anbietenden zugehen müsste, da der Anbietende nach den Umständen auf die Zugangsbedürftigkeit der Annahmeerklärung verzichtet hat (§ 151 S. 1). Auch die zur Erfüllung des Kaufs vorgenommenen Verfügungsgeschäfte (Übereignung der Ware; Übereignung des Geldes) kommen mit Hilfe des § 151 zustande. Der Automatenaufsteller erklärt durch das Bereitstellen des Automaten sein Einigsein über den Eigentumswechsel an Ware und Geld; dieser Antrag wird durch Einwerfen der Münzen und Herausnahme der Ware gemäß § 151 S. 1 angenommen.

556 **cc) Nicht empfangsbedürftige Erklärung nach § 152.** Wenn für einen Vertrag die notarielle Beurkundung vorgeschrieben ist (dazu Rn 523), so genügt es im Allgemeinen, wenn zunächst der Antrag und dann die Annahme von einem Notar beurkundet wird (§ 128). Sofern das Gesetz nichts anderes bestimmt (wie etwa in § 925), müssen die Parteien also nicht gleichzeitig anwesend sein. In diesem Fall bestimmt § 152 S. 1, dass der Vertrag *schon mit der Beurkundung* der Annahme zustande kommt, ohne dass die Annahmeerklärung dem anderen Teil zugestellt werden müsste. Die Annahmeerklärung ist also in diesem Fall *nicht empfangsbedürftig*.

Beispiel: A will dem B ein Grundstück verkaufen. Der Kaufvertrag bedarf der notariellen Beurkundung (§ 311b I 1). Der Vertrag kann in der Weise formgültig geschlossen werden, dass zunächst der A seinen Antrag und eine Woche später B die Vertragsannahme bei einem Notar getrennt beurkunden lassen. Der Vertrag kommt schon in dem Augenblick zustande, in dem B seine Annahmeerklärung beurkunden lässt; eines Zugangs der Annahmeerklärung bei A bedarf es dann nicht mehr. Beachte: Wenn es dann um die *Übereignung* des Grundstücks geht, gilt die Formvorschrift des § 925: Das Einigsein über den Eigentumsübergang („Auflassung") muss bei *gleichzeitiger Anwesenheit* beider Teile vor dem Notar erklärt werden (freilich ist Stellvertretung zulässig); § 152 gilt in solchem Fall nicht. Für die Frage, wie lange der notariell beurkundete Antrag, der in Abwesenheit des anderen Teils beurkundet wird, verbindlich bleibt und wann er erlischt, verweist § 152 S. 1 auf die Regelung des § 151 S. 2: Der Zeitpunkt, in welchem der Antrag erlischt, bestimmt sich nach dem aus dem Antrag oder den Umständen zu entnehmenden Willen des Antragenden (dazu Rn 543).

9. Exkurs: Der Kontrahierungszwang

557 Von den Formen, in denen die Rechtsordnung auf die Rechtsgeschäfte einwirkt, ist im Zusammenhang mit dem Vertragsschluss eine Einrichtung zu erörtern, die wegen des starken Eingriffs in die rechtsgeschäftliche Handlungsfreiheit Ausnahmecharakter trägt: der Kontrahierungszwang. Wir haben gesehen, dass in bestimmten Fällen rechtsgeschäftliche Wirkungen ohne Rechtsgeschäft eintreten (Rn 483 ff). Darüber hinaus gibt es Konstellationen, in denen zwar ein Rechtsgeschäft als Grundlage rechtsgeschäftlicher Wirkungen vorausgesetzt ist, in denen aber eine Person verpflichtet wird, einen Vertrag bestimmten Inhalts mit anderen Personen abzuschließen, sofern diese den Abschluss wünschen. Der Kontrahierungszwang bildet einen Eingriff in die rechtsgeschäftliche Abschlussfreiheit und kann nur aus schwerwiegenden Gründen auferlegt werden.

Über gesetzlich geregelte Fälle hinaus leitet die Rechtsprechung unter bestimmten   **558** Voraussetzungen einen Kontrahierungszwang aus allgemeinen Rechtsgrundlagen ab (**allgemeiner Kontrahierungszwang**, vgl BGH NJW 1990, 761, 762).

Beispiel: In einer Stadt gibt es den eingetragenen Verein „Theaterfreunde", der im Zusammenwirken mit den städtischen Bühnen seinen Mitgliedern preiswerte Theaterabonnements vermittelt. Die Mitgliedschaft ist sehr begehrt, da das Abonnement einmalig günstig ist. Ein Opernfreund bewirbt sich um die Mitgliedschaft. Er wird auf eine Warteliste gesetzt, auf der er wahrscheinlich in drei Jahren zum Zuge kommt. Er erfährt, dass ein anderer Bewerber auf Grund der Empfehlung eines ausscheidenden Vereinsmitgliedes sofort aufgenommen wurde. Er verlangt daraufhin, unverzüglich aufgenommen zu werden.

Der Beitritt zu einem Verein erfolgt durch einen Vertrag zwischen dem Verein und dem Beitretenden. Dem Grundsatz nach gilt die Vertragsfreiheit für beide. Niemand kann verpflichtet sein, einem bestimmten Verein beizutreten. Grundsätzlich ist auch ein Verein nicht verpflichtet, bestimmte Personen als Mitglieder aufzunehmen, es gilt „Vereinsautonomie". Denn die staatsbürgerliche Freiheit, sich mit anderen rechtswirksam zu einer privatrechtlichen Vereinigung zusammenzufinden, setzt gerade voraus, dass man auch die Personen auswählen kann, mit denen man den Verein bilden will.

Im genannten Fall ergeben sich jedoch gegen die Befugnis des Vereins, Bewerber nach Belieben als Mitglieder aufzunehmen oder abzulehnen, Bedenken. Denn die „Theaterfreunde" verfolgen ein soziales Bedürfnis, nämlich die Beschaffung billiger Abonnements für ständige Theaterinteressenten. Wir wollen annehmen, dass der Verein die einzige Bezugsquelle für billige Abonnements bildet, also eine monopolartige Stellung innehat. Daraus kann die Verpflichtung hergeleitet werden, mit jedermann zu den gleichen Bedingungen Aufnahmeverträge zu schließen.

Zu diesem Ergebnis ist denn auch in einem ähnlichen Fall das LG Berlin gekommen   **559** (NJW 1962, 206). Mit Rücksicht auf ein **Monopol oder eine sonstige überragende Machtstellung** wird ferner der Aufnahmezwang in exklusive Berufsgenossenschaften, Interessenvertretungen und übergeordnete Verbände (zB Aufnahmeanspruch eines Sportvereins in den Landessportverband) unter bestimmten Voraussetzungen bejaht (vgl BGH NJW 1969, 316; BGHZ 93, 151 – Gewerkschaft; BGH NJW 1999, 1326). Die Vereinigung, gegen die der Aufnahmeanspruch bestehen soll, muss allerdings Leistungen oder Vorteile bieten, die sonst nicht zu erhalten und die nach objektiver Wertung für den Bewerber wichtig sind.

Die Voraussetzungen, unter denen eine Verpflichtung zum Vertragsabschluss angenommen werden kann, sind im Einzelnen streitig. Überwiegend wird vertreten, dass ein allgemeiner Kontrahierungszwang nicht nur für Monopolisten bestehen kann, sondern auch für Betriebe oder Verbände, die eine wirtschaftliche oder soziale Machtstellung innehaben, sofern der Bewerber zur Verfolgung wesentlicher Interessen auf die vertragliche Beziehung zu ihnen angewiesen ist (BGH NJW 1980, 186). Die überwiegende Meinung nimmt an, dass der Unternehmer, der *lebenswichtige Güter* anbietet, den Vertragsschluss *nur aus sachlichen Gründen ablehnen* darf, wenn für den anderen Teil *keine zumutbare Möglichkeit* besteht, seinen *Bedarf anderweitig zu decken*.

Der durch richterliche Wertung auferlegte Kontrahierungszwang wirft schwierige   **560** Fragen auf. Zweifelhaft ist, aus welchen **gesetzlichen Grundlagen** sich eine Aufnahmepflicht und damit ein Aufnahmeanspruch des Beitrittswilligen ergibt. Herkömmlicherweise leitet man den Anspruch aus § 826 her: Wer ein Monopol missbraucht, handelt sittenwidrig; wer einen anderen vorsätzlich und sittenwidrig schädigt, ist ihm zum Schadensersatz verpflichtet; der Schadensersatzanspruch ist durch „Naturalherstellung" (§ 249 I) zu erfüllen, hier also dadurch, dass der sittenwidrig abgewiesene Bewerber als Mitglied aufgenommen wird. Aus der analogen Anwendung des § 1004 I 1 (Rn 378) kann man auch einen Anspruch auf Beseitigung des sittenwidrigen Zustandes durch Aufnahme des Bewerbers herleiten. Zur Begründung des Kontrahierungszwangs dienen ferner das Sozialstaatsprinzip des GG und eine Rechtsanalogie aus gesetzlich geregelten Fällen.

561 Schwierig ist auch die **Präzisierung der Voraussetzungen und Grenzen** eines derartigen Kontrahierungszwanges. Das LG Berlin hat in obigem Fall mit dem Gleichheitsgrundsatz argumentiert: Der Monopolist macht sich des Missbrauchs seiner Monopolstellung schuldig, wenn er ohne sachlichen Grund einer bestimmten Person gegenüber entweder den Vertragsabschluss überhaupt verweigert oder ihr schlechtere Vertragsbedingungen als anderen anbietet. Der allgemeine Gleichheitsgrundsatz, der sonst das Privatrechtshandeln nicht bindet, soll also für den Inhaber eines Monopols verbindlich sein, weil er mit quasi-hoheitlicher Macht über die wirtschaftlichen und sozialen Möglichkeiten der auf ihn Angewiesenen befindet. Mit dieser Aussage sind jedoch nicht alle Probleme gelöst. Fast für jede Vereinigung gibt es das Problem einer höchstzuträglichen oder höchstmöglichen Mitgliederzahl. Über die Höchstkapazität hinaus kann eine Vereinigung zur Aufnahme also nicht verpflichtet sein. Es muss folglich selbst bei Monopolisten Aufnahmebeschränkungen geben können, die sachlich begründet sind und alle Bewerber gleich treffen.

Freilich ist es nicht leicht, *sachliche* Aufnahmebeschränkungen von *unsachlichen* zu unterscheiden. Wäre es unsachlich, wenn die Vereinssatzung im obigen Fall dem ausscheidenden Mitglied die Befugnis einräumte, einen unmittelbaren Nachfolger – im Range vor anderen Bewerbern – zu bestimmen (bejaht vom LG Berlin)? Wäre es unsachlich, einkommensschwache Bewerber zu bevorzugen oder nur die Bewohner der Stadt X zuzulassen? Mit dem Problem des Kontrahierungszwangs hängt auch die Frage zusammen, unter welchen Voraussetzungen ein gewerbliches Unternehmen bestehende Geschäftsverbindungen aus politischen Gründen kündigen darf, vgl OLG Köln NJW 2001, 452; OLG Dresden NJW 2001, 1433.

Literatur: Zum Kontrahierungszwang: *H.C. Nipperdey*, Kontrahierungszwang und diktierter Vertrag, 1923; Zum Aufnahmezwang bei Verbänden BGHZ 63, 282; *B. Grunewald*, AcP 182, 181; zum Sonderproblem bei politischen Parteien BGH NJW 1987, 2503; bei Gewerkschaften BGHZ 93, 151; im Arbeitsrecht *B. Boemke*, NJW 1993, 2083; *S. Vykydal*, Der unmittelbare Kontrahierungszwang im deutschen Recht, JA 1996, 81; *J. Busche*, Privatautonomie und Kontrahierungszwang, 1999.

561a Ein deutlich weiter gehender Kontrahierungszwang ergibt sich aus dem Allgemeinen Gleichbehandlungsgesetz (AGG) (dazu Rn 86). § 21 AGG regelt die Rechtsfolgen aus Verstößen gegen das **zivilrechtliche Benachteiligungsverbot** aus § 19 AGG. Der in § 21 I AGG enthaltene Anspruch auf „Beseitigung der Beeinträchtigung" umfasst nach allgemeinen Grundsätzen einen Anspruch auf Vertragsabschluss, wenn die Benachteiligung gerade in der Verweigerung eines Vertragsschlusses besteht und der Vertragsschluss noch immer möglich ist. Wird also beispielsweise einem Behinderten wegen seiner Behinderung der Abschluss eines Vertrages versagt, der typischerweise ohne Ansehen der Person zu vergleichbaren Bedingungen in einer Vielzahl von Fällen geschlossen wird (Massengeschäft, § 19 I Nr 1 AGG), so kann der Behinderte Beseitigung dieser Diskriminierung verlangen. Weil die Diskriminierung gerade darin liegt, dass der Diskriminierende mit dem Behinderten einen Vertrag nicht geschlossen hat, den er ansonsten mit beliebigen Dritten abschließen würde, kann die Diskriminierung nur durch Vertragsschluss beseitigt werden. Ein Kontrahierungszwang kann sich nach allgemeinen Grundsätzen überdies auch aus dem Schadensersatzanspruch aus § 21 II 1 AGG ergeben, der zur Naturalrestitution nach § 249 I BGB führt. Naturalrestitution bedeutet in diesem Zusammenhang, dass der Diskriminierende den Zustand herstellen muss, der ohne die Diskriminierung bestünde. Wäre es ohne die Diskriminierung zum Vertragsschluss gekommen, so schuldet der Diskriminierende deshalb Schadensersatz in Form des Vertragsschlusses. Das ist dann der Fall, wenn der Diskriminierende derartige Verträge mit Personen, die nicht das betreffende Diskriminierungsmerkmal tragen, jederzeit abschließen würde.

Gegen einen Kontrahierungszwang wird angeführt, dass im Entwurf eines AGG ursprünglich eine Norm vorgesehen war, nach der im Fall einer Vertragsverweigerung der Benachteiligte den Abschluss eines Vertrags nur verlangen konnte, wenn dieser ohne Verstoß gegen das Benachteiligungsverbot erfolgt wäre. Diese Norm wurde nach erheblicher Kritik am Kontrahierungszwang im Gesetzgebungsverfahren gestrichen. Das könnte darauf hindeuten, dass der Gesetzgeber keine Beseitigung der Beeinträchtigung durch Vertragsschluss vorsehen wollte. Dann freilich hätte auch § 15 VI AGG als überflüssig gestrichen werden müssen, der für bestimmte Fälle anordnet, dass ausnahmsweise gerade kein Anspruch auf Abschluss eines Schuldverhältnisses besteht; daraus lässt sich nämlich im Gegenschluss entnehmen, dass in anderen Fällen die Beseitigung der Beeinträchtigung auch im Wege eines Anspruchs auf Vertragsschluss erfolgen kann. Außerdem war die gestrichene Regelung zum Kontrahierungszwang ohnehin nur als Klarstellung der geschilderten allgemeinen Grundsätze des Zivilrechts gedacht. Bei einer Kritik des Kontrahierungszwangs ist stets zu bedenken, dass der Zwang zwar massiv in die Vertragsabschlussfreiheit des Diskriminierenden eingreift, auf der anderen Seite aber die rein tatsächliche Vertragsabschlussfreiheit der Träger bestimmter Diskriminierungsmerkmale erweitert. Diese Erweiterung ließe sich jedoch auch durch einen Anspruch des Diskriminierten auf Schadensersatz in Geld sicherstellen. Umgekehrt kann man freilich darauf verweisen, dass die Freiheit, diskriminierenden Vorurteilen freien Lauf zu lassen, der wohl am ehesten verzichtbare Teil der Vertragsfreiheit sei. Das letzte Wort in dieser Frage wird, weil das AGG der Umsetzung europäischer Richtlinien dient, der EuGH haben.

561b

Literatur: *Thüsing/von Hoff*, Vertragsschluss als Folgenbeseitigung: Kontrahierungszwang im zivilrechtlichen Teil des Allgemeinen Gleichbehandlungsgesetzes, NJW 2007, 21.

Kapitel 4
Der Inhalt von Willenserklärung und Vertrag. Die fehlgeschlagene Einigung

1. Der Inhalt der Willenserklärung

▸ Falltraining 1, Fälle 15, 36

a) Der „objektive Erklärungswert"

562 Wird ein Vertrag geschlossen und zur Zufriedenheit aller Beteiligten durchgeführt, so wird nicht mehr lange gefragt, was denn nun genau Inhalt der ausgetauschten Willenserklärungen und des Vertrags gewesen sei. Anders aber in den häufigen Fällen, in denen die Partner eines Vertragsschlusses merken, dass sie sich missverstanden oder die Rechtsfolgen des Vertrags unterschiedlich vorgestellt haben. Nicht selten sagt ein Kontrahent später: „Das habe ich nicht gemeint". „Das habe ich nicht gewollt", oder „So habe ich mir das nicht vorgestellt". Die Frage ist, wie man in solchen Fällen die Rechtslage zu beurteilen hat. Soll schon deshalb, weil sich die Parteien eines Vertragsschlusses einen unterschiedlichen Vertragsinhalt vorgestellt haben, der Vertrag unwirksam sein? Dann würde ein Vertrag nicht viel wert sein, denn jede Partei, derer ein Vertragsschluss lästig würde, könnte hinterher behaupten, etwas anderes gemeint zu haben. Lässt man den Vertrag aber auch bei unterschiedlichen Vorstellungen über seinen Inhalt gelten, so stellt sich die Frage, welcher Inhalt denn gelten soll, welche Partei also mit ihrer Vorstellung Recht behält. Aufgabe des Gerichts ist es dann im Streitfall, den **Inhalt des Vertrages festzustellen**, der sich aus dem Inhalt der ausgetauschten Willenserklärungen ergeben muss. Dazu bietet das BGB zwei Regeln.

§ 133: Bei der Auslegung einer *Willenserklärung* ist der *wirkliche Wille* zu erforschen und nicht an dem buchstäblichen Sinne des Ausdrucks zu haften.

§ 157: *Verträge* sind so auszulegen, wie *Treu und Glauben mit Rücksicht auf die Verkehrssitte* es erfordern.

563 Soweit es um Rechtsfolgen geht, die auf Grund des erklärten Parteiwillens eintreten, muss sich der Inhalt des Vertrages aus dem Inhalt der bei Vertragsabschluss ausgetauschten Willenserklärungen ergeben. Da der **Antrag** den vollständigen Entwurf des Vertrages enthält, ist von ihm **auszugehen**. Ist der Inhalt des Antrags ermittelt, so ist weiter zu untersuchen, ob ihn der andere Teil ohne Veränderung (§ 150 II) **angenommen** hat. Trifft dies zu, so ist der Vertrag mit dem Inhalt des Antrags geschlossen.

564 **Fall 33:** Frau F entschließt sich, ihren Beruf als Büroangestellte aufzugeben und eine Gastwirtschaft zu eröffnen. Sie macht die Bekanntschaft des Mosel-Winzers B, der ihr einige Flaschen Moselwein zum Probieren überlässt. Besonders schmeckt ihr ein trocken ausgebauter Riesling des Jahrgangs 2009, der 3,50 € pro Literflasche kosten soll. B macht Frau F das Angebot, mit dem Preis auf 2,50 € herunterzugehen, wenn sie ein ganzes Fuder abnehme. Damit ist Frau F einverstanden. Als B zum vereinbarten Termin den Wein anliefert, er-

schrickt Frau F über die Menge, die er bei ihr abladen will. Nun stellt sich ein Missverständnis heraus: Frau F hatte gedacht, ein Fuder entspreche 100 Liter, während für den Winzer B 1000 Liter gemeint waren. Muss Frau F den gesamten Wein abnehmen?

B hat gegen Frau F aus § 433 II Anspruch auf Abnahme des gesamten Weins und Zahlung des Kaufpreises von 2500 €, wenn ein Kaufvertrag mit dem Inhalt „1000 Liter" zustande gekommen ist. Da die Parteien ein bei Vertragsschluss gebrauchtes Erklärungszeichen („Fuder") unterschiedlich verstanden haben, ist zu prüfen, ob sie sich wirklich geeinigt haben. Das hängt davon ab, ob der Inhalt von Antrag und Annahme übereinstimmt. Auszugehen ist, wie gezeigt, vom Inhalt des Antrags, der hier von B abgegeben wurde. Sodann ist der Inhalt der Annahmeerklärung zu bestimmen. Was aber ist der Inhalt einer Willenserklärung?

Man könnte (a) erwägen: Es gilt stets, *was der Erklärende gemeint* hat. Eine solche Lösung hätte bei empfangsbedürftigen Erklärungen katastrophale Auswirkungen. Denn legt man sie zugrunde, so würde jedes Missverständnis, das bei einem Erklärungsvorgang vorkommt, zulasten des Erklärungsempfängers gehen. Hat sich zB jemand bei einem Antrag verschrieben (er gibt versehentlich den Preis zu 30 € statt wie gewollt zu 50 € an), so würde als Inhalt des Antrags nicht der geschriebene, sondern der tatsächlich gemeinte Preis gelten. Was aber der Erklärende wirklich meint, kann der Empfänger nicht wissen. Es kann also nicht schlechterdings dasjenige als Erklärungsinhalt gelten, was der Erklärende tatsächlich gemeint hat. **565**

Man könnte ferner (b) erwägen: Es gilt stets, *was der Erklärungsempfänger verstanden* hat. Dies wäre nun wiederum dem Erklärenden gegenüber ungerecht. Denn in diesem Fall würde der Erklärende das volle Risiko dafür tragen, dass ihn der Empfänger auch richtig versteht; es ginge zB zulasten des Erklärenden, wenn der Empfänger einen Brief flüchtig liest. Es kann also auch nicht immer dasjenige maßgeblich sein, was der Empfänger tatsächlich verstanden hat.

Vielmehr gilt (c) ein Erklärungsinhalt, der das Ergebnis einer Wertung ist (sog. **objektiver** oder **normativer Erklärungswert**). Man versetzt sich dabei in die Lage des Empfängers, weil die Erklärung an ihn gerichtet ist. Erklärungsinhalt ist aber nicht schlechthin das, was er tatsächlich verstanden hat, sondern – wie man häufig formuliert – was er „verstehen durfte" („zu verstehen hatte", BGH NJW 1984, 721). Es soll auf die Bedeutung ankommen, die der Empfänger aufgrund aller ihm erkennbaren Umstände als die vom Erklärenden gemeinte erkennen „musste". Man geht also von der Lage des Empfängers aus und prüft, wie sich für ihn der Erklärungsinhalt darstellen „musste". **566**

Die genannten Formulierungen sind in folgendem Zusammenhang zu sehen. Wer die Erklärung eines anderen empfängt, darf das verwendete Erklärungszeichen nicht willkürlich interpretieren; er ist vielmehr gehalten, in zumutbarem Maße darüber nachzudenken und bei Zweifeln nachzuforschen, was der Erklärende gemeint hat. Das ist der Sinn des von § 133 formulierten Gebotes, bei der Auslegung einer Willenserklärung den **wirklichen Willen** des Erklärenden zu erforschen und nicht an dem buchstäblichen Sinn des Ausdrucks zu haften. Dem Adressaten einer Erklärung wird folglich angesonnen, in zumutbarem Maße den wirklich gemeinten Sinn der Erklärung zu erforschen. Ein Missverständnis, das darauf beruht, dass der Empfänger dies nicht ausreichend getan hat, muss deshalb zu seinen Lasten gehen. **567**

– Es gilt das vom Erklärenden Gemeinte, wenn es der Empfänger bei zumutbarem Nachdenken und Nachforschen richtig hätte auffassen können.

– Hingegen gilt der vom Empfänger verstandene Erklärungsinhalt, wenn dieser sich auch bei zumutbarem Nachdenken und Nachforschen dem Empfänger so und nicht anders darstellen würde.

b) Einzelne Gesichtspunkte

568 Damit ist die Frage nach dem Inhalt einer Willenserklärung bei einem Missverständnis zwischen Erklärendem und Empfänger als Zurechnungsproblem formuliert. Die Konfliktlösungen im Einzelnen hängen davon ab, mit welchen Zumutungen man den Empfänger belastet. Hier gibt es keine allgemeine Definition, sondern ein Bündel von Gesichtspunkten.

(1) Die Beurteilung muss **von der konkreten Situation des Empfängers aus** vorgenommen werden. Die Wertung erfolgt zwar nach objektiven Kriterien, ist aber auf die Situation des Empfängers bezogen (subjektbezogen). Es sind, wie man sagt, die „Umstände" des Erklärungsgeschehens heranzuziehen (Ort, Zeit, Inhalt der Vorverhandlungen etc), soweit sie der Empfänger kannte oder bei zumutbarer Anstrengung in Erfahrung bringen konnte (vgl BGH NJW 1992, 1446). Man sagt auch: Die empfangsbedürftige Erklärung ist vom **Empfängerhorizont** aus zu interpretieren.

Zu weitgehend erscheint die Formel, dass es darauf ankomme, was der Empfänger *erkennen konnte*. Denn diese Formel lässt offen, welches Maß an Anstrengungen dem Empfänger angesonnen wird, um das vom Erklärenden wirklich Gemeinte erkennen zu können. Den Empfänger kann aber nicht jedwede Anstrengung zugemutet werden, sonst wären wir praktisch bei Lösung (a). Es muss also darauf ankommen, was der Empfänger *mit zumutbaren Anstrengungen* erkennen konnte.

Der Inhalt eines unter Einsatz elektronischer Kommunikationsmittel über ein **automatisiertes Buchungs- oder Bestellsystem** an ein Unternehmen gerichteten Angebots und einer korrespondierenden Willenserklärung des Unternehmens ist nicht danach zu bestimmen, wie das automatisierte System das Angebot voraussichtlich deuten und verarbeiten wird. Maßgeblich ist vielmehr, wie der menschliche Adressat die jeweilige Erklärung nach Treu und Glauben und der Verkehrssitte verstehen darf (BGH NJW 2013, 598).

569 (2) Es ist zu beachten, dass die unter Personen gebrauchten **Erklärungszeichen** (Gesten, Worte etc) je nach unterschiedlichen Sprach-, Lebens-, Berufs- und Geschäftskreisen eine **divergierende Bedeutung** haben können. Denn die Erklärungsbedeutungen beruhen auf Konventionen, die vielfach auf bestimmte Personengruppen beschränkt sind. Eine „Bude" ist möglicherweise im allgemeinen Sprachgebrauch etwas anderes als im studentischen; „Kohlen" bedeuten dem Kohlenhändler möglicherweise etwas anderes als dem Ganoven; das Hochstrecken der Hand hat bei einer Versteigerung einen anderen Sinn als bei einer Abstimmung in der Vereinsversammlung. Die genannten Konventionen nennt das Gesetz „Verkehrssitte". In diesem Zusammenhang kommt **§ 157** mit seinem Grundsatz zum Tragen, dass Verträge so auszulegen sind, wie **Treu und Glauben mit Rücksicht auf die Verkehrssitte** es erfordern. Man wendet diese Vorschrift auch auf die einzelne Willenserklärung an. Dabei ist zu bedenken, dass es vielfach nicht eine für die gesamte Bevölkerung geltende Verkehrssitte gibt, sondern spezifische Verkehrssitten für bestimmte Personenkreise. Darüber hinaus sind Konventionen sogar in engstem Kreise möglich (Geheimsprache etc).

(3) Eine in beschränktem Kreis geltende Bedeutungskonvention kann nicht ohne wei- **570** teres **Außenstehenden** aufgedrängt werden (Beispiel: BGH NJW 1992, 1446). Ist eine bestimmte Warenbezeichnung nur unter Händlern üblich, so kann man die Kenntnis davon nicht den Verbrauchern zurechnen. Andererseits ist der „Outsider", der sich in einem ihm fremden Geschäftskreis bewegt, gehalten, sich in besonderer Weise über die dort üblichen Bedeutungskonventionen zu informieren.

Zu **Fall 33**: Das traditionelle Maß „Fuder", das am Rhein und an der Mosel im Weinbau noch gebräuchlich ist, bezeichnet eine Menge von 1000 Liter (geringere Abweichungen je nach Weinbaugebiet). Frau F ist die Adressatin des Antrags des B. Der Antrag hatte also den Inhalt, den Frau F auf Grund aller ihr erkennbaren Umstände bei zumutbarem Nachdenken und Nachforschen verstehen durfte. Die Mengenbezeichnung „Fuder" hat nirgends die Bedeutung „100 Liter". Wenn Frau F nicht genau wusste, was darunter verstanden wird, konnte sie bei B leicht nachfragen oder sich sonst erkundigen. Da sie dies nicht getan hat, muss sie den allgemein gebräuchlichen Inhalt der Bezeichnung gegen sich gelten lassen: Der Antrag lautet also „objektiv" auf 1000 Liter. Die Annahmeerklärung der F konnte B ebenfalls in dem Sinne auffassen, dass 1000 Liter gemeint waren. B konnte insbesondere damit rechnen, dass Frau F als Gastwirtin über die Bedeutung der Bezeichnung „Fuder" informiert sei. Also ist ein Kaufvertrag über 1000 Liter zustande gekommen. Die ganz andere Frage ist nun, ob Frau F auf Grund ihres Irrtums ihre Erklärung anfechten kann (dazu Rn 604).

Literatur: *A. Lüderitz*, Auslegung von Rechtsgeschäften, 1966; *K. Larenz*, Die Methode der Auslegung des Rechtsgeschäfts, 1966; *F. Wieacker*, Die Methode der Auslegung des Rechtsgeschäfts, JZ 1967, 385; *C.v. Craushaar*, Der Einfluss des Vertrauens auf die Privatrechtsbildung, 1969; *Th. Mayer-Maly*, Die Bedeutung des tatsächlichen Parteiwillens für den hypothetischen, Festschrift für Flume, Bd. 1, 1978, 621; *H. Lessmann*, Die willentliche Gestaltung von Rechtsverhältnissen, JA 1983, 341, 403; *U. Diederichsen*, Der Auslegungsdissens, Festschrift für H. Hübner, 1984, 421; *G. Jahr*, Geltung des Gewollten und Geltung des Nicht-Gewollten, JuS 1989, 249.

c) „Falsa demonstratio non nocet"

Die Ermittlung des normativen Erklärungswerts ist nur dann angebracht, wenn ein **571** Missverständnis zwischen dem Erklärenden und dem Erklärungsempfänger vorliegt. Vergreift sich der eine Partner im Ausdruck und **merkt der andere, was wirklich gemeint ist**, so gilt das Gemeinte. Es darf dann nicht mehr untersucht werden, was der Erklärungsempfänger verstehen „durfte". Er hat die Erklärung wie gemeint verstanden und dies gilt (BGH NJW 2002, 1038, 1039).

Beispiel: A und B haben über den Verkauf eines Gemäldes verhandelt; A möchte es für 50 000 € verkaufen, B für 40 000 € kaufen. Nach einigen Tagen schreibt A dem B, er sei jetzt bereit, für 4000 € zu verkaufen; B erkennt gleich, dass es sich um einen Tippfehler handelt und dass A die Summe von 40 000 € meint. In diesem Fall hat der schriftliche Antrag des A die Preisangabe von 40 000 € zum Inhalt, weil dies A so gemeint und B so verstanden hat.

In diesem Zusammenhang wird häufig der Satz zitiert: „Falsa demonstratio non nocet" (die falsche Bezeichnung schadet nicht). Der Satz gilt aber nur, wenn der Empfänger trotz der falschen Bezeichnung das Richtige (vom Erklärenden wirklich Gemeinte) verstanden hat.

Dazu: *J. Wieling*, Die Bedeutung der Regel „falsa demonstratio non nocet" im Vertragsrecht, AcP 172 (1972), 297; *ders.*, Jura 1979, 524; zur Problematik bei formbedürftigen Geschäften BGH NJW 1979, 1350, dazu auch *I. Scherer*, Andeutungsformel und falsa demonstratio beim formbedürftigen Rechtsgeschäft in der Rechtsprechung des Reichsgerichts und des Bundesgerichtshofs, 1987.

2.   Geheimer Vorbehalt, Scheingeschäft, Scherzerklärung

572   Die Theorie vom „normativen Erklärungswert" einer Willenserklärung wird durch die Regelung des § 116 bestätigt. Danach ist eine Willenserklärung nicht deshalb nichtig, weil sich der Erklärende insgeheim vorbehält, das Erklärte nicht zu wollen **(geheimer Vorbehalt, Mentalreservation)**. Da der Erklärende den Vorbehalt „insgeheim" macht, geht dieser nicht in die objektive Erklärungsbedeutung ein. *Kannte* indes der Adressat einer empfangsbedürftigen Willenserklärung den Vorbehalt, so ist die Erklärung nach § 116 S. 2 nichtig; denn hier verstand der Empfänger, dass der Erklärende das Erklärte in Wirklichkeit nicht wollte.

573   Aus dem gleichen Grund erklärt **§ 117 I** eine empfangsbedürftige Willenserklärung, die dem Adressaten gegenüber mit dessen Einverständnis nur zum Schein abgegeben ist **(Scheingeschäft)**, für nichtig. Soll durch die Scheinerklärung ein anderes Rechtsgeschäft, das von den Parteien wirklich gewollt wird, verdeckt werden, so **gilt das wirklich Gewollte, § 117 II**; stets ist dafür Voraussetzung, dass der Adressat sein Einverständnis mit dem verdeckten Geschäft erklärt. Im Falle des § 117 II handelt es sich also darum, dass die Parteien aus Geheimhaltungsgründen eine vom allgemeinen Sprachgebrauch abweichende Konvention über die Erklärungsbedeutung vereinbaren.

Vom Scheingeschäft (§ 117) ist der Einsatz eines sog. **Strohmanns** zu unterscheiden. Der Strohmann wird – meist im Einverständnis aller Beteiligten – Vertragspartei, während die wirtschaftlichen Ergebnisse des Vertrages einen verdeckt bleibenden Hintermann treffen sollen. Im Gegensatz zum Scheingeschäft ist die Rechtsstellung des Strohmanns als Geschäftspartner im Außenverhältnis wirklich gewollt, weil anders die mit dem Geschäft bezweckten Ziele (zB steuerliche Vorteile) nicht erreicht werden können (vgl OLG Köln NJW 1993, 2623; BGH NJW 1995, 727). Die Frage also ist:

– Soll die „vorgeschobene" Person in Wirklichkeit nicht die Rechtsstellung eines Vertragspartners erhalten? (dann § 117, vgl BGH NJW 1997, 861);
– oder soll sie eine solche Position nach außen einnehmen, um für einen Hintermann bestimmte Vorteile erreichen zu können? (dann Strohmann; die ganz andere Frage ist, ob das Geschäft aus anderem Grunde ungültig ist, zB weil es gegen das Gesetz verstößt, § 134).

Hiervon zu unterscheiden ist wiederum der Abschluss eines Scheingeschäfts durch einen Stellvertreter (zu den damit verbundenen Problemen BGH JA 1999, 913 m. Anm. *Löhnig*).

Literatur: *D. Coester-Waltjen*, Die fehlerhafte Willenserklärung, Jura 1990, 362.

Hingegen fällt die Regelung des § 118 aus dem Rahmen der oben entwickelten **574** Grundsätze. Danach ist eine Willenserklärung, die **nicht ernst gemeint** ist (missverständlich „Scherzerklärung" genannt), nichtig, wenn sie in der Erwartung abgegeben wird, der Mangel der Ernstlichkeit werde nicht verkannt. Die Regelung ist deshalb problematisch, weil es geschehen kann, dass der Empfänger die Erklärung als ernst gemeint auffasst. Nach den oben entwickelten Regeln (Rn 567) würde die Erklärung dann als ernst gemeint anzusehen sein, wenn der Empfänger sie so verstehen „durfte" – § 118 schreibt jedoch generell ihre Unwirksamkeit vor. Damit wird dem Adressaten ein ungewöhnliches Verständnisrisiko aufgebürdet. Dies gleicht das Gesetz freilich dadurch wieder aus, dass es dem Empfänger, der die Erklärung als ernst gemeint missverstanden hat, gem. § 122 einen Anspruch auf Ersatz des Vertrauensschadens gewährt (beachte aber § 122 II).

3. Der Fehlschlag der Einigung

a) Grundsätze

Haben die Partner von Vertragsverhandlungen – auch wenn sie Willenserklärungen **575** ausgetauscht haben – sich nicht über alle Punkte, über die eine Vereinbarung getroffen werden sollte, geeinigt, so ist ein Vertrag im Zweifel nicht zustande gekommen. Es ist dies ein ganz *selbstverständlicher Grundsatz.* Zum Vertragsschluss genügt es im Allgemeinen auch nicht, dass man sich über einen Teil des Vertragsinhalts einig geworden ist. Angenommen: Zwei Personen stehen in Verhandlungen miteinander über die Vermietung von Geschäftsräumen; über den Preis ist man sich einig, nicht über die festzulegende Mietzeit; der Vermieter möchte sich nur für 2 Jahre binden, der Mieter möchte fest auf 5 Jahre mieten. Ein Vertrag ist nicht zustande gekommen. Es darf auch keine Teileinigung angenommen werden in dem Sinne, dass die Mietzeit mindestens 2 Jahre beträgt.

Mit der Frage der fehlgeschlagenen Einigung beschäftigt sich das BGB in §§ 154, **576** 155 im Hinblick auf einige *besondere Probleme.* Das Gesetz unterscheidet dabei zwei Fallkonstellationen: 1) die Parteien wissen, dass sie sich noch nicht über alle der Einigung bedürftigen Punkte geeinigt haben (offener Dissens); 2) die Parteien glauben irrtümlich, sich über alle diese Punkte geeinigt zu haben (versteckter Dissens).

b) Die Grundregel, der offene Dissens (§ 154)

▶ Falltraining 1, Fall 35 **577**

§ 154 I 1 regelt zwei Grundfragen:

(1) Welche Punkte sind überhaupt der Einigung bedürftig?

(2) Gibt es nicht ausnahmsweise Fälle, in denen trotz fehlender Einigung über einen der genannten Punkte ein Vertragsschluss angenommen werden kann?

Zu(1): Ein Vertrag ist nach § 154 I 1 nicht geschlossen, solange sich die Parteien nicht über alle Punkte geeinigt haben, *über die nach der Erklärung auch nur einer Partei eine Vereinbarung getroffen werden sollte.*

Zum Verständnis dieser Formulierung ist folgender Zusammenhang wichtig: Jeder Vertragstyp weist gewisse **wesentliche Geschäftsinhalte (essentialia negotii, Hauptpunkte)** auf. So ist bei der Einigung nach § 929 der Übergang des Eigentums auf den Erwerber wesentlicher Geschäftsinhalt. Beim gegenseitigen Verpflichtungsvertrag bildet die beiderseitige Verbindlichkeit zum Austausch der Hauptleistungen (zB Kaufgegenstand – Kaufpreis) das Wesenselement. Besteht über solche Wesenselemente keine Einigkeit, zB nicht darüber, was verkauft werden oder welcher Kaufpreis geschuldet sein soll, so ist ein Vertrag nicht geschlossen; das ergibt sich nicht aus § 154, sondern daraus, dass sich eine vertragliche Einigung jedenfalls auf die wesentlichen Geschäftsinhalte beziehen **muss (Totaldissens)**:

In diesem Zusammenhang ist zu beachten: Der Umfang einer Leistung muss nicht unbedingt schon bei Vertragsschluss *konkret* feststehen, insbesondere der Preis nicht unbedingt betragsmäßig beziffert sein. Es muss aber dann eine Einigung darüber erzielt sein, wie der Preis gebildet werden soll. Es genügt zum Beispiel eine Absprache, dass eine vertragliche Leistung durch einen der Vertragspartner oder einen Dritten bestimmt werden (§§ 315–319) oder sich nach dem tagesaktuellen Börsenpreis richten soll. Bei einigen Vertragstypen hilft das Gesetz für die Ermittlung des vereinbarten Preises mit Auslegungsregeln (zB §§ 612 II, 632 II).

Neben den genannten Wesenselementen gibt es bei vielen Vertragstypen andere Punkte, in denen die Parteien eine Vereinbarung treffen können, aber **nicht müssen** (,,**Nebenpunkte**" kann man sie nennen, wenn man sich dabei bewusst bleibt, dass sie oft sehr wichtig sind). Treffen die Parteien über solche Nebenpunkte keine Vereinbarung, so erfolgt die Regelung durch die dispositiven Gesetzesvorschriften oder im Konfliktsfall durch die Rechtsprechung. Bezüglich dieser Nebenpunkte entfaltet § 154 I 1 seine Bedeutung. Die vertragliche Einigung muss sich nicht nur auf die Wesenselemente des Vertrags, sondern auf alle weiteren Punkte erstrecken, über die **nach der Erklärung auch nur einer Partei** eine Vereinbarung getroffen werden sollte.

Beispiel: Es finden Vertragsverhandlungen über eine Geschäftsraummiete statt. Die Parteien können eine bestimmte Mietzeit vereinbaren (§ 542 II); tun sie es nicht, so ist dies an sich unschädlich; denn dann ist der Vertrag für unbestimmte Dauer mit gesetzlich geregelten Kündigungsmöglichkeiten geschlossen (für Geschäftsräume: § 580a II). Hat aber eine Partei zu erkennen gegeben, dass sie eine besondere Vereinbarung über die Mietzeit in den Vertrag aufnehmen möchte, so ist nach § 154 I 1 dieser Punkt regelungsbedürftig.

578   **Zu (2):** Ist über einen der Einigung bedürftigen Nebenpunkte keine Übereinstimmung erzielt worden, so ist der Vertrag grundsätzlich **nicht geschlossen**. Es soll dies aber nur ,,**im Zweifel**" gelten. Die Nichtigkeitsfolge tritt also nicht ein, wenn die Parteien zum Ausdruck gebracht haben, dass sie auch ohne Einigung über den offen gebliebenen Punkt vertraglich gebunden sein wollen.

Beispiel: Ein Arbeitnehmer verständigt sich mit einem Arbeitgeber darüber, dass er zum 1.4. in dessen Betrieb beschäftigt sein soll; Meinungsverschiedenheiten bestehen indes noch über gewisse außertarifliche Leistungen des Arbeitgebers. Gleichwohl tritt der Arbeiter am 1.4. seine Arbeit an, und zwar mit Einverständnis des Arbeitgebers, der meint, man werde sich schon noch einig werden. In diesem Falle ist ein Arbeitsvertrag geschlossen, obwohl noch nicht über alle der Einigung bedürftigen Punkte eine Verständigung erzielt ist; die Parteien haben durch ihr Verhalten einander den Willen bekundet, vertraglich gebunden zu sein. Über die außertariflichen Leistungen besteht indes nach wie vor keine Regelung.

Die Aussage des § 154 I 1 wird durch Satz 2 ergänzt: Die Verständigung der Parteien **579** über einzelne Punkte ist auch dann nicht bindend, wenn eine **Aufzeichnung** stattgefunden hat, zB wenn die Verhandlungspartner die bisher besprochenen und erledigten Punkte schriftlich niederlegen. Denn die schriftliche Fixierung sagt nicht unbedingt etwas darüber aus, ob auch alle einigungsbedürftigen Punkte erledigt sind; sie kann auch die Funktion einer bloßen Dokumentation des Stands der Verhandlungen haben. Auch hier bleibt es also bei dem Grundsatz, dass der Vertrag im Zweifel erst dann geschlossen ist, wenn über alle der Einigung bedürftigen Punkte Einigkeit erzielt wurde. Freilich kann sich aus der *Art der Aufzeichnung* im Einzelfall der Wille der Parteien ergeben, auch ohne Einigung über bestimmte Nebenpunkte den Vertrag als geschlossen zu betrachten (zB wenn die schriftliche Aufzeichnung von beiden Seiten unterschrieben wurde und der beiderseitige Wille zur vertraglichen Bindung erkennbar wird).

§ 154 II befasst sich mit der besonderen Konstellation, dass die Parteien für ein **580** Rechtsgeschäft, für das keine gesetzliche Formvorschrift besteht, die **Beurkundung vereinbart** haben. Auch dann ist der Vertrag im Zweifel nicht geschlossen, bis die Beurkundung erfolgt ist. Beurkundung in diesem Sinne ist jede Form der schriftlichen Fixierung. Dem § 154 II ist ein allgemeines Prinzip zu entnehmen: Wenn die Parteien vereinbart haben, dass eine zu schließende Vereinbarung in einer bestimmten Form (zB auch: einer bestimmten elektronischen Form) zu erfolgen habe, dann ist im Zweifel anzunehmen, dass der Vertrag erst mit Wahrung dieser vereinbarten Form abgeschlossen sein soll. Die Aussage des § 154 II läuft parallel zu der des § 125 S. 2 (oben Rn 515).

Das Gesagte gilt auch hier nur „**im Zweifel**", dh wenn sich aus dem Willen der Verhandlungspartner nichts anderes ergibt. Hat die Verabredung einer schriftlichen Fixierung nur den Sinn, die Beweisbarkeit zu sichern, und hängt der Bindungswille der Parteien erkennbar nicht von der Wahrung dieser Form ab, so kann ein Vertrag auch ohne schriftliche Beurkundung zustande kommen (vgl BGH NJW-RR 1991, 1053, 1054). Ferner entfällt die Anwendung des § 154 II, wenn die Parteien, obwohl die vereinbarte Form nicht eingehalten ist, einverständlich mit der Durchführung des Vertrages beginnen; denn darin kommt die Aufhebung der Formabrede zum Ausdruck (BGH NJW-RR 1997, 669, 670).

c) Sonderregel für den versteckten Dissens (§ 155)

▶ Falltraining 1, Fall 33 **581**

Haben sich die Parteien unbemerkt über einen Nebenpunkt, über den nach übereinstimmender Auffassung beider Parteien eine Vereinbarung getroffen werden sollte, nicht geeinigt und sehen deshalb irrtümlich den Vertrag für geschlossen an (versteckter Dissens), so will das Gesetz dem Umstand Rechnung tragen, dass beide Parteien immerhin den Vertrag für geschlossen halten; dieses Vertrauen ist schutzwürdig. Deshalb bestimmt § 155, dass trotz eines versteckten Dissenses **das Vereinbarte gilt**, sofern anzunehmen ist, dass der Vertrag auch ohne eine Einigung über den einigungsbedürftigen Punkt geschlossen worden wäre. Das Gesetz will einen Vertrag, den die Parteien als geschlossen ansehen, nicht daran scheitern lassen, dass die Parteien, ohne es zu merken, in einem für sie vermutlich eher unwichtigen Punkt keine Verständigung erzielt haben. Maßgeblich ist dann der **hypothetische Parteiwille**.

582   **Fall 34:** Bei den Verhandlungen über eine Geschäftsraummiete gab es Meinungsverschiedenheiten darüber, ob – wie der Mieter wünschte – eine Mietdauer von 2 Jahren festgelegt oder ob die Miete für unbestimmte Zeit abgeschlossen werden sollte. Schließlich gingen die Parteien zur Erörterung anderer Vertragspunkte über, in denen sie eine Einigung erzielten. Den offen gebliebenen Punkt der Vertragsdauer vergaßen sie und glaubten, nun alles geregelt zu haben.

Nach dem Gesagten hätte eine Einigung über die Mietdauer erfolgen müssen. Nach § 155 ist der Mietvertrag – und zwar mit dem Inhalt der gesetzlichen Regelung nach §§ 542, 580a – zustande gekommen, wenn anzunehmen ist, dass die Parteien den Vertrag auch ohne Einigung über diesen **Nebenpunkt** geschlossen hätten. Es ist also zu fragen, welche Bedeutung die Parteien der Frage der Mietdauer beigemessen haben.

Fall 35: Die Gebrauchtwagengroßhändler R (Hamburg) und B (Bremen) standen in Geschäftsverbindung miteinander. Sie belieferten sich gegenseitig mit Pkw, wenn einer von ihnen gerade Bedarf für den Export hatte. Bei B traf folgendes Email des R ein: „30 VW Golf Baujahr 2013/2014, maximal 20 000 €". B fasste dies so auf, als wolle R kaufen und telegraphierte – da er die nötigen Lagerbestände hatte – „einverstanden". In Wirklichkeit wollte R verkaufen. Ist ein Kaufvertrag zustande gekommen? Wenn ja, mit welchem Inhalt?

Der Kaufvertrag ist trotz des Missverständnisses zustande gekommen, wenn R und B sich in allen der Einigung bedürftigen Punkten geeinigt, dh einen auf dieselben Rechtsfolgen gerichteten Willen geäußert haben. Es ist deshalb zunächst zu untersuchen, welchen Inhalt der Antrag des R hatte, mit welchem Inhalt B also diesen Antrag verstehen „durfte". Bei dem Email des R ist aber unklar, ob es sich um ein Kauf- oder ein Verkaufsangebot handelte. Freilich könnte es sein, dass zwischen R und B eine Konvention über die Erklärungsbedeutung solcher Emails bestand (zB: ohne den Zusatz „verkaufe" handelt es sich um ein Kaufangebot). Bestand eine solche Konvention nicht und war auch den Umständen nach nicht zu entnehmen, ob R kaufen oder verkaufen wollte, so lässt sich ein eindeutiger normativer Inhalt des Antrags nicht ermitteln: Er war *zweideutig*. Das gleiche gilt dann auch für die Annahmeerklärung des B: Von der Lage des R aus gesehen, konnte sich das „Einverstanden" sowohl auf ein Verkaufs- wie auf ein Kaufangebot beziehen, denn R hätte bei zumutbarem Nachdenken erkannt, dass sein Antrag mehrdeutig war und dass infolgedessen auch das „Einverstanden" an der Mehrdeutigkeit teilhatte. In solchen Fällen, in denen beide Erklärungen objektiv mehrdeutig sind (R erklärt x/y und meint x; B erklärt x/y und meint y), liegt Dissens vor (vgl RGZ 104, 265, str.). § 155 ist hier nicht anwendbar, denn es ist nicht denkbar, den Vertrag ohne Einigung über den **Hauptpunkt** der Rollen der Vertragsparteien als Käufer oder Verkäufer als gültig anzusehen.

583   Es ist aber zu beachten: Die Annahme eines Dissenses setzt voraus, dass der **normative Inhalt** der Erklärungen nach den oben genannten Grundsätzen **sorgfältig ermittelt** ist. Es darf nie aus der bloßen Tatsache *allein*, dass die Parteien unterschiedliche Vorstellungen hatten, das Vorliegen eines Dissenses hergeleitet werden (BGH NJW 1995, 2637, 2638). Haben die Parteien bei normativer Auslegung ihrer Bekundungen *dasselbe erklärt*, aber *Verschiedenes gemeint* (A erklärt x und meint x; B erklärt x und meint y), so ist der Vertrag wirksam geschlossen; es erhebt sich dann die Frage, ob der über die Erklärungsbedeutung irrende Partner vom Vertrage wieder loskommen kann (Irrtumsanfechtung, Rn 604 ff).

4. Der von der Rechtsordnung bestimmte Vertragsinhalt

a) Bestimmung durch Gesetz

Wir haben gesehen, dass vertragliche Rechte und Pflichten ohne Vertragsabschluss **584** entstehen können, so etwa in den Fällen, in denen die Willenserklärung einer Partei fingiert wird (Rn 480 ff). Nicht der erklärte Parteiwille, sondern die Rechtsordnung unmittelbar setzt in diesen Fällen die vertraglichen Rechtsfolgen in Kraft. Es ist nun aber auch bei Vertragsschlüssen oft so, dass *nicht* der *gesamte* Vertragsinhalt deshalb gilt, weil er von den Parteien als gewollt erklärt ist. Vielmehr gibt es Vertragsbestandteile, die **maßgebend** sind, **weil die Rechtsordnung sie anordnet**, auch wenn sie nicht Inhalt vertraglicher Erklärungen sind.

Bei Verpflichtungsverträgen gilt dies beispielsweise für die **zwingenden gesetzlichen Bestimmungen**. So trifft nach § 618 kraft des Dienstvertrags den Dienstgeber **585** die Pflicht, auf bestimmte Weise Vorsorge gegen Gefahren zu treffen, die Leben und Gesundheit des Dienstnehmers bedrohen. Diese Vertragspflicht entsteht ohne Rücksicht darauf, ob die Parteien sie in ihre beim Vertragsschluss ausgetauschten Willenserklärungen aufgenommen haben. Selbst wenn die Parteien das Gegenteil vereinbart hätten, würden sie die Regelung des § 618 nicht außer Kraft setzen können (§ 619).

Auch durch die **dispositiven Gesetzesnormen** (Rn 49 ff) gestaltet die Rechtsordnung **586** unmittelbar den Vertragsinhalt mit. Die Parteien können hier zwar etwas anderes vereinbaren, als im Gesetz vorgesehen. Tun sie es jedoch nicht, so gilt die gesetzliche Regelung ohne Rücksicht darauf, ob sie als gewollt erklärt ist. Nach § 535 I 2, 2. Alt. hat zB der Vermieter die Sache während der Mietzeit in einem Zustand zu halten, in dem sie für den vertragsmäßigen Gebrauch geeignet ist; der Vermieter eines Fernsehapparates etwa hat für die ganze Dauer der Mietzeit für dessen Funktionstüchtigkeit zu sorgen. Diese Vorschrift ist aber nicht zwingend; die Parteien können vereinbaren, dass die Sorge der fortlaufenden Erhaltung der Funktionstüchtigkeit der gemieteten Sache dem Mieter aufgebürdet wird. Haben aber die Parteien keine derartige, vom Gesetz abweichende Regelung getroffen, so gilt § 535 I 2, 2. Alt ohne Rücksicht darauf, ob die Parteien über den dort geregelten Interessenkonflikt geredet oder auch nur an ihn gedacht haben.

Man könnte meinen, das Gesetz ordne in den dispositiven Normen ohnehin nur das an, was die Parteien gewollt haben würden, hätten sie an den zu regelnden Konflikt gedacht. Gleichwohl ist der hypothetische Wille nicht ihr Geltungsgrund: Die dispositiven Gesetzesvorschriften gelten nicht, weil sie mutmaßlich gewollt sind, sondern weil sie das Gesetz, sofern nichts anderes vereinbart wird, auferlegt. Freilich kennt das BGB Vorschriften, in denen die Kategorien des Gewollten und des kraft dispositiver Norm Gesollten ineinander übergehen. Das ist der Fall bei den Auslegungsregeln, denen zufolge „im Zweifel" diese oder jene Regelung Vertragsinhalt sein soll (vgl §§ 154 I, 449 I).

b) Richterliche Vertragsgestaltung

Nicht nur das Gesetz gestaltet – ergänzend zum Parteiwillen – den Vertragsinhalt, **587** sondern häufig auch der Richterspruch. Dazu kann das Gesetz die Gerichte ausdrücklich ermächtigen (zB § 315 III 2). Aber auch wenn eine solche besondere Ermächtigung im Gesetz nicht ausgesprochen ist, obliegt es den Gerichten, bei Zweifeln den Inhalt eines Vertrages **durch Auslegung** zu ermitteln.

Gesetzlicher Ausgangspunkt ist § 157. Wir entnehmen dieser Vorschrift

– *erstens*, dass auch Verträge der **Auslegung**, dh der Inhaltsbestimmung durch Interpretation fähig und bedürftig sind;

– *zweitens*, dass diese Auslegung mithilfe **objektiver Kriterien** geschieht (**Treu und Glauben, Verkehrssitte**), welche die Ebene des individuellen Parteiwillens überschreiten.

588 Inhalt des Vertrages ist demnach nicht allein das übereinstimmend Erklärte, sondern darüber hinaus auch das, was sich dem Gericht unter dem Gesichtspunkt von Treu und Glauben mit Rücksicht auf die Verkehrssitte als Vertragsinhalt darstellt. Zu dem Willen der Parteien als dem primär Maßgeblichen tritt ein *normatives Element* hinzu, das freilich nicht als Gegensatz zum Willen verstanden werden darf: Das Gesetz geht davon aus, dass sich die Parteien üblicherweise an Treu und Glauben und die Verkehrssitte halten und – bei Zweifeln – ihre Vereinbarung im Lichte dieser Kriterien verstanden wissen wollen. Daher muss die Auslegung nach § 157 **stets auf den konkreten Vertrag und Willen der Parteien bezogen** sein. Es ist vom Sinn und Zweck *dieses* Vertrages auszugehen, von der individuellen Lage und den individuellen Interessen *dieser* am Vertrag beteiligten Personen. Es ist bei Zweifeln über den Vertragsinhalt zu fragen, was die Parteien in der konkreten Situation als Inhalt ihrer Vereinbarung nach Treu und Glauben annehmen konnten und durften.

Die richterliche Vertragsauslegung unterliegt **Grenzen**: Es darf kein Vertragsinhalt hineingelesen werden, der dem erkennbaren Willen beider Parteien zuwiderliefe oder sogar den Sinn des Geschäfts verändern würde. Etwas eng formuliert der BGH: Die richterliche Vertragsauslegung muss sich als zwingende selbstverständliche Folge aus dem Gesamtzusammenhang des Vereinbarten ergeben, sodass ohne sie das Ergebnis in offenbarem Widerspruch zu dem nach dem Inhalt des Vertrags tatsächlich Vereinbarten stehen würde (BGH NJW 1998, 1480).

589 Mithilfe der Auslegung dürfen die Gerichte den Inhalt eines Vertrages sogar ergänzen (**ergänzende Vertragsauslegung**), dh Punkte hinzufügen, welche die Parteien im Vertrag eindeutig nicht thematisiert haben. Die Zulässigkeit der ergänzenden Vertragsauslegung bindet die Rechtsprechung an die Voraussetzung, dass der Vertrag eine **Regelungslücke** („planwidrige Unvollständigkeit") aufweist, die mit Hilfe der Kriterien des § 157 geschlossen werden kann. Dabei ist es gleichgültig, ob die Parteien den betreffenden Punkt übersehen oder bewusst offengelassen haben, weil sie ihn bei Vertragsschluss irrigerweise nicht für regelungsbedürftig hielten (BGH NJW 2002, 2310).

Fall 36: Zwei Ärzte, die in verschiedenen Stadtteilen einer Großstadt niedergelassen sind, vereinbaren einen „Praxistausch": A soll die Praxis des B samt Patientenkartei übernehmen und in dessen Praxisräume übersiedeln und umgekehrt. Mit Zustimmung des jeweiligen Vermieters der Räume wird der „Tausch" vollzogen. Nach kurzer Zeit bereut A das Geschäft. Da er den B nicht zur Rückgängigmachung des Tausches bewegen kann, kündigt er an, er werde sich ganz in der Nähe seiner ehemaligen Praxis niederlassen. B verlangt, dass

A dies unterlasse. Von einem Verbot der Vertragsparteien, sich in der Nähe ihrer alten Praxis niederzulassen, ist indes weder im Vertragstext noch in den Vorverhandlungen die Rede gewesen.

Der Standpunkt des B ist verständlich. Dem Übernehmer einer Arztpraxis sind weder die Räumlichkeiten für sich gesehen noch die Inventarstücke das Wesentliche. Vielmehr kommt es ihm darauf an, einen funktionierenden Betrieb mit festem Patientenstamm vorzufinden. Dieses Ziel ist gefährdet, wenn sich der bisherige Praxisinhaber in der Nähe niederlässt und so die Patienten zu sich herüberziehen kann. Ein Niederlassungsverbot ist jedoch aus den Willenserklärungen der Parteien nicht unmittelbar herzuleiten. Es ist nicht in die Erklärungen der Vertragspartner eingegangen, weil sie den Konflikt nicht vorhergesehen haben. Eine vertragliche Unterlassungspflicht des A kann folglich nur durch ergänzende Vertragsauslegung begründet werden.

In einem ähnlichen Fall hat der BGH (BGHZ 16, 71) das vertragliche Verbot für die Parteien angenommen, sich nach vollzogenem Tausch innerhalb gewisser Zeit erneut im Bereich ihrer früheren Praxis niederzulassen, auch wenn davon bei Vertragsschluss nicht die Rede gewesen ist. Das Gericht hat dabei eine Vertragslücke angenommen und mit Hilfe der Regel des § 157 den Vertrag um das Niederlassungsverbot ergänzt. Obwohl auch in diesem Urteil von „objektiven Maßstäben" die Rede ist, hat das Gericht jedoch wesentlich darauf abgestellt, „was die Parteien zwar nicht erklärt haben, was sie aber in Anbetracht des gesamten Vertragszwecks erklärt haben würden, wenn sie den offen gebliebenen Punkt in ihren Vereinbarungen ebenfalls geregelt hätten und hierbei zugleich die Gebote von Treu und Glauben und der Verkehrssitte beachtet hätten". Das Gericht gründet seine Entscheidung demnach auch hier auf den Willen der Parteien, aber nicht auf einen realen, sondern den **mutmaßlichen** (**„hypothetischen")** **Willen**. Auf diese Weise kann die Vorstellung aufrechterhalten werden, als handele es sich auch hier um Willenserforschung. Doch ist der mutmaßliche Wille ohne die objektiven Kriterien des § 157 nicht erfassbar. Daher wird bei der ergänzenden Vertragsauslegung gefragt, was die Parteien *vernünftigerweise* und *fairerweise* vereinbart hätten, wenn sie den offen gebliebenen Punkt geregelt hätten. Die objektiven Kriterien des § 157 schließen in die Analyse des hypothetischen Willens ein.

Die Berufung auf den **mutmaßlichen Parteiwillen** bildet ein verbreitetes Mittel der richterlichen Vertragsgestaltung. Der hypothetische Wille wird nicht nur für die Auffüllung von Regelungslücken eingesetzt, sondern auch für die Korrektur von Vertragsbestimmungen, die wegen Veränderung der bei Vertragsschluss vorausgesetzten Umstände nicht mehr passend erscheinen (§ 313 I 1, Rn 640 ff). **590**

Literatur: Zur ergänzenden Vertragsauslegung: *W. Henckel,* Die ergänzende Vertragsauslegung, AcP 159 (1960/61), 106; *W. Mangold,* Eigentliche und ergänzende Vertragsauslegung, NJW 1961, 2284; *K. Larenz,* Ergänzende Vertragsauslegung und dispositives Recht, NJW 1963, 737; *H. Pilz,* Richterliche Vertragsergänzung und Vertragsabänderung, 1963; *O. Sandrock,* Zur ergänzenden Vertragsauslegung im materiellen und internationalen Schuldvertragsrecht, 1966; *A. Lüderitz,* Auslegung von Rechtsgeschäften, 1966; *L. Fastrich,* Richterliche Inhaltskontrolle im Privatrecht, 1992.

Kapitel 5
Die Loslösung von der rechtsgeschäftlichen Bindung

1. Überblick

591 Häufig kommt es vor, dass jemand, der ein Rechtsgeschäft getätigt hat, mit dem Geschäft nicht mehr zufrieden ist und von den Rechtsfolgen loskommen möchte. Die Rechtsordnung wird ihm freilich im Allgemeinen nicht die Möglichkeit eröffnen, dies einseitig zu tun: Das gültig zustande gekommene Geschäft hat bindende Wirkung. Will sich also jemand von den Rechtsfolgen eines Geschäfts lösen, so wird er dem Grundsatz nach darauf angewiesen sein, den Geschäftspartner zur Zustimmung zu bewegen.

Für Schuldverhältnisse kommt dieser Gedanke in § 311 I zum Ausdruck. Danach ist zur Änderung eines Schuldverhältnisses, soweit das Gesetz nicht ein anderes vorschreibt, ein **Vertrag** zwischen den Beteiligten erforderlich. Haben zwei Personen einen Kaufvertrag geschlossen, so können sie zB nachträglich durch einen weiteren Vertrag (**Änderungsvertrag**) nach Belieben den Kaufpreis erhöhen oder senken. Das gleiche gilt, ohne dass es im Gesetz ausdrücklich gesagt wäre, für die einverständliche Aufhebung des Vertrags; die Parteien eines Vertrags können nachträglich durch einen weiteren Vertrag (**Aufhebungsvertrag**) wirksam vereinbaren, dass das Vertragsverhältnis gelöst sein soll. Üblicherweise wird nur der eine Partner an einer Aufhebung interessiert sein, während der andere keinen Anlass dafür sieht. Es erhebt sich in solchen Fällen die Frage, ob nicht auch eine einseitige Loslösung vom Vertrag unter besonderen, gravierenden Umständen rechtlich möglich sein soll.

592 Für die **einseitige Lösung** von einem Rechtsgeschäft bietet das BGB folgende rechtstechnische Möglichkeiten.

(1) Die **Anfechtung** besteht in der rückwirkenden Vernichtung einer zunächst wirksamen Willenserklärung (§ 142 I). Diese Möglichkeit, sich mit rückwirkender Kraft *(ex tunc)* von einer Erklärung zu lösen, wird gewährt, wenn die Willenserklärung in ihrer Entstehung von einem Mangel betroffen ist, der zwar nicht gravierend genug erscheint, um die Erklärung von vornherein nichtig zu machen, der aber dem Erklärenden das Festhalten an der Erklärung unzumutbar macht.

(2) Der **Rücktritt vom Vertrag** kommt nach dem Gesetz dann in Betracht, wenn ein Vertrag zwar ohne Fehler zustande gekommen ist, wenn aber später Umstände eintreten oder bekannt werden, die den einen oder anderen Teil zu einer einseitigen Lösung vom Vertrag berechtigen sollen. § 346 I Alt. 1 behandelt die Befugnis zum Rücktritt, die im Vertrag selbst zu Gunsten einer Partei vereinbart wurde (Vorbehalt des Rücktritts). Wichtiger sind die Fälle, in denen die Rechtsordnung auch ohne eine solche Vereinbarung einer Vertragspartei das Recht zum Rücktritt einräumt, weil sie ihr das Festhalten am Vertrag nicht zumuten will (§ 346 I Alt. 2). Von besonderer Bedeutung sind die Rücktrittsrechte einer Vertragspartei, wenn die andere die geschuldeten Leis-

tungen nicht, nicht richtig oder nicht rechtzeitig erfüllt (vgl § 323 I). Die Erklärung des Rücktritts hat – anders als die Anfechtung – nicht zur Folge, dass der Vertrag ungültig wird. Gleichwohl ist auch dem Rücktritt eine gewisse Wirkung für die Vergangenheit zueigen: Soweit die vertraglichen Leistungen schon erbracht wurden, sind sie dem Partner zurückzugewähren und die gezogenen Nutzungen herauszugeben (§ 346 I). Mit anderen Worten: Der Vertrag bleibt zwar gültig, aber er kommt nicht zur Ausführung; bereits erbrachte Leistungen sind zurückzugewähren. Der Vertrag wird durch den wirksamen Rücktritt also in ein Rückgewährschuldverhältnis umgestaltet.

(3) Die **Kündigung** bildet eine spezielle Rechtsfigur für Verträge, deren Durchführung sich auf gewisse Dauer erstreckt, wie Miet- und Dienstverträge. Die Kündigung bewirkt die Auflösung des Rechtsverhältnisses „mit Wirkung für die Zukunft" *(ex nunc)*, dh mit Wirkung ab Zugang der Kündigungserklärung oder ab einem bestimmten künftigen Zeitpunkt. Für die Zeit vorher bleibt der Vertrag bestehen; er wird vom Zeitpunkt der Kündigungswirkung an nur nicht fortgesetzt.

(4) Mit dem Rücktritt ist der **Widerruf** einer auf einen Vertragsschluss gerichteten Erklärung verwandt. Die Befugnis, einen solchen Widerruf binnen bestimmter Zeit auch noch *nach Vertragsschluss* zu erklären, räumt das Gesetz dem Verbraucher bei bestimmten Geschäften mit Unternehmern ein, zB bei außerhalb von Geschäftsräumen geschlossenen Verträgen und Fernabsatzverträgen (§ 312g I), Verbraucherdarlehensverträgen (§ 495 I) oder Ratenlieferungsverträgen (§ 510 II). Auch hier ist der Vertrag an sich wirksam geschlossen, dem Verbraucher ist es aber gestattet, binnen der Widerrufsfrist sich von ihm zu lösen. Die Folgen des Widerrufs regelt das Gesetz in §§ 355, 357 ff; insbesondere sind – wie beim Rücktritt – die erbrachten Leistungen zurückzugewähren, § 355 III 1.

Zur gesetzlichen Terminologie: Wenn das Gesetz von **Widerruf** oder der Befugnis hierzu **593** spricht, kann je nach dem Zusammenhang Verschiedenes gemeint sein.

– Bei § 130 I 2 ist der Widerruf einer Willenserklärung gemeint, die mangels Zugang noch nicht wirksam geworden ist. Handelt es sich um eine Vertragserklärung, so bewirkt der Widerruf, dass ein Vertragsschluss nicht zustande kommt, weil die betreffende Erklärung nicht wirksam geworden ist; der Widerruf verhindert also bereits das Wirksamwerden des Rechtsgeschäfts.

– Ist ein Antrag wirksam geworden, aber die Gebundenheit an ihn ausgeschlossen (vgl § 145), so bewirkt der Widerruf des Antragenden das Erlöschen des Antrags, ein Vertrag kann gleichfalls nicht mehr zustande kommen.

– In anderen Fällen beendet der Widerruf den Zustand der schwebenden Unwirksamkeit eines Geschäfts, indem er die endgültige Unwirksamkeit herbeiführt (zB §§ 109, 178).

– In wiederum anderen Fällen kann eine schon wirksam gewordene Willenserklärung widerrufen werden, bis auf ihrer Grundlage ein weiteres Rechtsgeschäft abgeschlossen wurde. **Beispiel:** In bestimmten Fällen ist zur Vornahme eines Rechtsgeschäfts die Zustimmung eines Dritten erforderlich; wird diese Zustimmung *vorher* erteilt (Einwilligung), so kann sie bis zur Vornahme des zustimmungsbedürftigen Rechtsgeschäfts widerrufen werden (§ 183).

– Nach den Regeln des Verbraucherschutzrechts bedeutet „Widerruf" das rücktrittsähnliche Abstandnehmen von einem schon geschlossenen Vertrag durch Widerruf der Vertragserklärung des Verbrauchers (siehe oben).

– Es gibt darüber hinaus zahlreiche weitere Fälle, in denen sich der Widerruf und die Befugnis hierzu auf ein wirksam abgeschlossenes Rechtsgeschäft beziehen. Wichtigstes Beispiel im allgemeinen Teil des BGB ist der Widerruf einer Vollmacht (§ 168 S. 2, 3).

Welche *Wirkungen* mit dem wirksamen Widerruf verbunden sind, ist dem jeweiligen Regelungszusammenhang zu entnehmen (zB §§ 530, 531 – Widerruf einer Schenkung; §§ 2254, 2258 – Widerruf eines Testaments).

Den Regelungen ist gemeinsam, dass der Widerruf ein *einseitiges* Abstandnehmen von einer Erklärung oder einem Rechtsgeschäft ist. Die Befugnis hierzu besteht nur, wenn sie durch Gesetz oder Rechtsgeschäft eingeräumt ist.

Literatur zu den Möglichkeiten einseitiger Lösung vom Rechtsgeschäft: *P. Mankowski*, Beseitigungsrechte. Anfechtung, Widerruf und verwandte Institute, 2003.

2. Zur Anfechtung im Allgemeinen

▶ Falltraining 2, Teil 2 Fall 3; Teil 3 Fall 8

a) Die Grundtypen der Anfechtung

594 Das Gesetz erteilt die Befugnis, eine Willenserklärung rückwirkend nichtig zu machen, nur aus schwerwiegenden Gründen. Die Anfechtungsgründe setzen voraus, dass sich eine Diskrepanz zwischen der Erklärung und der Willenslage des Erklärenden ergibt, und dass diese Diskrepanz so bedeutend ist, oder die Umstände, die zu ihr geführt haben, so gravierend sind, dass nach der Wertung des Gesetzes der Erklärende nicht an der Erklärung festgehalten werden soll. Das BGB enthält zwei völlig unterschiedliche Grundtypen von Anfechtungsgründen:

595 1) Bei der **Anfechtung wegen Irrtums (§§ 119, 120)** ist tragender Anfechtungsgrund gleichsam ein Fehler des Erklärenden bei der Erzeugung (oder Übermittlung) seiner Willenserklärung, ohne dass es darauf ankäme, wie er entstanden ist und wer ihn veranlasst hat. Die Anfechtbarkeit nach §§ 119, 120 bringt daher eine starke Gefährdung der Interessen des Partners mit sich: Warum soll sich jemand, der eine Erklärung abgegeben hat, zulasten des anderen Teils wieder von der Erklärung lösen können, nur weil ihm ein Irrtum unterlaufen ist (oder die Erklärung fehlerhaft übermittelt wurde)? Die Anfechtbarkeit einer Willenserklärung in solchen Fällen hält das BGB folglich nur unter zwei Maßgaben für gerechtfertigt:

(a) Nicht jeder Irrtum berechtigt zur Anfechtung, sondern **nur besonders gravierende Irrtümer**, die das Festhalten an der Erklärung unzumutbar machen; dem gleichgestellt ist die fehlerhafte Übermittlung der Erklärung.

(b) Derjenige, der seine Erklärung anficht, ist dem anderen Teil unter bestimmten weiteren Voraussetzungen **zum Ersatz des Schadens verpflichtet**, den dieser durch sein Vertrauen auf die Gültigkeit der Erklärung erlitten hat (§ 122).

Anfechtbarkeit und Schadensersatzpflicht müssen bei der Risikoverteilung zusammen gesehen werden. Der Anfechtungsberechtigte wird sich also überlegen, ob er im Falle der Anfechtung zum Schadensersatz verpflichtet sein würde und – bei Bejahung

– ob sich die Anfechtung dann noch für ihn „lohnt". Zu ersetzen ist der Schaden, den der andere dadurch erlitten hat, dass er auf die Gültigkeit der Erklärung vertraute (Vertrauensinteresse, „negatives Interesse"), dies aber höchstens bis zur Höhe des Interesses, das der andere an der Gültigkeit der Erklärung hat (Erfüllungsinteresse, „positives Interesse"). Bei der Anfechtung von empfangsbedürftigen Willenserklärungen steht dem Empfänger der Anspruch zu, bei nicht empfangsbedürftigen jedem Dritten, der durch sein Vertrauen auf die Gültigkeit der Erklärung einen Schaden erlitten hat. Die Schadensersatzpflicht tritt nicht ein, wenn der Geschädigte den Anfechtungsgrund kannte oder infolge Fahrlässigkeit (§ 276 II) nicht kannte (§ 122 II, Legaldefinition des „Kennen-Müssens").

Der **Unterschied zwischen Erfüllungs- und Vertrauensinteresse (-schaden)** als mögliche Berechnungsweise des zu ersetzenden Schadens spielt im Zivilrecht eine große Rolle. Der Ersatz des *Erfüllungsinteresses* setzt voraus, dass eine Leistungspflicht nicht oder nicht gehörig erfüllt wurde. Der Anspruchsberechtigte ist dann so zu stellen, wie er stünde, wenn gehörig erfüllt worden wäre (Vermögen, das der Ersatzberechtigte „jetzt" bei gehöriger Erfüllung hätte, minus Vermögen, das er „jetzt" tatsächlich hat = Erfüllungsinteresse; insbesondere der Schadensersatz *statt der Leistung*, § 280 III, beläuft sich also auf das Erfüllungsinteresse). Der Ersatz des *Vertrauensinteresses* setzt voraus, dass jemand in seinem Vertrauen auf die Gültigkeit einer Erklärung enttäuscht worden ist und dass diese Enttäuschung dem anderen Teil angelastet werden kann. Der Ersatzberechtigte ist so zu stellen, wie er stünde, wenn er nicht auf die Erklärung vertraut hätte (Vermögen, das der Ersatzberechtigte „jetzt" hätte, wenn er nicht auf die Gültigkeit der Erklärung vertraut hätte, minus Vermögen, das er „jetzt" tatsächlich hat = Vertrauensschaden); hierzu *C. Höpfner*, Vertrauensschaden und Erfüllungsinteresse, AcP 212 (2012), 853. **596**

2) Bei der **Anfechtung wegen arglistiger Täuschung oder widerrechtlicher Drohung** (§ 123) ist der maßgebliche Anfechtungsgrund eine unzulässige Einwirkung auf die Willensbildung des Erklärenden, die der andere Teil zu verantworten hat oder zumindest kennen musste, § 123 II. Infolgedessen muss bei diesen Anfechtungsgründen der andere Teil die schädlichen Folgen der Anfechtung allein tragen; für eine Schadensersatzpflicht des Anfechtenden ist kein Raum. **597**

b)   Die Durchführung der Anfechtung

Liegt ein Anfechtungsgrund vor, so ist die vom Willensmangel betroffene Erklärung darum noch nicht unwirksam. Dem Anfechtungsberechtigten wird vielmehr die **Befugnis** eingeräumt, einseitig die Erklärung **zu vernichten** (Gestaltungsrecht). Er muss von dieser Befugnis keinen Gebrauch machen, kann also die Geltung des Geschäfts unangetastet lassen. Die Durchführung der Anfechtung bedarf näherer Regeln. Insbesondere muss geklärt werden, wer anfechtungsberechtigt ist, wem gegenüber die Anfechtung erklärt werden und innerhalb welcher Zeit sie erfolgen muss. **598**

Im Ganzen ergibt sich für die Überprüfung der Frage, ob eine Willenserklärung wirksam angefochten ist, folgendes **Schema**: **599**

1) **Anfechtungsgrund** – Besteht einer der in §§ 119, 120, 123 geregelten Anfechtungsgründe? Aus diesen Vorschriften ergibt sich auch die Person des Anfechtungsberechtigten: Es ist der Erklärende (Ausnahme bei Anfechtung letztwilliger Verfügungen, § 2080; hier sind übrigens auch abweichende Anfechtungsgründe geregelt, §§ 2078, 2079).

2) **Anfechtungserklärung** – Ist die Anfechtung **der richtigen Person** gegenüber, § 143, **wirksam erklärt** worden (empfangsbedürftige Willenserklärung, vgl Rn 491 ff)?

3) **Anfechtungsfrist** – Ist die Anfechtung **innerhalb der vorgeschriebenen Zeitspanne** erklärt worden, §§ 121, 124 (vgl Rn 601 ff)? Auch hier stellt das Gesetz den Anfechtungsberechtigten nach § 123 wesentlich günstiger (§ 124) als denjenigen, der wegen Irrtums anficht (§ 121). Wer **wegen Irrtums** anfechtungsberechtigt ist, muss gemäß § 121 I 1 **unverzüglich** anfechten, nachdem er vom Anfechtungsgrund Kenntnis erlangt hat. Unabhängig hiervon ist die Anfechtung jedenfalls dann ausgeschlossen, wenn seit der Abgabe der Erklärung zehn Jahre verstrichen sind (§ 121 II). Die Bedeutung des im gesamten BGB gebrauchten Ausdrucks **„unverzüglich"** wird dabei im Sinne von „ohne schuldhaftes Zögern" legal definiert (§ 121 I 1). Der Anfechtungsberechtigte verliert sein Anfechtungsrecht also nicht schon allein durch eine Verzögerung, es muss vielmehr eine Vorwerfbarkeit der Verzögerung (Vorsatz oder Fahrlässigkeit) hinzutreten. (Im Gegensatz dazu: „sofort" = ohne Zögern, wobei es auf Verschulden nicht ankommt). Demgegenüber ist bei **Anfechtung wegen Täuschung oder Drohung** eine Anfechtungsfrist von einem Jahr vorgesehen (§ 124 I); auch hier regelt das Gesetz eine zehnjährige Höchstfrist, § 124 III.

Beachte: Die einem *Abwesenden* gegenüber erklärte Anfechtung gilt schon dann als rechtzeitig erfolgt, wenn die Erklärung unverzüglich *abgesendet* wurde, mag sie auch mit Verzögerung beim Empfänger eingegangen sein. Die Regel des § 121 I 2 ändert jedoch nichts daran, dass die Anfechtungserklärung dem Adressaten zugehen muss und erst ab Zugang wirksam ist. Die Privilegierung betrifft nur die Frage der *Rechtzeitigkeit* der Anfechtungserklärung. Auf die Zehnjahresfrist des § 121 II ist die Regel des § 121 I 2 nicht anzuwenden, der Fristverlauf datiert hier von der *Abgabe* der Erklärung an.

600 4) **Ausschluss** – Ist die Anfechtung **durch Bestätigung** des Rechtsgeschäfts **ausgeschlossen**, § 144? Der Sinn der Vorschrift ist folgender: Es kann sein, dass der Anfechtungsberechtigte, nachdem er Kenntnis vom Anfechtungsgrund erlangt hat oder nachdem er wenigstens mit der Anfechtbarkeit seiner Willenserklärung rechnet, Handlungen vornimmt, aus denen sich sein eindeutiger Wille ergibt, gleichwohl an der Gültigkeit des Rechtsgeschäfts festzuhalten (BGH MDR 1990, 527). Er würde sich in Widerspruch zu seinem Verhalten setzen, wenn er dann noch anfechten wollte – sein Anfechtungsrecht ist untergegangen. Hat jemand zB unter dem Einfluss einer arglistigen Täuschung eine Sache gekauft, so kann er nach § 123 anfechten; er kann es jedoch nicht mehr, wenn er in Kenntnis der Täuschung die gekaufte Sache verbraucht, weil er damit zu erkennen gibt, dass er trotz der Täuschung das Geschäftsergebnis will.

Die Bestätigung muss nicht dem Anfechtungsgegner gegenüber erklärt werden, aber für ihn erkennbar sein. Nach § 144 II bedarf sie **nicht der für das Rechtsgeschäft bestimmten Form**. Anders ist die Lage, wenn der Anfechtungsberechtigte bereits die Anfechtung erklärt hat und *dann* zu erkennen gibt, dass er gleichwohl an dem Geschäft festhalten möchte. Da durch die Anfechtung bereits Nichtigkeit eingetreten ist, ist für die Frage der Bestätigung nicht § 144, sondern § 141 einschlägig. Da in diesem Fall die Bestätigung als Neuvornahme gilt, sind die für das betreffende Geschäft maßgeblichen Formvorschriften einzuhalten (vgl BGH NJW 1985, 2579).

3. Anfechtungsgründe: Irrtum nach §§ 119 I und 120

a) Überblick

Nicht jeder Irrtum des Erklärenden berechtigt ihn zur Anfechtung, sonst würden beliebige Fehlvorstellungen zulasten des Partners gehen. Der Händler, der sich in Erwartung eines lebhaften Saisongeschäfts mit einer großen Menge von Schokoladenostereiern eindeckt, kann den Kauf bei seinem Lieferanten nicht schon deshalb anfechten, weil er auf der Ware sitzen bleibt. Kauft jemand beim Juwelier Eheringe, so kann er den Kauf nicht deshalb anfechten, weil die geplante Eheschließung ausfällt. Derartige Irrtümer, welche sich auf die einseitig gehegten Erwartungen und Absichten beziehen und nicht auf den Inhalt der Willenserklärungen selbst, nennt man **Irrtümer im Beweggrund (Motivirrtümer)**. Dem Grundsatz nach – wenn auch nicht ohne Ausnahme, zB in § 119 II – gilt: *Der bloße Motivirrtum berechtigt nicht zur Anfechtung*. Freilich ist dabei zu beachten, dass das von einem Geschäftspartner gehegte Motiv durch Vereinbarung einer Bedingung, § 158, zum Geschäftsinhalt gemacht werden kann. In der Regel werden die Geschäftsparteien Beweggründe aber gerade nicht zum Geschäftsinhalt machen wollen. Der Juwelier möchte die Eheringe verkaufen ohne Rücksicht darauf, ob die geplante Ehe zustande kommt.

601

Im Allgemeinen Teil des BGB sind **vier Anfechtungsgründe** wegen Irrtums formuliert.

602

Es kann seine Willenserklärung anfechten:

(1) wer bei der Abgabe über ihren Inhalt im Irrtum war (§ 119 I Alt. 1 – Inhaltsirrtum),

(2) wer eine Erklärung dieses Inhalts überhaupt nicht abgeben wollte (§ 119 I Alt. 2 – Erklärungsirrtum),

(3) derjenige, dessen Willenserklärung unrichtig übermittelt wurde (§ 120 – Übermittlungsfehler),

(4) wer sich über verkehrswesentliche Eigenschaften der Person oder der Sache geirrt hat (§ 119 II – Motivirrtum).

Sachlich gehören die Anfechtungsgründe von § 119 I und § 120 zusammen, während der Anfechtungsgrund nach § 119 II eine besondere Problematik aufwirft. Den Irrtumsfällen nach § 119 I und § 120 ist gemeinsam, dass der Erklärende etwas anderes erklärt hat, als er erklären wollte. Es sind dies diejenigen Fälle, in denen der normative Erklärungsinhalt – bei empfangsbedürftiger Erklärung dasjenige, was der Empfänger verstehen „durfte" – von dem abweicht, was der Erklärende tatsächlich meinte.

Nach dem Wortlaut des § 119 I besteht das Anfechtungsrecht in den genannten Fällen nur, wenn anzunehmen ist, dass der Erklärende seine Erklärung (1) **bei Kenntnis der Sachlage** und (2) **bei verständiger Würdigung des Falles nicht abgegeben hätte**. In der ersten Voraussetzung kommt zum Ausdruck, dass nur ein solcher Irrtum zur Anfechtung berechtigen soll, der für die Erklärung – so wie sie abgegeben wurde – auch wirklich ursächlich war. Die zweite Voraussetzung stellt sicher, dass die Anfechtung wegen eines Irrtums über unbedeutende Kleinigkeiten ausgeschlossen ist; es ist zu fragen, ob ein „vernünftiger Dritter" von der Erklärung bei Kenntnis der Sachlage Abstand genommen hätte.

603

b) Der Inhaltsirrtum (§ 119 I Alt. 1)

604 ▶ Falltraining 1, Fälle 16, 36, 66

> **Fall 37:** Wie **Fall 33** (Rn 564).
>
> Kann F den Kaufvertrag mit B anfechten?

Wir hatten gesehen, dass das der Antrag des B 1000 Liter zum Inhalt hatte, und dass auch die Annahmeerklärung der Frau F „objektiv" diesen Inhalt aufwies. Da Frau F aber unter einem Fuder nur 100 Liter verstand, hatte ihre Annahmeerklärung objektiv eine andere Bedeutung als ihrem wirklichen Willen entsprechend.

Das ist ein Fall des **Inhaltsirrtums** nach § 119 I Alt. 1: Die Erklärung einer Person hat „objektiv" (dh nach dem, was der Adressat verstehen durfte) eine andere Bedeutung als subjektiv tatsächlich gewollt. Das Gesetz gewährt in diesem Fall dem Irrenden die Befugnis, seine Erklärung anzufechten, weil er „über deren Inhalt im Irrtum war" (Inhaltsirrtum). Also kann Frau F ihre Annahmeerklärung nach § 119 1 Alt. 1 anfechten und damit vernichten (§ 142 I) und so den Vertrag zu Fall bringen.

Allerdings hat diese Anfechtung, wenn sich Frau F zu ihr entschließt, eine Kehrseite: Wer wegen eines Irrtums anficht, hat dem Adressaten grundsätzlich den Schaden zu ersetzen, den dieser dadurch erleidet, dass er auf die Gültigkeit der Erklärung vertraut (§ 122 I). In Betracht kommen hier vergeblich aufgewendete Transportkosten. Frau F wird also überlegen, ob sich eine Anfechtung wirklich lohnt. Möglicherweise stellt sie sich besser, wenn sie am Vertrag festhält und die Weinmenge, die sie selbst nicht braucht, an andere Gastwirte oder Händler weiterverkauft.

c) Der Irrtum in der Erklärungshandlung (§ 119 I Alt. 2)

605 **Fall 38:** Ein Antiquar will einem Kunden, mit dem er in ständiger Geschäftsverbindung steht, einen Kupferstich aus dem 18. Jh. zu 300 € anbieten. Seine Sekretärin vertippt sich und schreibt 200 €. Bei der Unterschrift merkt der Antiquar das Versehen nicht. Der Sammler nimmt den Antrag an. Ist ein Vertrag zustande gekommen? Wenn ja: Kann der Antiquar anfechten?

Der Antrag des Antiquars enthält entgegen seinen Vorstellungen dem Wortlaut nach die Preisangabe von 200 €; so hat es der Empfänger verstanden. Bei einem Missverständnis gilt der vom Empfänger verstandene Erklärungsinhalt, wenn er sich auch bei zumutbarem Nachdenken und Nachforschen so und nicht anders darstellen würde. Nach Lage der Dinge war bei einer klaren und nicht aus dem Rahmen fallenden Preisangabe dem Empfänger keine weitere Erforschung des wirklich Gemeinten anzusinnen. Daher enthält der Antrag des Antiquars seinem normativen Erklärungsgehalt nach die Preisangabe von 200 €. So musste der Antiquar die Annahmeerklärung des Sammlers auch verstehen. Folglich ist der Vertrag zum Preis von 200 € zustande gekommen. Infolgedessen hat der Antiquar „objektiv" etwas erklärt, was er nicht erklären wollte. Nach dem Gesagten kann er daher seine Erklärung anfechten. Man könnte nun meinen, dass auch hier der Anfechtungsgrund des § 119 I Alt. 1 zum Zuge komme, denn auch hier hat sich der Erklärende über den Inhalt seiner Erklärung geirrt. Die gängige Interpretation nimmt hier jedoch den Fall des § 119 I Alt. 2 an, wonach derjenige zur Anfechtung berechtigt ist, der „eine Erklärung dieses Inhalts überhaupt nicht abgeben wollte" (**Irrtum in der Erklärungshandlung**).

Es ergibt sich in diesem Zusammenhang die Frage, wodurch sich die beiden Alternativen des § 119 I unterscheiden. Denn auch in § 119 I Alt. 2 bezieht sich der Irrtum auf den Inhalt (arg. „eine Erklärung dieses Inhalts"). Die gängige Interpretation versucht folgende Unterscheidung: **606**

Ein **Irrtum in der Erklärungshandlung** (§ 119 I Alt. 2) liegt vor, wenn der Erklärende schon die äußere Gestalt der Erklärungshandlung nicht so vornehmen wollte, wie er sie tatsächlich vorgenommen hat (er verspricht sich; verschreibt sich; vertippt sich). § 119 I Alt. 2 erfasst auch falsche Kaufpreisauszeichnungen im Internet, die auf einen im Bereich des Erklärenden aufgetretenen Fehler im Datentransfer zurückzuführen sind (BGH NJW 2005, 976 = JA 2005, 481 m. Anm. *Löhnig*).

Ein **Inhaltsirrtum** nach § 119 I Alt. 1 ist gegeben, wenn der Erklärende zwar die äußere Gestalt der Erklärungshandlung so wie geschehen vornehmen wollte, sich aber über die normative Bedeutung der verwendeten Worte oder Zeichen geirrt hat (zB er wollte die Worte so wie geschehen schreiben, verband damit aber eine vom objektiven Erklärungswert abweichende Vorstellung).

d) Falsche Übermittlung (§ 120)

Fall 39: In **Fall 38** macht der Antiquar den Antrag an den Kunden per Telegramm, das er fernmündlich aufgibt; er gibt dabei den Preis wie gewollt mit 300 € an. Durch ein Versehen bei der Post wird jedoch ein Preis von 200 € in das Telegramm eingesetzt. **607**

Man wird unschwer erkennen, dass hier die Interessenlage mit der in Fall 38 fast identisch ist. Die Erklärung erreicht den Empfänger in einer äußeren Gestalt, die der Erklärende so nicht wollte. Im Unterschied zu **Fall 38** wird jedoch die Erklärung zunächst richtig formuliert und erst durch die vom Erklärenden eingesetzte Übermittlungsperson oder -einrichtung ungewollt verändert. Da der Empfänger den Übermittlungsfehler nicht durchschaut, gilt die Erklärung mit dem übermittelten Inhalt. § 120 stellt jedoch auch hier sicher, dass der Erklärende anfechten kann. Die Anfechtbarkeit nach § 120 setzt freilich immer voraus, dass die Übermittlungsperson *vom Erklärenden* eingesetzt („verwendet") wurde; es darf sich also *nicht* um einen Boten des *Empfängers* handeln.

In letzterem Fall wäre die Erklärung mit Übergabe an den Empfangsboten bereits unverfälscht beim Empfänger zugegangen und damit wirksam geworden, so dass eine Anfechtung nicht erforderlich ist. So etwa, wenn der Antiquar den Sammler anruft und die Haushälterin, die das Gespräch entgegennimmt, darum bittet, dem Sammler den Antrag über 300 € auszurichten, die Haushälterin aber ihrem Arbeitgeber versehentlich ausrichtet, der Antiquar wolle für 200 € verkaufen.

Der Anfechtungsgrund des § 120 erhält im Zeitalter der **elektronischen Telekommunikation** erhöhte Bedeutung. Er ist zB auch dann anwendbar, wenn eine mittels E-Mail übermittelte Erklärung auf dem Weg zwischen ihrer Absendung und ihrem Eingang im Machtbereich des Empfängers verändert wird. Als „Einrichtungen" im Sinne des § 120 sind zweifellos auch alle privaten Anbieter von Kommunikationsdiensten zu verstehen. **608**

609 Generell ist zu beachten, dass § 120 nur die Veränderungen betrifft, die sich nach Fertigstellung der Erklärung auf dem **Transport zwischen dem Erklärenden und dem Empfangsbereich des Adressaten** ereignen. Für **E-Mails** oder **Erklärungen per Internet** bedeutet das:

– Unterläuft der Fehler bereits bei Formulierung der Erklärung vor ihrer Versendung (zB bei Abfassung des Textes, der per E-Mail übermittelt werden soll, vertippt sich der Erklärende), so liegt ein Fall des § 119 I Alt. 2. vor.

– Ereignet sich der Fehler zwischen Absendung und Eingang im Empfangsbereich des Adressaten, so ist § 120 einschlägig.

– Ereignet sich der Fehler erst, nachdem die Schnittstelle der Empfangseinrichtung bereits überschritten ist, zB weil das Empfangsgerät fehlerhaft funktioniert, so braucht sich der Erklärende den fehlerhaften Text von vornherein nicht zurechnen zu lassen, die Erklärung mit dem richtigen Text ist zugegangen. Dabei ist zu beachten, dass zum Empfängerbereich schon die Mailbox gilt, die der Provider des Empfängers für diesen bereithält und von der er die für ihn eingegangene Post jederzeit abrufen kann.

610 Nach hM ist § 120 nicht anzuwenden, wenn die **Übermittlungsperson willentlich die Erklärung verändert**. Die durch die Übermittlungsperson bewusst verfälschte Erklärung wird dem Erklärenden von voneherein nicht zugerechnet; die hL wendet die Regeln über Vertretung ohne Vertretungsmacht (§§ 177 ff; Rn 773 ff) hier *entsprechend* an. Anders ist die Lage, wenn *Dritte* durch Eingriff in den Übermittlungsvorgang bewirken, dass die Erklärung nicht in der Gestalt, wie sie auf dem Transportweg gegeben wurde, im Empfangsbereich ankommt; da dies im elektronischen Verkehr ein dem Medium eigenes Übermittlungsproblem ist, erscheint es gerechtfertigt, die Erklärung dem Erklärenden zunächst zuzurechnen, ihm aber die Möglichkeit der Anfechtung nach § 120 zu eröffnen.

Zum Problem: *P. Marburger*, AcP 173, 137; *S. Schwung*, JA 1983, 12.

e) Zusammenfassung: Das Missverständnis bei Vertragsschluss

611 Nunmehr kann die Lage zusammenfassend geschildert werden, die entsteht, wenn bei Vertragsschluss sich die Parteien missverstanden haben (Anschluss an Rn 562 ff, Rn 577 ff). Wie gezeigt, ist bei einem Missverständnis (A meint x, B meint y) der normative Gehalt der Erklärungen aus der Sicht des jeweiligen Partners festzustellen.

(a) *Stimmt danach der Inhalt der Erklärungen nicht überein* (zB A erklärt x, B erklärt y), so liegt Dissens vor. Beim Dissens über Hauptpunkte ist kein Vertrag zustande gekommen, beim Dissens über Nebenpunkte gelten §§ 154, 155. Für eine Anfechtung ist so oder so kein Raum.

(b) *Stimmt der Inhalt der Erklärungen überein* (A erklärt x, B erklärt x), so steht fest, dass die eine Partei etwas erklärt hat, was sie nicht hat erklären wollen. Diese Partei kann ihre Erklärung sodann nach Maßgabe der §§ 119 I, 120 anfechten. Dabei ist die Interessenlage des Irrenden wie folgt gewertet: Nach den Grundsätzen über die Auslegung von Willenserklärungen geht das Missverständnis zulasten der irrenden Partei, die Erklärung ist mit dem „objektiv" erklärten Inhalt gültig. Die irrende Partei aber soll ihre Erklärung (wenn sie will!) wieder vernichten können, muss aber dann unter den Voraussetzungen des § 122 Schadensersatz leisten. Letztlich trägt sie also in Gestalt der Schadensersatzpflicht das Risiko für ihr Missverständnis. § 119 I ist nach gängiger Auffassung über seinen Wortlaut hinaus auch anwendbar, wenn trotz fehlenden Erklärungsbewusstseins vom Vorliegen einer Willenserklärung ausgegangen wird (Rn 469), oder bei „abhandengekommenen Willenserklärungen" (Rn 473), weil insoweit eine vergleichbare Interessenlage gegeben ist.

(c) Das Gesagte gilt nur, wenn den Parteien tatsächlich ein Missverständnis unterlaufen ist. Drücken sie sich „falsch" aus, meinen sie aber dasselbe, so ist der Vertrag mit dem beiderseits gewollten Inhalt zustande gekommen, für eine Anfechtung besteht kein Anlass (falsa demonstratio non nocet, Rn 571).

4. Anfechtungsgründe: Der Eigenschaftsirrtum nach § 119 II

▶ Falltraining 1, Fälle 37, 39, 41, 42, 50, 61   **612**

> **Fall 40:** E, Neffe und Alleinerbe eines Rechtsgelehrten, findet im Nachlass eine Erstausgabe von Grotius, „De iure belli ac pacis libri tres" (1625). Er versteht von Rechtswissenschaft nichts, hält das Buch aber für wertvoll, da es alt ist. Er verkauft es für 400 € an F, der seinen Bücherschrank aus Repräsentationsgründen mit alten Büchern ausstattet. Später erfährt E, dass die Ausgabe auf dem Antiquariatsmarkt für 5000 € gehandelt wird. Kann er den Kauf anfechten?

Eine Anfechtung nach § 119 I scheidet aus. Weder hat sich E beim Antrag verschrieben oder versprochen, noch irrte er sonst über die Bedeutung seiner Erklärung. Gegenstand seines Antrags war ein ganz bestimmtes Buch zu einem bestimmten Preis: E hat seinen Antrag so gemeint, wie F es verstanden hat.

Als Anfechtungsgrundlage kommt § 119 II in Betracht; danach gilt als Irrtum über den Inhalt der Erklärung auch ein „Irrtum über solche Eigenschaften der Person oder der Sache, die im Verkehr als wesentlich angesehen werden".

Es ist strittig, was man unter „Eigenschaft" zu verstehen hat und unter welchen Vo-   **613**
raussetzungen ein Irrtum über sie zur Anfechtung berechtigen soll. Letztlich geht es um folgendes Problem: § 119 II eröffnet der Anfechtung wegen Irrtums einen weiten Raum. Je nachdem, wie großzügig man mit den Begriffen „Eigenschaft" und „verkehrswesentlich" umgeht, kann man ein Anfechtungsrecht wegen beliebiger Fehlvorstellungen des Erklärenden begründen. Damit droht der Motivirrtum über den § 119 II weitestgehend zum Zuge zu kommen. Das hätte die Wirkung, dass der Geschäftsverkehr auf den Bestand von Willenserklärungen nur geringes Vertrauen haben könnte.

Angenommen, jemand kauft eine Skulptur als Geschenk für eine bevorstehende Hochzeit ohne zu wissen, dass sich die Brautleute inzwischen entlobt haben. Man könnte wie folgt argumentieren: Vom Standpunkt des Käufers aus gesehen bildet die Verwendbarkeit des Geschenks für den vorgesehenen Zweck eine wesentliche Eigenschaft der Sache; mit dem Zweck entfällt auch die Eigenschaft, sodass er sich im Sinne von § 119 II geirrt hat und anfechten kann. Ein solches Ergebnis wird jedoch niemand gutheißen, da sonst jede Enttäuschung einseitiger Erwartungen ein Geschäft zu Fall bringen könnte.

Folglich muss es darum gehen, die Anfechtbarkeit nach § 119 II auf ein für den Geschäftsverkehr erträgliches Maß zu beschränken.

Nicht über das Ob, sondern über das Wie einer solchen **Begrenzung** geht der Streit.   **614**
Zwei Auffassungen seien herausgegriffen:

(1) Die vorherrschende Lehre deutet den Anfechtungsgrund nach § 119 II als einen **Fall des Motivirrtums**, der ausnahmsweise zur Anfechtung berechtigt. Die Begrenzung der Anfechtbarkeit wird dadurch hergestellt, dass der Begriff „Eigenschaft" in einem engen Sinne genommen wird (Rn 616).

(2) Eine andere Meinung lässt eine Anfechtung wegen Eigenschaftsirrtums nur zu, wenn der Irrtum solche Umstände betrifft, **auf welche sich das Rechtsgeschäft** kraft besonderer Bestimmung oder nach der Art des Geschäftstypus **bezieht** (*Flume*, AT II, § 24, 2c). Nach dieser Auffassung berechtigt lediglich der Irrtum über eine solche Eigenschaft zur Anfechtung, die in den Geschäftsinhalt eingegangen ist, über die also bei Verträgen eine Vereinbarung besteht. Damit scheidet die Enttäuschung bloß einseitiger Erwartungen (Motivirrtum) als Anfechtungsgrund aus.

615 Die Schwäche der letztgenannten Meinung (2) wird im **Fall 40** deutlich: E hat sich über den Wert des verkauften Buches geirrt. Man wird jedoch schwerlich sagen können, dass der Wert der Kaufsache zum Vertragsinhalt geworden ist; beide Parteien mögen Wertvorstellungen gehabt haben, die nicht exakt auszumachen sind. Es gehört in der Regel gerade nicht zum Inhalt des Vertrages, dass der Preis auch dem „Wert", dh dem üblich erzielbaren Preis entspreche, denn der Verkäufer will möglichst teuer verkaufen, der Käufer möglichst günstig kaufen. Die unter (2) genannte Auffassung wird entweder dazu führen, dass das Anfechtungsrecht über Gebühr verkürzt wird oder dass eine Vielzahl von Umständen mühsam in den Inhalt der rechtsgeschäftlichen Vereinbarung hineingelesen werden.

616 Aber auch nach der erstgenannten Meinung (1) stößt die Begründung eines Anfechtungsrechts für E auf gewisse Schwierigkeiten. Wie gezeigt, lässt diese Auffassung die Anfechtung auch wegen einseitigen, nicht auf den Geschäftsinhalt bezogenen Eigenschaftsirrtums zu, engt aber den **Begriff der Eigenschaft** ein. „Eigenschaften" der Sache sollen zwar nicht nur die körperlichen Eigenschaften, sondern auch tatsächliche und rechtliche Verhältnisse der Sache sein, die zufolge ihrer Beschaffenheit und vorausgesetzten Dauer nach der Verkehrsanschauung einen Einfluss auf die Wertschätzung der Sache auszuüben pflegen. Es sollen dabei aber nur solche Umstände in Betracht kommen, die sich „unmittelbar" auf die Sache beziehen und für deren Wertbildung maßgebend sind (formuliert nach RGZ 64, 269; BGHZ 70, 48). Als Eigenschaften werden insbesondere **nicht der Verkehrswert und Marktpreis** selbst angesehen. Eigenschaftscharakter haben hingegen **die den Wert beeinflussenden, der Sache selbst „innewohnenden" (anhaftenden) Faktoren**, wie das Material („massivgold" oder „vergoldet"), das Alter, die Herkunft einer Sache und die rechtliche oder tatsächliche Bebaubarkeit eines Grundstücks.

Dass der **Wert (Preis)** selbst nicht als Eigenschaft anerkannt werden kann, ergibt sich aus der Anschauung vom Marktgeschehen. Der Marktpreis ist nicht vorgegeben, sondern bildet sich erst aus einer Vielzahl von Geschäften über den gleichen Geschäftsgegenstand; der gesamte Marktmechanismus träte außer Kraft, wenn jedes Geschäft schon deshalb angefochten werden könnte, weil ein Partner hinterher merkt, dass er einen anderen Preis hätte bekommen können. Kauft jemand ein Grundstück zu 400 € pro qm, so kann er nicht anfechten, nur weil er erfährt, dass das nach Lage und Beschaffenheit gleiche Nachbargrundstück zur gleichen Zeit zu 300 € pro qm verkauft worden ist; er hat vielmehr einen Beitrag zur Erhöhung des Marktpreises für Grundstücke in ähnlicher Lage geleistet.

Die Schwierigkeiten, auf Grund der Meinung (1) zu einem Anfechtungsrecht des E in **Fall 40** zu gelangen, liegen in folgendem: E hat sich nicht über die wertbildenden Faktoren geirrt (Autor, Inhalt, Alter etc), er hat sich im Verkehrswert verschätzt. Man könnte dem E allenfalls helfen, wenn man die *Seltenheit* des Buches als Eigenschaft im Sinne des § 119 II auffasst. Das ist vom Eigenschaftsbegriff der Meinung (1) her gesehen nicht unproblematisch. Denn der Marktpreis bildet sich im Gegenüber von Angebot und Nachfrage; „Seltenheit" hat marktpreisbildende Bedeutung nur als *Knappheit* des Angebots gegenüber der Nachfrage. Lässt man aber schon den Irrtum über das Verhältnis von Angebot und Nachfrage als Eigenschaftsirrtum zu, so kann man auch gleich den Marktpreis als Eigenschaft iSd § 119 II anerkennen. **617**

Für die Interpretation von § 119 II sind folgende weitere Gesichtspunkte wichtig: **618**

(1) Unter **Sache** versteht man heute entgegen der Definition in § 90 nicht nur körperliche Gegenstände, sondern jeglichen Geschäftsgegenstand.

(2) Das Erfordernis, dass es sich um **verkehrswesentliche** Eigenschaften handeln muss, bildet ein zusätzliches, normativ gehandhabtes Korrektiv zur Eingrenzung der Anfechtbarkeit. Vom Standpunkt eines unbeteiligten Dritten (des Richters) soll beurteilt werden, ob die Eigenschaft, über die der Erklärende irrt, für das konkrete Geschäft als so wichtig erscheint, dass die einschneidende Möglichkeit einer Anfechtung gerechtfertigt ist.

(3) Die verkehrswesentlichen **Eigenschaften der Person** können sich sowohl auf den Partner als auch auf den Erklärenden selbst als auch auf einen für die Abwicklung des Geschäfts wichtigen Dritten beziehen. Zur Anfechtung soll zB der Irrtum über die Kreditwürdigkeit eines Darlehensnehmers berechtigen, vorausgesetzt, dass das Geschäft wesentlich im Vertrauen darauf abgeschlossen wurde. Hinsichtlich der relevanten „Eigenschaften der Person" ergeben sich außerordentlich schwierige Fragen. Soll jemand einen Pachtvertrag anfechten können, wenn er erfährt, dass der Pächter vorbestraft oder trunksüchtig ist? Soll es dabei auf die Art des Geschäfts und auf die Art der begangenen Delikte ankommen? Nach richtiger Auffassung rechtfertigt ein Irrtum über persönliche Eigenschaften des Geschäftspartners die Anfechtung nur, wenn die in Frage stehende Eigenschaft einen spezifischen Bezug zum Gegenstand und zur Abwicklung des Geschäftes hat; denn nur dann wird die Eigenschaft „im Verkehr als wesentlich" angesehen. **619**

Literatur: *M. Adams,* Irrtümer und Offenbarungspflichten im Vertragsrecht, AcP 186, 453; *M. Löhnig,* Irrtum über Eigenschaften des Vertragspartners, 2002.

5. Besondere Probleme

a) Kalkulationsirrtum

> **Fall 41:** Der Möbelfabrikant F verpflichtet sich vertraglich, an den Versandhändler K in Sonderanfertigung 500 Schreibtische zu einem Preis von je 189 € zu liefern. Kurze Zeit danach stellt F fest, dass er bei diesem Preis mit erheblichem Verlust produziert; seine Kalkulationsabteilung hatte die Entstehungskosten der Schreibtische durch Fehleinschätzung des Arbeitsaufwandes falsch berechnet. Kann F den Kauf anfechten? **620**

Derartige Fälle werden unter dem Stichwort „Kalkulationsirrtum" behandelt. Man versteht darunter zumeist den Sachverhalt, dass der Preis, den eine Partei bei Abgabe eines Antrags für ihre Leistung verlangt, zwar in dieser Höhe gewollt ist, aber auf fehlerhaften Berechnungen des Antragenden beruht. Soll er deshalb anfechten können? Es lassen sich dafür einige Gründe nennen. In § 119 I Alt. 2 kommt zum Ausdruck, dass ein Versehen bei der Festlegung des Erklärungstextes zur Anfechtung berechtigt; soll es demgegenüber einen so gravierenden Unterschied machen, dass das Versehen nicht bei Ausformung der Erklärung, sondern *ein Stadium früher*, nämlich bei der internen Vorbereitung der Erklärung unterlief? Ferner kann man erwägen, ob nicht ein Inhaltsirrtum (§ 119 I Alt. 1) vorliegt. Man könnte fragen: Kommt im Antrag eines gewerblich Tätigen nicht zum Ausdruck, dass nur ein Gewinn bringender oder zumindest wirtschaftlich für den Anbieter tragbarer Preis gewollt sei? Soll jemand deshalb wirtschaftlich zu Grunde gehen, weil er sich einmal „verkalkuliert" hat?

621 Auf der anderen Seite ist zu bedenken, dass die Interessen des Partners erheblich beeinträchtigt und zudem das Marktgeschehen stark gestört würden, wollte man auf Grund des Irrtums bei internen Kalkulationen die Anfechtung gewähren. Jeder, der sich verschätzt oder verrechnet hat, könnte mit Leichtigkeit die für ihn ungünstigen Geschäfte zunichtemachen und damit dem jeweiligen Partner – trotz eines möglichen Ersatzanspruchs nach § 122 – erhebliche Risiken aufbürden. Der Marktverlauf würde durch eine Vielzahl von Anfechtungen ständig revidiert und damit außer Kraft gesetzt werden. Gegen die Annahme eines Erklärungsirrtums nach § 119 I Alt. 2 spricht, dass die Fehlberechnungen eben nicht die Erklärungshandlung selbst betreffen. Gegen die Annahme eines Inhaltsirrtums nach § 119 I Alt. 1 ist leicht einzuwenden, dass die internen Berechnungsgrundlagen eines Vertragspartners keineswegs zum Gegenstand der Erklärung werden; der Abnehmer einer Ware kümmert sich gar nicht darum, ob der Preis dem anderen Teil Gewinn bringt, oder ob etwa der Preis absichtlich mit Verlust kalkuliert wurde, um Steuern zu sparen.

622 Der Kalkulationsirrtum ist daher im Rahmen der §§ 119 ff **unbeachtlich**. Allerdings kann der Irrende seinen Kalkulationsfehler möglicherweise in anderem Zusammenhang geltend machen; damit verlassen wir freilich den Bereich des Irrtumsrechts im eigentlichen Sinne und gelangen zu Fragen der Geschäftsgrundlagenstörung (dazu Rn 640 ff). Zu unterscheiden sind dabei der externe und der interne Kalkulationsirrtum.

623 1) Streitig ist, unter welchen Voraussetzungen von einem **externen Kalkulationsirrtum** gesprochen werden kann. Macht jedes Reden eines Verhandlungspartners über die Art seiner Preisfindung die Kalkulation zum Gegenstand der Vertragsverhandlungen? Kommt es darauf an, was der andere Vertragspartner von den Kalkulationen *wusste, wissen musste* oder was ihm *einleuchtend* war?

Beispiel: Der Käufer eines Bildes weiß aus den Vertragsverhandlungen, dass ihm das Bild zu einem Listenpreis angeboten wird. Der Verkäufer hat aber eine veraltete Liste eingesehen oder hat die Liste irrtümlich falsch gelesen und einen zu niedrigen Preis genannt. Man könnte zu Gunsten eines Anfechtungsrechts des Verkäufers sagen: In die Vertragsverhandlungen ist die „Preisbildung nach Liste" für den Käufer erkennbar eingegangen, also handelt es sich um einen externen Kalkulationsirrtum, der zur Anfechtung berechtigt. Aber was geht es den Käufer an, ob der Verkäufer seine Listen richtig konsultiert (die Anfechtung verneinend daher LG Bremen

NJW 1992, 915; anders bei falschem Ablesen des Preisschildes – 500 statt 2500 DM – LG Hamburg NJW-RR 1986, 156).

Das RG hat dem in der Kalkulation Irrenden ein Anfechtungsrecht gewährt, „wenn bei **624** den für den Vertragsschluss entscheidenden Verhandlungen dem anderen Teil erkennbar der verlangte oder angebotene Kaufpreis als ein durch näher bezeichnete Kalkulationen zustande gekommener bezeichnet ist" (RGZ 64, 268), wenn also die Kalkulation den Gegenstand der Vertragsverhandlungen bildete; im Anschluss daran wird zT Anfechtbarkeit des Geschäfts wegen Inhaltsirrtums nach § 119 I Alt. 1 bejaht (vgl auch OLG München NJW-RR 1990, 1406). Nach zutreffender Auffassung kann ein externer Kalkulationsirrtum nur Beachtung finden, wenn die Kalkulation Geschäftsgrundlage des Vertrags geworden ist, § 313. Dann kann der Irrende entweder Anpassung an den richtig kalkulierten Preis verlangen oder, wenn dies nicht möglich oder nicht zumutbar ist, vom Vertrag zurücktreten (vgl den Fall BGH NJW 2004, 3115).

2) Fraglich ist ferner, ob in bestimmten Fällen nicht auch der **interne Kalkulations-** **625** **irrtum** Beachtung erfordert. Hier ist der Fall zu nennen, dass dem Adressaten eines Antrags bekannt oder offensichtlich ist, dass der Anbietende sich „verkalkuliert" hat.

Die Rechtsprechung des **BGH** (BGHZ 139, 177) löst die Fälle des internen Kalkulationsirrtums nicht im Rahmen des § 119, sondern mit Hilfe der Rechtsinstitute des **Verschuldens bei Vertragsschluss** (Rn 952 ff) und der **unzulässigen Rechtsausübung** (Rn 251). Danach berechtigt ein interner Kalkulationsirrtum als bloßer Irrtum im Beweggrund selbst dann nicht zur Anfechtung, wenn er vom Erklärungsgegner positiv erkannt wird oder wenn sich dieser der Kenntnis treuwidrig entzieht (BGHZ 139, 177). Doch kann der Adressat eines Antrags unter dem Gesichtspunkt der gebotenen Rücksicht (§§ 241 II, 311 II) verpflichtet sein, den Anbieter auf einen erkannten Kalkulationsirrtum hinzuweisen. Ebenso *kann* es eine unzulässige Rechtsausübung darstellen, wenn der Adressat einen Antrag annimmt und auf die Durchführung des so geschlossenen Vertrages besteht, obwohl er weiß, dass der Antrag auf einem Kalkulationsirrtum des Anbietenden beruhte; der Adressat kann dann nicht auf die Durchführung des Vertrages bestehen. Der Kenntnis des Irrtums steht es gleich, wenn sich der Adressat treuwidrig der Kenntnisnahme verschließt, zB in dem er bei auf der Hand liegenden Zweifeln die Rückfrage unterlässt. Ob im konkreten Fall ein Verstoß gegen die Pflicht zur Rücksicht oder eine unzulässige Rechtsausübung zu bejahen ist, richtet sich nach der Gesamtheit der Umstände, insbesondere nach den wirtschaftlichen Folgen für den Erklärenden.

Beachte: Es ist vom Prinzip auszugehen, dass der Verhandlungspartner grundsätzlich nicht verpflichtet ist, die Kalkulationen des anderen Teils nachzuprüfen oder Zweifeln an ihrer Korrektheit nachzugehen. Selbst die positive Kenntnis vom Kalkulationsirrtum des Erklärenden soll nach BGH allein noch nicht genügen, um eine unzulässige Rechtsausübung zu begründen; die Treuwidrigkeit müsse sich aus den Umständen, insbesondere dem Ausmaß des Irrtums ergeben (der BGH nennt den Fall, dass der Erklärende bei Festhalten am Vertrag in wirtschaftliche Schwierigkeiten geriete, BGH NJW 1998, 3192, 3194).

Literatur zum Kalkulationsirrtum: *Flume*, AT II, § 23, 4e; *D. Giesen*, JR 1971, 403; *E. Wieser*, NJW 1972, 708; *M. Adams*, AcP 186, 484; *R. Singer*, JZ 1999, 342.

626 Bedeutung kommt der Lehre vom Kalkulationsirrtum auch beim Einsatz **moderner Kommunikationstechniken und der EDV** zu. Soweit ein menschlicher Fehler unmittelbar bei Formulierung der Erklärung unterläuft, sind die allgemeinen Regeln folgerichtig anzuwenden (zB jemand will eine Erklärung durch Datenfernübertragung abgeben, beim Eintippen auf seinem Gerät vertippt er sich und sendet die so hergestellte Erklärung ab; es handelt sich um einen Erklärungsirrtum). Schwierig werden die Probleme, wenn die Formulierung der konkreten Erklärung auf Grund eines EDV-Programms automatisch erfolgt. Angenommen, durch einen Programmfehler werden Erklärungen ausgefertigt und versandt, die dem eigentlichen Willen des Erklärenden nicht entsprechen; kann der Erklärende anfechten? Wie in den Fällen des internen Kalkulationsirrtums liegt der Fehler hier nicht bei Formulierung der Erklärung selbst, sondern im Vorfeld der Erstellung oder Installierung des Computer-Programms; deshalb neigt die gängige Auffassung zu Recht dazu, hier einen unbeachtlichen Motivirrtum anzunehmen.

b) Rechtsirrtum, Rechtsfolgenirrtum

627 Schwierige Fragen sind mit den Stichworten „Rechtsirrtum" und „Rechtsfolgenirrtum" angesprochen. Zuweilen wird gesagt, der Rechtsirrtum berechtige nicht zur Anfechtung. Das Reichsgericht hat in seiner früheren Rechtsprechung den Standpunkt vertreten, der Irrtum über die Rechtsfolgen einer Erklärung führe nie zur Anfechtbarkeit des Geschäfts (zB RGZ 51, 283; 57, 273; 76, 440). Später hat das Gericht den Rechtsfolgenirrtum im Rahmen des § 119 I berücksichtigt, „wenn infolge der Verkennung seiner rechtlichen Bedeutung ein Rechtsgeschäft erklärt worden ist, das eine von der gewollten wesentlich verschiedene Rechtswirkung erzeugt, nicht aber dann, wenn ein irrtumsfrei erklärtes und gewolltes Geschäft außer der erstrebten Wirkung noch andere nicht erkannte und nicht gewollte Nebenfolgen hervorbringt" (RGZ 134, 197 f).

Der Begriff „Rechtsfolgenirrtum" ist nicht geeignet, das Problem zu verdeutlichen. Denn jeder nach § 119 I relevante Irrtum ist ein Rechtsfolgenirrtum (*Flume*, AT II, § 23, 4d): Da mit der Willenserklärung die Herbeiführung von Rechtsfolgen erstrebt wird, bildet jeder Irrtum über die objektive Erklärungsbedeutung notwendig einen Irrtum über die durch die Erklärung bewirkten Rechtsfolgen. Ein Irrtum über **Rechtsfolgen, die eintreten, weil sie als gewollt erklärt sind**, fällt daher prinzipiell unter § 119 I.

628 Das eigentliche Problem entsteht beim Irrtum über **solche Rechtswirkungen** der Erklärung, **die auch ohne den Willen des Erklärenden eintreten**. Kann der Verkäufer den Kauf deshalb anfechten, weil er sich falsche Vorstellungen über die Rechtslage gemacht hat, die ihn bei Leistungsverzug (vgl §§ 286 ff; 280 II) trifft? Allgemein ausgedrückt: Berechtigt der Irrtum über die durch zwingende oder dispositive Gesetzesregeln ausgelösten Rechtsfolgen zur Anfechtung? Diese Frage wird zu Recht *verneint*. Die Gesetze gelten ohne Rücksicht auf die Gesetzeskenntnis der Rechtsunterworfenen. „Sobald ein Gesetz gehörig kundgemacht worden ist, kann sich niemand damit entschuldigen, dass ihm dasselbe nicht bekannt geworden sei" (§ 2 Österr. ABGB). Diesem Grundsatz würde es widersprechen, wenn jeder, der sich über die vom Gesetz bestimmten Wirkungen seiner Erklärung geirrt hat, das Gesetz für seine Person durch Anfechtung suspendieren könnte.

Beispiel: A hat sich bei einem Antrag bei Angabe des Kaufpreises verschrieben; B hat das Angebot angenommen. Nachdem A seinen Irrtum bemerkt hat, ficht er nach § 119 I Alt. 2 an. Dabei weiß er jedoch nicht, dass er für diesen Fall dem B gem. § 122 I zum Schadensersatz verpflichtet ist. Die Anfechtung ist für A deshalb ungünstig. Kann A seine Anfechtung des Antrags wegen des Irrtums über die Folgen der Erklärung nach § 122 I wiederum anfechten? Es ist dies zu verneinen, da die Rechtsfolgen des § 122 I eintreten ohne Rücksicht darauf, ob A sie wollte oder nicht.

Gleiches gilt von **Erklärungswirkungen**, die durch **Richterspruch** an eine Erklärung angeknüpft werden. Gerade diesbezüglich ergeben sich jedoch Schwierigkeiten. Die auf dem *Willen* beruhenden Rechtsfolgen einer Erklärung lassen sich oft nicht exakt von den Rechtsfolgen trennen, die auch ohne Willen des Erklärenden eintreten. Was holt der Richter durch seine „Auslegung" aus einer Willenserklärung heraus, was legt er in sie hinein? (Vgl für Rechtsfolgen aus „schlüssigem Verhalten" BayObLGZ 1983, 153, 162). Wie steht es mit dem Irrtum über Rechtsfolgen, die auf einen *hypothetischen* Parteiwillen gegründet werden? Ähnlich ist die Problemlage, wenn das Gesetz einen rechtsgeschäftlichen Regelungsinhalt als „im Zweifel" gewollt ansieht (zB § 449 I). **629**

Darüber hinaus ergibt sich ein **grundsätzliches Problem**. Die Vorstellung der Aufklärung von einem Gesetzbuch, das jedermann lesen und verstehen kann, hat sich als illusionär erwiesen. Einen Gesamtüberblick über Gesetze und Rechtsprechung hat nicht einmal der Jurist. Die Voraussetzung, dass jeder Staatsbürger alle Gesetze kennt, ist nach einem Worte von *Anton Menger* „die lächerlichste aller Fiktionen" und ein besonders die „unteren Volksklassen" treffendes Unrecht. Es ist daher denkbar, dass ein Rechtsunkundiger beim Abschluss des Geschäfts nichts ahnend in sein Verderben rennt, weil er die Tragweite seiner Erklärung nicht zu überblicken vermag. Verlangt dieser Umstand nicht eine stärkere Berücksichtigung des Irrtums über die gesetzlichen Rechtsfolgen? Indes ist folgendes zu bedenken: Das Gesetz nimmt für sich in Anspruch, einen gerechten Interessenausgleich herzustellen. Wird es diesem Anspruch annähernd gerecht, so gibt es keinen sachlichen Grund, sich der gesetzlichen Interessenwertung zu entziehen, nur weil man sie nicht gekannt hat. Unerträgliche Auswirkungen der Rechtsunkenntnis ergeben sich vielfach dort, wo ein rechtserfahrener Geschäftspartner die mangelnde Rechtskenntnis des anderen zu seinem Vorteil ausnutzt. Doch bietet für solche Fälle § 119 nicht den richtigen Lösungsansatz. Vielmehr hat man zu untersuchen, ob der Anfechtungsgrund des § 123 zum Zuge kommt (arglistige Täuschung, auch durch pflichtwidrige Aufrechterhaltung einer Fehlvorstellung, Rn 633) oder der Vertrag nach § 138 BGB nichtig ist; ferner, ob der rechtserfahrene Teil wegen pflichtwidrig unterlassener Aufklärung seines Partners aus dem Gedanken des Verschuldens bei Vertragsschluss (Rn 952 ff) zum Schadensersatz verpflichtet ist, §§ 311 II, 241 II, 280 I. **630**

Literatur: Zur Frage der Rechtsunkenntnis im Allgemeinen: *F. Rittner*, Rechtswissen und Rechtsirrtum im Zivilrecht, Festschrift F.v. Hippel, 1967, 391; *Th. Mayer-Maly*, Rechtsirrtum und Rechtsunkenntnis als Probleme des Privatrechts, AcP 170 (1970), 133. Zum Rechtsfolgenirrtum: *J. Mayer*, Der Rechtsirrtum und seine Folgen im bürgerlichen Recht, 1989; *Th. Neuffer*, Die Anfechtung der Willenserklärung wegen Rechtsfolgeirrtums, 1989; *J. Musielak*, Der Irrtum über die Rechtsfolgen einer Willenserklärung, JZ 2014, 64.

6. Anfechtungsgründe: Die Anfechtung nach § 123

▶ Falltraining 1, Fälle 16, 36, 37 ff, 42 f, 50, 59, 61 66; Falltraining 2, Teil 2 Fall 3

a) Übersicht

631 In den Fällen des § 123 wird demjenigen, der eine Willenserklärung abgegeben hat, die Befugnis zur Anfechtung zuerkannt, weil die Erklärung auf einem durch einen anderen auf vorwerfbare Weise verursachten Willensmangel beruht, nämlich

– entweder einer widerrechtlichen Drohung,
– oder einer arglistigen Täuschung.

Demzufolge sollen die schädlichen Folgen der Anfechtung nicht – wie bei §§ 119, 120 – zwischen den Partnern verteilt werden, sondern zulasten desjenigen Teils gehen, der sich die Täuschung oder Drohung zurechnen lassen muss. Für eine Schadensersatzpflicht des Anfechtenden nach Art des § 122 ist daher kein Raum. Vielmehr können dem Anfechtenden seinerseits Schadensersatzansprüche zustehen, etwa aus Verletzung von Nebenpflichten bei Vertragsschluss (§§ 311 II, 241 II, 280 I, Rn 952 ff) oder aus Delikt, §§ 823 ff.

b) Die Voraussetzungen der Anfechtung wegen arglistiger Täuschung

632 **aa) Täuschung.** Von den beiden in § 123 normierten Anfechtungsgründen soll die arglistige Täuschung näher betrachtet werden. Auf die Anfechtung wegen arglistiger Täuschung kann – im Gegensatz zu den Anfechtungsgründen der §§ 119, 120 – nicht im Voraus verzichtet werden (BGH JA 2007, 543 m. Anm. *Stadler*).

Unter **Täuschung** ist grds. eine Irreführung des anderen Teils über Tatsachen zu verstehen; erkennbare Werturteile, auch wenn sie unzutreffend sein mögen, können eine Anfechtung nach § 123 hingegen nicht begründen (BGH NJW 2007, 357). Auch irreführende Angaben in einem Antragsschreiben allein müssen noch keine Täuschungshandlung darstellen (BGH JA 2005, 673 m. Anm. *Löhnig*). Diese Täuschung muss zu einem **Irrtum** des Getäuschten führen, der dann wiederum dafür ursächlich ist, dass der Getäuschte eine **Willenserklärung abgibt**, die er ohne diesen Irrtum nicht oder nicht mit diesem Inhalt abgegeben hätte. Kurz gefasst: Täuschung ▶ Irrtum ▶ Willenserklärung.

633 Der **Täuschungsbegriff** in § 123 ist **weit gefasst**. Als Täuschung wird angesehen

(a) die Erregung eines Irrtums (aktives Täuschungsverhalten),

(b) darüber hinaus auch die Täuschung durch passives Verhalten, und zwar entweder durch das Ausnutzen eines beim Erklärenden schon bestehenden Irrtums oder durch das Ausnutzen einer beim Erklärenden vorhandenen Unkenntnis.

Durch **passives Verhalten** täuscht ein Geschäftspartner allerdings nur dann, wenn ihn im Einzelfall dem anderen gegenüber eine **Pflicht zur Aufklärung** trifft (vgl BGH MDR 1976, 388). Eine Offenbarungspflicht besteht dann, wenn das Verschweigen von Tatsachen, die für die Entscheidung des Verhandlungspartners von grundlegender Bedeutung sind, gegen Treu und Glauben verstoßen würde und der Erklärungsgegner die Mitteilung der betreffenden Tatsachen nach der Verkehrsanschauung erwarten darf (BGH NJW 1992, 1222; BGH NJW 2001, 64; BGH NJW 2013, 946: Verschweigen der Nichtvaterschaft des Ehemannes durch die Ehefrau).

> **Fall 42:** V verkauft an K ein fabrikneues Automobil. Kann K den Kauf anfechten, wenn sich herausstellt, dass V verschwiegen hat,
>
> 1. dass die Konkurrenz in der betreffenden Wagenklasse ein besseres und billigeres Modell anbietet?
>
> 2. dass sich der Wagentyp hinsichtlich des Getriebes als besonders reparaturanfällig erwiesen hat?
>
> 3. dass es sich um ein auslaufendes Modell handelt, das der Hersteller schon in wenigen Monaten durch ein neues ersetzen wird?
>
> 4. dass es sich um ein Exemplar aus einer Produktionsserie handelt, in der ein Herstellungsfehler bekannt geworden ist?

Frage 1 wird man sicher verneinen, Frage 4 sicher bejahen; Frage 2 und 3 kann man kontrovers diskutieren. Wie immer die Wertung im Einzelfall ausfällt: Es bleibt festzuhalten, dass den Partnern von Vertragsverhandlungen unmöglich zugemutet werden kann, auf alles, was den anderen Teil vom Geschäft abhalten könnte, hinzuweisen. Innerhalb bestimmter weiter Grenzen kann **niemandem angesonnen werden, gegen die eigenen Interessen** zu handeln, auch wenn die Unkenntnis des Partners über bestimmte Geschäftsumstände kausal für den Geschäftsabschluss werden sollte (BGH NJW 1989, 764).

bb) Arglist. Unklar ist die Bedeutung des Tatbestandsmerkmals der „**Arglist**". Da 634 man davon ausgehen muss, dass von einer „Täuschung" nur dann gesprochen wird, wenn der Täuschende die Irreführung des Erklärenden *wollte*, könnte man annehmen, dass jede Täuschung arglistig sei, sodass der Zusatz „arglistig" überflüssig wäre. Die Rechtsprechung geht trotzdem davon aus, Arglist bedeute schlicht Vorsatz hinsichtlich aller objektiven Tatbestandsmerkmale des § 123 I (BGH NJW-RR 1991, 412). Allerdings spricht einiges dafür, der Arglist eine andere Funktion zuzuweisen.

> **Fall 43:** K möchte sich einen neuen Mantel kaufen. Er betritt das Bekleidungsgeschäft des 635 V und probiert einige Mäntel an. K bleibt unschlüssig. Er kauft schließlich einen Mantel, von dem V behauptet, dass er vorzüglich sitze und zur Figur des K sehr gut passe. In Wirklichkeit hält V den Mantel zwar für passabel, merkt aber, dass er für den schlanken K etwas breitschultrig geraten ist. Kann K den Kauf anfechten?

V hat K zweifellos getäuscht, denn er hat ihn bewusst über seine Meinung irregeführt. Wir wollen auch annehmen, dass die Täuschung dazu geführt hat, dass K den Mantel irrig für besonders gut passend hielt und dieser Irrtum für den Kaufentschluss des K ursächlich war. Soll K aber anfechten können? Anders gefragt: Soll in einem tauschwirtschaftlichen System der Verkäufer verpflichtet sein, seine Waren lediglich in Übereinstimmung mit seiner eigenen Überzeugung anzupreisen? Oder gibt es eine gewisse Spannweite erlaubter Übertreibung und Verstellung? Die Frage ist für die rechtliche Beurteilung des Umsatzgeschehens grundlegend. Ein erheblicher Teil der Geschäftsumsätze beruht auf Werbung, in der mit begeisterten Prädikaten nicht gerade sparsam umgegangen wird. Bei realistischer Betrachtung der nicht ausrottbaren Neigung zur Übertreibung im eigenen Interesse wird man in den genannten Fällen die Anfechtbarkeit wegen arglistiger Täuschung ablehnen. Auch in **Fall 43** wird man das Verhalten des V nicht als so gravierend beurteilen, als dass die Anfechtbarkeit des Kaufs gerechtfertigt wäre. Stellt man sich auf diesen Standpunkt, so kommt man freilich an der Erkenntnis nicht vorbei, dass sich das wirtschaftliche Geschehen in gewissen Grenzen mit Hilfe erlaubter Täuschung vollzieht.

Wenn dem so ist, so hat die Tatbestandsvoraussetzung der **Arglist** in § 123 I die wichtige Funktion, die Grenzen erlaubter Übertreibung abzustecken: Nicht jede Täuschung berechtigt zur Anfechtung, sondern nur die „arglistige". Maßgebliches Kriterium hierfür ist die Interessenlage des Getäuschten (= Erklärenden), insbesondere die Frage, ob er auf Grund seiner unter dem Eindruck der Täuschung abgegebenen Erklärung nennenswerte Nachteile erleidet. *Keine* Arglist liegt beispielsweise auch in der bewusst falschen Beantwortung einer unzulässigen Frage (zB in der Regel bei Einstellungsgespräch der Frage des Arbeitgebers nach der Schwangerschaft, BAG NJW 1993, 1154).

636   Unabhängig davon, ob man das Erfordernis des **Vorsatzes des Täuschenden** aus dem Begriff der Täuschung als solcher oder aus dem Tatbestandsmerkmal der Arglist herleitet gilt: Der Vorsatz muss alle in § 123 I zu prüfenden Tatbestandsmerkmale umfassen. Dabei genügt bedingter Vorsatz; es genügt also, wenn der Erklärende billigend in Kauf nimmt, dass er den Erklärungsempfänger täuscht. Das gilt insbesondere bei sogenannten „Erklärungen ins Blaue hinein": Als Beispiel diene der Autoverkäufer, der nicht sicher weiß, ob ein von ihm angebotenes Auto unfallfrei ist oder nicht. Damit der Verhandlungspartner das Fahrzeug kauft, beantwortet er die Frage mit „ja" und nimmt damit eine Täuschung in Kauf.

637 | Aus diesen Erörterungen ergibt sich, dass folgende Punkte geprüft werden müssen:

(1) Täuschungshandlung: Tun oder Unterlassen bei Pflicht zur Aufklärung

(2) Erregung oder Aufrechterhaltung eines Irrtums

(3) Ursächlichkeit der Täuschungshandlung für die Erregung/Aufrechterhaltung des Irrtums

(4) Abgabe einer Willenserklärung durch den Getäuschten

(5) Ursächlichkeit des Irrtums für die Abgabe der Willenserklärung (Der Erklärende hätte die Erklärung sonst nicht oder nicht mit diesem Inhalt abgegeben)

(6) Überschreitung der Grenze erlaubter Übertreibung (nach der hier vertretenen Auffassung Funktion des Tatbestandsmerkmals „Arglist")

(7) Zumindest bedingter Vorsatz hinsichtlich der unter (1) bis (6) geprüften Voraussetzungen (nach Auffassung der Rechtsprechung soll sich dies aus dem Tatbestandsmerkmal „Arglist" ergeben)

Literatur zu § 123: *P. Mankowski*, Arglistige Täuschung durch vorsätzlich falsche oder unvollständige Antworten auf konkrete Fragen, JZ 2004, 121; *J. Petersen*, Täuschung und Drohung im Bürgerlichen Recht, Jura 2006, 904; *S. Arnold*, Die arglistige Täuschung im BGB, JuS 2013, 865.

c) Täuschung durch Dritte

Ist die Erklärung, die angefochten werden soll, **nicht empfangsbedürftig**, so ist es 638 gleichgültig, wer die arglistige Täuschung verübt hat. Bei **empfangsbedürftigen Willenserklärungen** hingegen stellt sich die Frage, von wem die Täuschung begangen sein muss, um die Anfechtbarkeit zu rechtfertigen. Ohne Einschränkung besteht das Anfechtungsrecht, wenn der **Empfänger der Erklärung** die Täuschung verübt hat.

Erfolgte jedoch die Täuschung **durch einen „Dritten"** (§ 123 II 1), so ist weitere Voraussetzung, dass der Adressat der Erklärung die Täuschung kannte oder kennen musste (fahrlässige Unkenntnis genügt, § 122 II). In diesem Fall wird die Täuschung dem Adressaten der Erklärung zugerechnet; die Erklärung kann ihm gegenüber angefochten werden (§ 143 II, III).

> **Fall 44:** Huber beerbt seinen Onkel, im Nachlass befindet sich ein Gemälde von Karl Schmitt-Rottluff. Da Huber nichts von Kunst versteht, wendet er sich an den Sachverständigen Schulze. Dieser bezeichnet das Bild gegen besseres Wissen als Fälschung. Er hofft, das Bild billig erwerben zu können, doch lehnt Huber den gebotenen Preis von 500 € ab. Unvorsichtigerweise erzählt Schulze seiner Freundin Angelika Maier von der Sache. Diese – ohnehin bereit, sich von Schulze zu trennen – wendet sich an Huber und bietet ihm für das Bild 2.000 €. Hocherfreut willigt Huber in den Verkauf zu diesem Preis ein. Der Vertrag wird beiderseits erfüllt. Das Bild hat in Wirklichkeit einen Auktionswert von 500.000 €. Kann Huber den Kaufvertrag anfechten?

Huber hat den Antrag Angelikas angenommen. Diese Annahmeerklärung könnte er nach § 123 I anfechten, wenn er zu ihrer Abgabe durch arglistige Täuschung bestimmt worden ist. Eine arglistige Täuschung ist im Verhalten des Schulze zu sehen, der Huber vorsätzlich eine falsche Information über die Herkunft des Bildes gab, wohl wissend, dass dies das geschäftliche Verhalten des Huber beeinflussen konnte. Doch ist nicht Schulze, sondern Frau Maier Vertragspartnerin des Huber, somit diese die Adressatin der Annahmeerklärung. Die Täuschung ist also nicht durch den Geschäftspartner, sondern durch einen Dritten erfolgt. Frau Maier muss sich die Täuschung des Schulze aber zurechnen lassen, wenn sie sie kannte oder kennen musste. Hier ist Kenntnis gegeben, weil Frau Maier durch Schulze informiert war. Huber kann den Kauf nach § 123 I, II Frau Maier gegenüber anfechten.

Hinweis: Außer der Anfechtung nach § 123 ist in diesem Fall auch die (für Huber ungünstigere) Anfechtung nach § 119 II sowie eine Nichtigkeit des Kaufvertrags nach § 138 I oder II zu prüfen (siehe Rn 676 ff).

Beachte: **Bevollmächtigte, Vertrauenspersonen und sonstige Hilfspersonen des** 639 **Erklärungsempfängers** (§ 278) sind nicht „Dritte" im genannten Sinne; ihre Täuschungshandlungen werden dem Erklärungsempfänger ohne weiteres (dh ohne die Voraussetzungen des § 123 II 1) zugerechnet (BGH NJW-RR 1992, 1006). Gleiches gilt, wenn sich die Beziehungen des Erklärungsempfängers zu dem Täuschenden so eng gestalten, dass beide aus der Sicht des Getäuschten **wirtschaftlich als Einheit** erscheinen (entwickelt anhand der Rechtsprechung zum finanzierten Abzahlungskauf BGHZ 33, 302; 47, 224; siehe auch §§ 358, 359 für verbundene Verbraucherverträge). Auch der Lieferant eines Leasinggebers, der den Leasingnehmer täuscht, ist kein „Dritter", wenn er mit Wissen und Wollen des Leasinggebers die Vorverhandlungen über den Leasingvertrag führt (BGH NJW 1989, 287). Hingegen wird eine Person, die bei Vertragsschluss lediglich vermittelnd aufgetreten ist, wie etwa ein Makler, als

„Dritter" im Sinne des § 123 II angesehen (vgl BGH NJW 1996, 1051), sofern sie nach den Umständen des Falles nicht dem Lager des Erklärungsgegners zuzurechnen ist (vgl BGH NJW 2001, 358 = JA 2001, 353 m. Anm. *Löhnig*).

7. Die Störung der Geschäftsgrundlage

▶ Falltraining 2, Teil 2 Fall 3

a) Das Problem

640 Die Irrtumsregelung des BGB hat sich nicht als ausreichend erwiesen, um alle Fälle angemessen zu lösen, in denen die Parteien bei Geschäftsabschluss von unrichtigen Annahmen oder Erwartungen ausgegangen sind. Die Rechtsprechung des RG, fortgesetzt vom BGH, hat daher eine außergesetzliche Rechtsfigur entwickelt, die ergänzend neben die Irrtumsregelung nach § 119 getreten ist: die Lehre vom *Fehlen (oder Wegfall) der Geschäftsgrundlage*. Der Grundgedanke lässt sich wie folgt beschreiben: Bei Geschäftsabschluss gehen die Parteien von gewissen Annahmen und Erwartungen aus, die nicht Erklärungsinhalt werden. Treffen die Annahmen in Wirklichkeit nicht zu oder werden die Erwartungen enttäuscht, so liegt an sich ein unbeachtlicher Motivirrtum vor. Diese Unbeachtlichkeit erscheint insbesondere dann problematisch, wenn beide Parteien *übereinstimmend* von Vorstellungen ausgegangen sind, deren Unrichtigkeit den Sinn des Geschäfts nimmt. Inzwischen ist dieses Rechtsinstitut als **Störung der Geschäftsgrundlage** in § 313 geregelt. Da § 313 den Fundamentalgrundsatz des Vertragsrechts „pacta sunt servanda" durchbricht, ist seine Anwendung auf Ausnahmefälle zu beschränken.

b) Voraussetzungen

641 Das Gesetz bietet **zwei gleichrangige Tatbestände**: (1) die Veränderung von Umständen, die Grundlage des Vertrags geworden sind, *nach* Vertragsschluss (§ 313 I) und (2) die irrige Annahme wesentlicher Vorstellungen, die Grundlage des Vertrags geworden sind, *bei* Vertragsschluss (§ 313 II). Die Rechtsfolgen sind jeweils die gleichen.

Nach § 313 I setzt die Berufung auf die Störung der Geschäftsgrundlage Folgendes voraus:

1. Es haben sich *nach Vertragsschluss* Umstände *schwerwiegend verändert*.
2. Diese Umstände sind *Grundlage des Vertrages* geworden, dh sie gehören einerseits nicht zum Vertragsinhalt, haben andererseits einen spezifischen Bezug zum Sinn des Vertrages (siehe unten Rn 642 ff).
3. Die Parteien hätten den Vertrag nicht oder mit anderem Inhalt geschlossen, wenn sie diese Veränderungen vorausgesehen hätten.
4. Einem der Vertragspartner kann das Festhalten am unveränderten Vertrag nicht zugemutet werden; dabei sind alle Umstände des Einzelfalles, insbesondere die vertragliche oder gesetzliche Risikoverteilung zu berücksichtigen.

Nach § 313 II erfordert die Annahme einer Geschäftsgrundlagenstörung:

1. *Wesentliche Vorstellungen*, welche die Parteien *bei Vertragsschluss* gehegt haben, stellen sich als *falsch* heraus.
2. Diese Vorstellungen sind zur *Grundlage des Vertrages* geworden.
3. Die Parteien hätten den Vertrag nicht oder mit einem anderen Inhalt geschlossen, wenn sie von zutreffenden Vorstellungen ausgegangen wären.
4. Einem der Vertragspartner kann das Festhalten am unveränderten Vertrag nicht zugemutet werden; dabei sind alle Umstände des Einzelfalles, insbesondere die vertragliche oder gesetzliche Risikoverteilung zu berücksichtigen.

Bei beiden Varianten ergibt sich die schwierige Frage, was unter „Grundlage des Vertrages" („Geschäftsgrundlage") zu verstehen ist. Hierzu trägt das Gesetz nichts bei, sodass an die frühere Rechtsprechung (BGH NJW 1995, 592, 593) anzuknüpfen ist. Diese versteht unter Geschäftsgrundlage **642**

– die nicht zum Vertragsinhalt erhobenen, aber beim Vertragsschluss *zu Tage getretenen gemeinschaftlichen* Vorstellungen beider Vertragsparteien von dem Vorhandensein oder dem künftigen Eintritt gewisser Umstände, auf denen sich der *Geschäftswille der Parteien aufbaut*
– *oder* die dem Geschäftsgegner erkennbaren und von ihm nicht beanstandeten Vorstellungen *der einen Vertragspartei,*

von dem Vorhandensein oder dem künftigen Eintritt gewisser Umstände, auf denen sich der *Geschäftswille der einen Partei aufbaut* und auf die sich der Geschäftspartner redlicherweise einlassen musste.

Keinesfalls darf angenommen werden, eine Partei könne ihre Annahmen und Absichten schon dadurch zur Geschäftsgrundlage machen, dass sie dem Partner Mitteilung davon macht oder ihm die Möglichkeit zur Kenntnisnahme gibt. Es wäre sonst ein leichtes, das Risiko für den Fehlschlag der eigenen Absichten auf den Partner abzuwälzen. Der schwatzhafte Käufer einer Vase, der dem Verkäufer mitteilt, er brauche sie als Hochzeitsgeschenk, macht damit das Stattfinden der Hochzeit nicht zur Geschäftsgrundlage, wenn nicht aus den besonderen Umständen des Geschäftsabschlusses entnommen werden kann, dass sich der Verkäufer darauf einlassen will oder dies redlicherweise tun muss. Wer ein Automobil kauft, macht die rechtmäßige Innehabung des Führerscheins selbst dann nicht zur Geschäftsgrundlage, wenn er dem Verkäufer gegenüber andeutet, dass ihm wegen eines Unfalls der Führerscheinentzug drohe. **643**

Die überkommene Umschreibung der Geschäftsgrundlage bietet keine präzisen Konturen, diese sind auch schwer zu bilden. Man muss bedenken: Vieles entwickelt sich anders, als die Parteien bei Abschluss eines beliebigen Vertrages sich vorstellen mögen: Die Preise steigen oder fallen, die Aktienmärkte explodieren oder stürzen ab, Regierungen kommen und gehen, wir selbst haben beruflichen Erfolg oder Misserfolg, erleben privates Glück oder Unglück, etc. Ob unsere Vorstellungen zu solchen „Umständen" die Wirklichkeit treffen oder nicht, hat mit einem konkreten Vertrag, zB über die Anschaffung eines Luxus-Cabriolets, grundsätzlich nichts zu tun. Vielmehr müssen die veränderten oder falsch vorgestellten Umstände einen **spezifischen Bezug zum Sinn des konkreten Geschäfts** haben, um im Rahmen des § 313 überhaupt relevant werden zu können. Die oben genannte Definition drückt das durch den Halbsatz **„auf denen der Geschäftswille sich aufbaut"** aus. Diese Floskel sagt aber **644** nichts aus, was nicht im Begriff „Geschäftsgrundlage" schon enthalten wäre. Die betreffenden Umstände dürfen andererseits nicht zum Inhalt des Vertrags selbst geworden sein, denn für diesen Fall gelten die vereinbarten vertraglichen Regeln und die speziellen gesetzlichen Instrumente über die Erfüllung von Schuldverhältnissen. Die Unterscheidung zwischen a) beliebigen Umständen (Motiven), die mit dem Vertrag nichts zu tun haben, b) solchen Umständen, über die eine vertragliche Vereinbarung vorliegt, und c) solchen Umständen, die zwar nicht in den Inhalt des Vertrags eingegangen sind, auf denen gleichwohl der Geschäftswille sich aufbaut, ist durch weitere Begriffszusätze kaum zu präzisieren. Letztlich steuert die Billigkeitswertung die Zuordnung.

645 § 313 kommt nur zum Zug, wenn die Verfehlung der Geschäftsgrundlage durch schwerwiegende Veränderung der Umstände oder falsche Vorstellungen bei Vertragsschluss dazu führt, dass einem Vertragspartner das Festhalten am unveränderten Vertrag **nicht zugemutet werden** kann. Das setzt eine erhebliche Benachteiligung dieses Partners durch den Wegfall oder das Fehlen der Geschäftsgrundlage voraus. Diese allein genügt aber nicht: Es muss die Wertung hinzukommen, dass die Veränderungen oder Fehlvorstellungen die Bindung an das Vereinbarte für den einen Teil unzumutbar gemacht haben (vgl BGH NJW 1991, 1478, 1479). Dabei sind, wie bei Billigkeitswertungen üblich, „alle Umstände des Einzelfalls" zu berücksichtigen.

Um einen unangemessenen Einsatz der Lehre von der Geschäftsgrundlage vorzubeugen, bringt das Gesetz in diesem Zusammenhang den Gesichtspunkt der **vertraglichen und gesetzlichen Risikoverteilung** ins Spiel, den schon vordem die Rechtsprechung entwickelt hatte. Dieser Aspekt bedeutet: Nachteile, die sich aus einem Geschäft auf Grund von Fehlvorstellungen für eine Vertragspartei ergeben, führen zu keiner Vertragskorrektur, wenn sie nach dem Sinn des Vertrags auf Grund der konkreten Absprachen oder der gesetzlichen Regelungen *gerade in den Risikobereich des benachteiligten Teils* fallen (vgl BGH NJW 1994, 2146; 1995, 592).

Beispiel: Hat sich zB jemand für einen anderen verbürgt (§ 765), so kann er nicht die Änderung oder Aufhebung seiner Bürgenverpflichtung mit der Begründung verlangen, er habe den Hauptschuldner irrig für leistungsfähig gehalten und nicht damit gerechnet, jemals als Bürge in Anspruch genommen zu werden. Denn der Sinn des Bürgschaftsvertrages erfüllt sich gerade bei Ausfall des Hauptschuldners.

646 In diesem Zusammenhang ist auch das **Ausmaß der Benachteiligung** von Bedeutung. Das Schuldvertragsrecht enthält Regeln darüber, welche Partei für welches Risiko einstehen muss. Es wäre unangemessen, diese Regeln über § 313 außer Kraft zu setzen, wenn sich die Risiken in einem typischen und vorhersehbaren Ausmaß verwirklichen. Jedem Vertragsschließenden ist es aufgegeben, bei den Vertragsverhandlungen die eigenen Interessen selbst zu wahren; hat er sich auf ein Geschäft eingelassen, das bei unerwarteter Entwicklung für ihn ungünstig ist, so hat er die Folgen zu tragen. Es kann aber sein, dass die Änderung in der Geschäftsgrundlage so außergewöhnlich ist und die Benachteiligung eines Partners ein solches Ausmaß erreicht, dass es ungerecht wäre, die Nachteile nur diesem allein aufzubürden.

Beispiel: Nach dem Konzept des Gesetzes trägt der Gläubiger einer künftig fälligen Geldschuld das Risiko dafür, dass das Geld mit der Zeit an Tauschwert verlieren kann („Geldentwertung", „Inflation"): Wer 2002 ein Gelddarlehen von 1000 € aufnimmt und sich verpflichtet, das Kapital zum 1.1.2008 zurückzuzahlen, schuldet den Nennwert von 1000 €, gleichgültig ob am 1.1.2008 die durchschnittliche Warenmenge, die man für 1000 € erhalten kann, gesunken ist. Der Schuldner trägt umgekehrt das Risiko der Wertsteigerung (Deflation) des Geldes. Diese Risikoverteilung haben die Parteien zu tragen, auch wenn sich die wirtschaftlichen Verhältnisse anders als vorgestellt entwickeln. Sie kann aber unbillig werden, wenn die Änderung des Tauschwerts auf Grund umstürzender wirtschaftlicher Entwicklungen ein solches Ausmaß annimmt, dass zB im Falle der Inflation der Darlehensgläubiger nur noch einen geringen Teil des vom ihm gegebenen wirtschaftlichen Wertes zurückbekommt.

Fälle dieser Art haben das Reichsgericht veranlasst, sich der Lehre von der Geschäftsgrundlage zu öffnen. Ein Fall: Jemand vermietete 1917 ein Grundstück mit der Abrede, dass der Mieter bis 1922 berechtigt sei, das Grundstück für 40 000 Mark käuflich zu erwerben. Im Jahre 1921 wollte der Mieter von seinem Kaufrecht Gebrauch machen. Zu diesem Zeitpunkt war aber der Geldwert stark gesunken und betrug nur noch einen geringen Bruchteil des Werts im Jahre 1917 (gebildet nach RGZ 106, 7). Das Reichsgericht hat, gestützt auf die Lehre von der Geschäftsgrundlage, den Vermieter nicht an der Abrede festgehalten, weil dieser mit der Zahlung von 40 000 Mark einen völlig anderen als den bei Vertragsschluss vorgestellten Gegenwert erhalten hätte.

Die von § 313 verlangte offene Wertung (unzumutbare Benachteiligung) bezieht auch die Frage mit ein, ob und in welchem Umfang weitere Entwicklungen von den Parteien vorausgesehen wurden oder für sie voraussehbar waren. Je mehr die Parteien mit den Änderungen gerechnet haben oder rechnen mussten, desto eher kann angenommen werden, dass sie den Vertrag wie geschlossen auch für den Fall dieser Änderungen wollten. Das schließt freilich die Annahme einer Störung der Geschäftsgrundlage nicht immer aus; auch hier spielt das Ausmaß der Veränderungen oder Fehlvorstellungen eine wesentliche Rolle. **647**

c) Die Rechtsfolgen

Die Rechtsfolge einer Störung der Geschäftsgrundlage ist primär nicht die Lösung vom Vertrag, sondern ein Anspruch gegen den Partner auf **Anpassung** des Vertrags, sei es an die geänderten Verhältnisse (§ 313 I), sei es an die Realität (§ 313 II). Nur wenn eine Anpassung des Vertrags nicht möglich oder einem der Vertragspartner nicht zumutbar ist, kann der benachteiligte Partner vom Vertrag **zurücktreten** (§ 313 III 1) oder – bei Dauerschuldverhältnissen – den Vertrag **kündigen** (§ 313 III 2). **648**

Für die **Vertragsanpassung** wählt das Gesetz die Konstruktion eines Anspruchs auf entsprechende Umgestaltung des Vertrages, mithin eines Anspruchs gegen den anderen Teil auf Mitwirkung an einer einvernehmlichen Vertragsänderung (§ 311 I). Doch muss im Streitfall die benachteiligte Partei die andere nicht erst auf Zustimmung zu einer Vertragsänderung verklagen, sondern kann unmittelbar dasjenige verlangen, was sich als Ergebnis der zumutbaren Vertragsanpassung ergibt. **649**

Beispiel: Wenn durch eine nach Vertragsschluss, aber vor Erfüllung des Vertrages stattfindende Geldentwertung das Wertverhältnis von Leistung und Gegenleistung schwerwiegend gestört ist, muss der benachteiligte Partner den anderen nicht erst auf Mitwirkung am Abschluss eines Änderungsvertrages verklagen, sondern kann sogleich eine den Verhältnissen angepasste Gegenleistung verlangen.

650 **Das Wie der Vertragsanpassung** im Einzelnen hängt von der Art des Vertrages und der Geschäftsgrundlagenstörung ab (BGH NJW 2007, 1884). Es kommen in Frage: Erhöhung oder Ermäßigung einer vertraglichen Leistung, Stundung eines Anspruchs, Gewährung von Ratenzahlung, aber auch Ausgleich von Schäden im Sinne der Schadensteilung, die Zuerkennung von Ansprüchen auf Aufwendungsersatz oder sonstigen Vermögensausgleich, schließlich Ausschluss der Geltendmachung eines aus dem Vertrag resultierenden Rechts (unzulässige Rechtsausübung, zB der Geltendmachung des Anspruchs des Gläubigers gegen den Bürgen, wenn die Geschäftsgrundlage der Bürgschaft entfallen ist: BGH NJW 1996, 2088, 2091). Das **Ausmaß** der Anpassung darf den anderen Teil nicht benachteiligen: Nur soweit es erforderlich ist, die Zumutbarkeit wieder herzustellen, kann Anpassung verlangt werden.

651 Kommt eine Vertragsanpassung nicht in Frage, weil sie nicht sinnvoll möglich ist oder dem anderen Teil nicht zugemutet werden kann, so kann die benachteiligte Partei vom Vertrag **zurücktreten** (§ 313 III 1). Dies geschieht durch empfangsbedürftige Willenserklärung (Gestaltungserklärung). Die Folgen des Rücktritts ergeben sich aus §§ 346–354. Bei Dauerschuldverhältnissen tritt an die Stelle des Rücktritts die **Kündigung** (§ 313 III 2). Diese hat zur Folge, dass die für vergangene Zeiträume ausgetauschten Leistungen nicht berührt werden, dass aber der Vertrag mit Wirkung für die Zukunft aufgehoben ist.

d) Wichtige Fallgruppen

652 Unter § 313 I sind in erster Linie die Fälle zu rechnen, in denen durch eine massive Veränderung der wirtschaftlichen Verhältnisse oder Bedingungen die auszutauschenden Leistungen völlig ungleichwertig werden (**Äquivalenzstörungen**, siehe oben Beispiel Rn 646). Solche Äquivalenzstörungen können sich auch bei weniger spektakulären, aber langfristigen Währungsentwicklungen ergeben, wenn die Rechtsverhältnisse über längere Zeit andauern.

Beispiel: Der Grundstückseigentümer A bestellt dem B ein Erbbaurecht auf 99 Jahre zu festem monatlichen Erbbauzins. Durch Entwicklung der Währungsverhältnisse und der Grundstückspreise bildet der vereinbarte Zins mit der Zeit kein angemessenes Äquivalent mehr für das Recht des B, auf dem Grundstück des A ein Bauwerk zu haben. Auch wenn keine Anpassungsklausel vereinbart ist, bejaht die Rechtsprechung das Recht des A, eine Angleichung des Erbbauzinses an die veränderten Verhältnisse zu verlangen, wenn ein bestimmtes Ausmaß der Geldentwertung erreicht ist, vgl BGH NJW 1993, 52.

Den Äquivalenzstörungen ähnlich sind die durch unerwartete Entwicklung eintretenden **Leistungserschwernisse**, die es für den Schuldner unzumutbar machen, zu dem vereinbarten Preis zu liefern. Diese Erschwerungen können in allgemeinen Entwicklungen (unerwartete und massive Erhöhung der Rohstoffpreise, Streiks, etc), aber auch in konkreten Umständen begründet sein. Hier geht jedoch § 275 II im Rahmen seines Anwendungsbereiches vor und gibt dem Schuldner in Fällen der Unzumutbarkeit ein Leistungsverweigerungsrecht (dazu Rn 897), wenn man der gängigen Auffassung folgt. Zutreffender erscheint es jedoch, dem Schuldner ein Wahlrecht zu geben, so dass er sich auf § 275 II oder § 313 berufen kann.

Beispiel: Der Fertighaushersteller B verpflichtet sich gemäß Vertrag mit dem Grundstückseigner E, ein Haus bestimmten Typs einschließlich Unterkellerung nach den von B vorgelegten Plänen zu einem Festpreis von 300 000 € zu errichten. Bei den Bodenarbeiten werden Hohlräume unter dem Grundstück entdeckt, die mit großem Aufwand aufgefüllt werden müssen, um die Statik des Hauses zu gewährleisten. Bei dem zu erwartenden Aufwand würde die Durchführung zu dem vereinbarten Preis dem B schwere Verluste zufügen.

Unter § 313 II sind die Fälle zu subsumieren, in denen konkrete Fehlvorstellungen   **653**
der Parteien über bestimmte Umstände des Vertrages eine Störung der Vertragsgrundlage zur Folge haben. Man spricht hier von **subjektiver Geschäftsgrundlage**. Insbesondere können die unrichtigen Vorstellungen dazu führen, dass der Zweck des Vertrags nicht (oder nicht völlig) erreicht werden kann. Zum Anwendungsbereich des § 313 II gehören auch Fälle von **Zuwendungen unter Ehegatten oder nichtehelichen Partnern**. Die Geschäftsgrundlage solcher Zuwendungen kann dadurch berührt sein, dass die Beziehung in die Brüche geht und das Paar sich trennt (dazu BGH FamRZ 1999, 1580, 1582; 2003, 230; BGH DNotZ 2009, 59 m Anm *Löhnig*).

e)   Das Verhältnis zu anderen Instrumenten

Trotz ihrer gesetzlichen Verankerung hat die Lehre von der Geschäftsgrundlage Aus-   **654**
nahmecharakter. Sie ermöglicht es den Gerichten, aus unabweisbaren Gründen der Billigkeit in einen von den Parteien bei Abschluss gewollten und verlautbarten Vertragsinhalt einzugreifen. Daher haben gesetzliche Regelungen, die Interessenkonflikte ohne Rückgriff auf allgemeine Billigkeitskriterien lösen, den Vorrang. Das gilt grundsätzlich für die Anfechtung nach §§ 119, 120 und 123. Streitig ist, ob der Fall eines *gemeinsamen Irrtums* der in § 119 II genannten Art nach der Lehre von der Geschäftsgrundlage zu behandeln ist (statt beiderseitigen Anfechtungsrechts); dafür spricht, dass die Anfechtungsfolge des § 122 I (Ersatz des Vertrauensschadens) in diesem Fall unbillig wäre. Zum Einsatz des § 313 beim Kalkulationsirrtum siehe oben Rn 622.

In einer Reihe von Vorschriften ist die Geschäftsgrundlagenproblematik spezieller geregelt (zB § 1301: Rückgabe der Geschenke unter Verlobten bei Unterbleiben der Eheschließung). Dann verdrängen diese besonderen Vorschriften das allgemeine Instrument des § 313.

Literatur zur Geschäftsgrundlage: *K. Larenz*, Geschäftsgrundlage und Vertragserfüllung, 3. Aufl. 1963; *V. Beuthien*, Zweckerreichung und Zweckstörung im Schuldverhältnis, 1969; *H. Köhler*, Unmöglichkeit und Geschäftsgrundlage bei Zweckstörungen im Schuldverhältnis, 1971; *W. Fikentscher*, Die Geschäftsgrundlage als Frage des Vertragsrisikos, 1971; *D. Medicus*, Vertagsauslegung und Geschäftsgrundlage, Festschrift für Flume, Bd. 1, 1978, 629; *I. Koller*, Die Risikozurechnung bei Vertragsstörungen in Austauschverträgen, 1979; *B. Dauner-Lieb/W. Dötsch*, Prozessuale Fragen rund um § 313 BGB, NJW 2003, 921; *E. Wieser*, Der Anspruch auf Vertragsanpassung wegen Störung der Geschäftsgrundlage, JZ 2004, 654; *M. Löhnig*, Irrtumsrecht nach der Schuldrechtsmodernisierung, JA 2003, 516; *C. Hirsch*, Der Tatbestand der Geschäftsgrundlage im reformierten Schuldrecht, Jura 2007, 81.

f) Exkurs: Das Kündigungsrecht nach § 314

655 ▶ Falltraining 1, Fälle 15, 17, 26, 30 f, 54; Falltraining 2, Teil 1 Fall 8

In § 314 BGB sieht das BGB eine weitere Möglichkeit der Lösung von einem Vertrag vor: Die **Kündigung aus wichtigem Grund bei Dauerschuldverhältnissen**. Unter **Dauerschuldverhältnissen** versteht man Schuldverhältnisse, die nicht auf einmalige Leistungen gerichtet sind, sondern zu einem sich auf längere Zeit erstreckenden fortlaufenden oder wiederholten Verhalten verpflichten, etwa Mietverträge. Die eingegangene Bindung auf längere Zeit bringt für die Partner erhöhte Risiken mit sich, wenn Ereignisse eintreten, welche die Fortsetzung des Vertrags unzumutbar machen.

Gemäß § 314 kann deshalb jeder Vertragsteil ein Dauerschuldverhältnis ohne Einhaltung einer Kündigungsfrist aus wichtigem Grund kündigen. Ein **wichtiger Grund** liegt nach der gesetzlichen Umschreibung (§ 314 I 2) vor, wenn dem kündigenden Teil unter Berücksichtigung aller Umstände des Einzelfalls und unter Abwägung der beiderseitigen Interessen die Fortsetzung des Vertragsverhältnisses bis zur vereinbarten Beendigung oder bis zum Ablauf einer Kündigungsfrist nicht zugemutet werden kann.

656 Die Kündigung ist eine empfangsbedürftige Willenserklärung (Gestaltungserklärung). Sie kann nur innerhalb einer angemessenen Frist erklärt werden, nachdem der Berechtigte vom Kündigungsgrund Kenntnis erlangt hat (§ 314 III). Besteht der wichtige Grund in einer Vertragspflichtverletzung, so ist die Kündigung erst nach erfolglosem Ablauf einer zur Abhilfe bestimmten Frist oder nach erfolgloser Abmahnung zulässig (§ 314 II 1; Ausnahmen nach § 314 II 2 iVm § 323 II). Die Kündigung bewirkt die Auflösung des Schuldverhältnisses für die Zukunft *(ex nunc)*. Die für die vergangenen Zeiträume ausgetauschten Leistungen bleiben hingegen von der Kündigung unberührt. Durch eine Kündigung werden Schadensersatzansprüche aus dem Dauerschuldverhältnis nicht ausgeschlossen (§ 314 IV).

Für unseren Zusammenhang ist interessant, wie sich das Kündigungsrecht nach § 314 zu dem nach § 313 III 2 bei Dauerschuldverhältnissen verhält. Dass sich die Anwendungsbereiche der beiden Normen zumindest überschneiden, liegt auf der Hand: Der Wegfall der Geschäftsgrundlage ist für den dadurch benachteiligten Partner zweifellos ein wichtiger Grund im Sinne des § 314. Doch spricht die gesetzliche Systematik dafür, in § 313 die speziellere Norm zu sehen, welche für den Bereich der Geschäftsgrundlagenstörung den § 314 verdrängt. Das bedeutet, dass in diesen Fällen ein Kündigungsrecht nur gegeben ist, wenn eine Vertragsanpassung nicht möglich oder nicht zumutbar ist (§ 313 III 1). Damit ist aber das Verhältnis der beiden Normen keineswegs völlig klar. Denn man kann fragen, ob der Tatbestand des § 313 I (schwerwiegende Veränderung von Umständen nach Vertragsschluss) sich bei Dauerschuldverhältnissen nicht weitgehend mit dem „wichtigen Grund" des § 314 deckt.

Kapitel 6

Bedingte und befristete Rechtsgeschäfte

▶ Falltraining 1, Fälle 42, 44

1. Begriff der Bedingung

Sehen die Parteien eines Rechtsgeschäfts voraus, dass der Sinn des Geschäfts von un-   **657**
gewissen Umständen abhängt, oder wollen sie ein Motiv zum Bestandteil des Rechtsgeschäfts erheben, so steht ihnen das rechtstechnische Mittel der Bedingung oder der
Befristung zur Verfügung. Unter **Bedingung** versteht man die zum Inhalt des Rechtsgeschäfts gemachte Bestimmung der (des) Erklärenden, dass die Wirkungen des Geschäfts erst mit Eintritt eines bestimmten ungewissen Ereignisses eintreten (**aufschiebende Bedingung**, § 158 I) oder mit dem Eintritt eines bestimmten ungewissen Ereignisses entfallen sollen (**auflösende Bedingung**, § 158 II).

Die Ungewissheit muss sich an sich auf ein **künftiges Ereignis** beziehen. Doch ist
§ 158 entsprechend anwendbar, wenn die Parteien das Vorliegen oder Nichtvorliegen
eines gegenwärtigen oder vergangenen, ihnen aber ungewissen Umstandes zur Bedingung erheben (conditio in praesens, conditio in praeteritum). Zur Bedingung können
auch Ereignisse gemacht werden, deren Eintritt vom Willen einer der Geschäftsparteien abhängt (**Potestativbedingung**, BGH NJW-RR 1996, 1167).

Machen die Parteien das Rechtsgeschäft vom Eintritt eines Umstandes abhängig, dessen Vorliegen schon von der Rechtsordnung als Gültigkeitsbedingung des Geschäfts
verlangt wird, so liegt keine echte Bedingung vor; eine solche Vereinbarung bestätigt
nur die gesetzlich ohnehin bestehende Lage (**Rechtsbedingung**).

Beispiel: Ein beschränkt Geschäftsfähiger schließt mit einem Geschäftsmann einen Kaufvertrag über einen Plattenspieler unter der Bedingung, dass seine Eltern in den Kauf einwilligen
(vgl §§ 107, 108).

Für manche Rechtsgeschäfte ordnet das Gesetz an, dass sie nicht wirksam von einer   **658**
Bedingung abhängig gemacht werden können (**bedingungsfeindliche Geschäfte**). So
kann zB die Aufrechnung (§ 387) nicht unter einer Bedingung oder einer Zeitbestimmung erklärt werden (§ 388 S. 2). Desgleichen können die Eheschließung (§ 1311 S. 2)
und die Auflassung eines Grundstücks (§ 925 II) nicht unter einer Bedingung oder einer
Zeitbestimmung erfolgen. Derartige Regelungen beruhen auf dem Gedanken, dass bei
bestimmten Geschäftsarten eine Ungewissheit über den Eintritt der rechtsgeschäftlichen Wirkungen entweder wichtigen persönlichen Interessen zuwiderläuft (so bei der
Eheschließung) oder den Rechtsverkehr gefährdet (so bei der Auflassung). Schließlich
sind, ohne dass dies ausdrücklich angeordnet wäre, Gestaltungsrechte bedingungsfeind-
lich, soweit es sich nicht um eine Potestativbedingung handelt. Lediglich für die Aufrechnungserklärung findet sich eine derartige Anordnung in § 388 S. 2. Der Erklärungsempfänger soll jedoch auch in anderen Fällen nicht mit dem Schwebezustand belastet werden, der mit der Bedingung verbunden ist (BGHZ 156, 328).

Für die Frage, ob die **Wirksamkeitsvoraussetzungen** des Geschäfts (Geschäftsfähigkeit etc) gegeben sind, kommt es auf den Zeitpunkt der Vornahme des Geschäfts, nicht auf den Zeitpunkt des Bedingungseintritts an.

2. Wirkungen der Bedingung

659 Der Eintritt der Bedingung hat, sofern nicht anders vereinbart, **keine rückwirkende Kraft**. Das bedeutet:

- Tritt die **aufschiebende Bedingung** ein, so wird das Geschäft vom Zeitpunkt des Bedingungseintritts an wirksam (§ 158 I). Gemäß § 159 können die Parteien vereinbaren, dass die Folgen des Bedingungseintritts auf einen früheren Zeitpunkt zurückbezogen werden sollen.
- Vom Zeitpunkt des Eintritts **der auflösenden Bedingung** an enden die Wirkungen des Rechtsgeschäfts (§ 158 II); für die Zeit bis zum Bedingungseintritt bleiben die Rechtswirkungen des Geschäfts unangetastet.

Dem Bedingungseintritt stellt § 162 I den Fall gleich, dass der Eintritt der Bedingung von der Partei, zu deren Nachteil er gereichen würde, wider Treu und Glauben verhindert wird (dazu BGH NJW 2005, 3417, der deutlich macht, dass die Treuwidrigkeit unter Berücksichtigung aller Umstände des Einzelfalls, insbesondere Anlass, Zweck und Beweggründen der einflussnehmenden Vertragspartei, zu ermitteln ist). Umgekehrt gilt ein Bedingungseintritt als nicht erfolgt, wenn der Eintritt der Bedingung von einer Partei treuwidrig herbeigeführt wurde (§ 162 II).

Die Parteien des bedingten Geschäfts dürfen gegenseitig erwarten, dass der **Schwebezustand** gemäß den **Geboten des redlichen Geschäftsverkehrs** abgewickelt wird. Dem Schutz dieses Vertrauens dienen die §§ 160, 161. Nach § 160 I ist bei aufschiebend bedingten Geschäften der eine Teil gegenüber dem anderen zum Schadensersatz berechtigt, wenn dieser während der Schwebezeit das von der Bedingung abhängige Recht durch sein Verschulden vereitelt oder beeinträchtigt hat. Bei diesem Anspruch handelt es sich um eine besondere Erscheinungsform der Pflichtverletzung (§ 280 I iVm § 241 II). Der gleiche Rechtsgedanke findet sich für auflösend bedingte Geschäfte in § 160 II.

660 § 161 nimmt demjenigen, der aufschiebend bedingt über ein Recht verfügt hat, sowie demjenigen, der auflösend bedingt ein Recht erworben hat, die volle **Verfügungsbefugnis** über dieses Recht: Jede weitere Verfügung, die der Betreffende während der Schwebezeit über den Gegenstand trifft, ist zwar zunächst wirksam, wird aber *im Falle des Bedingungseintritts insoweit unwirksam*, als sie die von der Bedingung abhängige Wirkung vereiteln oder beeinträchtigen würde.

Die Vorschrift ist insbesondere wichtig für den Kauf unter Eigentumsvorbehalt. Hier pflegt der Verkäufer die Kaufsache unter der aufschiebenden Bedingung vollständiger Kaufpreiszahlung an den Käufer zu übereignen (§§ 929 S. 1, 158 I); mit der Zahlung des letzten noch ausstehenden Kaufpreisrestes tritt die Bedingung ein, der Käufer wird dann automatisch Eigentümer der Sache. § 161 I bewirkt nun, dass der Verkäufer die verkaufte Sache *vor Bedingungseintritt* zwar an einen beliebigen Dritten übereignen kann, weil er noch Eigentümer ist, diese Übereignung jedoch mit Bedingungseintritt unwirksam wird.

Auf § 161 I stützt sich die Auffassung, dass dem Vorbehaltskäufer schon vor vollständiger Kaufpreiszahlung ein **Anwartschaftsrecht** als gegenwärtige Rechtsposition an der gekauften Sache zusteht (siehe BGH NJW 1996, 1740, 1741). Zu Gunsten desjenigen, der von einer nach § 161 I, II in der Verfügungsbefugnis beschränkten Person ein Recht erwirbt, finden gemäß § 161 III die Schutzvorschriften des **gutgläubigen Erwerbs** entsprechende Anwendung, zB bei beweglichen Sachen die §§ 932 ff. In diesem Fall wird also der gute Glaube des Erwerbers daran geschützt, dass nicht auf Grund einer vorherigen bedingten Verfügung das Recht des Veräußerers entfallen könnte; wie stets ist das Vorliegen guten Glaubens zu vermuten („es sei denn", § 932 II). Im häufigen Fall des Eigentumsvorbehaltskaufs besteht diese Gefahr freilich in der Regel nicht, weil der Käufer Besitzer der gekauften Sache ist.

3. Befristung (§ 163)

Die Befristung unterscheidet sich von der Bedingung dadurch, dass das Ereignis, von dem die Wirkungen des Rechtsgeschäfts abhängig gemacht werden, als Anfangs- oder Endtermin bestimmt ist. Ist ein Anfangstermin bestimmt (die Wirkungen des Rechtsgeschäfts sollen ab einem bestimmten Datum eintreten), so sind die Regeln über die aufschiebende Bedingung entsprechend anwendbar. Ist ein Endtermin bestimmt, so sind die Regeln über die auflösende Bedingung einschlägig (§ 163; aus der Verweisung sind die §§ 159 und 162 als bei Befristungen gegenstandslos ausgelassen). **661**

Literatur: *S. Martens*, Grundfälle zu Bedingung und Befristung, JuS 2010, 481 und 578.

Kapitel 7
Das missbilligte Rechtsgeschäft

1. Übersicht

Durch die Missbilligung von Rechtsgeschäften, sei es wegen ihres Inhalts, sei es wegen der Art ihres Zustandekommens, hält die Rechtsordnung die rechtsgeschäftliche Handlungsfreiheit in Schranken. Da die Handlungsfreiheit den Grundsatz bildet, erfolgt ihre Begrenzung nach dem Regel-Ausnahme-Verfahren: Es wird festgelegt, was ausnahmsweise nicht erlaubt, nicht verbindlich oder nicht durchsetzbar sein soll. Dabei kann die Rechtsordnung **unterschiedliche Mittel** einsetzen. **662**

(1) Das Rechtsgeschäft wird **nicht verboten**; es wird ihm aber **die volle rechtliche Wirkung versagt**. Eine Regelung dieser Art bildet § 656 I: Das Versprechen eines Lohnes für den Nachweis von Heiratsgelegenheit oder für Heiratsvermittlung wird weder verboten noch für unwirksam erklärt; aus ihm entsteht aber entgegen der allgemeinen Regel des § 652 keine Verbindlichkeit und folglich kein Anspruch des Ver-

sprechensempfängers. Das Geschäft hat gleichwohl die Wirkung, dass es einen wirksamen Rechtsgrund (causa) für die dem Versprechensempfänger erbrachten Leistungen bildet: Der dem Heiratsvermittler gezahlte Mäklerlohn kann nicht deshalb zurückgefordert werden, weil eine Verbindlichkeit nicht bestanden hat (§ 656 I 2).

(2) Das Rechtsgeschäft wird **verboten**; das verbotswidrig getätigte Geschäft wird gleichwohl **nicht in seinem rechtlichen Bestand angetastet**; vielmehr werden anderweitige Nachteile, wie Schadensersatzpflichten, an seine Vornahme geknüpft (zB §§ 61, 60 HGB). Die gesetzliche Formulierung, ein Rechtsgeschäft „solle" nicht vorgenommen werden, bringt in der Regel zum Ausdruck, dass die Zuwiderhandlung das Geschäft nicht unwirksam macht. Hingegen deutet die Wendung „kann nicht" auf die Unwirksamkeit des Geschäfts hin. „Darf" ein Rechtsgeschäft nicht vorgenommen werden, so ist nach dem Gesetzeszweck zu entscheiden.

(3) Das Rechtsgeschäft wird **verboten**; das verbotswidrig vorgenommene Geschäft wird ganz oder teilweise für **unwirksam** oder **nichtig** erklärt. Die Unwirksamkeit bildet gegenüber der Nichtigkeit den weiteren Begriff. Während die Anordnung der Nichtigkeit zum Ausdruck bringt, dass das Geschäft oder ein Teil davon endgültig der rechtsgeschäftlichen Wirksamkeit entbehrt (beachte aber Heilung zB § 311b I 2), ist die Unwirksamkeit in manchen Fällen als eine vorläufige ausgestaltet (zB „schwebend" unwirksames Geschäft wie in § 108).

2. Der Verstoß gegen Verbotsgesetze

a)   §§ 134, 135 als Blankettnormen

663   Die Missbilligung eines Rechtsgeschäfts geschieht häufig durch ein gesetzliches Verbot. Das Verbot kann in beliebigen Gesetzen enthalten sein, auch verwaltungsrechtliche und strafrechtliche Normen kommen in Betracht. Dem Zivilrecht obliegt es, die bürgerlich-rechtlichen Folgen der Verbotsüberschreitung festzulegen. Demgemäß enthält das BGB keineswegs alle gesetzlichen Verbote. Stattdessen bietet es in §§ 134, 135 **Blankettnormen**, welche die Folgen des Zuwiderhandelns gegen beliebige Verbotsgesetze bestimmen. Die §§ 134, 135 sind demnach keine selbstständigen Normen: Es ist ihnen nicht zu entnehmen, unter welchen Voraussetzungen ein Rechtsgeschäft verboten ist. Vielmehr legen sie lediglich die zivilrechtlichen Folgen fest, wenn ein Geschäft entgegen einem Verbot getätigt wird. **Grundvorschrift** ist § 134, der besagt: Ein Rechtsgeschäft, das gegen ein gesetzliches Verbot verstößt, ist **nichtig**, wenn sich nicht aus dem Gesetz ein anderes ergibt. Diese Norm bildet einen der wichtigsten Verbindungswege zwischen bürgerlichem und öffentlichem Recht.

b)   Vorrang von Sonderregeln

664   Bei der Anwendung des § 134 ist zu beachten, dass zahlreiche Verbotsgesetze selbst schon die zivilrechtlichen Folgen des Zuwiderhandelns bestimmen. Dann geht die einem Verbotsgesetz beigefügte spezielle Regelung dem § 134 im Range vor. Dies gilt auch dann, wenn sie übereinstimmend mit § 134 die Nichtigkeit des Geschäfts bei Zuwiderhandlung anordnet – eines Rückgriffs auf § 134 bedarf es in solchen Fällen nicht. So erklärt zB § 311b II einen Vertrag, in dem sich ein Teil zur Übertragung seines künftigen Vermögens oder eines Bruchteils davon verpflichtet, für nichtig. Es ist dann nicht angebracht, zusätzlich noch § 134 heranzuziehen, weil sich die Folge der Nichtigkeit bereits aus dem speziellen Verbotsgesetz ergibt.

Die Anwendung des § 134 wird nach hM auch bei solchen gesetzlichen Bestimmungen für unangebracht gehalten, die besagen, dass ein Rechtsgeschäft nicht vorgenommen werden „kann", zB bei § 181. Auch hier ergibt sich die Wirkungslosigkeit des verbotswidrig vorgenommenen Geschäfts schon aus der speziellen Norm selbst, nämlich aus der Formulierung „kann nicht".

Bei gesetzlichen Verboten ist daher **zunächst zu überprüfen**, ob sich die zivilrechtlichen Folgen des Zuwiderhandelns aus der Verbotsnorm selbst oder aus einer anderen **speziellen Vorschrift** ergeben. Es kann sein,

– dass die speziellen Vorschriften die Nichtigkeitsfolge selbst aussprechen, sodass § 134 nicht zur Anwendung kommt;
– oder dass dem Wortlaut oder Zweck der speziellen Vorschrift zu entnehmen ist, dass das verbotswidrige Rechtsgeschäft gültig sein soll; auch dann kommt die Nichtigkeitsfolge des § 134 nicht zum Tragen (arg. **„wenn sich nicht aus dem Gesetz ein anderes ergibt"**).

Erst wenn festgestellt wird, dass die zivilrechtlichen Folgen des gesetzlichen Verbotes nicht anderweitig geregelt sind, gilt die Anordnung des § 134: Das Geschäft ist nichtig.

c) Anwendungsprobleme des § 134

Im Rahmen des § 134 ergeben sich diffizile Probleme. Fraglich ist, (1) was man unter einem „Verbotsgesetz" zu verstehen hat. Schwierig ist ferner zu bestimmen, (2) ob sich aus dem Gesetz „etwas anderes ergibt", dh ob das spezielle Gesetz dem § 134 zuwider die Gültigkeit des verbotswidrigen Geschäfts anordnet. Beide Probleme hängen zusammen. Nach der überwiegenden Doktrin wird der **Begriff des Verbotsgesetzes weit gefasst** und jedes Gesetz darunter verstanden, welches einen mit dem Rechtsgeschäft angesteuerten Vorgang für unerlaubt (widerrechtlich) erklärt. Diesem extensiven Ansatz folgt im zweiten Schritt eine limitierende Regel: Ist ein Gesetzesverstoß festgestellt, so ist stets eine besondere Prüfung angebracht, ob die von § 134 angeordnete Nichtigkeit auch dem Sinn und Zweck des Verbotsgesetzes entspricht. **665**

Der gängige Satz, dass eine Nichtigkeit nach § 134 nur in Betracht kommt, wenn sie **„dem Sinn und Zweck des Gesetzes"** entspricht, hat eine wichtige korrigierende Funktion. Er besagt dem Wortlaut des § 134 zuwider, dass die Nichtigkeit des verbotswidrigen Geschäfts nicht die Regel darstellt. Vielmehr soll das verbotswidrige Geschäft nur nichtig sein, wenn begründet werden kann, dass die zivilrechtliche Nichtigkeit die angemessene Rechtsfolge darstellt. **666**

Die Nichtigkeit stellt einen radikalen Eingriff in das rechtsgeschäftliche Geschehen dar, der bei extensivem Gebrauch zu ungerechten oder unsinnigen Ergebnissen führen kann. Soll der Verkauf einer Ware schon darum nichtig sein, weil er unter Verstoß gegen das Ladenschlussgesetz erfolgt? Soll der Verkauf einer Flasche Wein durch einen Gastwirt nichtig sein, nur weil er nach Eintritt der Sperrzeit („Polizeistunde") getätigt wird? Soll der Verkauf einer Ware deshalb nichtig sein, weil der Verkäufer nicht die nötige gewerberechtliche Erlaubnis hatte?

Verstoßen die Parteien oder eine von ihnen durch den Abschluss oder die Durchführung eines Rechtsgeschäfts gegen ein gesetzliches Verbot, so ergibt sich also nicht automatisch, dass das Geschäft nach § 134 nichtig ist. Vielmehr ist zu prüfen, ob der Zweck des Verbotes einen derartigen Eingriff in die Vertragsfreiheit rechtfertigt. Die Rechtsprechung unterscheidet:

a) Verstoßen **beide Vertragsparteien** gegen das Gesetz, so spricht dies für die Nichtigkeit des Vertrages (BGHZ 37, 365; 85, 44; BGH NJW 2000, 1186, 1187; BGH NJW 2013, 3167: § 1 II Nr 2 SchwarzArbG, wenn der Unternehmer vorsätzlich hiergegen verstößt und der Besteller den Verstoß des Unternehmers kennt und bewusst zum eigenen Vorteil ausnutzt). Auch dies ist nur eine Grundregel, die Ausnahmen zulässt; die Entscheidung erfolgt auf Grund einer umfassenden Zweckinterpretation der gesetzlichen Verbotsvorschrift.

b) Verstößt hingegen **nur der eine Teil** gegen das gesetzliche Verbot, so tritt in der Regel keine Nichtigkeit ein (BGH NJW 1984, 230; 1992, 2557; 2000, 1186, 1187). Etwas anderes gilt nur, wenn der Zweck des Gesetzes auch hier Nichtigkeit verlangt, zB wenn das Verbotsgesetz, gegen das ein Geschäftspartner verstößt, gerade den Schutz des anderen im Sinne hat, oder wenn allgemein der Zweck des Gesetzes nicht ohne die zivilrechtliche Nichtigkeit zu erreichen ist (BGH NJW 2001, 818, 819; 2001, 1569, 1570; BGHZ 152, 10, 12; 153, 214, 218).

667 Zur Erläuterung einige **Fälle:**

> **Fall 45:** V bietet dem K einen gebrauchten Pkw für 3000 € zum Kauf an. K nimmt den Antrag im Hinblick auf den niedrigen Kilometerstand des Fahrzeugs an. Der Kilometerstand ist jedoch zuvor von V gefälscht worden, der Wagen ist in Wirklichkeit nur 2300 € wert. Der Vertrag wird beiderseits erfüllt. Ist der Vertrag nach § 134 nichtig?

Als Verbotsgesetz kommt § 263 I StGB in Betracht. V spiegelt dem K in der Absicht, sich einen rechtswidrigen Vermögensvorteil zu verschaffen, eine „falsche" Tatsache (Kilometerstand x) vor und erregt so einen Irrtum, der zu einer schädigenden Vermögensverfügung des K führt. Durch Abschluss des Geschäfts hat V also einen **Betrug** begangen und somit gegen ein gesetzliches Verbot verstoßen. Der Vertrag könnte nach § 134 BGB nichtig sein, „wenn sich nicht aus dem Gesetz ein anderes ergibt". Es liegt hier nur ein einseitiger Gesetzesverstoß des V vor; für die Nichtigkeit spricht aber, dass § 263 StGB gerade den Schutz des anderen Teils (hier des betrogenen K) bezweckt. Die Lösung der Frage liegt in diesem Fall im Zivilrecht selbst. Für den Schutz des K ist in anderer Weise als durch Nichtigkeit des Geschäfts Sorge getragen, nämlich dadurch, dass § 123 ihm die Befugnis einräumt, den Vertrag durch Anfechtung zu vernichten. Der Getäuschte soll also die Wahl haben, ob er durch Anfechtung die Nichtigkeit herbeiführen oder das Geschäft gelten lassen will. Gerade diese Wahl würde man ihm aber nehmen, wenn man das Geschäft nach § 134 für nichtig ansähe. Die Anwendungsbereiche des § 123 (Täuschung) und § 263 StGB überschneiden sich derart, dass in den Betrugsfällen gewöhnlich auch die Voraussetzungen des § 123 gegeben sind; soweit das der Fall ist, geht § 123 als die speziellere Regelung dem § 134 vor.

Aus gleichem Grund verdrängt § 123 als Spezialvorschrift den § 138 I, wenn die Wertung des Geschäfts als sittenwidrig ausschließlich in der Täuschung eines Geschäftspartners begründet ist (BGH NJW 1988, 902, 903).

Fall 46: A hat von B eine Etagenwohnung gemietet. Ihm wird später ein preiswertes, schönes Haus mit Garten zur Miete angeboten, das sofort beziehbar ist. Er kündigt seine bisherige Wohnung mit ordentlicher Kündigungsfrist und mietet das Haus. Da A sofort umziehen möchte, aber während des Laufs der Kündigungsfrist nicht mit zwei Mieten belastet sein möchte, sucht er einen „Nachmieter", um früher aus dem Wohnungsmietvertrag entlassen zu werden. Er bittet den Wohnungsmakler W, für die Wohnung einen neuen Mieter zu suchen. W findet den Interessenten C, der nach Besichtigung bereit ist, die Wohnung sogleich zu mieten. Auch B, der schließlich über das alles informiert wird, ist einverstanden und schließt den Mietvertrag mit C ab. Der Mietvertrag zwischen A und B wird im gegenseitigen Einverständnis mit sofortiger Wirkung aufgehoben. W verlangt nun von C den Mäklerlohn von zwei Monatsmieten, der ihm nach dem mit C geschlossenen Mäklervertrag zusteht. Mit Recht?

668

Anspruchsgrundlage ist der zwischen W und C geschlossene Mäklervertrag (§ 652 I 1). Die Voraussetzungen sind gegeben: C hat für den Nachweis zur Gelegenheit des Abschlusses eines Mietvertrages einen Mäklerlohn versprochen. Ein solcher Vertrag ist auch aufgrund des Nachweises durch W zwischen C und B zustande gekommen.

Die Frage ist jedoch, ob der zwischen W und C geschlossene Mäklervertrag gültig ist. Denn **§ 6 I des Wohnungsvermittlungsgesetzes** besagt: „Der Wohnungsvermittler darf Wohnräume nur anbieten, wenn er dazu einen Auftrag von dem Vermieter oder einem anderen Berechtigten hat." Zuwiderhandlungen sind Ordnungswidrigkeiten, die nach § 8 des Gesetzes mit einer Geldbuße bis 2500 Euro geahndet werden können.

W hat den Auftrag zur Vermietung jedoch nicht vom Vermieter, sondern vom *Mieter* der zu vermittelnden Wohnung. Dieser ist schwerlich als „Berechtigter" anzusehen, wenn nicht der Vermieter B sein Handeln zumindest gekannt und geduldet hat. Denn die Vermietung ist Angelegenheit des Vermieters. Also könnte man sagen: W hat bei Abschluss des Mäklervertrages gegen das Wohnungsvermittlungsgesetz verstoßen und demzufolge ist der Vertrag nach § 134 nichtig. Folglich würde ein vertraglicher Anspruch auf den Mäklerlohn nicht begründet sein.

Die Folge wäre hart: W verschafft durch seine Vermittlungstätigkeit dem C eine Wohnung, bekommt aber nichts für seine erfolgreichen Anstrengungen. Wenn die zivilrechtlichen Folgen des Gesetzesverstoßes nicht ausdrücklich geregelt sind, so ist zu fragen, ob der Sinn und Zweck des gesetzlichen Verbots die Nichtigkeit des zivilrechtlichen Vertrages erfordert.

669

– *Für die Nichtigkeit* könnte man anführen: § 6 I des Wohnungsvermittlungsgesetzes will verhindern, dass Makler Wohnungen anbieten, von denen sie nur zufällig durch Dritte oder durch Auswertung der privaten Anzeigen in der Zeitung erfahren; den Wohnungsuchenden droht nutzloser Zeit- und Kostenaufwand, wenn sie von Maklern auf Objekte hingewiesen werden, zu deren Vermittlung die Makler gar nicht autorisiert sind. Wenn verbotswidrig abgeschlossene Mäklerverträge gültig wären, könnten sich die Makler ohne großes Risiko über das Verbot hinwegsetzen.

– *Gegen die Nichtigkeit* spricht, dass sich das gesetzliche Verbot nur an *eine* der Vertragsparteien wendet und nur von dieser übertreten werden kann (Rn 666). Ferner erscheint es zweifelhaft, ob der Zweck des Gesetzes die Nichtigkeit eines verbotswidrig abgeschlossenen Geschäfts erfordert. Denn der Kunde des Maklers, der – wie in unserem Falle – eine Wohnung tatsächlich aufgrund des Maklernachweises mieten kann, ist nicht geschädigt. Ein Kunde hingegen, der aufgrund der ordnungswidrigen Tätigkeit eines Maklers nutzlosen Zeit- und Kostenaufwand hat, kann von ihm Schadensersatz verlangen (§§ 311 II, 241 II, 280 I). Außerdem kann man die drohende Geldbuße nach § 8 des Wohnungsvermittlungsgesetzes als ausreichende Abschreckung betrachten. Den zuletzt genannten Standpunkt vertritt der BGH (BGHZ 152, 10).

Ist ein Vertrag wegen Verstoßes gegen ein gesetzliches Verbot nichtig, so kann gleichwohl zwischen den Beteiligten ein „vertragsähnliches Vertrauensverhältnis" entstanden sein, dessen Verletzung Schadensersatzansprüche gemäß § 280 I iVm §§ 311 II, 241 II nach sich zieht (siehe Rn 952 ff). Ein Anspruch desjenigen, der verbotswidrig Leistungen erbracht hat, kann sich auch aus ungerechtfertigter Bereicherung des Empfängers ergeben (§ 812 I 1 Alt. 1, beachte aber § 817 S. 2).

3. Der Verstoß gegen die guten Sitten

▶ Falltraining 1, Fälle 16, 77; Falltraining 2, Teil 3 Fälle 1, 10

a) Grundprobleme

670 Es ist nicht dem Verbotsgesetz allein vorbehalten, die Schranken der rechtsgeschäftlichen Freiheit zu bestimmen. In § 138 ist vielmehr den Gerichten die Befugnis zuerkannt, Rechtsgeschäfte als gegen die „guten Sitten" verstoßend zu missbilligen und ihnen ganz oder teilweise (§ 139) die Gültigkeit zu versagen.

Was „gute Sitten" sind, ist gesetzlich nicht bestimmt. Der **Begriff der guten Sitten** verweist vielmehr, soweit er sich nicht an den politischen Grundentscheidungen der Verfassung orientiert, auf eine außergesetzliche normative Ordnung, welche aufzuspüren der Rechtsprechung und Wissenschaft überlassen ist.

Strukturell ähnelt die Vorschrift dem § 134: Festgelegt ist die Rechtsfolge, während der Tatbestand ziemlich unbestimmt erscheint. Denn was gute Sitten sind und was demzufolge gegen sie verstößt, kann dem Wortsinn des § 138 I schlechterdings nicht entnommen werden. Man kann allenfalls sagen, dass die Formel **zwei Elemente** aufweist. Die *„Sitten"* verweisen auf einen tatsächlichen Befund (die in der Gesellschaft oder in bestimmten Kreisen üblichen Verhaltensweisen). Im Beiwort *„gut"* wird ein Wertungsbegriff hinzugefügt.

Bei der Handhabung des § 138 I spielt dabei das Wertungselement die ungleich wichtigere Rolle. Empirische Befunde durch demoskopische Gutachten spielen im Rahmen des § 138 I BGB keine zentrale Rolle. Die Gerichte überprüfen nicht die tatsächliche Verbreitung der nach § 138 I zu beurteilenden Geschäftspraktiken, sondern ihre Angemessenheit unter dem Gesichtspunkt einer bestimmten Wertordnung.

671 Woher aber bezieht man die Wertordnung, die den Begriff der guten Sitten ausfüllt? Die Frage berührt das Grundverständnis unseres Rechts. Vielfach wird auf ein Sittengesetz zurückgegriffen; dabei soll jedoch keine besonders hoch gestellte Ethik mit extremen Anforderungen zur Rechtsnorm gemacht werden, vielmehr eine eher durchschnittliche Moral, von der man annimmt, dass sie im „Volksbewusstsein" verankert sei. Die guten Sitten werden daher als „herrschende Rechts- und Sozialmoral" wiedergegeben. Nach der von der Rechtsprechung überwiegend gebrauchten Formel wird unter guten Sitten das verstanden, was dem **„Anstands- und Rechtsgefühl aller Billig- und Gerechtdenkenden entspricht".** Diese Formel offenbart erneut die Scheu der Gerichte, ihre rechtsgestaltende Funktion offen einzugestehen. Es wird auf ein „Gefühl" redlicher Menschen verwiesen, das jedoch tatsächlich nicht ausforschbar ist und nicht ausgeforscht wird. Denn wer zählt zu den „Billig- und Gerechtdenkenden", wer soll davon ausgenommen sein? Für billig- und gerechtdenkend hält ein Gericht in erster Linie sich selbst. Also wird dasjenige den guten Sitten entsprechen, was dem Rechtsgefühl der Gerichte entspricht. Es hat keinen Sinn, dem Richter den Einsatz seiner persönlichen Wertung zu untersagen. Die Wertung eines Menschen in einem individuellen Konflikt ist zunächst immer subjektiv und persönlich; sie wird objektiv durch die Übereinstimmung, die sich über Wertungsgesichtspunkte und -ergebnisse in der Kommunikation der Gerichte, der Wissenschaft und der Gesellschaft erzielen lässt.

Für den Begriff der guten Sitten sind nach heute herrschender Auffassung in erster Linie nicht moralische Sollenssätze maßgebend, sondern die Wertentscheidungen des politisch-sozialen Systems. Dass dieser Ansatz gefährlich sein kann, zeigt das Schicksal des § 138 I im „Dritten Reich", wo die „guten Sitten" mit der „nationalsozialistischen Weltanschauung" identifiziert wurden (beispielhaft RGZ 150, 4). Doch darf der nationalsozialistische Missbrauch nicht den Weg zur Einsicht versperren, dass die **Grundentscheidungen der Verfassung** einen wesentlichen Bezugspunkt der guten Sitten bilden. Die Bestrebung, die guten Sitten auf einen Inbegriff gesellschaftlich-politischer Systemvorstellungen zu beziehen, trifft sich mit der heute vorherrschenden Verfassungsinterpretation zur zivilrechtlichen Bedeutung der Grundrechte. Nach der Lehre von der „mittelbaren Drittwirkung" bilden die Grundrechte, in erster Linie als Abwehrrechte gegen den Staat gedacht, ein „Wertsystem", das über die Generalklauseln auf das Zivilrecht ausstrahlt (Rn 90). **672**

Der unverzichtbare Rückbezug auf die Verfassung kann freilich schon wegen der begrenzten politischen Bestimmtheit des Menschen nicht als einziges Interpretationsmittel gelten. Als weiterer Orientierungsmaßstab der guten Sitten kommt auch das **kulturelle Selbstverständnis** der Gesellschaft in Betracht. Freilich verblassen die kulturellen Standards umso mehr, je weiter der Pluralismus der Grundanschauungen fortschreitet. Der vielfach beklagte „Werteverfall" in unserer Gesellschaft stärkt die an der Verfassungsordnung orientierte Interpretation der „guten Sitten", weil damit normative Vorgaben ins Spiel kommen, deren Objektivität durch das Bundesverfassungsgericht gesichert erscheint. **673**

Die Sittenwidrigkeit kann sich aus dem **Geschäftsinhalt,** dem individuellen **Geschäftszweck,** den **Beweggründen** oder der **Art des Zustandekommens** des Geschäftes ergeben. Die Rechtsprechung stellt auf den **Gesamtcharakter** des konkreten Geschäfts ab, der sich aus Inhalt, Beweggrund und Zweck erschließt (BGH NJW 1994, 1342). Ein Bewusstsein der Sittenwidrigkeit verlangt die Rechtsprechung auf- **674** seiten des sittenwidrig Handelnden nicht; es genügt, wenn er die Tatsachen kennt, aus denen die Sittenwidrigkeit folgt oder wenn er sich bewusst oder grob fahrlässig der Kenntnis der erheblichen Tatsachen verschließt (BGH NJW 2001, 1127). Die **Konkretisierung** der guten Sitten geschieht durch eine Auffächerung in Anwendungsbereiche und Fallgruppen. Rechtsprechung und Wissenschaft haben eine große Zahl von Standards für die einzelnen Konfliktgebiete herausgearbeitet: für den Umsatz, den Kredit, den Bereich personaler Entfaltung, für Ehe und Familie, etc. Kommentare und Lehrbücher spiegeln die Kasuistik des Sittenwidrigen wider, die mit Hilfe übergreifender Gesichtspunkte zu einer Dogmatik verarbeitet wird. Dabei ist zu beachten, dass die Standards dem Wandel unterzogen sind, wie der Bereich der wirtschaftlichen Nutzung der menschlichen Sexualität besonders drastisch beweist.

675 Die hauptsächlichen **Fallgruppen**, welche die Rechtsprechung beschäftigten, betreffen folgende Konstellationen, die Typisierung ist nicht abschließend.

a) Geschäfte, bei deren Abschluss eine Partei in ihrer Entscheidung **nicht frei** ist, zB weil sie sich gegenüber der anderen in einer eklatant schwächeren Position befindet, und aus diesem Grund durch den vereinbarten Geschäftsinhalt stark benachteiligt wird (gesetzliches Beispiel § 138 II); hierher gehört auch die Benachteiligung eines Geschäftspartners durch Ausnutzung seiner emotionalen Bindungen zu einer ihm nahe stehenden Person (unter Rn 684 ff);

b) Geschäfte, die eine starke **Abhängigkeit** einer Partei von der anderen zur Folge haben (**Knebelung**; zu langfristige Bindungen; zB Bierlieferungsvertrag zwischen Brauerei und Gastwirt mit Bindung auf unangemessen lange Zeit);

c) Geschäfte, welche die **Schädigung Dritter** bezwecken oder doch zwangsläufig zur Folge haben (zB übermäßige Sicherung eines Kredits zulasten anderer Gläubiger des Schuldners; Verzicht auf gesetzlich geschuldeten Unterhalt zulasten anderer Unterhaltspflichtiger; Geschäfte, mit denen jemand zum Bruch eines mit einem Dritten geschlossenen Vertrags verleitet wird);

d) Geschäfte, welche die **Selbstbestimmung einer Person in höchstpersönlichen Angelegenheiten** unangemessen **einschränken** oder sonst zu einer Preisgabe höchstpersönlicher Güter führen (zB Verpflichtung eines Sportlers zum Doping; Verpflichtung zur Preisgabe von Informationen aus der Intimsphäre; „Abkaufen" von Elternrechten gegen Geld, zB des Rechts, mit dem eigenen Kind Umgang zu halten).

e) Geschäfte, durch die **Rechtsinstitute des Familienrechts** für **sachfremde Ziele** ausgenutzt werden sollen (zB Vereinbarung eines Entgelts für die Eingehung einer „Scheinehe" zum bloßen Zweck, eine Aufenthaltserlaubnis zu erhalten; Vereinbarung eines Entgelts für die erforderliche Zustimmung zur Adoption).

Allgemeine Literatur zu § 138: *K. Simitis*, Gute Sitten und ordre public, 1960; *W.F. Lindacher*, Grundsätzliches zu § 138 BGB. Zur Frage der Relevanz subjektiver Momente, AcP 173, 124; *Th. Mayer-Maly*, Wertungswandel im Privatrecht, JZ 1981, 801; *ders.*, AcP 194, 105; *D. Medicus*, Schutzbedürfnisse und Vertragsrecht, JuS 1996, 761; *M. Schmöckel*, Der maßgebliche Zeitpunkt zur Bestimmung der Sittenwidrigkeit nach § 138 I BGB, AcP 197, 1; *J. Eckert*, Sittenwidrigkeit und Wertewandel, AcP 199, 337.

b)   Missverhältnis zwischen Leistung und Gegenleistung; Wucher

▶ Falltraining 1, Fall 46   **676**

Die Problematik der Sittenwidrigkeit soll anhand einiger Anwendungsbereiche verdeutlicht werden.

> **Fall 47:** S kauft beim Autohändler T einen gebrauchten Sportwagen für 40 000 €. Der Vertrag wird beiderseits erfüllt. Später erfährt S, dass er ausgesprochen teuer gekauft hat. Andere Händler haben zur gleichen Zeit den gleichen Wagentyp mit ähnlichen „Daten" (Produktionsjahr, Kilometerstand, Zubehör etc) für ca. 30 000 € verkauft. S hält den Vertrag für nichtig.

Der Kauf ist nichtig, wenn eine erhebliche Abweichung des vereinbarten Preises vom Marktpreis einen Verstoß gegen die guten Sitten bedeutet. Dagegen spricht der Umstand, dass das einzelne Rechtsgeschäft als Teilvorgang des Marktgeschehens zu betrachten ist. Man kann nicht ohne Weiteres einzelne Marktvorgänge wegen der Fehlvorstellungen eines oder beider Beteiligten über den sonst üblichen Preis revidieren, ohne den Marktmechanismus zu gefährden. Möglicherweise ist der von T erzielte Preis Ausdruck einer neuen Marktlage (etwa einer Warenverknappung), die sich bei den anderen Händlern noch nicht ausgewirkt hat. Wenn S – außer im Falle der arglistigen Täuschung durch T – den Kauf noch nicht einmal wegen Irrtums anfechten kann (Rn 616), scheidet eine Nichtigkeit nach § 138 BGB erst recht aus.

Umgekehrt lässt ein „Schnäppchen" des Käufers bei einem im Wege der Internetauktion eBay abgeschlossenen Kaufvertrags (Pkw mit Marktwert von 5000€ für 555,55€) als solches nicht den Schluss auf ein sittenwidriges Rechtsgeschäft zu (BGH NJW 2015, 548).

Dieser Standpunkt wird durch das Gesetz bestätigt. **§ 138 II** beschreibt als besonderen Fall der Sittenwidrigkeit das **wucherische Geschäft**, bei dem jemand sich oder einem Dritten für eine Leistung Vermögensvorteile versprechen oder gewähren lässt, die in einem **auffälligen Missverhältnis zur Leistung** stehen (gemeint ist: deren *Wert* in einem auffälligen Missverhältnis zum Wert der Leistung steht). Für den Wertvergleich zwischen Leistung und Gegenleistung ist der für den betreffenden Leistungsgegenstand auf dem Markt üblicherweise erzielbare Preis entscheidend.

     677

Bezeichnenderweise soll aber das auffällige Missverhältnis zwischen dem wirtschaftlichen Wert der Leistungen allein noch nicht genügen, um das Geschäft als sittenwidrig erscheinen zu lassen. Zusätzliche Voraussetzung ist vielmehr, dass das Geschäft **unter Ausbeutung der Zwangslage, der Unerfahrenheit, des Mangels an Urteilsvermögen oder der erheblichen Willensschwäche** des benachteiligten Teils zustande gekommen ist. Das auffällige Wertmissverhältnis muss also dadurch entstanden sein, dass bei Geschäftsabschluss eine geminderte Fähigkeit des Geschäftspartners zur Selbstbestimmung ausgenutzt worden ist.

Nichtigkeit nach § 138 II setzt demnach **zweierlei** voraus: **678**

(1) ein auffälliges Missverhältnis des Werts der Leistung und des Werts der dafür gewährten oder versprochenen Vermögensvorteile, *und*

(2) das Zustandekommen dieses Missverhältnisses durch Ausbeutung der Zwangslage, der Unerfahrenheit, des Mangels an Urteilsvermögen oder der erheblichen Willensschwäche eines anderen.

> Zu **Fall 47**: Wenn wir annehmen, dass bei der Preisbildung der Verkäufer nicht im Hinblick auf die Unerfahrenheit seines Partners, sondern auf Grund einer anderen Einschätzung der Marktchancen seine Preisforderung gestellt hat, scheidet die Anwendung des § 138 II aus.

679 **Zu (1): Auffälliges Missverhältnis.** Leistung und Gegenleistung müssen, gemessen an den marktüblichen Verhältnissen, klar ungleichwertig sein. Das Missverhältnis muss ein Ausmaß annehmen, das mit den Eigenheiten des Marktgeschehens nicht erklärbar ist, vielmehr einen Rückschluss darauf zulässt, dass die freie Willensbildung der benachteiligten Partei eingeschränkt war. Einzelheiten sind von der Rechtsprechung für einzelne Vertragstypen und Geschäftsbereiche (Grundstückspreise, Darlehenszinsen etc) entwickelt worden.

680 **Zu (2): Ausbeuten** bedeutet das Ausnutzen einer der im Gesetz genannten Lagen. Dabei steht der Begriff *Zwangslage* für jede starke Bedrängnis, mag sie wirtschaftlicher, gesundheitlicher oder auch seelischer Art sein. *Unerfahrenheit* wird als fehlende *allgemeine* Lebens- und Geschäftserfahrung umschrieben („geschäftliche Dinge überhaupt", BGH WM 1982, 849); hingegen soll Unerfahrenheit in einem bestimmten Geschäftszweig (zB Antiquitätenhandel) nicht genügen (mE zweifelhaft). *Mangel an Urteilsvermögen* bezieht sich auf intellektuelle Defizite, die nicht den Grad der Geschäftsunfähigkeit erreichen (sonst §§ 104 Nr 2, 105 I), aber den Betreffenden außer Stande setzen, die Vor- und Nachteile des Geschäfts abzuwägen. Ein Mangel an Urteilsvermögen liegt deshalb nicht vor, wenn der Betroffene seine eigentlich vorhandene Urteilsfähigkeit nicht oder nur unzureichend einsetzt und deshalb ein unwirtschaftliches Rechtsgeschäft abschließt (BGH NJW 2006, 3054). *Erhebliche Willensschwäche* meint Einschränkungen der Willenssteuerung, wie sie etwa aus Suchtzuständen entstehen können.

681 Beim Ausbeutungsbegriff ist fraglich, ob er eine **subjektive Komponente** aufseiten des Wucherers erfordert. Das Wort „Ausbeutung" deutet darauf hin, dass es sich um ein *bewusstes* Ausnutzen der Ausbeutungslage handeln muss. Seit geraumer Zeit ist indes ein Trend zur Objektivierung zu beobachten, weil dem Wucherer das Wissen um die besondere Lage des Vertragspartners oft nicht nachweisbar ist. Es genügt, wenn sich der Ausbeutende *grob fahrlässig* der Erkenntnis der Lage verschlossen hat (BGH LM § 138 Aa Nr 14a).

682 Die **Beweislast** für die Voraussetzungen des § 138 II trägt derjenige, der die Nichtigkeit des Geschäfts geltend macht, in der Regel also der Bewucherte. Auch diesbezüglich versucht die Rechtsprechung, die Situation des übervorteilten Geschäftspartners zu verbessern. Nach einigen Entscheidungen des BGH wird das Vorliegen einer Ausbeutungslage vermutet, wenn „objektiv nicht nur ein auffälliges, sondern ein *besonders grobes Missverhältnis*" zwischen Leistung und Gegenleistung festzustellen ist (BGH WM 1990, 1323; NJW 1994, 1275). Generell ist die Tendenz in der Rechtsprechung zu beobachten: Je gröber das Wertmissverhältnis, desto weniger kommt es auf einen wirklichen Nachweis der Ausbeutung und ihrer subjektiven Voraussetzungen an (vgl BGH NJW-RR 1991, 589).

Zu den Folgen der Nichtigkeit des wucherischen Geschäfts im Einzelnen siehe Rn 699.

Lässt sich im konkreten Fall zwar ein **auffälliges Wertmissverhältnis** von Leistung **683** und Gegenleistung feststellen, sind aber die weiteren Voraussetzungen des § 138 II nicht gegeben, so kann das Geschäft gleichwohl nach der **Grundnorm des § 138 I** sittenwidrig sein. Freilich begründet das Wertmissverhältnis für sich gesehen die Sittenwidrigkeit nicht. Es bedarf also zusätzlich weiterer Umstände, aus denen sich die Sittenwidrigkeit ergibt, zB Ausnutzung eines Monopols oder einer wirtschaftlichen Überlegenheit (BGHZ 146, 298). Sittenwidrigkeit wird in der Rechtsprechung insbesondere angenommen, wenn der begünstigte Teil bei Abschluss des Geschäfts in **verwerflicher Gesinnung** gehandelt hat, dh wenn er bewusst oder grob fahrlässig die geminderte Entscheidungsfreiheit des anderen Teils zu seinem Vorteil ausgenutzt hat (BGHZ 146, 298, 302; 154, 47, 52). Die verwerfliche Gesinnung wird **vermutet**, wenn das Wertmissverhältnis als **besonders grob** erscheint. Sie wird schon dann bejaht, wenn sich der Begünstigte zumindest leichtfertig der Einsicht verschlossen hat, dass sich der andere Teil nur unter dem Zwang der Verhältnisse auf den ungünstigen Vertrag eingelassen hat (BGHZ 146, 298, 303; BGH NJW-RR 2003, 558). Bei den besonders groben Äquivalenzstörungen wird die verwerfliche Gesinnung selbst dann vermutet, wenn der Begünstigte keine Kenntnis von dem wahren Wertverhältnis hatte (BGHZ 146, 298), also gar nicht wusste, dass das Geschäft für ihn extrem vorteilhaft ist. Die Vermutung kann im Einzelfall im Hinblick auf die „besonderen Umstände" widerlegt werden (zB BGHZ 154, 47, 53: Besonderheiten der Scheidungssituation, in der sich die Parteien befanden).

Fraglich ist, „ob grobe Fahrlässigkeit" oder „leichtfertige Unkenntnis" den Vorwurf der „verwerflichen Gesinnung" rechtfertigen. Im Grunde genommen dünnt der BGH das subjektive Erfordernis mehr und mehr aus: Damit führen grobe Äquivalenzstörungen, die schon bei Vertragsschluss gegeben sind, in aller Regel zur Nichtigkeit des Vertrages. So nähert sich das heutige Zivilrecht der überwunden geglaubten Lehre vom „gerechten Preis" wieder an. Es wäre besser, dies offen zuzugeben, statt den Begriff der „verwerflichen Gesinnung" gegen seinen Sprachsinn zu entstellen.

c) Sonstige Fälle eingeschränkter Selbstbestimmung

Zunehmend wird § 138 II nur als Teilregelung eines größeren Problemzusammen- **684** hangs begriffen. Es geht darum, ab welchem Punkt die Selbstbestimmung einer Person so eingeschränkt erscheint, dass von einem freien rechtsgeschäftlichen Willen nicht mehr die Rede sein kann. Das BGB behandelt einige Aspekte dieses Problems in speziellen Normen (siehe §§ 104 ff, 123, 1903, verbraucherschützende Vorschriften). Es bleiben gleichwohl Fälle eingeschränkter Selbstbestimmung, für die das Gesetz keine spezielle Regelung vorsieht. Hier hat die Rechtsprechung die Möglichkeit entwickelt, mit Hilfe des § 138 I zu tragbaren Lösungen zu kommen.

Fall 48: Ein Immobilienmakler möchte bei einer Bank ein Darlehen von 500.000 € aufnehmen. Die Bank ist grundsätzlich einverstanden, verlangt aber, dass sich die Tochter des Maklers für die Kredite ihres Vaters verbürgt. Die Tochter, eine 21-jährige Arbeiterin mit einem Monatseinkommen von ca. 700 €, möchte die Bitte ihres Vaters nicht abschlagen und unterzeichnet die von der Bank vorgelegte Bürgschaftsurkunde. Als der Vater in Vermögensverfall gerät, nimmt die Bank die Tochter aus der Bürgschaft in Anspruch (vereinfacht nach BGH NJW 1994, 1341).

685 Warum soll die Tochter nicht haften? Sie war bei Eingehung der Bürgenverpflichtung volljährig, wusste wohl auch, was eine Bürgschaft bedeutet. Dennoch lässt sich bezweifeln, ob das Eingehen einer Bürgenverpflichtung in diesem Fall freier Selbstbestimmung entspricht. Die Tochter übernimmt auf Veranlassung der Bank eine Verbindlichkeit, die sie voraussichtlich niemals wird erfüllen können. Dabei verfolgt sie erkennbar keine eigenen Interessen, sondern will ihrem Vater helfen. Die Bank macht sich also die emotionalen Bindungen, die zwischen Eltern und Kindern zu bestehen pflegen, zu Nutze, um einen zusätzlichen Schuldner zu gewinnen. Zudem war die Tochter noch sehr jung und geschäftlich nicht erfahren. Man könnte an die Ausnutzung der Unerfahrenheit im Sinne des § 138 II denken; die Vorschrift ist aber nicht einschlägig, weil es in unserem Fall nicht um eine Störung des Wertverhältnisses von Leistung und Gegenleistung geht.

686 In der Rechtsprechung war lange umstritten, wann in Fällen, in denen Kreditinstitute von ihren Geschäftspartnern die Beibringung von Bürgschaften oder Schuldbeitritten ihrer vermögenslosen Ehepartner oder Kinder als Voraussetzung der Darlehensgewährung verlangen, die Voraussetzungen des § 138 I erfüllt sind. Starke Impulse zu Gunsten des Schutzes der Familienangehörigen gingen schließlich von der Rechtsprechung des BVerfG aus, das die Zivilgerichte verpflichtet, zu Gunsten der Privatautonomie aller Vertragsparteien die Generalklauseln des BGB einzusetzen (BVerfGE 89, 214): Bei Verwirklichung der Vertragsfreiheit darf nicht das Recht des Stärkeren gelten; wenn einer der Vertragsteile ein so starkes Übergewicht hat, dass er den Vertragsinhalt faktisch einseitig bestimmen kann, so stellt dies für den anderen Teil Fremdbestimmung dar. Die Zivilgerichte haben nach Auffassung des BVerfG die Pflicht, bei der Auslegung und Anwendung der Generalklauseln darauf zu achten, dass die Verträge nicht als Mittel der Fremdbestimmung dienen; ist der Inhalt eines Vertrages für eine Seite ungewöhnlich belastend und als Interessenausgleich offensichtlich unangemessen, so dürfen sich die Gerichte nicht mit der Feststellung begnügen „Vertrag ist Vertrag".

> In **Fall 48** hat der BGH (NJW 1994, 1341) die Bürgschaftsverpflichtung nach § 138 I für nichtig angesehen. Das Gericht nimmt an, die Tochter habe sich unter den gegebenen Umständen nicht hinreichend frei für die Übernahme einer so außergewöhnlichen Belastung entscheiden können. Das Gericht zieht auch die Regel des § 1618a heran, wonach Eltern und Kinder sich Beistand und Rücksicht schulden; der Vater habe durch seine Bitte um Übernahme der Bürgschaft die Pflicht zur Rücksichtnahme verletzt; der Bank aber sei dies bekannt oder doch evident gewesen, sie habe auf die pflichtwidrige Bitte des Vaters an seine Tochter Einfluss genommen, zudem durch ihre Angestellten bei der Tochter die Tragweite der Bürgschaft verharmlost.

In der Frage der Sittenwidrigkeit von Bürgschaften und Mitschuldübernahmen naher Angehöriger hat die genannte Grundentscheidung des BVerfG (E 89, 214) eine **Rechtsprechungswelle** ausgelöst, in der wiederum Streitfragen zu einzelnen Punkten aufgeworfen wurden (siehe die Anrufung des Großen Senats durch den XI. Zivilsenat des BGH, NJW 1999, 2584; dazu IX. Zivilsenat NJW 2000, 1185). Einigkeit besteht im Kern darüber, dass eine Bürgschaft oder Mithaftungsvereinbarung unter zwei Gesichtspunkten sittenwidrig sein kann, die gedanklich zusammenhängen:

– einmal, wenn der Mithaftende bei Eingehung der Mitverpflichtung durch konkrete Umstände, die dem Kreditgeber zurechenbar sind, in seiner **Entscheidungsfreiheit beeinträchtigt** war (Verschweigen oder Verharmlosung von Risiken, Ausnutzung emotionaler Bindungen, Ausnutzung von rücksichtslosem Verhalten des Hauptschuldners gegen den Mithaftenden) und dadurch stark benachteiligt ist;

– zum anderen schon auf Grund der objektiven Lage, wenn der Gläubiger kein berechtigtes Interesse an der Mithaftung hat, weil sie den Mithaftenden **krass überfordert**. Allerdings trägt die objektive Tatsache der krassen Überforderung das Urteil der Sittenwidrigkeit noch nicht. Sie begründet nach Auffassung des BGH eine tatsächliche Vermutung, dass die mithaftende Person sich bei der Übernahme der Mithaftung nicht von einer realistischen Einschätzung des wirtschaftlichen Risikos, sondern von ihrer emotionalen Bindung an den Darlehensnehmer hat leiten lassen und der Kreditgeber dies in sittlich anstößiger Weise ausgenutzt hat. Für Tatsachen, welche diese Vermutung entkräften, ist der Kreditgeber darlegungs- und beweispflichtig (BGH NJW 2001, 815, 817; BGHZ 151, 34, 37). Eine krasse finanzielle Überforderung des mitverpflichteten Ehepartners oder nahen Angehörigen wird bejaht, wenn er voraussichtlich nicht einmal in der Lage ist, die laufenden Zinsen mit seinen eigenen finanziellen Mitteln auf Dauer aufzubringen. In einem solchen Falle spricht ohne Hinzutreten weiterer Umstände eine widerlegliche tatsächliche Vermutung dafür, dass sich der Ehegatte oder nahe Angehörige bei der Übernahme der Mithaftung nicht von seinen Interessen und von einer rationalen Einschätzung des wirtschaftlichen Risikos hat leiten lassen und das Kreditinstitut die emotionale Beziehung zwischen dem Hauptschuldner und dem Mithaftenden in sittlich anstößiger Weise ausgenutzt hat (BGH NJW 1999, 2584; BGH NJW 2001, 815, 816; BGHZ 151, 34, 37).

Freilich gelten diese Grundsätze nicht, wenn der Mitverpflichtete von vorn herein als **gleichberechtigter Darlehensnehmer** erscheint, der über die Verwendung mitentscheidet (BGH NJW 2001, 815, 816; NJW 2002, 744; NJW 2004, 924) oder wenn er sonst ein erhebliches **Eigeninteresse** an der Darlehensgewährung hatte, weil ihm aus der Verwendung der Darlehensvaluta unmittelbare und ins Gewicht fallende geldwerte Vorteile erwachsen sind (BGH NJW 1999, 135; BGH NJW 2001, 815, 817).

Die Rechtsprechung verzweigt sich in vielen Einzelfragen und betrifft nicht nur die Mithaftung von Kindern (dazu BGH NJW 1992, 52), sondern auch von *Ehegatten* (BGHZ 128, 230, 234; 132, 328, 339; 134, 42, 48; 134, 325, 328; 136, 347, 351; 151, 34; BGH NJW 1997, 3230; BGH NJW 1999, 58, BGH NJW 1999, 135), *Verlobten* (BGHZ 136, 347, 350), *nicht ehelich zusammenlebenden Partnern* (NJW 1997, 1005; NJW 2000, 1182, 1183) und – über das Eltern-Kind-Verhältnis hinaus – *sonstigen nahen Verwandten* (BGHZ 137, 329, 335; BGH NJW 1997, 3230). Hingegen ist die Rechtsprechung zur „krassen Überforderung" nicht ohne weiteres auf Fälle zu übertragen, in denen es an einem persönlichen Näheverhältnis fehlt, das vom Gläubiger ausgenutzt werden könnte (vgl BGH NJW 2003, 967 – Bürgschaft eines GmbH-Gesellschafters für Gesellschaftsschulden). Wohl aber hat der BGH zutreffend auch die Bürgschaft von Arbeitnehmern für ihren Arbeitgeber, die aus Angst um den Verlust ihres Arbeitsplatzes erfolgte und ihre Leistungsfähigkeit krass überforderte, als sittenwidrig eingestuft (BGHZ 156, 303).

In Fällen, in denen die **Wirksamkeit** der Bürgschaft oder Mitverpflichtung naher Angehöriger **bejaht** wird, bleibt im Einzelfall zu prüfen, ob durch Trennung oder Scheidung eines Ehepartners die Geschäftsgrundlage entfallen ist (BGH NJW 1996, 2089). Dies kann zB dann der Fall sein, wenn eine Bürgschaft den Kreditgeber vor Vermögensverschiebungen vom Kreditnehmer auf seinen Ehegatten schützen sollte, was nach der Trennung oder Scheidung nunmehr ausgeschlossen scheint. Außerdem kann die Geltendmachung der Verbindlichkeit „zur Zeit" gegen Treu und Glauben verstoßen (BGH NJW 1995, 542; BGH NJW 1997, 1023).

Der Grundgedanke der Rechtsprechung ist zu billigen. Indes darf der Bogen nicht **687** überspannt werden. Der Privatautonomie steht das Ideal von Vertragspartnern vor Augen, die – was die Chancen ihrer Interessenwahrung betrifft – in etwa „waffengleich" sind, sodass der geschlossene Vertrag als Ergebnis eines fairen Interessenausgleichs erscheinen kann. Dieses Ideal ist aber in reiner Form fast nirgends anzutreffen: Durchweg finden sich wirtschaftliche Ungleichgewichte, unterschiedliche Dringlichkeit der Bedürfnisse, unterschiedliche Geschäftserfahrung, unterschiedlicher Zugriff auf ausgefeilte Rechtstechnik – in diesem Sinn ist „Fremdbestimmung" überall. Die faktische Waffengleichheit der Vertragspartner als Gültigkeitsvoraussetzung eines Vertrages zu verlangen, hieße die Vertragsbindung für die meisten Fälle aufzuheben. Es kann bei Anwendung des § 138 und beim Einsatz anderer Korrekturmöglichkeiten nur darum gehen, *grobe* Abweichungen vom Ideal der freien Selbstbestimmung eines Vertragsteils zu erfassen. In der Frage, wo genau die – möglicherweise selbstschädigende – Selbstbestimmung endet und die unzulässige Fremdbestimmung beginnt, befinden wir uns auf einer schwierigen Gratwanderung. Ein Zuviel nach der einen Seite unterwirft einen Vertragspartner dem Diktat des anderen und ist dem Gedanken der Vertragsfreiheit zuwider; ein Zuviel nach der anderen Seite zerstört aber gleichfalls mit dem Vertrauen auf Vertragstreue die Vertragsfreiheit selbst.

d) Verstoß gegen die „Sittenordnung"

688 **aa) Die „guten Sitten" im Wandel.** Ein Vorzug von Generalklauseln ist es, dass ihre Auslegung den Veränderungen des gesellschaftlichen Bewusstseins folgen kann: Was heute sittenwidrig ist, muss es morgen nicht mehr sein, woran heute niemand Anstoß nimmt, kann morgen als unanständig gelten. Eine besondere Dynamik hat die Anwendung des § 138 I auf dem Gebiet der Sexualmoral erfahren. Als das BGB in Kraft trat, waren diesbezüglich zwei Auffassungen weithin akzeptiert.

– Man war überzeugt, dass sexuelle Hingabe gegen Geld sittenwidrig, darauf abzielende Verträge daher nichtig seien.

– Ebenfalls war es weit verbreitete Auffassung, dass legitime Sexualität auf die Ehe beschränkt sei. Im Rahmen des § 138 I wirkte sich dies insbesondere auf die Beurteilung von Zuwendungen aus, die eine Person einer anderen machte, mit der sie in nichtehelicher Geschlechtsgemeinschaft verbunden war; derartige Zuwendungen waren mit der Verdikt „sittenwidrig" und daher nichtig.

Auf beiden Feldern hat sich seit 1900 ein grundlegender Bewertungswandel vollzogen. Dabei ist auch die Entwicklung des Strafrechts zu berücksichtigen, das seit dem 4. Strafrechtsänderungsgesetz 1973 viele vom Strafrecht besetzte Felder freigegeben hat (ua Abschaffung der Strafbarkeit des Ehebruchs, der Kuppelei, der Homosexualität und des Konkubinats). In der Entwicklung spiegelt sich die Auffassung, dass die Gestaltung der Beziehungen im Intimbereich solange eine höchstpersönliche Angelegenheit der Beteiligten ist, als nicht das Recht auf sexuelle Selbstbestimmung des Einzelnen verletzt wird. Dieser Trend konnte nicht ohne Einfluss auf die Handhabung des § 138 I bleiben.

bb) Zuwendungen an den nichtehelichen Partner.

689 **Fall 49:** M war mit F verheiratet, aus der Ehe stammt der Sohn S. Nach dem Tod der F beginnt M ein Liebesverhältnis mit der Berufskollegin K. Er lebt mit K mehrere Jahre bis zu seinem Tod in einem eheähnlichen Verhältnis zusammen. Kurz vor seinem Ableben setzt er durch Testament die K zu seiner Alleinerbin ein. Ist das Testament gültig?

Das BGB hat den Konflikt zwischen der Freiheit einer Person, die Erbfolge in ihr Vermögen nach dem Tode (Nachlass) beliebig zu bestimmen (Testierfreiheit), und dem Anrecht der Familienmitglieder auf dieses Vermögen wie folgt gelöst: Es hat die Ehefrau und die Verwandten (nach einer bestimmten Rangordnung) zu „gesetzlichen Erben" bestimmt (§§ 1924–1931, § 1371 I). Diese Erbfolgeordnung ist aber für denjenigen, der beerbt werden soll (Erblasser), nicht zwingend. Er kann vielmehr durch Verfügung von Todes wegen (Testament oder Erbvertrag) eine andere Regelung bestimmen (§§ 1937, 1941). Er kann sogar die gesetzlichen Erben ganz ausschalten („Enterbung") und die Erbschaft ganz oder teilweise einem Dritten zuwenden. Werden jedoch die Abkömmlinge, der Ehegatte oder die Eltern des Erblassers ganz oder teilweise enterbt, so erhalten sie zur Wahrung ihrer als berechtigt angesehenen Interessen einen Pflichtteil (§ 2303), dh einen Anspruch auf die Hälfte des Wertes ihres gesetzlichen Erbteils. Das BGB hat sich also zur Testierfreiheit bekannt, hat aber gleichzeitig den nächsten Angehörigen eine gewisse Mindestbeteiligung am Wert der Erbschaft gesichert.

In **Fall 49** ist S nach § 1924 I zur gesetzlichen Erbfolge berufen. Ist das Testament **690** des M gültig, so erbt jedoch nicht S, sondern K; stattdessen erhält S gegen die Erbin K den Anspruch auf Auszahlung einer Summe, die der Hälfte des Nachlasswertes entspricht, weil er gesetzlicher Alleinerbe wäre. Fraglich ist jedoch, ob das Testament Gültigkeit erlangt hat. Das Testament unterliegt als Rechtsgeschäft der Regel des § 138 I. Für die Sittenwidrigkeit des Testaments führte man folgende Argumente an: Ein außereheliches Geschlechtsverhältnis widerspreche der von unserer Rechtsordnung vorausgesetzten Sexualethik; auch wenn der außereheliche Geschlechtsverkehr nicht strafbar sei, so sei er doch missbilligt; Ehe und Familie seien zentrale und unantastbare (Art. 6 I GG) soziale Institutionen; sie dürften nicht dadurch geschädigt werden, dass außereheliche Geschlechtsverbindungen zulasten der Familienmitglieder honoriert würden. Dagegen konnte gesagt werden: Eine Missbilligung außerehelicher Beziehungen sei unserem heutigem Recht fremd; der besondere Schutz der Ehe im Grundgesetz verlange nicht die Disqualifizierung anderer Paarbeziehungen; auch seien die berechtigten Erbinteressen naher Angehöriger durch das Pflichtteilsrecht hinreichend gewahrt.

Die Rechtsprechung entschied sich für einen Mittelweg. Sie fand für die Sittenwidrig- **691** keit von Zuwendungen an eine Geliebte (oder einen Geliebten) zwei ganz unterschiedliche Ansatzpunkte. Sittenwidrigkeit sei schon auf Grund des Motivs anzunehmen, wenn die Geliebte deshalb bedacht wird, um sie für geschlechtliche Hingabe zu entlohnen oder zur Fortsetzung sexueller Beziehungen zu bestimmen (BGHZ 52, 20; 53, 376; BGH NJW 1984, 2150). Den Kern der Missbilligung bildet also nicht das außereheliche Verhältnis an sich, sondern die Verknüpfung von geschlechtlicher Hingabe und wirtschaftlicher Gegenleistung. Zu Grunde liegt ein bestimmtes Bild vom Menschen: Die sexuelle Entfaltung des Menschen entspricht nur dann seiner Würde, wenn sie auf gemüthaft-geistigen, nicht wenn sie allein auf wirtschaftlichen Motiven beruht. Da aber eine Belohnung sexueller Dienste selten das tragende Motiv letztwilliger Zuwendungen bildet, setzt die Rechtsprechung die Sittenwidrigkeitsprüfung noch an einem anderen Punkt an. In einigen Entscheidungen stellt der BGH in den Mittelpunkt der Wertung nämlich die Frage, welche Pflichten und Rücksichtnahmen der Erblasser den im Testament übergangenen Familienangehörigen schuldig war (vgl BGHZ 52, 22; BGH NJW 1984, 2151) und versucht das Problem damit zu objektivieren.

692 Doch verstrickte sich die Rechtsprechung mit diesem Vorhaben erneut in die Probleme persönlicher Moral: Bei einer solchen Beurteilung komme es auf die gesamten Lebensverhältnisse der Beteiligten an (Welche Beziehungen haben den Erblasser mit der Geliebten verbunden? Wer ist zu Gunsten der Geliebten zurückgesetzt worden? Wie wirkt sich die Verfügung auf die Zurückgesetzten aus? Wie eng war das familienrechtliche Verhältnis, in dem die Zurückgesetzten zu dem Erblasser standen? Woher stammte das zugewendete Vermögen? Wie haben sich die Zurückgesetzten zu dem Erblasser verhalten, haben sie insbesondere zur Entfremdung zu ihm selbst beigetragen? Welche Opfer hat die Geliebte für den Erblasser gebracht? Welche sonstigen Umstände lassen die letztwillige Verfügung zu ihren Gunsten als „gerechtfertigt oder zumindest weniger anstößig erscheinen"? Die Fragen sind entnommen aus BGHZ 53, 375, 376 f).

693 Nach heutiger Auffassung ist die Begründung einer auf Dauer angelegten und von inneren Bindungen getragenen **nichtehelichen Lebensgemeinschaft** nicht als sittenwidrig anzusehen. Folglich sind es auch nicht die finanziellen Zuwendungen der Partner einer solchen Gemeinschaft im Rahmen der Ausgestaltung ihrer Lebensverhältnisse (BGHZ 77, 55, 59). Ob eine Ausnahme zu machen ist, wenn ein Partner noch anderweitig verheiratet ist, wird diskutiert, doch scheint der Weg zum gerechten Interessenausgleich auch in diesen Fällen eher über die erörterten Pflichten zur familiären Rücksicht zu führen als über eine Bewertung der außerehelichen Beziehung selbst. Die Partnerbeziehung ist vom Recht als persönliches Näheverhältnis und als legitime Gestaltung privaten Lebens zu schützen. So gibt das Mietrecht (§ 563 II 4) Personen, „die mit dem Mieter einen auf Dauer angelegten gemeinsamen Haushalt führen" nach dem Tod des Mieters ein Eintrittsrecht in den Mietvertrag. Ob es sich bei all dem um verschieden- oder gleichgeschlechtliche Partnerschaften handelt, macht keinen relevanten Unterschied. Das Testament aus **Fall 49** ist deshalb gültig.

694 **cc) Entgeltliche Sexualität.** Nach dem zum 1.1.2002 in Kraft getretenen **„Prostitutionsgesetz"** ist ein rechtswirksamer Entgeltanspruch begründet, wenn sexuelle Handlungen gegen ein vorher vereinbartes Entgelt vorgenommen werden (§ 1 S. 1 ProstG). Der Entgeltanspruch ist ungewöhnlich bestandsfest gestaltet: Gegen ihn soll in der Regel nur die *vollständige* Nichterbringung der sexuellen Leistung eingewendet werden können, alle sonstigen Einwendungen und Einreden – außer Erfüllung der Entgeltforderung und Verjährung – sollen ausgeschlossen sein. Wörtlich genommen wäre nicht einmal der minderjährige oder geschäftsunfähige „Kunde" nach §§ 104 ff geschützt – man sieht: Die deutsche Rechtsordnung fällt von einem Extrem ins andere.

Für die Anwendung des § 138 I bedeutet das Gesetz, dass nun weder die Annahme noch die Hingabe eines Entgelts für sexuelle Handlungen als sittenwidrig zu beurteilen sind (vgl BGH NJW 2006, 3490). Die Materialien zum Gesetz lassen erkennen, dass „Verträge über sexuelle Dienstleistungen" vom Gesetzgeber nicht für sittenwidrig gehalten werden; unter diesen Dienstleistungen sollen Leistungen mit oder ohne Körperkontakt verstanden werden. Damit dürfte die vermarktete Sexualität für weite Bereiche eine gesicherte zivilrechtliche Grundlage gefunden haben, so dass etwa Telefonsexverträge nicht mehr als sittenwidrig angesehen werden (BGH JA 2008, 284 m. Anm. *Stadler*). Dass der Schutz der sexuellen Selbstbestimmung und der Jugendschutz dabei nicht über Bord gehen, bleibt zu hoffen.

Keine Aussage trifft das Gesetz darüber, ob sich eine Person für die Zukunft wirksam verpflichten kann, sexuelle Handlungen gegen Entgelt vorzunehmen. Obwohl die Gesetzesmaterialien davon sprechen, dass die Prostitution in das Dienstvertragsrecht des BGB eingeordnet werden soll, ist dies zu verneinen: Die Selbstbestimmung über die eigene Sexualität als ein Kernbereich des Persönlichkeitsrechts ist nicht in dieser Weise disponibel.

Zum ProstG: *Chr. Armbrüster*, Zivilrechtliche Folgen des Gesetzes zur Regelung der Rechtsverhältnisse der Prostituierten, NJW 2002, 2763.

4. Die Nichtigkeit

a) Begriff und Folgen der Nichtigkeit

Die Gründe, aus denen das Gesetz ein Rechtsgeschäft ausnahmsweise für nichtig erklärt, sind unterschiedlich. **Nichtigkeit bedeutet:** Die Rechtsfolgen, die von den Parteien des Geschäfts als gewollt bewirkt werden sollten, treten nicht ein. **695**

Die Nichtigkeit eines Geschäfts bedeutet aber nicht, dass das Erklärungsgeschehen gar keine Rechtswirkungen zur Folge hat. ZB können durch die Vertragsverhandlungen, auch wenn sie nur zu einem nichtigen Geschäft geführt haben, Nebenpflichten nach § 311 II iVm § 241 II entstanden sein (Rn 943 ff). Nur eben diejenigen Rechtswirkungen, die nach der Absicht der Parteien *als gewollt* eintreten sollen, treten nicht ein.

Wie erwähnt bildet die Nichtigkeit die hauptsächliche Unterart der **Unwirksamkeit** (Rn 662). Einen Wesensunterschied zwischen „Nichtigkeit" und „Unwirksamkeit" gibt es letztlich nicht. Zu beachten sind einige Sonderkonstruktionen der „Unwirksamkeit", nämlich

– die **schwebende Unwirksamkeit** (zB § 108), bei der das Geschäft zunächst unwirksam ist, aber durch weitere Ereignisse entweder voll wirksam oder aber endgültig unwirksam werden kann;
– die **relative Unwirksamkeit** (zB § 135), bei der das Geschäft nur bestimmten Personen gegenüber unwirksam, im Übrigen aber wirksam ist.

Die **wichtigsten Nichtigkeitsgründe** sind **696**

(1) die *Geschäftsunfähigkeit* des Erklärenden (§ 105 I, beachte auch § 105 II) oder des Erklärungsempfängers (§ 131 I).

In diesem Zusammenhang gehört auch die endgültige Unwirksamkeit der von einem *beschränkt Geschäftsfähigen* abgegebenen (§§ 108–113) oder empfangenen (§ 131 II) Erklärung (dazu unten Rn 712 ff);

(2) die *Willensmängel* der §§ 116 S. 2 (geheimer Vorbehalt des Erklärenden, wenn der Empfänger den Vorbehalt kennt), 117 (Scheingeschäft), 118 (Scherzerklärung);

(3) *wirksam erklärte Anfechtung* (§§ 119, 120, 123 mit §§ 121, 124, 142–144);

(4) *Formmängel* (§ 125);

(5) Verstoß gegen ein *gesetzliches Verbot* (§ 134, beachte auch §§ 135–137);

(6) Verstoß gegen die *guten Sitten* (§ 138).

Diesen allgemeinen Nichtigkeitsgründen fügt das Gesetz eine Reihe von speziellen hinzu, etwa: §§ 248 I, 311b II, IV, 449 III, 1297 II, uam.

Ein eigenständiges System der Unwirksamkeit von Rechtsgeschäften oder einzelner Teile eines Rechtsgeschäfts bietet der Abschnitt über die Allgemeinen Geschäftsbedingungen (§§ 305–310), siehe Rn 781 ff.

b) Bereicherungsrechtliche Konsequenzen

697 Ist ein **Verpflichtungsgeschäft nichtig**, so entbehren die zu seiner Erfüllung erbrachten Leistungen des „rechtlichen Grundes". Die Parteien haben gemäß § 812 I 1, 1. Alt. (Leistungskondiktion) das rechtsgrundlos erlangte Etwas herauszugeben, also die empfangenen Leistungen einander wieder zurückzuerstatten. Den Inhalt des Bereicherungsanspruchs in solchen Fällen betreffend ist genau zu klären, welches Rechtsgeschäft vom Nichtigkeitsgrund betroffen ist. Die Frage ist von großer Bedeutung, wenn das Verpflichtungsgeschäft durch **Verfügungen** erfüllt worden ist.

Auszugehen ist vom **Abstraktionsprinzip**: Ist das Verpflichtungsgeschäft nichtig, so ist nicht allein deshalb schon das zu seiner Erfüllung getätigte Verfügungsgeschäft unwirksam. Es wird also häufig so sein, dass trotz der Nichtigkeit des Verpflichtungsgeschäfts die Verfügung wirksam ist. Dann umfasst der Bereicherungsanspruch auch den Anspruch auf Rückgängigmachung der Verfügung.

Beispiel: Bei Abschluss eines Kaufvertrages über Möbel hat sich der Verkäufer beim Einsetzen des Kaufpreises in das Vertragsangebot verschrieben und die Möbel zu einem nicht gewollt niedrigen Preis angeboten. Die Möbel werden vier Wochen später geliefert und bezahlt. Nach Entdeckung des Irrtums ficht der Verkäufer den Kaufvertrag nach § 119 I Alt. 2 an. Damit ist der Kaufvertrag rückwirkend vernichtet (§ 142 I), nicht aber die Übereignung der Möbel an den Käufer, weil sich das Versehen bei der Preisangabe ja nicht auf den Erklärungsinhalt dieses Geschäfts (Eigentumsübergang an den Möbeln, § 929) bezog. Die Übereignung der Möbel bleibt also auch nach Anfechtung des Kaufvertrags wirksam. Übergabe und Übereignung der Möbel erfolgten indes ohne rechtlichen Grund; also hat der Käufer dem Verkäufer nach § 812 I 1 Alt. 1, die Möbel zurückzugeben *und* zu übereignen.

698 Es kommt aber auch vor, dass nicht nur das Verpflichtungsgeschäft, sondern **auch das Verfügungsgeschäft** von der Nichtigkeit betroffen wird.

Beispiel: Ein Geschäftsunfähiger verkauft und übereignet eine Sache. Beide Geschäfte – Kauf und Übereignung – sind nach § 105 I nichtig. In diesem Zusammenhang ist zu beachten: Schließt jemand auf Grund einer **arglistigen Täuschung oder einer widerrechtlichen Drohung** ein Verpflichtungsgeschäft ab und wird es unter dem Einfluss der Täuschung oder Drohung durch eine Verfügung erfüllt, so treffen die Voraussetzungen des § 123 auch auf die Verfügung zu. Es kann also auch das Verfügungsgeschäft angefochten werden. Desgleichen ist im Falle des **Wuchers** (§ 138 II) nicht nur das Verpflichtungsgeschäft nichtig, sondern auch die Verfügung des Bewucherten (arg. „sich ... gewähren lässt", BGH NJW 1994, 1275).

699 **Ist auch das Verfügungsgeschäft nichtig**, so geht der Kondiktionsanspruch nicht auf Rückgängigmachung der Verfügung, sondern lediglich auf Rückgewähr dessen, was der Empfänger faktisch erhalten hat. Hat zB ein Kunsthändler unter Ausnutzung der Unerfahrenheit eines Erben diesen veranlasst, ein wertvolles Bild aus dem Nachlass weit unter Preis zu verkaufen und zu übereignen, so sind sowohl Kauf als auch

Übereignung nach § 138 II nichtig. Der Erbe ist also Eigentümer des Bildes geblieben, der Kondiktionsanspruch richtet sich lediglich auf Herausgabe (Verschaffung des Besitzes). Der Anspruch auf Herausgabe ergibt sich in diesem Fall außerdem aus § 985.

Verstößt die **Annahme einer Leistung** im Hinblick auf den Leistungszweck **gegen ein gesetzliches Verbot oder die guten Sitten**, so ist die Rückgabepflicht in § 817 S. 1 speziell geregelt. § 817 S. 2 macht freilich eine bemerkenswerte Ausnahme: Die Rückforderung des Geleisteten ist ausgeschlossen, wenn *auch dem Leistenden* ein Gesetzes- oder Sittenverstoß vorzuwerfen ist.

c) Bestätigung des Geschäfts und Heilung der Nichtigkeit

Die Parteien können nach dem Wegfall des Nichtigkeitsgrundes das Geschäft **erneut vornehmen**; die Wirkungen des Geschäfts treten dann aber erst mit der Neuvornahme ein; die Neuvornahme wirkt grds nicht auf den Zeitpunkt des nichtigen Geschäftsabschlusses zurück. Freilich steht es den Parteien bei der Neuvornahme von Verpflichtungsgeschäften frei, zu vereinbaren, dass sie so verpflichtet sein wollen, als ob der nichtige Geschäftsabschluss gültig gewesen wäre; eine „Bestätigung" hat im Zweifel diese Wirkung (§ 141 II). **700**

Auch wenn das Rechtsgeschäft nach Wegfall des Nichtigkeitsgrundes von den Parteien „**bestätigt**" wird, ist dies als erneute Vornahme zu beurteilen (§ 141 I). Das bedeutet nicht, dass in der Bestätigung noch einmal die einzelnen früheren Abreden wiederholt werden müssten; es genügt, wenn die Parteien sich einig erklären, das frühere, seinerzeit an einem Unwirksamkeitsgrund leidende Geschäft als gültig behandeln zu wollen (BGH NJW 1999, 3704, 3705).

Das hat Bedeutung für formbedürftige Geschäfte. Ist ein formbedürftiges und formgerecht abgeschlossenes Geschäft aus irgendeinem Grund unwirksam, so bedarf auch die Bestätigung dessen der vorgeschrieben Form. Die Bestätigung muss aber nicht noch einmal den gesamten Vertragstext enthalten, sondern kann auf die frühere Vereinbarung Bezug nehmen (BGH NJW 1999, 3704, 3705).

In bestimmten Fällen ordnet das Gesetz an, dass ein nichtiges Geschäft durch weitere Akte gültig wird (zB § 311b I 2; **Heilung der Nichtigkeit**). Die Heilung wirkt von dem Augenblick an, in dem ihre Voraussetzungen vorliegen; sie entfaltet also grundsätzlich keine Rückwirkung (BGHZ 82, 406; str.).

d) Teilnichtigkeit

Die Nichtigkeit ist eine radikale Maßnahme. Oft entsteht die Frage, ob das Geschäft nicht trotz des Bestehens eines Nichtigkeitsgrundes wenigstens teilweise aufrechterhalten werden kann. Wenn der Nichtigkeitsgrund nur einen Teil des Geschäfts betrifft, kann es im Interesse der Beteiligten liegen, dass wenigstens der übrige Teil gültig bleibt (Teilnichtigkeit). Das gleiche gilt, wenn ein Geschäft durch Anfechtung nichtig geworden ist (§ 142 I). **701**

Die **Grundregel des § 139** bestimmt: Es ist das ganze Rechtsgeschäft nichtig, wenn nicht anzunehmen ist, dass es auch ohne den nichtigen Teil vorgenommen worden wäre. Dem Gesetzestext nach soll die Nichtigkeit des ganzen Geschäfts die Regel bilden. Die Aufrechterhaltung des Geschäfts unter Wegfall des nichtigen Teils setzt voraus,

(1) dass sich der nichtige Teil überhaupt sinnvoll vom Geschäft ablösen lässt; anders formuliert: dass der bei Abzug des nichtigen Teils verbleibende „Rest" als Geschäft sinnvoll ist, *und*

(2) dass die Parteien das Geschäft auch ohne den nichtigen Teil vorgenommen hätten.

702 **Zu (1):** Eine Teilgültigkeit kommt nur in Betracht, wenn der nach Abzug der vom Nichtigkeitsgrund betroffenen Teile verbleibende Geschäftsinhalt „für sich genommen als gültiges Rechtsgeschäft bestehen könnte" (*Flume*, AT II, § 32, 2c). Am einfachsten sind die Fälle, in denen sich ein Vertrag auf mehrere, beliebig voneinander trennbare Geschäftsgegenstände bezieht. Werden zwei Grundstücke in einem einheitlichen Kaufvertrag verkauft, und ist der Vertrag hinsichtlich eines Grundstücks nichtig, so kann er hinsichtlich des anderen Grundstücks gültig sein. Wird eine aus zahlreichen Sachen bestehende Büroeinrichtung verkauft, und ist der Vertrag hinsichtlich einiger Einzelstücke nichtig, so kann er hinsichtlich der übrigen Stücke aufrechterhalten werden. Eine Teilbarkeit des Vertrages ist auch dann gegeben, wenn der Nichtigkeitsgrund nicht die Hauptverpflichtungen, sondern Nebenabreden betrifft; erfolgt zB der Verkauf einer Ware unter dem Ausschluss jeglicher Gewährleistung für Sachmängel, so kann die Gewährleistungsregelung nichtig, der Kauf im Übrigen aber gültig sein.

703 Beziehen sich geschäftliche Vorgänge zwischen denselben Parteien auf *mehrere Geschäftsgegenstände*, so kann § 139 nur dann angewendet werden, wenn nach dem Willen der Parteien eine Geschäftseinheit vorliegt. Liegen mehrere selbstständige Geschäfte vor, so berührt die Nichtigkeit des einen Geschäfts die Gültigkeit des anderen auch dann nicht, wenn die Geschäfte gleichzeitig oder im gleichen wirtschaftlichen Zusammenhang vorgenommen sind. Oft ist nicht leicht zu entscheiden, ob die Parteien ein oder mehrere Geschäfte tätigen wollten. Die äußerliche Einheitlichkeit des Abschlusstatbestandes (zB Zusammenfassung in ein und demselben Schriftstück) bildet ein Indiz für die Geschäftseinheit; auf der anderen Seite liegt bei äußerer Trennung der Abschlusstatbestände dann eine Geschäftseinheit vor, wenn die getroffenen Regelungen nur miteinander als sinnvolle Regelung zu bestehen vermögen.

704 **Zu (2):** Ist der vom Nichtigkeitsgrund betroffene Teil vom übrigen Geschäftsinhalt sinnvoll ablösbar, so bleibt das Restgeschäft gültig, wenn anzunehmen ist, dass die Parteien das Geschäft auch ohne den nichtigen Teil vorgenommen hätten. Die Regel des § 139 kommt freilich nicht zum Zug, wenn die Parteien im Rechtsgeschäft selbst bestimmt haben, was sie für den Fall einer Teilnichtigkeit wollen. Erklärt auch nur ein Teil bei Geschäftsabschluss, dass er bei Nichtigkeit eines Teils des Rechtsgeschäfts die Hinfälligkeit des Ganzen wünsche, ist Gesamtnichtigkeit anzunehmen, ohne dass es einer Anwendung des § 139 bedürfte. Bei der Anwendung des § 139 kommt es – ähnlich wie bei der ergänzenden Vertragsauslegung – auf den **hypothetischen Willen** der Parteien an. Es handelt sich somit um einen Fall der richterlichen Vertragsgestaltung, bei der nicht nach dem Willen der Parteien als psychischer Tatsache geforscht, sondern nach Wertung der Interessenlage („vernünftiger" Wille, siehe

Rn 590) entschieden wird. Die Formel vom „hypothetischen Parteiwillen" hat dabei insofern eine Berechtigung, als sie den Richter dazu ermahnt, seine Entscheidung von der individuellen Interessenlage *dieser* Parteien, insbesondere vom Geschäftszweck her zu treffen. Regelmäßig geht es darum, ob bei Aufrechterhaltung des vom Nichtigkeitsgrund nicht betroffenen Geschäftsteils der von den Parteien verfolgte Geschäftszweck in gerechtem Interessenausgleich erreicht werden kann.

Beispiel: Jemand kauft im Rahmen eines einheitlichen Kaufvertrages mehrere Grundstücke, die für ihn als Industriegelände von Interesse sind. Dann kann die Nichtigkeit des Kaufs hinsichtlich eines Grundstücks den Geschäftszweck des ganzen Geschäfts vereiteln; der Kaufvertrag ist in diesem Fall insgesamt nichtig.

In der Vertragspraxis der Anwälte und Notare wird die Frage, was im Falle der Unwirksamkeit **705** einiger Vertragsklauseln oder eines Vertragsteils gelten soll, häufig mit Hilfe einer **„salvatorischen Klausel"** gelöst. Es wird zB im Vertragstext festgelegt: „Sollten sich einzelne Bestimmungen des Vertrags als ungültig erweisen, wird dadurch die Gültigkeit des Vertrags im Übrigen nicht berührt". Nicht selten wird auch bestimmt, dass eine eventuell ungültige Bestimmung so weit wie möglich durch eine gültige, dem Zweck des Vertrages entsprechende Regelung ersetzt werden soll. Der so verlautbarte Parteiwille geht der Regel des § 139 vor (BGH NJW 1996, 773, 774). Doch kann trotz einer salvatorischen Klausel die Nichtigkeit eines Vertragsteils den ganzen Vertrag erfassen, wenn dieser ohne den ungültigen Teil seinen Sinn verliert oder für einen Vertragspartner unzumutbar wird.

Eine **gesetzliche Abweichung** von der Regel des § 139 enthält § 306. Wenn **Allgemeine Geschäftsbedingungen**, die ein Vertragspartner dem anderen gestellt hat, nicht Vertragsbestandteil geworden oder unwirksam sind, so bleibt der Vertrag im Übrigen wirksam (§ 306 I). Die Unwirksamkeit des gesamten Vertrags tritt nur dann ein, wenn das Festhalten am Vertrag für eine Vertragspartei eine unzumutbare Härte darstellen würde (§ 306 III). Das Bestreben des Gesetzes, die Geltung teilunwirksamer Verträge möglichst zu erhalten, dient hier dem Schutz des anderen Vertragspartners, der oft an der vertragsmäßigen Leistung interessiert ist und dem mit der Unwirksamkeit des gesamten Vertrages nicht gedient wäre.

Zur Teilnichtigkeit: *R. Zimmermann*, Richterliches Moderationsrecht oder Totalnichtigkeit? Die rechtliche Behandlung anstößig-übermächtiger Verträge, 1979; *K.G. Deubner*, Von verfehlter und richtiger Anwendung des § 139 BGB, JuS 1996, 106.

e) Einschränkung der Nichtigkeitsfolgen

aa) Statt Nichtigkeit: Auflösung ex nunc. Die Nichtigkeit als völlige Verneinung **706**
der von den Parteien erstrebten Rechtsfolgen erscheint in vielen Fällen als zu radikale Rechtsfigur. Vor allem dann, wenn nichtige Rechtsgeschäfte ganz oder zum Teil durchgeführt sind und zum Entstehen von Verhältnissen geführt haben, die faktisch nicht mehr rückwirkend zu beseitigen sind, würde eine konsequente Rückabwicklung häufig zu unvertretbaren Ergebnissen führen. Das Gesetz kennt daher für gewisse Bereiche an Stelle der Nichtigkeit die *Auflösung* des rechtsgeschäftlich begründeten Verhältnisses *mit Wirkung für die Zukunft*. Eindrucksvolle Beispiele für diesen Rechtsgedanken bietet das Eheschließungsrecht: Selbst Verstöße gegen fundamentale Eheverbote wie das der Doppelehe oder der Eheschließung unter nahen Verwandten (§§ 1306, 1307) haben keine Nichtigkeit der Ehe zur Folge, sondern nur deren Aufhebbarkeit (§ 1314 I) mit Wirkung ex nunc.

707 Solche Regelungen lassen sich auf andere rechtsgeschäftlich begründete Verhältnisse übertragen. Wird zB ein Arbeitsvertrag angefochten, nachdem die Arbeit bereits angetreten wurde, so wirkt die Anfechtung nur für die Zukunft; soweit die Arbeitsleistung schon erbracht ist, bleibt die vertragliche Grundlage bestehen (vgl BAG JA 1984, 168; BGH NJW 2000, 2983; zur Problematik *E. Picker*, ZFA 1981, 1 ff). Das gleiche Ergebnis erzielt man für Arbeitsverträge, die von vornherein von einem Nichtigkeitsgrund betroffen sind. Man setzt hier die **Lehre von den faktischen Vertragsverhältnissen** (Rn 487) ein, um ein existentes Vertragsverhältnis annehmen zu können, soweit die Arbeitsleistung schon erbracht wurde. Ähnliches gilt im Gesellschaftsrecht: Ist eine Gesellschaft auf Grund eines nichtigen Gesellschaftsvertrages (§ 705) in Vollzug gesetzt worden, so soll eine spätere Feststellung der Vertragsnichtigkeit keine rückwirkende Kraft haben; es soll für die Vergangenheit der „tatsächlich geschaffene Zustand" rechtlich anerkannt werden (grundlegend BGHZ 3, 285). Auch in solchen Fällen haben wir es mit einer teilweisen Aufrechterhaltung nichtiger Geschäfte (nämlich mit Wirkung für die Vergangenheit) zu tun. Streitig ist, ob die für Arbeits- und Gesellschaftsverhältnisse entwickelten Grundsätze auch für andere Rechtsbeziehungen fruchtbar gemacht werden können.

Literatur: Die erwünschte Differenzierung der Nichtigkeitswirkungen bildet ein schwieriges Problem sowohl der Interessenwertung als auch der rechtsdogmatischen Konstruktion; grundlegend: *H.-M. Pawlowski*, Rechtsgeschäftliche Folgen nichtiger Willenserklärungen, 1966; *H. Hübner*, Zum Abbau von Nichtigkeitsvorschriften, Festschrift für Wieacker, 1978, 399; *U. Hübner*, Personale Relativierung der Unwirksamkeit von Rechtsgeschäften nach dem Schutzzweck der Norm, Festschrift für H. Hübner, 1984, 487; *R. Damm*, Kontrolle der Vertragsgerechtigkeit durch Rechtsfolgenbestimmung?, JZ 1986, 913; *K. Schmidt*, Ergänzende Vertragsauslegung statt Unwirksamkeit einer gesellschaftsvertraglichen Abfindungsklausel, JuS 1994, 257; *Chr. Krampe*, Aufrechterhaltung von Verträgen und Vertragsklauseln, AcP 194, 1; *A. Cahn*, Zum Begriff der Nichtigkeit im Bürgerlichen Recht, JZ 1997, 8.

Siehe ferner die Literatur zu den „faktischen Vertragsverhältnissen", deren Einbeziehung in die Nichtigkeitsproblematik eine ganz andere Funktion als die in Rn 487, 488 geschilderte hat.

708   **bb)   Geltungserhaltende Reduktion?**   Wenn ein Geschäft aus materiellen Gründen, insbesondere wegen Verstoßes gegen die guten Sitten nichtig ist, so ergibt sich die Frage, ob man seine Gültigkeit dadurch retten kann, dass nach § 139 das Geschäft mit demjenigen Inhalt aufrechterhalten wird, der gerade noch zulässig gewesen wäre (Problem der „geltungserhaltenden Reduktion").

Beispiel: Ein Gastwirt schließt mit einer Brauerei einen Bierbezugsvertrag, der für die Dauer von 20 Jahren eine exklusive Bierbezugsverpflichtung von dieser Brauerei vorsieht. Das Gericht hält den Vertrag unter dem Gesichtspunkt der Knebelung (Rn 675) nach § 138 I für sittenwidrig, hätte aber nach den konkreten Umständen eine Bindung für 18 Jahre gerade noch für tolerabel gehalten. Kann § 139 in der Weise angewendet werden, dass der nach § 138 I nichtige Vertrag mit geminderter Bindungsdauer aufrechterhalten wird?

Eine derartige geltungserhaltende Reduktion ist nicht die Aufgabe des § 139. Sie würde dazu verleiten, bewusst missbilligte Geschäfte anzustreben in der Hoffnung, im Konfliktfall würden die Gerichte den allenfalls zulässigen Inhalt herausfiltern und gelten lassen (siehe zur gleichen Problematik bei den AGB Rn 807). Es geht hier nicht um Teilnichtigkeit, sondern um die Missbilligung des Geschäfts als ganzem, so wie es abgeschlossen ist; eine ganz andere, von § 139 nicht berührte Frage ist, ob das Geschäft mit *anderem Inhalt* gültig gewesen wäre. Auch die Rechtsprechung teilt diesen Ansatz (vgl BGH NJW 1997, 3089). Auch für § 140 hat der BGH zutreffend entschieden, dass ein wegen sittenwidriger Übervorteilung nichtiges Rechtsgeschäft grundsätzlich nicht in der Weise umgedeutet werden kann, dass die Leistungsverpflichtung des Übervorteilten auf ein erträgliches Maß gesenkt wird (BGHZ 68, 204).

Eine Ausnahme macht die Rspr dann, wenn es bei der Beurteilung eines Geschäfts als sittenwidrig ausschließlich um ein quantitatives Element (zB zulässige Zeitdauer) geht. Daher soll im oben genannten Beispiel ein Bierbezugsvertrag, dessen Sittenwidrigkeit sich allein aus der überlangen Dauerbindung ergibt, mit einer zulässigen Höchstdauer nach § 139 aufrechtzuerhalten sein (BGH NJW 1972, 1459; für andere Verträge: BGH NJW 1991, 699; NJW-RR 1996, 741, 742). Das überzeugt schon deshalb nicht, weil bei einer Wertung im Rahmen des § 138 I schwerlich die Zeitdauer völlig isoliert betrachtet werden kann.

f) Die Umdeutung des Rechtsgeschäfts (§ 140)

▶ Falltraining 2, Teil 1 Fall 8   709

Zur Sachproblematik der Teilnichtigkeit gehört auch die in § 140 eröffnete Möglichkeit der Umdeutung (Konversion) des nichtigen Rechtsgeschäfts in ein anderes, für das der Nichtigkeitsgrund nicht gilt. Es soll das „andere" Geschäft gelten, wenn anzunehmen ist, dass die Parteien dessen Geltung bei Kenntnis der Nichtigkeit gewollt hätten. Bei § 140 ist nicht die Teilbarkeit des Geschäfts in einen nichtigen und einen gültigen Teil vorausgesetzt. Vielmehr wird davon ausgegangen, dass der **Geschäftszweck des nichtigen Geschäfts auch durch einen anderen Geschäftstyp**, bei dem der Nichtigkeitsgrund nicht zum Zuge kommt, wenigstens annähernd oder teilweise erreicht werden kann. So kann eine fristlose Kündigung, die unwirksam ist, in eine ordentliche Kündigung umgedeutet werden, wenn anzunehmen ist, dass der Kündigende, wenn er schon die fristlose Kündigung nicht erreichen kann, die Auflösung des Rechtsverhältnisses zum nächstmöglichen Termin wünscht (BAG NJW 2002, 2972; zu den Grenzen BGH NJW 1998, 1551; NJW-RR 2000, 987, 988). Eine unwirksame Übereignung kann in eine Nießbrauchsbestellung umgedeutet werden, wenn auf diese Weise der Geschäftszweck wenigstens teilweise erreicht werden kann. Entscheidend kommt es auch hier auf den **hypothetischen Parteiwillen** an (BGHZ 19, 269). Voraussetzung ist, dass die Umdeutung vom Geschäftszweck und der Interessenlage *dieser* Parteien her gesehen einen Sinn ergibt.

Zur Umdeutung: *Chr. Krampe*, Die Konversion des Rechtsgeschäfts, 1980; *ders.*, AcP 194, 1; *M. Mühlhans*, NJW 1994, 1049.

Kapitel 8
Fehlende und beschränkte Geschäftsfähigkeit

▶ Falltraining 1, Fälle 47–52; Falltraining 2, Teil 1 Fall 6

1. Übersicht

710 Nach dem Maßstab des § 104 **Geschäftsunfähige** – also insbesondere Kinder unter sieben Jahren, § 104 Nr 1, – sind nicht in der Lage, in eigener Person eine Willenserklärung wirksam abzugeben (§ 105 I) oder zu empfangen (§ 131 I). Etwas anderes gilt nach § 105a ausnahmsweise für geschäftsunfähige Volljährige, § 104 Nr 2, die Geschäfte des täglichen Lebens mit geringfügigen Mitteln bewirken.

Demgegenüber kommt den **beschränkt Geschäftsfähigen** eine eigentümliche Zwischenstellung zwischen gänzlicher Geschäftsunfähigkeit und voller Geschäftsfähigkeit zu. Sie sind rechtsgeschäftlich handlungsfähig, freilich unter Voraussetzungen und Einschränkungen. Beschränkt geschäftsfähig ist der Minderjährige, der das siebente Lebensjahr vollendet hat (§ 106), mithin die jugendliche Person zwischen dem vollendeten 7. und dem vollendeten 18. Lebensjahr. Die Stellung des beschränkt Geschäftsfähigen im rechtsgeschäftlichen Verkehr ist in §§ 107–113 ausgeformt, wichtig sind ferner § 131 II (Zugang von Erklärungen) und § 165 (Stellvertretung).

Die §§ 108 bis 113 sowie § 131 II sind auch auf **volljährige** Personen anwendbar, die unter Betreuung stehen und für die außerdem ein **Einwilligungsvorbehalt** angeordnet ist, § 1903 (Rn 140).

711 Zum Verständnis dieser Vorschriften ist vorauszuschicken: Der beschränkt Geschäftsfähige unterliegt gleich dem Geschäftsunfähigen zu seinem Wohl der Leitung durch andere Personen. Zweck dieser „Fremdbestimmung" ist der Schutz vor sinnlosen, riskanten oder nachteiligen Rechtsgeschäften. Bei Minderjährigen bestehen die Leitungsbefugnisse darüber hinaus im Hinblick auf das Erziehungsverhältnis, in dem der noch nicht zur Reife gelangte Jugendliche steht. Durch die Einrichtung der **gesetzlichen Vertretung** werden die Leitungsbefugnisse des Erziehungsberechtigten im Bereich der Rechtsgeschäfte sichergestellt.

Gesetzliche Vertreter einer minderjährigen Person sind im Regelfall die Eltern gemeinschaftlich (§ 1629 I 2), soweit sie gemeinsam sorgeberechtigt sind, § 1626a, unter besonderen Voraussetzungen ein Elternteil allein (§ 1629 I 3) oder ein Vormund (§§ 1773, 1793) oder Pfleger (§ 1909). Die gesetzliche Vertretung ermächtigt zur Abgabe und zum Empfang von Willenserklärungen im Namen und mit Wirkung (§ 164 I) für und gegen den Minderjährigen. Die gesetzliche Vertretungsmacht der Eltern ist umfassend, aber für bestimmte Fälle ausgeschlossen (zB: § 1629 II/§ 1795; § 2229 I und II, § 2064) oder beschränkt (insbesondere §§ 1643, 1812, 1821, 1822). Zu den Grenzen der gesetzlichen Vertretungsmacht siehe grundsätzlich Rn 141 ff.

Weil aber der beschränkt geschäftsfähige Minderjährige daneben auch selbst im Stande sein soll, Rechtsgeschäfte abzuschließen, so entsteht das Problem, wie diese eigene Handlungsfähigkeit mit den Befugnissen des gesetzlichen Vertreters in Einklang zu bringen ist.

2. Rechtsgeschäfte beschränkt Geschäftsfähiger

a) Grundsätze (§ 107, § 131 II)

Das BGB bindet das rechtsgeschäftliche Handeln eines beschränkt Geschäftsfähigen **712** grundsätzlich an die Zustimmung des gesetzlichen Vertreters. Zur **Abgabe einer Willenserklärung**, bedarf der Minderjährige der Einwilligung, dh der vorher erteilten Zustimmung (§ 183 S. 1), des gesetzlichen Vertreters. Etwas anderes gilt nur, wenn der beschränkt Geschäftsfähige durch die Willenserklärung lediglich einen rechtlichen Vorteil erlangt (§ 107). Entsprechendes gilt für den **Empfang** von Willenserklärungen: Erklärungen, die dem beschränkt Geschäftsfähigen gegenüber abzugeben sind, werden nicht wirksam, bevor sie dem gesetzlichen Vertreter zugehen (§ 131 II 1, I); der Zugang beim beschränkt Geschäftsfähigen selbst genügt nur, wenn die Erklärung ihm lediglich einen rechtlichen Vorteil bringt oder wenn der gesetzliche Vertreter seine Einwilligung erteilt hat (§ 131 II 2).

Die Einwilligung des gesetzlichen Vertreters ist eine Art Gegenstück zur Vollmacht: Der beschränkt Geschäftsfähige erhält die Befugnis, wirksam Erklärungen abzugeben oder entgegenzunehmen, hier allerdings nicht im fremden, sondern im eigenen Namen. Die Regelungsprobleme der §§ 107 ff ähneln den in §§ 164 ff bewältigten Fragen (vgl § 108 I, II mit § 177; § 111 S. 2 und 3 mit § 174!). Bei der Ausgestaltung im Einzelnen hat die gesetzliche Regelung insbesondere folgende Interessen berücksichtigt: den Schutz des beschränkt Geschäftsfähigen vor sinnlosen, riskanten und nachteiligen Geschäften; die Festigung des elterlichen bzw vormundschaftlichen Sorgerechts; schließlich den Wunsch von Geschäftspartnern nach Klarheit der Rechtslage.

b) Geschäfte, die lediglich einen rechtlichen Vorteil bringen

Gibt ein beschränkt Geschäftsfähiger im eigenen Namen eine Erklärung ab, so fragt **713** es sich zunächst, ob die Erklärung der Einwilligung des gesetzlichen Vertreters bedarf. **Nicht einwilligungsbedürftig** ist eine Erklärung, durch die der beschränkt Geschäftsfähige **lediglich einen rechtlichen Vorteil** erlangt. Es kommt also darauf an, ob das Rechtsgeschäft, das der beschränkt Geschäftsfähige mit seiner Erklärung ansteuert, ihm lediglich rechtliche Vorteile oder (auch) rechtliche Nachteile verschafft.

Der Begriff „rechtlicher Vorteil" verdeutlicht, dass *nicht* eine *wirtschaftliche Betrachtungsweise* maßgebend ist. Es kommt nicht darauf an, ob das Geschäft für den beschränkt Geschäftsfähigen finanziell gesehen günstig oder ungünstig ist. Die wirtschaftliche Bewertung, deren Kriterien sehr unsicher wären, würde den Minderjährigenschutz erheblich verringern. So kann der Ankauf eines gebrauchten Sportwagens objektiv betrachtet ein günstiges Geschäft sein; zugleich kann aber das Geschäft gerade für den beschränkt geschäftsfähigen Käufer nach dem Stand seiner Entwicklung und seiner Verhältnisse sinnlos, schädlich oder riskant sein. Es besteht ein Bedürfnis für eine Leitungsbefugnis des gesetzlichen Vertreters auch bei wirtschaftlich günstigen Geschäften. Nach § 107 bedarf die Kauferklärung deshalb stets der Einwilligung, weil sich der Käufer im Vertrag zur Zahlung des Preises verpflichtet, mithin einen rechtlichen Nachteil auf sich nimmt.

Grundsätzlich gilt: **Einwilligungsbedürftig** sind Geschäfte, durch die auf Seiten des beschränkt Geschäftsfähigen eine Verpflichtung begründet oder ein Recht veräußert, belastet oder vermindert wird. **Nicht einwilligungsbedürftig** sind Geschäfte, deren Rechtswirkungen sich darin erschöpfen, dass der beschränkt Geschäftsfähige ein Recht erwirbt – sei es durch ein Verpflichtungsgeschäft (zB Schenkungsversprechen an einen Minderjährigen), sei es durch Verfügungsgeschäft (zB ein Minderjähriger erwirbt gem. § 929 S. 1 Eigentum).

714 Die Handhabung dieser Regel stößt indes auf **Schwierigkeiten**. Zahlreiche Rechtsgeschäfte bieten dem einen Partner zwar *in der Hauptsache* lediglich einen rechtlichen Vorteil; *daneben oder in der Folge* können für den Begünstigten jedoch auch Verpflichtungen entstehen. So begünstigt die Schenkung hauptsächlich den Beschenkten: es wird ihm etwas zugewendet oder er erhält einen Leistungsanspruch, ohne zur Gegenleistung verpflichtet zu sein. Gleichwohl kann die Verpflichtung des Beschenkten entstehen, das Geschenk zurückzugeben (§§ 528, 530, 531). Dennoch sieht man die Erklärung, mit welcher der Minderjährige ein Schenkungsversprechen annimmt, nicht als einwilligungsbedürftig an. Etwas anderes soll gelten, wenn die Schenkung mit einer Auflage verbunden wird, weil dann die Verpflichtung des Beschenkten zum Vollzug der Auflage entsteht (§ 525 I). Was für die Schenkung gilt, ist nicht generell für andere unentgeltliche Geschäfte maßgebend. So wird angenommen, dass ein beschränkt Geschäftsfähiger auch für einen Leihvertrag, den er als Entleiher schließt, der Einwilligung bedarf, weil ihn Sorgfaltspflichten und die Pflicht zur Rückgabe (§ 604 I) treffen; erst recht gilt dies für die Aufnahme eines Darlehens (§ 488 I 2), auch wenn es zinslos gewährt wird.

715 Probleme gibt es auch bei **Erwerbsgeschäften**. Eine Verfügung, kraft welcher der beschränkt Geschäftsfähige das Eigentum oder ein anderes Recht erlangt, verschafft ihm – betrachtet man die Verfügungswirkungen isoliert – lediglich einen rechtlichen Vorteil. Es kann aber sein, dass für den Erwerber in der Folge Verpflichtungen entstehen, zB bei Eigentumserwerb an einem Grundstück die Verpflichtung zur Zahlung von Steuern und Anliegerbeiträgen. Gleichwohl verneint man überwiegend die Einwilligungsbedürftigkeit der Auflassung (§ 925 I 1) an den Minderjährigen mit der Begründung, die öffentlich-rechtlichen Verpflichtungen seien keine *rechtsgeschäftlichen* Folgen und damit keine Folgen aus der Willenserklärung des beschränkt Geschäftsfähigen (mit anderer Begründung BGH FamRZ 2005, 359). Die Auflassung (genauer: die von dem Minderjährigen auf der Erwerberseite abgegebene Auflassungserklärung) soll auch dann nicht einwilligungsbedürftig sein, wenn das Grundstück mit Grundpfandrechten oder einem Nießbrauch belastet ist, weil der Grundstückserwerber durch diese Rechte nicht persönlich verpflichtet wird (einschränkend BGH FamRZ 2005, 359). Zuletzt hat der BGH (JA 2011, 466 m Anm *Stadler*) allerdings den schenkweisen Erwerb einer Eigentumswohnung als nicht lediglich rechtlich vorteilhaft angesehen, weil der Minderjährige dadurch Mitglied der Wohnungseigentümergemeinschaft wird und ihm daraus *persönliche Verpflichtungen* entstehen können.

716 Eine zufriedenstellende Regel, mit deren Hilfe man die im Rahmen des § 107 zu berücksichtigenden Nachteile von den zu vernachlässigenden unterscheiden könnte, ist

uE noch nicht gefunden. Die nahe liegende Annahme, es komme nur auf diejenigen Wirkungen an, die eintreten, weil sie von den Parteien gewollt sind, erweist sich bei näherem Zusehen als unbrauchbar. Die hM behilft sich mit vagen Unterscheidungskriterien. So soll es zB auf die *unmittelbaren* Rechtswirkungen ankommen, die das betreffende Rechtsgeschäft als solches hat. Der Einsatz des Unterscheidungspaares „mittelbar – unmittelbar" deutet hier wie sonst einen Mangel an dogmatischer Problembewältigung an.

Streitig ist die Einwilligungsbedürftigkeit auch in Fällen wie diesem: Ein Minderjähriger hat eine Geldforderung; der Verpflichtete begleicht die Schuld durch Bezahlung an den Minderjährigen (**Erfüllung**). Die Barzahlung stellt sich rechtlich als Übereignung nach § 929 S. 1 dar; die Einigungserklärung im Rahmen dieses Verfügungsgeschäfts bringt dem Minderjährigen für sich gesehen lediglich einen rechtlichen Vorteil, nämlich den Eigentumserwerb am Geld. Gleichzeitig aber würde die Zahlung das Erlöschen der Forderung, also einen Rechtsverlust bewirken, § 362 I. Die hM nimmt an, dass die Übereignung des Geldes auch ohne Einwilligung des gesetzlichen Vertreters wirksam ist, dass aber die **Erfüllungswirkung nicht eintritt**; der Minderjährige erwirbt danach also das Eigentum am Geld, behält aber gleichzeitig seine Forderung.

Zum Problem: *M. Harder*, JuS 1977, 149; 1978, 84.

Nicht der Einwilligung bedürfen ferner **neutrale Willenserklärungen**, aus denen der **717** beschränkt Geschäftsfähige selbst nicht verpflichtet wird und durch die er auch sonst keine Rechtsnachteile erleidet, wenn auch keine Vorteile erhält. Hauptfall ist das Handeln eines beschränkt Geschäftsfähigen als Stellvertreter eines anderen (§ 165). Auch zu anderen für den eigenen Rechtskreis neutralen Rechtsgeschäften bedarf der beschränkt Geschäftsfähige nicht der Einwilligung des gesetzlichen Vertreters (zB Verfügung als Nichtberechtigter nach § 185 I); dieses Ergebnis wird aus einer Reduktion des Anwendungsbereichs des § 107 im Lichte seines Normzwecks, des Minderjährigenschutzes, erzielt.

Literatur: *D. Coester-Waltjen*, Nichtzustimmungsbedürftige Rechtsgeschäfte beschränkt geschäftsfähiger Minderjähriger, Jura 1994, 668.

c) Handeln mit Einwilligung des gesetzlichen Vertreters

Nimmt ein beschränkt Geschäftsfähiger ein (nach dem Maßstab des § 107 einwilli- **718** gungsbedüftiges) Rechtsgeschäft **mit Einwilligung** des gesetzlichen Vertreters vor, so ergeben sich üblicherweise keine Probleme: Das Geschäft ist für den beschränkt Geschäftsfähigen wirksam. Anders freilich, wenn der gesetzliche Vertreter zur Vornahme des Geschäfts ausnahmsweise der Genehmigung des Gerichts gem. §§ 1643, 1821, 1822, 1812 III oder eines Gegenvormunds gem. § 1812 I, II bedarf; diese Genehmigung muss dann zusätzlich erteilt sein. Der einwilligende gesetzliche Vertreter selbst wird aus dem Geschäft weder berechtigt noch verpflichtet.

Beachte: Auch bei Geschäften, die der Minderjährige mit Zustimmung seiner gesetzlichen Vertreter wirksam geschlossen hat, ist seine Haftung gemäß § 1629a I 1 BGB auf das bei Eintritt seiner Volljährigkeit vorhandene Vermögen beschränkt (dazu Rn 169). Das gilt selbst dann, wenn das Geschäft vom Gericht genehmigt worden ist (siehe § 1629a I 1 HS 2 und 3).

Die **Einwilligung** stellt eine empfangsbedürftige Willenserklärung dar. Sie ist entweder dem beschränkt Geschäftsfähigen oder dem Geschäftspartner gegenüber zu erklären (§ 182 I) und bedarf nicht der für das einwilligungsbedürftige Rechtsgeschäft bestimmten Form (§ 182 II). Zu beachten ist insbesondere, dass die Einwilligung *bis zum Vertragsschluss* jederzeit durch Erklärung gegenüber dem beschränkt Geschäftsfähigen oder gegenüber dem Geschäftspartner **widerrufen** werden kann (§ 183).

718a Ob das von einem beschränkt Geschäftsfähigen getätigte Geschäft durch eine nach § 107 notwendige, wirksam erteilte Einwilligung gedeckt ist, bedarf im konkreten Fall sorgfältiger Prüfung. Die Interpretation des **Umfangs der Einwilligung** kann sich schwierig gestalten. Die Einwilligung kann sich nämlich nicht nur auf genau umschriebene Geschäfte beziehen (Kauf eines bestimmten Buches), sondern mehr oder minder generell erteilt werden (zB: die Eltern erlauben einem 14-Jährigen die Teilnahme an einem Ferienlager und willigen in alle damit typischerweise verbundenen Rechtsgeschäfte ein). Der Umfang der Einwilligung ist nach den Grundsätzen über die Auslegung von Willenserklärungen zu ermitteln. Vorsicht ist insbesondere am Platze, wenn aus der Einwilligung zu einem bestimmten Geschäft die konkludente Einwilligung zu anderen Geschäften gefolgert werden soll. Enthält zB die Einwilligung in den Kauf eines Fahrrads zugleich die Einwilligung in später anfallende Verträge über Reparaturleistungen? Enthält die Einwilligung zum Kauf eines Handys zugleich die Einwilligung zum Tausch des erworbenen Exemplars gegen eine andere Sache?

UE sind beide Fragen zu verneinen. In der Einwilligung zum Kauf eines Fahrrads ist üblicherweise keine Einwilligung in alle Geschäfte zu sehen, die als Folge des Fahrradbetriebs anfallen können. Denn die Eltern wollen im Zweifel die Kontrolle über weitere Verpflichtungen, die der Minderjährige aus diesem Anlass eingehen könnte, behalten. Allgemein ist die Einwilligung restriktiv auszulegen. Das gilt auch hinsichtlich des Handys. Freilich kann es sein, dass der gesetzliche Vertreter Sachen, in deren Ankauf er eingewilligt hat, dem beschränkt Geschäftsfähigen zur weiteren freien Verfügung überlässt; auch dann ist keine Einwilligung in Verpflichtungsgeschäfte anzunehmen, sondern § 110 anzuwenden, siehe Rn 723. Aus der Rspr: Die Erlaubnis zum Erwerb eines Führerscheins bedeutet im Zweifel nicht die Einwilligung zur Anmietung eines Pkw, BGH NJW 1973, 1790.

d)   Die Ermächtigungen nach §§ 112, 113

719 Einen Sonderfall der Einwilligung bilden die Ermächtigungen nach §§ 112, 113. In ihrer Wirkung gehen sie weiter als die Einwilligung nach § 107, weil sie den Minderjährigen für einen bestimmten Geschäftsbereich für **unbeschränkt geschäftsfähig** erklären. Das hat zur Folge, dass der gesetzliche Vertreter selbst für den genannten Geschäftsbereich keine Vertretungsmacht mehr hat, solange die Ermächtigung wirksam ist.

Nach **§ 112 I** kann der gesetzliche Vertreter durch einseitige, empfangsbedürftige Willenserklärung den Minderjährigen zum **selbstständigen Betrieb eines Erwerbsgeschäfts** ermächtigen; er bedarf hierzu der gerichtlichen Genehmigung. Der Minderjährige ist dann für solche Rechtsgeschäfte unbeschränkt geschäftsfähig, welche der Geschäftsbetrieb mit sich bringt; ausgenommen sind allerdings Rechtsgeschäfte, zu denen der Vertreter selbst der gerichtlichen Genehmigung bedürfte (§ 112 I 2). Die Ermächtigung setzt den Minderjährigen auf dem Gebiet des Erwerbsbetriebs in gewissem Sinne frei. Die einmal erteilte Ermächtigung kann vom gesetzlichen Vertreter nur mit gerichtlicher Genehmigung zurückgenommen werden (§ 112 II). Für Verbindlichkeiten, die der Minderjährige in Ausübung der Ermächtigung vorgenommen hat, haftet er ohne die Beschränkungen des § 1629a (§ 1629a II).

Nach **§ 113 I** kann der gesetzliche Vertreter den Minderjährigen ermächtigen, **in Dienst oder in Arbeit zu treten.** Dann ist der Minderjährige für solche Rechtsgeschäfte unbeschränkt geschäftsfähig, welche die Eingehung oder Aufhebung eines Dienst- oder Arbeitsverhältnisses der gestatteten Art oder die Erfüllung der sich aus einem solchen Verhältnis ergebenden Verpflichtungen betreffen. Ausgenommen sind wiederum Verträge, zu denen der Vertreter der gerichtlichen Genehmigung bedarf. Die Bestimmung des § 113, die es ermöglicht, dem Minderjährigen auf dem für sein Leben zentralen Feld des Arbeits- und Berufslebens den elterlichen Schutz zu entziehen, ist heute rechtspolitisch anstößig (vor allem im Hinblick auf § 113 IV: Die für einen einzelnen Fall erteilte Ermächtigung gilt im Zweifel als allgemeine Ermächtigung zur Eingehung von Verhältnissen derselben Art!). § 113 ist daher restriktiv auszulegen. Das bedeutet insbesondere: **720**

– Erklärt sich der gesetzliche Vertreter mit dem Abschluss eines Dienstvertrages durch den Minderjährigen einverstanden, so liegt *im Zweifel* die Einwilligung nach § 107 und nicht die Ermächtigung nach § 113 vor;
– Auf *Lehrverträge* ist § 113 generell nicht anzuwenden, sodass die praktische Bedeutung des § 113 gering sein dürfte.

Im Unterschied zu § 112 bedarf der gesetzliche Vertreter zur Ermächtigung gemäß § 113 nicht der gerichtlichen Genehmigung. Die einmal erteilte Ermächtigung kann auch ohne gerichtliche Genehmigung wieder zurückgenommen oder eingeschränkt werden (§ 113 II).

e) Handeln ohne Einwilligung des gesetzlichen Vertreters

Gibt der beschränkt Geschäftsfähige eine Erklärung ohne die notwendige Einwilligung des gesetzlichen Vertreters ab, so ist sie unwirksam. Hinsichtlich der Wirkungen ist jedoch zwischen einseitigen Rechtsgeschäften und Verträgen zu unterscheiden. **721**

1) Ein **Vertrag**, den der Minderjährige ohne die erforderliche Einwilligung geschlossen hat, ist nicht schlechthin unwirksam; seine Wirksamkeit hängt vielmehr davon ab, ob der gesetzliche Vertreter ihn genehmigt (§ 108 I), dh ob er nachträglich zustimmt (§ 184 I). Solange die Genehmigung weder erteilt noch verweigert ist, bleibt die Gültigkeit des Geschäfts in der Schwebe (**schwebende Unwirksamkeit**). Zur Genehmigung ist der Erklärende selbst befugt, sobald er unbeschränkt geschäftsfähig geworden ist (§ 108 III). Die erteilte Genehmigung wirkt auf den Zeitpunkt des Vertragsschlusses zurück (§ 184 I). Verweigert der gesetzliche Vertreter die Genehmigung (siehe § 182 I), so ist das Geschäft **endgültig unwirksam.** Der Verweigerung steht der Fristablauf nach § 108 II 2 gleich.

Die schwebende Unwirksamkeit bringt für den Geschäftspartner starke Unsicherheiten mit sich. Daher gibt ihm das Gesetz Möglichkeiten, eine Klarstellung herbeizuführen. Vor allem hat der Vertragspartner während der Schwebelage die Befugnis, den Vertrag zu **widerrufen** (§ 109 I, beachte den Sonderfall des § 109 II). Auch kann er nach § 108 II auf Klärung der Lage dringen.

722 **2) Einseitige Rechtsgeschäfte**, die ohne die erforderliche Einwilligung getätigt werden, sind schlechthin unwirksam (§ 111 S. 1) und können auch durch Genehmigung des gesetzlichen Vertreters nicht wirksam werden. Und sogar bei Vorliegen der Einwilligung des gesetzlichen Vertreters kann das Geschäft unwirksam sein, wenn der Minderjährige die Einwilligung nicht in schriftlicher Form vorlegt; dann kann nämlich der Geschäftspartner das Rechtsgeschäft unverzüglich zurückweisen und damit unwirksam machen (§ 111 S. 2); das gilt freilich nicht, wenn der gesetzliche Vertreter seinerseits den Geschäftspartner über die Einwilligung informiert hatte (§ 111 S. 3).

Die starre Regelung des § 111 dient dem Interesse der Geschäftspartner eines beschränkt Geschäftsfähigen an der Klarheit der Rechtslage. Insbesondere bei rechtsgestaltenden Erklärungen wie Anfechtung, Rücktritt oder Erteilung einer Vollmacht sind rechtliche Schwebezustände der Sicherheit des Geschäftsverkehrs nachteilig. Dennoch schießt § 111 über das Ziel hinaus und wird **einschränkend interpretiert**:

– Sind sich der Minderjährige und der Erklärungsgegner darüber einig, dass die Wirksamkeit der Erklärung von der Zustimmung des gesetzlichen Vertreters abhängen soll, so wendet die hM nicht § 111 S. 1, sondern §§ 108, 109 an, weil hier der Geschäftspartner die Schwebelage selbst in Kauf nimmt.

– Ist das einseitige Rechtsgeschäft Teil eines Vertrages oder steht damit in engem Sinnzusammenhang, so unterliegt der gesamte Geschäftskomplex den Regeln der §§ 108, 109. Beispiel: Jemand schließt mit einem Minderjährigen ohne Einwilligung von dessen Eltern einen Treuhandvertrag und lässt sich in diesem Rahmen eine Vollmacht erteilen; an sich würde sich die Wirksamkeit des Treuhandvertrages (§ 675) nach §§ 108, 109 richten, während die Vollmachterteilung nach § 111 S. 1 schlechterdings unwirksam wäre. Da dies keinen Sinn ergibt, nimmt man Geschäftseinheit an mit der Wirkung, dass die Gesamtheit der getätigten Rechtsgeschäfte, also auch die Vollmacht, nach §§ 108 ff beurteilt wird (BGH NJW 1990, 1721, 1723).

f)   Der „Taschengeldparagraph" (§ 110)

723 Ein Vertrag, den ein beschränkt Geschäftsfähiger geschlossen hat, kann auch dadurch von Anfang an wirksam werden, dass der beschränkt Geschäftsfähige die vertragsmäßige Leistung mit Mitteln bewirkt, die ihm zu diesem Zwecke oder zur freien Verfügung von dem gesetzlichen Vertreter selbst oder mit dessen Zustimmung von einem Dritten überlassen worden sind (§ 110; sog. Taschengeldparagraph).

Die Interpretation der Vorschrift stößt auf Schwierigkeiten. Um einen Überblick zu gewinnen, wollen wir die beiden Varianten des § 110 auseinander halten, nämlich die Überlassung von Mitteln „zu diesem Zwecke" (dh zum Zwecke der Erfüllung eines Vertrages) und die Überlassung der Mittel „zur freien Verfügung": Die Probleme sollen zunächst im Hinblick auf die **erste Variante („zu diesem Zwecke")** verdeutlicht werden.

724 **Fall 50:** Die Eltern geben ihrem 14-jährigen Sohn 20 €, damit er sich eine bestimmte Musik-CD kaufen kann. Auf dem Weg zu einem Musikaliengeschäft verliert der Sohn das Geld. Gleichwohl kauft er sich bei einem Händler die gewünschte CD. Er zahlt nicht bar, sondern verspricht dem Händler, das Geld zu Hause zu holen. Die Eltern sind jedoch nicht bereit, die 20 € ein zweites Mal zur Verfügung zu stellen. Ist der Sohn aus dem Kauf verpflichtet?

Wendet man auf diesen Fall den § 110 an, so kommt man zu dem Ergebnis, dass ein wirksamer Kauf nicht zustande gekommen ist. Der Vertrag wäre nur dann (und zwar rückwirkend) gültig geworden, wenn der Sohn den Kaufpreis mit den ihm überlassenen Mitteln bezahlt hätte. Dieses Ergebnis mag befremden. Es ist denn auch zu fragen, ob die Voraussetzungen des § 110 überhaupt vorliegen, ob der Kauf nämlich wirklich „ohne Zustimmung" des gesetzlichen Vertreters geschlossen wurde. Haben die Eltern, indem sie ihrem Sohn das Geld für den Ankauf der CD überließen, nicht von vornherein auch schon in den Abschluss eines Kaufvertrages eingewilligt (§ 107) mit der Folge, dass der Kauf wirksam geschlossen wurde – ohne Rücksicht darauf, ob und mit welchen Mitteln der Kaufpreisanspruch erfüllt wurde?

Die Antwort hängt davon ab, wie man das „Überlassen" von Mitteln zu einem bestimmten Zweck auslegt. Dabei sollte man die in § 110 zum Ausdruck gelangte gesetzliche Wertung beachten. (a) Zu Gunsten der Anwendung des § 107 kann man sagen: Die Eltern wollen es dem Sohn ermöglichen, in rechtlich gültiger Weise in den Genuss der CD zu kommen; der Sohn soll nicht nur wirksam Eigentum erwerben und über das Geld verfügen können, sondern sich auch von vornherein wirksam als Käufer verpflichten können; wenn die Eltern die Einwilligung zu einem Vertrag erteilen können, ohne die dazu nötigen Mittel zu überlassen, so tun sie es üblicherweise umso eher dann, wenn sie die dazu nötigen Mittel aushändigen. (b) Dagegen kann man sagen: Wenn die Eltern einen bestimmten Geldbetrag zu bestimmten Zwecken überlassen, so *können* sie zwar damit die Einwilligung in die dabei anfallenden Verpflichtungsverträge erklären, sie *tun es aber üblicherweise nicht*. Denn sie wollen nicht darin einwilligen, dass der Minderjährige sich beliebig in Höhe des überlassenen Geldbetrages verpflichtet. Sie wollen vielmehr eine Zahlungsverpflichtung nur insoweit entstehen lassen, als sie auch tatsächlich mit dem überlassenen Geld erfüllt wird. Ein solches Resultat ermöglicht § 110: Der Kauf ist zunächst schwebend unwirksam, wird aber gültig, wenn er mithilfe der überlassenen Mittel erfüllt wird. Verliert hingegen der 14-Jährige das Geld vor dem Kauf, so ist er nicht mehr imstande, einen wirksamen Kaufvertrag zu schließen.

Die zuletzt genannte Auffassung ist uE richtig: Werden einem beschränkt Geschäftsfähigen die Mittel zu einem bestimmten, durch einen Verpflichtungsvertrag zu erreichenden Zweck überlassen, so ergibt sich das Bedürfnis, die Entstehung vertraglicher Verpflichtungen daran zu knüpfen, dass die überlassenen Mittel auch tatsächlich für den genannten Zweck verwendet werden. Das wird durch die subtile Konstruktion des § 110 erreicht. *Die Mittelüberlassung zu bestimmtem Zweck ist daher im Zweifel nicht als Einwilligung in Verpflichtungsgeschäfte, sondern als Einwilligung in entsprechend zweckgerichtete Verfügungen zu deuten.*

Es gilt dies auch, wenn die Mittel zur Erfüllung eines schon zuvor geschlossenen, aber schwebend unwirksamen Vertrages überlassen werden; auch dann ist im Zweifel nicht die Genehmigung des Vertrages nach § 108 I, sondern nur die Einwilligung in eine zweckentsprechende Verfügung als gewollt anzusehen.

Die Bedeutung des § 110 entfaltet sich namentlich bei der **zweiten Variante** des § 110, der Überlassung wirtschaftlicher Mittel **zur freien Verfügung**. Darin ist nach der oben vertretenen Auffassung im Zweifel nicht eine Einwilligung in beliebige Verpflichtungsgeschäfte gemeint, die mit Hilfe der überlassenen Mittel erfüllt werden können, sondern nur eine Einwilligung *in die Verfügung* über das Geld zu beliebigen Zwecken. Die zur Zweckerreichung abgeschlossenen Verpflichtungsgeschäfte werden nur insoweit wirksam, als sie tatsächlich mit Hilfe der überlassenen Mittel erfüllt

725

werden. Somit wird die Entstehung der vom beschränkt Geschäftsfähigen eingegangenen Verpflichtungen an den tatsächlichen Einsatz der ihm überlassenen Mittel gekoppelt.

Beispiel: Ein beschränkt Geschäftsfähiger erhält von seinem gesetzlichen Vertreter 100 €; er kauft davon bei X einen Fotoapparat für 100 €, ohne zu bezahlen; sodann kauft er bei Y ein Radio für den gleichen Preis, den er sofort begleicht. Nach der hier vertretenen Auffassung bedeutet die Überlassung der 100 € zur freien Verfügung nicht die Einwilligung in beliebige Verpflichtungsgeschäfte, die eine Zahlungspflicht in Höhe dieser Summe mit sich bringen, vielmehr nur eine Einwilligung in die Verfügung über das überlassene Geld. Demzufolge sind beide Kaufverträge zunächst schwebend unwirksam. Der Vertrag mit Y wird indes durch die Zahlung des Kaufpreises gem. § 110 wirksam. Für die Wirksamkeit des Vertrags mit X kommt es dann auf die Genehmigung des gesetzlichen Vertreters an. Mit dieser Auffassung ist X auch nicht unangemessen benachteiligt, wie man auf den ersten Blick meinen könnte; denn er hat sich auf ein Kreditgeschäft mit einem beschränkt Geschäftsfähigen eingelassen; zu Recht trifft ihn ein höheres Risiko als den Y, der ein Bargeschäft getätigt hat.

Literatur: *W.F. Lindacher*, Überlegungen zu § 110 BGB, Festschrift für Bosch, 1976, 533; *E. Schilken*, Die Bedeutung des „Taschengeldparagraphen" bei längerfristigen Leistungen, FamRZ 1978, 642; *D. Coester-Waltjen*, Nicht zustimmungsbedürftige Willenserklärungen beschränkt geschäftsfähiger Minderjähriger, Jura 1994, 668.

g) Außervertragliche Haftung des Minderjährigen

726 Ist der Vertrag nach §§ 107–109 unwirksam, so trifft den Minderjährigen wegen etwaiger Folgen seines Handelns keine vertragliche Haftung. Es schließt dies freilich die Haftung auf Grund außervertraglicher Rechtsgrundlagen nicht aus. Namentlich kommen Schadensersatzansprüche aus §§ 823 ff (beachte §§ 828 II, 829) und Ansprüche auf Herausgabe des auf Grund des fehlgeschlagenen Geschäfts Erlangten nach §§ 812 ff in Betracht. Hingegen scheidet eine Haftung aus §§ 311 II, 241 II, 280 I aus; es widerspräche dem Sinn des Minderjährigenschutzes, würde man ein Vertragsverhältnis nach §§ 107 ff scheitern lassen, um dem Minderjährigen gleichzeitig das ihn belastende Vertragsanbahnungsverhältnis aufzubürden.

727 Hat der Minderjährige auf Grund unwirksamen Verpflichtungsgeschäfts **Leistungen tatsächlich in Anspruch genommen** (zB die gekaufte Sache verzehrt; das gemietete Auto in Gebrauch genommen; eine Transportleistung in Anspruch genommen), so kann er auf Grund außervertraglicher Rechtsgrundlagen sogar verpflichtet sein, ihren Wert zu ersetzen, dh das für die Leistung marktübliche Entgelt zu bezahlen. Als Begründung für dieses Resultat kommt freilich nach richtiger Auffassung nicht die Lehre vom faktischen Vertragsverhältnis in Betracht (Rn 487). Hingegen kann man das Ergebnis in vielen Fällen aus § 812 I 1/§ 818 II herleiten. § 818 III hilft dem Minderjährigen insofern, als beim Empfang von Nutzungen und Gebrauchsvorteilen eine Bereicherung nur angenommen wird, wenn der Empfänger sich dadurch Aufwendungen erspart hat, dh wenn er sich die Leistungen gegen Entgelt verschafft hätte, wären sie ihm nicht rechtsgrundlos zugefallen. Zur Problematik der berühmte Flugreisefall BGH NJW 1971, 609; *M. Harder*, Minderjährige Schwarzfahrer, NJW 1990, 857.

h) Übersichten

Abgabe einer Willenserklärung durch einen beschränkt Geschäftsfähigen	**728**

Hat ein Minderjähriger eine Erklärung abgegeben, um deren Wirksamkeit es im konkreten Fall geht, so sind folgende rechtliche Gesichtspunkte von Belang:

1) Einwilligungsbedürftigkeit – Bedarf die Erklärung der Einwilligung des gesetzlichen Vertreters? Grds ja, ausgenommen

a) volle Geschäftsfähigkeit in dem betreffenden Bereich nach §§ 112, 113;

b) Entbehrlichkeit auf Grund besonderer gesetzlicher Regeln, zB § 2229 II;

c) Erklärung bringt lediglich einen rechtlichen Vorteil (oder ist neutral), § 107.

wird 1) verneint, so ist die Willenserklärung wirksam, wird 1) bejaht, so ist weiter zu prüfen:

2) Einwilligungserteilung – Ist die Einwilligung durch den gesetzlichen Vertreter wirksam erteilt?

a) Wer ist gesetzlicher Vertreter, §§ 1626, 1626a, 1629?

b) Hat der gesetzliche Vertreter eine wirksame Einwilligungserklärung (empfangsbedürftige Willenserklärung) abgegeben, §§ 182, 183?

c) War der gesetzliche Vertreter ausnahmsweise an einer wirksamen Einwilligung gehindert, vgl §§ 1629 II, 1795?

d) Bedurfte der gesetzliche Vertreter ausnahmsweise der vormundschaftsgerichtlichen Genehmigung, vgl § 1643, §§ 1821, 1822?

wird 2) bejaht, so ist die Willenserklärung des beschränkt Geschäftsfähigen wirksam, wird 2) verneint:

3) Taschengeldparagraph – Liegen die Voraussetzungen des § 110 vor?

wird 3) bejaht, so ist der Vertrag wirksam, wird 3) verneint, so ist weiter zu prüfen:

4) Genehmigungserteilung – Wurde das Rechtsgeschäft nachträglich wirksam genehmigt?

a) Durch den volljährig Gewordenen selbst, § 108 III?

b) Durch den gesetzlichen Vertreter, § 108 I, II?

    aa) Wer ist gesetzlicher Vertreter, §§ 1626, 1626a, 1629?

    bb) Ist das Rechtsgeschäft genehmigungsfähig, §§ 108, 111?

    cc) Hat der gesetzliche Vertreter eine wirksame Genehmigungserklärung (empfangsbedürftige Willenserklärung) abgegeben, §§ 182, I, II; 184, 108, 109?

    dd) War der gesetzliche Vertreter ausnahmsweise an einer wirksamen Genehmigung gehindert oder bedurfte er der Genehmigung des Vormundschaftsgerichts (vgl 2 c und d)?

wird 4) bejaht, so ist die Willenserklärung wirksam, wird 4) verneint:

5) Ist die Erklärung noch genehmigungsfähig, §§ 108 II, 109?

Das Ergebnis kann, je nachdem wie die Prüfung zu den Fragen im Einzelnen ausfällt, schwebende Unwirksamkeit, endgültige Unwirksamkeit oder Wirksamkeit der Erklärung sein.

---

729 | **Die Beendigung des Schwebezustandes bei schwebend unwirksamen Geschäften**

1) Wirksamwerden des Geschäfts nach § 110

2) Wirksamwerden des Geschäfts durch Erteilung der Genehmigung (§ 108 I, beachte § 108 II 1), Beachte auch § 108 III!

3) Unwirksamwerden des Geschäfts durch Verweigerung der Genehmigung (§ 108 I, beachte § 108 II 1), Beachte auch § 108 III!

4) Unwirksamwerden des Geschäfts durch Fristablauf nach Aufforderung des Geschäftspartners (§ 108 II)

5) Widerruf des Geschäftspartners, § 109

Kapitel 9

Das Handeln für andere

▶ Falltraining 1, Fälle 36, 53 ff, 64, 65, 78

1. Übersicht

a) Techniken der Zurechnung

730   Grundsätzlich treten die Wirkungen eines Rechtsgeschäfts im Rechtskreis des Handelnden selbst ein. Es entspricht der Selbstbestimmung der Person, dass grundsätzlich niemand ein Rechtsgeschäft mit Wirkung für einen anderen vornehmen kann, es sei denn mit dessen Zustimmung. Andererseits besteht ein starkes Bedürfnis für Rechtsfiguren, die ein fremdwirksames Handeln unter bestimmten Voraussetzungen ermöglichen. Selbst im privaten Bereich kommt es häufig vor, dass eine Person für eine andere mit deren Zustimmung rechtsgeschäftlich tätig werden soll, so etwa wenn A seinen Freund B bittet, für ihn ein bestimmtes Buch in der Buchhandlung zu kaufen.

Das letztlich gewünschte Ergebnis, dass nämlich A Besitz und Eigentum an einem Exemplar der gewünschten Buchausgabe gegen Zahlung des Kaufpreises erhält, könnte wie folgt erzielt werden: B kauft das Buch vom Händler und lässt sich von ihm in Erfüllung des Kaufvertrages Besitz und Eigentum übertragen; sodann verkauft B das Buch an A und überträgt diesem gegen Zahlung des Kaufpreises Besitz und Eigentum.

Diese durchaus mögliche Konstruktion wäre aber sehr umständlich. Die Rechtsordnung bietet daher ein Institut, das es B ermöglicht, den Kaufvertrag mit dem Händler so abzuschließen, dass A unmittelbar Vertragspartner des Buchhändlers wird, und die Übereignung des Buches so zu bewirken, dass A unmittelbar das Eigentum am Buch vom Buchhändler erwirbt.

731   In einer entwickelten Wirtschaft sind Rechtsfiguren, die ein Handeln mit Wirkung für andere möglich machen, unerlässlich. Der Alleininhaber eines Wirtschaftsunternehmens erscheint zB bei allen Geschäften, die im Rahmen des Unternehmens getätigt werden, als der Handelnde: Er ist es, der die Rohstoffe einkauft und an ihnen Eigentum gewinnt; er ist es, der die Produkte verkauft und veräußert. Da er diese Tätigkeiten jedoch nicht (oder nicht sämtlich) selbst vornimmt, muss es möglich sein, dass die Arbeitnehmer wirksam für ihn handeln. Anders ausgedrückt: Es muss Rechtstechniken geben, die das Handeln der Dienstnehmer im Rahmen des Betriebs als das Handeln des Unternehmers erscheinen lassen. Hauptsächlich geschieht dies auf folgende Weise:

(a) **Willenserklärungen** können mit Hilfe der *Stellvertretung* für einen anderen abgegeben und empfangen werden, § 164 I, III.

(b) Die **tatsächliche Sachgewalt (Besitz)** kann aufgrund einer *Besitzdienerschaft* (§ 855) oder eines *Besitzmittlungsverhältnisses* (§ 868) einem anderen zugerechnet werden (Rn 318, Rn 319).

(c) Der **Verarbeitungsvorgang**, der aus Rohstoffen neue Waren entstehen lässt und der regelmäßig das Eigentum des Verarbeitenden am Produkt begründet (§ 950), wird dem Unternehmer, und nicht den im Betrieb beschäftigten Arbeitern und Angestellten zugerechnet.

Als derjenige, der die „neue bewegliche Sache" herstellt, wird in § 950 I der Unternehmer angesehen. Was auf den ersten Blick als Entrechtung der Arbeitnehmer erscheint, ist eine unvermeidliche Folge des wirtschaftlichen Systems. Es ergäbe keinen wirtschaftlichen und sozialen Sinn, alle Arbeiter und Angestellten, die an der Herstellung einer Ware beteiligt sind, zu Miteigentümern der Ware zu machen (Welche Arbeiter waren an dem Produktionstage X gerade im Einsatz? An welchem Tag wurde die Sache produziert? Sind alle damit einverstanden, dass sie weiterveräußert wird?). Das Problem der Beteiligung der Arbeitnehmer am Unternehmen und am Unternehmensgewinn ist nicht sachenrechtlich zu lösen.

(d) Besonders wichtig ist die Möglichkeit der Handlungszurechnung bei der **juristischen Person**. Das Handeln der verfassungsmäßig berufenen Organe (vgl § 31 BGB) wird der juristischen Person unmittelbar zugerechnet, als würde sie selbst handeln. Auch dies gilt nicht nur für Willenserklärungen (vgl § 26 II 1: gesetzliche Vertretung), sondern auch für den Besitz (Rn 321). Die Organe der juristischen Person bedienen sich ihrerseits weiterer Stellvertreter, Besitzdiener und Besitzmittler und der Zurechnung des Verarbeitungsvorgangs, sodass das gesamte betriebliche Geschehen rechtlich als Tätigkeit der juristischen Person erscheint.

b)   Zurechnungsformen rechtsgeschäftlichen Handelns

Für Abgabe und Empfang von Willenserklärungen kommen folgende Möglichkeiten der Fremdwirkung in Betracht: **732**

(1) Gesetzlicher Grundtyp ist die **Stellvertretung nach §§ 164 bis 181 BGB** (auch „direkte" oder „unmittelbare" Stellvertretung genannt). Nach § 164 kann jemand (der Stellvertreter) eine Willenserklärung mit unmittelbarer Wirkung für den anderen (den Vertretenen) abgeben, wenn er dabei erkennbar im Namen des Vertretenen und innerhalb einer ihm erteilten Vertretungsmacht handelt. Sind diese Voraussetzungen gegeben, so wirkt die Erklärung nur für die Person des Vertretenen, nicht für die des Ver-

treters. Unter den gleichen Voraussetzungen kann jemand als Stellvertreter für einen anderen eine Willenserklärung empfangen (§ 164 III). Stellvertretung nach §§ 164 ff bedeutet also rechtsgeschäftliches **Handeln im fremden Namen mit unmittelbarer Fremdwirkung**.

In dem genannten Fall (Rn 730), dass B für seinen Freund A bei dem Buchhändler ein Buch kaufen sollte, kann also wie folgt verfahren werden: A stattet den B mit der Vertretungsmacht aus, im Namen des A das Buch zu kaufen. B schließt mit dem Buchhändler im Namen des A den Kaufvertrag. Dann ist der Kaufvertrag zwischen dem Buchhändler und A zustande gekommen. Auch die Übereignung des Buches kann so vorgenommen werden, dass A unmittelbar das Eigentum vom Buchhändler erwirbt (ohne dass zuerst B Eigentümer werden müsste!). Es geschieht dies nach § 929 S. 1 wie folgt: Die Einigung über den Eigentumsübergang erklärt B im Namen des A. Für die Übergabe genügt es, wenn B als Besitzdiener des A fungiert.

733 (2) Nur ausnahmsweise stattet das Gesetz ein rechtsgeschäftliches **Handeln im eigenen Namen mit unmittelbarer Fremdwirkung** aus. Beispiel dafür ist die **Schlüsselgewalt** nach § 1357: Aus Rechtsgeschäften, die ein Ehegatte zur angemessenen Deckung des Lebensbedarfs der Familie vornimmt, wird *auch* der andere Ehegatte berechtigt und verpflichtet, sofern sich aus den Umständen nichts anderes ergibt. Der andere Ehegatte wird auch dann mitberechtigt und -verpflichtet, wenn der Handelnde dem Geschäftspartner gegenüber nicht hat erkennen lassen, dass er zugleich für seinen Ehepartner das Geschäft abschließen wolle, ja sogar dann, wenn der Handelnde einen derartigen Willen gar nicht hatte.

734 In diesen Zusammenhang kann auch die wichtige Vorschrift des **§ 185 BGB** eingeordnet werden. Danach ist eine **Verfügung**, die ein **Nichtberechtigter** über einen Gegenstand trifft, wirksam, wenn sie mit Zustimmung des Berechtigten erfolgt. Zum Verständnis der Vorschrift ist auf das zu den Verfügungsgeschäften Gesagte zurückzugreifen. Verfügt wird über Rechte. Wirksam verfügen über ein Recht kann im Prinzip nur der, dem das Recht zusteht, und auch er nur, soweit es ihm zusteht; er ist der „Berechtigte", sofern ihm nicht aus besonderen Gründen die Verfügungsbefugnis genommen ist (wie zB dem Erben, der über Nachlassgegenstände nicht verfügen kann, die der Verwaltung des Testamentsvollstreckers unterliegen, § 2211 I). Demgegenüber ist die Verfügung eines Nichtberechtigten dem Grundsatz nach unwirksam, weil er sonst einseitig auf die Rechtslage des Berechtigten einwirken könnte. So kann niemand eine Sache übereignen, der nicht Eigentümer der Sache ist (Ausnahme: gutgläubiger Erwerb, Rn 451).

Von dem Grundsatz, dass die Verfügung des Nichtberechtigten unwirksam ist, macht § 185 I eine bedeutende Ausnahme. Die Verfügung eines Nichtberechtigten ist dann wirksam, wenn sie *mit der Einwilligung des Berechtigten* erfolgt. Für unseren Zusammenhang des „Handelns für andere" ist § 185 I deshalb wichtig, weil hier der Nichtberechtigte nicht etwa als Stellvertreter des Berechtigten – sonst wäre ja der Berechtigte selbst als der Verfügende anzusehen –, sondern *im eigenen Namen* handelt. Folglich liegt ein Fall des Handelns im eigenen Namen mit unmittelbarer Fremdwirkung vor; der Nichteigentümer überträgt zB das Eigentum an einer Sache im eigenen Namen mit unmittelbarer Wirkung für den Eigentümer auf einen anderen. Der Berechtigte kann darüber hinaus der Verfügung des Nichtberechtigten *nachträglich* zustimmen (= genehmigen, § 185 II) und sie damit als von Anfang an wirksam gelten lassen (§ 184 I).

Soll also über eine Sache verfügt werden und soll dabei nicht der Eigentümer, sondern ein anderer für ihn die Verfügungshandlung vornehmen, so stellt das Gesetz zwei Möglichkeiten zur Verfügung:

– Entweder der Handelnde nimmt die Verfügung als Stellvertreter des Berechtigten gem. §§ 164 ff vor – dann handelt er im Namen des Berechtigten und es ergibt sich keine Besonderheit.

– Oder aber er nimmt die Verfügung im eigenen Namen vor; dann ist die Verfügung unter den Voraussetzungen des § 185 I oder § 185 II wirksam.

(3) Rechtsgeschäftliches Tätigwerden für einen anderen ermöglicht ferner die sog. **indirekte oder mittelbare Stellvertretung**. Der im Gesetz nicht verankerte Begriff ist mit Vorsicht zu verwenden, da die mittelbare Stellvertretung, genauso wie die Regelungen der § 1357 und § 185, mit der Stellvertretung nach §§ 164 ff BGB nichts zu tun hat.

735

> **Fall 51:** Die Geschäfte des Textilfabrikanten S gehen schlecht. Um seine Zahlungsfähigkeit zu erhalten, will er aus seiner privaten Gemäldesammlung ein wertvolles Bild verkaufen. Doch sollen seine Geschäftspartner davon nichts erfahren. S betraut daher den Kunsthändler R damit, das Bild so zu verkaufen, dass er – S – dabei nicht in Erscheinung tritt. R findet als Kaufinteressenten den Industriellen K.

Da bei dem Kaufvertrag S nicht in Erscheinung treten soll, kommt ein Handeln des R als (direkter) Stellvertreter des S nicht in Betracht, denn für die Stellvertretung nach §§ 164 ff wäre erforderlich, dass R erkennbar im Namen des S verkaufen würde. R muss also, um seinem Auftrag gerecht zu werden, im eigenen Namen handeln. Das bedeutet, dass R selbst aus dem Kaufvertrag mit K als Verkäufer berechtigt und verpflichtet wird. Andererseits soll nach dem Innenverhältnis zwischen S und R das wirtschaftliche Ergebnis des Geschäfts den S treffen: An diesen soll R den Kaufpreis abführen; S soll auch die Lasten des Geschäfts tragen. *Nach außen hin*, dem Käufer gegenüber, hat R also die Stellung eines Vertragspartners, *nach innen*, im Verhältnis zu S, nur die Stellung eines „Vermittlers". Kurz gesagt: R schließt den Kaufvertrag mit K mit unmittelbarer Wirkung für sich selbst, das Geschäft geht aber im Verhältnis zu S *auf dessen Rechnung*.

Darin liegt das Wesen der mittelbaren Stellvertretung: Der mittelbare Stellvertreter handelt **im eigenen Namen**; er selbst wird aus dem Geschäft im Rechtssinne berechtigt und verpflichtet; das Geschäft geht jedoch wirtschaftlich betrachtet **auf fremde Rechnung**. Die mittelbare Stellvertretung hat im Geschäftstyp des Kommissionsgeschäfts nach §§ 383 ff HGB ihre gesetzliche Ausgestaltung gefunden. Nach § 383 I HGB ist Kommissionär, wer es gewerbsmäßig übernimmt, Waren oder Wertpapiere für Rechnung eines anderen (des Kommittenten) im eigenen Namen zu kaufen oder zu verkaufen. Dass er selbst Vertragspartner des Dritten wird, bekräftigt § 392 I HGB: Forderungen aus dem Geschäft, das der Kommissionär abgeschlossen hat, kann der Kommittent dem Schuldner gegenüber erst nach der Abtretung geltend machen.

736

> Zu **Fall 51**:Hat R das Bild an K verkauft, so muss der Kaufvertrag erfüllt werden. Das Bild ist folglich an K zu übereignen. Diesbezüglich bietet § 185 I eine bequeme Möglichkeit: S kann darin einwilligen, dass R (als Nichtberechtigter = Nichteigentümer) im eigenen Namen mit unmittelbarer Wirkung für S verfügt. Übereignet also R das Bild an K im eigenen Namen, so geht – wenn S eingewilligt hat – das Eigentum direkt von S auf K über.

2. Voraussetzungen der Stellvertretung nach §§ 164 ff

a) Grundsätze

737 Die Stellvertretung nach §§ 164 ff BGB (unmittelbare Stellvertretung) soll im Folgenden näher erörtert werden. Soll eine Person eine Willenserklärung mit Wirkung für einen anderen abgeben (§ 164 I, oder empfangen, § 164 III), so ist Voraussetzung, dass

> (1) diese Person nicht nur als Bote eine fremde Willenserklärung überbringt (dazu Rn 738 f), sondern selbst eine Willenserklärung abgibt (bzw entgegennimmt),
>
> (2) sie erkennbar im fremden Namen tätig ist (Offenkundigkeit, Rn 741 ff),
>
> (3) sie innerhalb einer ihr gesetzlich eingeräumten oder rechtsgeschäftlich erteilten Vertretungsmacht tätig ist (dazu Rn 751 ff), und
>
> (4) nicht ein besonderer Grund vorliegt, der eine wirksame Stellvertretung ausschließt (dazu Rn 768 ff).

b) Die Unterscheidung zwischen Stellvertreter und Bote

738 Nicht jeder, der bei Abgabe einer Willenserklärung zu erkennen gibt, dass er für einen anderen handle, ist als Stellvertreter einzustufen.

> **Fall 52:** Der 6-jährige Dieter (D) wird von seinem Vater mit 5 € in den Laden des L geschickt, um dort eine Schachtel Pralinen einer bestimmten Marke zum Preis von 5 € zu holen. D sagt das dem L, der das Geld entgegennimmt und dem Jungen eine Schachtel aushändigt.

Vom Ergebnis her gesehen wäre es absurd, wenn nicht ein Kaufvertrag zwischen dem Vater und L über die Schachtel Pralinen zustande gekommen wäre. Freilich war es der Sohn D, der für seinen Vater gehandelt hat. Man könnte daher auf den Gedanken kommen, D habe als Stellvertreter fungiert. Das konnte er jedoch gar nicht wirksam tun. Nach § 105 I ist die Willenserklärung eines Geschäftsunfähigen (hier: § 104 Nr 1) nichtig. Das gilt auch für Willenserklärungen, die im Namen eines anderen abgegeben werden (arg. § 165). Betrachten wir indes die Rolle des D genauer, so werden wir ohnedies Zweifel an seiner Vertretereigenschaft haben. Denn D gibt an L nur den Erklärungsinhalt weiter, den sein Vater hinsichtlich aller Elemente des Kaufvertrags (Kaufgegenstand, Preis) vorformuliert hatte; er diente nur als Träger einer ihm schon in allen Teilen vorformulierten Erklärung, er handelte, wie man sagt, als Bote, als **eine „zur Übermittlung verwendete Person"** (§ 120). Der Bote selbst gibt gar keine Willenserklärung ab, sondern stellt – um bei mündlichen Erklärungen zu bleiben – nur das Sprachrohr des Erklärenden dar. Infolgedessen findet auch § 105 I auf den Boten keine Anwendung; auch ein 6-jähriges Kind kann eine ihm fertig übergebene Erklärung ausrichten oder einen ihm ausgehändigten Brief, der eine Willenserklärung enthält, weitergeben.

739 Die **Unterscheidung zwischen Stellvertretung und Botenschaft** ist vielfach nicht leicht. Auch ein Stellvertreter ist bei seinem Handeln mehr oder minder durch den

Umfang seiner Vertretungsmacht oder auch durch interne Weisungen des Vertretenen gebunden. Ihn zeichnet jedoch die Befugnis aus, **wenigstens in einem Punkte** den rechtlichen Gehalt der Erklärung zu beeinflussen. **Bote** ist also, wer eine schon fertige Erklärung eines anderen, auf deren Inhalt er **keinen Einfluss** nehmen darf, weitergibt. Darf der Betreffende hingegen auf den rechtlichen Gehalt der Erklärung, die er im Namen eines anderen abgeben soll, Einfluss nehmen, so liegt Stellvertretung vor.

Zweifelhaft ist, ob eine Botenschaft auch dann angenommen werden kann, wenn der wesentliche Gehalt vom Erklärenden vorformuliert ist, der Übermittlungsperson aber noch gewisse Wahlmöglichkeiten im Detail bleiben. Geben die Eltern der 6-jährigen Tochter beispielsweise 2 €, damit sie sich ein Eis kaufen kann, so könnte streng genommen keine Botenschaft angenommen werden, wenn die Wahl der Eissorte dem Kind überlassen wird; Stellvertretung würde hingegen an der Geschäftsunfähigkeit der Tochter scheitern. Zum Teil nimmt man, um das Geschäft juristisch zu retten, hier Botenschaft an: Die Tochter schließt den Kaufvertrag und die Erfüllungsgeschäfte als Botin ihrer Eltern ab.

Streitig ist, ob für die Unterscheidung zwischen Stellvertreter und Bote das äußere Auftreten (uE richtig) oder das Innenverhältnis maßgebend ist. Zur Abgrenzungsproblematik *G. Hueck*, Bote – Stellvertreter im Willen – Stellvertreter in der Erklärung, AcP 152, 432.

Wenn jemand als Bote eine Erklärung eines anderen übermittelt, ohne von diesem **740** überhaupt dazu ermächtigt zu sein (**Bote ohne Botenmacht**), so wirkt die Erklärung grundsätzlich nicht für den anderen. Man könnte sagen: Die erfundene Botschaft geht denjenigen, der fälschlich als ihr Urheber genannt wird, überhaupt nichts an. Auch hier möchte man aber dem angeblich „Erklärenden" die Entscheidung darüber belassen, ob er die nicht autorisierte Botschaft für und gegen sich gelten lassen will oder nicht. Deshalb wendet man die Regeln über die Vertretung ohne Vertretungsmacht hier analog an (§§ 177 ff, dazu unten Rn 773). Gleiches gilt für die von dem beauftragten Boten bewusst verfälscht übermittelte Erklärung (siehe auch Rn 607).

c) Offenkundigkeit

aa) Handeln im fremden Namen.   Handeln im fremden Namen bedeutet etwas Un- **741** terschiedliches, je nachdem, ob der Vertreter im Namen eines anderen eine Erklärung abgibt (**aktive Stellvertretung**, § 164 I) oder empfängt (**passive Stellvertretung**, § 164 III). Bei der *Abgabe* einer Willenserklärung durch den Stellvertreter muss dem Erklärungsgegner erkennbar sein, dass der Vertreter die Wirkung seiner Erklärung nicht für sich, sondern für einen anderen will. *Empfängt* hingegen jemand eine Erklärung als Stellvertreter eines anderen, so kommt es auf den Willen des die Erklärung abgebenden Geschäftspartners an; der Vertreter handelt dann im fremden Namen, wenn der Geschäftspartner die Erklärung erkennbar an ihn in seiner Eigenschaft als Stellvertreter richtet.

Im Folgenden sollen die Probleme des Handelns im fremden Namen für den Bereich **742** der **aktiven Stellvertretung** (§ 164 I) erörtert werden. Wichtig ist der Grundsatz, dass gerade für den Erklärungsgegner erkennbar sein muss, dass der Erklärende die Wirkungen der Erklärung nicht für sich, sondern für einen anderen will. Nach § 164 I 2 macht es dabei keinen Unterschied, ob die Erklärung *ausdrücklich* im Namen des Vertretenen erfolgt, oder ob *die Umstände* ergeben, dass sie in dessen Namen erfolgen soll.

Für Zweifelsfälle enthält **§ 164 II eine wichtige Regel**: Wenn bei der Abgabe einer Erklärung der Wille, im fremden Namen zu handeln, nicht für den Geschäftsgegner erkennbar hervortritt, „so kommt der Mangel des Willens, im eigenen Namen zu handeln, nicht in Betracht". Es spricht also eine **Vermutung für das Handeln im eigenen Namen**. Von einem Handeln im eigenen Namen haben wir deshalb nicht nur dann zu sprechen, wenn der Erklärende ausdrücklich klarstellt, dass er mit Wirkung für sich selbst handeln will, sondern darüber hinaus in allen Fällen, in denen für den Erklärungsgegner ein Handeln im fremden Namen nicht hinreichend deutlich wird. Ist in einem Prozess streitig, ob der Handelnde für sich selbst oder im fremden Namen gehandelt hat, so trifft diejenige Partei die Beweislast, die ein Vertreterhandeln behauptet (BGH NJW 2000, 2984).

§ 164 II besagt ein weiteres: Es kann geschehen, dass jemand als Stellvertreter handeln wollte, dass er dies dem Geschäftspartner jedoch versehentlich nicht erkennbar gemacht hat. Dann hat er im eigenen Namen gehandelt, obwohl er im fremden Namen handeln wollte; die Erklärung wirkt entgegen seinen Absichten für ihn selbst. Gemäß § 119 I Alt. 1 (Inhaltsirrtum) könnte er an sich die Erklärung anfechten. Auch diese Möglichkeit, von der Erklärung loszukommen, scheidet nach § 164 II aus: Der Mangel des Willens, im eigenen Namen zu handeln, kommt auch im Hinblick auf die Anfechtbarkeit nach § 119 I „nicht in Betracht", dh die Anfechtung aus diesem Grunde ist ausgeschlossen (BGH NJW-RR 1992, 1010, 1011).

743   **bb) Handeln unter fremdem oder unter falschem Namen.** Vom Handeln im fremden Namen sind die Fälle zu unterscheiden, in denen jemand bei der Abgabe von Erklärungen sich einen falschen Namen zulegt oder unter fremdem Namen auftritt.

Dass sich jemand bei Abgabe einer Willenserklärung dem Geschäftspartner **unter einem falschen Namen** präsentiert, hindert grundsätzlich nicht die Wirksamkeit der Erklärung für seine Person. Der Ehemann, der sich mit der Geliebten ein Hotelzimmer mietet, ist aus dem Vertrag verpflichtet, auch wenn er dem Hotelier gegenüber einen Fantasienamen angibt oder sich unter dem Namen eines Freundes vorstellt (vgl. BGH NJW 2013, 1946).

744   Anders ist die Lage, wenn der Gebrauch eines fremden Namens bei dem Partner den Eindruck erweckt, er habe es mit dem echten Namensträger zu tun (**Handeln unter fremdem Namen**).

> **Fall 53:** Anton Wimmerl (W), der dem Schlagersänger Bobo (B) sehr ähnlich ist, will in einem Grandhotel eine Suite mieten. Schon bei Betreten des Foyers wird er als Bobo erkannt; er trägt sich auch als solcher in das Anmeldeformular ein. Nach einer Woche verlässt er das Hotel mit der Bemerkung, man möge ihm die Rechnung zuschicken.

Das Gesetz bietet für die Fälle des Handelns unter fremdem Namen keine Lösung. Die Lösung hat von der Interessenlage her zu erfolgen. Man könnte sagen: W gab dem Hotelier zu erkennen, dass die individuelle Person, die das Hotel unter welchem Namen auch immer betrat, der Verpflichtete sein wollte; infolgedessen ist der Gebrauch des fremden Namens irrelevant. Dagegen spricht, dass W – ähnlich wie beim Handeln im fremden Namen – die Wirkungen seiner Erklärung auf einen anderen abschieben wollte. Sieht man die Lage vom Standpunkt des B aus, so ergibt sich: Keinesfalls kann W den B gegen dessen Willen verpflichten; W könnte dies ja auch nicht erreichen, wenn er ohne Vollmacht im Namen des B gehandelt hätte. Es kann aber sein, dass W mit Willen des B unter dem Namen des B aufgetreten ist, weil B den Doppelgänger dazu benutzen wollte, lästige Repräsentationspflichten für ihn wahrzunehmen. In diesem Fall hätte W auf Grund einer Vollmacht zum Handeln unter dem Namen des B den Vertrag geschlossen; es ist dann nicht einzusehen, dass W selbst verpflichtet sein soll. Diese Erwägung spricht dafür, das Handeln *unter* fremdem Namen ebenso zu behandeln wie das Handeln *in* fremdem Namen. Das hat zur Folge: Hat B den W zum Handeln unter fremdem Namen bevollmächtigt, so ist B aus dem Vertrag verpflichtet. Hat B den W nicht dazu bevollmächtigt, so haftet W dem Hotelier wie ein Stellvertreter ohne Vertretungsmacht (Rn 778 f).

Die Rechtsprechung beschränkt die analoge Anwendung des Stellvertretungsrechts auf den Fall, dass das Auftreten des Handelnden auf eine bestimmte andere Person hinweist und der Geschäftspartner der Ansicht sein durfte, der Vertrag komme mit dieser Person zustande; hingegen sei ein Eigengeschäft des Handelnden gegeben, wenn die Benutzung des fremden Namens bei der anderen Vertragspartei keine Fehlvorstellung über die Identität des Handelnden hervorgerufen hat (BGH NJW-RR 1988, 814, 815). Danach wären die §§ 164 ff in unserem Fall analog anwendbar.

Ein weiteres Anwendungsfeld des „Handelns unter fremdem Namen" eröffnet sich im Rahmen der elektronischen Kommunikation, wenn jemand den Internetzugang oder das eBay-Mitgliedschaftskonto eines anderen benutzt und dabei rechtsgeschäftlich handelt. Geschieht dies ohne Zustimmung des Accountinhabers, so kommt gleichwohl dessen vertragliche Haftung nach den Grundsätzen zurechenbaren Rechtsscheins (Rn 766 f) in Betracht, vgl BGH NJW 2011, 2421. Eine allein vom Anbieter gestellte und von jedem registrierten Nutzer akzeptierte Formularklausel, wonach Mitglieder grundsätzlich für sämtliche Aktivitäten haften, die unter Verwendung ihres Mitgliedskontos vorgenommen werden, begründet jedoch keine vertragliche Haftung des Inhabers eines Mitgliedskontos gegenüber Dritten (BGH aaO).

Literatur: *K. Larenz*, Verpflichtungsgeschäfte „unter" fremdem Namen, Festschrift *H. Lehmann*, 1956, I, 234; *M. Lieb*, Zum Handeln unter fremdem Namen, JuS 1967, 106; *R. Weber*, Das Handeln unter fremdem Namen, JA 1996, 426; *K. Schreiber*, Vertretungsrecht – Offenkundigkeit und Vertretungsmacht, Jura 1998, 606.

cc) Handeln für den, den es angeht. Die vom Gesetz verlangte Offenkundigkeit **745** des Vertreterhandelns wird nicht selten als lästig empfunden. Es ist zu überlegen, ob man nicht auf das Erfordernis erkennbaren Handelns im fremden Namen verzichten kann, wenn es niemandem nützt und der angemessenen Bewältigung der Interessenlage entgegensteht. Dass der Vertreter erkennbar im fremden Namen handeln muss, um die Wirkungen für den Vertretenen zu erzielen, soll den Geschäftspartner schützen; der Geschäftspartner soll wissen können, mit wem er es zu tun hat. Das Erfordernis kann daher dann entfallen, wenn es dem Geschäftspartner gleichgültig ist, ob der Erklärende für sich oder einen anderen auftritt.

Fall 54: Frau M ist Inhaberin eines bäuerlichen Betriebes im Dorfe X, ihr Sohn S betreibt **746** einen Bauernhof im Dorfe Y. Frau M beauftragt S, für sie in der Stadt zwei Pferde zu kaufen, und händigt ihm das dazu nötige Geld aus. S kauft daraufhin beim Händler H zwei Pferde; Zug um Zug gegen Zahlung werden ihm die Pferde übergeben. Bei alledem erwähnt S nicht, dass die Pferde für seine Mutter bestimmt seien. Er bringt die Pferde zunächst im eigenen Stall unter, um sie bei nächster Gelegenheit seiner Mutter zu überbringen. Noch ehe dies geschieht, lässt ein Gläubiger des S die Pferde im Rahmen einer gegen S betriebenen Zwangsvollstreckung pfänden (gebildet nach RGZ 99, 208).

Frau M kann durch eine besondere Klage (§ 771 ZPO) die Aufhebung der Vollstreckungsmaßnahmen in Bezug auf die Pferde verlangen, wenn sie im Zeitpunkt, in dem die Pfändung erfolgte, Eigentümerin war. Zur Lösung des Falles müssen wir also die Verfügungsvorgänge betrachten. Eigentümer war zunächst der Händler. In Erfüllung des mit S abgeschlossenen Kaufvertrags übertrug H das Eigentum; denn wir können annehmen, dass H und S im Zeitpunkt, da H den Kaufpreis und S den Besitz an den Pferden erhielt, sich darüber einig waren, dass das Eigentum gem. § 929 S. 1 übertragen werden sollte. Es fragt sich nur *auf wen*. S trat sowohl bei Abschluss des Kaufs wie bei der Einigung nach § 929 S. 1 nicht erkennbar im Namen seiner Mutter, folglich im eigenen Namen auf. Konsequenterweise müsste man annehmen, dass er selbst der Erwerber iSd § 929 war und somit das Eigentum erwarb. Wenn wir annehmen, dass S, solange die Pferde in seinem Stall standen, das Eigentum nicht auf seine Mutter weiterübertrug, kommen wir zum Ergebnis, dass M gegen die Zwangsvollstreckung nichts unternehmen kann. Das Ergebnis ist nicht befriedigend, denn S und sein Vermögen (und damit seine Gläubiger) haben mit den auf Kosten der M gekauften Pferden eigentlich nichts zu tun; der bloße Zufall, dass S dem H gegenüber nicht hat erkennen lassen, dass er für M handle, soll den Gläubigern des S nicht zugute kommen.

747 Um das gewünschte Ergebnis entgegen § 164 I zu erreichen, sind mehrere Konstruktionen entwickelt worden, die allesamt darauf hinauslaufen, dass M schon infolge der von H und S vorgenommenen Übereignung Eigentümerin der Pferde geworden ist. So hat das RG den Fall auch entschieden. Fraglich und umstritten ist nur, wie man das Ergebnis begründen kann. Am einfachsten führt die Annahme zum Ziel, dass S als Stellvertreter der M gehandelt hat, obwohl er nach außen nicht erkennbar in ihrem Namen aufgetreten ist; dass in diesem Fall also ein Handeln im fremden Namen nicht Wirksamkeitsvoraussetzung der Stellvertretung ist. Heute behandelt man derartige Fälle überwiegend unter dem Stichwort des **Handelns für den, den es angeht**.

748 Überwiegend Anerkennung haben diese Grundsätze gefunden für Verfügungen, bei denen die Mittelsperson auf der Erwerberseite auftritt (**Erwerb für den, den es angeht**). Bei der Übertragung eines Rechts soll derjenige, der auf der Erwerberseite auftritt, unter den genannten Voraussetzungen durch bloß internen Willensakt bestimmen können, ob er für sich oder für einen anderen erwerben will. Will er für einen anderen erwerben, so muss im Falle des § 929 S. 1 auch der Tatbestand der „Übergabe" für den anderen verwirklicht sein; dafür genügt es aber, wenn der Handelnde bei der Übergabe der Sache als Besitzdiener oder Besitzmittler des verdeckt Vertretenen fungiert (zB: Der Vertreter und der Vertretene haben vorher ein Leihverhältnis vereinbart für den Fall, dass der Vertreter den unmittelbaren Besitz erhält, § 868).

Bevor ein Erwerb für den, den es angeht, angenommen wird, ist genau zu prüfen, ob es dem **Geschäftspartner auch wirklich gleichgültig** ist, ob der auf der Erwerberseite Auftretende für sich oder einen anderen erwerben will. Es ist dies generell zu verneinen, solange der Geschäftspartner die Gegenleistung noch nicht erhalten hat. Die Figur des Erwerbs für den, den es angeht, wird demnach nur bei Bargeschäften angewendet. Andererseits wird der Handelnde selbst nicht den Willen haben, unmittelbar für den Hintermann zu erwerben, wenn er den Kaufpreis vorgeschossen hat;

denn er wird das Eigentum so lange nicht weitergeben wollen, bis er Ersatz für seine Aufwendungen erlangt.

Umstritten ist, ob ein Handeln für den, den es angeht, auch im Bereich der **Ver** **749** **pflichtungsgeschäfte** angenommen werden kann (bejahend BGH NJW 1955, 587), ob zB in unserem Beispiel auch der mit H über die Pferde abgeschlossene Kaufvertrag nicht S, sondern unmittelbar M verpflichtet. Vielfach wird eine Ausdehnung auf Verpflichtungsgeschäfte mit der Begründung abgelehnt, dass es dem Geschäftspartner nie gleichgültig sei, an wen er sich wegen des Kaufpreises oder wegen der vertraglichen Rechte halten kann. Die Rechtsprechung (vgl BGH NJW-RR 2003, 921, 922) lässt diese Figur nur in Ausnahmefällen zu, nämlich bei alltäglichen Massengeschäften.

Danach handelt jemand, **der nicht erkennbar im fremden Namen auftritt**, gleich **750** wohl mit unmittelbarer Wirkung für einen anderen, wenn

(1) der Handelnde („verdeckter Stellvertreter") den *inneren* Willen hat, mit Wirkung für den anderen zu handeln,

(2) und wenn es dem Geschäftspartner gleichgültig ist, ob der Erklärende für sich oder einen anderen handelt (BGH NJW-RR 2003, 921, 922); das ist häufig bei Verfügungsgeschäften der Fall sowie bei Verpflichtungsgeschäften, die man als alltägliche Massengeschäfte einordnen kann.

Zur Problematik des Handelns für den, den es angeht: *D. Eisele*, JZ 1990, 1005; *K. Schreiber*, Vertretungsmacht – Offenkundigkeit und Vertretungsmacht, Jura 1999, 606.

d) Die Vertretungsmacht

▶ Falltraining 2, Teil 1 Fall 7

aa) Arten der Vertretungsmacht. Die Vertretungsmacht als die rechtliche Befug **751** nis, im Namen eines anderen mit unmittelbarer Wirkung für diesen Willenserklärungen abzugeben oder zu empfangen, kommt einer Person nur kraft besonderer Ermächtigung zu. Sie beruht entweder auf der Bevollmächtigung durch den, in dessen Namen gehandelt werden soll (**Vollmacht**), oder auf gesetzlicher Anordnung (**gesetz** **liche Vertretungsmacht**). In einer Rechtsordnung, welche vom Modell der Selbstbestimmung ausgeht, ist die gesetzliche Vertretungsmacht die Ausnahme und wird für solche Fälle angeordnet, in denen eine Person der Fürsorge eines anderen anvertraut werden soll. So sind etwa die Eltern gesetzliche Vertreter ihrer noch nicht voll geschäftsfähigen Kinder (§ 1629 I 1).

bb) Die Vollmacht: Übersicht. Die Vollmacht (Legaldefinition: § 166 II 1) wird **752** gemäß § 167 I **durch empfangsbedürftige Willenserklärung** erteilt. Die Erklärung hat den Inhalt, dass der Vollmachtgeber den Vollmachtsempfänger dazu ermächtigt, als sein Stellvertreter tätig zu werden.

Kraft der Vollmacht ist der Stellvertreter befugt, im Namen des Vertretenen zu han **753** deln. Die Bevollmächtigung nimmt allerdings dem Vollmachtgeber nicht die eigene Handlungsmacht: Hat zB jemand einen anderen bevollmächtigt, das ihm gehörige

Haus in seinem Namen zu vermieten, so *kann* der Vollmachtgeber nach wie vor die Vermietung auch selbst vornehmen (**keine verdrängende Vollmacht**).

Wohl aber kann in dem der Vollmacht zugrunde liegenden Vertrag (etwa einem Auftrag, vgl Rn 758) eine schuldrechtliche Abrede getroffen werden, wonach der Vollmachtgeber selbst in der betreffenden Angelegenheit nicht handeln *darf* und sich also schadensersatzpflichtig macht, wenn er es trotzdem tut (wichtig vor allem für Verträge, in denen jemand einen anderen mit der treuhänderischen Verwaltung seines Vermögens beauftragt).

754 Die Bevollmächtigung bedarf grundsätzlich **keiner besonderen Form**. Auch wenn die Vollmacht für ein Geschäft erteilt werden soll, das einer Formvorschrift unterliegt, ist die Erteilung der Vollmacht nicht an eine Form gebunden (§ 167 II). So ist die Bevollmächtigung zu einem Grundstückskauf trotz der Formvorschrift des § 311b I formfrei möglich.

Hier werden allerdings von der Rechtsprechung Einschränkungen vorgenommen. Bringt die Vollmacht bereits eine so starke Bindung des Vollmachtgebers mit sich, dass ihre Erteilung dem formbedürftigen Geschäft praktisch gleichkommt, so unterliegt ihre Erteilung der Formvorschrift (zur *unwiderruflichen Vollmacht bei Grundstücksgeschäften* vgl BGHZ 89, 47; BayObLG NJW-RR 1996, 848). Nach Auffassung des BGH bedarf auch die Vollmacht zur Eingehung einer nach § 766 *formgebundenen Bürgschaft* der Schriftform des § 766; gleiches gilt für die Erteilung der Befugnis, eine vom Bürgen blanko unterschriebene Bürgschaftsurkunde nachträglich zu ergänzen (BGHZ 132, 119).

755 Aus der Vollmacht ist zu entnehmen, welchen **Umfang** die Vertretungsmacht hat. Die Vollmacht kann für alle Geschäfte des Vollmachtgebers erteilt werden (Generalvollmacht) oder für alle Geschäfte im Rahmen eines bestimmten Geschäftsbetriebs oder für bestimmte Arten von Geschäften oder schließlich für bestimmte einzelne Geschäfte. In Zweifelsfällen ist der Vollmachtsumfang nach den Grundsätzen über die Auslegung von Willenserklärungen festzustellen.

Verschiedentlich ist der Vollmachtumfang gesetzlich beschrieben. Bekanntestes Beispiel dafür bildet die **Prokura** als besonderer Typ der bei Betrieb eines Handelsgewerbes erteilten Vollmacht. Der Prokurist ist gem. § 49 I HGB (Ausnahme § 49 II!) zu allen Arten von gerichtlichen und außergerichtlichen Geschäften und Rechtshandlungen, die der Betrieb eines Handelsgewerbes mit sich bringt, ermächtigt (vgl demgegenüber den Umfang der Handlungsvollmacht, § 54 HGB).

Sind von einem Vollmachtgeber **mehrere Personen bevollmächtigt**, so sind unterschiedliche Gestaltungen möglich:

– Die Vollmacht kann so erteilt werden, dass jeder Bevollmächtigte selbstständig handeln kann. Die Vertretungsmacht des einzelnen Bevollmächtigten besteht also unabhängig von der Vertretungsmacht des anderen (**Einzelvertretung**).
– Die Vollmacht kann mehreren Vertretern auch in der Weise erteilt werden, dass sie nur zusammen wirksam handeln können (**Gesamtvertretung**). Dann hat der jeweils einzelne Vertreter ohne Mitwirkung des anderen keine ausreichende Vertretungsmacht.

Die Gestaltungen können kombiniert werden, zB in der Weise, dass die Vollmacht für bestimmte wichtige Angelegenheiten als Gesamtvollmacht ausgestaltet ist, während in anderen Angelegenheiten Einzelvollmacht besteht. Ein Beispiel bietet die gesetzliche Vertretung nach

§ 1629 I 2: Die Eltern vertreten das Kind im Prinzip als Gesamtvertreter, jedoch sind sie auch einzeln für den Empfang der an das Kind gerichteten Erklärungen zuständig. Derartige Konstruktionen sind auch bei Erteilung von Vollmachten möglich.

cc) Die Erteilung der Vollmacht im Einzelnen. Die Vollmachterteilung kann – was **756** den Adressaten anbetrifft – auf unterschiedliche Weise geschehen, nämlich entweder durch Erklärung des Vollmachtgebers an den Stellvertreter (**interne Vollmacht**, § 167 I Alt. 1) oder durch Erklärung des Vollmachtgebers an den Dritten, demgegenüber die Vertretung stattfinden soll (**externe Vollmacht**, § 167 I Alt. 2). Außerdem kann der Vollmachtgeber die Tatsache, dass eine Vollmacht schon erteilt worden ist, dem Dritten oder – in der Form öffentlicher Bekanntmachung – jedem Dritten kundmachen (**extern bekannt gegebene Vollmacht**).

Zum Verständnis dieses etwas komplizierten **Nebeneinanders von Bevollmächti-** **757** **gungsformen** ist folgendes zu bedenken. Es genügt, wenn der Vollmachtgeber dem (künftigen) Stellvertreter mitteilt, dass er ihn bevollmächtige (interne Vollmacht). Vielfach bringt diese Art der Vollmacht den Vertreter und den Geschäftspartner (Dritter) in eine unsichere Lage. Der Vertreter kann nicht nachweisen, dass er im Namen des Vertretenen zu handeln befugt sei, da die Vollmacht ein interner Vorgang zwischen Vertreter und Vertretenem geblieben ist. Infolgedessen kann sich der Geschäftspartner auch nicht auf das Bestehen der Vertretungsmacht verlassen; er hat hierfür nur das Wort des Vertreters. Aus diesem Grund lässt das Gesetz neben der internen auch die externe Vollmacht zu: Der Vollmachtgeber kann die Vollmachterteilung auch direkt dem (potenziellen) Geschäftspartner gegenüber erklären („Ich bevollmächtige den X, dir – dem Empfänger – gegenüber als mein Vertreter zu handeln."). Häufig wird es nun so sein, dass eine Vollmacht intern erteilt wird, dass aber die Tatsache ihrer Erteilung nach außen hin kundgemacht wird, entweder durch besondere Mitteilung an den Dritten (§ 171 I Alt. 1) oder durch Ausstellung einer Vollmachtsurkunde, die der Vertreter dem Dritten vorlegt (§ 172 I) oder durch öffentliche Bekanntgabe jedem Dritten gegenüber (§ 171 I Alt. 2).

In diesen Fällen geht das Gesetz zum Schutze des Dritten davon aus, dass die Mitteilung einer ausgesprochenen Bevollmächtigung nach außen die Vertretungsmacht gleichsam noch einmal selbstständig begründet (*Flume*, AT II, § 49, 2a), sodass dann zwei selbstständige Bevollmächtigungen – nämlich die interne Vollmacht und ihre Mitteilung nach außen – nebeneinander bestehen, die ein unterschiedliches rechtliches Schicksal haben können. Denn externe und interne Vollmacht sind zwar insofern in ihrer Wirkung gleich, als sie die Vertretungsmacht begründen; die externe Bevollmächtigung schafft aber darüber hinaus zu Gunsten des Dritten einen besonderen Vertrauenstatbestand, der durch Veränderungen, die sich bloß im Verhältnis zwischen Vertreter und Vertretenem abspielen, nicht ohne weiteres beseitigt werden kann.

Bei einseitigen Rechtsgeschäften – insbesondere Gestaltungserklärungen – ist es für den Dritten besonders misslich, wenn er sich nicht sicher sein kann, ob eine Vollmacht des Handelnden tatsächlich vorliegt; deshalb kann er die Vorlage einer Vollmachtsurkunde verlangen. Kommt der Handelnde diesem Verlangen nicht nach, so hat der Dritte die Möglichkeit einer unverzüglichen Zurückweisung des Rechtsgeschäfts, § 174 S. 1, mit der Folge, dass der Vertreter nicht wirksam handeln kann; etwas anderes gilt nur, wenn der Vertretene den Dritten in anderer

Weise von der Bevollmächtigung in Kenntnis gesetzt hat, § 174 S. 2 (dazu BGH NJW 2011, 1030).

758 dd) Das Erlöschen der Vollmacht. Wann eine erteilte Vollmacht wieder erlischt, ist in erster Linie ihr selbst zu entnehmen. Es kann zB sein, dass eine Vollmacht zeitlich befristet ist; dann tritt das Erlöschen mit Erreichen des Endtermins ein. § 168 nennt zudem zwei Erlöschensgründe für die Vollmacht:

– Die Vollmacht erlischt durch empfangsbedürftige Willenserklärung (**Widerruf**). Die grundsätzliche Möglichkeit eines solchen Widerrufs ergibt sich aus § 168 S. 2, 3/§ 167 I.

– Interessanterweise nennt das Gesetz den Widerruf nicht an erster Stelle. Vielmehr ist in § 168 S. 1 gesagt, dass sich das Erlöschen der Vollmacht grundsätzlich **nach dem ihrer Erteilung zugrunde liegenden Rechtsverhältnis** bestimmt.

Dem liegt folgende Vorstellung zu Grunde: Die Vollmacht steht wie die Verfügung nicht isoliert für sich; ihre Erteilung ist nur zu verstehen, wenn man das Rechtsverhältnis hinzuzieht, auf dem sie beruht und das den Anlass zu ihrer Erteilung gegeben hat. So wie die Übereignung einer Sache ihren Sinn nicht in sich trägt, sondern nur von dem zugrunde liegenden Kausalverhältnis her (zB dem Kaufvertrag) zweckhaft begriffen werden kann, so ist auch die bloße Vollmachterteilung nur verständlich im Hinblick auf ein zugrunde liegendes Rechtsverhältnis. Der Angestellte in einem Kaufhaus erhält die Vollmacht zur Beschaffung von Ware auf der Grundlage des Dienstvertrags mit dem Geschäftsinhaber; der Rechtsanwalt erhält die Prozessvollmacht auf Grund eines Geschäftsbesorgungsvertrages zwischen ihm und seinem Klienten. Beide – Vollmacht und Grundverhältnis – sind theoretisch streng zu trennen, auch wenn sie im faktischen Geschehen ineinander fallen können.

759 Die Trennung von Vollmacht und Grundverhältnis wirft die Frage auf, **ob die Vollmacht** in ihrem Entstehen, Fortbestehen und Erlöschen **vom Grundverhältnis abhängt oder unabhängig davon (abstrakt) ist** – wir haben das gleiche Problem wie bei den Verfügungen (Rn 453 ff). Nicht selten wird gesagt, auch die Vollmacht sei abstrakt. Dass dies nicht allgemein gilt, beweist § 168 S. 1. Denn wenn sich das Erlöschen der Vollmacht nach dem Grundverhältnis richtet, so heißt das auch, dass sie mit dem Grundverhältnis erlischt. Scheidet der bevollmächtigte Angestellte aus dem Dienstverhältnis aus, so erlischt automatisch auch die mit der dienstlichen Stellung verbundene Vertretungsmacht.

Unklar ist nach der Rspr, ob die Nichtigkeit des der Vollmacht zugrundeliegenden Schuldverhältnisses automatisch auch die Vollmacht ergreift. In der Konsequenz des § 168 S. 1 müsste die Frage bejaht werden: Wenn das angestrebte Grundverhältnis überhaupt nicht existiert, ist auch die Vollmacht nicht wirksam. Demgegenüber wendet BGH NJW 2001, 3774, 3775 die Regel des § 139 an: Es komme darauf an, ob die Vollmacht mit dem Grundgeschäft (Treuhandvertrag) nach dem Willen der Parteien zu einem einheitlichen Rechtsgeschäft iS von § 139 BGB verbunden war; das setzt gedanklich voraus, dass die Vollmacht gegenüber der Wirksamkeit des Grundverhältnisses an sich abstrakt ist, aber mit diesem zu einem einheitlichen Rechtsgeschäft verbunden werden kann. In BGHZ 153, 214, 220 hat der BGH die Frage, ob die Vollmachterteilung gegenüber dem nichtigen Grundverhältnis abstrakt ist, offengelassen.

760 Von § 168 S. 1 her sind erst die folgenden Sätze des § 168 über den **Widerruf** verständlich: Die Vollmacht erlischt mit der Auflösung des Grundverhältnisses oder zu einem sonstigen, im Grundverhältnis vereinbarten Zeitpunkt; auch vorher schon kann sie aber durch einseitigen Widerruf (§ 168 S. 2) zum Erlöschen gebracht werden, es sei denn, dass sich aus dem Grundverhältnis die Unwiderruflichkeit ergibt.

Beispiel: Der Geschäftsinhaber entzieht dem Angestellten die Vollmacht zum Einkauf; das Dienstverhältnis besteht im Übrigen fort, der Angestellte wird mit einer anderen Aufgabe betraut.

Dass überhaupt eine Vollmacht **unwiderruflich** erteilt werden kann, mag auf den ersten Blick verwundern. Diese Möglichkeit ist in Fällen angebracht, in denen der Bevollmächtigte eine verlässliche Festlegung seiner Handlungsbefugnisse benötigt, um das zugrunde liegende Rechtsverhältnis, etwa treuhänderische Vermögensverwaltung, durchführen zu können. Um die Rechtsstellung des unwiderruflich Bevollmächtigten für den Vollmachtgeber nicht allzu gefährlich werden zu lassen, zieht die Rechtsprechung der Unwiderruflichkeit **Grenzen**: **761**

- Liegt einer unwiderruflich erteilten Vollmacht kein wirksames Rechtsverhältnis zu Grunde, so ist sie frei widerruflich (RGZ 62, 335, 337; BGH JZ 1988, 873).
- Auch wenn die unwiderruflich erteilte Vollmacht auf einem wirksamen Kausalverhältnis basiert, kann sie aus wichtigem Grund, etwa bei erheblicher Überschreitung der Vertretungsmacht, widerrufen werden (BGH WM 1985, 646; BGH JZ 1988, 873, 874).

ee) Die „Abstraktheit" der extern erteilten oder bekannt gegebenen Vollmacht.
Dem Grundsatz nach ist die Vollmacht demzufolge dem zugrunde liegenden Rechtsverhältnis gegenüber nicht abstrakt. Die Abhängigkeit der Vollmacht vom Grundverhältnis wird jedoch in gewisser Weise durchbrochen bei der extern erteilten und der gemäß §§ 171, 172 nach außen mitgeteilten Vollmacht. Ein Beispiel soll die Interessenlage veranschaulichen. **762**

Fall 55: Der Verleger Schwarz (S) stellt für die Betreuung der juristischen Verlagsproduktion den Dr. Roth (R) ein. Dieser arbeitet so tüchtig, dass S ihm bald die Vollmacht zum Abschluss von Verlagsverträgen erteilt. In einem Rundschreiben an alle Autoren, die mit dem Verlag bisher zusammengearbeitet haben, teilt S die Bevollmächtigung des R mit. Dann jedoch scheidet R mit Einverständnis des S wegen politischer Auseinandersetzungen aus dem Dienstverhältnis aus. Einige Wochen später trifft R zufällig den über sein Ausscheiden aus dem Verlag nicht informierten Verwaltungsrichter H, Autor eines bei S verlegten und wenig erfolgreichen Buches über Weinrecht. Auf Verlagsvordrucken, die R noch hat, schließt er mit H im Namen des S einen Vertrag über die Publikation eines mehrbändigen Handbuchs „Lebensmittelrecht" ab. Ist der Vertrag für S wirksam geworden?

Der Verlagsvertrag ist mit Wirkung für S zustande gekommen, wenn R zum Zeitpunkt des Vertragsabschlusses Vollmacht des S hatte. Vollmacht war dem R erteilt worden. Es ist aber zu fragen, ob sie inzwischen erloschen war. Zum Zeitpunkt des Vertragsabschlusses war das Dienstverhältnis zwischen S und R bereits aufgelöst. Wenden wir § 168 S. 1 an, so ist damit die Vollmacht erloschen, der Vertrag für S daher nicht wirksam. Dieses Ergebnis erscheint jedoch wenig gerecht, da H sich auf die Mitteilung des S, dass R bevollmächtigt sei, glaubte verlassen zu können.

763 Deshalb stellt das BGB in den §§ 170–173 für die extern erteilte und die nach außen mitgeteilte Vollmacht besondere Regeln auf, die dem Umstand, dass der Vertretene für den Dritten einen **Vertrauenstatbestand** geschaffen hat, Rechnung tragen.

§ 170: Die extern erteilte (§ 167 I Alt. 2) Vollmacht bleibt zu Gunsten des Dritten, demgegenüber sie erteilt ist, so lange in Kraft, bis ihm das Erlöschen vom Vollmachtgeber angezeigt ist.

§ 171 I, II: Hat jemand durch eine besondere Mitteilung an einen Dritten oder durch öffentliche Bekanntmachung (an jeden Dritten) bekannt gemacht, dass er den Vertreter bevollmächtigt habe, so bleibt die Vertretungsmacht bestehen, bis sie in derselben Weise, in der sie erfolgt ist, widerrufen wird.

§ 172 I, II: Hat der Vollmachtgeber dem Stellvertreter eine Vollmachtsurkunde ausgehändigt und hat dieser sie dem Dritten vorgelegt, so bleibt die Vertretungsmacht bestehen, bis die Urkunde dem Vollmachtgeber zurückgegeben oder für kraftlos erklärt wird; zur Verwendung einer Kopie der Vollmachtsurkunde durch den Vertreter BGH JA 2002, 913 m. Anm. *Löhnig.*

§ 173: Das in §§ 170, 171 II und 172 II angeordnete Fortbestehen der Vertretungsmacht findet **nicht** statt, wenn der Dritte, um den es im konkreten Fall geht, das Erlöschen der Vertretungsmacht bei Vornahme des Rechtsgeschäfts kannte oder kennen musste.

764 Diese Vorschriften sind Ausnahmeregelungen zu § 168. Für die in § 168 S. 1 normierte Abhängigkeit der Vollmacht vom Grundverhältnis bedeuten sie: Erlischt die Vollmacht mit dem Grundverhältnis nach der Regel des § 168 S. 1, so bleibt sie zu Gunsten des Dritten, der das Erlöschen weder kennt noch kennen muss, gleichwohl aufrechterhalten, solange nicht gerade diesem Dritten gegenüber die in § 170 (Mitteilung), § 171 (Widerruf der Kundgabe) und § 172 II (Rückgabe oder Kraftloserklärung der Vollmachtsurkunde) bezeichneten Ereignisse eingetreten sind. Auf diese Weise *kann bei der externen Vollmacht die Vertretungsmacht das zugrunde liegende Rechtsverhältnis überdauern.* Man kann also sagen: Zum Schutze des „redlichen" Dritten ist die extern erteilte und die nach außen mitgeteilte Vollmacht abstrakt gegenüber dem Grundverhältnis.

> In unserem **Fall 55** kommt § 171 zur Anwendung. Zwar war die Vollmacht an sich gem. § 168 S. 1 erloschen. Die Tatsache der Bevollmächtigung ist aber von S durch besondere Mitteilung dem H bekannt gegeben worden. Also bleibt die Vertretungsmacht dem H gegenüber bestehen, bis die Kundgabe ihm gegenüber widerrufen wird, vorausgesetzt, dass er das Erlöschen der Vertretungsmacht, dh das Ausscheiden des R aus dem Verlag, weder kannte noch kennen musste. Da dem H kein Widerruf vonseiten des S zuging, hängt die Lösung des Falles davon ab, ob H das Erlöschen kannte oder kennen musste. Positive Kenntnis scheidet nach dem Sachverhalt aus. Für das „Kennenmüssen", dh gemäß der Legaldefinition des § 122 II die fahrlässige Unkenntnis, gibt der Sachverhalt keine Anhaltspunkte, es käme also auf die näheren Umstände an; lassen diese sich nicht klären, so ist davon auszugehen, dass H das Erlöschen nicht kennen musste, weil § 173 eine feststellungsbedürftige Ausnahme zu den Regeln der §§ 170–172 normiert.

765 Die Vorschriften der §§ 170 – 173 bilden nicht nur eine **Ausnahmeregelung** zu § 168 S. 1, sondern auch **zur Regelung des Widerrufs der Vollmacht** nach § 168 S. 2 und

3. Nach § 168 S. 2 findet auf die Erklärung des Widerrufs die Vorschrift des § 167 I entsprechende Anwendung. Das bedeutet: Der Widerruf der Vollmacht kann sowohl „intern" durch Erklärung gegenüber dem Stellvertreter als auch „extern" gegenüber dem Geschäftspartner erfolgen. Der Vollmachtgeber hat zwischen diesen beiden Formen die Wahl, gleichgültig, in welcher Form die Vollmachtserteilung erfolgte: Eine extern erteilte Vollmacht kann also wirksam auch intern widerrufen werden. Auch für diesen Fall gelten aber die Vorschriften der §§ 170 – 173: Wird eine extern erteilte (§ 170) oder nach außen kundgegebene (§§ 171, 172) Vollmacht intern widerrufen, so bleibt die Vertretungsmacht wiederum Dritten gegenüber bis zu dem in §§ 170 –172 genannten Zeitpunkt aufrechterhalten, wenn sie nicht unredlich sind, § 173.

Literatur zu Problemen der Vollmacht: *J. Knoche*, Die Vollmacht und ihr Verhältnis zu den Rechtsbeziehungen zwischen Vollmachtgeber und Vertreter, JA 1991, 281; *R. Schwarze*, Die Anfechtung der ausgeübten (Innen-)Vollmacht, JZ 2004, 588.

ff) Duldungs- und Anscheinsvollmacht.
▶ Falltraining 1, Fälle 36, 55   **766**

Im Anschluss an die Regelung der §§ 170–173 wird das allgemeine Problem erörtert, ob nicht unter bestimmten Voraussetzungen ein Rechtsgeschäft, das ein Vertreter abschließt, für den Vertretenen wirksam ist, obwohl dieser keine ausdrückliche oder überhaupt keine Vollmacht erteilt hat. Dieses Problem wird überwiegend unter den Stichworten „Duldungsvollmacht" und „Anscheinsvollmacht" abgehandelt.

Von **Duldungsvollmacht** spricht man, wenn der Vertretene dem Vertreter keine ausdrückliche Vollmacht erteilt hat, wenn er aber dessen Auftreten als Vertreter kennt und ihn dabei zurechenbar gewähren lässt. Es handelt sich letztlich um eine Vollmacht durch konkludentes Handeln (*Flume*, AT II, § 49, 3).

> Nach BGH (NJW 2002, 2325, 2327; 2004, 2745, 2747) setzt die Duldungsvollmacht voraus,
> – dass der Vertretene weiß, dass ein anderer für ihn als Vertreter auftritt,
> – dass der Vertretene dies geschehen lässt, obschon er das Auftreten des Vertreters verhindern könnte,
> – und der Vertragspartner dieses bewusste Dulden trotz Verhinderungsmöglichkeit dahin versteht und nach Treu und Glauben auch verstehen darf, dass der als Vertreter Handelnde bevollmächtigt ist.

Von **Anscheinsvollmacht** spricht man, wenn der Vertretene zwar nicht wusste, dass   **767** ein anderer als sein Stellvertreter auftritt, wenn er es aber bei pflichtgemäßer Sorgfalt hätte erkennen und verhindern können und wenn der Geschäftsgegner nach allen ihm bekannten Umständen davon ausgehen konnte, dass dem Vertretenen das Vertreterhandeln zumindest nicht habe verborgen bleiben können (BGH NJW 1998, 1854). Unter diesen Voraussetzungen soll zum Schutze des Geschäftspartners der Vertreter *als bevollmächtigt gelten*. Es liegt somit einer der Fälle vor, in denen aus besonderen Gründen einem nicht rechtsgeschäftlichen Handeln rechtsgeschäftliche Wirkungen beigemessen werden. Eine Anscheinsvollmacht kann auch dann zu bejahen sein, wenn eine Vollmacht unwirksam erteilt, dem redlichen Geschäftspartner gegenüber aber der zurechenbare Anschein einer wirksamen Vollmacht erweckt wurde (BGHZ 102, 60, 64); das gilt jedoch nur, wenn der Vollmachtgeber die Nichtigkeit kennen musste (BGH NJW 2005, 2985).

Die Anscheinsvollmacht setzt also voraus:

1) Der Vertretene kannte das vollmachtlose Handeln des Vertreters zwar nicht, aber er hätte es bei zumutbarer Sorgfalt kennen bzw voraussehen können.

2) Der Vertretene konnte durch zumutbare Maßnahmen das Auftreten des Vertreters verhindern oder die mangelnde Vertretungsmacht klarstellen.

3) Der Geschäftspartner hat auf das Bestehen der Vertretungsmacht vertraut und *durfte* nach allen ihm erkennbaren Umständen auch darauf vertrauen.

Literatur: *W. Fikentscher*, Scheinvollmacht und Vertreterbegriff, AcP 154 (1955), 1; *C.-W. Canaris*, Die Vertrauenshaftung im deutschen Privatrecht, 1971, 28; *G. v. Craushaar*, Die Bedeutung der Rechtsgeschäftslehre für die Problematik der Scheinvollmacht, AcP 174, 2; *F. Peters*, Zur Geltungsgrundlage der Anscheinsvollmacht, AcP 179, 214; *K. Schmidt*, Falsus procurator – Haftung und Anscheinsvollmacht, FS Gernhuber, 1993, 435; *J. Kindl*, Rechtsscheintatbestände und ihre rückwirkende Beseitigung, 1999; *H. Merkt*, Die dogmatische Zuordnung der Duldungsvollmacht zwischen Rechtsgeschäft und Rechtsscheintatbestand, AcP 204 (2004), 638; *A. Bornemann*, Rechtsscheinsvollmachten in ein- und mehrstufigen Innenverhältnissen, AcP 207 (2007), 102.

3. Ausschluss der Stellvertretung

768 Auch wenn die bisher erörterten Voraussetzungen der Stellvertretung vorliegen, kann sie aus besonderem Grunde scheitern.

(1) Keinerlei wirksame Willenserklärung, also auch nicht eine solche im fremden Namen, können **Geschäftsunfähige** abgeben (§ 105 I, siehe oben Rn 710).

Hingegen kann der beschränkt geschäftsfähige Stellvertreter auch ohne die Zustimmung seines gesetzlichen Vertreters wirksam handeln (§ 165), da das Geschäft nicht ihn selbst, sondern einen anderen trifft.

(2) Bei einer Reihe von Rechtsgeschäften ist die **Stellvertretung** wegen des besonderen Charakters der Erklärung **ausgeschlossen**. Der Ausschluss der Stellvertretung wird dadurch ausgedrückt, dass das Gesetz die *persönliche* Abgabe einer Erklärung oder die *persönliche* Vornahme des Geschäfts (zB § 2064: persönliche Testamentserrichtung) vorschreibt, oder dass ausgesagt wird, eine Erklärung könne nicht durch einen Vertreter erfolgen (zB § 1596 IV). Auch ohne entsprechende Gesetzesvorschrift kann sich die Unzulässigkeit der Vertretung aus der höchstpersönlichen Natur der Erklärung ergeben (zB können die Eltern als gesetzliche Vertreter nicht im Namen ihres minderjährigen Kindes ein Verlöbnis eingehen).

769 (3) Nach **§ 181** kann ein Vertreter dem Grundsatz nach kein Rechtsgeschäft mit sich selbst im eigenen Namen oder mit sich als Vertreter einer weiteren Person abschließen (**Verbot des Insichgeschäfts**). Das Insichgeschäft weist gemäß § 181 **zwei Erscheinungsformen** auf:

(a) Jemand ist bevollmächtigter Stellvertreter eines anderen; er will ein Rechtsgeschäft tätigen, insbesondere einen Vertrag schließen, indem er als Inhaber zweier Rollen auftritt, nämlich erstens als Stellvertreter des anderen und zweitens im eigenen Namen (**Selbstkontrahieren**).

Beispiel: Der zum Verkauf bevollmächtigte Angestellte verkauft an sich selbst.

(b) Jemand ist von zwei verschiedenen Personen bevollmächtigt; er will ein Rechtsgeschäft tätigen, indem er wiederum zugleich in zwei Rollen auftritt, nämlich sowohl als Vertreter des einen wie des anderen Vollmachtgebers (**Mehrvertretung**).

Beispiel: Ein Architekt hat sowohl von einem Bauunternehmer als auch von einem bauwilligen Grundstückseigentümer Vollmacht erhalten, einen Werkvertrag über die Errichtung eines Wohnhauses mit einem geeigneten Partner abzuschließen; der Architekt gibt als Vertreter des Bauunternehmers einen Antrag ab, den er als Vertreter des Grundstückseigentümers annimmt.

Die Rechtsordnung steht vor der Frage, ob sie solche Geschäfte zulassen will. Dagegen **770** spricht vor allem die Gefahr der Interessenkollision beim Vertreter. Der Vertragsschluss ist idealtypisch das Ergebnis eines ausgehandelten Interessenausgleichs. Dieses Ergebnis ist gefährdet, wenn Vertragsschluss und Vertragsinhalt nur noch von einer Person – die theoretisch in unterschiedlichen Rollen handelt – bestimmt wird. Deshalb ist es dem Vertreter nach § 181 **grundsätzlich verwehrt**, ein Insichgeschäft wirksam zu tätigen. Vom Verbot des Insichgeschäfts werden wichtige **Ausnahmen** gemacht:

– Das Insichgeschäft ist soweit zulässig, als es dem Vertreter durch den Vollmachtgeber *gestattet* ist (arg.: „soweit nicht ein anderes ihm gestattet ist").
– Ferner ist nach § 181 das Insichgeschäft zulässig, wenn das Geschäft *ausschließlich in der Erfüllung einer Verbindlichkeit* besteht; hier besteht nicht die Gefahr des Interessenkonflikts wie beim Aushandeln des Verpflichtungsgeschäfts.
– Dem fügt die Rechtsprechung eine dritte Ausnahme hinzu: Das Insichgeschäft ist erlaubt und wirksam, wenn das Rechtsgeschäft dem Vertretenen *lediglich einen rechtlichen Vorteil* bringt (Anlehnung an den Rechtsgedanken in § 107; zB bei einer Schenkung, siehe BGHZ 59, 236; 94, 232).

Literatur: *U. Hübner*, Interessenkonflikt und Vertretungsmacht, 1977; *W. Timm*, AcP 193 (1993), 423.

4. Wirkungen der Stellvertretung

Handelt der Stellvertreter im Rahmen seiner Vertretungsmacht, so wirkt das Geschäft **771** **ausschließlich für und gegen den Vertretenen**. Der Vertreter selbst wird durch das Geschäft weder berechtigt noch verpflichtet.

Darauf ist es zurückzuführen, dass die beschränkte Geschäftsfähigkeit des Vertreters keinen Einfluss auf die Wirksamkeit seiner Vertretertätigkeit hat (§ 165); da er selbst nicht haftet, bedarf er keines Minderjährigenschutzes.

Den Vertreter können *ausnahmsweise* Schadensersatzansprüche treffen. Ein Schuldverhältnis mit den Nebenpflichten des § 241 II kann auch zu einer Person entstehen, die nicht selbst Vertragspartei werden soll (§ 311 III 1; siehe unten Rn 966 ff). Das ist insb der Fall, wenn sich der Vertreter bei Abschluss oder Durchführung des Vertrages eine Pflichtwidrigkeit gegenüber dem Geschäftspartner hat zu Schulden kommen lassen *und* am Abschluss des Vertrages ein wirtschaftliches Eigeninteresse hat oder für sich besonderes persönliches Vertrauen in Anspruch genommen und dadurch die Verhandlungen oder die Durchführung des Vertrages beeinflusst hat (§ 311 III 2).

772 Leidet die Willenserklärung, die ein Stellvertreter im Rahmen seiner Vertretungsmacht abgegeben hat, unter einem **Willensmangel**, etwa einem nach § 119 II relevanten Irrtum, so fragt sich, bei welcher Person dieser Mangel vorliegen muss, um rechtlich beachtlich zu sein – in der Person des Vertretenen oder des Vertreters. Die Vorschrift des **§ 166**, die in zahlreichen, ähnlich gelagerten Konstellationen analog angewendet wird, unterscheidet:

- **Grundsätzlich** kommt es nicht auf die Person des Vertretenen, sondern die des **Vertreters** an (§ 166 I). Dies ist folgerichtig, da sich der Geschäftswille beim Stellvertreter bildet. Anfechtbar (und zwar durch den Vertretenen) ist das Geschäft also dann, wenn der Stellvertreter sich nach § 119 geirrt hat, wenn der Stellvertreter arglistig getäuscht worden ist, usw. Darauf, ob auch der Vertretene von einem Willensmangel betroffen war, kommt es nicht an. Das gleiche gilt, soweit es für die Rechtswirkungen einer Erklärung auf die **Kenntnis** oder das **Kennenmüssen** gewisser Umstände ankommt, zB bei der Schadensersatzpflicht nach § 122 gemäß § 122 II.

- **Jedoch** kann sich der Vertretene auf eine Unkenntnis des Vertreters von bestimmten Umständen **nicht berufen**, wenn der Vertreter nach bestimmten Weisungen des Vertretenen gehandelt hat *und* der Vertretene diese Umstände kannte (§ 166 II 1). Der „wissende" Vertretene, nach dessen Weisungen ein Geschäft geschlossen wird, soll sich nicht hinter dem Unwissen seines Vertreters verstecken können. Das Prinzip gilt entsprechend, wenn es auf das Kennenmüssen ankommt (§ 166 II 2).

Zu Problemen des § 166: *E. Schilken*, Wissenszurechnung im Zivilrecht. Eine Untersuchung zum Anwendungsbereich des § 166 BGB innerhalb und außerhalb der Stellvertretung, 1983; *F. Bayreuther*, § 166 I BGB als zivilrechtliche Einstandspflicht für fremdes Handeln, JA 1998, 459; *V. Beuthin*, Zur Wissenszurechnung nach § 166 BGB, NJW 1999, 3595; *P. Buck*, Wissen und juristische Person, Wissenszurechnung und Herausbildung zivilrechtlicher Organisationsfreiheiten, 2001.

5. Vertretung ohne Vertretungsmacht

▶ Falltraining 2, Teil 1 Fall 7

a) Ausgangslage

773 Ganz anders muss sich die Rechtslage darstellen, wenn ein Stellvertreter **ohne hinreichende Vertretungsmacht** (als **falsus procurator**) gehandelt hat, wenn nämlich

- zur Zeit der Vornahme des Vertreterhandelns keine Vertretungsmacht bestand, oder
- wenn zwar eine Vertretungsmacht bestand, der Vertreter aber ihren Rahmen überschritten hat (Überschreitung der Vollmacht: zB der zu Verkäufen bevollmächtigte Angestellte nimmt Einkäufe vor).

Dem Überschreiten der Vertretungsmacht wird der Fall gleichgestellt, dass der Vertreter die ihm erteilte Vertretungsmacht **treuwidrig missbraucht** und dies dem Geschäftspartner bekannt ist oder wenn der Geschäftspartner grob fahrlässig die Augen davor verschließt (BGH NJW-RR 2004, 247, 248). Die hier in Betracht kommenden Konstellationen sind wie folgt gelagert: Der Vertreter handelt an sich im Rahmen der ihm erteilten Vollmacht; er macht aber von dieser Vollmacht einen für den Vollmachtgeber schädlichen, pflichtwidrigen Gebrauch; der Geschäftspartner erkennt diesen Missbrauch oder die Umstände des Geschäfts drängen zumindest den Verdacht des Missbrauchs auf (vgl BGH NJW-RR 1992, 1135, 1136). Die Rechtsfolgen des Missbrauchs der Vertretungsmacht können auch dann eintreten, wenn der Vertreter selbst nicht vorsätzlich handelte, der Fehlgebrauch der Vollmacht dem Geschäftspartner aber bekannt oder evident war (BGH NJW 1988, 3012). Andererseits ist nach Auffassung des BGH ein Rechtsgeschäft, bei dem Vertreter und Geschäftspartner *bewusst zum Nachteil des Vertretenen zusammenwirken*, nach § 138 I nichtig (BGH NJW 1999, 2882, 2883; NJW-RR 2004, 247, 248).

Handelt der Vertreter ohne hinreichende Vertretungsmacht, so ergeben sich zwei Fragen:

(1) Welche Rechtsfolgen ergeben sich aus dem Handeln ohne Vertretungsmacht für den Vertretenen?

(2) Welche Rechtsfolgen ergeben sich für den Vertreter?

b) Folgen für den Vertretenen

aa) Verträge. Die Frage, ob sich aus einem Handeln ohne Vertretungsmacht **774** Rechtsfolgen für den Vertretenen ergeben, mag verwundern. Denn man möchte meinen, dass den Vertretenen unter diesen Umständen keine Folgen treffen. Mietet jemand, den ich nicht dazu bevollmächtigt habe, in meinem Namen eine Wohnung, so geht mich das – so könnte man denken – nichts an. Das Gesetz sieht die Lage indes differenzierter, weil es vorkommt, dass das Geschäft für den Vertretenen günstig ist. Es kann der Vertretene durchaus ein Interesse daran haben, das vom falsus procurator abgeschlossene Geschäft für sich gelten zu lassen.

Für **Verträge** bestimmt daher § 177 I: Ob ein Vertrag, den der falsus procurator abgeschlossen hat, für den Vertretenen wirksam ist, hängt von dessen Genehmigung ab. Genehmigt der Vertretene das Geschäft durch Erklärung gegenüber dem Vertreter oder dem Vertragspartner, so wirkt dies auf den Zeitpunkt der Vornahme des Rechtsgeschäfts zurück (§ 184 I); es wird also so angesehen, als sei der Vertreter von vorneherein bevollmächtigt gewesen. Verweigert der Vertretene die Genehmigung, so steht fest, dass er aus dem Vertrag nicht berechtigt und verpflichtet wird; es bleibt dann nur die Frage, inwieweit der Stellvertreter selbst dem Vertragspartner einzustehen hat (dazu Rn 778 ff).

Gemäß § 182 II bedarf die Genehmigung nicht der für das abgeschlossene Rechtsgeschäft selbst bestimmten Form. Der Auffassung, dass diese Vorschrift zumindest bei Grundstücksgeschäften (§ 311b I) einschränkend auszulegen sei, ist der BGH entgegengetreten (NJW 1994, 1344).

Die Wahlmöglichkeit für den Vertretenen lässt einen **Schwebezustand** entstehen, in **775** dem ungewiss ist, ob der Vertretene genehmigen wird oder nicht (ganz ähnlich beim Handeln des beschränkt Geschäftsfähigen ohne die notwendige Einwilligung des gesetzlichen Vertreters, § 108). Im Interesse des Vertragspartners soll dieser Schwebezustand nicht zu lange andauern; denn der Partner will berechtigterweise bald wissen, woran er ist. Der Vertretene hingegen könnte versucht sein, die Entscheidung über die Genehmigung hinauszuziehen, wenn er sich über die Vorteile und Nachteile des Geschäfts nicht im Klaren ist.

Dem Vertragspartner bietet § 177 II die Möglichkeit, den Schwebezustand begrenzt zu halten. Der Vertragspartner kann den Vertretenen **zu einer Erklärung über die Genehmigung auffordern.** Der Empfang (= Zugang) der Aufforderung setzt eine Frist von zwei Wochen in Lauf; wird die Genehmigung nicht bis zum Ablauf dieser Frist erklärt, so „gilt sie als verweigert". Die Aufforderung hat noch andere wichtige Folgen (§ 177 II 1); insbesondere bewirkt sie, dass eine Erklärung über die Genehmigung nur noch gegenüber dem Vertragspartner, nicht mehr dem Vertreter gegenüber erfolgen kann. Auch dies dient dem Bedürfnis des Vertragspartners nach Klarheit über die Rechtslage.

Der Vertragspartner kann schließlich den Schwebezustand dadurch beenden, dass er den Vertrag (eigentlich: seine Willenserklärung) **widerruft.** Dies ist ihm bis zur Genehmigung des Vertrages durch den Vertretenen möglich, wenn er nicht den Mangel der Vertretungsmacht bei Geschäftsabschluss gekannt hat (§ 178).

776   Insgesamt kann man die Lage wie folgt schildern: Schließt ein Vertreter einen Vertrag ohne Vertretungsmacht ab, so entsteht, was die Wirksamkeit für den Vertretenen angeht, ein Schwebezustand. Dieser wird beendet

> (1) durch die Genehmigung des Vertretenen;
>
> (2) durch die Erklärung des Vertretenen, dass er die Genehmigung verweigere;
>
> (3) durch fruchtlose Aufforderung und Fristablauf nach § 177 II;
>
> (4) durch Widerruf vonseiten des Vertragspartners, § 178.

In den Fällen (2) bis (4) hat der Vertrag für den Vertretenen keine Wirkung.

777   **bb) Einseitige Rechtsgeschäfte.**   Eine andere Regelung als für Verträge gilt gem. § 180 für **einseitige Rechtsgeschäfte** (dazu auch Rn 757 aE). Zu Gunsten dessen, der durch eine einseitige Erklärung in seiner Rechtsstellung betroffen ist, erklärt § 180 S. 1 die Vertretung ohne Vertretungsmacht für „unzulässig". Ein Schwebezustand nach § 177 entsteht nicht; das Vertreterhandeln ist nicht genehmigungsfähig und daher von vornherein unwirksam. Freilich macht § 180 S. 2 eine wesentliche Einschränkung: Hat derjenige, demgegenüber das einseitige Rechtsgeschäft vorgenommen wurde, die von dem Vertreter behauptete Vertretungsmacht nicht beanstandet oder ist er damit einverstanden gewesen, dass der Vertreter ohne Vertretungsmacht handele, so gelten §§ 177–179 entsprechend.

c)   Folgen für den Vertreter

778   Verweigert der Vertretene die Genehmigung oder gilt die Genehmigung gem. § 177 II 2 als verweigert, so mag sich der Vertragspartner an den Stellvertreter selbst halten wollen. Indes würde eine generelle Einstandspflicht der Interessenlage des

Vertreters nicht immer gerecht. Möglicherweise hat er geglaubt, zur Vertretung ermächtigt zu sein und hat in guter Absicht gehandelt. Das Gesetz differenziert daher:

(1) Hat der Vertreter den **Mangel der Vertretungsmacht nicht gekannt** (§ 179 II), so ist er dem Vertragspartner „nur" zum Ersatz desjenigen Schadens verpflichtet, den der andere Teil dadurch erleidet, dass er auf die Vertretungsmacht vertraut; die Ersatzpflicht geht jedoch nicht über den Betrag des Interesses hinaus, das der andere an der Wirksamkeit des Vertrages hat. Einfacher ausgedrückt: Der Vertreter hat den Vertrauensschaden zu ersetzen, höchstens aber bis zur Grenze des Erfüllungsschadens (Rn 596). Die Schadensersatzpflicht setzt kein Verschulden des Vertreters voraus: Der Vertreter haftet dem Vertragspartner demnach auch dann, wenn er ohne Fahrlässigkeit geglaubt hat, zur Stellvertretung ermächtigt zu sein!

(2) Hat der Vertreter den **Mangel der Vertretungsmacht gekannt**, so ist er dem Vertragspartner nach dessen Wahl zur Erfüllung oder zum Ersatz des Erfüllungsschadens (Schadenersatz statt der Leistung) verpflichtet (§ 179 I). Verlangt der Vertragspartner Erfüllung, so muss er dem Vertreter seinerseits die Rechte aus dem Vertrag zugestehen, die der Vertretene gehabt hätte, wenn der Vertrag mit Wirkung für ihn zustande gekommen wäre.

Dieser sehr weit reichenden Haftung stehen zwei **Einwendungen** gegenüber: **779**

(a) Nach **§ 179 III 1** entfällt die Haftung des falsus procurator – sowohl nach § 179 I als auch nach § 179 II –, wenn der Geschäftspartner den Mangel der Vertretungsmacht *kannte oder kennen musste*. Jede Art von fahrlässiger Unkenntnis (§ 122 II!) schließt die Ansprüche des anderen Teils gänzlich aus (vgl BGH JA 2009, 541 m. Anm. *Stadler*). Dies ist schon dann der Fall, wenn der Vertragspartner einem gewissen Verdacht, der Vertreter könnte ohne Vollmacht sein, leicht fahrlässig nicht nachgegangen ist. Diese Regelung erscheint als nicht geglückt. Die Sorgfaltsanforderungen an den Geschäftspartner dürfen in diesem Zusammenhang daher nicht überspannt werden: Behauptet jemand, bevollmächtigter Vertreter eines anderen zu sein, so darf der Geschäftspartner im Allgemeinen darauf vertrauen. Wenn die Umstände des Einzelfalls zu weiteren Erkundigungen über das Bestehen einer wirksamen Vollmacht Anlass gaben, die der Geschäftspartner aber unterlassen hat, liegt Fahrlässigkeit vor (ähnlich BGH NJW 2000, 1407).

(b) Ferner entfällt die Haftung des Vertreters nach § 179 I und II, wenn der Vertreter **beschränkt geschäftsfähig** ist (vgl § 165) und der gesetzliche Vertreter dem Auftreten als Stellvertreter nicht zugestimmt hat (§ 179 III 2). Hier geht der Schutz des Minderjährigen dem Schutz des Geschäftspartners vor. Bedenklich ist hier die Minderjährigenhaftung in dem Fall, dass der gesetzliche Vertreter mit dem Auftreten des Minderjährigen als falsus procuratur einverstanden war.

6. Übersicht

Wenn geprüft werden soll, ob jemand ein Geschäft wirksam als Vertreter eines anderen abgeschlossen hat, so kommt es auf folgende rechtliche Gesichtspunkte an: **780**

---

1) Hat der Betreffende als Stellvertreter (nicht nur Bote) gehandelt?

2) Hat er erkennbar im Namen des Vertretenen gehandelt? Entbehrlich bei „Handeln für den, den es angeht

3) Bestand für den Vertreter eine Vertretungsmacht? Gesetzliche Vertretungsmacht? Vollmacht?

bei Vollmacht:

a) erteilt? § 167

b) wieder erloschen? §§ 168–174

c) Duldungs- oder Anscheinsvollmacht?

4) Handelte der Vertreter innerhalb seiner Vertretungsmacht?

bei gesetzlicher Vertretungsmacht: gesetzliche Vorschriften

bei Vollmacht: ist Vollmacht überschritten oder liegt ein Fall des Vollmachtsmissbrauchs vor?

Beachte auch hier: mögliche Erweiterung der Vollmacht nach den Prinzipien der Duldungs- und Anscheinsvollmacht.

5) Ist die Stellvertretung im konkreten Fall ausgeschlossen?

a) Geschäftsunfähigkeit des Vertreters

b) Vertretungsfeindliches Geschäft? (gesetzliche Vorschriften oder höchstpersönliche Natur des Geschäfts)

c) Unerlaubtes Insichgeschäft? § 181

Kapitel 10
Die Allgemeinen Geschäftsbedingungen

▶ Falltraining 1, Fälle 65, 67; Falltraining 2, Teil 1 Fälle 6, 10

1. Zur Problematik

781 **Fall 56:** Der Fußballklub FC X (eV) in X-Stadt unterhält ein vereinseigenes Stadion, in dem er Wettbewerbsspiele veranstaltet. Die erfolgreiche Mannschaft des FC X lockt trotz hoher Eintrittspreise große Zuschauermengen an, so auch beim Heimspiel des FC X gegen die Mannschaft des VfL Y. Auch der Fußballfan Z erwirbt eine Eintrittskarte zu diesem Spiel (Stehplatz, Block E, Nordkurve, 35 €). In der Nordkurve häufen sich die Zuschauer an. Unter der Last der nach unten drängenden Massen bricht ein Geländer, das verrostet ist, ab. Z kommt zu Fall und wird schwer verletzt. Er verlangt vom FC X Schadensersatz. Dieser weigert sich mit dem Hinweis darauf, dass er die Haftung ausgeschlossen habe. In der Tat steht auf der Rückseite der von Z erworbenen Eintrittskarte folgender Text: „Auf Verlangen vorzuzeigen. Den Anweisungen der Ordner ist Folge zu leisten. Jedwede Haftung für Personen- und Sachschäden – auch soweit sie auf dem baulichen Zustand der Stadionanlage beruhen – ist ausgeschlossen."

Grundsätzlich steht Z Anspruch auf Schadensersatz zu. Er hat mit dem Verein einen Vertrag geschlossen, der den Verein verpflichtete, ihm von einem bestimmten Zuschauerblock der Stadionanlage aus das Beobachten des Spieles gegen Entgelt zu ermöglichen. Schutzpflicht des Vereins war es, im Stadionbereich alle zumutbaren Maßnahmen zu treffen, um die Zuschauer vor Schäden zu bewahren. Verletzt der Verein diese Pflicht schuldhaft, so trifft ihn die Schadensersatzpflicht aus § 280 I (Rn 946 ff). Dabei wird dem Verein ein Verschulden seiner satzungsmäßigen Vertreter (etwa ein Organisationsverschulden des Vorstands) nach § 31, ein Verschulden von Hilfspersonen nach § 278 zugerechnet. Beruhte der Unfall – wie angenommen werden kann – darauf, dass die Geländer auf Grund des Rostbefalls nicht mehr hinreichend belastungsfähig waren, so muss dem Verein ein Versäumnis in der sicherheitstechnischen Überprüfung der Anlagen zum Vorwurf gemacht werden. Auch eine Haftung aus § 823 I kommt in Betracht; im Rahmen dieser Vorschriften hat der Verein für ein Verschulden seiner satzungsmäßigen Vertreter nach § 31, für Hilfspersonen nach Maßgabe des § 831 einzustehen.

Entscheidend ist folglich, ob sich der Verein durch den Aufdruck auf der Rückseite **782** der Eintrittskarte wirksam von der vertraglichen und deliktischen Haftung „freigezeichnet" hat. Ein vertraglicher Ausschluss der Schadensersatzhaftung im Rechtsverhältnis unter bestimmten Personen ist im Rahmen der Vertragsfreiheit möglich. Allgemeine Grenze für solche Vereinbarungen bildet außer § 138 die Vorschrift des § 276 III, wonach eine Haftung wegen Vorsatzes nicht im Voraus erlassen werden kann; doch spielt dieser Gesichtspunkt hier keine Rolle, da wir nicht von einem vorsätzlichen Handeln ausgehen können.

Gleichwohl ergeben sich gegen eine Wirksamkeit des Haftungsausschlusses in unserem Fall gravierende Bedenken. Geltungsgrund des Haftungsausschlusses kann nur eine Vereinbarung zwischen dem Verein und Z sein. Können wir aber eine Einigung der Parteien über diesen Punkt annehmen, wenn Z erst *nach* Vertragsschluss (Erwerb der Eintrittskarte) von der Existenz der Freizeichnungsklausel erfahren konnte oder erfahren hat? Aber selbst wenn der Verein durch einen Aushang an den Kassenhäuschen darauf hingewiesen hätte, dass er den Vertrag mit den Zuschauern nach Maßgabe seiner auf der Eintrittskarte abgedruckten Vertragsklauseln abschließe, sind noch nicht alle Bedenken ausgeräumt. Auch dann bleibt nämlich zweifelhaft, ob wir von vertraglicher Einigung über den Haftungsausschluss sprechen können. Anschläge solcher Art bleiben überwiegend ungelesen oder unbeachtet. Und selbst wenn ein Kartenerwerber den Anschlag zur Kenntnis nimmt, wird er gewöhnlich die Möglichkeit, die Vertragsbedingungen des Vereins vor Erwerb einer Karte zur Kenntnis zu nehmen, ungenutzt verstreichen lassen. Ihn interessiert in diesem Augenblick die Hauptsache, nämlich der Zugang zum Stadion; auf Regelungsmodalitäten für Haftungsfälle, mit denen er gar nicht rechnet, ist seine Aufmerksamkeit nicht gerichtet. Können wir daher sagen, der Zuschauer habe sich mit dem Verein über den Haftungsausschluss wirklich „geeinigt"?

Angenommen nun aber, der Verein hätte auch solchen Bedenken Rechnung getragen **783** und hätte an den Kassenhäuschen nicht nur auf seine Vertragsbedingungen verwiesen, sondern ihren Inhalt weithin sichtbar auf großen Plakaten abgedruckt. Auch dann wären unsere Zweifel an der Wirksamkeit des Haftungsausschlusses nicht völlig unterdrückt. Wir könnten dann zwar davon ausgehen, dass diese nicht zu übersehenden Klauseln vom Kartenerwerber akzeptiert werden. Fraglich ist jedoch, ob dies mit einem vom Sinn der Privatautonomie geforderten Maß an *Freiwilligkeit* geschieht. Der Verein drängt dann den Zuschauern einseitig eine für ihn günstige, für den Zuschauer ungünstige Regelung auf und stellt die Zuschauer vor die Wahl, entweder diese zu akzeptieren oder auf den Besuch des Fußballspiels zu verzichten. Zu einem solchen Verfahren ist der Verein nur in der Lage, weil es dem einzelnen Zuschauer praktisch unmöglich ist, eine andere Vertragsgestaltung zu erreichen: Einmal, weil dieser oft die Auswirkung juristischer Klauseln nicht abschätzen, zum anderen, weil er eine für sich günstigere Regelung nicht durchsetzen kann. Erlegt eine Partei des Vertragsschlusses auf Grund ihrer Überlegenheit ihre vorformulierten Vertragsklauseln der anderen Partei auf, so ergibt sich mithin das Problem, ob der schwächere Teil des besonderen Schutzes vor Benachteiligung bedarf.

784   Die Verwendung vorformulierter Vertragsbestimmungen, die von einer Partei der anderen auferlegt werden, bildet eine weit **verbreitete Erscheinung** unseres Geschäftslebens und ein Grundproblem unserer Zivilrechtsordnung. Die Praktiken sind vielfältig: Teils verwendet eine Partei ein fertiges Vertragsformular, sodass mit der Unterschrift der Parteien das Regelwerk in den Vertragstext selbst eingeht (Formularvertrag); teils finden sich die Bestimmungen, denen der andere Vertragspartner unterworfen werden soll, auf der Rückseite von „Antragsformularen" abgedruckt; teils verweist eine Partei bei Vertragsschluss auch nur ganz allgemein auf ihre separat ausgedruckten Geschäftsbedingungen, die im Geschäftslokal aufgehängt sind oder die der Partner auf Verlangen soll einsehen können. Alle derartigen Erscheinungsformen fassen wir, sofern gewisse Merkmale erfüllt sind, unter dem Begriff „Allgemeine Geschäftsbedingungen" (AGB) zusammen.

785   Die AGB dienen **unterschiedlichen Zwecken**. *Zum einen* sollen sie für eine unbestimmte Zahl typischer, massenhaft getätigter und immer wiederkehrender Geschäftsvorgänge ein festes rechtliches Gerüst schaffen, sodass es sich erübrigt, bei jedem einzelnen Vertragsschluss gleicher Art die Modalitäten immer wieder von neuem festzulegen. Sie geben daher dem Wirtschaftsunternehmen, das sie aufstellt, ein einheitliches rechtliches Fundament für die Erbringung seiner Leistungen. Insofern haben die AGB eine *„rationalisierende", dh Aufwand ersparende Funktion.* In diesem Zusammenhang spielt der Umstand eine Rolle, dass die dispositiven Regeln des Gesetzes über die einzelnen Schuldverträge (§§ 433 ff BGB; §§ 343 ff HGB) für viele wirtschaftliche Vorgänge heute nicht hinreichend differenziert sind und der Interessenlage zT nicht voll gerecht werden. So gelten dieselben Kaufregeln für den Kauf eines Hosenknopfs wie für den Kauf einer empfindlichen Maschine oder eines Fertighauses; die Regeln über den Werkvertrag ebenso für eine Schuhreparatur wie für die Planungsleistung eines Architekten. Vertragliche Mischformen haben vielfach keine adäquate gesetzliche Regelung gefunden.

Zum anderen aber dienen die AGB dem *Zweck, dem Vertragspartner, der sie verwendet, möglichst große Vorteile zu verschaffen.* Das ist unbedenklich, wenn der andere Teil geschäftserfahren und wirtschaftlich mächtig genug ist, um die Geschäftsbedingungen zum Gegenstand von Verhandlungen zu machen. Es wird bedenklich, wenn sich der andere Teil gegen die Geschäftsbedingungen praktisch nicht wehren kann, will er nicht auf den Vertragsschluss und damit auf die Leistung ganz verzichten. Die Ohnmacht des anderen Teils kann zwei Ursachen haben: Entweder er verfügt nicht über die *Geschäftserfahrung* und *Rechtskenntnisse*, um dem einseitigen Diktat Widerstand entgegenzusetzen; oder er ist *wirtschaftlich zu schwach*, um seine Interessen durchzusetzen. Im Gegenüber von Unternehmer (§ 14) und Verbraucher (§ 13) treffen beide Ursachen zusammen.

Es ergeben sich also zwei Hauptfragen, die in §§ 305–310 geregelt werden: **786**

- ob und wodurch die AGB überhaupt für die Vertragsparteien verbindlich werden und
- welchen inhaltlichen Schranken die AGB im Interesse des anderen Vertragsteils unterliegen.

2. Die Überprüfung der AGB im Überblick

Mit der richterlichen AGB-Kontrolle (§§ 305–310) sind weite Teile der Vertragspra- **787** xis einem rechtstechnisch ausgefeilten Prüfungsmechanismus unterstellt. Wann immer vorformulierte Texte in Vertragsverhandlungen eingeführt werden, ist zu fragen, ob es sich um AGB handelt – mag es sich nun um Hinweisschilder an der Theaterkasse, um Speisekarten in Restaurants oder um gebräuchliche Vertragsformulare handeln. Wird das Vorliegen von AGB im konkreten Fall bejaht, so bedeutet das die Unterwerfung des betroffenen Vertragstextes unter einen weitaus beschränkteren Gestaltungsspielraum, als es den allgemeinen Prinzipien der Vertragsfreiheit entspräche.

Die Überprüfung der Geltung von Allgemeinen Geschäftsbedingungen *für einen konkreten Vertrag* geschieht in folgenden Schritten:

---

1) Fällt der Vorgang in den Anwendungsbereich des Abschnitts über die AGB? (§ 310)

2) Handelt es sich um AGB? (§ 305 I)

Beachte § 310 III Nr 1 und 2, wonach bei Verbraucherverträgen die Anwendung der §§ 305 ff zT auch dann in Betracht kommt, wenn die Voraussetzungen des § 305 I nicht vorliegen.

Beachte ferner § 306a, wonach die Vorschriften des AGB-Abschnitts auch Anwendung finden, wenn sie durch anderweitige Gestaltungen umgangen werden.

3) Haben die AGB Geltung für das konkrete Vertragsverhältnis erlangt? (§ 305 II, III, § 305a, § 305c I)

Wenn nicht: Welches sind die Folgen? (§ 306)

4) Bestehen zu der fraglichen Regelung individuelle Vertragsabreden, die den Vorrang vor den AGB haben? (§ 305b)

5) Wie sind im Zweifelsfall die AGB auszulegen? (§ 305c II)

6) Halten die AGB der richterlichen Inhaltskontrolle stand? (§§ 307–309, 310 III Nr 3)

Wenn nicht: Welches sind die Folgen? (§ 306)

---

3. Der Begriff der AGB

Das Gesetz zwingt dazu, den Begriff der AGB exakt zu bestimmen und von anderen **788** Erscheinungsformen vertraglicher Einigung abzugrenzen. Dem dienen die Definitionen des § 305 I BGB. Positiv sind die AGB umschrieben als „alle für eine Vielzahl von Verträgen vorformulierten Vertragsbedingungen, die eine Vertragspartei (Verwender) der anderen Vertragspartei bei Abschluss eines Vertrages stellt" (§ 305 I 1). Gleichgültig dabei ist, ob derartige Bestimmungen einen äußerlich gesonderten Bestandteil des Vertrages bilden oder in die Vertragsurkunde selbst aufgenommen werden, welchen Umfang sie haben, in welcher Schriftart sie verfasst sind und welche Form der Vertrag hat (§ 305 I 2). Von dieser Begriffsbestimmung macht § 305 I 3 eine wichtige Ausnahme: AGB liegen nicht vor, soweit die Vertragsbedingungen zwischen den Vertragsparteien im Einzelnen ausgehandelt sind.

789 Dieser gesetzlichen Beschreibung ist vor allem folgendes zu entnehmen:

a) Auch wenn die Vertragsurkunde selbst vorformuliert ist, kann sie sich als AGB darstellen (§ 305 I 2), es muss sich also nicht um separat abgedruckte Geschäftsbedingungen handeln. Auch notariell beurkundete Verträge kommen in Betracht, wenn der Notar – wie häufig – für Geschäfte bestimmter Art ein Formular benutzt (BGH NJW 1979, 1406; NJW 1982, 1035 und 2243; NJW 1984, 171).

b) Den Beschränkungen des Gesetzes unterliegen Vertragsbedingungen, die eine Partei in die Vertragsverhandlungen einbringt, nur dann, wenn diese Vertragsbestimmungen für eine **Vielzahl von Verträgen** vorformuliert sind. Ob die vorformulierten Texte schriftlich festgehalten sind oder lediglich im Gedächtnis des Verwenders „gespeichert" sind, macht keinen Unterschied (BGH NJW 1988, 410). Hingegen erfüllt der *nur für einen einzelnen Fall* vorformulierte Vertragsentwurf, den ein Verhandlungspartner auf Grund seiner faktischen Überlegenheit dem anderen gegenüber durchsetzen kann, die Voraussetzungen des § 305 I 1 nicht. Wohl aber genügt die *erstmalige* Benutzung eines vorformulierten Textes, wenn weitere Verwendungen beabsichtigt sind (BGH NJW 1997, 135). Wann man von einer „Vielzahl" sprechen kann, ist nicht eindeutig (Genügen, wie man sagt, mindestens drei beabsichtigte Verträge?).

Beachte: Bei **Verbraucherverträgen** können wichtige Vorschriften der §§ 305 ff auch dann anwendbar sein, wenn die Vertragsbedingungen nur zu einer *einmaligen* Verwendung bestimmt sind (§ 310 III Nr 2). Der Abschnitt über die AGB ist über den gesetzlichen Wortlaut hinaus auch anwendbar, wenn nicht Vertragsbestimmungen vorformuliert sind, sondern **einseitige Erklärungen**, deren Unterschrift die eine Geschäftspartei der anderen abverlangt (BGHZ 141, 124: vom Verwender vorformulierte einseitige Erklärungen, die zwar nicht Inhalt eines Vertrags sind, aber im Zusammenhang mit einer vertraglichen Beziehung stehen – Einverständniserklärung mit Telefonwerbung).

790 c) Die Anwendung der §§ 305 ff ist nicht auf den Fall beschränkt, dass eine Vertragspartei die Bedingungen selbst formuliert („aufstellt"). Es genügt vielmehr die **Verwendung** von vorformulierten Vertragsbedingungen, etwa die Übernahme aus Formularbüchern.

d) Erforderlich ist andererseits, dass die vorformulierten Vertragsbedingungen von einer Partei der anderen „gestellt" werden. Darin kommt auf recht undeutliche Weise der Gesichtspunkt der **einseitigen Auferlegung** oder zumindest der **einseitigen Initiative** (BGH NJW 1995, 2034, 2036) ins Spiel. Die §§ 305 ff finden demzufolge keine Anwendung, wenn keine der Vertragsparteien die Verwendung vorformulierter Texte einseitig betrieben hat, etwa wenn die Parteien bei Abschluss eines Mietvertrags sich nach Durchsicht verschiedener Vertragsformulare auf eines davon einigen, wenn der Notar, ohne von einer Partei dazu veranlasst zu sein, bei der Beurkundung eines Grundstückskaufvertrags seine üblichen Muster verwendet (vgl BGH NJW 1991, 843) oder wenn die Verwendung der von einer Vertragspartei vorformulierten Vertragsbedingungen auf der freien Entscheidung der anderen Vertragspartei beruht (BGH NZM 2010, 1131).

Bei **Verbraucherverträgen** gelten die vorformulierten Vertragsbedingungen als vom Unternehmer gestellt, außer wenn sie durch den Verbraucher selbst eingeführt wurden (§ 310 III Nr 1).

e) Besondere Bedeutung kommt der Abgrenzung der AGB von **Individualvereinbarungen** zu. Nach § 305 I 3 liegen AGB nicht vor, soweit die Vertragsbedingungen zwischen den Parteien im Einzelnen ausgehandelt sind, mögen sie auch von einer Partei vorformuliert gewesen sein und in ihrer Erscheinungsform den AGB ähneln. Welche Erfordernisse man an das „Aushandeln im Einzelnen" stellt, bildet eine Kardinalfrage für die Reichweite des Gesetzes. Nach Auffassung des BGH liegt ein Aushandeln dann vor, wenn der Verwender die vorformulierten Bestimmungen, die den wesentlichen Inhalt der gesetzlichen Regelung abändern oder ergänzen, **ernsthaft zur Disposition stellt** und dem Verhandlungspartner Gestaltungsfreiheit zur Wahrung der eigenen Interessen einräumt mit der realen Möglichkeit, die inhaltliche Ausgestaltung der Vertragsbestimmungen beeinflussen zu können (BGH NJW 2000, 1110, 1111). Dazu genügt weder die bloße Entscheidungsfreiheit des Partners, entweder die Vertragsbedingungen zu akzeptieren oder vom Geschäft Abstand zu nehmen (BGH NJW 1988, 411), noch die Belehrung des Partners über Inhalt und Tragweite der Klauseln, noch die bloße formularmäßige Erklärung des Verwenders, dass er zur Änderung seiner AGB bereit sei (BGH NJW 1986, 2428). Auch die Unterschrift des Partners unter die ihm vorgelegte Erklärungsformel, der Vertrag sei in allen Teilen ausgehandelt worden, genügt für die Annahme einer Individualvereinbarung nicht (BGH NJW 1987, 1634; BGH NJW 2014, 1725). In aller Regel schlägt sich die Bereitschaft zum individuellen Aushandeln in erkennbaren Änderungen des vorformulieren Textes nieder. Nur unter besonderen Umständen kann ein Aushandeln auch dann gegeben sein, wenn sich der von einer Partei vorgegebene Text letztlich unverändert durchsetzt (BGH NJW 1991, 1678; BGH NJW 2000, 1110, 1111; BGH NZM 2010, 1131); in solchen Fällen obliegt dem „Verwender" die Darlegungs- und Beweislast dafür, dass der Vertrag entgegen dem äußeren Anschein individuell ausgehandelt wurde.

791

Ist man im konkreten Fall zum Ergebnis gelangt, dass der verwendete Vertragstext nicht als Allgemeine Geschäftsbedingung, sondern als Individualvereinbarung anzusehen ist, so beurteilen sich Wirksamkeit und Inhalt des Geschäfts nach den allgemeinen Kriterien der §§ 138, 242. In diesem Zusammenhang **entfalten die §§ 305 ff freilich auch Wirkungen für Individualvereinbarungen** sowie für Verträge, die an sich aus dem Geltungsbereich des AGB-Abschnitts ausgenommen sind (Gesellschaftsverträge, Arbeitsverträge). So hat der BGH entschieden, dass der „formelhafte" Ausschluss der Sachmängelhaftung beim Kauf neu errichteter Häuser in einem notariellen Individualvertrag „gemäß § 242 BGB unwirksam" ist, wenn dieser Ausschluss mit dem Erwerber nicht ausführlich – unter Belehrung über die einschneidenden Rechtsfolgen – erörtert wurde (BGHZ 101, 350; 108, 164; siehe andererseits BGH NJW 1991, 844); gemeint sind hier diejenigen notariellen Verträge, die aus den oben genannten Gründen (Rn 787) nicht AGB sind, obwohl sie unter Verwendung von Formularen zustande kommen.

792

Die Vorschriften über die Allgemeinen Geschäftsbedingungen vermitteln folglich auch gewisse Kriterien für die Billigkeitswertung im übrigen Zivilrecht.

Zum Problem: *D. Coester-Waltjen*, Die Inhaltskontrolle von Verträgen außerhalb des AGBG, AcP 190, 1.

4. Die Geltung der AGB

a) Voraussetzungen

793 Auch AGB können grundsätzlich nur dadurch Geltung erlangen, dass sie durch Einigung der Parteien Bestandteil des jeweiligen Vertrages werden. Die Einbeziehung von AGB in den einzelnen Vertrag ist freilich an einen Tatbestand geknüpft, der das wirkliche Einverständnis des Vertragspartners mit der Geltung der AGB des Verwenders sichern soll. Nach § 305 II werden AGB nur dann Bestandteil eines Vertrages,

1) wenn der Verwender *bei Vertragsschluss*

a) die andere Vertragspartei ausdrücklich oder, wenn ein ausdrücklicher Hinweis wegen der Art des Vertragsabschlusses nur unter unverhältnismäßigen Schwierigkeiten möglich ist, durch deutlich sichtbaren Aushang am Ort des Vertragsschlusses auf sie hinweist *und*

b) der anderen Vertragspartei die Möglichkeit verschafft, in zumutbarer Weise vom Inhalt der AGB Kenntnis zu nehmen; und

2) wenn *ferner* die andere Vertragspartei mit der Geltung der AGB einverstanden ist.

Unter Beachtung dieser Erfordernisse können die Partner für eine bestimmte Art von Rechtsgeschäften unter ihnen die Geltung von AGB auch im Voraus vereinbaren (§ 305 III).

794 **Zu 1a): Hinweis auf die AGB.** Der ausdrückliche Hinweis auf die AGB muss *bei Vertragsschluss* erfolgen, *spätere* Übersendung (etwa auf der nach Vertragsschluss übersandten Rechnung) genügt nicht. Freilich kann auch eine *nachträgliche* Einbeziehung erfolgen; das setzt aber einen Änderungsvertrag zwischen Verwender und Kunden voraus. Das bloße Schweigen eines Privatkunden auf die nachträgliche Übersendung der AGB oder dessen Unterschrift in der Meinung, dass die AGB ohnehin schon gälten (BGH NJW-RR 1994, 1265), genügen nicht. Eine bestimmte *Form* ist für den ausdrücklichen Hinweis nicht vorgeschrieben, er kann also auch mündlich oder fernmündlich erfolgen.

Schwierigkeiten bereitet die Frage, wann der ausdrückliche Hinweis durch **deutlich sichtbaren Aushang** am Ort des Vertragsschlusses ersetzt werden kann. Das Gesetz verlangt, dass ein ausdrücklicher Hinweis *unverhältnismäßige Schwierigkeiten* bereiten würde. Die hM verfährt hier erstaunlich großzügig und nimmt dies bei Massengeschäften über relativ geringwertige Vertragsobjekte an, bei denen ein ausdrücklicher Hinweis zwar ohne weiteres möglich, aber umständlich wäre. Das erscheint fragwürdig, weil aus der Geringwertigkeit des Vertragsobjekts nicht auf einen geringen Streitwert geschlossen werden kann (zB ein geringwertiges Nahrungsmittel verursacht schwere Gesundheitsschäden). Jedenfalls genügt ein deutlich sichtbarer Aushang bei Warenautomaten. Ausgehängt müssen nicht die AGB selbst werden; es geht auch hier – wie beim ausdrücklichen Hinweis – nur um die Information, dass AGB verwendet werden.

Zu 1b): Möglichkeit der Kenntniserlangung. Dem Vertragspartner ist die Möglichkeit, vom Inhalt der AGB Kenntnis zu erlangen, eindeutig dann gegeben, wenn die AGB dem Vertragspartner gedruckt vor Vertragsschluss ausgehändigt werden (anders freilich, wenn der Text nur mit der Lupe zu lesen oder nicht hinreichend verständlich ist – Transparenzgebot). Auch genügt es, wenn sich der Verwender bei Vertragsschluss bereit erklärt, die AGB jederzeit dem Partner auszuhändigen. Zweifelhaft schon ist der bloße Verweis auf die im Geschäftslokal des Verwenders ausliegenden AGB, die der Vertragspartner nur dort zur Kenntnis nehmen könnte. Nicht als ausreichend kann angesehen werden, wenn sich der Verwender auf branchenübliche Geschäftsbedingungen bezieht, die sich der in der Branche nicht kundige Vertragspartner erst im Buchhandel besorgen müsste (BGHZ 109, 192). Zeitlich gesehen muss der Hinweis auf die AGB im Zusammenhang mit den Erklärungen und Verhandlungen erfolgen, die zum Zustandekommen des konkreten Vertrages führen; frühere, andere Geschäfte betreffende Hinweise sind unerheblich (BGH DB 1986, 2074). **795**

Zur Einbeziehung von AGB bei Internetgeschäften *Löhnig*, NJW 1997, 1688.

Zu 2): Einverständnis des Vertragspartners. Die Einverständniserklärung des Vertragspartners kann konkludent oder stillschweigend (im weiten Sinne) erfolgen. Sie darf aber nicht unbesehen daraus gefolgert werden, dass der Vertragspartner nicht widerspricht. Das gilt vor allem bei sich kreuzenden Geschäftsbedingungen beider Vertragspartner: Legt jeder Teil dem Vertrag seine AGB zu Grunde und macht er bei den Vertragsverhandlungen zugleich deutlich, dass er anderweitige AGB nicht akzeptieren werde, so kommt keine Einigung über die in die Verhandlungen eingeführten Geschäftsbedingungen zustande; nur soweit die beiderseitigen AGB inhaltlich übereinstimmen, kann in solchem Fall ihre Geltung kraft gemeinsamen Parteiwillens angenommen werden (BGH NJW 1985, 1838). Geschäftsbedingungen, die der Einbeziehungsregel des § 305 II, III nicht entsprechen, werden nicht Vertragsinhalt und sind daher für das Vertragsverhältnis irrelevant. **796**

b) Die Eliminierung überraschender Klauseln

Selbst wenn den Erfordernissen des § 305 II genügt ist, werden solche AGB *nicht Vertragsbestandteil*, die nach den konkreten Umständen so ungewöhnlich sind, dass der Vertragspartner des Verwenders mit ihnen nicht zu rechnen braucht (**§ 305c I**). Der Vertragspartner soll vor Überrumpelung geschützt werden. Der Ausschluss überraschender Klauseln bedeutet eine erste Stufe der Inhaltskontrolle. **797**

In **Fall 56** (Rn 778) stellt die Haftungsfreizeichnungsklausel des FC X zweifellos eine Allgemeine Geschäftsbedingung dar. Sie ist aber nicht Vertragsbestandteil des zwischen dem FC X und dem Z geschlossenen Vertrags geworden. Denn Z ist *vor* Vertragsschluss weder ausdrücklich noch etwa durch Aushang auf die Existenz von AGB hingewiesen worden.

Fraglich ist, ob an Stelle des im Regelfall geforderten ausdrücklichen Hinweises ein deutlich sichtbarer Aushang am Ort des Vertragsschlusses den Erfordernissen des Gesetzes genügt hätte (etwa ein Schild am Kartenhäuschen: „Der Vertragsschluss erfolgt auf der Grundlage unserer AGB"). Das setzt voraus, dass ein ausdrücklicher Hinweis wegen der Art des Vertragsschlusses nur unter unverhältnismäßigen Schwierigkeiten möglich wäre. Die Literatur bejaht dies beim Verkauf von Fahrkarten und Eintrittskarten zu Veranstaltungen. Folgt man dem, so könnte der FC X durch entsprechenden deutlichen Aushang an den Verkaufsstellen die Voraussetzungen der Einbeziehung erfüllen. Er müsste allerdings zusätzlich dem Zuschauer die Möglichkeit verschaffen, vor Vertragsschluss den Inhalt der Klausel zur Kenntnis zu nehmen (am besten dadurch, dass er den Inhalt durch Anschlag bekannt macht). Die Einverständniserklärung der Zuschauer kann dann daraus gefolgert werden, dass sie trotz des Aushangs ohne Protest die Eintrittskarte lösen.

5.   Vorrang von Individualabreden

798   Individuelle Abreden sind keine AGB (§ 305 I 3). Treffen sie mit AGB in einem Vertrag zusammen, so genießen sie den Vorrang (§ 305b). Dieser Grundsatz beruht auf dem Rechtsgedanken, dass die jeweils speziellere Regel (individuelle Vereinbarung für *diesen* Vertrag) der allgemeineren (vorformulierten Regel für eine Vielzahl von Verträgen) im Range vorgeht. Bei einem Widerspruch zwischen einer AGB-Klausel und einer Individualabrede darf auch nicht Dissens (§§ 154, 155) angenommen werden; sonst würde der Sinn des § 305b verfehlt werden.

799   Seinem Wortlaut nach löst § 305b auch die Problematik der so genannten **Schriftformklauseln**. Dies sind AGB-Klauseln, nach denen vertragliche Abreden, die zusätzlich zu einem schriftlich fixierten Vertrag getroffen werden, zu ihrer Gültigkeit der Schriftform bedürfen (zB: Der Verkäufer eines gebrauchten Autos sichert dem Käufer Unfallfreiheit zu; sodann wird der Vertrag schriftlich ohne die Zusicherung fixiert und unterschrieben; in den einbezogenen AGB des Verkäufers findet sich die Klausel, zusätzliche Abreden bedürften der Schriftform). Durch Schriftformklauseln wollen sich die Verwender vor der Bindung an Äußerungen schützen, die ihr Personal bei Vertragsverhandlungen macht, um die Bereitschaft der Kunden zum Geschäftsabschluss zu fördern. Man könnte aus § 305b folgende einfache Lösung herleiten: Wenn mündlich eine Individualvereinbarung getroffen ist, hat sie den Vorrang vor den Allgemeinen Geschäftsbedingungen, also auch der in ihnen enthaltenen Schriftformklausel. Bei mündlichen Vereinbarungen mit Mitarbeitern des Verwenders kommt es dann nur darauf an, ob diese dazu hinreichend bevollmächtigt sind.

Die Rechtsprechung geht einen anderen Weg. Sie lässt die AGB-Schriftformklauseln im Allgemeinen nicht an der Bestimmung des § 305b scheitern, unterwirft sie aber der richterlichen Inhaltskontrolle (§ 307). Das erlaubt eine differenzierende Behandlung: Die Schriftformklauseln können je nach Ausgestaltung und Zusammenhang („im konkreten Fall") als wirksam oder unwirksam behandelt werden. Eine solche Klausel ist zB als unwirksam behandelt worden, wenn der Verwender einen „Einmann-Betrieb" unterhält, sodass er nur selbst als Erklärender in Betracht kommt (BGH NJW 1983, 1853), oder wenn sie eine *völlige* Aufhebung des Vorrangs der Individualabrede bezweckt (BGHZ 92, 24). Unwirksam sind ferner Schriftformklauseln, die mündliche Abreden, die *nach Vertragsschluss* erfolgen, erfassen wollen (BGH NJW 1986,

1810; BGH NJW 2001, 292). Im Übrigen anerkennt die Rechtsprechung „ein berechtigtes Interesse des Verwenders, sich vor vollmachtüberschreitenden Abmachungen seiner Außendienstmitarbeiter und auch vor unkontrollierten mündlichen Zusagen vertretungsberechtigter Personen zu schützen" (BGH NJW 1991, 2559). Dieser Standpunkt ist problematisch; denn wenn die Mitarbeiter keine Vertretungsmacht haben, braucht der Vertretene nicht geschützt zu werden; haben sie aber eine ausreichende Vollmacht, so ist es der Vertretene selbst, der ihnen diese Rechtsmacht einräumt oder einen entsprechenden Rechtsschein (Rn 767) gegen sich gelten lassen muss; es besteht dann kein Schutzbedürfnis, diese Vertretungsmacht durch AGB zu unterlaufen.

6. Auslegung der AGB

Werden AGB nach den Grundsätzen des § 305 II, III Bestandteil eines Vertrages, so **800** sind sie vorbehaltlich der Inhaltskontrolle für das Vertragsverhältnis maßgebend. Häufig ergibt sich bei der Anwendung der AGB die Frage nach ihrem präzisen Sinn, mithin das Problem der Auslegung, die – soweit nötig – stets der Inhaltskontrolle vorzuschalten ist. Nach allgemeinen Grundsätzen wäre der Inhalt der AGB vom Verständnishorizont des jeweiligen Vertragspartners aus zu beurteilen. Es gilt jedoch zu bedenken, dass die AGB üblicherweise einer Vielzahl von Vertragspartnern gegenüber verwendet werden, die sehr unterschiedliche Kenntnisse und Geschäftserfahrungen haben können; das würde die Möglichkeit einschließen, dass dieselben AGB dem einen Vertragspartner gegenüber anders ausgelegt werden könnten als dem anderen. Um dies zu vermeiden, neigt man dazu, von der individuellen Lage des einzelnen Partners abzusehen und die AGB in einem spezifischen Sinne **objektiv auszulegen**. Nach BGHZ 62, 254 erfolgt die Auslegung „nach dem Willen verständiger und redlicher Vertragspartner unter Abwägung der Interessen der normalerweise an solchen Geschäften beteiligten Kreise", zB bei Verträgen über Verbrauchsgüter des täglichen Lebens nach dem Verständnishorizont eines Durchschnittskunden (BGH NJW 1993, 264; NJW 1998, 2207). Die Formulierung des BGH zeigt, dass Auslegung und Inhaltskontrolle sich berühren (Abwägung der Interessenlage!). Die Auslegung darf jedoch nicht dazu benutzt werden, eine Klausel, die der Inhaltskontrolle nicht standhalten würde, durch Interpretation so zu entschärfen, dass sie gerade noch tragbar ist (vgl BGHZ 62, 83, 89 mit BGHZ 62, 251; BGHZ 79, 119; BGH NJW 1985, 319, 320; siehe auch unten Rn 807).

Zweifel bei der Auslegung von AGB gehen zu Lasten des Verwenders (**Unklarheitenregel, § 305c II**). Sind unterschiedliche Interpretationen möglich, von denen nach den genannten Auslegungsprinzipien keine den klaren Vorzug verdient, ist folglich die für den Verwender ungünstigere zu wählen (vgl BGH NJW 1986, 431); die Unklarheitenregel kann sogar dazu führen, dass eine Klausel ganz entfällt (BGH NJW 1985, 53).

7.   Inhaltskontrolle der AGB

a)   Volle Kontrolle und Transparenzkontrolle

801   Geschäftsbedingungen, die Bestandteil eines Vertrages geworden sind, gelten nur nach Maßgabe der richterlichen Inhaltskontrolle, für die das BGB den Gerichten teils allgemeine, teils sehr speziell ausgeformte Kriterien an die Hand gibt (§§ 307–309). Dabei ist vorab zu prüfen, ob die Geschäftsbedingung, um die es im konkreten Fall geht, ihrer Art nach unter die (volle) Inhaltskontrolle fällt.

aa)   Der vollen Kontrolle nach §§ 307–309 unterliegen nur solche Bestimmungen, durch die Regelungen vereinbart werden, die von Rechtsvorschriften abweichen oder diese ergänzen (§ 307 III 1). Damit wird vor allem erreicht, dass die vertragliche Einigung über Gegenstand und Quantität der auszutauschenden Leistungen (Ware und Preis) ausgenommen bleibt (BGHZ 81, 232): Abreden über den unmittelbaren Gegenstand der Hauptleistung (Leistungsbeschreibung) unterliegen der Inhaltskontrolle ebenso wenig wie Vereinbarungen über das vom anderen Teil zu erbringende Entgelt (BGH NJW 1999, 2279, 2280; beachte aber § 309 Nr 1). Dieser kontrollfreie Bereich wird vom BGH indes eng gezogen: Es handelt sich um den engen Bereich der Leistungsbeschreibung, ohne die ein gültiger Vertrag wegen mangelnder Bestimmtheit des Vertragsinhalts nicht angenommen werden könnte (BGHZ 127, 35, 41; BGH NJW 1999, 2279, 2280; BGH NJW 2001, 2014, 2015). Der Inhaltskontrolle unterliegen hingegen Klauseln, nach welchen die Leistung (etwa der Preis einer Ware) einseitig durch eine Vertragspartei bestimmt (BGH NJW 1983, 1854) werden kann. Ferner fallen unter die richterliche Kontrolle solche Vertragsbestimmungen, die das Hauptleistungsversprechen einschränken, verändern, ausgestalten oder modifizieren (BGH NJW 1999, 2279, 2280). Generell unterliegen der Inhaltskontrolle alle Bestimmungen, deren Gegenstand durch dispositives Gesetzesrecht geregelt ist oder geregelt werden könnte (zB: Schutzpflichten, Ort und Zeit der Leistungen, Modalitäten der Vertragsdurchführung, Leistungsstörungen). Soweit *zwingendes* Recht gilt, kann durch AGB ohnehin nicht abgewichen werden, der Inhaltskontrolle nach §§ 307–309 bedarf es insoweit nicht.

bb)   Unterliegt eine Vertragsklausel wegen § 307 III 1 nicht der vollen Inhaltskontrolle, so bleibt gemäß **§ 307 III 2** gleichwohl ein Kontrollminimum: Verstöße gegen das **Transparenzgebot nach § 307 I 2 führen** auch hier zur Unwirksamkeit. Das kann zB Klauseln über den Preis betreffen, die so unklar sind, dass der wahre Preis verschleiert wird (vgl BGHZ 106, 42, 259; 112, 115; weitere Beispiele BGHZ 156, 220; BGH NJW 2003, 746).

Das Transparenzgebot spielt insbesondere bei den Klauseln eine Rolle, mit denen eine Vertragspartei sich vorbehält, den vereinbarten Preis nachträglich zu erhöhen; die Klausel muss dann so gehalten sein, dass der Vertragspartner des Verwenders den Umfang der auf ihn zukommenden Preissteigerungen bei Vertragsschluss aus der Formulierung der Klausel erkennen und die Berechtigung einer von dem Klauselverwender vorgenommenen Erhöhung an der Ermächtigungsklausel selbst messen kann (BGHZ 94, 335; BGH NJW 2003, 746, 747).

b) Die generellen Kontrollmaßstäbe

§ 307 formuliert **zwei allgemeine Maßstäbe** für die richterliche Kontrolle: Einmal **802** eine am materiellen Gehalt orientierte Generalklausel (§ 307 I 1), zum anderen das eher formale Kriterium hinreichender Klarheit und Verständlichkeit (§ 307 I 2). Beide Maßstäbe stehen selbstständig nebeneinander (str.).

aa) Die **materielle Generalklausel (§ 307 I 1)** zielt darauf ab, unangemessene Benachteiligungen des Vertragspartners durch AGB zu vermeiden. Bestimmungen in AGB sind unwirksam, wenn sie den Vertragspartner des Verwenders entgegen den Geboten von Treu und Glauben unangemessen benachteiligen. Das ist nach einer Definition des BGH der Fall, „wenn der Verwender durch einseitige Vertragsgestaltung missbräuchlich eigene Interessen auf Kosten seines Vertragspartners durchzusetzen versucht, ohne von vornherein auch dessen Belange hinreichend zu berücksichtigen und ihm einen angemessenen Ausgleich zuzugestehen" (BGHZ 90, 280, 284; BGH NJW 2000, 1110, 1112).

Diese Generalklausel erfährt eine gewisse Verdeutlichung durch die **Wertungsgesichtspunkte** des § 307 II. Eine unangemessene Benachteiligung ist im Zweifel anzunehmen, wenn eine AGB-Bestimmung

– *mit wesentlichen Grundgedanken der gesetzlichen Regelung*, von der abgewichen wird, *nicht zu vereinbaren* ist (Leitbildfunktion des dispositiven Rechts), oder
– wenn eine Bestimmung wesentliche Rechte oder Pflichten, die sich aus der Natur des Vertrages ergeben, so einschränkt, dass die *Erreichung des Vertragszwecks gefährdet* ist.

Die beiden Gesichtspunkte des § 307 II überschneiden sich. Hinsichtlich der Leitbildfunktion des dispositiven Rechts unterscheidet der BGH zwischen Vorschriften, die nur auf Zweckmäßigkeitserwägungen beruhen und solchen, die ihre Entstehung einem sich aus der Natur der Sache ergebenden Gerechtigkeitsgebot verdanken. Bei Letzteren bedarf es zur Wirksamkeit einer von ihnen abweichenden Regelung durch AGB gewichtiger Gründe, welche die Vereinbarkeit der Abweichung mit Recht und Billigkeit rechtfertigen. Je stärker der Gerechtigkeitsgehalt der dispositiven Norm ist, um so strenger ist zu prüfen, ob die Abweichung noch mit Treu und Glauben vereinbar ist (nach BGHZ 72, 226 f). Zu den „Grundgedanken der gesetzlichen Regelung" gehören auch die Rechtssätze, die von Rechtsprechung und Rechtslehre durch Auslegung, Analogie oder Rechtsfortbildung aus den gesetzlichen Vorschriften hergeleitet werden (BGH NJW 1983, 1671).

bb) Das **Kriterium der Transparenz (§ 307 I 2)** besagt, dass eine unangemessene **803** Benachteiligung auch darin liegen kann, dass eine AGB-Bestimmung nicht klar und verständlich ist. Die Prüfung dieser Frage orientiert sich aber nicht am sachlichen Gehalt der Regelung, sondern an der mangelnden Durchsichtigkeit der AGB-Bestimmung für den Vertragspartner (str. wie hier BGHZ 140, 25, 31; die Gegenmeinung verlangt zusätzlich die Gefahr einer inhaltlichen Benachteiligung).

357

c)   Die konkreten Klauselverbote

804   **aa)**   § **308** katalogisiert eine Reihe von konkreten Klauseln, die nach näherer richterlicher Würdigung als unangemessene Benachteiligung des Partners beurteilt werden können (**Klauselverbote mit Wertungsmöglichkeit**). Die richterliche Wertung geschieht hierbei durch Verwendung unbestimmter Rechtsbegriffe (zB: „unangemessen lange oder nicht hinreichend bestimmte Fristen", § 308 Nr 1).

bb)   § **309** zählt schließlich einen Katalog von konkreten Klauseln auf, die vom Gesetz schlechthin missbilligt und für unwirksam erklärt sind, ohne dass es noch einer Interessenwertung durch den Richter bedürfte (**Klauselverbote ohne Wertungsmöglichkeit**). Das Gericht hat sich hier auf die bloße Subsumtion der detailliert gestalteten Einzelvorschriften zu beschränken, ohne noch eine Interessenabwägung für den Einzelfall vorzunehmen.

Die §§ 308, 309 gelten allerdings nicht bei Verwendung von Geschäftsbedingungen **gegenüber einem Unternehmer** sowie **gegenüber öffentlich-rechtlichen Vertragspartnern** (§ 310 I 1). Das bedeutet indes nicht, dass die in §§ 308, 309 aufgeführten Klauseln diesen Adressaten gegenüber in jedem Falle gültig wären. Die Maßstäbe des § 307 I und II bleiben auch hier unter angemessener Berücksichtigung der im Handelsverkehr geltenden Gewohnheiten und Gebräuche anwendbar (beachte § 310 I 2); aus ihnen kann sich ergeben, dass die Verwendung von Klauseln der in §§ 308, 309 genannten Art im konkreten Fall auch einem Unternehmer gegenüber als unangemessene Benachteiligung anzusehen ist.

d)   Die Reihenfolge der Prüfung

805   Bei der Überprüfung von AGB ist **vom Speziellen zum Allgemeinen** fortzuschreiten: Zuerst ist zu überprüfen, ob die Geschäftsbedingungen schon nach § 309 unwirksam sind, verneinendenfalls sind sie anhand des § 308 zu überprüfen. Erst wenn auch diese Untersuchung negativ verläuft, ist auf die generellen Kriterien des § 307 I, II zurückzugreifen.

8.   Die Folgen des Verstoßes

806   **Rechtsfolge des Verstoßes** von AGB gegen die §§ 307–309 ist ihre **Unwirksamkeit**. Nach § 306 I bleibt **der Vertrag im Übrigen gleichwohl wirksam**. Die Unwirksamkeit des gesamten Vertrags ist nur dann anzunehmen, wenn das Festhalten an ihm eine unzumutbare Härte für eine Vertragspartei darstellen würde (§ 306 III); eine unzumutbare Härte kann sich in diesem Falle auch für den Verwender der AGB ergeben. Soweit Bestimmungen der AGB unwirksam sind, richtet sich der Inhalt des Vertrages nach den gesetzlichen Vorschriften (§ 306 II). Die gleichen Grundsätze gelten, soweit AGB nach § 305 II, III und § 305c I nicht Vertragsbestandteil geworden sind.

807   Fraglich ist, wie weit sich die vom Gesetz angeordnete Unwirksamkeit von unzulässigen Vertragsbestimmungen erstreckt. Von der Unwirksamkeit werden zweifelsfrei nur diejenigen einzelnen Vertragsbestimmungen erfasst, deren Verstoß gegen §§ 307–309 festgestellt werden kann, nicht also die übrigen. Ein als AGB eingeführtes Regelwerk kann daher in einzelnen Punkten unwirksam, im Übrigen aber gültig sein. Streitig ist, ob die einzelne zu beanstandende Klausel gänzlich entfällt oder – wenn möglich – wenigstens in dem Umfang aufrechterhalten bleibt, der nach den Kriterien der Inhaltskontrolle gerade noch statthaft wäre. Die Rechtsprechung des BGH behandelt unzulässige Klauseln als **gänzlich unwirksam** (Verbot der geltungserhaltenden Reduktion). An die Stelle solcher Klauseln tritt, sofern der Vertrag im Übrigen wirksam ist, diejenige Rechtslage, die sich ohne vertragliche Abreden ergibt (BGHZ 84, 109; BGH NJW 1982, 2311; 1984, 48).

Hat also ein AGB-Verwender entgegen § 309 Nr 7b) seine Haftung für fahrlässige Pflichtverletzungen gänzlich ausgeschlossen, so haftet er für jegliches Verschulden, also auch für leichte Fahrlässigkeit, obwohl für diesen Verschuldensgrad ein formularmäßiger Haftungsausschluss möglich gewesen wäre, soweit nicht § 309 Nr 7a) eingreift. Auch durch „gesetzeskonforme" Auslegung darf eine unstatthafte Klausel nicht gerettet werden (BGH WM 1983, 916; NJW 1996, 1407, 1408).

Die Aufrechterhaltung einer unstatthaften Klausel mit reduziertem Inhalt kommt nur **808** dann in Frage, wenn anders für die betroffene Rechtsfrage keine sinnvolle Regelung zu finden wäre, zB weil dispositive Gesetzesvorschriften dazu fehlen. In solchen Fällen lässt es die Rechtsprechung zu, die durch Unwirksamkeit einer Klausel entstandene Regelungslücke im Wege der **ergänzenden Vertragsauslegung** (Rn 587) aufzufüllen. Die Rechtsprechung greift zu diesem Instrument zB in Fällen, in denen der bloße Wegfall einer Klausel, an deren Stelle kein dispositives Gesetzesrecht treten kann, das Vertragsgefüge völlig einseitig zu Gunsten des Kunden verschieben würde (BGHZ 90, 69, 77; BGH NJW 1998, 450). Die Grenzlinie zwischen der – unzulässigen – geltungserhaltenden Reduktion und der – erlaubten – ergänzenden Vertragsauslegung ist nicht immer klar zu ziehen (dazu BGH NJW 1993, 329; BGH NJW 2000, 1110, 1112 f).

Ist in **Fall 56** die Freizeichnungsklausel des FC X Bestandteil des Vertrags mit Z geworden, **809** so ergäbe sich: Vertragliche Schadensersatzansprüche betreffend verstößt die Klausel gegen § 309 Nr 7a), wonach der Ausschluss oder die Begrenzung der Haftung für Schäden aus der Verletzung des Lebens, des Körpers oder der Gesundheit, die auf einer fahrlässigen Pflichtverletzung des Verwenders beruhen, unwirksam ist; auch die Haftung für vorsätzliche oder fahrlässige Pflichtverletzungen durch Erfüllungsgehilfen kann insoweit durch AGB nicht abbedungen werden. Gleiches muss für den Ausschluss der Deliktsansprüche gelten, die mit den vertraglichen Schadensersatzforderungen in Anspruchskonkurrenz stehen.

9. Die Ausdehnung der Kontrolle: Verbraucherverträge

§ 310 III erweitert den Anwendungsbereich des Abschnitts über die AGB mit der **810** Zielrichtung stärkeren Verbraucherschutzes: Die Vorschriften über die AGB oder ein Teil davon können für „Verbraucherverträge" auch dann anwendbar sein, wenn an sich keine Allgemeinen Geschäftsbedingungen im Sinne des § 305 I vorliegen. § 310 III betrifft Verträge zwischen einem Unternehmer (§ 14) und einem Verbraucher (§ 13). Als Verbraucher sind auch hier natürliche Personen anzusehen, die ein Rechtsgeschäft zu einem Zweck abschließen, der weder ihrer gewerblichen noch ihrer selbstständigen beruflichen Tätigkeit zugerechnet werden kann (Rn 115). Für derartige Verbraucherverträge gelten folgende Besonderheiten:

811 1) Allgemeine Geschäftsbedingungen **gelten** im Sinne des § 305 I 1 **als vom Unternehmer gestellt** (§ 310 III Nr 1). Diese Erweiterung betrifft insbesondere vorformulierte Vertragsbestimmungen, die von einem neutralen Dritten wie einem Notar oder Makler in die Vertragsverhandlungen eingeführt wurden (siehe Rn 790). Folge ist die Anwendung der §§ 305–309, obwohl die Voraussetzungen des § 305 I 1 nicht vollständig („stellen"!) erfüllt sind. Dabei ist jedoch zu beachten:

– §§ 305 ff finden keine Anwendung, wenn der Verbraucher selbst die vorformulierten Vertragsbedingungen in den Vertrag einführt; dem steht gleich, wenn eine dritte Person dies auf Veranlassung des Verbrauchers tut (zB der Anwalt des Verbrauchers).

– Es bleibt auch bei Verbraucherverträgen bei der Regel des § 305 I 3, wonach Allgemeine Geschäftsbedingungen nicht vorliegen, soweit die Vertragsbestimmungen von den Vertragsschließenden im Einzelnen ausgehandelt sind.

812 2) Einige zentrale Vorschriften, nämlich die §§ 305c II und 306, 307–309, sind im Rahmen von Verbraucherverträgen auch auf solche vorformulierten Vertragsbedingungen anwendbar, die nur zur **einmaligen Verwendung bestimmt** sind (§ 310 III Nr 2), die also der Definition des § 305 I 1 („Vielzahl von Verträgen") an sich nicht entsprechen. Zusätzliche Voraussetzung ist allerdings, dass der Verbraucher auf Grund der Vorformulierung keinen Einfluss auf die Vertragsbedingungen nehmen konnte. Folge ist insbesondere die richterliche Inhaltskontrolle über derartige Vertragsbedingungen nach §§ 307–309.

813 3) Bei Beurteilung der unangemessenen Benachteiligung gemäß § 307 I, II (Rn 800) sollen im Rahmen von Verbraucherverträgen auch **die den Vertragsschluss begleitenden Umstände** berücksichtigt werden (§ 310 III Nr 3). Diese Regel ermöglicht es im Streitfall, die Benachteiligung des Verbrauchers nicht nur anhand des sonst maßgeblichen überindividuellen Prüfungsmaßstabs (Rn 800) zu beurteilen, sondern auch die konkrete Situation der Beteiligten bei Vertragsschluss (Geschäftserfahrung, soziale Lage) einzubeziehen.

Literatur zu den AGB: Grundlegend *L. Raiser*, Das Recht der Allgemeinen Geschäftsbedingungen, 1935, Neudruck 1961. Ferner: *L. Fastrich*, Richterliche Inhaltskontrolle im Privatrecht, 1992; *U. Wackenbarth*, Unternehmer, Verbraucher und die Rechtfertigung der Inhaltskontrolle vorformulierter Verträge, AcP 200, 45; *H. Roth*, Vertragsänderungen bei fehlgeschlagener Verwendung von allgemeinen Geschäftsbedingungen, 1994; *Ph. Hellwege*, Allgemeine Geschäftsbedingungen, einseitig gestellte Vertragsbedingungen und die allgemeine Rechtsgeschäftslehre, 2010; *M. Löhnig/A. Gietl*, Grundfälle zu AGB, JuS 2012, 393 (Teil 1) und 493 (Teil 2); *F. Rödl*, Kollidierende AGB, AcP 215 (2015), 683.

Kapitel 11

Vertragsrecht im Zeichen des Verbraucherschutzes

1. Übersicht

Grundsätzlich bindet ein wirksam geschlossener Vertrag beide Vertragsparteien. Die Bindung ist Folge der betätigten Privatautonomie. Die Vertragsparteien haben sich als freie und rechtlich gleiche Rechtssubjekte auf eine Regelung verständigt, in der sie ihre Interessen als gewahrt ansehen. Dieser Idealvorstellung entspricht die Realität indes oft nicht. Häufig nutzt eine Partei ihre wirtschaftliche oder professionelle Überlegenheit, um bei Vertragsschluss einseitig die eigenen Vorteile durchzusetzen. Problematisch wird das faktische Übergewicht einer Seite insbesondere dann, wenn es in wichtigen Bereichen des Wirtschaftslebens als typisch erscheint. Zudem bringen die Möglichkeiten der modernen Telekommunikation Gefährdungen des Verbrauchers mit sich. Die Möglichkeit des „Vertragsschlusses per Mausklick" setzt den Konsumenten der Versuchung aus, Rechtsgeschäfte ohne hinreichende Überlegung und Information abzuschließen. Dass zwischen den gewerblichen Anbietern von Waren und sonstigen Leistungen einerseits und den privaten Verbrauchern andererseits eine typische Ungleichheit in der Chance der Interessenwahrung bestehen kann und in vielen Bereichen auch besteht, ist lange erkannt. Antwort hierauf ist die **Verbraucherschutzbewegung**, die darauf abzielt, die Rechtslage der Verbraucher gegenüber den Warenproduzenten, den Anbietern sonstiger Leistungen, den Händlern und den Kreditgebern zu verbessern.

814

Der Verbraucherschutzgedanke beeinflusst die **Rechtsprechung**, die insbesondere bei den §§ 242 und 138 BGB anknüpfen kann. Sie schlägt sich auch in einer fortschreitenden **Verbraucherschutzgesetzgebung** nieder, die durch Vorgaben der Europäischen Union stimuliert wird.

815

Die Vorschriften über den Verbraucherschutz wurden zunächst überwiegend nicht im BGB, sondern in Spezialgesetzen verankert. Es ergab sich somit – schon äußerlich gesehen – ein Kontrast zwischen dem allgemeinen Zivilrecht und dem Verbraucherschutzrecht als einer besonderen Materie. Das entsprach zuletzt nicht mehr dem Verständnis des Gesetzgebers, der den Verbraucherschutz als ein Grundprinzip der Privatrechtsordnung selbst verstehen will. Seit 2002 sind die Vorschriften über den vertraglichen Verbraucherschutz deshalb weitgehend ins BGB inkorporiert worden, ohne dass die Widersprüche dieser Normen zu den Grundgedanken einer freiheitlichen Privatrechtsordnung aufgelöst wären.

816

Das vertragsbezogene Verbraucherschutzrecht weist im Überblick folgende Strukturen auf:

817

a) Der Allgemeine Teil des BGB bietet die grundlegenden Definitionen des Verbrauchers und des Unternehmers. Als Verbraucher wird jede natürliche Person angesehen, die ein Rechtsgeschäft zu einem Zweck abschließt, der weder ihrer gewerblichen noch ihrer selbstständigen beruflichen Tätigkeit zugerechnet werden kann (§ 13). Danach können juristische Personen und sonstige Personenvereinigungen nicht Verbraucher sein. Unternehmer ist nach § 14 I eine natürliche oder juristische Person oder eine rechtsfähige Personengesellschaft, die beim Abschluss eines Rechtsgeschäfts in Ausübung ihrer gewerblichen oder selbstständigen beruflichen Tätigkeit handelt. Die rechtsfähige Personengesellschaft ist dabei durch die Fähigkeit gekennzeichnet, Rechte zu erwerben und Verbindlichkeiten einzugehen; dazu zählen eindeutig die OHG und KG. Für die Gesellschaft des bürgerlichen Rechts (§ 705) wird in diesem Zusammenhang die Frage relevant, ob man sie als rechtsfähig anerkennt (dazu Rn 145).

b) Im Zusammenhang mit der Regelung des Rücktrittsrechts ist die **Durchführung** eines **Widerrufsrechts** oder **Rückgaberechts** geregelt, das dem Verbraucher von einzelnen Verbraucherschutzbestimmungen zugestanden wird (§§ 355–361). Diese Vorschriften sind nicht eigenständig anwendbar; zunächst ist immer zu prüfen, ob im konkreten Fall ein Widerrufsrecht des Verbrauchers aus einer besonderen Verbraucherschutzbestimmung begründet ist. Aus den §§ 355–361 ergibt sich dann, was der Widerruf bzw die Rückgabe bedeutet, in welcher Form und Frist das Widerrufs- und Rückgaberecht auszuüben ist und welches die weiteren Rechtsfolgen sind.

c) Das vertragsbezogene Verbraucherschutzrecht findet sich im Übrigen **verstreut im allgemeinen und besonderen Teil des Schuldrechts**, je nachdem ob es für einen bestimmten Schuldvertragstypus oder für Verpflichtungsverträge im Allgemeinen gilt. So sind die Rechtsprobleme eines Vertragsschlusses zwischen Unternehmer und Verbraucher, der nicht im Geschäftslokal des Unternehmers stattfindet im allgemeinen Teil des Schuldrechts behandelt (§§ 312b, 312d–h). Dort finden sich auch die Vorschriften über Verträge zwischen Unternehmer und Verbraucher, die unter Verwendung von Fernkommunikationsmitteln geschlossen werden (Fernabsatzverträge, §§ 312c, 312d–h). Hingegen finden sich im besonderen Teil des Schuldrechts die Regelungen über den Verbrauchsgüterkauf (§§ 474–479), den Teilzeit-Wohnrechte-Vertrag (§§ 481–487), das Verbraucherdarlehen (§§ 491–505) sowie sonstige Finanzierungshilfen zwischen Unternehmer und Verbraucher (§§ 506–509), über Ratenlieferungsverträge zwischen Unternehmer und Verbraucher (§ 510) und über Darlehensvermittlungsverträge zwischen Unternehmer und Verbraucher (§§ 655a-e).

818 d) Die besonderen Verbraucherschutzvorschriften knüpfen bei Beurteilung der Schutzbedürftigkeit *entweder* an den **Vertragsgegenstand** (Verbrauchsgüterkauf, Verbraucherkredit) *oder* an die vorgesehene **Art des Zustandekommens** der Verträge (Vertragsschluss außerhalb von Geschäftsräumen, Fernabsatzverträge) an. Dementsprechend verfolgen die Vorschriften im Einzelnen unterschiedliche Zwecke.

So steht bei den Bestimmungen über den Verbrauchsgüterkauf der Schutzzweck im Vordergrund, die Rechte des Käufers bei mangelhafter Leistung abzusichern und zu stärken. Die Vorschriften über den Verbraucherkredit zielen hauptsächlich darauf ab, dem Kreditnehmer hinreichende und klare Informationen zu verschaffen, bevor er sich auf eine möglicherweise riskante Verschuldung einlässt und ihm darüber hinaus die nötige Bedenkzeit zu sichern. Demgegenüber reagieren die Vorschriften über Haustürgeschäfte auf Situationen, in welcher der Kunde der Gefahr der Überrumpelung ausgesetzt ist. Die Normen über Fernabsatzgeschäfte tragen den besonderen Versuchungen Rechnung, denen der Verbraucher durch den erleichterten Vertragsschluss durch die modernen Fernkommunikationsmittel ausgesetzt ist; sie zielen gleichfalls darauf ab, dem Verbraucher eine Entscheidung auf Grund hinreichender Information und Überlegung zu ermöglichen.

e) Die **rechtlichen Instrumente** der Verbraucherschutzbestimmungen sind im Einzelnen je nach Zielsetzung verschieden. Zum Teil enthalten sie zu Gunsten des Verbrauchers **zwingende Rechtsvorschriften** (so vor allem die Vorschriften über den Verbrauchsgüterkauf, § 475). Zentrales Institut des vertraglichen Verbraucherschutzes ist die Gewährung der Möglichkeit, den **Vertrag binnen einer bestimmten Frist zu widerrufen** (Rn 820). Auch zielen viele Vorschriften darauf ab, dass der Verbraucher vor Vertragsschluss **klare und hinreichende Informationen** über das intendierte Geschäft erhält. Zum Teil wird die vertragliche Bindung des Konsumenten davon abhängig gemacht, dass dieser sich über den Vertragspartner, den Vertragsgegenstand und die Modalitäten des Vertrags detailliert informieren konnte.   **819**

Beim *Verbraucherkredit* wird dieses Ziel mit den Erfordernissen der Schriftform und eines obligatorischen Mindestinhalts der Vertragsurkunde verfolgt. Bestimmungen über das *Fernabsatzgeschäft* erlegen dem Unternehmer die Pflicht auf, den Verbraucher rechtzeitig vor Abschluss eines Fernabsatzvertrags in einer dem eingesetzten Fernkommunikationsmittel entsprechenden Weise klar und verständlich über die Einzelheiten und den geschäftlichen Zweck des Vertrags zu informieren, vgl Art 246 ff EGBGB.

f) Der effektiven Durchsetzung des vertraglichen Verbraucherschutzrechts dient die Möglichkeit der **Verbandsklage**. Voraussetzungen, Klagebefugnis und weitere Details sind im „Gesetz über Unterlassungsklagen bei Verbraucherrechts- und anderen Verstößen" (UKlagG) geregelt.

2. Das Widerrufsrecht

▶ Falltraining 1, Fälle 18, 68; Falltraining 2, Teil 1 Fall 3   **820**

Wichtigstes Instrument der Verbraucherschutzbestimmungen ist das Recht des Verbrauchers, den Vertrag binnen einer Frist von zwei Wochen zu widerrufen (§ 355). Einer Begründung bedarf der Widerruf nicht. Zwischen dem Verbraucher und dem Unternehmer kommt zwar zunächst ein Vertrag zustande, doch ist der Verbraucher an seine Willenserklärung nicht mehr gebunden, wenn er fristgerecht widerrufen hat (§ 355 I 1). Der Widerruf ist durch Erklärung gegenüber dem Unternehmer (§ 355 I 2) auszuüben.

Die Frist zur Widerrufsausübung beträgt grundsätzlich zwei Wochen und beginnt mit Vertragsschluss, soweit in §§ 356 ff nichts anderes bestimmt ist (§ 355 II).   **821**

Daneben sieht das Gesetz Höchstfristen vor. Bei außerhalb von Geschäftsräumen geschlossenen Verträgen und Fernabsatzverträgen erlischt das Widerrufsrecht beispielsweise spätestens zwölf Monate und 14 Tage nach *Fristbeginn* (§ 356 II) oder *Vertragsschluss* (§ 355 II 2), § 356 III 2. Vergleichbare Regelungen finden sich für Teilzeit-Wohnrechtsverträge (§ 356a III 2) oder Ratenlieferungsverträge (§ 356c II 2).   **822**

Wird der Vertrag wirksam widerrufen, so richten sich die weiteren Folgen nach §§ 357 ff, welche den Regeln über den Rücktritt vom Vertrag (§§ 346 ff BGB) nach-   **823** empfunden sind, allerdings nicht ohne Spezialitäten. Selbstverständlich hat der Verbraucher die empfangene Leistung zurückzugeben (vgl § 357 I, § 357a I, § 357c S. 1). Er hat sie in der Regel auf eigene Kosten zurückzusenden (§ 357 VI 1; § 357c S. 2). Hingegen hat die Kosten für die Lieferung der Ware der Verkäufer zu tragen, der nach Ausübung des Widerrufsrechts durch den Verbraucher grundsätzlich auch die Versandkosten zurückgewähren muss (§ 357 II 1; § 357c S. 1).

824   Hat sich der empfangene Gegenstand verschlechtert oder ist er untergegangen, so hat der Verbraucher insoweit Wertersatz zu leisten (§ 357 VII; § 357c S. 3). Das gilt aber nicht für solche Verschlechterungen, die auf einen Umgang mit den Waren zurückzuführen sind, der zur Prüfung der Beschaffenheit, der Eigenschaften und der Funktionsweise der Waren notwendig war (§ 357 VII Nr 1; § 357c S. 3).

Literatur zum Verbraucherschutz: *K. Simitis*, Verbraucherschutz, Schlagwort oder Rechtsprinzip?, 1976; *Chr. Joerges*, Verbraucherschutz als Rechtsproblem, 1981; *B. Dauner-Lieb*, Verbraucherschutz durch Ausbildung eines Sonderprivatrechts für Verbraucher. Systemkonforme Weiterentwicklung oder Schrittmacher der Systemveränderung?, 1983; *K. Tonner*, Die Rolle des Verbraucherschutzes bei der Entwicklung eines europäischen Zivilrechts, JZ 1996, 533; *B. Gsell/HM Schellhase*, Vollharmonisiertes Verbraucherkreditrecht – Ein Vorbild für die weitere Angleichung des Verbrauchervertragsrecht, JZ 2009, 20; *M. Tamm*, Verbraucherschutzrecht, 2011; *Chr. Schärtl*, Der verbraucherschützende Widerruf bei außerhalb von Geschäftsräumen geschlossenen Verträgen und Fernabsatzverträgen, JuS 2014, 755; *Chr. Förster*, Die Umsetzung der Verbraucherrechterichtlinie in §§ 312 ff BGB, JA 2015, 721 (Teil I), 801 (Teil II); *J Schürnbrand*, Gesetzliche Muster im Verbraucherschutz, JZ 2015, 974.

Teil VI
Die Abwicklung von Schuldverhältnissen

Kapitel 1
Allgemeines

Die Regeln des Allgemeinen Teils des BGB über Rechtsgeschäft und Vertrag sagen **825** etwas über das Zustandekommen von Verträgen aus, nichts aber darüber, wie ein gültig geschlossener Vertrag durchzuführen ist. Während die *Verfügungsgeschäfte* ihre Realisierung in sich selbst tragen (zB: mit der Übereignung geht das Eigentum über), bedürfen die *Verpflichtungsgeschäfte* noch einer Abwicklung, nämlich der *Erfüllung* der übernommenen Verbindlichkeiten. Die mit der Abwicklung verbundenen Probleme sind im 2. Buch des BGB (Schuldrecht) geregelt. Dort finden sich auch detaillierte Vorschriften zur Rechtslage für den Fall, dass die geschuldete Leistung nicht ordnungsgemäß erbracht oder eine sonstige Pflicht aus dem Schuldverhältnis verletzt wird. Der nachfolgende Abschnitt stellt die Hauptlinien des Pflichtverletzungsrechts dar.

Zum **Verständnis des Schuldrechts** ist vorauszuschicken, dass es sich nicht nur auf **826** rechtgeschäftliche Verpflichtungen bezieht. Die im 2. Buch des BGB geregelten *Schuldverhältnisse (Obligationen)* entstehen vielmehr entweder *auf Grund eines Rechtsgeschäfts* (überwiegend: vertragliche Schuldverhältnisse) oder aber *unmittelbar auf Grund einer Rechtsnorm ohne Rücksicht auf ein Rechtsgeschäft* (gesetzliche Schuldverhältnisse, zB Schadensersatzanspruch aus unerlaubter Handlung, Rn 259 ff).

Das 2. Buch des BGB bietet in den ersten sieben Abschnitten (§§ 241–432) zunächst Vorschriften, die für die Abwicklung von Schuldverhältnissen allgemein gelten sollen **(Schuldrecht Allgemeiner Teil)**, darunter auch generelle Regeln für vertragliche Schuldverhältnisse (§§ 311–359). Sodann behandelt der achte Abschnitt (§§ 433–853) die wichtigsten Arten der Schuldverhältnisse **(Schuldrecht Besonderer Teil)**, und zwar einzelne Vertragsarten ebenso wie die gesetzlichen Schuldverhältnisse. Dabei sind die Regeln des Allgemeinen Schuldrechts vorausgesetzt. Es kann aber sein, dass die für ein besonderes Schuldverhältnis vorgesehene Norm als lex specialis die entsprechende Vorschrift des Allgemeinen Schuldrechts verdrängt.

Beispiel: Bei Abwicklungsstörungen im Schuldverhältnis hat der Schuldner nach allgemeinem Schuldrecht Vorsatz und Fahrlässigkeit zu vertreten, sofern nichts abweichendes bestimmt ist (§ 276 I 1). Der Verleiher einer Sache hingegen haftet demgegenüber nur für Vorsatz und *grobe* Fahrlässigkeit (§ 599).

Auch im Schuldrecht greifen also ein vor die Klammer gezogener Teil und spezielle Regelungen ineinander. So können wir das in Rn 47 entwickelte Schema wie folgt ergänzen. Für den **Kaufvertrag** gelten

- das Zustandekommen betreffend die Regeln des Allgemeinen Teils des BGB über Rechtsgeschäfte, Willenserklärungen und Verträge (§§ 104 ff, 116 ff, 158 ff)
- sowie die besonderen Vorschriften der §§ 433 ff
- sowie die allgemeinen Vorschriften des Schuldrechts (§§ 241 ff), insbesondere die für Schuldverträge vorgesehenen Normen (§§ 311–359).

Kapitel 2
Die Erfüllung

1. Das Erlöschen der Leistungspflicht

827 Das Schuldverhältnis erlischt mit Erfüllung der Leistungspflicht (§ 362 I), und zwar regelmäßig dadurch, dass der **Schuldner** (Rn 834) die **geschuldete Leistung** (Rn 835 ff) an den **Gläubiger** (Rn 834) zur richtigen **Zeit** (Rn 831 ff) am richtigen **Ort** (Rn 830) bewirkt. Sind in einem Schuldverhältnis mehrere Leistungspflichten begründet, so bleibt das Schuldverhältnis als Rechtsverhältnis bestehen, bis alle geschuldeten Leistungen erbracht sind. Die leistungsunabhängigen Nebenpflichten (siehe Rn 943) können diesen Zeitpunkt überdauern.

Leistungshandlung   ⟶   Leistungserfolg

2. Leistungsort und Leistungszeit

a) Unterscheidung zwischen Leistungshandlung und Leistungserfolg

828 Erfüllt ist eine Leistungspflicht erst, wenn die Leistung *bewirkt* ist, dh wenn dem Gläubiger der Leistungsgegenstand rechtlich und faktisch zur Verfügung steht. In diesem Zusammenhang ist es wichtig, zwischen der Leistungshandlung des Schuldners und dem Leistungserfolg (= Bewirkung der Leistung) zu unterscheiden. Mit Vornahme der von ihm geschuldeten Leistungshandlung tut zwar der Schuldner das seinerseits Erforderliche. Doch dadurch allein erlischt die Schuld noch nicht, es muss vielmehr der Leistungserfolg hinzutreten.

Beispiel: Frau A hat im Möbelhaus B einen Schrank gekauft, der am nächsten Tag 16 Uhr bei Frau A's Wohnung angeliefert werden soll. B erscheint am nächsten Tag pünktlich mit dem Schrank an Frau A's Wohnungstür. Doch ist niemand zu Hause, weil Frau A den Termin vergessen hat. B hat die geschuldete Leistungshandlung vorgenommen, er hat das „seinerseits Erforderliche getan". Doch ist der Leistungserfolg noch nicht eingetreten, denn B hat den Schrank noch nicht übereignet und übergeben (§ 433 I 1). Daher ist die Leistungspflicht noch nicht erloschen.

Die Vornahme der geschuldeten Leistungshandlung allein führt also nicht die Erfül-   **829**
lung herbei. Dennoch ändert sich mit ihr die Haftungslage grundlegend zu Gunsten des Schuldners. Die wichtigste Wirkung in diesem Zusammenhang ist die **Konkretisierung der Gattungsschuld** nach **§ 243 II**. Wie schon erwähnt schuldet der Gattungsschuldner dem Gläubiger die Leistung eines Gegenstandes, der nicht individuell, sondern nur nach Gattungsmerkmalen bestimmt ist. Alle Gegenstände, die diese Gattungsmerkmale aufweisen, sind zur Erfüllung tauglich. Dem entspricht die Verpflichtung des Schuldners, den Gläubiger aus der Gattung zu beliefern, solange ihm immer dies möglich ist.

Beispiel: Hat ein Händler ein Kopiergerät Typ „Quick" verkauft, das am nächsten Tag an den Kunden geliefert werden soll, so bleibt er auch dann zur Verschaffung eines solchen Geräts verpflichtet, wenn die Exemplare, die er zufällig auf Lager hat, in der Nacht vor der Auslieferung von Einbrechern entwendet werden. Er muss sich dann eben das geschuldete Exemplar anderweitig besorgen. Etwas anderes würde nur gelten, wenn der Händler seine Lieferverpflichtung vertraglich auf sein Warenlager beschränkt hätte („verkauft ist eines der drei bei mir vorrätigen Exemplare").

Diese riskante Lage des Gattungsschuldners ändert sich indes grundlegend zu seinen Gunsten, sobald er „das seinerseits Erforderliche getan", also *die geschuldete Leistungshandlung vorgenommen* hat. Von diesem Augenblick an beschränkt sich das Schuldverhältnis auf dasjenige Exemplar der Gattung, mit dem die Leistungshandlung vorgenommen wurde (Konkretisierung, § 243 II, siehe weiter unten Rn 880). *Die Konkretisierung setzt voraus, dass der Schuldner die geschuldete Leistungshandlung am richtigen Ort zu einer für die Erfüllung geeigneten Zeit mit einem zur Erfüllung geeigneten Gegenstand vorgenommen hat.*

b) Leistungsort

▶ Falltraining 1, Fall 86; Falltraining 2, Teil 1 Fälle 2, 7   **830**

Die Frage, welche Leistungshandlung der Schuldner vornehmen muss, hängt eng mit dem **Leistungsort** zusammen. Diesen betreffend enthalten hauptsächlich die §§ 269, 270 die einschlägigen Regelungen. Leistungsort ist derjenige Ort, an dem der Schuldner die von ihm geschuldeten Leistungshandlungen (oder die letzte von ihnen) vorzunehmen hat.

Die Bedeutung dieser Frage kann man sich an Fällen des täglichen Lebens klarmachen. Angenommen, eine Hausfrau kauft bei einem Elektrohändler einen Eisschrank: Genügt der Händler seiner Lieferverpflichtung, indem er den Eisschrank transportfertig in seinem Laden aufstellt und die Käuferin auffordert, ihn abzuholen? Oder ist er verpflichtet, das Gerät in die Wohnung der Kundin zu bringen? Oder genügt er seiner Pflicht, wenn er den an die Kundin adressierten Schrank einem Speditionsunternehmen übergibt?

Generell gibt es **drei Möglichkeiten**:

(1) Entweder ist der Leistungsort der Wohnsitz bzw der Ort der gewerblichen Niederlassung (§ 269 II) des *Schuldners* derart, dass der Gläubiger die Leistung dort abholen muss **(Holschuld)**. Dann besteht die Erfüllungshandlung in der Bereithaltung der Leistung an diesem Ort.

(2) Oder Leistungsort ist der Wohnsitz bzw Ort der gewerblichen Niederlassung des *Schuldners* derart, dass der Schuldner verpflichtet ist, den Leistungsgegenstand von dort aus zu versenden **(Schickschuld)**; dann genügt der Schuldner seiner Verpflichtung mit der Übergabe des Leistungsgegenstandes an eine geeignete Versandperson (Post etc).

(3) Oder der Leistungsort ist der Wohnsitz bzw der Ort der gewerblichen Niederlassung des *Gläubigers*. Dann hat der Schuldner den Leistungsgegenstand dorthin zu verbringen **(Bringschuld)**.

Zu Gunsten des Schuldners spricht die **Vermutung für die Holschuld**, § 269 I. Eine **Zahlungsverpflichtung** hingegen ist, sofern nichts anderes vereinbart wurde, Schickschuld mit der Besonderheit, dass das Risiko der Übermittlung der Schuldner zu tragen hat (§ 270 I).

c)   Leistungszeit

831   ▶ Falltraining 1, Fälle 87 ff

Ist eine Zeit für die Leistung weder bestimmt noch aus den Umständen zu entnehmen, so kann der Gläubiger die Leistung sofort verlangen, der Schuldner sie sofort bewirken, § 271 I. Parteivereinbarungen zur Leistungszeit können verschiedene Funktion haben. Zunächst kann es sich um eine **bloße Vereinbarung eines Leistungstermins oder Leistungszeitraums** handeln. An die Nichteinhaltung (Leistungsverzögerung) knüpfen sich noch keine Rechtsfolgen. Erst wenn aus der Verzögerung durch Mahnung, § 286 I, Verzug geworden ist (Rn 855), oder der Gläubiger eine Nachfrist zur Leistung gesetzt hat, § 281 I und § 323 I, können Schadenersatzansprüche oder ein Rücktrittsrecht entstehen.

832   Die Vereinbarung eines Leistungstermins oder -zeitraums kann jedoch auch dazu führen, dass das Geschäft den Charakter eines **relativen Fixgeschäfts** erhält. Zusätzliche Voraussetzung ist, dass nach dem Inhalt des Vertrags der Gläubiger den Fortbestand seines Interesses an der Leistung davon abhängig gemacht hat, dass der Termin oder die Frist eingehalten wird; das kann ausdrücklich geschehen, sich aber auch aus den gesamten Umständen des Vertragsschlusses konkludent ergeben. Zu denken ist zB an den Fall, dass ein Händler vom Hersteller Schokoladenosterhasen, lieferbar bis spätestens Ende der dritten Woche vor Ostern, bestellt und dass zwischen den Parteien bei Vertragsschluss ausdrücklich oder stillschweigend geklärt ist, dass der Händler nach Versteichen dieser Frist unter gewöhnlichen Umständen kein Interesse mehr an der Leistung hat (zB, weil er sich anderweitig eindecken will, um das Ostergeschäft zu sichern). In diesen Fällen muss der Gläubiger bei nicht termingerechter Leistung keine Nachfrist setzen, um vom Vertrag zurücktreten zu können, § 323 II Nr 2, oder

Schadensersatz statt der Leistung verlangen zu können, § 281 II Nr 3 (Rn 867). Zu beachten ist, dass § 376 HGB für den Handelskauf eine Sonderregelung enthält.

Das relative Fixgeschäft ist vom **absoluten Fixgeschäft** zu unterscheiden, bei dem   **833**
infolge der Verzögerung Unmöglichkeit eintritt (zu den Folgen Rn 881 f): Wer seinen Balkon mit Stadionblick für zwei Stunden vermietet, und zwar während des Fußballspiels am 6.11.2016 zwischen 15.30 Uhr und 17.30 Uhr, kann die Leistung nicht nachholen, wenn er zur vereinbarten Zeit nicht zu Hause ist und die Mieter deshalb den Balkon nicht nutzen können.

3. Leistung durch und an Dritte

▶ Falltraining 1, Fall 73; Falltraining 2, Teil 2 Fall 4   **834**

An Stelle des Schuldners kann auch ein anderer **(Dritter)** für ihn **leisten**, wenn es nicht nach dem Inhalt des Schuldverhältnisses gerade auf die Person des Schuldners ankommt (§ 267 I 1). Die Einwilligung des Schuldners ist – erstaunlicherweise – nicht erforderlich (§ 267 I 2). Der Gläubiger kann die Leistung des Dritten nur ablehnen, wenn der Schuldner widerspricht (§ 267 II).

Wird **an einen anderen als den Gläubiger** geleistet, so tritt die Erfüllungswirkung grundsätzlich nicht ein. Freilich gibt es auch hier Ausnahmen. So wirkt die an den Dritten erbrachte Leistung als Erfüllung gegenüber dem Gläubiger, wenn er in die Leistung an den Dritten eingewilligt hatte oder die Leistung an den Dritten nachträglich genehmigt (§ 362 II/§ 185, vgl ferner §§ 407–409).

4. Leistung eines anderen als des geschuldeten Gegenstandes

1) Das Schuldverhältnis erlischt grundsätzlich nur dann, wenn der Gläubiger diejeni-   **835**
ge Leistung empfängt, die dem Inhalt der Verpflichtung entspricht, § 362 I. Hat der Gläubiger eine ihm als Erfüllung angebotene Leistung **als Erfüllung angenommen**, so trifft ihn die Beweislast, wenn er die Leistung nicht als Erfüllung gelten lassen will, weil sie eine andere als die geschuldete Leistung oder unvollständig gewesen sei (§ 363).

2) Freilich *kann* der Gläubiger **eine andere als die geschuldete Leistung an Erfül-**   **836**
lungsstatt annehmen (§ 364 I). Dies setzt eine entsprechende Einigung der Parteien voraus.

Beispiel: A bestellt beim Weinhändler B 50 Flaschen einer bestimmten Weinsorte Jahrgang 2012. B, dem der Jahrgang ausgegangen ist, schickt stattdessen 50 Flaschen des Jahrgangs 2013 zum selben Preis. A bemerkt die Abweichung, akzeptiert die Sendung aber gleichwohl. Der Verkäufer hat in diesem Fall zwar nicht die geschuldete Leistung erbracht. Doch hat der Käufer eine andere als die vertraglich vereinbarte Ware **an Erfüllungs statt** angenommen. Da die Abweichung dem Willen beider Parteien entspricht, tritt die Erfüllungswirkung ein (§ 364 I).

3) Von der Annahme an Erfüllungs statt zu unterscheiden ist die **Annahme erfül-**   **837**
lungshalber. Hier nimmt der Gläubiger eine andere als die geschuldete Leistung ent-

gegen, ohne dass aber damit die Erfüllungswirkung eintreten soll. Vielmehr lässt sich der Gläubiger darauf ein, zuerst aus dem Ersatzgegenstand die Befriedigung seines eigentlichen Erfüllungsinteresses zu versuchen; sein Leistungsanspruch besteht mit seinem ursprünglichen Inhalt weiter, bis dieses Ziel erreicht ist.

Beispiel: X schuldet dem Y 1000 €. Da X kein Geld hat, bietet er dem Y ein Schmuckstück an. Beide kommen überein, dass Y versuchen soll, den Schmuck zu Geld zu machen; der Erlös soll dem Y gehören und auf die Schuld des X angerechnet werden. Hier tritt mit der Hingabe des Schmuckes noch kein Erlöschen der Leistungspflicht ein, weder nach § 362 I noch nach § 364 I. Das Schuldverhältnis erlischt erst, wenn und soweit der Zahlungsanspruch durch den Verkaufserlös des Schmuckes befriedigt ist. Gelingt es dem Y nicht, den Schmuck zu veräußern, so hat er ihn dem X wieder zurückzugeben und kann weiterhin Zahlung von 1000 € verlangen.

5.   Leistung durch Aufrechnung

838   ▶ Falltraining 1, Fälle 71, 74; Falltraining 2, Teil 1 Fälle 2, 3, 6

Eine besondere Form der Erfüllung ermöglicht die **Aufrechnung** (§§ 387–396). Schulden zwei Personen einander gleichartige Leistungen, so kann die Erfüllung durch Verrechnung erfolgen, soweit sich die Forderungen quantitativ decken. Die Verrechnung tritt jedoch nicht kraft Gesetzes ein. Vielmehr kann grundsätzlich jeder der beiden Beteiligten durch einseitige, empfangsbedürftige Aufrechnungserklärung (§ 388) bewirken, dass die Forderungen erlöschen, soweit sie sich decken (§ 389).

Beispiel: A hat eine fällige Forderung gegen B auf Zahlung von 150 €, B einen Anspruch gegen A auf 100 €. Erklärt A dem B zulässigerweise die Aufrechnung, so erlischt sein Anspruch gegen B in Höhe von 100 €, in Höhe von 50 € bleibt seine Forderung aufrechterhalten. Der Anspruch des B gegen A auf Zahlung von 100 € erlischt gänzlich.

Das Erlöschen auf Grund erklärter Aufrechnung tritt mit einer gewissen **Rückwirkung** ein. Die Forderungen gelten als in dem Zeitpunkt erloschen, in dem sie sich zur Aufrechnung geeignet gegenübergetreten sind (§ 389). Gemeint ist der Zeitpunkt, in dem der Aufrechnende erstmals hätte aufrechnen konnte („Aufrechnungslage").

Angenommen: Die Forderung des B ist in obigem Beispiel am 1.4.2016 entstanden und fällig geworden, die Forderung des A wurde am 1.5.2016 fällig. Am 1.6.2016 erklärte A die Aufrechnung. Die Aufrechnungserklärung lässt die Forderungen, soweit sie sich decken, rückwirkend zum 1.5.2016 erlöschen. Denn schon mit Fälligkeit der ihm zustehenden Forderung konnte A aufrechnen. Für die Zeit ab 1.5.2016 konnte daher auch kein Anspruch auf Zinsen entstehen.

839   Die Aufrechnung ist unter folgenden **Voraussetzungen** möglich:

1) **Gleichartigkeit** – Sind die Forderungen ihrem Inhalt nach gleichartig, also insbesondere Zahlungsansprüche, aber auch Ansprüche auf Lieferung von Waren genau derselben Gattung?

2) **Gegenseitigkeit** – Stehen sich die beiden Beteiligten zugleich als Gläubiger und als Schuldner der gleichartigen Forderungen gegenüber? Ausnahmen vom Grundsatz der Gegenseitigkeit enthalten zB §§ 268 II, 406. Ferner wird die Gegenseitigkeit nach dem Grundsatz von Treu und Glauben für einzelne Fälle durchbrochen, siehe BGHZ 25, 360, 367.

3) **Besteht** die *Forderung des Aufrechnenden* und ist sie **fällig** (§ 387) und **einredefrei** (§ 390)?

4) **Besteht** die *Forderung des Aufrechnungsgegners* und ist sie *erfüllbar* (nicht unbedingt fällig! Siehe Rn 204)?

Anders als beim Zurückbehaltungsrecht nach § 273 I ist eine „Konnexität" der Ansprüche nicht erforderlich (siehe Rn 841).

Die Aufrechnung kann kraft Gesetzes (§§ 390–395) oder kraft Parteivereinbarung (beachte § 391 II) **ausgeschlossen** sein.

Kapitel 3

Leistungsverweigerungsrechte des Schuldners

1. Übersicht

Wer aus einem Schuldverhältnis in Anspruch genommen wird, kann sich gegen die **840** geltend gemachte Forderung wehren, soweit Einwendungen oder Einreden gegen sie begründet sind. Als **Einwendung** kann zB geltend gemacht werden, das behauptete Schuldverhältnis sei nicht entstanden oder es sei durch Erfüllung (§ 362 I) oder durch Erlassvertrag (§ 397) wieder erloschen. Als **Einrede** (Leistungsverweigerungsrecht) kommt vor allem die Berufung auf die Verjährung der geltend gemachten Forderung in Betracht (§§ 194 ff; weitere Einreden zB §§ 275 II, III, 439 III, 821, 853). Besondere Leistungsverweigerungsrechte des Schuldners sind in §§ 273, 274 und §§ 320–322 geregelt.

2. Das Zurückbehaltungsrecht nach § 273 I

§ 273 I gewährt dem Schuldner ein Leistungsverweigerungsrecht („Zurückbehal- **841** tungsrecht"), wenn er aus demselben rechtlichen Verhältnis, auf dem seine Verpflichtung beruht, einen fälligen Anspruch gegen den Gläubiger hat. Die Einrede setzt folglich voraus,

1) dass der Schuldner seinerseits einen Anspruch gegen den Gläubiger hat (Gegenseitigkeit);

2) dass dieser Anspruch des Schuldners fällig ist und

3) dass beide Ansprüche „aus demselben rechtlichen Verhältnis" stammen *(Konnexität).*

Der Begriff „dasselbe rechtliche Verhältnis" wird weit gezogen: Es genügt ein natürlicher oder wirtschaftlicher Zusammenhang zwischen den gegenüberstehenden Ansprüchen, der es als ungerecht erscheinen ließe, wenn der eine Anspruch ohne Rücksicht auf den anderen geltend gemacht werden könnte (vgl BGHZ 64, 122, 126).

Beispiele: Wechselseitige Rückabwicklungsansprüche aus einem fehlgeschlagenen Rechtsgeschäft; Ansprüche, die aus selbstständigen Verträgen, aber innerhalb einer ständigen Geschäftsverbindung der Parteien entstanden sind.

842   Der Gläubiger kann das Zurückbehaltungsrecht des Schuldners durch Sicherheitsleistung (§§ 232 ff) abwenden (§ 273 III). Das Zurückbehaltungsrecht besteht nicht, wenn es durch Rechtsgeschäft oder Gesetz ausgeschlossen ist oder wenn seine Geltendmachung gegen Treu und Glauben verstößt (§ 242).

Um im Prozess beachtlich zu sein, muss das Zurückbehaltungsrecht vom Schuldner *geltend gemacht* werden (Rn 226). Wird es geltend gemacht, so ist die Leistungsklage des Gläubigers nicht etwa abzuweisen, vielmehr wird der Schuldner „zur Leistung gegen Empfang der ihm gebührenden Leistung" (Erfüllung Zug um Zug) verurteilt (§ 274 I, Zwangsvollstreckung: §§ 726 II, 756, 765 ZPO).

3.   Die Einrede des nichterfüllten Vertrages nach § 320

843   ▶ Falltraining 1, Fall 74; Falltraining 2, Teil 1 Fall 2

Die Einrede des nichterfüllten Vertrages (§ 320 I) verstärkt das – an sich schon nach § 273 I begründete – Leistungsverweigerungsrecht für den Fall, dass sich bei einem **gegenseitigen Vertrag** Leistungspflicht des einen und Gegenleistungspflicht des anderen Teils gegenüberstehen. Ist in solchem Fall nicht ausnahmsweise vereinbart, dass eine Partei vorzuleisten hat, so kann jede von ihnen die Leistung bis zur Bewirkung der Gegenleistung verweigern. Voraussetzung ist auch hier, dass die Gegenforderung des verweigernden Teils fällig ist. Die Geltendmachung der Einrede des nichterfüllten Vertrages führt ebenfalls nicht zur Abweisung der Leistungsklage, sondern zur Verurteilung des Schuldners zur Erfüllung „Zug um Zug" (§ 322 I).

Beispiel: K kauft bei V eine Maschine für 5000 €. Verlangt V von K die Zahlung von 5000 €, bevor er die Maschine geliefert hat, so kann K die Einrede aus § 320 I geltend machen. Klagt V auf die Zahlung, so hat die Geltendmachung der Einrede die Wirkung, dass K zur Zahlung von 5000 € Zug um Zug gegen Lieferung der Maschine verurteilt wird.

§ 320 I ist lex specialis zu § 273 I und bietet dem Schuldner das stärkere Gegenrecht. Das ergibt sich schon daraus, dass der Gläubiger die Einrede des § 320 I nicht durch Sicherheitsleistung abwenden kann (§ 320 I 3). Nach hM kommt der Schuldner bei § 320 I nicht in Verzug, sobald und solange zu seinen Gunsten ein Leistungsverweigerungsrecht nach § 320 begründet ist (auch wenn er es noch nicht geltend gemacht hat!, vgl BGHZ 84, 42, 44; BGHZ 116, 244, 249; BGH NJW 1999, 53; BGH NJW-RR 2003, 1318). Um den Schuldner, der sich auf § 320 stützen kann, in Verzug zu setzen, muss der Gläubiger die ihm obliegende Gegenleistung tatsächlich anbieten (BGHZ 116, 244, 249). Gleichwohl begründet § 320 I eine Einrede (str.), keine Einwendung; der Schuldner muss sein Leistungsverweigerungsrecht *geltend machen*, was auch konkludent (zB durch Antrag auf Abweisung der gegen ihn gerichteten Leistungsklage) geschehen kann (BGH NJW 1999, 53).

Den Schuldnerverzug betreffend ist die Lage bei § 273 I anders: Das bloße Bestehen eines Zurückbehaltungsrechts verhindert den Eintritt des Schuldnerverzuges nicht, vielmehr muss das Zurückbehaltungsrecht geltend gemacht worden sein. Entsteht das Zurückbehaltungsrecht erst nach Eintritt des Schuldnerverzuges, so wird nach BGH NJW 1971, 421 der Verzug auch durch die Geltendmachung der Einrede nicht ohne weiteres beendet; der Verzug endet vielmehr erst, wenn der Schuldner nunmehr seine Leistung Zug um Zug anbietet.

Die stärkere Ausgestaltung des § 320 I gegenüber § 273 I ist durch die Interessenlage **844** gerechtfertigt. Beim gegenseitigen Vertrag weiß der Gläubiger, dass der Schuldner aus demselben Rechtsgeschäft einen Gegenanspruch hat und muss sich daher darauf einstellen. Bei § 273 I ist hingegen für den Gläubiger nicht immer erkennbar, welche Ansprüche der Schuldner seinerseits aus demselben rechtlichen Verhältnis hat und geltend machen will. Folglich ist der Anwendungsbereich des § 320 I genau zu bestimmen. Die §§ 320 ff gelten, wie die gesetzliche Titelüberschrift besagt, **nur für gegenseitige Verträge**. Bei einem gegenseitigen Vertrag stehen sich die Leistungspflichten der Parteien in einem **Entgeltverhältnis** (Austauschverhältnis, Synallagma) gegenüber (zB Kauf, Werkvertrag, Miete, Pacht, Dienstvertrag, verzinsliches Darlehen etc, siehe oben Rn 420 ff). Die Regeln der §§ 320–322 sind nun gerade auf solche Leistungspflichten aus gegenseitigem Vertrag zugeschnitten, die im Entgeltverhältnis zu einer Gegenleistungspflicht stehen (**synallagmatische Leistungspflichten**).

So sind beim **Kaufvertrag** einerseits die Verkäuferpflicht zur Übergabe und Übereignung der verkauften Sache, andererseits die Käuferpflicht zur Zahlung des Kaufpreises synallagmatisch verbunden. Die Pflicht des Käufers zur Abnahme der gekauften Sache steht, obwohl echte Leistungspflicht, nicht im Entgeltverhältnis (ausnahmsweise aber dann, wenn etwas anderes vereinbart ist; das ist aus den Umständen zu entnehmen, wenn der Verkäufer erkennbar ein besonderes Interesse an der Abnahme durch den Käufer hat).

In das Synallagma gehören nicht bloße Rückabwicklungsansprüche aus beendetem Vertragsverhältnis, wie etwa die Pflicht zur Rückgabe der vermieteten Sache zum Ende der Mietzeit (§ 546 I). Denn für die Gebrauchsgewährung einer Sache (Leistung des Vermieters) ist Gegenleistung der Mietzins, nicht etwa die Rückgabe der Mietsache; die Letztere ist nur Folge der Auflösung des Mietverhältnisses. Nicht zu den synallagmatischen Ansprüchen gehören ferner Schadensersatzansprüche, die *neben* dem Erfüllungsanspruch entstehen (etwa aus §§ 280 I, II, 286 – Verzugsschaden). Auf die *nicht synallagmatischen* Ansprüche aus gegenseitigem Vertrag sind die §§ 320–322 nicht anzuwenden.

Hingegen **fallen in das Synallagma** alle vertraglich begründeten Schadensersatzansprüche, die *an die Stelle* des Erfüllungsanspruchs treten (Schadensersatz statt der Leistung, §§ 280 I, III, 281–283, siehe Rn 867, Rn 888). Das gleiche gilt für die beiderseitigen Ansprüche auf Rückgewähr erbrachter entgeltlicher Leistungen, wenn eine Partei wirksam vom Vertrag zurückgetreten ist (§ 346 I) oder ihn widerrufen hat (zB § 357 I).

Beispiel: Bei dem genannten Maschinenkauf (Rn 843) hat sich V im Vertrag vorbehalten, binnen 4 Wochen vom Vertrag zurücktreten zu können. Nach Lieferung der Maschine und Zahlung des Preises macht V von seinem Rücktrittsrecht fristgerecht Gebrauch. Dann haben beide Vertragspartner einander die empfangenen Leistungen zurückzugewähren. Verlangt nun V die Rückgabe der Maschine, so hat K wegen seines Anspruchs auf Rückgewähr des Kaufpreises die Einrede aus § 320 I (§ 348 S. 2).

Ist im Vertrag bestimmt, dass **ein Teil vorzuleisten hat** (etwa „Rechnungsbetrag **845** zahlbar nach Erhalt der Ware"), so steht diesem die Einrede des § 320 I nicht zu. Der Vorleistungspflichtige muss also leisten, auch wenn ihm die Gegenleistung nicht bewirkt oder angeboten wird. Damit entsteht für ihn eine riskante Lage; er muss erfüllen, ohne zu wissen, ob sein Anspruch auf die Gegenleistung später verwirklicht wird. Aus dieser Problemlage heraus ist die Regelung des § 321 I 1 zu verstehen: Auch der aus einem gegenseitigen Vertrag *Vorleistungspflichtige* hat ein *Leistungsverweigerungsrecht*, wenn nach dem Abschluss des Vertrages erkennbar wird, dass sein Anspruch auf die Gegenleistung durch mangelnde Leistungsfähigkeit des anderen Teils gefährdet wird. Das Leistungsverweigerungsrecht entfällt, wenn die Gegenleistung bewirkt oder wenn Sicherheit für sie geleistet wird (§ 321 I 2). Der Vorleistungspflichtige kann eine angemessene Frist bestimmen, in welcher der andere Teil nach seiner Wahl Zug um Zug gegen die Leistung die Gegenleistung zu bewirken oder Sicherheit zu leisten hat; nach erfolglosem Ablauf der Frist kann der Vorleistungspflichtige vom Vertrag zurücktreten (§ 321 II 2, 3 unter Verweisung auf § 323).

Klagt der Vorleistungspflichtige seinerseits die ihm zustehende Gegenleistung ein, so gehört zur Klagebegründung, dass er selbst seine Leistung schon erbracht hat. Ist allerdings der andere Teil in Annahmeverzug (dazu Rn 909 ff), so geht die Klage des Vorleistungspflichtigen auf „Leistung nach Empfang der Gegenleistung" (§ 322 II; zur Zwangsvollstreckung siehe § 322 III/§ 274 II).

Kapitel 4
Störungen im Schuldverhältnis – Überblick

1. Problemlage

846 Die Abwicklung eines Schuldverhältnisses verläuft in vielen Fällen nicht reibungslos. Wenn die Pflichten aus dem Schuldverhältnis nicht, nicht rechtzeitig oder nur mangelhaft erfüllt werden, stellt sich die Frage nach einem angemessenen Interessenausgleich unter den Parteien. Der Gläubiger hat möglicherweise durch das Ausbleiben der ordnungsgemäßen Leistung Schäden erlitten, die er vom Schuldner ersetzt verlangen will. Vielleicht will er sich auch vom Vertrag lossagen, um wirtschaftlich anderweitig disponieren zu können. Auf der anderen Seite ist zu bedenken, dass den Schuldner möglicherweise für die ausbleibende oder mangelhafte Leistung keine Verantwortung trifft und es ungerecht wäre, ihn dafür einstehen zu lassen. Für die Lösung des Interessenausgleichs bei Störungen im Schuldverhältnis bietet das BGB detaillierte Regeln, die weit überwiegend dispositiver Natur sind, dh nur gelten, soweit die Parteien des konkreten Schuldverhältnisses nichts Abweichendes vereinbart haben.

2. Unterschiedliche Arten von Pflichten

847 Um die gesetzlichen Regeln verstehen zu können, muss man sich klar machen, dass das Schuldverhältnis sich gewöhnlich nicht im Bestehen einer Forderung erschöpft, sondern ein **komplexes Gebilde** darstellt, in dem **unterschiedliche Pflichten** zusammentreffen. Im Regelfall besteht eine Pflichtenlage auf beiden Seiten. Die Pflichten sind von unterschiedlicher Art. Ein fundamentaler Unterschied besteht zwischen den **Leistungspflichten** einerseits und den **Nebenpflichten (Schutzpflichten)** andererseits. Über Leistungs- und Nebenpflichten hinaus können sich ferner aus einem Schuldverhältnis **Obliegenheiten** ergeben.

1) **Leistungspflichten** (§ 241 I) sind dadurch gekennzeichnet, dass dem anderen Teil ein Anspruch auf Erfüllung einer geschuldeten Leistung, dh auf ein bestimmtes Tun oder Unterlassen, zusteht. Derjenige, der die Leistung fordern kann, wird im Schuldrecht als Gläubiger, der Verpflichtete als Schuldner bezeichnet. Die Forderung kann im Regelfall eingeklagt, aus dem Urteil kann im Regelfall vollstreckt werden.

Zu unterscheiden sind die vertraglichen **Hauptleistungspflichten** (zB Lieferung der Kaufsache, Kaufpreiszahlung) einerseits und **Nebenleistungspflichten** (zB Aufstellen der gekauften Maschine und Einweisen des Personals) andererseits.

▶ Falltraining 2, Teil 1 Fall 7   **848**

2) **Nebenpflichten (Schutzpflichten)** verlangen von jedem Partner eines Schuldverhältnisses, auf die Rechte, Rechtsgüter und Interessen des anderen Teils Rücksicht zu nehmen. Sie sind in § 241 II umschrieben. Der Unterschied zu den Leistungspflichten liegt in der Sanktion: Gegen den Verpflichteten besteht **kein klagbarer Anspruch auf Erfüllung** der Nebenpflichten, doch löst die zurechenbare Pflichtverletzung andere Sanktionen gegen ihn aus (insbesondere einen Schadensersatzanspruch nach § 280 I oder §§ 280 I, III, 282).

Die Nebenpflichten (Schutzpflichten) basieren auf dem Gedanken, dass die Parteien eines Schuldverhältnisses einander nicht wie beliebige Personen gegenüberstehen, die zufällig in Kontakt miteinander geraten, sondern in einem Rechtsverhältnis verbunden sind, das bei seiner Abwicklung in besonderer Weise zu Rücksicht auf die Rechte und Interessen des Partners und zu fairem Verhalten ihm gegenüber verpflichtet. Was das im Einzelnen bedeutet, ergibt sich aus dem **Inhalt des konkreten Schuldverhältnisses**: den getroffenen Absprachen, gesetzlichen Regelungen und den Geboten von Treu und Glauben im Hinblick auf den Gegenstand und den Umständen des Schuldverhältnisses. Inhalt der Pflichten kann zB sein, den Partner über Risiken aufzuklären, mit seinen Rechtsgütern sorgsam umzugehen oder räumliche Bereiche, in die der Partner gelangt, ausreichend zu sichern.

▶ Falltraining 1, Fall 83

3) Auf die Erfüllung von **Obliegenheiten** gibt es keinen Anspruch, ihre Verletzung löst auch keine Schadensersatzansprüche aus. Vielmehr besteht die Sanktion für die Verletzung in sonstigen Rechtsnachteilen für den Verpflichteten (zB dass er das Risiko einer Schädigung seiner eigenen Rechtsgüter zu tragen hat). So ist es eine Obliegenheit des Gläubigers, die Leistung vom Schuldner entgegenzunehmen; andernfalls erleidet er unter den in §§ 293 ff geregelten Voraussetzungen (Gläubigerverzug, Rn 909 ff) bestimmte Nachteile (§§ 300 ff).

Literatur: *S. Hähnchen*, Obliegenheiten und Nebenpflichten, 2010.

849   Die **Komplexität des Schuldverhältnisses** kann für den **gegenseitigen Vertrag** durch folgendes Schema dargestellt werden:

850   Die **Nebenpflichten** können auch schon dann entstehen, **wenn (noch) keine Leistungspflichten begründet**, sondern zB erst Kontakte zur Geschäftsanbahnung geknüpft sind. Ein Schuldverhältnis mit Nebenpflichten der in § 241 II genannten Art kann bereits durch die Aufnahme von Vertragsverhandlungen, eine Vertragsanbahnung oder ähnliche geschäftliche Kontakte entstehen. § 311 III legt zudem fest, dass ein Schuldverhältnis mit den genannten Nebenpflichten auch zu Personen entstehen kann, die nicht selbst Vertragspartei werden, also nicht selbst zu Leistungen berechtigt und verpflichtet werden sollen. Entscheidend ist in den Fällen des § 311 II und III das **Entstehen von Schuldverhältnissen ohne Leistungspflichten** (Näheres unten Rn 952 ff). Das bedeutet: Auf solche Schuldverhältnisse sind die allgemeinen Regeln des Schuldrechts anwendbar, nicht hingegen diejenigen, die sich speziell mit Leistungspflichten befassen.

Es kann ferner sein, dass die **Nebenpflichten** gemäß § 241 II die **Leistungspflichten überdauern**. Es kann zB sein, dass ein Schuldner bereits vollständig geleistet hat, sodass *insoweit* das Schuldverhältnis gemäß § 362 I erloschen ist. Das schließt nicht aus, dass noch nachwirkende Nebenpflichten für ihn bestehen, zB die Pflicht, den mit der Leistung für den Gläubiger verfolgten Zweck nicht zu gefährden; *insoweit* ist das Schuldverhältnis im Sinne von § 241 II trotz des Erlöschens der Leistungsansprüche weiterhin existent.

Beispiel: Ein Autohändler muss seinen Kunden auch nach erfolgter Vertragsabwicklung davon unterrichten, dass sein Fahrzeug zu einer Serie gehört, die der Hersteller wegen bestimmter baureihenbedingter Sicherheitsmängel an dem Fahrzeug zurückgerufen hat.

3.   Die Arten der Verletzung von Leistungspflichten

851   Für das Verständnis der gesetzlichen Regeln ist weiterhin bedeutsam, dass verschiedene Typen von leistungsbezogenen Pflichtverletzungen (Leistungsstörungen) zum Teil unterschiedlich behandelt werden.

1) **Verzögerung der Leistung** (unten Rn 853 ff). Die Leistungsstörung kann darin liegen, dass der Schuldner die Leistung verzögert (§ 280 II), dh noch nicht leistet, ob-

wohl der Leistungsanspruch des Gläubigers fällig ist. Unter weiteren Voraussetzungen wird die Leistungsverzögerung als **Verzug des Schuldners** bezeichnet (§ 286).

2) **Unmöglichkeit der Leistung.** Der Schuldner leistet deshalb nicht, weil er nicht leisten kann, sei es, dass die Leistung für jedermann unmöglich wäre (objektive Unmöglichkeit), sei es, dass zwar andere leisten könnten, aber gerade der Schuldner nicht (subjektive Unmöglichkeit). Zwar besagt § 275 I, der Leistungsanspruch sei ausgeschlossen, soweit die Leistung für jedermann oder für den Schuldner unmöglich ist. Das schließt aber nicht aus, dass der Schuldner wegen des Ausbleibens der Leistung zur Verantwortung gezogen wird (unten Rn 877 ff)

3) **Mangelhafte Leistung.** Der Schuldner leistet zwar, aber die Leistung entspricht nicht dem, was geschuldet ist (dazu Rn 912 ff).

4) **Gläubigerverzug.** Die Erfüllungswirkung bleibt trotz der Leistungsbereitschaft des Schuldners aus, weil in der Sphäre des Gläubigers Erfüllungshindernisse gegeben sind (unten Rn 909 ff).

4. Die möglichen Rechtsfolgen der Verletzung von Leistungspflichten

Für den Fall, dass der Verpflichtete die geschuldete Leistung nicht, nicht rechtzeitig oder nicht in gehöriger Weise erfüllt, sieht das Gesetz ein differenziertes System von Rechtsfolgen vor. Diese hängen von der Art der Leistungsstörung und der jeweils gegebenen Interessenlage ab. Im Überblick kommen folgende Sanktionen der Leistungsstörungen in Betracht. **852**

1) Ausgangspunkt ist, auch wenn eine Leistungsstörung eintritt, zunächst der **Leistungsanspruch (Anspruch auf Erfüllung)** des Gläubigers. Der Leistungsanspruch besteht, bis er erfüllt wird oder bis er aufgrund besonderer Regeln des Leistungsstörungsrechts erlischt.

2) Eine Leistungsstörung kann das Recht einer Partei auslösen, die von ihr geschuldete **Leistung zu verweigern.** Das bedeutet, dass der betreffende Erfüllungsanspruch zwar weiterhin besteht, dass aber der Verpflichtete das Recht hat, die Leistung zu verweigern, zB § 275 II, III, ferner der schon oben behandelte § 320 (Rn 843).

3) Der **Erfüllungsanspruch** kann aufgrund einer Leistungsstörung in seinem Inhalt gewisse **Veränderungen erfahren**, ohne dass damit sein Bestehen in Frage gestellt wäre. Braucht zB der Schuldner die Leistung wegen ihrer Unmöglichkeit oder Unzumutbarkeit nicht zu erbringen (§ 275 I – III), so bleibt er gleichwohl zur Herausgabe dessen verpflichtet, was er als Ersatz für den geschuldeten Gegenstand erlangt (§ 285, „stellvertretendes commodum"). Dieser Anspruch setzt den ursprünglichen Erfüllungsanspruch fort.

In diesem Zusammenhang gehört ferner der Anspruch auf **Nacherfüllung**, den das Kaufrecht dem Käufer bei Lieferung einer mangelhaften Sache gewährt (§ 437 Nr 1, § 439). Auch dieser Anspruch setzt den Erfüllungsanspruch des Käufers auf Lieferung einer mangelfreien Sache fort; der Inhalt des Anspruchs ist nun insofern verändert, als der Käufer jetzt die Wahl hat, entweder die Beseitigung des Mangels oder die Lieferung einer mangelfreien Sache zu verlangen (§ 439 I).

4) Eine Leistungsstörung kann zur Folge haben, dass Erfüllungsansprüche aus dem Schuldverhältnis **kraft Gesetzes erlöschen**. Besonders wichtig ist der Erlöschensgrund des § 275 I: Danach ist der Anspruch auf Leistung ausgeschlossen, soweit diese für den Schuldner oder für jedermann unmöglich ist. Braucht der Schuldner aus diesem Grunde bei einem gegenseitigen Vertrag nicht zu leisten, so entfällt grds (vgl aber § 326 II; § 447) auch sein Anspruch auf die Gegenleistung (§ 326 I 1).

Der Erfüllungsanspruch erlischt auch, wenn der Gläubiger berechtigt Schadenersatz statt der Leistung verlangt, § 281 IV (dazu sogleich).

5) Unter bestimmten Voraussetzungen gewährt das Gesetz dem Gläubiger gegen den Schuldner einen Anspruch auf **Schadensersatz** (§§ 280–283, § 311a II). Dabei sind zwei Anspruchstypen zu unterscheiden.

- Der Schadensersatzanspruch kann **zusätzlich** zum Erfüllungsanspruch gegeben sein (**Schadensersatz neben der Leistung**). Dann hat der Gläubiger mehrere Ansprüche, die auch je ihr eigenes Schicksal haben können. Es kann zB der Erfüllungsanspruch vom Schuldner schließlich ordnungsgemäß erfüllt werden und trotzdem noch der weitergehende Schadensersatzanspruch bestehen.
- Der Schadensersatzanspruch kann aber auch **an die Stelle** des Leistungsanspruchs treten (**Schadensersatz statt der Leistung**). Ein solcher Schadensersatzanspruch entsteht nur unter weiteren, detailliert umschriebenen Voraussetzungen (§ 280 III iVm §§ 281–283; § 311a II 1; dazu *Th. Ackermann*, Schadensersatz statt der Leistung: Grundlagen und Grenzen, JuS 2013, 865).

In den Zusammenhang gehört auch das Recht des Gläubigers, *an Stelle* des Schadensersatzes statt der Leistung – also unter den identischen Voraussetzungen – den **Ersatz von Aufwendungen** zu verlangen (§§ 284, 311a II 1; dazu *Ph.S. Fischinger/Th. Wabnitz*, Rechtsprobleme des Aufwendungsersatzes nach § 284 BGB, ZGS 2007, 139). Ersetzt werden diejenigen Aufwendungen, die der Gläubiger im Vertrauen auf den Erhalt der Leistung gemacht hat und billigerweise machen durfte, es sei denn, deren Zweck wäre auch ohne die Pflichtverletzung des Schuldners nicht erreicht worden. Der zu ersetzende Aufwand muss sich gerade nicht als Schaden darstellen, sonst hätte § 284 keinen Sinn. Es geht um Fälle, in denen der Gläubiger im Vertrauen auf die Leistung Kosten aufgewendet hat, die nach Eintritt der Pflichtverletzung sinnlos geworden sind; dass dadurch dem Gläubiger ein Gewinn entgangen sein muss, ist nicht verlangt. Durch die Pflichtverletzung des Schuldners veranlasste Aufwendungen stellen sich in der Regel zugleich als Schaden dar.

6) Bei vertraglichen Schuldverhältnissen kann die Leistungsstörung das Recht des Gläubigers begründen, vom **Vertrag zurückzutreten** (zB §§ 323, 324).

Kapitel 5
Die Verzögerung der Leistung durch den Schuldner

▶ Falltraining 1, Fälle 87, 88, 89

1. Verzögerung und Verzug

Verzögert der Schuldner die Leistung über den Fälligkeitszeitpunkt (Rn 831) hinaus, **853** so steht dem Gläubiger die Leistungsklage zu Gebote. Oft ist seinen Interessen damit aber nicht mehr voll genügt, weil er Nachteile erlitten hat, die durch die verspätete Erfüllung nicht mehr aufgewogen werden. Nicht selten hat er das Interesse an der Leistung aufgrund der Verzögerung gänzlich verloren. Es stellt sich daher die Frage, ob die Verzögerung der Leistung weitere Rechte für den Gläubiger begründet. Solche Rechte knüpft das Gesetz allerdings an zusätzliche Voraussetzungen, die zur bloßen Verzögerung der Leistung hinzukommen müssen. Welche Voraussetzungen dies sind, ist je nach der geregelten Rechtsfolge unterschiedlich.

Ein Teil der Rechtsfolgen hängt davon ab, ob die besonderen Voraussetzungen des **Schuldnerverzugs** gegeben sind (§ 286). Unter Verzug des Schuldners versteht das Gesetz eine *qualifizierte Leistungsverzögerung*, bei der über die bloße Überschreitung des Fälligkeitstermins hinaus bestimmte weitere Elemente gegeben sein müssen. Man muss also unterscheiden:

- Rechtswirkungen aufgrund des Verzugs iSd § 286;
- Rechtswirkung aufgrund sonstiger Verzögerung (Verzug nicht erforderlich, aber uU andere Voraussetzungen).

2. Voraussetzungen des Schuldnerverzugs

▶ Falltraining 2, Teil 1 Fall 5

a) Überblick

Der Tatbestand des Schuldnerverzugs kann auf unterschiedliche Weise verwirklicht **854** werden. Das Gesetz geht wie folgt vor: Es stellt in § 286 I eine Grundregel auf, wonach der Schuldner durch Nichterbringung der fälligen Leistung trotz Mahnung des Gläubigers in Verzug kommt. § 286 II fügt dem einen Katalog von Fällen hinzu, in denen der Schuldner auch ohne Mahnung in Verzug kommt, wenn die übrigen Voraussetzungen gegeben sind. Schließlich bietet § 286 III einen weiteren Verzugstatbestand, bei dessen Vorliegen der Schuldner einer Entgeltforderung „spätestens" in Verzug gerät; diese Vorschrift hat also eine gewisse Auffangfunktion zugunsten des Gläubigers, wenn die Voraussetzungen des § 286 I oder II nicht vorliegen oder beweisbar sind.

Für alle diese Verzugsgründe gilt die Einwendung des § 286 IV: Der Schuldner kommt nicht in Verzug, solange die Leistung aufgrund eines Umstandes unterbleibt, den er nicht zu vertreten hat. Außerdem tritt der Verzug nicht ein, wenn im Augenblick, in dem die Verzugsvoraussetzungen gegeben wären, die Leistung unmöglich und der Erfüllungsanspruch deshalb ausgeschlossen ist (§ 275 I).

b) Verzug durch Nichtleistung trotz Mahnung (§ 286 I)

855 In der Übersicht ergeben sich folgende Voraussetzungen:

---

1) Die Forderung ist **einredefrei** und **fällig**.

2) Der Gläubiger hat den Schuldner **gemahnt** oder die Mahnung ist entbehrlich, § 286 II, III

3) Im Zeitpunkt der Mahnung hat der Schuldner die ihm auferlegte **Leistungshandlung** (Rn 829) noch **nicht vorgenommen**.

4) Die Leistung ist **nicht unmöglich**.

5) Die Leistung unterbleibt nicht aus einem Umstand, den der Schuldner nicht **zu vertreten** hat (§ 286 IV).

Zu 1) Steht dem Schuldner eine **Einrede** gegen die Forderung zu (etwa der Verjährung), so kommt er nicht in Verzug. Besonderheiten bestehen beim Zurückbehaltungsrecht nach § 273 und bei der Einrede des nicht erfüllten Vertrages nach § 320 (Rn 843). Auch im Falle des § 275 II, III (Rn 896 ff) genügt nicht das bloße Bestehen des Leistungsverweigerungsrechts, um den Eintritt des Verzugs zu verhindern; vielmehr ist erforderlich, dass der Schuldner die Einrede geltend gemacht hat. Zweifelhaft erscheint, ob der zunächst eingetretene Verzug durch die spätere Geltendmachung der Einrede nach § 275 II, III mit Wirkung für die Zukunft beendet wird; bisher eingetretene Verzugsfolgen entfallen also nicht.

855a **Zu 2) Mahnung** ist jede Aufforderung des Gläubigers an den Schuldner, die geschuldete Leistung zu erbringen. Das Wort „Mahnung" muss hierbei nicht verwendet, auch muss nicht auf die Verzugsfolgen hingewiesen werden. Auch höfliche Formulierungen nehmen der **Leistungsaufforderung** nicht den Charakter einer Mahnung. Die Mahnung ist nicht Willenserklärung, sondern geschäftsähnliche Handlung (Rn 535). Die bloße Übersendung einer Rechnung ist hingegen keine Mahnung (siehe unten Rn 861). Die Mahnung muss nach Fälligkeit der Forderung erfolgen. Freilich hat es die Rechtsprechung genügen lassen, die Mahnung schon *mit einer die Fälligkeit begründende Handlung des Gläubigers zu verbinden* (zB: Eine Entgeltforderung wird erst mit Übersendung einer Rechnung fällig; mit dem Text der Rechnung wird sogleich die Mahnung verbunden, vgl BGH WM 1970, 1141). Der Mahnung steht es gleich, wenn der Gläubiger den Schuldner auf Leistung verklagt oder ihm einen Mahnbescheid (Rn 232) zustellen lässt (§ 286 I 2). Zur **Entbehrlichkeit der Mahnung** sogleich unter Rn 856 ff.

Zu 3) Für die Frage, ob der Schuldner „auf eine Mahnung des Gläubigers nicht geleistet" hat, kommt es, die Rechtzeitigkeit betreffend, nicht auf die Bewirkung der Leistung (§ 362 I), sondern auf die **Vornahme der Leistungshandlung** (Rn 828) an. Genau gesagt: Der Schuldner kommt nur in Verzug, wenn er in dem Zeitpunkt, in dem ihm die Mahnung zugeht, die ihm obliegende Leistungshandlung noch nicht vorgenommen hat. Hat er zB bei einer Schickschuld im Zeitpunkt, in der er die Mahnung erhält, den geschuldeten Leistungsgegenstand durch ein geeignetes Transportunternehmen bereits abgeschickt, kommt er nicht in Verzug, auch wenn die Ware noch nicht beim Gläubiger eingetroffen ist.

Zu 4) Da die **Unmöglichkeit** der Leistung den Leistungsanspruch ausschließt (§ 275 I), kommt der Schuldner einer unmöglich gewordenen Leistung nicht in Verzug. Ist der Verzug schon vor Eintritt der Unmöglichkeit eingetreten, so bleiben die bis dahin eingetretenen Verzugswirkungen (etwa Anspruch auf Verzögerungsschaden) bestehen; für die Zeit ab Eintritt der Unmöglichkeit gelten die diesbezüglichen Regeln.

Zu 5) Das **Vertretenmüssen** des Schuldners wird **vermutet** („... kommt nicht in Verzug, solange...", § 286 IV). Er hat also die Tatsachen darzulegen und zu beweisen, aus denen sich das Gegenteil ergibt. Anwendbar sind die §§ 276 ff, insbesondere auch § 278 (unten Rn 900 ff). Zu beachten ist auch hier, dass der Gattungsschuldner üblicherweise eine verschuldensunabhängige Gewähr für sein wirtschaftliches Leistungsvermögen übernimmt (Rn 903), solange nicht die Konkretisierung der Schuld auf ein bestimmtes Gattungsstück, § 243 II (Rn 880), eingetreten ist.

c) Verzug durch Nichtleistung trotz bestimmter Leistungszeit (§ 286 II)

Einer Mahnung des Gläubigers bedarf es nicht, wenn die Leistungszeit schon bei Begründung des Schuldverhältnisses **kalendermäßig bestimmt** ist (§ 286 II Nr 1), dh wenn der Tag kalendermäßig feststeht, an dem der Schuldner *spätestens* die Leistung zu erbringen hat. Denn in diesem Fall hat sich der Schuldner schon von Beginn an auf die Leistungszeit einstellen können; eine Mahnung erscheint entbehrlich. Der Schuldner kommt in diesen Fällen ohne weiteres dadurch in Verzug, dass der betreffende Tag verstreicht, ohne dass der Schuldner die ihm obliegende Leistungshandlung vorgenommen hat. Die Leistungszeit muss vertraglich vereinbart sein, eine einseitige Bestimmung etwa eines Zahlungsziels ist nicht ausreichend (BGH JA 2008, 228 m. Anm. *Looschelders*) **856**

Dem steht es gleich, wenn zwar bei Begründung des Schuldverhältnisses die Leistungszeit noch nicht kalendermäßig festgelegt ist, wenn aber „der Leistung ein Ereignis vorauszugehen hat und eine angemessene Zeit für die Leistung in der Weise bestimmt ist, dass sie sich von dem Ereignis an **nach dem Kalender berechnen lässt"** (§ 286 II Nr 2). **857**

Beispiel: Der Händler A verkauft am 13.8.2016 an B ein Rennrad für 1200 €, das A nicht auf Lager hat, sondern erst beim Großhändler besorgen muss. Es wird vereinbart, dass der Kaufpreis zwei Wochen ab Lieferung des Rades fällig sein soll. Am Dienstag, den 20.8.2016 liefert A das Rad an B aus. Somit wird der Kaufpreisanspruch mit Ablauf des 3.9.2016 fällig (§§ 187 I, 188 II). Dieser Fälligkeitstermin war zur Zeit des Vertragsschlusses noch nicht kalendermäßig bestimmt, weil ja noch ungewiss war, wann die Lieferung erfolgen würde; § 286 II Nr 1 ist also nicht anwendbar. Doch sind die Voraussetzungen des § 286 II Nr 2 gegeben: Der Leistung des Kaufpreises durch B hatte ein Ereignis vorauszugehen (nämlich die Lieferung des Rades) und die angemessene Zeit für die Kaufpreisleistung ist in der Weise bestimmt, dass sie sich von dem Ereignis an nach dem Kalender berechnen lässt (zwei Wochen ab

Lieferung des Rades). B ist also im Verzug, wenn er bis zum Ablauf des 3.9.2016 nicht leistet, außer wenn er die Verzögerung nicht zu vertreten hat (§ 286 IV; diese Einwendung scheidet bei Zahlungsansprüchen praktisch aus, siehe Rn 903).

Fraglich ist die Bedeutung der Aussage des § 286 II Nr 2, dass die ab dem Ereignis kalendermäßig berechenbare Zeit *angemessen* sein muss. Das Gesetz erweckt den Anschein, als ob im Streitfall das Gericht die Angemessenheit der Frist überprüfen müsse; verneint es die Angemessenheit, so wäre der Schuldner nicht nach § 286 II Nr 2 in Verzug gekommen. Wichtig wird diese Frage in Fällen wie folgenden:

Wir variieren das **obige Beispiel**: Es ist vereinbart, dass der Kaufpreis einen Tag nach Lieferung fällig wird. Damit wäre der Kaufpreis mit Ablauf des 21.8.2016 fällig (§§ 187 I, 188 I). Mit fruchtlosem Ablauf dieses Tages wäre B nach § 286 II Nr 2 auch im Verzug. Das gälte aber nicht, wenn wir die Frist als unangemessen kurz beurteilen. Das Problem liegt darin, dass für eine solche Beurteilung der gesamte Inhalt des Vertrages und die Umstände des Vertragsschlusses herangezogen werden müssten – ein erheblicher Unsicherheitsfaktor. Lässt man sich darauf ein, so muss man bedenken, dass Leistungsansprüche grundsätzlich „sofort" fällig sind (§ 271 I), ein Hinausschieben der Fälligkeit also eine Vergünstigung des Schuldners ist. Dann ergibt sich aber noch immer die Frage, ob die Frist für den Lauf eines *verzugsbegründenden* Fälligkeitstermins als angemessen erscheint. Angesichts dieser Unsicherheiten scheint die Auffassung zutreffend, dass eine unangemessen kurze Zeitspanne durch die – nach Meinung des mit dem Streit befassten Gerichts – angemessene zu ersetzen ist.

858 Für die Handhabung des § 286 II Nr 2 ist wichtig, dass die Art und Weise, wie die Leistungszeit festgelegt wird, schon *im Schuldverhältnis selbst* bestimmt sein muss, also durch vertragliche Vereinbarung oder gesetzliche Vorschrift. Dem Gläubiger ist es also nicht möglich, den Modus des Zeitablaufs einseitig zu bestimmen. Doch kann die zunächst vereinbarte Leistungszeit durch spätere Absprachen verändert werden.

Beispiel: Im letztgenannten Fall ist zunächst Fälligkeit „sofort nach Lieferung" vereinbart. Mit der Lieferung am 20.8. schickt A dem B eine Rechnung mit dem Zusatz „zahlbar spätestens binnen zwei Wochen". Darin liegt das Angebot einer Stundung (Rn 204), das B durch schlüssiges Verhalten annehmen kann, ohne dass diese Annahme dem A gegenüber erklärt werden müsste (§ 151 S. 1, Verzicht auf die Empfangsbedürftigkeit).

Beachte: Durch die Normelemente des § 286 II Nr 1 und 2 wird **nur die Mahnung entbehrlich**, nicht die übrigen Voraussetzungen des Verzugs.

d) Verzug durch Leistungsverweigerung (§ 286 II Nr 3)

859 Eine Mahnung als Verzugsvoraussetzung ist auch dann entbehrlich, wenn der Schuldner die Leistung „ernsthaft und endgültig" verweigert. Es wäre eine leere Förmelei, wenn der Gläubiger den Schuldner noch mahnen müsste, obschon dieser klar zum Ausdruck gebracht hat, dass er nicht leisten wird. Die Weigerung muss dem Gläubiger gegenüber bekundet worden sein. Auch hier müssen außer der Mahnung die sonstigen Verzugsvoraussetzungen vorliegen.

Ernsthaftigkeit der Leistungsverweigerung bedeutet die unmissverständliche Ablehnung der Leistungserbringung, nicht hingegen die Nichterbringung der Leistung etwa aufgrund von Meinungsverschiedenheiten zwischen den Parteien. **Endgültigkeit** erfordert, dass der Schuldner damit gleichsam sein letztes Wort in dieser Sache gesprochen hat, so dass insgesamt feststeht, der Schuldner werde unter keinen Umständen leisten. Allein die Erklärung des Schuldners, er werde zum Fälligkeitszeitpunkt nicht leisten können, begründet keine ernsthafte und endgültige Leistungsverweigerung (BGH NJW 2012, 3714).

e) Verzug aus besonderen Gründen (§ 286 II Nr 4)

Nach § 286 II Nr 4 ist eine Mahnung des Schuldners als Verzugsvoraussetzung schließlich auch dann entbehrlich, wenn „aus besonderen Gründen unter Abwägung der beiderseitigen Interessen der sofortige Eintritt des Verzugs gerechtfertigt ist". Diese schwammige Vorschrift bedroht die Rechtssicherheit und ist restriktiv zu interpretieren. **860**

In Betracht kommen folgende Fallgruppen: a) der Schuldner verhindert treuwidrig eine Mahnung des Gläubigers; b) der Schuldner hat die Leistung zu einem bestimmten Termin selbst angekündigt und ist dadurch einer Mahnung zuvorgekommen („Selbstmahnung"); c) es geht um Pflichten, deren Erfüllung offensichtlich besonders eilig ist wie die Reparatur eines Wasserrohrbruchs; d) es geht um Pflichten die „spontan" zu erfüllen sind, wie Aufklärungs- und Warnungspflichten (soweit dies überhaupt Leistungspflichten sind, siehe Rn 850).

f) Verzug durch Nichtleistung innerhalb von 30 Tagen nach Fälligkeit (§ 286 III)

§ 286 III formuliert für **Entgeltansprüche** zwei **eigenständige Verzugsgründe**. Die Regelung steht im Zusammenhang mit den auch vom Europäischen Recht verfolgten Bestrebungen, geschuldete und fällige Zahlungen zu beschleunigen. **861**

– Der Schuldner einer Entgeltforderung kommt *spätestens* in Verzug, wenn er nicht innerhalb von 30 Tagen *nach* Fälligkeit und **Zugang einer Rechnung** oder gleichwertigen **Zahlungsaufstellung** leistet (§ 286 III 1 HS 1).

– Ist der Zeitpunkt des Zugangs der Rechnung oder Zahlungsaufstellung unsicher, kommt der Schuldner spätestens 30 Tage nach Fälligkeit und **Empfang der Gegenleistung** in Verzug (§ 286 III 2).

Ist der Schuldner **Verbraucher**, gelten allerdings wesentliche Einschränkungen. Der Verzugsgrund des § 286 III 2 kommt dann überhaupt nicht zum Zug, der Verzugsgrund des § 286 III 1 nur dann, wenn auf „diese Folgen" in der Rechnung oder Zahlungsaufstellung besonders hingewiesen ist. *Welche Folgen* gemeint sind, auf die der Gläubiger besonders hinweisen muss, ist zweifelhaft. Gemeint kann sein *entweder* die Folge des Verzugseintritts nach Ablauf der 30-Tage-Frist als solche, *oder* aber die Verzugswirkungen im Einzelnen (Schadensersatz etc). Stellt man sich auf den zweiten Standpunkt, so fragt sich ob auf *alle* Verzugsfolgen hingewiesen werden muss (was kaum praktizierbar wäre) oder auf die *wichtigsten* oder gerade auf *diejenigen*, die der Gläubiger geltend machen möchte.

Durch § 286 III werden die Verzugsgründe nach § 286 I, II **ergänzt**, nicht etwa verdrängt. Daher wird es häufig vorkommen, dass der Schuldner bereits vor Ablauf der 30 Tage gemäß § 286 I oder II in Verzug gekommen ist. Dann hat § 286 III theoretisch keine Bedeutung mehr (wohl aber praktisch, denn es kann ja sein, dass der Gläubiger die Voraussetzungen des Verzuges nach § 286 I, II nicht beweisen kann; dann bietet ihm die Regelung des § 286 III einen willkommenen Rettungsanker).

862 Für die Anwendung der Verzugsgründe des § 286 III sind **folgende Punkte wichtig**:

– Die 30-Tage-Frist läuft erst, wenn zweierlei gegeben ist: die Fälligkeit *und* der Zugang der Rechnung (§ 286 III 1) oder der Empfang der Gegenleistung (§ 286 III 2). Stellt also der Gläubiger die Rechnung vor dem vereinbarten Fälligkeitstermin, so beginnt die Frist gleichwohl nicht ab Zustellung der Rechnung, sondern erst ab Fälligkeit zu laufen.

– „Rechnung" ist die Bezifferung der Entgeltforderung; dafür verlangt man eine textliche Fassung, sei es in Form eines Schriftstücks oder einer elektronischen Fixierung; irgendwelche Formvorschriften müssen nicht eingehalten sein. Die bloß mündliche Mitteilung genügt aber nicht, weil bei dieser der Schuldner keine Möglichkeit der Überprüfung hat.

– „Gleichwertige Zahlungsaufstellung" ist jede andere Mitteilung, aus der dem Schuldner die Höhe des zu zahlenden Entgelts ersichtlich wird. Die Aufstellung muss keinen Mahnungscharakter haben, der Bezugspunkt der „Gleichwertigkeit" ist die schlichte Ausstellung einer Rechnung.

– Der Anwendungsbereich der Norm ist mit dem Begriff „Entgeltforderung" umschrieben. Es handelt sich folglich um die **synallagmatischen Gegenleistungsansprüche** für die Erbringung von Leistungen (also Kaufpreis- und Werklohnansprüche usw).

3. Der Anspruch auf Ersatz des Verzögerungsschadens

▶ Falltraining 1, Fall 89

a) Voraussetzungen

863 Verzögert der Schuldner die Leistung, so kann dem Gläubiger daraus ein Schaden entstehen, den er vom Schuldner ersetzt haben will. Das Gläubigerinteresse kann aber je nach Lage des Falles unterschiedlich sein.

– Gewöhnlich wird der Gläubiger trotz der Verspätung noch an der Leistung des Schuldners interessiert sein. Dann will er **zusätzlich zur Erfüllung** Ersatz der durch die Verzögerung eingetretenen Schäden (Schadenersatz neben der Leistung). Diesen Fall regelt §§ 280 I, II, 286. Die Verweisung des § 280 II auf § 286 bedeutet, dass dieser Schadensersatzanspruch nur unter den Voraussetzungen des Verzugs gegeben ist. Wir sprechen von **Verzögerungsschaden** oder – genauer – von **Verzugsschaden** (dazu sogleich Rn 864 ff).

– Es kann aber auch sein, dass der Gläubiger aufgrund der Verzögerung an der Leistung nicht mehr interessiert ist und deshalb **Schadensersatz statt der Leistung** verlangt. Dieser Anspruch ist in §§ 280 I, III, 281 geregelt und setzt *nicht* den Verzug des Schuldners voraus, sondern eine bloße Verzögerung; hinzukommen aber stattdessen andere Voraussetzungen (unten Rn 867 ff).

Der Anspruch auf **Ersatz des Verzögerungsschadens** nach §§ 280 I, II, 286 setzt voraus   **864**

---

1) Zwischen den Beteiligten muss ein gesetzliches oder rechtsgeschäftliches **Schuldverhältnis** bestehen.

2) Der Schuldner muss eine **Pflicht** aus diesem Schuldverhältnis **verletzt** haben (§ 280 I 1), in diesem Fall indem er entgegen den Pflichten aus dem Schuldverhältnis nicht rechtzeitig leistet.

3) Es muss **Verzug** des Schuldners (§§ 280 II, 286) vorliegen; hier sind also sämtliche in Rn 855 aufgeführte Verzugsvoraussetzungen zu prüfen.

4) Ein **Schaden** muss beim Gläubiger eingetreten sein (Ermittlung nach der Differenzhypothese).

5) Es muss die **Kausalität** Pflichtverletzung ▶ Schaden gegeben sein, der Schaden muss also gerade auf der nicht rechtzeitigen Leistungserbringung beruhen.

6) *Einwendung:* Der Anspruch besteht nicht, wenn der Schuldner die Pflichtverletzung nicht **zu vertreten** hat (§ 280 I 2). Da das Vertretenmüssen des Schuldners auch Normelement des Verzugseintritts ist (§ 286 IV), ist diese Frage unter 3) bereits geprüft.

Der Schuldner haftet also nicht, wenn er die Pflichtverletzung nicht zu vertreten hat   **864a**
(§ 280 I 2 iVm §§ 276–278, dazu Rn 900 ff). Wenn er den geforderten Schadensersatz nicht bezahlen will, liegt es demnach an ihm, darzulegen und zu beweisen, dass ihn weder Vorsatz noch Fahrlässigkeit trifft. Damit besteht eine Abweichung zu § 823 I, wo der Anspruchsteller gegebenenfalls darzulegen und zu beweisen hat, dass der Anspruchsgegner die Rechtsgutsverletzung zu vertreten hat.

b) Rechtsfolge

Der Gläubiger kann Schadensersatz neben der Leistung wegen Verzögerung der Leistung nach Maßgabe der §§ 249 ff (Rn 357 ff) verlangen.   **865**

Beispiel: A verkauft an B eine Holzstatue für 2000 €. Als A nicht leistet, wird er von B verzugsbegründend gemahnt. Nach Verzugseintritt hätte B die Chance, die Statue für 4000 € weiterzuverkaufen. Als A schließlich leistet, ist die Chance vorbei, B kann nur mehr 2500 € erzielen. „Infolge des Verzuges" entgeht dem B ein möglicher Gewinn von 1500 € (§ 252 S. 1). B kann also außer der (schon geschehenen) Erfüllung diesen Betrag nach §§ 280 I, II, 286 ersetzt verlangen.

Da die Entstehung des Schadensersatzanspruchs den Verzug voraussetzt, muss angenommen werden, dass nur diejenigen Schäden zu ersetzen sind, die durch die *Verzögerung ab Verzugseintritt* entstanden sind. Hierunter fallen zB nicht die Kosten der verzugsbegründenden Mahnung (§ 286 I) oder Rechnungsstellung (§ 286 III).

Wie **obiges Beispiel**, aber: Die Chance des einmaligen lukrativen Weiterverkaufs zu 4000 € ergab sich nach Fälligkeit, aber vor Zustellung der Mahnung. Hier entgeht dem B die außerordentliche Gewinnmöglichkeit nicht infolge des Verzugs (als der Verzug eintritt, ist die Chance schon vorbei), daher besteht auch kein Anspruch auf Ersatz des entgangenen Gewinns in Höhe von 1500 €.

c) Pauschalierungen

866 Die Höhe des Verzögerungsschadens hat der Gläubiger darzutun und zu beweisen. Sie errechnet sich aus den konkreten Fallumständen, im Falle des entgangenen Gewinns nach den Regeln des § 252. Der Gesetzgeber hilft dem Gläubiger einer **Geldforderung** aber durch eine **Pauschalierung**. Solange eine Geldschuld nicht erfüllt ist, kann der Gläubiger mit der ihm zustehenden Summe nicht anderweitig wirtschaften, er hat also auch ohne konkreten Nachweis typischerweise eine Einbuße. Deshalb bestimmt § 288 I, dass eine Geldschuld während des Verzugs zu einem gesetzlichen Zinssatz zu verzinsen ist **(Anspruch auf Verzugszinsen)**; hierauf kann nicht im Voraus verzichtet werden, § 288 VI. Die gesetzliche Zinshöhe ist unterschiedlich:

– Gemäß § 288 I 2 beträgt der gesetzliche Zinssatz im Allgemeinen fünf Prozentpunkte über dem Basiszinssatz, den die Europäische Zentralbank festlegt.

– Handelt es sich jedoch um Entgeltforderungen aus Rechtsgeschäften, an denen kein Verbraucher beteiligt ist, so beträgt der gesetzliche Zinssatz gemäß § 288 II neun Prozent über dem Basiszinssatz; außerdem hat der Gläubiger in diesem Fall einen Anspruch auf Zahlung einer Pauschale in Höhe von 40 Euro (§ 288 V 1).

Diese gesetzlichen Verzugszinsen können stets verlangt werden, ein konkreter Nachweis des Schadens in dieser Höhe ist nicht nötig. Wohl aber ist es dem Gläubiger unbenommen, einen über die gesetzlichen Verzugszinsen hinausgehenden Schaden gemäß §§ 280 I, II, 286 geltend zu machen (§ 288 IV). Es kann auch sein, dass in dem betreffenden Schuldverhältnis ein höherer Zinssatz maßgeblich ist; dann kann der Gläubiger die Verzinsung in dieser Höhe verlangen (§ 288 III).

Beispiele: a) Der Gläubiger kann darlegen und beweisen, dass er aufgrund des Verzugs des Schuldners in Liquiditätsschwierigkeiten geraten ist und bei einer Bank einen Kredit aufnehmen musste. Wenn zB die für diesen Kredit aufzuwendenden Zinsen den gesetzlichen Verzugszinssatz übersteigen, kann der Gläubiger Ersatz des weitergehenden Schadens verlangen (§ 288 IV, §§ 280 I, II, 286). **b)** X hat dem Y ein Darlehen zu 12% Zins gegeben; Y gerät mit der Darlehensrückzahlung in Verzug. Auch für die Zeit ab Verzugseintritt schuldet Y 12% Zins, auch wenn der gesetzliche Verzugszinssatz niedriger wäre (§ 288 III, §§ 280 I, II, 286).

Der gesetzliche Zinssatz ist so zu verstehen, dass Zinsen von den Verzugszinsen **(Zinseszins)** nicht zu bezahlen sind (§ 289 S. 1). Auch hier bleibt es dem Gläubiger aber unbenommen, nach §§ 280 I, II, 286 eine konkrete Schadensberechnung vorzunehmen (§ 289 S. 2).

Hinweis: Auch ohne die Voraussetzungen des Verzugs besteht eine Verzinsungspflicht ab Rechtshängigkeit einer gegen den Schuldner gerichteten Klage nach § 291 (Prozesszinsen).

4. Der Anspruch auf Schadensersatz statt der Leistung bei Verzögerung

▶ Falltraining 1, Fall 87

a) Voraussetzungen

Möchte der Gläubiger wegen der Verzögerung die Leistung nicht mehr haben, so eröffnet ihm das Gesetz die Möglichkeit, Schadensersatz statt der Leistung zu verlangen, dh unter Ablehnung der Leistung wirtschaftlich so gestellt zu werden, wie wenn gehörig erfüllt worden wäre. Da diese Gestaltung den Schuldner stark belastet, entsteht ein solcher Anspruch nur unter besonderen Voraussetzungen (§§ 280 I, III, 281). Zusammenfassend müssen für den Schadensersatzanspruch des Gläubiger statt der Leistung in den Verzögerungsfällen folgende **Voraussetzungen** gegeben sein:

867

---

1) Es muss ein **Schuldverhältnis** zwischen den Beteiligten bestehen, § 280 I 1.

2) Der Schuldner muss eine **Pflicht** aus diesem Schuldverhältnis **verletzt** haben (§ 280 I 1), hier in der Form der Nichtleistung (§ 281 I 1) trotz Fälligkeit und Einredefreiheit (zu den Einreden oben Rn 855). Steht dem Schuldner ein Leistungsverweigerungsrecht zu, braucht er nicht zu leisten, der Gläubiger kann daher nicht nach § 281 vorgehen. Bei der Einrede ist die Lage wie beim Verzug zu beurteilen.

3) Der Gläubiger hat dem Schuldner erfolglos eine **angemessene Nachfrist** gesetzt (§ 281 I 1, bzw ihn im Falle des § 281 III erfolglos abgemahnt) oder die Setzung der Nachfrist ist ausnahmsweise entbehrlich, § 281 II.

4) Es ist ein **Schaden** beim Gläubiger entstanden (Ermittlung nach der Differenzhypothese).

5) Die **Kausalität** Pflichtverletzung ▶ Schaden muss gegeben sein, der Schaden muss also die Folge der Nichtleistung sein.

6) *Einwendung:* Der Anspruch besteht nicht, wenn der Schuldner die Pflichtverletzung **nicht zu vertreten** hat (§ 280 I 2, vgl Rn 864a).

7) *Einwendung:* Der Anspruch besteht nicht, wenn zur Zeit der Pflichtverletzung die Leistung **unmöglich** war (§ 275 I)

8) *Einwendung:* Der Anspruch besteht nicht, wenn die Pflichtverletzung **unerheblich** ist (§ 281 I 3).

Eine Fristsetzung ist (anders als eine verzugsbegründende Mahnung, § 286 II) auch dann erforderlich, wenn die Leistungszeit bereits kalendermäßig bestimmt war. Ihr Zweck ist es, dem Schuldner noch eine letzte Frist zu gewähren, bevor er einschneidenden Rechtsfolgen ausgesetzt sein soll. Die **Nachfristsetzung** muss nicht die Drohung enthalten, der Gläubiger werde bei Nichteinhaltung die Leistung ablehnen. Für eine Fristsetzung bei Inanspruchnahme auf Schadensersatz statt der Leistung genügt es, wenn der Gläubiger die Leistung verlangt und dabei deutlich macht, dass dem Schuldner für die Erfüllung nur ein begrenzter und bestimmbarer Zeitraum zur Verfügung steht. Der Angabe eines bestimmten Zeitraums oder eines bestimmten (End-)-Termins bedarf es nicht (BGH NJW 2015, 2564). Die Frist muss angemessen sein, dh so bemessen sein, dass der Schuldner unter gewöhnlichen Umständen die Leistung bis zu ihrem Ablauf erbringen kann. Allerdings muss sie als bloße Nachfrist nicht so

868

lange bemessen sein, dass ein bisher völlig untätiger Schuldner erst jetzt mit den Leistungsvorbereitungen beginnen kann. Ist die Frist unangemessen kurz oder wurde keine exakte Frist gesetzt, so wird eine angemessene Frist in Lauf gesetzt. Für die Frage, ob die Frist gewahrt ist, kommt es auf die fristgerechte Vornahme der **Leistungshandlung** (Rn 828), nicht auf den Eintritt des Leistungserfolges an. Die Frist kann im Hinblick auf ihre Warnfunktion nicht schon vor Fälligkeit gesetzt werden. Nach zutreffender Auffassung kann die Fristsetzung jedoch mit einer die Fälligkeit begründenden Erklärung verbunden werden.

Die **Nachfristsetzung ist entbehrlich**, wenn der Schuldner die Leistung *ernsthaft und endgültig verweigert* hat (§ 281 II 1. Alt., dazu Rn 859). Gleiches gilt, wenn *besondere Umstände* vorliegen, die unter Abwägung der beiderseitigen Interessen die sofortige Geltendmachung des Schadensersatzanspruchs rechtfertigen (§ 281 II 2. Alt.). Diese Variante ist restriktiv zu handhaben. Es werden Fälle erfasst, in denen der Gläubiger aufgrund der Verzögerung offensichtlich das Interesse an der Leistung verloren hat und die Setzung einer Leistungsfrist für ihn sinnlos wäre, etwa „Just-in-Time"-Verträge. Unter § 281 II 2. Alt. gehören zudem Fälle, in denen der Gläubiger wegen schwerer sonstiger Pflichtverletzungen des Schuldners das Interesse an der Leistung verloren hat oder bei arglistigem Handeln des Vertragspartners (BGH JA 2007, 646 m. Anm. *Looschelders*).

b)   Rechtsfolgen

869   Der Anspruch geht **inhaltlich** auf Ersatz desjenigen Schadens, der durch das endgültige Ausbleiben der Leistung (Nichterfüllung) entstanden ist: Schadensersatz statt der Leistung. Der Gläubiger ist im Wege des Geldersatzes wirtschaftlich so zu stellen, als ob gehörig (in diesem Fall also auch rechtzeitig) erfüllt worden wäre; ihm sind also beispielsweise die Mehrkosten eines Deckungskaufs zu ersetzen (BGH NJW 2013, 2959). Zu Fällen der Teilverzögerung siehe Rn 874 ff.

An Stelle des Schadenersatzes kann auch Ersatz vergeblicher Aufwendungen verlangt werden, § 284 (dazu Rn 852).

Was aber geschieht mit dem **Erfüllungsanspruch**? Nach § 281 IV ist der Anspruch auf die Leistung **ausgeschlossen**, sobald der Gläubiger Schadensersatz statt der Leistung **verlangt** hat, also mit Zugang eines entsprechenden Verlangens beim Schuldner; es handelt sich hierbei um eine geschäftsähnliche Handlung (Rn 535). Der Leistungsanspruch wird also nicht ipso iure in einen Schadensersatzanspruch statt der Leistung verwandelt, wenn die Voraussetzungen des § 281 vorliegen, sondern – unter gegebenen Voraussetzungen – erst durch das darauf gerichtete Verlangen des Gläubigers. Die Erklärung muss klar zum Ausdruck bringen, dass der Gläubiger die Leistung nunmehr ablehnt und stattdessen Schadensersatz verlangt. Damit wandelt sich der ursprüngliche Leistungsanspruch in einen Schadensersatzanspruch um, das Schuldverhältnis wird umgestaltet. Der Gläubiger kann nun die verzögerte Leistung nicht mehr verlangen, der Schuldner sie nicht mehr erbringen, selbst wenn er es wollte.

Daraus ergibt sich, dass in dem Augenblick, in dem der Gläubiger Schadensersatz statt der Leistung verlangen *kann*, ein **Schwebezustand** entsteht. Denn der Gläubiger muss den Anspruch ja nicht geltend machen. Er kann weiterhin auf Erfüllung beharren (gegebenenfalls zuzüglich der Verzögerungsschäden nach §§ 280 I, II, 286). Erst wenn der Gläubiger den Anspruch auf Schadensersatz statt der Leistung dem Schuldner gegenüber tatsächlich geltend macht, erlischt der ursprüngliche Erfüllungsanspruch. Für den Schuldner entsteht eine unangenehme Lage der Ungewissheit, da er nicht weiß, worauf er sich einstellen soll. Die Frage ist dann, ob der Schuldner eine Möglichkeit hat, den Gläubiger zu einer Entscheidung zu zwingen. In Betracht kommt allenfalls die Anwendung der Regeln über die Wahlschuld, bei der dem Gläubiger das Wahlrecht zusteht (§ 264 II, str.).

5. Der Rücktritt vom gegenseitigen Vertrag bei Verzögerung

a) Sinn der Regelung

Bei gegenseitigen Verträgen kann ein Vertragspartner das Interesse haben, bei Säumnis des anderen **vom Vertrage loszukommen**. Diese Möglichkeit ist an sich durch § 281 (Schadensersatz statt der Leistung) bereits eröffnet. Doch gewährt das Gesetz bei gegenseitigen Verträgen in § 323 den zusätzlichen Rechtsbehelf des Rücktritts vom Vertrage. Diese Vorschrift ist in allen Fällen anwendbar, in denen der Schuldner bei einem gegenseitigen Vertrag nicht oder nicht vertragsgemäß leistet, also auch im Falle der verzögerten Leistung. Verzug ist nicht Voraussetzung des Rücktrittsrechts.

870

Im Gegensatz zum Schadensersatzanspruch statt der Leistung setzt der Rücktritt **kein Vertretenmüssen des Schuldners** voraus. Das Rücktrittsrecht wird für den Gläubiger also vor allem in den Fällen interessant sein, in denen der Schuldner die Verzögerung nicht zu vertreten hat oder das Vertretenmüssen zweifelhaft ist. In diesem Zusammenhang ist die Regel des § 325 wichtig, wonach das Recht, Schadensersatz zu verlangen, durch den Rücktritt nicht ausgeschlossen wird. Der Gläubiger kann also zunächst vom Vertrag zurücktreten und später immer noch Schadensersatz statt der Leistung geltend machen.

b) Voraussetzungen

Das Rücktrittsrecht ist an ähnliche **Voraussetzungen** gebunden wie der Schadensersatz statt der Leistung, doch decken sich die Normelemente nicht völlig. Das Rücktrittsrecht setzt voraus:

871

> 1) Es handelt sich um eine **Leistungspflicht** aus **gegenseitigem Vertrag**. Nach ihrem Sinn ist die Vorschrift nur auf diejenigen Leistungspflichten aus gegenseitigem Vertrag anwendbar, die einander im **Entgeltverhältnis** gegenüberstehen.
>
> 2) Die Leistungspflicht ist **fällig** und **einredefrei** (vgl Rn 868). Ausnahmsweise kann der Gläubiger bereits vor dem Eintritt der Fälligkeit der Leistung zurücktreten, wenn offensichtlich ist, dass die Voraussetzungen des Rücktritts eintreten werden (§ 323 IV).
>
> 3) Der Schuldner hat pflichtwidrig die Leistungspflicht trotz Fälligkeit **nicht erfüllt**; auch hier kommt es auf die Vornahme der Leistungshandlung (Rn 828) durch den Schuldner an
>
> 4) Der Gläubiger hat dem Schuldner erfolglos eine angemessenen **Nachfrist** zur Leistung gesetzt (§ 323 I, bzw ihn im Falle des § 323 III erfolglos abgemahnt) oder die Nachfristsetzung ist ausnahmsweise entbehrlich.

5) *Einwendung:* Der Rücktritt ist ausgeschlossen, wenn der Gläubiger für den Umstand, der ihn zum Rücktritt berechtigen würde, **allein oder weit überwiegend verantwortlich** ist, oder wenn der vom Schuldner nicht zu vertretende Umstand zu einer Zeit eintritt, zu welcher der Gläubiger im **Verzug der Annahme** ist (§ 323 VI).

6) *Einwendung:* Der Anspruch besteht nicht, wenn die Pflichtverletzung **unerheblich** ist (§ 323 V 2); hierbei ist auf den Zeitpunkt der Rücktrittserklärung abzustellen (BGH NJW 2011, 3708). Von Unerheblichkeit ist jedenfalls in der Regel nicht mehr auszugehen, wenn der Mangelbeseitigungsaufwand einen Betrag von fünf Prozent des Kaufpreises übersteigt (BGH NJW 2014, 3229).

872   Hinsichtlich der **Nachfristsetzung** gilt das bei § 281 Gesagte (Rn 868) entsprechend. Für die Frage, ob die Frist gewahrt ist, kommt es auch hier auf die Vornahme der Leistungshandlung, nicht auf den Eintritt des Leistungserfolges an. Ein einmal durch Fristablauf begründetes Rücktrittsrecht geht nicht dadurch unter, dass der Gläubiger zunächst weiter Erfüllung verlangt (BGH NJW 2006, 1193).

In § 323 II werden die Fallkonstellationen aufgelistet, in denen der Gläubiger vom Vertrag zurücktreten kann, **ohne dass eine Nachfrist gesetzt werden muss**. Die Regelung ähnelt der des § 281 II, enthält jedoch über die beiden auch dort genannten Fälle (dazu Rn 868) in § 323 II Nr 2 noch eine weitere Variante: Die Fristsetzung ist entbehrlich, wenn der Schuldner die Leistung zu einem im Vertrag bestimmten Termin oder innerhalb einer bestimmten Frist nicht bewirkt und der Gläubiger im Vertrag den Fortbestand seines Leistungsinteresses an die Rechtzeitigkeit der Leistung gebunden hat. Damit sind vor allem Fälle des sog. **relativen Fixgeschäfts** (Rn 832) angesprochen. Schließlich macht auch § 326 V HS 2 eine Nachfristsetzung entbehrlich (dazu unten Rn 887)

c)   Rechtsfolgen

873   Liegen die Voraussetzungen des Rücktrittsrechts vor, so bleibt der Leistungsanspruch gleichwohl bestehen. Der Gläubiger hat aber die *Möglichkeit*, vom Vertrag zurückzutreten. Für die Ausübung des Rücktrittsrechts ist ihm auch keine Frist gesetzt, sodass die Angelegenheit längere Zeit in der Schwebe bleiben kann. Macht der Gläubiger von seinem Rücktrittsrecht durch empfangsbedürftige Willenserklärung an den Schuldner (Gestaltungserklärung) wirksam Gebrauch, so wandelt sich das Vertragsverhältnis um: An die Stelle der gegenseitigen Leistungsansprüche tritt das Rückgewährschuldverhältnis nach §§ 346 ff, die noch nicht erfüllten Leistungsansprüche gehen unter. Auch wenn der Gläubiger zurücktritt, bleibt er berechtigt, unter den Voraussetzungen der §§ 280 I, III, 281 vom Schuldner Schadensersatz zu verlangen (§ 325).

6.   Teilverzögerung

a)   Das Problem

874   Ist der Schuldner nur mit einem Teil seiner Leistung säumig, so bestehen die bislang beschriebenen Rechte des Gläubigers grundsätzlich nur hinsichtlich des nicht rechtzeitig geleisteten Teils. Es kann jedoch sein, dass der Gläubiger durch die Teilsäum-

nis das Interesse an der ganzen Leistung (einschließlich des schon erbrachten Teils) verliert. Beide Konstellationen können sich sowohl bei den Schadensersatzansprüchen als auch beim Rücktrittsrecht ergeben.

b) Schadensersatz

Beispiel: Ein Händler bestellt beim Fabrikanten 200 Tennisschläger (Typ „Smash"), lieferbar zum 1.3.2016. Da der Fabrikant sich mit der Hereinnahme von Aufträgen übernommen hat, liefert er zum 1.3. zunächst nur 80 Rackets. Daraufhin setzt ihm der Händler eine Frist zum 11.3.2016, die fruchtlos bleibt. Für den Händler kommen nach dem bisher Gesagten nun folgende Möglichkeiten in Betracht: **875**

1) Er kann weiterhin Leistung der noch ausstehenden 120 Schläger verlangen, dazu – wenn die Verzugsvoraussetzungen gegeben sind – Ersatz des durch die Verzögerung mit diesem Leistungsteil entstandenen Schadens (§§ 280 I, II, 286). Verzug bezüglich der 120 Schläger ist am 2.3.2016 eingetreten: Die Leistungszeit war nach dem Kalender bestimmt (§ 286 II Nr 1), am festgesetzten Tag war eine geeignete Leistungshandlung noch nicht vorgenommen. Der Hersteller hat die Verzögerung schon deshalb zu vertreten, weil er fahrlässig gehandelt hat (§ 286 IV iVm § 276 I 1, II).

2) Der Händler kann unter den Voraussetzungen der §§ 280 I, 281 I 1 Schadensersatz statt der Leistung hinsichtlich der ausstehenden 120 Schläger verlangen. Das würde bedeuten: Die Teilerfüllung bezüglich der 80 gelieferten Schläger bleibt bestehen, hinsichtlich der 120 nicht gelieferten tritt an die Stelle des Erfüllungsanspruchs der Schadensersatzanspruch statt der Leistung; die Leistungspflicht hat also ein gespaltenes Schicksal. Freilich tritt die Umwandlung des Anspruchs auf Teilleistung in einen Anspruch auf Schadensersatz statt der (Teil-)Leistung erst ein, wenn der Händler den Schadensersatz statt der Leistung verlangt (§ 281 IV).

Es kann nun aber sein, dass der Händler durch die Verzögerung sein **Interesse** an der *ganzen* Leistung (also einschließlich der bereits gelieferten 80 Schläger) **verloren** hat, weil eine Teilleistung den mit dem Geschäft verfolgten Zweck auch nicht teilweise erfüllen kann.

Wir wollen annehmen, dass in unserem **Beispiel** der Händler mit den Schlägern ein großes Jugendturnier ausrüsten will, das am 15.3.2016 beginnt; da alle Teilnehmer mit dem gleichen Material ausgestattet werden sollen, lässt sich der Zweck mit den gelieferten 80 Schlägern nicht erfüllen.

Für derartige Fälle eröffnet § 281 I 2 dem Gläubiger die Möglichkeit, **Schadensersatz statt der gesamten Leistung** zu verlangen. In diesem Fall wird die schon erbrachte Teilleistung rückabgewickelt; dies geschieht gemäß § 281 V nach den Regeln über den Rücktritt (§§ 346–348). Der Schadensersatzanspruch hat das Ziel, den Gläubiger so zu stellen wie er stünde, wenn die gesamte Leistung rechtzeitig erbracht worden wäre. Voraussetzung für diese Möglichkeit ist aber nicht schon, dass der Gläubiger aus willkürlichen Gründen die gesamte Leistung ablehnt. Der Fortfall des Interesses an der schon erbrachten Teilleistung muss sich aus der Teilverzögerung ergeben und in der Interessenlage des Gläubigers nachvollziehbar begründet sein.

In obigem **Beispiel** käme, wenn wir den Wegfall des Interesses des Händlers an der gesamten Leistung bejahen, zu den Rechten nach 1) und 2) noch folgende Möglichkeit hinzu:

3) Der Händler kann unter den Voraussetzungen der §§ 280 I, III, 281 I 1 und 2 Schadensersatz statt der **gesamten** Leistung (200 Schläger) verlangen. Tut er dies, so geht der gesamte Erfül-

lungsanspruch unter (§ 281 IV). Der Händler ist seinerseits verpflichtet, die gelieferten 80 Schläger nach § 346 I an den Hersteller zurückzugeben und zurückzuübereignen.

Fehlt es jedoch an der **Teilbarkeit der Leistung** oder Gegenleistung, so kann der Gläubiger auch dann vom ganzen Vertrag zurücktreten, wenn sein Interesse an der Teilleistung des Schuldners nicht entfallen ist (BGH JA 2010, 220 m. Anm. *Looschelders* für den Fall, dass als Gegenleistung die Übereignung einer Wohnung vereinbart ist).

c) Rücktritt

876   Für das Rücktrittsrecht bei gegenseitigem Vertrag (§ 323) finden wir die gleichen Regeln. § 323 V 1 lässt erkennen, dass bei einer Verzögerung mit einem Teil der Leistung das Recht zum Rücktritt in der Regel nur hinsichtlich des verzögerten Teils der Leistung entsteht (also: teilweiser Rücktritt vom Vertrag). Vom ganzen Vertrag (einschließlich des schon ausgeführten Teils) kann der Gläubiger nur zurücktreten, wenn er an der erbrachten Teilleistung kein Interesse hat.

In obigem Beispiel handelt es sich um eine Verzögerung einer synallagmatischen Leistungspflicht aus gegenseitigem Vertrag. Der Händler kann unter den Voraussetzungen des § 323 also folgende weitere Rechte haben:

4) Er kann unter den Voraussetzungen des § 323 I-III vom Kaufvertrag hinsichtlich der 120 ausstehenden Schläger vom Vertrag zurücktreten. Tut er dies, so ergibt sich folgende Lage: Hinsichtlich der 80 gelieferten Schläger bleibt es bei der Durchführung des Vertrags; insoweit ist der Händler auch zur Zahlung des Kaufpreises verpflichtet. Hingegen entfällt hinsichtlich der ausstehenden 120 Schläger der Leistungsanspruch, aber auch die Pflicht zur Kaufpreiszahlung. Dem Händler bleibt es unbenommen, vom Hersteller Schadensersatz zu verlangen (§ 325), und zwar a) hinsichtlich der gelieferten 80 Schläger nach §§ 280 I, II, 286 einen etwaigen Verzögerungsschaden geltend zu machen; b) hinsichtlich der nicht gelieferten 120 Schläger Schadensersatz statt der Leistung zu verlangen.

5) Der Händler kann schließlich, wenn er an der gelieferten Teilleistung kein Interesse hat (siehe die Fallvariante mit dem Jugendturnier) unter den Voraussetzungen des § 323 V 1, I–III vom ganzen Vertrag zurücktreten. Dann sind die Leistungen, soweit schon erbracht, zurückzuerstatten (§§ 346 ff), der Anspruch auf die (restliche) Erfüllung und der Anspruch auf die Gegenleistung erlöschen. Der Händler kann dann zusätzlich unter den Voraussetzungen der §§ 280 I, III, 281 Schadensersatz statt der ganzen Leistung verlangen (§ 281 I 2).

Kapitel 6
Die Unmöglichkeit der Leistung

▶ Falltraining 1, Fälle 44, 79, 80, 81, 82, 83, 84, 85, 86; Falltraining 2, Teil 1 Fälle 1, 2, 6

1. Übersicht

Es kann sein, dass der Schuldner die Leistung nicht erbringen *kann*, selbst wenn er es **877** wollte (Unmöglichkeit der Leistung). Diese Leistungsstörung kann in unterschiedlicher Art auftreten.

– Einmal kann es sein, dass dem Schuldner die Leistung schon im Zeitpunkt der Begründung des Schuldverhältnisses unmöglich ist (**ursprüngliche Unmöglichkeit**). Demgegenüber sprechen wir von **nachträglicher Unmöglichkeit** dann, wenn sich das Leistungshindernis erst nach Entstehung der Leistungspflicht einstellt.
– Die Unmöglichkeit kann ferner in dem Sinne vorliegen, dass sie „für jedermann unmöglich" ist (vgl § 275 I 2. Alt.), dass also niemand die geschuldete Leistung erbringen kann (**objektive Unmöglichkeit**). Davon unterscheiden wir die Konstellation, dass gerade der Schuldner außerstande ist, die Leistung zu erbringen, während Dritte leisten könnten (§ 275 I 1. Alt.; **subjektive Unmöglichkeit**, auch Unvermögen zur Leistung genannt).

Kombiniert man die Kategorien, so kann die Unmöglichkeit in vier Formen auftreten:
– als ursprüngliche objektive Unmöglichkeit;

Fall 57a: V verkauft dem K sein gebrauchtes, eine Woche zuvor von K besichtigtes Ruderboot. Im Zeitpunkt des Kaufabschlusses ist das Boot jedoch – ohne dass die Beteiligten es wissen – durch einen Brand im Bootshaus völlig zerstört.

– als ursprüngliche subjektive Unmöglichkeit;

Fall 57b: V verkauft dem K ein Ruderboot, das er im Zeitpunkt des Vertragsschlusses bereits an X verkauft und übereignet hat. X ist unter keinen Umständen bereit, dem V das Boot wieder zur Verfügung zu stellen. Dann kann V seiner Pflicht zur Übereignung und Übergabe der gekauften Sache an K nicht nachkommen, wohl aber könnte es X.

– als nachträgliche objektive Unmöglichkeit;

Fall 57c: Das Ruderboot, das V dem K verkauft, wird *nach* Vertragsschluss, aber vor Erfüllung des Kaufvertrags durch einen Brand im Bootshaus völlig zerstört.

– als nachträgliche subjektive Unmöglichkeit.

Fall 57d: V verkauft ein Ruderboot an K. Noch vor Erfüllung dieses Kaufvertrages verkauft und übereignet er das Boot an Y. Unter keinen Umständen ist Y bereit, dem V das Boot wieder zur Verfügung zu stellen. Dann kann V seinen Verkäuferpflichten dem K gegenüber nicht mehr nachkommen, wohl könnte Y die Leistung erbringen.

393

Das Schuldrecht behandelt die objektive und die subjektive Unmöglichkeit grundsätzlich gleich. Hingegen unterwirft es die ursprüngliche und die nachträgliche Unmöglichkeit unterschiedlichen Regeln.

2. Zum Begriff der Unmöglichkeit

878   Die Unmöglichkeit der Leistung (§ 275 I) ist **im strikten Sinne** zu nehmen. Es geht darum, ob der Schuldner die geschuldete Leistung erbringen kann oder nicht. Kein Raum ist für Erwägungen der Zumutbarkeit oder Billigkeit, weil diese Fragen gesondert geregelt sind (§ 275 II, III; § 313). Es geht also nicht darum, ob es dem Schuldner schwer fällt, zu leisten, ob er mit der Leistung seine wirtschaftliche Existenz aufs Spiel setzt und dergleichen, sondern ob ihm die Erbringung der Leistung *im physischen und rechtlichen Sinne* möglich ist.

Probleme bereitet der Begriff der Unmöglichkeit, wenn das Leistungshindernis voraussichtlich **nur vorübergehend** bestehen wird; eine nur vorübergehende Unmöglichkeit löst die Wirkung des § 275 I grundsätzlich noch nicht aus. Ausnahmen von diesem Grundsatz sind bei Leistungshindernissen zu machen, deren Ende derart unsicher ist oder die voraussichtlich derart lange andauern werden, dass dies aus Sicht der Gläubigerinteressen der endgültigen Unmöglichkeit gleichkommt (vgl BGHZ 83, 197; BGH ZIP 1997, 2158).

Besondere Vorsicht ist geboten, wenn es um die Unmöglichkeit der Leistung bei **Gattungsschulden** geht. Den Gattungsschuldner trifft die Verpflichtung, dem Gläubiger einen Leistungsgegenstand, der den im Vertrag festgelegten Gattungsmerkmalen entspricht, zu verschaffen, sei es aus eigenen Beständen, sei es dadurch, dass er sich einen geeigneten Gegenstand anderweitig besorgt (Beschaffungspflicht). Unmöglichkeit liegt bei der Gattungsschuld also nicht schon dann vor, wenn der Schuldner gerade die geeigneten Leistungsgegenstände nicht zur Hand hat; denn dann kann es noch immer sein, dass er sie sich von Dritten beschaffen kann, um seine Leistungspflicht zu erfüllen.

Beispiel: Der Elektrohändler E bietet per Annonce elektrische Heizdecken des Herstellers H Typ „Warmup" an. Es treffen mehr Bestellungen ein als er Heizdecken auf Lager hat. Gleichwohl nimmt er diese Bestellungen an. E beliefert die Kunden zunächst aus seinem Vorrat, bis dieser erschöpft ist. Ist nun in Bezug auf die weiteren, noch nicht belieferten Kunden die Leistung unmöglich? Im Allgemeinen nicht! Denn der Händler kann sich unter gewöhnlichen Umständen unschwer mit weiteren Exemplaren beim Hersteller eindecken. Dazu ist er auch verpflichtet: Gattungsschuld ist Beschaffungspflicht aus der Gattung.

Erst wenn die gesamte Gattung nicht mehr verfügbar ist oder wenn sie zwar noch erhältlich ist, aber gerade der Schuldner sie sich nicht beschaffen kann, liegen Fälle der Unmöglichkeit vor.

Obiges Beispiel: a) Es handelte sich um ein längst aus der Produktion genommenes Auslaufmodell; nur noch der Händler selbst hatte eine bestimmte Stückzahl auf Lager, weder der Hersteller noch anderer Händler können dieses Modell liefern (Fall der objektiven Unmöglichkeit: Jedermann ist die Leistung unmöglich).

b) Der Hersteller könnte noch weitere Exemplare zur Verfügung stellen, ist aber nicht bereit, den Händler E zu beliefern, weil dieser in der Vergangenheit bei Erfüllung seiner Zahlungspflichten aus Warenlieferungen säumig geblieben ist (Fall der subjektiven Unmöglichkeit).

Im Prinzip bleibt es jedoch dabei: Solange sich der Gattungsschuldner auf dem Markt mit Exemplaren der von ihm zu leistenden Gattung eindecken kann, ist ihm die Leistung nicht unmöglich – der Gläubiger hat Anspruch auf Erfüllung.

Das finanzielle Unvermögen einer Person, eine **Geldschuld** zu begleichen, bildet hingegen keinen Fall der Unmöglichkeit. Zwar ist die Geldschuld einer Gattungsschuld ähnlich, doch ergäbe es keinen Sinn, eine Geldschuld schon deshalb untergehen zu lassen (§ 275 I), weil der Schuldner nicht zahlen kann; das ergibt sich auch aus den Regelungen der Insolvenzordnung.

Dabei gilt es jedoch zu beachten: **879**

1) Im Vertrag kann festgelegt sein, dass der Schuldner die gattungsmäßig bestimmten Gegenstände nur aus **einem bestimmten Vorrat** (Warenlager) oder **aus einer bestimmten Produktionsmöglichkeit** schuldet (beschränkte Gattungsschuld, Vorratsschuld). In solchen Fällen ist die Verpflichtung auf den Vorrat etc beschränkt: Der Untergang des Warenlagers oder der Produktionsmöglichkeit bedeutet daher objektive Unmöglichkeit.

Beispiele: a) A verkauft dem B „aus unseren Lagerbeständen" 50 Reifen aus einer auslaufenden Serie. Das Lager geht in Flammen auf. Hier liegt objektive Unmöglichkeit vor, weil das gesamte Warenlager, aus dem die gattungsmäßig umschriebenen Exemplare geschuldet waren, vernichtet ist.

b) Der Möbelfabrikant X stellt auf der Fachmesse neugestaltete Gartenmöbel aus. Wie üblich ist die Produktion in diesem Zeitpunkt gerade erst angelaufen. Viele Möbelhändler bestellen erhebliche Stückzahlen, lieferbar 3 Monate später. Kurz nach der Ausstellung vernichtet eine Explosion die gesamten Fertigungsanlagen, die auf unabsehbare Zeit außer Betrieb bleiben müssen. Auch hier ist gegenüber den Händlern objektive Unmöglichkeit anzunehmen, weil die Gattungsschuld auf die Möglichkeit eigener Produktion beschränkt war.

2) Ferner ist die **Regel des § 243 II** zu beachten. Die **Gattungsschuld verwandelt** **880** **sich in eine Stückschuld** von dem Zeitpunkt an, in dem der Schuldner das „seinerseits Erforderliche getan" hat, dh am richtigen Leistungsort zu einer tauglichen Leistungszeit mit dem richtigen Leistungsgegenstand die geschuldete Leistungshandlung vorgenommen hat (*Konkretisierung*, siehe Rn 829). Geht der Leistungsgegenstand, mit dessen Hilfe der Erfüllungsversuch unternommen wurde, *nach der Konkretisierung* unter, so liegt (objektive) Unmöglichkeit vor, weil sich das Schuldverhältnis gemäß § 243 II auf diesen Gegenstand beschränkt hat. Die entscheidende Frage ist somit, ob der Verpflichtete mit dem Erfüllungsversuch das seinerseits Erforderliche getan hat. Hier kommt es wesentlich auf den Leistungsort und die geschuldete Leistungshandlung an (Rn 830).

3. Primärwirkung der Unmöglichkeit: der Untergang des Leistungsanspruchs

881 Nach § 275 I ist der Anspruch auf die Leistung ausgeschlossen, soweit diese unmöglich ist. Das gilt sowohl bei bloß subjektiver (1. Alt.) als auch bei objektiver (2. Alt.) Unmöglichkeit. Im ersten Schritt begründet die Unmöglichkeit also für den Gläubiger keine Rechte, sondern *nimmt ihm* den Erfüllungsanspruch: Die Unmöglichkeit ist *Einwendung* gegen den Leistungsanspruch des Gläubigers. Das gilt auch in den Fällen der ursprünglichen Unmöglichkeit (arg. § 311a I).

> Zu **Fall 57a) bis d)**: In allen vier Fällen kann der V dem Leistungsverlangen entgegenhalten, dass die Leistung unmöglich ist. Eine Leistungsklage müsste abgewiesen werden.

Erst im zweiten Schritt können für den Gläubiger aufgrund der Unmöglichkeit der Leistung auch Rechte entstehen (nachfolgend Rn 887 ff).

Ist die Leistung nur **teilweise unmöglich**, so ist vom Ausschluss des Leistungsanspruchs nach § 275 I nur der unmögliche Teil betroffen (siehe weiter unten Rn 892).

882 Der Schuldner bleibt bei Unmöglichkeit der Leistung allerdings insofern verpflichtet, als er infolge des Umstandes, der die Leistung unmöglich macht, für den geschuldeten Gegenstand einen Ersatz oder Ersatzanspruch erlangt (**„stellvertretendes commodum"**). Dann ist der Gläubiger berechtigt, vom Schuldner die Herausgabe dieses Ersatzgegenstandes oder Ersatzanspruchs zu verlangen (§ 285 I).

Beispiel: A schuldet dem B die Übereignung einer Maschine. Vor Erfüllung wird die Maschine durch Brand zerstört. Aufgrund eines Brandversicherungsvertrags hat nun A einen Anspruch gegen die Versicherungsgesellschaft auf Wertersatz. Dem A ist die Leistung unmöglich, der Leistungsanspruch geht nach § 275 I unter. Jedoch ist B berechtigt, von A die Abtretung von dessen Anspruch gegen die Versicherung zu verlangen. Denn die Entstehung dieses Anspruchs beruht auf demselben Umstand, der die Leistung des A unmöglich gemacht hat, nämlich dem Brand (als Voraussetzung des Versicherungsfalls).

Literatur: *M. Lehmann*, Das stellvertretende Commodum, JuS 2006, 502.

4. Gegenseitiger Vertrag: Das Schicksal des Anspruchs auf die Gegenleistung

a) Der Untergang des Anspruchs auf die Gegenleistung

883 Bei gegenseitigen Verträgen stehen sich Leistungsansprüche im Entgeltverhältnis gegenüber (oben Rn 844). Wird der Schuldner einer der im Synallagma stehenden Leistung gemäß § 275 I von seiner Leistung frei, so fragt es sich, ob er gleichwohl den Anspruch auf die Gegenleistung behält oder ob auch dieser untergeht.

> Zu **Fall 57a) bis d)**: Wir haben gesehen, dass K gemäß § 275 I seinen Anspruch gegen V auf Lieferung des Bootes verliert, weil dem V die Leistung unmöglich geworden ist. Die Frage ist: Kann V gleichwohl Zahlung des Kaufpreises verlangen?

Das wäre im Regelfall ungerecht: Der Schuldner einer unmöglich gewordenen Leistung bräuchte nichts leisten, bekäme aber das Entgelt. Daher bestimmt § 326 I 1 HS 1, dass der Anspruch auf die Gegenleistung entfällt, wenn der Schuldner wegen Unmöglichkeit nach § 275 Abs. 1 nicht zu leisten braucht. Bei partieller Unmöglichkeit entfällt die Gegenleistung nur in Höhe der Wertrelation, die in entsprechender Anwendung des § 441 III zu berechnen ist (§ 326 I 1 HS 2). Ferner behält der Schuldner den Anspruch auf die Gegenleistung, wenn der Gläubiger gemäß § 285 Herausgabe des stellvertretenden commodum verlangt (§ 326 III 1); auch hier mindert sich die Gegenleistung nach der Regel des § 441 III insoweit, als der Wert des Ersatzes oder des Ersatzanspruchs hinter dem Wert der geschuldeten Leistung zurückbleibt (§ 326 III 2).

Ist die aufgrund des § 326 I 1 **nicht geschuldete Gegenleistung bereits erbracht**, so kann sie nach den Rücktrittsregeln der §§ 346 bis 348 **zurückgefordert** werden (§ 326 IV).

b) Die Aufrechterhaltung des Gegenleistungsanspruchs

Dass der Anspruch auf die Gegenleistung untergeht, ist aber nicht in allen Fallkonstellationen ein angemessenes Ergebnis. Deshalb formuliert das Gesetz Ausnahmen, in denen der Schuldner, obgleich er nach § 275 I frei wird, seinen Gegenleistungsanspruch behält. Dies ist der Fall

884

1) wenn der Gläubiger für den Umstand, der die Leistung unmöglich gemacht hat, *allein oder weit überwiegend verantwortlich* ist; mit anderen Worten, wenn er die Unmöglichkeit allein oder weit überwiegend zu vertreten hat (§ 326 II 1 Alt. 1 iVm §§ 276 ff);

2) ferner wenn die Unmöglichkeit zu einem Zeitpunkt eintritt, in dem der *Gläubiger im Verzug* der Annahme war (§ 326 II 1 Alt. 2 iVm §§ 293 ff, dazu unten Rn 909 ff).

Diese Regelung leuchtet ohne weiteres ein: Wenn der Schuldner an der Leistung aus Gründen gehindert ist, die dem Gläubiger zuzurechnen sind, gibt es keinen Grund, ihm den Anspruch auf das Entgelt vorzuenthalten. Er muss sich allerdings auf diesen Anspruch dasjenige anrechnen lassen, was er infolge der Befreiung von der Leistung erspart oder durch anderweitige Verwendung seiner Arbeitskraft erwirbt oder zu erwerben böswillig unterlässt (§ 326 II 2).

> Zu **Fall 57a) und c)**: Da V von seiner Leistung nach § 275 I frei wird, verliert er auch den Anspruch auf den Kaufpreis (§ 326 I 1, 1. Alt.). Er erhält diesen Anspruch aber dann, wenn entweder K den Untergang des Bootes verschuldet hat oder wenn das Boot in einem Zeitpunkt zerstört worden ist, in dem K mit der Annahme der Leistung im Verzuge war.

3) Zu beachten ist schließlich, dass § 326 I 1 durch Individualvereinbarung abbedungen werden kann. So kann der Gläubiger (mit der Folge der Anwendbarkeit von § 326 II) nach der vertraglichen Risikoverteilung ausdrücklich oder stillschweigend die Gefahr für ein bestimmtes Leistungshindernis übernehmen, das sich dann verwirklicht hat (dazu BGH JA 2011, 385 m Anm *Looschelders* für den Fall eines Vertrages über Zukunftsprognosen durch Kartenlegen).

c) Besonderheiten durch Gefahrtragungsregeln

885 Die Regel des § 326 I 1 wird bei einigen Vertragstypen durch so genannte Gefahrtragungsregeln modifiziert (§§ 446, 447, 644). Die „Gefahrtragung" betrifft in diesen Vorschriften dasselbe Problem wie § 326 I 1: Behält der Schuldner, der von seiner Leistungspflicht frei wird, den Anspruch auf die Gegenleistung? „Gefahrübergang" auf den Käufer in § 446 S. 1 meint infolgedessen, dass der Verkäufer seinen (vollen) Kaufpreisanspruch behält, wenn die verkaufte Sache nach der Übergabe an den Käufer „zufällig" (dh ohne dass dies eine der Parteien zu vertreten hat) untergegangen ist oder sich verschlechtert hat („Preisgefahr").

Beispiel: A verkauft an B eine Maschine unter Eigentumsvorbehalt. Die Maschine wird übergeben; die Übereignung erfolgt unter der aufschiebenden Bedingung vollständiger Kaufpreiszahlung (§ 449 I). Geht nun die Maschine nach der Übergabe an B, aber noch vor der vollständigen Zahlung des Kaufpreises „zufällig" unter, so ist dem A ein Teil seiner Leistung, nämlich die Eigentumsverschaffung, unmöglich geworden. Nach § 326 I 1 verlöre er zumindest einen Teil des Kaufpreisanspruchs. Dieses Ergebnis wird durch § 446 S. 1 korrigiert. Tritt der *zufällige* Untergang *nach der Übergabe* der Sache an den Käufer ein, so ist die Preisgefahr schon auf den Käufer übergegangen, dh der Verkäufer behält den vollen Kaufpreisanspruch.

886 § 447 I stellt wiederum eine Modifikation des § 446 S. 1 dar. Beim **Versendungskauf** (§ 447 I) geht die Preisgefahr nicht erst mit Übergabe der verkauften Sache an den Käufer über, sondern schon mit ihrer Auslieferung an den Spediteur oder eine sonstige Transporteinrichtung. Der Versendungskauf setzt begrifflich voraus, *dass der Verkäufer auf Verlangen des Käufers die Sache an einen anderen Ort als den Erfüllungsort versendet.* Wichtigstes Anwendungsbeispiel ist die von vornherein vereinbarte Schickschuld des Verkäufers (Rn 830). Hingegen kommt § 447 I nicht zum Zug, wenn eine Bringschuld vorliegt, weil der Verkäufer in diesem Fall die Sache an den Erfüllungsort (= Niederlassung des Käufers) zu schaffen hat.

Der Spediteur oder die sonstige Transporteinrichtung ist beim Versendungskauf nicht als Erfüllungsgehilfe (§ 278) des Verkäufers anzusehen (anders bei der Bringschuld).

Beachte: Geht die verkaufte Sache unter, *nachdem* der Verkäufer *vollständig erfüllt* hat (Übergabe und Eigentumsverschaffung), so liegt keine Leistungsstörung vor; die Gefahrtragungsregeln haben keine Bedeutung. Der Leistungsanspruch des Käufers ist durch Erfüllung untergegangen (§ 362 I), der nachfolgende Untergang der verkauften Sache berührt den Verkäufer also nicht mehr.

Auf den **Verbrauchsgüterkauf** findet § 447 mit der Maßgabe des § 474 IV Anwendung.

Für die Fallbearbeitung: Bei Leistungsansprüchen aus gegenseitigen Verträgen, die im Entgeltverhältnis stehen, sind §§ 275 I-III und § 326 I-IV zusammen zu lesen. Diese Vorschriften bieten (außer § 326 IV) **keine Anspruchsgrundlagen**, sondern **Einwendungen oder Einreden** gegen die vertraglich begründeten Leistungsansprüche, und zwar

- § 275 I-III eine Einwendung bzw Einreden gegen den Leistungsanspruch des Gläubigers,
- § 326 I eine Einwendung gegen den Gegenleistungsanspruch des Schuldners der unmöglich gewordenen Leistung.

> Es ist also mit den Leistungsansprüchen (zB aus § 433 I oder § 433 II) einzusetzen. Sind sie entstanden, so ist dann weiter zu prüfen, ob die genannten Einwendungen oder Einreden ihnen entgegenstehen.
>
> **Anspruchsgrundlage** ist hingegen **§ 326 IV.** Mit dieser Vorschrift ist dann einzusetzen, wenn zu prüfen ist, ob der Schuldner die schon erbrachte Gegenleistung (etwa den Kaufpreis für einen untergegangenen Kaufgegenstand) zurückfordern kann.

Literatur: *D. Coester-Waltjen*, Die Gegenleistungsgefahr, Jura 2007, 110.

5. Das Rücktrittsrecht des Gläubigers (§ 326 V)

▶ Falltraining 1, Fälle 82, 83, 86   **887**

Obwohl bei Unmöglichkeit der Leistungsanspruch stets (§ 275 I) und der Gegenleistungsanspruch in der Regel (§ 326 I 1) entfällt, gibt § 326 V dem Gläubiger zusätzlich das Recht, vom Vertrag zurückzutreten; im Fall wirtschaftlicher Unmöglichkeit besteht dieses Rücktrittsrecht jedoch nur und erst dann, wenn der Schuldner von seinem Leistungsverweigerungsrecht nach § 275 II Gebrauch gemacht hat (BGH NJW 2013, 1074). Für die weiteren Voraussetzungen und Modalitäten des Rücktrittsrechts verweist die Vorschrift auf § 323 (dazu Rn 870) mit der Besonderheit, dass eine vorherige Fristsetzung an den Schuldner generell entbehrlich ist (§ 326 V HS 2). Hingegen müssen die übrigen Voraussetzungen des § 323 gegeben sein; insbesondere ist der Rücktritt unter den Voraussetzungen des § 323 VI (Verantwortlichkeit des Gläubigers für die Unmöglichkeit, Gläubigerverzug) ausgeschlossen.

6. Schadensersatz statt der Leistung bei nachträglicher Unmöglichkeit (§§ 280 I, III, 283)

▶ Falltraining 1, Fälle 44, 79, 80, 81

a) Überblick

Möglicherweise ist dem Gläubiger durch die Unmöglichkeit ein Schaden entstanden, den er vom Schuldner ersetzt verlangen will. Ein solcher Anspruch kann sich indes nicht allein aus der Tatsache der Unmöglichkeit ergeben. Das scharfe Schwert des Schadensersatzes trifft den Schuldner nur, wenn ihm die Leistungsstörung zugerechnet werden kann. Das Gesetz knüpft daher auch im Falle der Unmöglichkeit die Schadensersatzfolge an eine *vom Schuldner zu vertretende Pflichtverletzung* (§ 280 I 1), wobei das Vertretenmüssen vermutet wird (§ 280 I 2).   **888**

Die rechtstechnische Durchführung dieses einfachen Gedankens ist in §§ 280 I, III, 283 unnötig kompliziert geraten. Anspruchsgrundlage ist auch hier die Generalklausel des § 280 I. Der Weg zum Schadensersatz statt der Leistung wird über §§ 280 III, 283 eröffnet. Diese Regelung gilt nicht nur für Ansprüche aus gegenseitigen Verträgen, sondern für alle Schuldverhältnisse. Sie gilt aber *nicht* für die Fälle der *ursprüng-*

lichen Unmöglichkeit, weil für diese Fallkonstellation § 311a II eine Spezialregelung enthält (nachfolgend Rn 894).

889 Bei Unmöglichkeit der Leistung hat der Gläubiger einen Schadensersatzanspruch statt der Leistung unter folgenden **Voraussetzungen**:

> 1) Es besteht ein **Schuldverhältnis** zwischen den Beteiligten, § 280 I 1.
>
> 2) Die **Pflichtverletzung** des Schuldners besteht in der Nichterbringung seiner Leistung, die nachträglich unmöglich geworden ist, weshalb die Leistungspflicht entfallen ist (§ 275 I). Der Schuldner hat nämlich alles Zumutbare zu tun, um die Leistung zu ermöglichen; tritt die Unmöglichkeit ein, weil er das nicht hinreichend getan hat, so beruht sie auf einer Pflichtverletzung.
>
> 3) Beim Gläubiger ist ein **Schaden** entstanden.
>
> 4) **Kausalität** Unmöglichkeit ▶ Schaden
>
> 5) *Einwendung:* Die Schadensersatzpflicht besteht nicht, wenn der Schuldner die Pflichtverletzung nicht zu vertreten hat (§ 280 I 2, vgl Rn 864a); dabei ist besonders § 287 S. 2 zu beachten, wonach der Schuldner während seines Verzug auch für Zufall haftet.

890 **Rechtsfolge** ist der Ersatz des Erfüllungsinteresses einschließlich eines etwa entgangenen Gewinns.

b) Inhalt/Umfang

891 Inhaltlich geht der Anspruch auf Schadensersatz statt der Leistung, nachdem der Anspruch auf die Leistung selbst untergegangen ist (§ 275 I). Zu ersetzen ist das volle Erfüllungsinteresse einschließlich eines entgangenen Gewinns. Bei gegenseitigen Verträgen ist im Rahmen der Schadensersatzberechnung zu beachten, dass auch der Anspruch des Schuldners auf die Gegenleistung entfallen ist (§ 326 I 1), sodass der Gläubiger insoweit bereits schadensfrei gestellt ist. Anders selbstredend, wenn der Gläubiger die Gegenleistung schon erbracht hat; dann ist sein Schaden entsprechend erhöht. Eine Mitverantwortung des Gläubigers am Eintritt der Unmöglichkeit ist nach § 254 zu berücksichtigen.

> Zu **Fall 57c), d**): Im Fall d) ist evident, dass V eine die Unmöglichkeit begründende Pflichtverletzung begangen hat, die er auch zu vertreten hat. Er ist dem K also schadensersatzpflichtig, wenn diesem aus der Leistungsunmöglichkeit ein Schaden erwächst (etwa ein Gewinn entgeht). Im Fall c) kommt es darauf an, ob dem V am Untergang des Bootes ein Verschulden trifft.

c) Teilunmöglichkeit

892 Bei Teilunmöglichkeit beschränken sich die Wirkungen der Unmöglichkeit und daher auch der Schadensersatzanspruch in der Regel auf den unmöglichen Teil. Doch kommt auch hier die Regel des § 281 I 2 (iVm § 283 S. 2) zum Zuge (vgl Rn 875): Der Gläubiger kann trotz der Teilerfüllung *Schadensersatz statt der ganzen Leistung* verlangen, wenn er an der erbrachten Teilleistung kein Interesse hat. Verlangt in die-

sem Fall der Gläubiger Schadensersatz statt der ganzen Leistung, so hat er die schon empfangene Teilleistung an den Schuldner nach Rücktrittsrecht zurückzugewähren (§ 283 S. 2 iVm § 281 V iVm §§ 346–348).

d) Aufwendungsersatz statt Schadensersatz

An Stelle des Schadensersatzes statt der Leistung kann sich der Gläubiger mit einem **893** Anspruch auf Aufwendungsersatz nach § 284 begnügen (dazu Rn 852).

7. Schadensersatz statt der Leistung bei anfänglicher Unmöglichkeit (§ 311a II)

▶ Falltraining 1, Fall 84; Falltraining 2, Teil 1 Fälle 1, 6

a) Überblick

Obwohl das Gesetz sonst anfängliche und nachträgliche Unmöglichkeit im Gleichlauf **894** regelt, verzweigt es die Anspruchsgrundlagen, wenn es um einen Schadens- oder Aufwendungsersatzanspruch des Gläubigers geht. Für den Fall der ursprünglichen Unmöglichkeit ist in **§ 311a II** für beide Rechtsfolgen eine eigenständige Anspruchsgrundlage geschaffen; auf § 280 wird nicht zurückgegriffen. Das zwingt dazu, in Unmöglichkeitsfällen sich vorab über den Unmöglichkeitstyp (ursprünglich/nachträglich) klar zu werden, denn danach bestimmt sich die einschlägige Anspruchsnorm.

Für die Tragweite der Norm ist die Aussage des **§ 311a I** bedeutsam, wonach ein Vertrag nicht deshalb unwirksam ist, weil schon bei Vertragsschluss die Leistung unmöglich ist. Ein Vertrag ist vielmehr auch dann wirksam, wenn er auf eine Leistung gerichtet ist, die bereits im Zeitpunkt des Vertragsschlusses niemand oder jedenfalls der Schuldner nicht erbringen kann. Ursprüngliche objektive und ursprüngliche subjektive Unmöglichkeit werden also gleichbehandelt. Doch bewirkt die Regel des § 275 I gleichzeitig, dass der Gläubiger keinen Anspruch auf Erfüllung der unmöglichen Leistung hat. Ebenso erlischt nach § 326 I 1 der Anspruch des Schuldners auf die Gegenleistung. In Betracht kommt jedoch ein Anspruch des Gläubigers auf Schadensersatz. Außerdem kann der Gläubiger (obwohl die Leistungspflichten nicht entstanden sind!) vom Vertrag unter den Voraussetzungen des § 326 V zurücktreten.

Fraglich ist, ob bei anfänglicher Unmöglichkeit die Vorschrift des **§ 285 (stellvertretendes commodum)** anwendbar ist. Dafür spricht der Bezug des § 285 auf § 275, dagegen aber, dass § 285 von dem „geschuldeten Gegenstand" spricht. Bei anfänglicher Unmöglichkeit war aber der Gegenstand nie geschuldet (§ 275 I!). Eine verbreitete Interpretation bezieht § 285 in diesem Fall auf den „als geschuldet gedachten Gegenstand".

b) Voraussetzungen des Schadensersatzanspruchs

895 Der Anspruch des Gläubigers auf Schadensersatz statt der Leistung bzw Aufwendungsersatz (§ 311a II) ist an folgende Erfordernisse geknüpft:

---

1) Es besteht ein **Schuldverhältnis** zwischen den Beteiligten.

2) Die Leistung ist schon *bei Begründung des Schuldverhältnisses* dem Schuldner oder jedermann **unmöglich**.

3) Dem Gläubiger ist ein **Schaden** entstanden.

4) Es liegt **Kausalität** Unmöglichkeit ▶ Schaden vor.

5) *Einwendung:* Der Ersatzanspruch besteht nicht, wenn der Schuldner das Leistungshindernis bei Vertragsschluss nicht kannte und seine Unkenntnis auch nicht zu vertreten hat (§ 311a II 2), dh im Regelfall: fahrlässig nicht kannte.

Die Voraussetzungen betreffend fällt auf, dass es anders als bei § 280 I nicht auf eine Pflichtverletzung ankommt und deshalb auch nicht darauf, ob eine Pflichtverletzung zu vertreten ist. Vielmehr knüpft das Vertretenmüssen hier an die *Kenntnis* oder *fahrlässige Unkenntnis* des Leistungshindernisses an. Es kommt also nicht darauf an, ob der Schuldner die Unmöglichkeit der Leistung zu verantworten hat, sondern ob er sie gekannt hat oder hat kennen müssen.

Die **Einwendung des § 311a II 2** kommt dem Schuldner nur zur Hilfe, wenn er keine vertragliche *Garantie* für sein Leistungsvermögen übernommen hat; eine solche Garantie kann sich auch aus dem Sinn des Vertrages ergeben, ohne dass sie ausdrücklich im Vertrag Ausdruck gefunden haben muss.

Bei **teilweiser Unmöglichkeit** sind die schon bekannten Regeln (Rn 857) heranzuziehen (§ 311a II 3 iVm § 281 I 2, V).

Zu **Fall 57a), b)**: Im Fall 57a) ist es fraglich, ob der V das Leistungshindernis (= Zerstörung des Bootes durch Brand) hätte kennen müssen; dem Verkäufer obliegt es, vor Vertragsschluss sich seiner Leistungsfähigkeit zu vergewissern. Doch dürfen hier keine übertriebenen Anforderungen gestellt werden. Wenn zB das Boot in der Nacht vor dem Vertragsschluss dem Brand zum Opfer fiel, kann es durchaus sein, dass der Verkäufer mit einem solchen Vorfall nicht rechnen musste. Im Fall 57b) weiß V bei Vertragsschluss positiv, dass er den Vertrag mit K nicht wird erfüllen können; der Anspruch aus § 311a II ist gegeben.

Literatur: *H. Sutschet*, Haftung für anfängliches Unvermögen, NJW 2005, 1404; *J. Kohler*, Probleme der verschuldensabhängigen Schadensersatzhaftung gemäß § 311a Abs. 2 BGB, Jura 2006, 241.

Kapitel 7
Die Unzumutbarkeit der Leistung

1. Überblick

Die Unzumutbarkeit einer möglichen Leistung regelt § 275 II und III, der in beiden **896** Absätzen den Terminus „zumutbar" verwendet. § 275 II und III machen deutlich, dass die Unmöglichkeit im Sinne des § 275 I in striktem Sinne zu verstehen ist, behandeln allerdings die Fälle der Unzumutbarkeit parallel zur Unmöglichkeit, § 275 IV iVm §§ 280, 283–285; 311a; 326. Insofern gelten über weite Strecken die oben erläuterten Unmöglichkeitsregeln. Doch gilt es, Besonderheiten zu beachten.

Der zentrale Unterschied zur Unmöglichkeit liegt darin, dass die Tatbestände des § 275 II und III den Leistungsanspruch des Gläubigers nicht ipso iure entfallen lassen, sondern dem Schuldner nur ein **Leistungsverweigerungsrecht** geben. Der Anspruch besteht weiterhin. Der Schuldner *kann* folglich leisten, wenn er will. Er muss es, solange er sich nicht auf sein Leistungsverweigerungsrecht beruft. Macht er allerdings die Einrede geltend, dann braucht er, wie sich das Gesetz ausdrückt, nicht zu leisten. Das Leistungsverweigerungsrecht besteht dauerhaft (peremptorische Einrede).

2. Die Einrede des § 275 II 1

▶ Falltraining 1, Fall 85 **897**

Nach § 275 II 1 kann der Schuldner die Leistung verweigern, soweit diese zwar im strengen Sinne möglich ist, aber einen **Aufwand** erfordert, der in einem **groben Missverhältnis zu dem Leistungsinteresse des Gläubigers** steht. Bei der Beurteilung dieser Frage ist der Inhalt des Schuldverhältnisses und sind die Gebote von Treu und Glauben zu beachten (§ 275 II 1). Welche Leistungsanstrengungen dem Schuldner zumutbar sind, hängt unter anderem auch davon ab, ob der Schuldner das Leistungshindernis zu vertreten hat (§ 275 II 2).

Beispiel nach BGH NJW 2005, 3284: Ein Mieter soll vom Vermieter nicht die Beseitigung eines Mangels an der Mietsache verlangen können, wenn ein krasses Missverhältnis zwischen dem Reparaturgrund einerseits und dem Wert des Mietobjekts und den zu erzielenden Mieteinnahmen besteht (krit dazu *Löhnig*, ZGS 2005, 459).

§ 275 II ist unanwendbar, wenn sich die Unzumutbarkeit nicht aus dem Missverhältnis von Aufwand und Gläubigerinteresse ergibt, sondern allein aus der wirtschaftlichen Unzumutbarkeit für den Schuldner; solche Fälle sind nach § 313 zu beurteilen. Es ist aber zu bezweifeln, dass sich die Fallgruppen wirklich klar unterscheiden lassen. Denn bei der Frage, ob dem Schuldner die Leistung wirtschaftlich zugemutet werden kann, kommt meist auch die Dringlichkeit des Gläubigerinteresses ins Spiel, das bei einer Abwägung nach Treu und Glauben nicht außer Acht gelassen werden kann. Jedenfalls ist nicht § 275 II, sondern § 313 einschlägig, wenn die Unzumutbarkeit der Leistung *allein* auf persönlichen Beschaffungsschwierigkeiten des Schuldners (ohne Rücksicht auf die Bewertung des Leistungsinteresses des Gläubigers) beruht.

Bevor § 275 II zur Anwendung kommt, ist stets zu prüfen, ob nicht schon der Tatbestand der Unmöglichkeit (§ 275 I) gegeben ist. Das ist zB der Fall, wenn ein Gattungsschuldner nur aus einem bestimmten Vorrat oder einer bestimmten Produktion schuldet und der Vorrat bzw die Produktionsmöglichkeit untergeht.

3. Die Einrede des § 275 III

898 Nach § 275 III kann der Schuldner die Leistung ferner verweigern, wenn er die Leistung **persönlich zu erbringen** hat und sie ihm unter Abwägung des seiner Leistung entgegenstehenden Hindernisses mit dem Leistungsinteresse des Gläubigers **nicht zugemutet** werden kann. Es geht hier um Leistungen, die der Schuldner nach dem Inhalt des Schuldverhältnisses in eigener Person erfüllen muss, etwa eines Schauspielers, der für die Tournee einer Wanderbühne engagiert ist. Die Unzumutbarkeit der Leistung beruht in dieser Fallkonstellation auf einer Abwägung zwischen dem Leistungshindernis und dem Leistungsinteresse des Gläubigers.

Beispiel: Eine Sängerin verweigert den vereinbarten Auftritt, weil ihr Kind lebensgefährlich erkrankt ist. Die Erbringung der Leistung ist der Sängerin an sich möglich, aber möglicherweise unzumutbar. Abzuwägen sind die der Leistung entstehenden Hindernisse (also das Interesse der Sängerin, sich um ihr krankes Kind persönlich zu kümmern) und das Interesse des Gläubigers, die Leistung zu erhalten (auch das kann schwer wiegen, wenn zB die wirtschaftliche Existenz eines Konzertveranstalters auf dem Spiel steht).

Auch bei § 275 III ist stets zuvor zu prüfen, ob nicht ein Fall der Unmöglichkeit (§ 275 I) vorliegt.

Beispiel: Erleidet die Sängern in obigem Fall aufgrund der Erkrankung ihres Kindes einen Nervenzusammenbruch und befindet sich zum Zeitpunkt des vorgesehenen Konzerts im Krankenhaus, dann ist ihr die Leistung unmöglich (§ 275 I).

4. Rechtsfolgen

899 Ist aus § 275 II oder III ein **Leistungsverweigerungsrecht** des Schuldners begründet, so ändert sich dadurch allein am Schuldverhältnis zunächst nichts. Macht der Schuldner die Einrede aber geltend, so bemessen sich die weiteren Folgen nach den Regeln über die Unmöglichkeit der Leistung (§ 275 IV). Auf das oben Gesagte (Rn 877 ff) kann verwiesen werden. Folgendes sei kurz in Erinnerung gerufen:

– Anwendbar ist bei gegenseitigen Verträgen auch § 326 I-IV. Der Anspruch auf die Gegenleistung entfällt, soweit der Schuldner nach § 275 II oder III nicht zu leisten braucht (§ 326 I 1). Das setzt aber voraus, dass der Schuldner sein Leistungsverweigerungsrecht geltend gemacht hat; solange dies nicht der Fall ist, behält er seinen Anspruch auf die Gegenleistung.

– Auch das Rücktrittsrecht des Gläubigers nach § 326 V (iVm § 275 IV) entsteht erst, wenn der Schuldner sein Leistungsverweigerungsrecht geltend macht.

– Bei der Frage, ob der Gläubiger Schadensersatz statt der (unzumutbaren) Leistung (oder Aufwendungsersatz, § 284, dazu Rn 852) verlangen kann, ist parallel zu den Unmöglichkeitsregeln zwischen *nachträglicher* Unzumutbarkeit (dann § 275 IV iVm §§ 280 I, III, 283) und *ursprünglicher* Unzumutbarkeit (dann § 275 IV iVm § 311a II) zu unterscheiden.

– Dem Gläubiger ist auch in den Fällen des § 275 II, III die Möglichkeit gegeben, vom Schuldner statt der unzumutbaren Leistung das **stellvertretende commodum** zu fordern (§ 285). Voraussetzung dafür ist aber, dass der Schuldner sein Leistungsverweigerungsrecht aus § 275 II, III geltend macht. Der Schuldner entscheidet folglich darüber, ob er die ihm an sich nicht zugemutete Leistung gleichwohl erbringen oder durch seine Leistungsverweigerung den Weg des Gläubigers zum Anspruch auf den Ersatzgegenstand frei machen will.

Literatur: *P. Mückl*, Grundstrukturen und Problemschwerpunkte des § 275 Abs. 2 BGB, Jura 2005, 809; *T. Bernhard*, Das grobe Missverhältnis in § 275 Abs. 2 BGB, Jura 2006, 801; *M. Löhnig*, Die Voraussetzungen des Leistungsverweigerungsrechts nach § 275 Abs. 2 BGB, ZGS 2005, 459; *H. J. Musielak*, Der Ausschluss der Leistungspflicht nach § 275, JA 2011, 801.

Kapitel 8
Das „Vertretenmüssen"

▸ Falltraining 2, Teil 1 Fälle 5, 6, 7, 77; Teil 2 Fall 8

1. Grundsätze

Schadensersatzpflichten entstehen bei Störung des Schuldverhältnisses in der Regel nur aus einer „zu vertretenden" Pflichtverletzung (§ 280 I 2). Auch in weiteren Vorschriften hängen Rechtswirkungen davon ab, dass eine Person für einen Umstand „verantwortlich" ist (zB § 323 VI, § 326 II 1). Es ist nun näher zu klären, was das Gesetz unter diesen Begriffen versteht. Offenkundig werden die beiden Ausdrücke synonym verwendet. Unter der amtlichen Überschrift „Verantwortlichkeit" regeln zB die §§ 276 und 278 das „Vertretenmüssen", und zwar als Verantwortlichkeit *des Schuldners*. Diese Vorschriften sind jedoch entsprechend anzuwenden, wenn es um die Verantwortlichkeit oder ein Vertretenmüssen *des Gläubigers* geht. **900**

Nach der Grundregel des § 276 I 1 hat der Schuldner **Vorsatz und Fahrlässigkeit** zu vertreten (zu den Begriffen Rn 273 ff). Der Schuldner haftet grundsätzlich also nur, wenn er die Leistungsstörung **verschuldet** hat. Die Fahrlässigkeit ist legal definiert: Fahrlässig handelt, wer die im Verkehr erforderliche Sorgfalt außer Acht lässt (§ 276 II). Der Bezugspunkt des Vertretenmüssens ergibt sich aus der jeweiligen Norm, in der dieses Element eine Rolle spielt; bei § 280 I 2 bezieht es sich auf die Pflichtverletzung.

Die genannte Grundregel des § 276 I 1 gilt freilich nur, wenn nicht eine **strengere** oder **mildere Haftung** bestimmt ist oder sich aus dem sonstigen Inhalt des Schuldverhältnisses ergibt. Es können demnach Sonderregeln für die Zurechnung gelten, **901** und zwar entweder *kraft Rechtsgeschäfts* oder *unmittelbar kraft Gesetzes*. Diese Sonderregeln können eine *Haftungsmilderung* vorsehen (nicht jedwedes Verschulden ist zu vertreten) oder eine *Haftungsverschärfung* (auch nicht verschuldete Umstände sind zu vertreten).

2. Vertragliche Sonderregelungen

902 ▶ Falltraining 1, Fälle 1, 3, 5, 8, 79, 80, 82, 83, 84, 88

Vertragliche Sonderregelungen über das Vertretenmüssen sind grundsätzlich zulässig. So kann die Haftung einer oder beider Vertragsparteien im Verhältnis zueinander auf Vorsatz und grobe Fahrlässigkeit oder sogar nur auf Vorsatz beschränkt werden. Für vorsätzliches Handeln kann freilich die Haftung dem Schuldner nicht im Voraus erlassen werden (§ 276 III). Ferner ergeben sich Einschränkungen für Haftungsfreistellungen in Allgemeinen Geschäftsbedingungen (§ 309 Nr 7). Andererseits kann durch Vertrag das Vertretenmüssen auch verschärft werden, etwa dahin, dass der Schuldner für eine Leistungsstörung auch ohne sein Verschulden einzustehen hat (Haftung für Zufall). § 276 I 1 erwähnt in diesem Zusammenhang insbesondere die Übernahme einer *Garantie* oder eines *Beschaffungsrisikos*.

903 Eine **Garantie** liegt vor, wenn ein Vertragspartner dem anderen das Vorhandensein bestimmter Beschaffenheiten oder Umstände in der Weise zusichert, dass er auch ohne Verschulden für deren Fehlen einstehen will (zB Verkauf eines Miethauses; der Verkäufer garantiert dem Käufer, dass das Haus frei von Hausschwamm ist, vgl § 443).

▶ Falltraining 2, Teil 1 Fälle 6, 11

Ein **Beschaffungsrisiko** trifft vor allem den *Gattungsschuldner*. Wer sich verpflichtet, eine Sache aus einer bestimmten Gattung zu liefern, übernimmt im Allgemeinen eine verschuldensunabhängige Gewähr dafür, dass er sich die Sache beschaffen kann, solange diese überhaupt auf dem Markt erhältlich ist. Scheitert die Beschaffung (in der Regel, wenn der Schuldner nicht die hinreichenden finanziellen Mittel für die Beschaffung aufbringen kann), so hat er dieses Unvermögen auch ohne Verschulden zu vertreten. Ebenso hat er Verzögerungen, die aus der genannten Ursache entstehen, ohne Verschulden zu verantworten. Es ist dabei aber genau zu prüfen, *welches* Beschaffungsrisiko der Schuldner im konkreten Fall übernommen hat, ob er zB nicht die Pflicht zur Beschaffung auf einen bestimmten Vorrat oder eine bestimmte Beschaffungsmöglichkeit beschränkt hat (siehe Rn 879).

Ferner ist zu beachten, dass auch für den Gattungsschuldner ein Beschaffungsrisiko nicht mehr besteht, sobald die Gattungsschuld durch Vornahme der geeigneten Leistungshandlung **konkretisiert** ist, § 243 II (Rn 829).

Beispiel: Jemand bestellt am 24.2. bei einem Buchhändler ein dort nicht vorrätiges Fachlexikon. Vereinbart wird, dass der Käufer das Buch nach dessen Eintreffen bei der Buchhandlung abholt. Am 1.3. teilt der Händler dem Käufer schriftlich mit, dass das Buch zur Abholung bereit liege. Der Käufer erscheint indes in der Folgezeit nicht. Am 14.3. vernichtet ein Brand, den der Verkäufer nicht verschuldet hat, die gesamten Bestände der Buchhandlung. Es liegt eine Gattungsschuld vor. An sich ist der Buchhändler verpflichtet, dem Käufer ein Exemplar der

Gattung zu verschaffen, solange objektiv die Leistung aus der Gattung möglich ist. Doch hat sich im konkreten Fall die Schuld bereits auf ein einzelnes Exemplar konkretisiert (§ 243 II). Erfüllungsort war die Geschäftsniederlassung des Buchhändlers, geschuldete Erfüllungshandlung die Bereitstellung zur Abholung (Holschuld, § 269). Mit Vornahme der richtigen Erfüllungshandlung am richtigen Leistungsort (wozu hier die Benachrichtigung des Gläubigers gehört) hat der Händler das seinerseits Erforderliche getan. Das Schuldverhältnis bezog sich also nur mehr auf dieses eine Exemplar des Lexikons. Mit dem Untergang des Buches ist objektive Unmöglichkeit eingetreten. Der Händler wird von der Leistungspflicht frei (§ 275 I). Ein Schadensersatzanspruch des Käufers scheitert am mangelnden Vertretenmüssen des Buchhändlers (§ 280 I 2). Hätte sich der Händler hingegen verpflichtet, das Buch vom Leistungsort aus an den Kunden zu schicken (Schickschuld) oder es an den Wohnort des Kunden als Erfüllungsort zu liefern (Bringschuld), so wäre die Konkretisierung durch das bloße Bereithalten der Ware im Laden noch nicht eingetreten. Es läge dann überhaupt kein Fall der Unmöglichkeit vor, solange das Buch noch erhältlich ist. Der Käufer hätte vielmehr noch seinen Lieferungsanspruch.

In diesem Zusammenhang ist zu beachten: Die eigene wirtschaftliche Leistungsunfähigkeit hat der Schuldner grundsätzlich zu vertreten („Geld muss man haben"). Bei Geldschulden hat der Verpflichtete das in seiner wirtschaftlichen Lage begründete Leistungsunvermögen ohne Verschulden zu vertreten. Anders ist es, wenn nicht wirtschaftliche Gründe, sondern andere Umstände (zB Krankheit) den Schuldner an der (rechtzeitigen) Leistung hindern; hier bleibt es bei dem Grundsatz, dass nur Verschulden zu vertreten ist.

3. Gesetzliche Sonderregelungen

Gesetzliche Sonderregelungen des Vertretenmüssens finden sich sowohl bei den einzelnen Schuldverhältnissen als auch im Allgemeinen Teil des Schuldrechts. Beispiel für Haftungsverschärfung: Ist der Schuldner im Verzug, so haftet er – zB sobald die Leistung unmöglich wird – auch für Zufall (§ 287 S. 2), dh auch ohne Verschulden. Befindet sich hingegen der **Gläubiger** im **Verzug der Annahme** (Rn 909 ff), so hat der Schuldner nur Vorsatz und grobe Fahrlässigkeit zu vertreten (§ 300 I). Weiteres Beispiel für Haftungsmilderung: Der Verleiher einer Sache hat nur Vorsatz und *grobe* Fahrlässigkeit zu vertreten (§ 599; vgl auch §§ 521, 690). **904**

4. Haftung für Hilfspersonen

▶ Falltraining 2, Teil 1 Fall 7; Teil 2 Fall 8 **905**

Bedient sich der Schuldner zur Erfüllung seiner Verbindlichkeit einer Hilfsperson, so muss er deren Verschulden vertreten, auch wenn er selbst weder vorsätzlich noch fahrlässig gehandelt hat, § 278. Die Garantiehaftung für Erfüllungsgehilfen bildet die Kehrseite des Grundsatzes, dass der Schuldner gewöhnlich seine Leistung nicht in eigener Person erbringen muss, sondern nach seinem Belieben andere in den Leistungsvorgang einschalten darf.

Beispiel: Jemand schließt mit einem Malermeister einen Vertrag, wonach sich dieser zum Streichen der Holzfassade eines Hauses verpflichtet. Der Malermeister muss die Arbeiten nicht persönlich verrichten, sondern darf seine Beschäftigten damit betrauen. Im Rahmen der Vertragshaftung wird ihm dann aber auch ein Verschulden der Beschäftigten gemäß § 278 wie ein eigenes zugerechnet.

906 Die Lage ist also **völlig anders als im Anwendungsbereich des § 831.** Danach ist jemand, der einen anderen zu einer Verrichtung bestellt, für den Schaden verantwortlich, den dieser bei der Ausführung der Verrichtung einem Dritten widerrechtlich, dh durch tatbestandsmäßig-rechtswidriges deliktisches Handeln zufügt. Die Ersatzpflicht tritt aber nicht ein, wenn es dem Geschäftsherrn gelingt, darzulegen und im Bestreitensfall zu beweisen, dass ihn weder bei der Auswahl des Verrichtungsgehilfen noch bei der Leitung der Ausführung noch bei der Beschaffung von Gerätschaften ein Sorgfaltsverstoß trifft. Bei § 831 ist es also dem Geschäftsherrn – anders als dem Schuldner bei § 278 – möglich, sich zu „exkulpieren" oder darzutun, dass der Schaden auch bei sorgfältigem Verhalten eingetreten wäre.

§ 278 und § 831 können in ein und demselben Fall zur Anwendung kommen, wenn Ansprüche aus bestehendem Schuldverhältnis und Deliktsansprüche konkurrieren.

907 Es ist wichtig, die §§ 278 und 831 richtig einzuordnen:

▶ Falltraining 1, Fall 76

– **Bei § 831** geht es um die **Haftung aus unerlaubter Handlung**; es geht also *nicht* um die Haftung aus einem schon bestehenden Schuldverhältnis. Die Vorschrift stellt eine **Anspruchsnorm** dar und beantwortet die Frage, unter welchen Voraussetzungen eine Person für das deliktische Verhalten einer anderen auf Schadensersatz wegen einer unerlaubten Handlung in Anspruch genommen werden kann.

Beispiel: Der bei X angestellte Geldbote überfährt im Dienst mit seinem Fahrrad einen Fußgänger. § 831 beantwortet die Frage, ob X dem Fußgänger aus unerlaubter Handlung schadensersatzpflichtig ist. Daneben kann auch der Geldbote selbst dem Verletzten nach § 823 I und II ersatzpflichtig sein.

908 ▶ Falltraining 1, Fälle 40, 76, 81

– Die Anwendung des **§ 278** hingegen **setzt stets voraus, dass zwischen den Parteien schon ein Schuldverhältnis besteht.** § 278 S. 1 behandelt die Frage, ob *im Rahmen der Abwicklung des Schuldverhältnisses* dem Verpflichteten das Verschulden einer von ihm in das Abwicklungsgeschehen eingeschalteten Hilfsperson **zugerechnet** wird. § 278 S. 1 bildet selbst also **keine Anspruchsnorm,** sondern ergänzt die Anspruchsgrundlagen, die für Abwicklungsstörungen im Schuldverhältnis gegeben sind, also insbesondere § 280. Es ist § 278 S. 1 überall dort hinzuzulesen, wo eine derartige Anspruchsnorm das „Vertretenmüssen" einer Partei voraussetzt (zB § 280 I 2).

Beispiel: Der Händler H verkauft an K einen gebrauchten Wagen, den er vor Lieferung noch instandzusetzen verspricht. Der Angestellte A des Händlers fährt mit dem Wagen zur Werkstatt. Fahrlässig verursacht A einen Verkehrsunfall, dem der Wagen völlig zum Opfer fällt. Der Kaufvertrag begründet ein Schuldverhältnis zwischen H und K, bei dem eine Leistungsstörung, nämlich Unmöglichkeit eingetreten ist. H wird von der Leistungspflicht frei (§ 275 I); doch ist er dem K zum Schadensersatz statt der Leistung verpflichtet, wenn die Unmöglichkeit auf einer Pflichtverletzung beruht und der H diese zu vertreten hat (§ 280 I, III, § 283). Bei der Beurteilung des Vertretenmüssens nach § 280 I 2 wird das Verschulden des A dem H ohne weiteres zugerechnet (§ 278 S. 1); auf ein eigenes Verschulden des H kommt es nicht an.

Beachte: Die Unterscheidung zwischen einer „Pflichtverletzung" (§ 280 I 1) und dem „Vertretenmüssen der Pflichtverletzung" könnte zu dem Schluss führen, dass der Partner des Schuldverhältnisses selbst eine Pflichtverletzung begangen haben muss und dass erst nach dieser Feststellung ihm das Verschulden von Erfüllungsgehilfen zugerechnet werden kann. Das wäre aber nicht im Sinn des § 278. Das **Verhalten der Erfüllungsgehilfen als Ganzes** muss demjenigen, der sie einsetzt, zugerechnet werden.

Beispiel: Der Malermeister Feistl hat sich Frau Kunz gegenüber verpflichtet, deren Wohnzimmer zu streichen, in dem ein Flügel steht. Feistl überlässt die Durchführung der Arbeiten seinen bewährten Arbeitern Bausch und Bogen. Dass Bausch am Tage vor dem Einsatz in der Kunz'-schen Wohnung von seiner Frau verlassen wurde und nicht mit der gewohnten Konzentration arbeitet, kann Feistl nicht wissen. Bei Durchführung der Malerarbeit richtet Bausch durch Unachtsamkeit Schäden an dem Flügel an. Wenn wir sagen: Erfordernis des Anspruchs aus § 280 I ist eine Pflichtverletzung des Feistl, so haben wir Schwierigkeiten, den Anspruch zu bejahen. Denn Feistl hat bewährte Leute geschickt, auf die er sich verlassen durfte: Welche Pflicht soll er in eigener Person verletzt haben? Wir kommen zu einer Pflichtverletzung erst, wenn wir das *gesamte Verhalten* des Erfüllungsgehilfen dem jeweiligen Vertragspartner zurechnen.

Kapitel 9
Der Annahmeverzug des Gläubigers

▶ Falltraining 1, Fall 82; Falltraining 2, Teil 1 Fall 7

1. Das Problem

Der Leistungserfolg kann daran scheitern, dass der Gläubiger die ihm obliegende **909** Mitwirkung am Erfüllungsgeschehen unterlässt. Einfaches Beispiel: Der Gläubiger nimmt die Leistung nicht an, obwohl sie ihm der Schuldner ordnungsgemäß anbietet. Dann bleibt, wie wir gesehen haben, die Erfüllungswirkung (§ 362 I) aus, denn diese tritt nicht schon dadurch ein, dass der Schuldner eine geeignete Erfüllungs*handlung* vornimmt, sondern erst mit dem *Erfüllungserfolg*, dh wenn dem Gläubiger der Leistungsgegenstand tatsächlich und rechtlich zur Verfügung steht. Der Gläubiger kann demnach, obwohl der Schuldner vergeblich zu leisten versucht hat, weiterhin die Leistung verlangen (Ausnahme beim Dienstvertrag: § 615). Für die Risikoverteilung zwischen den Parteien kann es freilich nicht unberücksichtigt bleiben, dass die **Erfüllung an Umständen gescheitert** ist, die **im Bereich des Gläubigers** liegen. Das Gesetz erfasst die beschriebene Konstellation unter dem Begriff **Verzug des Gläubigers** oder **Annahmeverzug** (§§ 293–304). Der Annahmeverzug hat lediglich die Wirkung, die Rechtslage des Gläubigers zu verschlechtern, gibt aber keine Schadensersatzansprüche und kein Rücktrittsrecht, denn es handelt sich beim Annahmeverzug nicht um eine Pflichtverletzung des Gläubigers, sondern lediglich um eine **Obliegenheitsverletzung** (Rn 186).

2. Voraussetzungen

910 Annahmeverzug **setzt** lediglich **voraus**, dass der Gläubiger die ihm angebotene Leistung nicht annimmt (§ 293). Wie diese Regel zu verstehen ist, wird in §§ 294–299 näher erläutert. Das Prinzip des Annahmeverzugs lässt sich wie folgt umschreiben: Der Schuldner hat die richtige Leistungshandlung, bezogen auf den geschuldeten Leistungsgegenstand, am richtigen Ort und zu einer geeigneten Zeit vorgenommen oder war zumindest dazu bereit (§§ 295, 296); der Eintritt des Leistungserfolgs ist jedoch am Verhalten des Gläubigers gescheitert. Die Prüfung der Voraussetzungen geschieht in folgenden Stufen:

1) Der Gläubiger ist auf jeden Fall im Annahmeverzug, wenn er die Leistung nicht annimmt, obwohl sie ihm, so wie sie zu bewirken ist, **tatsächlich angeboten** wird (§ 294 mit § 293). Zu bewirken ist sie in der Weise, dass mit Annahme der Leistung durch den Gläubiger Erfüllung einträte, § 362 I.

Beispiel Bringschuld: Der Schuldner versucht vergeblich die Anlieferung der Ware am Wohnsitz des Gläubigers, weil dieser für längere Zeit verreist ist (§ 294; beachte § 299).

2) In bestimmten Fällen genügt statt des tatsächlichen Angebots ein **wörtliches Leistungsanerbieten** des Schuldners (§ 295).

– Dies ist einmal dann der Fall, wenn der Gläubiger zuvor schon dem Schuldner erklärt hat, dass er die Leistung nicht annehmen werde (§ 295 S. 1 Alt. 1). Die „antizipierte" Weigerung des Gläubigers zusammen mit dem wörtlichen Leistungsanerbieten des Schuldners begründet dann den Annahmeverzug.

– Wichtiger ist der Fall, dass zur Bewirkung der Leistung eine Handlung des Gläubigers erforderlich ist (§ 295 S. 1 Alt. 2), insbesondere, dass dieser die geschuldete Sache abzuholen hat. Dann genügt es, wenn der leistungsbereite Schuldner seine Leistung wörtlich anbietet oder den Gläubiger zur Vornahme der Mitwirkungshandlung auffordert. Annahmeverzug liegt dann vor, wenn der Gläubiger trotz wörtlichen Angebots bzw trotz der Aufforderung die ihm obliegende Mitwirkungshandlung unterlässt.

Beispiel Holschuld: Der Schuldner teilt dem Gläubiger mit, dass dieser die Leistung am Schuldnerort zu einem bestimmten, geeigneten Zeitpunkt entgegennehmen könne; der Gläubiger erscheint indes nicht.

3) Ein **Leistungsanerbieten** ist überhaupt **entbehrlich**, wenn zur Bewirkung der Leistung eine Handlung des Gläubigers erforderlich ist, für die eine Zeit nach dem Kalender bestimmt oder ab einem bestimmten Ereignis kalendermäßig berechenbar ist (§ 296). Dann kommt der Gläubiger schon dadurch in Annahmeverzug, dass er die ihm obliegende Mitwirkungshandlung nicht rechtzeitig vornimmt.

Beispiel: Der Nachwuchssänger hat mit seinem Gesangslehrer eine Unterrichtsstunde in dessen Wohnung am Montag 11 Uhr verabredet. Zu dem vereinbarten Termin erscheint der Sänger nicht.

Ein Vertretenmüssen des Gläubigers nach §§ 276–278 ist nicht vorausgesetzt. Andererseits kann von Annahmeverzug nicht die Rede sein, wenn der Schuldner in dem entscheidenden Zeitpunkt zur Leistung gar nicht im Stande (§ 297) oder nicht dazu bereit ist. Eine bloß vorübergehende Annahmeverhinderung begründet den Annahmeverzug nur unter besonderen Voraussetzungen (§ 299).

3. Wirkungen

Die wichtigsten **Wirkungen** des Annahmeverzuges: **911**

a) Der Schuldner kann nunmehr die Leistung dadurch bewirken, dass er den Leistungsgegenstand bei einer öffentlichen Hinterlegungsstelle (Amtsgericht) **hinterlegt** (siehe: §§ 372, 383, 378; Grundstücke betreffend beachte § 303).

b) Während des Gläubigerverzugs hat der **Schuldner nur Vorsatz und grobe Fahrlässigkeit** zu vertreten (§ 300 I)

Dies ist zB von Bedeutung, wenn der geschuldete Gegenstand während des Gläubigerverzugs zerstört wird, und die Frage zu beantworten ist, ob der Gläubiger nun Schadenersatz statt der Leistung nach §§ 280 I, III, 283 verlangen kann. Auch wenn dem Schuldner der Vorwurf der Fahrlässigkeit gemacht werden kann, hat er die Pflichtverletzung nicht zu vertreten, §§ 280 I 2, 300 I, und schuldet deshalb keinen Schadenersatz.

c) Bei **Gattungsschulden konkretisiert** sich das Schuldverhältnis mit dem Annahmeverzug auf das Gattungsexemplar, mit dem der Erfüllungsversuch unternommen worden ist. Dies ist der Sinn des § 300 II. Ist die Konkretisierung schon zuvor nach § 243 II erfolgt, so bleibt § 300 II ohne Bedeutung. Die Vorschrift ist auf Geldschulden entsprechend anzuwenden.

Geht das Gattungsexemplar, mit dem der Erfüllungsversuch unternommen wurde, während des Gläubigerverzugs zB unter, so tritt Unmöglichkeit (§ 275 I) ein und der Schuldner hat nicht etwa ein anderes Stück aus der Gattung zu beschaffen.

d) Wird dem Schuldner die Leistung nach Eintritt des Annahmeverzugs **unmöglich**, ohne dass er es zu vertreten hat, so wird der Gläubiger so behandelt, als habe er die Unmöglichkeit zu verantworten, § 326 II 1, und er schuldet weiterhin die Gegenleistung (Rn 884), vgl auch § 323 VI.

e) Siehe ferner §§ 274 II, 322 II (Rn 845).

Einen **Schadensersatzanspruch** begründet der Annahmeverzug **nicht** (Sonderfall im Werkvertragsrecht: § 642). Doch kann es sein, dass das Unterbleiben der Leistungsannahme **zugleich die Voraussetzungen des Schuldnerverzugs** erfüllt, wenn nämlich denjenigen, dem die Leistung angeboten wird, die Schuldnerpflicht trifft, die Leistung abzunehmen.

Beispiel Sachkauf: Der Käufer ist verpflichtet (und insoweit Schuldner!), die gekaufte Sache abzunehmen, § 433 II. Mit dieser Schuldner**pflicht** kann er in Schuldnerverzug geraten und schadensersatzpflichtig werden (§ 280 I, II, § 286). *Zugleich* trifft ihn in seiner Rolle als Gläubiger des Anspruches auf Lieferung der Sache die **Obliegenheit**, die Sache abzunehmen; die Nichtannahme begründet folglich auch die Wirkungen des Gläubigerverzugs (§§ 300 ff).

Kapitel 10
Die mangelhafte Leistung, insbesondere beim Sachkauf

▶ Falltraining 2, Fälle 1, 2, 3, 5, 7

1. Begriffe, Überblick

912 Eine Leistungsstörung kann darin bestehen, dass der Schuldner zwar zum Zwecke der Erfüllung leistet, seine Leistung aber **„nicht wie geschuldet"** (§ 281 I 1) oder – wenn es sich um vertragliche Pflichten handelt – **„nicht vertragsgemäß"** (§ 323 I) erbringt. Wir sprechen von mangelhafter Leistung (auch „Schlechtleistung"). Auch bei dieser Fallkonstellation erfüllt der Schuldner seine Leistungspflicht nicht: Denn der Erfüllungsanspruch geht nicht auf irgendeine, sondern auf die *richtige*, dem Inhalt des Schuldverhältnisses entsprechende Leistung.

Die gesetzliche Regelung dieser Leistungsstörung verläuft **parallel zur verzögerten Leistung** (Rn 853 ff). Der Gläubiger kann Schadensersatz statt der Leistung unter den Voraussetzungen der §§ 280 I, III, 281 verlangen. Bei gegenseitigem Vertrag kann sich zudem ein Rücktrittsrecht des Gläubigers aus § 323 I ergeben. Ist die **Behebung eines Mangels unmöglich**, so kommen folgerichtig die einschlägigen Regeln über die Unmöglichkeit zum Zuge. Das ist insbesondere für die anfängliche Unmöglichkeit von Bedeutung.

Jedoch ist zu beachten, dass das BGB für einige wichtige Verpflichtungsverträge **spezielle Regeln** bietet, die das allgemeine Schuldrecht modifizieren. Es ergibt sich dann ein kompliziertes Ineinandergreifen dieser besonderen Regeln mit dem allgemeinen Leistungsstörungsrecht. Wir nehmen als Beispiel die Gewährleistungsregelungen des Kaufrechts, und zwar speziell des **Kaufs einer Sache**.

2. Mangelhafte Leistung beim Kauf

▶ Falltraining 1, Fälle 41, 61, 90, 91, 92, 93, 94; Falltraining 2, Teil 1 Fälle 1, 3, 5; Teil 3 Fall 8

a) Grundsatz

913 Für den Kauf verdeutlicht § 433 I 2, dass es zu den primären Erfüllungspflichten des Verkäufers gehört, dem Käufer die Sache frei von Rechts- und Sachmängeln zu verschaffen. Wann die Mangelfreiheit vorliegt, ist im Gesetz näher definiert. Unterschieden wird zwischen „Sachmängeln" (§ 434) und „Rechtsmängeln" (§ 435), die im Prinzip gleich behandelt werden. Auffälligerweise definiert das Gesetz nicht die Mängel, sondern den Zustand der *Mangelfreiheit*.

b) Rechtsmangel

Wie sich im Umkehrschluss aus § 435 S. 1 ergibt, liegt ein Rechtsmangel vor, wenn **914**
ein Dritter in Bezug auf die Sache Rechte gegen den Käufer geltend machen kann, es
sei denn, der Käufer habe sie vertraglich übernommen.

Beispiele: a) A ist Eigentümer eines wertvollen alten Buches. Zur Sicherung einer Forderung
verpfändet er es an B (§ 1204 I); das Buch befindet sich seitdem im Besitz des B. Als A in weitere Geldnot gerät, entwendet er das Buch dem B und verkauft es an C. Der Kaufvertrag wird
von A durch Übergabe und Veräußerung des Buches an C erfüllt. Es liegt ein Rechtsmangel
vor: Das dem C verschaffte Eigentum ist mit dem Pfandrecht des B belastet, welches B dem C
gegenüber geltend machen kann. Das Pfandrecht ist auch nicht durch die Veräußerung von A
an C erloschen. Zwar kann nach § 936 das Eigentum von einem gutgläubigen Erwerber lasten-
frei erworben werden, aber nicht, wenn – wie hier – die Sache dem Berechtigten abhanden gekommen ist (§ 935 I).

b) Der Großvater G hat seinem Enkel E einen Nießbrauch an seinem Miethaus bestellt, um ihm
laufende Einkünfte zu sichern. Später verkauft und veräußert er das Hausgrundstück an H. Im
Kaufvertrag ist ausdrücklich festgehalten, dass das Grundstück mit dem Nießbrauch belastet
ist; entsprechend geringer ist der Kaufpreis angesetzt. Im Verhältnis G – H liegt kein Rechtsmangel vor. Zwar kann der Enkel E gegen den Käufer H den Nießbrauch geltend machen, doch
war dieses Recht vom Käufer vertraglich übernommen.

Nach § 435 I 2 steht es einem Rechtsmangel gleich, wenn bei Verkauf eines Grundstücks (oder anderen dinglichen Rechts) im **Grundbuch ein Recht eingetragen** ist,
das **nicht besteht**. Denn dann kann der Dritte, für den das Recht fälschlicherweise
ausgewiesen ist, gegen den Käufer zwar kein wirkliches Recht geltend machen, doch
streitet für ihn der öffentliche Glaube des Grundbuchs (§ 891), sodass die Rechtsposition des Käufers gefährdet erscheint.

Literatur: *L. Pahlow*, Der Rechtsmangel beim Sachkauf, JuS 2006, 289.

c) Sachmangel

Als mit einem Sachmangel behaftet sieht das Gesetz jede Leistung an, die in Bezug **915**
auf den *Leistungsinhalt* nicht dem Kaufvertrag entspricht. Das Gesetz gliedert den
Begriff in **drei Unterfälle**: (1) Beschaffenheitsmängel (§ 434 I, mit den Sonderfor-
men des § 434 II), (2) die Lieferung einer *anderen als der geschuldeten* Sache (aliud,
§ 434 III Alt. 1) und (3) die Lieferung einer zu geringen Menge (§ 434 III Alt. 2).
Diese Unterfälle werden gleichbehandelt.

aa) Ein **Sachmangel im engeren Sinn (Beschaffenheitsmangel, § 434 I, II)** liegt **916**
vor, wenn die gelieferte Sache **im Zeitpunkt des Gefahrübergangs** (§§ 446, 447)
nicht die Beschaffenheit hat, die nach dem Vertrag geschuldet ist. Um dies festzustellen, sieht das Gesetz eine dreistufige Prüfung vor.

– In erster Linie kommt es darauf an, ob die Sache die im Vertrag vereinbarte Beschaffenheit hat (§ 434 I 1).
– Soweit die Beschaffenheit, um die es im konkreten Fall geht, nicht vereinbart ist,
  liegt ein Sachmangel vor, wenn die Sache sich nicht für die *nach dem Vertrag vo-
  rausgesetzte* Verwendung eignet (§ 434 I 2 Nr 1); enttäuschte *einseitige* Vorstel-

lungen des Käufers über die Verwendung der Sache begründen deshalb keinen Sachmangel.

– Soweit auch dieses Kriterium ausfällt, ist ein Sachmangel gegeben, wenn sich die Sache nicht für die gewöhnliche Verwendung eignet *oder* wenn sie nicht die Beschaffenheit aufweist, die bei Sachen der gleichen Art üblich ist *oder* wenn sie nicht die Beschaffenheit aufweist, die der Käufer nach der Art der Sache erwarten kann (§ 434 I 2 Nr 2).

Die Formulierung des Gesetzes ist missverständlich. Aus dem Wortlaut des Gesetzes könnte man entnehmen, dass es auf den Inhalt des Vertrages nur im Fall des § 434 I 1 ankäme. **Bei allen Varianten ist aber der Inhalt des Vertrages das Entscheidende und einzig Maßgebliche.** Die Konstellationen des § 434 I 2 sind nur Auslegungshilfen zur Feststellung des Vertragsinhalts: Auch wenn keine bestimmte Beschaffenheit im Vertrag festgelegt ist, kann es doch sein, dass der Käufer mit der Sache eine bestimmte Verwendung plant und dass dies dem Verkäufer erkennbar war; dann ist die Eignung der Sache für diese Verwendung „nach dem Vertrag vorausgesetzt" und somit eine dafür geeignete Sache geschuldet. Wenn auch diese Konstellation nicht zutrifft, dann ist eine Sache geschuldet, die sich für die für Sachen gleicher Art typische („gewöhnliche") Verwendung eignet und die auch sonst der üblichen Beschaffenheit und den üblichen Erwartungen entspricht. Diese Kriterien werden den Parteien nicht etwa vom Gesetz auferlegt. Sie gelten, weil sie dem *mutmaßlichen Willen* der Parteien entsprechen. Wer in der Metzgerei Fleisch einkauft, kann erwarten, dass es zum menschlichen Verzehr geeignet ist, auch ohne dass darüber ein Wort verloren wird: Diese Beschaffenheit entspricht dem *Willen* der Parteien, sofern nicht entgegen der Normalität ein anderer Wille der Parteien erkennbar wird.

Beispiele: X kauft von Y ein Grundstück.

a) Im Kaufvertrag ist verlautbart, dass es sich um ein bebaubares Grundstück handelt, auf dem X ein Wohnhaus errichten will – die Beschaffenheit als Baugrundstück ist vereinbart im Sinne des § 434 I 1.

b) Im Kaufvertrag ist über die Verwendung des Grundstücks nicht die Rede. Bei den Vertragsverhandlungen ist dem Verkäufer Y aber klar gewesen, dass X auf dem Grundstück ein Haus bauen will; danach hat sich auch der Kaufpreis gebildet. Hier könnte man sagen: Die Verwendung als Baugrundstück ist gemäß § 434 I S. 2 Nr 1 „nach dem Vertrag vorausgesetzt" (man könnte den Fall aber auch schon unter § 434 I 1 bringen).

c) Es handelt sich um eine Wiese außerhalb eines nach öffentlichem Planungsrecht bebaubaren Gebiets. Weder im Vertragstext noch bei den Vertragsverhandlungen war von einer möglichen Bebauung die Rede. Hier kommt § 434 I 2 Nr 2 zum Zuge: Die Bebaubarkeit war weder konkret vereinbart noch im Vertrag vorausgesetzt, also ist diese Beschaffenheit nicht geschuldet. Das Grundstück ist mangelfrei, wenn es sich für die gewöhnliche Verwendung eines Grundstücks dieser Art („Wiese") eignet und die Beschaffenheit aufweist, die artüblich ist und vom Käufer bei Grundstücken gleicher Art erwartet werden kann.

917 Bei **Gattungsschulden** ist zur Ermittlung der vertragsgemäßen Beschaffenheit die Aussage des § 243 I hinzuzunehmen: Der Gattungsschuldner hat eine Sache von mittlerer Art und Güte zu leisten. Auch hier sind in erster Linie die konkreten vertraglichen Abreden maßgebend. Werden Speiseäpfel Handelsklasse B gekauft, dann ist die geschuldete Gattung durch dieses Qualitätsmerkmal gekennzeichnet. Die Aussage des § 243 I bezieht sich dann auf die mittlere Art und Güte *dieser* Gattung („Handelsklasse B").

Literatur: *H.-C. Grigoleit/C. Herresthal*, Die Beschaffenheitsvereinbarung und ihre Typisierungen in § 434 I BGB, JZ 2003, 233.

Der **Sachmangelbegriff** wird vom Gesetz **in einigen weiteren Aussagen erläutert**:　　**918**

1) Nach § 434 I 3 gehören zur Beschaffenheit im Sinne von § 434 I 2 Nr 2 auch solche Eigenschaften, die der Käufer nach den **öffentlichen Äußerungen** des Verkäufers, des Herstellers oder seines Gehilfen (zB des Importeurs), insbesondere **in der Werbung** oder bei der **Kennzeichnung über bestimmte Eigenschaften** der Sache erwarten kann. Die Äußerungen müssen allerdings hinreichend *konkret* sein, um die Erwartung einer *bestimmten* Eigenschaft zu wecken. Für den Käufer ist besonders wichtig, dass auch die Äußerungen des am Vertrag nicht beteiligten **Herstellers dem Verkäufer zugerechnet** werden.

Beispiel: Ein Hersteller von Waschmitteln bringt das neue Produkt „Pulirax" auf den Markt, für das in den Medien geworben wird; dabei wird hervorgehoben, dass sich das Mittel bei Buntwäsche durch absolute Farbtreue auszeichne. Die Einzelhändlerin Emma verkauft das Produkt an den Hausmann Bolle. Dieser muss erleben, dass seine mit „Pulirax" gewaschenen blauen Hemden starke Verfärbungen aufweisen. Bei der Frage, welche Beschaffenheit der Kaufsache im Sinne des § 434 I 2 Nr 2 von Emma geschuldet wird, sind die Werbeäußerungen des Herstellers heranzuziehen. Da diese eine bestimmte konkrete Eigenschaft des Produkts herausstellen („absolute Farbtreue"), gehört diese zu der Beschaffenheit, die der Käufer Bolle erwarten kann. Hätte hingegen der Hersteller nur mit allgemeinen Sprüchen geworben, die auf keine bestimmte Eigenschaft des Produkts schließen lassen („Pulirax macht glücklich"), so käme § 434 I 3 nicht zum Zuge. Ob das Waschmittel einen Sachmangel aufweist, bemisst sich dann allein nach der Regel des § 434 I 2 (dh ohne Zuhilfenahme des § 434 I 3).

Die **Zurechnung** der öffentlichen Äußerungen des Herstellers oder seines Gehilfen erfolgt freilich **nicht**, wenn sie der Verkäufer nicht kannte und auch nicht kennen musste. Ferner entfällt die Zurechnung einer Äußerung, die im Zeitpunkt des Vertragsschlusses in gleichwertiger Weise berichtigt war oder die Kaufentscheidung nicht beeinflussen konnte.

2) Nach § 434 II 1 ist ein Sachmangel auch dann gegeben, wenn die *vereinbarte*　　**919** **Montage** durch den Verkäufer oder dessen Erfüllungsgehilfen unsachgemäß durchgeführt worden ist.

Beachte: Bei § 434 II 1 handelt es sich um Kaufverträge, bei denen sich der Verkäufer über die Pflichten des § 433 I hinaus **verpflichtet hat**, die verkaufte Sache in irgendeiner Form zu montieren (aus Teilen zusammenzusetzen, aufzustellen, an der Wand zu befestigten, betriebsfertig zu machen, etc). Stellt sich nach dem Inhalt des Vertrages die Montage als die wesentliche Leistung dar, so liegt ein Werk- oder Werklieferungsvertrag vor.

3) Dem steht nach § 434 II 2 der Fall gleich, dass bei einer zu montierenden Sache die **Montageanleitung** mangelhaft – zB unverständlich, weil schlecht aus einer fremden Sprache übersetzt oder schlampig abgefasst – ist, es sei denn, dass die Sache trotzdem fehlerfrei montiert worden ist.

bb) Dem Sachmangel steht die Lieferung **einer anderen als der geschuldeten Sa-**　　**920** **che** gleich (aliud, § 434 III Alt. 1). Beim **Stückkauf** liegt ein aliud vor, wenn eine andere als die individuell bestimmte Sache geliefert wird.

415

▶ Falltraining 1, Fall 91

Beispiel: Jemand kauft beim Antiquar einen Kupferstich mit einer Stadtansicht von Jena aus dem 18. Jahrhundert. Von zwei beim Verkäufer vorhandenen Exemplaren hat sich der Käufer dasjenige ausgesucht, dessen Papier noch nicht vergilbt und ohne Stockflecken ist. Gleichwohl wird das andere Exemplar verpackt und dem Käufer überreicht.

Das aliud beim Gattungskauf besteht darin, dass die gelieferte Sache nicht den Gattungsmerkmalen entspricht, die nach dem Vertrag geschuldet sind. Dabei ist gleichgültig, ob sich die Abweichung auf gattungsmäßig definierte Qualitätseigenschaften oder auf andere Merkmale bezieht. Auch kommt es nicht darauf an, ob die Abweichung gering oder groß ist, auch nicht darauf, ob der Verkäufer damit rechnen kann, der Käufer werde die Abweichung genehmigen. Auch extreme Gattungsabweichungen sind nach der Konzeption des Gesetzgebers einem Sachmangel gleichgestellt.

Beispiele: Geschuldet sind Äpfel Handelsklasse A, es werden Äpfel Handelsklasse B geliefert (Abweichung in einem Qualitätsmerkmal); geschuldet werden Fließen in der Größe 20 × 20 cm, es werden Fließen in der Größe 30 × 30 cm geliefert; geschuldet ist Weißwein, es wird Apfelsaft geliefert; geschuldet ist Rheinwein, es wird Frankenwein geliefert; geschuldet ist 2004er Würzburger Stein Riesling, es wird 2004er Würzburger Stein Sylvaner geliefert.

921 **cc)** Schließlich ist einem Sachmangel auch der Fall gleichgestellt, dass der Verkäufer eine **zu geringe Menge liefert** (§ 434 III Alt. 2). Allerdings gilt das nur, wenn der Verkäufer erkennbar mit der zu geringen Menge die *gesamte Schuld erfüllen will*. Leistet der Verkäufer eine zu geringe Menge als *Teilleistung*, dh mit dem Willen, die noch ausstehende Menge nachzuliefern, so bleibt es bei den allgemeinen Regeln über die teilweise Nichterfüllung (Teilverzögerung, teilweise Unmöglichkeit, etc).

Beispiel: Ein Landwirt verkauft 20 Kilo Erdbeeren an einen Gastwirt. Der Landwirt liefert die Ware vereinbarungsgemäß bei der Gaststätte an und überreicht dem Käufer die Rechnung über den vereinbarten Preis von 80 €. Als der Gastwirt die Erdbeeren nachwiegt, stellt er fest, dass er nur 18 Kilo erhalten hat. Hier wollte der Verkäufer mit der zu geringen Menge erkennbar seine gesamte Verpflichtung aus dem Kaufvertrag erfüllen; da die Menge hinter dem Geschuldeten zurückbleibt, ist Sachmängelrecht anzuwenden (§ 434 III Alt. 2). Anders wäre es, wenn der Landwirt bei der Anlieferung zu erkennen gibt, dass er nur 18 Kilo liefern kann und verspricht, das Fehlende später nachzuliefern.

Literatur: *H.C. Grigoleit/T. Riehm*, Grenzen der Gleichstellung von Zuwenig-Leistung und Sachmangel, ZGS 2002, 115.

921a **dd) Beweislast.** Für die Tatsachen, aus denen sich ergibt, dass bei Gefahrübergang ein Sachmangel vorgelegen hat, trägt der Käufer die Darlegungs- und Beweislast (BGH NJW 2004, 2299, 3000).

Auch beim Verbrauchsgüterkauf trägt der Käufer die Beweislast für das Vorliegen eines Sachmangels. Zwar wird nach § 476 vermutet, dass die Sache bereits bei Gefahrübergang mangelhaft war, wenn sich innerhalb von sechs Monaten seit Gefahrübergang ein Sachmangel zeigt. Doch dass überhaupt ein Sachmangel vorliegt, muss der Käufer darlegen und beweisen; die Beweislastumkehr des § 476 betrifft nur den Zeitpunkt, in dem der Mangel aufgetreten sein muss (BGH NJW 2004, 2299, 3000; krit. hierzu *H. Roth*, ZIP 2004, 2025; *M. Löhnig*, JA 2004, 857).

3. Die Rechte des Käufers im Überblick

Leidet die Sache unter einem Rechts- oder Sachmangel, dann steht dem Käufer eine **922** Reihe von Rechten zu. Diese sind zum Teil ohne weiteres mit dem Tatbestand der Mangelhaftigkeit begründet, teils jedoch an *weitere* Voraussetzungen geknüpft. Die Regelung dieses Fragenkomplexes ist unnötig kompliziert. Im Überblick ergibt sich:

1) Ist die Sache mangelhaft, so stehen dem Käufer zwei **Einreden** zu:

– Er braucht die mangelhafte Sache **nicht anzunehmen**. Soweit man die Annahmepflicht (§ 433 II) als nicht synallagmatische Pflicht betrachtet (Rn 844), so ergibt sich das Leistungsverweigerungsrecht aus § 273, andernfalls aus § 320 I 1.

– Der Käufer kann ferner die **Zahlung des Kaufpreises verweigern**. Da die Mangelfreiheit der Sache zu den primären Verkäuferpflichten gehört, ergibt sich diese Einrede aus § 320 I 1.

Hat der Käufer die mangelhafte Sache (ohne Kenntnis bzw grob fahrlässige Unkenntnis des Mangels, § 442 I) angenommen, so hat er folgende Rechte:

2) Der Käufer kann ohne weitere Voraussetzungen **Nacherfüllung** verlangen (§ 437 Nr 1 iVm § 439), und zwar nach seiner Wahl entweder die Beseitigung des Mangels oder die Lieferung einer mangelfreien Sache (§ 439 I).

3) Unter weiteren Voraussetzungen kann der Käufer vom Vertrag **zurücktreten**. Die Modalitäten dieses Rücktrittsrechts finden sich in einer Verweisungskette (§§ 437 Nr 2 Alt. 1, 440, 323, 326 V). Diese bedeutet in der Hauptsache, dass das Rücktrittsrecht bei der mangelhaften Leistung parallel zur Lage bei der verzögerten Leistung ausgestaltet ist. Der Rücktritt setzt also im Regelfall voraus, dass der Käufer dem Verkäufer erfolglos eine *angemessene Frist* zur Nacherfüllung gesetzt hat, § 323 I.

4) Ferner kann der Käufer den Kaufpreis **mindern** (§§ 437 Nr 2 Alt. 2, 441). Da er dies können soll „statt zurückzutreten", müssen auch in diesem Fall die Voraussetzungen des Rücktrittsrechts gegeben sein, folglich muss die unter 3) genannte Paragraphenkette auch hier eingesetzt werden.

Die gesetzliche Regelung ist durch den BGH (NJW 2005, 1348) bestätigt worden: Auch das Recht, den Kaufpreis zu mindern, setzt grundsätzlich voraus, dass der Käufer dem Verkäufer erfolglos eine angemessene Frist zur Nacherfüllung bestimmt hat. Der Käufer kann dieses Erfordernis auch nicht dadurch umgehen, dass er ohne Nachfristsetzung den Mangel selbst beseitigt und die dem Verkäufer dadurch ersparten Aufwendungen für die Nacherfüllung vom Kaufpreis abzieht (keine Anwendung des § 326 II 2).

5) Unter wiederum anderen Voraussetzungen kann der Käufer **Schadensersatz** verlangen (§§ 437 Nr 3 Alt. 1, 440, 280, 281, 283, 311a). Hier verweist § 437 ebenfalls auf die bekannten Regelungen des allgemeinen Schuldrechts.

6) Statt des Schadensersatzes kann der Käufer schließlich den **Ersatz vergeblicher Aufwendungen** verlangen (§§ 437 Nr 3 Alt. 2, 284).

Den Mängelrechten stehen spezielle **Einwendungen** nach § 442 und § 445 sowie die **Einrede** der Verjährung und verwandte Gegenrechte aus § 438 entgegen (Rn 938– Rn 942).

4.   Der Nacherfüllungsanspruch (§§ 437 Nr 1, 439)

▸ Falltraining 1, Fälle 90, 94

a)   Grundsätze

923   Die Erfüllungspflicht des Verkäufers umfasst die Mangelfreiheit der dem Käufer verschafften Sache, § 433 I 2. Das Vorhandensein eines Mangels in dem entscheidenden Zeitpunkt des Gefahrübergangs (§§ 446, 447) bedeutet also, dass noch nicht gehörig erfüllt worden ist. Daher ist es folgerichtig, wenn das Gesetz dem Käufer für diesen Fall ohne weiteres einen Nacherfüllungsanspruch gewährt. Andererseits bedeutet die Regelung, dass der Käufer den Mangel nicht ohne weiteres zum Anlass nehmen kann, sich vom Vertrag zu lösen oder den Kaufpreis zu mindern: Der Verkäufer erhält vielmehr die **„Chance einer zweiten Andienung"**.

Der Nacherfüllungsanspruch des Käufers hat nur zwei **Voraussetzungen**: Einen wirksamen Kaufvertrag und eine mangelhafte Leistung durch den Verkäufer. Dass der Verkäufer den Mangel iS der §§ 276 ff zu vertreten hat, ist nicht verlangt. Auch wird in diesem Zusammenhang nicht zwischen „erheblichen" und „nicht erheblichen" (= geringfügigen) Mängeln unterschieden.

Der Anspruch auf Nacherfüllung kann in zwei Varianten erfüllt werden: als Anspruch auf **Mängelbeseitigung** oder auf **Lieferung einer mangelfreien Sache (Ersatzlieferung)**. Der Käufer hat die Wahl zwischen den beiden Möglichkeiten, § 439 I. Die Ersatzlieferung umfasst in Fällen des Verbrauchsgüterkaufs auch den Ausbau und den Abtransport der mangelhaften Kaufsache (BGH NJW 2012, 1073; BGH NJW 2013, 220).

Beispiel: A bestellt beim Händler H einen Radioapparat Typ „Noise & Crash Super". Das von H gelieferte Gerät funktioniert nicht, weil ein Geräteteil defekt ist. A kann nach seiner Wahl verlangen: Entweder die Reparatur des gelieferten Radios oder die Lieferung eines neuen Apparats des gleichen Typs.

b)   Durchführung

924   § 439 II stellt klar, dass die **Kosten der Nacherfüllung** zu Lasten des Verkäufers gehen: Dieser hat die zum Zweck der Nacherfüllung erforderlichen Aufwendungen, insbesondere Transport-, Wege-, Arbeits- und Materialkosten zu tragen. Das bedeutet auch, dass der Verkäufer dem Käufer Transportkosten, die dieser zum Zweck der Nacherfüllung vorgeschossen hat, ersetzen muss. Hat der Käufer die Lieferung einer mangelfreien Sache gewählt und erhalten, so kann der Verkäufer Rückgewähr der mangelhaften Sache nach Rücktrittsgrundsätzen (§§ 346–348) verlangen (§ 439 IV).

Beispiel, wie oben: Wählt A Lieferung eines neuen mangelfreien Radioapparats, so hat er bei dessen Lieferung das mangelhafte Gerät an H zurückzugeben und zu übereignen (§ 439 IV iVm § 346 I).

Dabei stellt sich die Frage, ob der Käufer in diesem Fall auch Ersatz für die Nutzung der mangelhaften Sache leisten muss. Die Verweisung in § 439 IV auf §§ 346, 348 umfasst auch einen derartigen Anspruch aus § 346 I Alt. 2. Das gilt allerdings nur, wenn es sich *nicht* um einen Verbrauchsgüterkauf (§ 474 I 1) handelt; liegt dagegen ein Verbrauchsgüterkauf vor, schuldet der Käufer nicht Herausgabe gezogener Nutzungen oder Wertersatz für diese, § 474 V.

Literatur: *C.H. Witt*, Nutzungsersatz bei Nachlieferung, NJW 2006, 3322; *Ph.S. Fischinger*, Nutzungsherausgabeanspruch des Verkäufers bei Nachlieferung, Jura 2007, 606; *S. Herrler/ L. Tomasic*, Nutzungsersatzpflicht im Fall der Neulieferung?, ZGS 2007, 209.

c) Unmöglichkeit, Einreden

Ist *eine der beiden* Nacherfüllungsformen im konkreten Fall **unmöglich**, so ist insoweit eine Leistungspflicht ausgeschlossen (§ 275 I), der Käufer ist grundsätzlich auf die andere Form der Nacherfüllung beschränkt. Auch kommen zugunsten des Verkäufers die **Leistungsverweigerungsrechte nach § 275 II und III** zum Zuge (arg. § 439 III 1).   **925**

Zusätzlich zu § 275 II und III gibt **§ 439 III 1** dem Verkäufer ein weiteres **Leistungsverweigerungsrecht**, wenn die vom Käufer gewählte Art der Nacherfüllung nur mit unverhältnismäßigen Kosten möglich ist. Bei Beurteilung der Verhältnismäßigkeit sind insbesondere der Wert der Sache in mangelfreiem Zustand, die Bedeutung des Mangels und die Frage zu berücksichtigen, ob auf die andere Art der Nacherfüllung ohne erhebliche Nachteile für den Käufer zurückgegriffen werden könnte (§ 439 III 2). Der Anspruch des Käufers beschränkt sich in diesem Fall auf die andere Art der Nacherfüllung.   **926**

Beispiel, wie oben: Angenommen das gelieferte Radio ist nur unter einem technischen Aufwand zu reparieren, der den Kaufpreis um das Doppelte überschreitet, während es ohne weiteres möglich wäre, ein fehlerfreies Exemplar nachzuliefern. Wählt A die Mängelbeseitigung, so kann H diese Art der Nacherfüllung verweigern (§ 439 III), weil die Reparaturkosten unverhältnismäßig hoch sind und das vernünftige Interesse des Käufers auch durch Nachlieferung befriedigt werden kann. Es kommt dann nur Ersatzlieferung in Frage.

Ist Nacherfüllung in **beiden Formen unmöglich oder unzumutbar**, so ist der Anspruch auf Nacherfüllung insgesamt gemäß § 275 I–III ausgeschlossen. Ist die Nachfüllung unmöglich (§ 275 I) oder macht der Verkäufer die Einreden der Unzumutbarkeit geltend (§ 275 II, III), so kann der Käufer grundsätzlich ohne weiteres vom Vertrag zurücktreten, § 437 Nr 2 iVm §§ 323, 326 V. Ob darüber hinaus Schadensersatzansprüche des Käufers begründet sind, ergibt sich aus § 437 Nr 3 in Verbindung mit der dort aufgeführten Verweisungskette.   **926a**

Gleiches gilt im Falle des Leistungsverweigerungsrechts aus § 439 III 1: Ist auch die zweite Form der Nacherfüllung nur mit unverhältnismäßigen Kosten möglich, so kann auch sie verweigert werden (§ 439 III 3), sodass die Nacherfüllung ganz ausscheidet, wenn der Verkäufer von der Einrede Gebrauch macht, und der Käufer auf das Rücktrittsrecht (und gegebenenfalls auch auf Schadenersatzansprüche) verwiesen ist.

§ 275 I–III und § 439 III 1 können *miteinander kombiniert* werden, so dass zB die eine Art der Nacherfüllung unmöglich (§ 275 I), die andere mit unverhältnismäßigen Kosten verbunden (§ 439 III 1) sein kann und beide Arten der Nacherfüllung deshalb ausscheiden und der Käufer die Rechte aus § 437 Nr 2 und 3 geltend machen kann.

§ 439 III ist beim Verbrauchsgüterkauf jedoch einschränkend dahingehend anzuwenden, dass ein Verweigerungsrecht des Verkäufers nicht besteht, wenn nur eine Art der Nacherfüllung möglich ist oder der Verkäufer die andere Art der Nacherfüllung zu Recht verweigert. In diesen Fällen beschränkt sich das Recht des Verkäufers, die Nacherfüllung in Gestalt der Ersatzlieferung wegen unverhältnismäßiger Kosten zu verweigern, auf das Recht, den Käufer bezüglich des Ausbaus der mangelhaften Kaufsache und des Einbaus der als Ersatz gelieferten Kaufsache auf die Kostenerstattung in Höhe eines angemessenen Betrags zu verweisen (BGH NJW 2012, 1073).

d) Ersatzlieferung bei Stückschulden?

927 Besondere Probleme bereitet die **Ersatzlieferung bei Stückschulden**. Bei Gattungsschulden ist es dem Verkäufer in der Regel ohne weiteres möglich, an Stelle der gelieferten mangelhaften Sachen mangelfreie aus der geschuldeten Gattung zu verschaffen, solange diese auf dem Markt erhältlich sind. Ganz anders ist die Lage bei der Stückschuld. Bei dieser ist ein individuell bestimmter Gegenstand geschuldet. Leidet dieser unter einem Mangel, so ist eine *Mängelbeseitigung* denkbar (zB das als gebraucht gekaufte Fahrrad, dessen Kette schadhaft ist, wird mit einer neuen Kette ausgestattet). Hingegen stößt der Anspruch auf Lieferung einer mangelfreien Sache bei Stückschulden auf ein Grundproblem. Denn geschuldet ist ein individuell bestimmter Gegenstand. Ist dieser von einem Mangel betroffen, so bleibt dennoch das Schuldverhältnis auf ihn beschränkt.

Ein **Anspruch des Käufers** auf Nachlieferung hieße den Verkäufer zu zwingen, dem Käufer *einen anderen als den geschuldeten Gegenstand* zu verschaffen. Umgekehrt hieße ein **Recht des Verkäufers** auf Nachlieferung den Käufer zu zwingen, einen anderen als den gekauften Gegenstand mit Erfüllungswirkung anzunehmen. Die Rechtsprechung (BGH NJW 2006, 2839) hält beim Stückkauf eine Ersatzlieferung allerdings dann für möglich, wenn das gekaufte Stück nach dem hypothetischen Willen beider Vertragspartner durch einen anderen Gegenstand austauschbar ist, etwa beim Kauf eines Gebrauchtwagens rein nach bestimmten Ausstattungsmerkmalen.

Dazu *H. Roth*, Stückkauf und Nacherfüllung durch Lieferung einer mangelfreien Sache, NJW 2006, 2953.

5. Das Recht zum Rücktritt (§§ 437 Nr 2 Alt. 1, 440, 323 oder 326 V)

928 ▶ Falltraining 1, Fälle 61, 90; Falltraining 2, Teil 1 Fälle 1, 3, 6

Die Mangelhaftigkeit der Sache begründet unter weiteren Voraussetzungen das Recht des Käufers, vom Vertrag zurückzutreten. Dabei verweist das Kaufrecht auf zwei unterschiedliche Rücktrittsgründe.

1) Die **Verweisung auf § 323** (dazu Rn 870 ff) bedeutet: Regelvoraussetzung des Rücktrittsrechts ist, dass der Käufer dem Verkäufer erfolglos eine angemessene Frist zur Nacherfüllung (der von ihm zulässigerweise gewählten Art) bestimmt hat.

Die Fristsetzung ist jedoch in einigen Fallkonstellationen entbehrlich, nämlich

- in den Fällen des § 323 II (dazu Rn 871, Rn 872);
- im Fall des § 440: Eine Fristsetzung ist entbehrlich, wenn der Verkäufer beide Arten der Nacherfüllung gemäß § 439 Abs. 3 verweigert oder wenn die dem Käufer zustehende Art der Nacherfüllung fehlgeschlagen oder ihm unzumutbar ist (§ 440 S. 1). Dabei gilt eine Nachbesserung *in der Regel* nach dem erfolglosen zweiten Versuch als fehlgeschlagen (§ 440 S. 2); es bedarf jedoch grundsätzlich einer Berücksichtigung aller Umstände des Einzelfalls, insbesondere der Zuverlässigkeit des Verkäufers, der diesem vorzuwerfenden Nebenpflichtverletzungen oder des Umstands, dass der Verkäufer bereits bei dem ersten Erfüllungsversuch, also bei Übergabe, einen erheblichen Mangel an fachlicher Kompetenz hat erkennen lassen und das Vertrauensverhältnis zwischen den Parteien nachhaltig gestört ist (BGH NJW 2015, 1669).

Beispiel wie oben: A verlangt von H die Instandsetzung des gelieferten Radios. H versucht zweimal vergeblich, den Apparat zu reparieren. Nun kann A ohne Fristsetzung zurücktreten.

Die Verweisung auf § 323 bezieht sich auch auf § 323 V und VI. Das bedeutet: Der Rücktritt ist ausgeschlossen, wenn der Gläubiger für das Vorhandensein des Sachmangels allein oder weit überwiegend verantwortlich ist oder wenn der vom Gläubiger nicht zu vertretende Sachmangel zu einer Zeit entsteht, zu welcher der Gläubiger im Verzug der Annahme ist (§ 323 VI). Das Rücktrittsrecht besteht nicht, wenn die Pflichtverletzung unerheblich ist (§ 323 V 2). Die Pflichtverletzung des Verkäufers in diesem Sinne besteht in der nicht vertragsgemäßen Leistung. Die Vorschrift will den Käufer hindern, relativ geringfügige Mängel zum Anlass zu nehmen, sich vom Vertrag zu lösen. Etwas anderes gilt jedoch idR, wenn der Verkäufer den Käufer über den geringfügigen Mangel arglistig getäuscht hat (BGH NJW 2006, 1690). Tritt der Käufer unter gegebenen Voraussetzungen zurück, so entsteht ein Rückgewährschuldverhältnis nach §§ 346 ff.

2) Nach § 437 Nr 2 kommt auch der **Rücktrittsgrund des § 326 V** (dazu Rn 887) 929
zum Zuge. Hier ist an den Fall zu denken, dass die vom Verkäufer geschuldete Nacherfüllung nachträglich unmöglich wird oder der Verkäufer sie nach § 275 II, III oder § 439 III wegen Unzumutbarkeit verweigert. Dem Käufer steht dann ein Rücktrittsrecht *ohne Fristsetzung* zu, §§ 323, 326 V.

Literatur: *C. Scholz Löhnig*, Die Anwendung von § 326 V BGB beim Rücktritt vom Kaufvertrag wegen eines irreparablen Sachmangels des Kaufgegenstands beim Stückkauf, JA 2005, 65; *St. Lorenz*, Arglist und Sachmangel – Zum Begriff der Pflichtverletzung in § 323 V 2 BGB, NJW 2006, 1925.

6. Das Recht zur Minderung (§§ 437 Nr 2 Alt. 2, 441)

▶ Falltraining 2, Teil 1 Fall 1 930

Statt zurückzutreten kann der Käufer den Kaufpreis herabsetzen (Minderung). Die Minderung geschieht – wie der Rücktritt – durch empfangsbedürftige Willenserklärung. Sie entfaltet gestaltende Wirkung: Durch die Erklärung wird der Kaufpreis entsprechend der Wertrelation des § 441 III 1 gesenkt. Gleichzeitig hat der Käufer zu erkennen gegeben, dass er die mangelhafte Sache akzeptiert; bei Gattungsschulden tritt folglich die Konkretisierung ein.

931 Der Käufer hat ein **Wahlrecht** zwischen Rücktritt und Minderung. Mit der wirksamen Minderungserklärung ist der Rücktritt folglich ausgeschlossen, wie auch umgekehrt.

Da die Minderung **an Stelle des Rücktritts** geltend gemacht werden kann, müssen auch für sie die Voraussetzungen des Rücktrittsrechts gegeben sein, insbesondere im Regelfall die Fristsetzung nach § 323 I. Eine Ausnahme hierzu bedingt § 441 I 2 mit Bezug auf § 323 V 2: Das Minderungsrecht wird nicht dadurch ausgeschlossen, dass die Pflichtverletzung unerheblich ist. Bei relativ geringfügigen Mängeln kommt dann eben nur eine relativ geringfügige Minderung in Betracht.

932 Wieweit der Käufer den Preis herabsetzen kann, liegt nicht in seinem Ermessen, sondern richtet sich nach der Regel des § 441 III: Der Kaufpreis ist **in dem Verhältnis herabzusetzen**, in welchem zur Zeit des Vertragsschlusses der Wert der Sache in mangelfreiem Zustand zu dem wirklichen Wert der mangelbehafteten Sache gestanden haben würde. Die Vorschrift hat den Zweck, die bei ordnungsgemäßer Durchführung des Vertrages sich ergebende Wertrelation zwischen Ware und Preis auch im Falle der Minderung aufrechtzuerhalten. Dabei soll es auf das Wertverhältnis *im Zeitpunkt des Vertragsschlusses* ankommen, weil die Parteien im vertraglichen Konsens ihre Wertvorstellungen festlegen. Die Vorschrift lässt sich auf folgende Formel bringen:

$$\frac{\text{geminderter Preis (X)}}{\text{vereinbarter Preis (P)}} = \frac{\text{Wert der mangelhaften Sache (WM)}}{\text{Wert der Sache ohne Mängel (WO)}}$$

$$\text{Mithin kann gerechnet werden:} \qquad x = \frac{\text{WM} \times \text{P}}{\text{WO}}$$

Soweit erforderlich, ist die Minderung durch Schätzung zu ermitteln (§ 441 III 2).

Hat der Käufer bereits mehr gezahlt, als dem geminderten Kaufpreis entspricht, so ist der Verkäufer verpflichtet, das Überschüssige dem Käufer nach §§ 346 I, 347 I zurückzuerstatten (§ 441 IV).

7. Der Anspruch auf Schadensersatz (§ 437 Nr 3 Alt. 1)

▶ Falltraining 1, Fälle 93, 94; Falltraining 2, Teil 1 Fälle 5, 6

a) Überblick

933 Für das Recht des Käufers, wegen des Mangels Schadensersatz zu verlangen, verweist § 437 Nr 3 Alt. 1 einerseits auf die einschlägigen Rechtsgrundlagen des allgemeinen Schuldrechts, andererseits auf gewisse Modifikationen in § 440. Der Anspruch auf Schadensersatz wird **nicht dadurch ausgeschlossen**, dass der Käufer vom Vertrag **zurückgetreten** ist oder **gemindert** hat (§ 325).

b) Der Anspruch aus §§ 437 Nr 3, 280 I, III, 281 auf Schadenersatz statt der Leistung wegen eines behebbaren Mangelschadens

Liegt der geltend gemachte Schaden darin, dass allein schon aufgrund der Mangelhaf- **934** tigkeit der Sache der Käufer schlechter steht als wenn gehörig erfüllt worden wäre (Mangelschaden), so kommt insoweit Schadensersatz statt der Leistung nach § 280 I, III, 281 I in Betracht. Es gilt das oben (Rn 867, Rn 868) Gesagte sinngemäß. Somit ist *Regelvoraussetzung* des Schadensersatzanspruchs, dass der Käufer dem Verkäufer erfolglos eine angemessene *Frist zur Nacherfüllung* bestimmt hat (§ 281 I 1). Die Fristsetzung ist in den Fällen des § 281 II, darüber hinaus in den Fällen des § 440 (dazu Rn 928) entbehrlich.

Der Schadensersatz kann auf doppelte Weise verwirklicht werden:

–   Entweder der Käufer behält die mangelhafte Sache und berechnet auf dieser Grundlage sein Erfüllungsinteresse („kleiner Schadensersatz");
–   oder er stellt die mangelhafte Sache zur Verfügung und verlangt Schadensersatz statt der *ganzen* Leistung („großer Schadensersatz").

Zwischen beiden Möglichkeiten hat der Käufer die Wahl. Ihm ist die Möglichkeit des Schadensersatzes statt der ganzen Leistung aber verwehrt, wenn die Pflichtverletzung unerheblich ist (§ 281 I 3).

Beispiel: R hat dem S ein gebrauchtes Auto verkauft und veräußert. Sogleich nach Übergabe erweist sich, dass das automatische Getriebe wegen Korrosionsschäden nicht funktioniert. Vergeblich fordert S den R auf, den Mangel binnen angemessener Frist zu beheben. S hätte den Wagen, wenn er mangelfrei gewesen wäre, mit 500 € Gewinn weiterverkaufen können. S hat nun – die Vermutung des § 280 I 2 hat R nicht widerlegt – einen Schadensersatzanspruch nach §§ 437 Nr 3, 280 I, III, 281. Diesen kann er auf zweierlei Art geltend machen:

–   Er kann den Wagen behalten und den in seiner Mangelhaftigkeit liegenden Schaden (zB die nötigen Kosten für ein Ersatzgetriebe und dessen Einbau) ersetzt verlangen („kleiner Schadensersatz").
–   Er kann stattdessen aber auch den Wagen dem Verkäufer zurückgeben und den Erfüllungsschaden geltend machen, der sich aus der Nichterfüllung des gesamten Vertrages ergibt („großer Schadensersatz", zB Rückzahlung des Kaufpreises plus Ersatz des entgangenen Gewinns). Diese zweite Möglichkeit wäre nicht gegeben, wenn die Pflichtverletzung des R nur „unerheblich" wäre, was aber bei der Schadhaftigkeit eines wichtigen Funktionsteils nicht angenommen werden kann.

c) Der Anspruch auf Schadenersatz statt der Leistung wegen Unmöglichkeit der mangelfreien Leistung aus §§ 437 Nr 3, 311a II oder §§ 437 Nr 3, 280 I, III, 283

Ist eine mangelfreie Leistung schon bei Vertragsschluss unmöglich, so ergibt sich ein **934a** Anspruch des Käufers auf Schadensersatz statt der Leistung aus §§ 437 Nr 3, 311a II. Es kommt dann nicht auf eine Pflichtverletzung an, sondern darauf, ob der Verkäufer das Leistungshindernis bei Vertragsschluss kannte oder vertretbarer Weise nicht kannte.

Beispiel: A verkauft dem B ein bestimmtes Gemälde, das er mit Hilfe einer gefälschten Expertise als echten „Emil Nolde" ausgibt. In Wirklichkeit handelt es sich um eine geschickte Fälschung des K. Der Sachmangel (§ 434 I 1) ist von vornherein nicht behebbar, eine Nacherfüllung unmöglich. Ein möglicher Schadensersatzanspruch des B richtet sich nach §§ 437 I Nr 3, 311a II.

934b   Wird das *Erbringen der mangelfreien Leistung* durch den Verkäufer erst nach Vertragsschluss unmöglich, so kann der Käufer Schadenersatz statt der Leistung unter den Voraussetzungen der §§ 437 Nr 2, 280 I, III, 283 verlangen. Dabei kann für das Ereignis, das zur Unmöglichkeit nach Vertragsschluss führt, wahlweise an die Unmöglichkeit des ersten Leistungsversuchs oder das Nichtgelingen der Nacherfüllung angeknüpft werden.

Beispiel: V verkauft dem K ein Reitpferd, das dieser nach einem ausführlichen Charaktertest unter vielen von V angebotenen Pferden ausgewählt hat. Nach Lieferung des Pferdes an V stellt sich heraus, dass das Pferd an einer seltenen Infektionskrankheit leidet. Auf Verlangen des K holt V das Pferd ab, um es auf seinem Gestüt kurieren zu lassen; aufgrund einer Fehlmedikamentierung verstirbt das Pferd dort. Geht man ihn einem solchen Fall davon aus, dass die Nachlieferung eines anderen Pferdes nicht in Betracht kommt, so ist die Herstellung des vertraglich geschuldeten Zustands durch V nicht möglich und k kann Schadensersatz statt der Leistung aus §§ 437 Nr 3, 280 I, III, 283 verlangen.

d)   Der Anspruch auf Schadenersatz neben der Leistung aus §§ 437 Nr 3, 280 I wegen Mangelfolgeschadens

935   Macht der Käufer einen Schaden geltend, der nicht in der Mangelhaftigkeit der Sache selbst liegt, sondern an seinen sonstigen Rechten und Rechtsgütern eingetreten ist (Mangelfolgeschaden), so handelt es sich insoweit nicht um Schadensersatz statt der Leistung. Der Anspruch kann ohne weitere Zusatzerfordernisse auf §§ 437 Nr 3, 280 I gestützt und neben der Erfüllung der Leistungspflicht aus § 433 I durch den Verkäufer verlangt werden (Schadensersatz neben der Leistung). Ein Beispiel ist der aus der Lieferung einer mangelhaften Sache resultierende Nutzungsausfall.

Beispiel, wie oben: Auf einer Fahrt erleidet S wegen des schadhaften Getriebes einen Unfall, bei dem er körperlich verletzt wird. Die dadurch bedingten Schäden (Heilungskosten, Verdienstausfall) kann S unter den Voraussetzungen der §§ 437 Nr 3, 280 I ohne weiteres ersetzt verlangen.

e)   Der Anspruch aus §§ 437 Nr 3, 280 I, II, 286 wegen Verzögerungsschadens

936   Der Schaden kann auch daraus resultieren, dass der Verkäufer die vertragsgemäße *Nacherfüllung verzögert* (bei einer Verzögerung der Leistungserbringung insgesamt sind §§ 280 I, II, 286 anzuwenden). Der Käufer kann dann Ersatz des **Verzögerungsschadens** als Schadenersatz neben der Leistung verlangen, in diesem Fall allerdings nur, soweit die Voraussetzungen des §§ 437 Nr 3, 280 I, II, 286 gegeben sind, also **Verzug** (dazu Rn 854 ff) vorliegt.

8. Aufwendungsersatz aus §§ 437 Nr 3 Alt. 2, 284

Schließlich kann der Käufer den Ersatz vergeblicher Aufwendungen verlangen. Die- **937** ser Anspruch kann an Stelle des Schadensersatzes statt der Leistung geltend gemacht werden, untersteht also den gleichen Voraussetzungen. Der Anspruch ist nicht gem. § 347 II auf den Ersatz notwendiger Verwendungen beschränkt und umfasst auch Aufwendungen für kommerzielle Zwecke. Beim Kfz-Kauf sind beispielsweise Über- führungs- und Zulassungskosten vergebliche Aufwendungen, wenn sich das Kfz als mangelhaft herausstellt (BGH NJW 2005, 2898).

Literatur: *B. Esch*, Aufwendungsersatz nach § 284 BGB, NJW 2006, 125; *Klinck*, Der An- spruch des Käufers auf Ersatz mangelbedingt nutzloser Aufwendungen, Jura 2006, 481.

9. Einwendungen und Einreden gegen die Mängelrechte

a) Übersicht

Macht der Käufer eines der beschriebenen Rechte wegen eines Mangels geltend, so **938** stehen dem Verkäufer

1) die allgemeinen Einwendungen und Einreden zu Gebote (zB § 275 I, § 275 II, III, auch hinsichtlich des Nacherfüllungsanspruchs);

2) ferner spezielle Einwendungen und Einreden aus dem Kaufrecht. Diese Letzteren sollen kurz zur Sprache kommen.

b) Ausschluss nach § 442

Nach § 442 I sind die Rechte des Käufers wegen eines Mangels in zwei Fällen ausge- **939** schlossen:

– wenn der Käufer den Mangel bei Vertragsschluss *kennt*;
– oder wenn dem Käufer der Mangel *infolge grober Fahrlässigkeit unbekannt ge- blieben* ist, es sei denn, dass der Verkäufer den Mangel *arglistig verschwiegen* oder eine *Garantie* für die Beschaffenheit der Sache übernommen hat.

Eine Ausnahme gilt für Rechtsmängel, die in der Eintragung eines Rechts im Grund- buch bestehen; solche Rechte hat der Verkäufer auch dann zu beseitigen, wenn der Käufer sie gekannt hat (§ 442 II). Im Übrigen gilt der Ausschluss des § 442 I für alle Mängelrechte, auch für den Anspruch auf Nachbesserung.

§ 442 I ist nicht anwendbar, wenn der Käufer mit dem Verkäufer vereinbart hat, der von ihm erkannte Mangel werde bis zur Lieferung beseitigt. **Beispiel:** A verkauft B ein gebrauchtes Fahrrad, dessen Gepäckträger schadhaft ist; A sagt dem B zu, er werde vor Lieferung den Ge- päckträger in Ordnung bringen lassen. Bei Übergabe des Fahrrads besteht indes der Mangel noch. Obwohl der Käufer B den Mangel bei Vertragsschluss gekannt hat, behält er seine Män- gelrechte.

c) Pfandverkauf, § 445

940 Nach § 445 gelten Besonderheiten für Verkäufe aufgrund eines Pfandrechts in öffentlicher Versteigerung (vgl § 383 III). Wird eine Sache aufgrund eines Pfandrechts unter der Bezeichnung als Pfand öffentlich versteigert, so stehen dem Käufer Mängelrechte nur zu, wenn der Verkäufer den Mangel arglistig verschwiegen oder eine Garantie für die Beschaffenheit der Sache übernommen hat. Dabei ist zu beachten, dass als Verkäufer der Inhaber des Pfandrechts fungiert; der Versteigerer handelt nur als dessen Stellvertreter. Die Vorschrift gilt nicht beim Verbrauchsgüterkauf (§ 474 II).

d) Verjährung, § 438 I-III

941 ▶ Falltraining 2, Teil 1 Fall 1

Unter den Leistungsverweigerungsrechten, die dem Verkäufer zustehen können, steht die Einrede der Verjährung (§ 438) im Vordergrund. Der Verjährung unterliegen nur Ansprüche, nicht Gestaltungsrechte. Daher regelt das Gesetz zunächst die Verjährung der **Mängelansprüche nach § 437 Nr 1 und 3** und differenziert hier nach dem Kaufgegenstand. Die regelmäßige Verjährungsfrist beträgt *zwei Jahre* (§ 438 I Nr 3). Unter den Ausnahmen (§ 438 I Nr 1 und 2) ist die *5-jährige* Verjährungsfrist bei einem Bauwerk und bei Sachen, die für ein Bauwerk verwendet worden sind und dessen Mangelhaftigkeit verursacht haben (§ 438 I Nr 2), besonders wichtig. Die Verjährung beginnt mit der Ablieferung, bei Grundstücken mit der Übergabe an den Käufer (§ 438 II). Hat der Verkäufer den Mangel arglistig verschwiegen, so tritt an die Stelle der Fristen nach § 438 I Nr 2 und 3, II die im allgemeinen Teil des BGB vorgesehene regelmäßige Verjährungsfrist (§§ 195, 199), doch bleibt es bei Bauwerken und dazu verwendeten Sachen selbstverständlich bei dem Minimum von 5 Jahren (§ 438 III).

e) Zeitliche Grenzen für Rücktritt und Minderung, § 438 IV, V

942 Die zeitlichen Grenzen für das **Rücktritts- und Minderungsrecht aus § 437 Nr 2** ergeben sich aus § 438 IV, V iVm § 218. Danach sind der Rücktritt und die Minderung unwirksam, wenn der Anspruch auf Nacherfüllung verjährt ist und der Verkäufer sich hierauf beruft. Trotz der Unwirksamkeit des Rücktritts nach § 218 Abs. 1 kann der Käufer die Zahlung des Kaufpreises insoweit verweigern, als er aufgrund des Rücktritts oder der Minderung dazu berechtigt sein würde. (§ 438 IV 2). Im Falle des unwirksamen Rücktritts kann der Verkäufer dann seinerseits vom Vertrag zurücktreten, wenn der Käufer von seiner Einrede aus § 438 IV 2 Gebrauch macht (nicht aber bei Minderung, § 438 V verweist nicht auf § 438 IV 3!).

f) Vertraglicher Ausschluss der Haftung, § 444

942a Nach dem Prinzip der Vertragsfreiheit können die Parteien des Kaufvertrages wirksam vereinbaren, dass die Gewährleistung des Verkäufers für Sach- und Rechtsmängel beschränkt oder ausgeschlossen ist. Da hierdurch der Käufer stark benachteiligt sein kann, begrenzt das Gesetz die Möglichkeiten solcher Abreden. Nach § 444 kann sich der Verkäufer auf eine Vereinbarung, durch welche die Rechte des Käufers wegen eines Mangels ausgeschlossen oder beschränkt werden, nicht berufen, soweit er

426

den **Mangel arglistig verschwiegen** oder eine **Garantie** für die Beschaffenheit der Sache übernommen hat.

In der geschäftlichen Praxis kommt insbesondere der Übernahme einer **Garantie** (Rn 903) besondere Bedeutung zu. Häufig lässt der Verkäufer bei den Vertragsverhandlungen erkennen, dass er eine bestimmte Beschaffenheit des Kaufobjekts nicht nur im Sinne des § 434 I 1 vereinbaren will, sondern darüber hinaus bereit ist, ihr Vorhandensein in dem Sinne zu sichern, dass er ihr Fehlen auch ohne Verschulden zu vertreten hat (§ 276 I 1). Dann wäre es widersprüchlich, wenn er sich zugleich auf eine Abrede berufen wollte, welche die Haftung für die genannte Beschaffenheit ausschließt. Beispiel: Der Verkäufer eines Kraftfahrzeugs sichert dem Käufer auf dessen Nachfrage die „Unfallfreiheit" des Wagens zu; gleichzeitig wird durch Abrede die Haftung für Sachmängel ausgeschlossen. In diesem Fall kann sich der Verkäufer nicht auf den Ausschluss der Gewährleistung berufen, wenn sich herausstellt, dass der Wagen zuvor in einen schweren Unfall verwickelt war und wenn der Käufer deswegen Mängelrechte geltend macht.

Über die Regelung des § 444 hinaus, kann die Vereinbarung eines Gewährleistungsausschlusses nach § 138 I sittenwidrig oder die Berufung auf sie nach § 242 treuwidrig sein. Für den *Verbrauchsgüterkauf* ergeben sich besondere Einschränkungen der Vertragsfreiheit aus § 475. Für Einschränkungen der Haftung durch *Allgemeine Geschäftsbedingungen* beachte §§ 307, 309 Nr 8.

Kapitel 11

Die Verletzung von Nebenpflichten

▶ Falltraining 1, Fälle 43, 75, 76, 77, 78, 91; Falltraining 2, Teil 1 Fall 7

1. Grundsätze

Wie gezeigt besteht das Schuldverhältnis nicht nur aus Leistungspflichten. Nach § 241 II „kann" das Schuldverhältnis vielmehr nach seinem Inhalt jeden Partner zur Rücksicht auf die Rechte, Rechtsgüter und Interessen des anderen Teils verpflichten. Auf die Erfüllung dieser Nebenpflichten (auch Schutzpflichten genannt) besteht kein Leistungsanspruch, doch löst ihre zurechenbare Verletzung andere Rechtsfolgen für den pflichtwidrig Handelnden, insbesondere die Schadensersatzpflicht nach § 280 I (Schadenersatz neben der Leistung), aus.   **943**

Diese Pflichten beruhen auf folgendem Gedanken: Das Schuldverhältnis begründet für die Parteien hauptsächlich Leistungspflichten, auf deren Erfüllung geklagt werden kann. Auf diese Erfüllungspflichten beziehen sich die Regeln über die Leistungsstörungen (Begriff oben Rn 847). In den Leistungsverbindlichkeiten erschöpft sich das Schuldverhältnis indes nicht. Besonders ein Vertrag verbindet die Parteien zu einem Rechtsverhältnis, das in besonderer Weise zur Rücksicht auf die Rechte und Interessen des anderen Vertragspartners und zu einem fairen Verhalten ihm gegenüber verpflichtet. Zwar sind im sozialen Kontakt *alle gegenüber allen* zur Achtung der deliktisch geschützten Rechte und Interessen verpflichtet. Doch verschärft sich die Pflichtsituation im Rahmen eines bestehenden Schuldverhältnisses: Wer zB einem anderen einen Gegenstand verkauft hat, schuldet bei der Durchführung des Vertrages seinem Vertragspartner ein höheres Maß an Rücksicht als einer beliebigen Person, die er zufällig auf der Straße trifft.

2. Inhalt der Pflichten, Fallgruppen

944 Welche Nebenpflichten im Einzelnen bestehen, hängt, wie das Gesetz sagt, vom Inhalt des jeweiligen Schuldverhältnisses ab. Bei vertraglichen Schuldverhältnissen werden die Nebenpflichten meist nicht ausdrücklich vereinbart, sondern ergeben sich aus dem Sinn und den Umständen des Geschäfts. Als Pflichtinhalte sind zB denkbar: die Pflicht, den Partner vor Gefahren zu warnen, ihn über Risiken aufzuklären, mit seinen Rechtsgütern bei Erbringung der Leistung sorglich umzugehen, räumliche Bereiche, in die der andere gelangt, vor Gefahren zu sichern. Einen abschließenden Katalog dieser Nebenpflichten gibt es nicht, weil ihre Beurteilung situationsgebunden erfolgen muss. Vor Übertreibungen ist zu warnen: Die Rechtsordnung erlegt einer Person, die mit einer anderen in einem Schuldverhältnis verbunden ist, nicht etwa die Pflicht zur selbstlosen Sorge dafür auf, dass dem Partner auf keinen Fall irgendein Nachteil erwächst. Es ist die richtige Mitte der Interessenabwägung zu finden; die entscheidenden Gesichtspunkte ergeben sich aus Treu und Glauben (§ 242).

945 Aus dem Anwendungsbereich der Verletzung von Nebenpflichten seien folgende **Fallgruppen** genannt:

1) Eine Partei schädigt die andere pflichtwidrig in einer Weise, die zwar nicht die von ihr geschuldete Leistung, aber sonstige Interessen des anderen Teils beeinträchtigt.

Beispiel: Jemand isst in einem Restaurant zu Mittag. Die Speisen und Getränke sind ausgezeichnet. Aus Unachtsamkeit lässt der Wirt eine Suppenterrine fallen, die er am Nachbartisch servieren will. Die Kleidung des Gastes wird verunreinigt.

2) Eine Partei erbringt ihre Leistung mangelhaft in der Weise, dass außer dem Schaden, der in der Schlechterfüllung selbst liegt, weitere Schäden an den Rechtsgütern des anderen Teils entstehen (Mangelfolgeschäden, Begleitschäden).

Beispiel: A verkauft an B ein Pferd; das Pferd ist von einer ansteckenden Krankheit befallen und steckt auch die übrigen Pferde des B an.

In der Fallgruppe 1) wie in den meisten Fällen kann die Funktion im Wesentlichen darin gesehen werden, dem Verletzten außer den deliktischen Ansprüchen (bei Hilfspersonen: § 831!) eine Anspruchsgrundlage zu bieten, bei der das Verhalten von Hilfspersonen nach § 278 zugerechnet werden kann, ohne dass eine Exkulpationsmöglichkeit besteht.

3. Schadensersatz neben der Leistung (§ 280 I)

946 Verletzt der Partner eines Schuldverhältnisses die Pflicht, auf die Rechte, Rechtsgüter und Interessen des anderen Teils die nach dem Inhalt des Rechtsverhältnisses zumutbare Rücksicht zu nehmen (§ 241 II), so ist er dem anderen Teil nach § 280 I 1 zum

Ersatz des hierdurch entstehenden Schadens verpflichtet, es sei denn er hat die Pflichtwidrigkeit nicht zu vertreten (§ 280 I 2).

Die Schadensersatzpflicht (§ 280 I iVm § 241 II) ist demnach an folgende Voraussetzungen gebunden: 1) Zwischen den Beteiligten besteht ein **Schuldverhältnis**. 2) Einer der Partner des Schuldverhältnisses **verletzt** die **Pflicht**, auf die Rechte, Rechtsgüter und Interessen des anderen die gebührende Rücksicht zu nehmen. 3) Dem anderen Teil ist ein **Schaden** entstanden. 4) Es besteht **Kausalität** Pflichtverletzung ▶ Schaden. 5) *Einwendung:* Die Schadenersatzpflicht besteht nicht, wenn der Beteiligte, der die Pflicht verletzt hat, darlegen und beweisen kann, dass er die Pflichtverletzung **nicht zu vertreten** hat (§ 280 I 2)	**947**

Die **Nebenpflichten** ergeben sich, wie gezeigt, aus dem Inhalt des Vertrages, den Umständen und der Interessenlage nach den Grundsätzen von Treu und Glauben. Dabei ist stets auch zu fragen, ob die in Betracht kommende Pflicht nach dem Sinn des Vertrages nicht als echte *Leistungspflicht* ausgestaltet ist. Das kann insbesondere bei Pflichten zur Information des anderen Teils gegeben sein. **948**

Beispiel: A verkauft dem B eine Produktionsmaschine. Zu den Pflichten des A gehört nach dem Vertrag auch die Anleitung der Arbeiter des B in die Handhabung der Maschine. Darauf hat B einen echten *Leistungsanspruch* (Neben**leistung**spflicht, dazu Rn 438); die Fälle fehlender, verzögerter oder mangelhafter Erfüllung sind daher nach den Regeln über die Leistungsstörungen zu behandeln, nicht nach §§ 280 I 1, 241 II.

Das Vertretenmüssen richtet sich nach §§ 276–278, im Regelfall ist also Verschulden erforderlich. Besonders wichtig ist, dass § 278 (dazu Rn 908) zum Zuge kommt: Jeder Partner des Schuldverhältnisses haftet für das Verschulden seiner Erfüllungsgehilfen im gleichen Umfange wie für eigenes Verschulden, ohne dass ihm selbst ein Verschuldensvorwurf gemacht werden muss. **949**

4. Schadensersatz statt der Leistung (§§ 280 I, III, 282)

Es kann aber sein, dass die Nebenpflichtverletzung so gravierend ist oder sich so ungünstig auf den anderen Teil auswirkt, dass dieser das Interesse an der vertraglich geschuldeten Leistung verliert. Dieser Fall ist in **§§ 280 I, III, 282** geregelt: Hat der Schuldner einer Leistung eine Pflichtverletzung nach § 241 II begangen, so kann der Gläubiger Schadensersatz statt der Leistung verlangen, wenn ihm die Leistung durch den Schuldner nicht mehr zuzumuten ist. **950**

Beispiel: Die Arbeiter des Handwerksmeisters Feistl beschädigen fortlaufend Einrichtungsgegenstände der Kundin Kunz. Diese hat Angst um ihre wertvollen Möbel und möchte sich auf eine weitere Durchführung der Malerarbeiten durch die Fa. Feistl nicht mehr einlassen. Ihr ist die (weitere) Erfüllung nicht zuzumuten, insoweit kann sie Schadensersatz statt der (weiteren) Leistung verlangen.

5. Rücktritt vom gegenseitigen Vertrag (§ 324)

951 Bei **gegenseitigen Verträgen** kann die Verletzung von Nebenpflichten aus gleichen Erwägungen ein **Recht zum Rücktritt** begründen (§ 324). Voraussetzung ist, dass der Schuldner eine Pflicht nach § 241 II verletzt und dem Gläubiger ein Festhalten am Vertrag nicht mehr zuzumuten ist. Ein Vertretenmüssen ist für das Rücktrittsrecht nicht erforderlich.

An der Regelung des § 324 fällt zweierlei auf:

- Auffälligerweise beschränkt das Gesetz das Rücktrittsrecht auf den Fall, dass der Schuldner einer Leistung Nebenpflichten verletzt. Entsprechende Pflichtverletzungen des Gläubigers sind nicht erwähnt. Warum soll nicht auch der Schuldner bei entsprechenden Pflichtwidrigkeiten des Gläubigers zurücktreten können (im obigen Beispiel: Frau Kunz beschimpft fortwährend und grundlos die Arbeiter des Feistl; Feistl möchte vom Vertrag zurücktreten).
- Auch bei § 324 ergibt sich die Frage der Zurechnung von Hilfspersonen. Diese scheint jedoch ins Leere zu gehen: Da es auf „Vertretenmüssen" nicht ankommt, findet § 278 (Rn 908) keine Anwendung. Doch setzt § 324 die „Verletzung einer Pflicht" voraus. Das kann aber wiederum nicht heißen, dass dem Schuldner *in eigener Person* eine Pflichtverletzung angelastet werden müsste; das Verhalten der Gehilfen ist ihm als Ganzes zuzurechnen.

Kapitel 12
Nebenpflichten ohne Leistungspflicht

▶ Falltraining 1, Fälle 43, 76, 77

1. Grundgedanke, Rechtsentwicklung

952 Die in § 241 II beschriebenen Nebenpflichten können auch dann entstehen, **wenn (noch) keine Leistungspflicht begründet ist**, zB wenn der Kaufvertrag von den Parteien noch nicht abgeschlossen ist, sondern erst die Vertragsverhandlungen laufen. Schon der auf einen möglichen Vertragsschluss ausgerichtete geschäftliche Kontakt bringt die Parteien in ein Näheverhältnis, in dem sie einander zur Achtung auf die Rechte und Interessen des Verhandlungspartners in einem Maße verpflichtet sind, das die Pflichten im allgemeinen Kontakt (Deliktsrecht) überschreitet. Das ergibt sich aus § 311 II, III. Die Haftung wird oftmals als Haftung aus „culpa in contrahendo" bezeichnet, die sich aus §§ 280 I, 311 II, III, 241 II ergibt.

2. Die gesetzlichen Konstellationen

953 Nach § 311 II entsteht ein Schuldverhältnis mit den Nebenpflichten nach § 241 II *auch* durch

1. die Aufnahme von Vertragsverhandlungen, oder
2. die Anbahnung eines Vertrages, bei welcher der eine Teil im Hinblick auf eine etwaige rechtsgeschäftliche Beziehung dem anderen Teil die Möglichkeit zur Einwirkung auf seine Rechte, Rechtsgüter und Interessen gewährt oder ihm diese anvertraut, oder
3. durch ähnliche geschäftliche Kontakte.

Die genannten Fallgruppen werden schwerlich sauber voneinander zu trennen sein, was aber deshalb kein Kopfzerbrechen bereiten muss, weil die Rechtsfolgen jeweils identisch sind.

Aufnahme von Vertragsverhandlungen. Bereits mit Beginn der Verhandlungen, **954** mit denen ein Vertragsschluss vorbereitet wird, können besondere Nebenpflichten entstehen und daher auch verletzt werden. Man denke zB an den Fall, dass ein Verhandlungspartner den anderen zu einem Termin für Verhandlungen von weit her anreisen lässt, obwohl er bereits entschlossen ist, vom Vertragsschluss Abstand zu nehmen. Ein solcher Verhandlungspartner handelt treuwidrig und verursacht beim Partner unnützen Zeitverlust und Aufwand. Die Pflichtenlage aufgrund von Verhandlungen kann sich so weit verdichten, dass ein *Abbruch von Vertragsverhandlungen* entgegen dem erweckten Vertrauen des anderen Teils in das Zustandekommen des Geschäfts eine Pflichtverletzung darstellt, zB wenn ein Verhandlungspartner treuwidrig aus sachfremden Erwägungen entgegen einer von ihm begründeten Erwartung die Verhandlungen scheitern lässt oder dahin wirkt, dass ein Vertrag wegen Formmangels nichtig ist, um sich später treuwidrig auf die Nichtigkeit zu berufen.

Siehe BGHZ 71, 395; 76, 349; BGH NJW 1996, 1884 (treuwidriger Abbruch von Vertragsverhandlungen); BGH JZ 1984, 745 (treuwidrig-verspätete Ablehnung des Vertragsangebots); BGHZ 48, 396; BGH NJW 1965, 812 (Formnichtigkeit). Eine treuwidrige Berufung auf die Formnichtigkeit eines Vertrages kann in extremen Fällen dazu führen, dass einer Partei die Berufung auf die Formnichtigkeit versagt, das Rechtsgeschäft also als gültig behandelt wird.

Eine Haftung kommt auch in Betracht, wenn ein **Vertrag** zwar **geschlossen** wurde, **955** aber aus irgendeinem Grund **unwirksam** ist oder durch Anfechtung vernichtet wird. Da der Vertrag nicht rechtsgültig ist, können aus ihm selbst keine Nebenpflichten hergeleitet werden, doch steht dieser gescheiterte Vertragsschluss Vertragsverhandlungen gleich (vgl BGH NJW 1987, 639).

Das Verhältnis der Vertragsanbahnung endet mit dem endgültigen Abbruch der Vertragsverhandlungen. Es endet auch mit dem Abschluss eines gültigen Vertrages; von **956** diesem Augenblick an ergeben sich die Nebenpflichten des § 241 II aus dem Vertragsverhältnis. Doch bleiben Schadensersatzansprüche, die im Zeitpunkt des Vertragsschlusses bereits entstanden waren, bestehen; erst für die Pflichtverletzungen *nach* Vertragsschluss ist der Vertrag maßgebend. So erklärt sich, dass auch bei **gültigen Verträgen** § 311 II zum Zuge kommen kann, zB wenn das pflichtwidrige Verhalten einer Partei bei den Vertragsverhandlungen (zB unterlassene Aufklärung) maßgebend dafür ist, dass der Vertragsinhalt der anderen Partei unangemessene Nachteile aufbürdet (vgl BGH NJW 1991, 832; BGHZ 136, 102).

Beispiel: Eine Partei macht bei den Vertragsverhandlungen fahrlässig unrichtige Angaben über den Vertragsgegenstand oder wichtige Geschäftsumstände (siehe RGZ 95, 60; BGH NJW

1991, 1703). Bei diesen Fällen ist allerdings der grundsätzliche Vorrang der gesetzlichen Regeln über die Mängelhaftung zu beachten (vgl BGHZ 136, 102). Hat eine Vertragspartei die andere durch arglistige Täuschung zum Vertragsschluss bestimmt, so kann diese gemäß § 123 I anfechten; darüber hinaus kommt ein Anspruch aus §§ 311 II, 241 II, 280 I in Betracht, ferner Deliktsansprüche aus §§ 823 II/263 StGB und § 826.

957   **Einwirkungsmöglichkeit auf die Rechte des anderen.** Auch diese Variante setzt die Situation einer **Vertragsanbahnung** voraus, die im Gegensatz zur Nr 1 freilich noch nicht zu eigentlichen Verhandlungen geführt haben muss. Zusätzliche Voraussetzung ist hier, dass ein Partner im Hinblick auf eine etwaige rechtsgeschäftliche Beziehung dem anderen Teil die Möglichkeit zur Einwirkung auf seine Rechte, Rechtsgüter und Interessen gewährt oder ihm diese anvertraut. Gemeint sind insbesondere die Fälle, in denen sich der eine Teil im Bestimmungsbereich des anderen aufhält und daher auf dessen Sorgfalt bei der Verkehrssicherung angewiesen ist.

Klassisches Beispiel: Eine Frau betritt ein Kaufhaus, um einen Teppich zu kaufen. Eine vom Angestellten des Kaufhauses unsachgemäß aufgestellte Linoleumrolle fällt um und verletzt die Kundin, noch bevor es zum Vertragsschluss gekommen ist. Zu den vorvertraglichen Nebenpflichten gehört die hinreichende Sicherung der Räumlichkeiten, in die mögliche Kunden des Bestimmungsberechtigten zum Zwecke der Vertragsanbahnung gelangen, vor Gefahren für Leib und Leben. Wird diese Sicherungspflicht zurechenbar verletzt, so ist der Geschäftsinhaber nach § 280 I zum Schadensersatz verpflichtet; Verschulden seiner Erfüllungsgehilfen wird ihm nach § 278 zugerechnet.

958   Die Formulierung des § 311 II Nr 2 ist insofern zu eng geraten, als die „Anbahnung eines Vertrags" zur Voraussetzung gemacht ist. Die Sicherungspflichten nach § 241 II treffen denjenigen, der möglichen Kunden zu einem von ihm bestimmten räumlichen Bereich Zutritt gewährt, schon dann, wenn dieser Zutritt ohne konkrete Geschäftsabsicht aus bloßem Informationsinteresse am Warenangebot erfolgt. So hat der Inhaber eines Kaufhauses die zumutbaren Sicherungsmaßnahmen auch für die Personen durchzuführen, welche die Geschäftsräume nur zum Zwecke der Warenbesichtigung betreten. Je offener der Zugang zu einem räumlichen Geschäftsbereich, desto weiter ist der durch die vertragsähnlichen Sicherungspflichten geschützte Personenkreis. Keine Haftung aus § 311 II besteht aber gegenüber denjenigen Personen, die sich unerlaubt oder jenseits der Zweckwidmung am betreffenden Ort aufhalten (zB keine Haftung aus § 311 II dem Kaufhausdieb gegenüber, der auf der glitschigen Treppe ausrutscht).

Aus diesem Gesichtspunkt ergibt sich ohne weiteres, dass die Nebenpflichten des § 241 II auch gegenüber Begleitpersonen des Partners der Vertragsanbahnung bestehen (im obigen Beispiel: Die potenzielle Linoleum-Käuferin war von ihrer Freundin begleitet, die von der umstürzenden Linoleumrolle verletzt wird). Zur Fallgruppe 2 zählen auch die Fälle, in denen jemand bei der Vertragsanbahnung mit technischen Geräten in Berührung kommen kann, die ein Sicherheitsrisiko für ihn bedeuten.

959   **Ähnliche geschäftliche Kontakte.** Die dritte Variante hat eine Auffangfunktion. Es geht um Fälle, in denen die Voraussetzungen der Nr 1 und 2 nicht vorliegen, in denen aber gleichwohl aufgrund von Kontakten zu Geschäftszwecken ein Näheverhältnis mit Pflichten aus § 241 II entstanden ist. Nach BT-Drucks. 14/6040, 163 handelt es sich um Kontakte, in denen noch kein Vertrag angebahnt, ein solcher aber vorbereitet werden soll; der Unterschied zwischen Anbahnung und Vorbereitung ist wenig einsichtig. Die Bedeutung der Nr 3 wird umso größer, je enger man den Begriff der „Vertragsanbahnung" in Nr 2 auffasst.

3. Die Pflichten nach § 241 II

Ist eine der beschriebenen Konstellationen gegeben, so ist festgestellt, dass ein Schuldverhältnis mit Pflichten nach § 241 II entstanden ist. Jedoch ist damit noch nicht gesagt, *welche* Pflichten im Einzelnen aus dem „vertragsähnlichen Vertrauensverhältnis" resultieren. Dies ist jeweils aus der Interessenlage der Parteien nach den Grundsätzen von Treu und Glauben herzuleiten. Dabei sind übertriebene Anforderungen zu vermeiden: Der Eintritt in Vertragsverhandlungen (Nr 1) verpflichtet zum fairen Umgang miteinander, aber nicht zur Aufopferung der eigenen Interessen. Vor allem muss darauf geachtet werden, dass die Pflichten des § 241 II nicht die Freiheit zum Vertragsschluss unangemessen einengen.

960

4. Schadensersatz wegen Pflichtverletzung (§ 280 I)

Die zu vertretende Pflichtverletzung gibt dem anderen Teil einen **Anspruch auf Ersatz des ihm dadurch entstandenen Schadens** nach § 280 I. Da es sich nicht um einen Schadensersatzanspruch statt der Leistung handelt, bedarf es keiner weiteren Erfordernisse.

961

Beispiel: Ein Grundstückskaufvertrag ist aufgrund eines vom Verkäufer vorsätzlich herbeigeführten Formfehlers nichtig. Ohne das pflichtwidrige Verhalten des Verkäufers wäre der Vertrag aber gültig abgeschlossen worden. Der Käufer ist dann so zu entschädigen, dass er sich ein anderes, gleichwertiges Grundstück beschaffen kann. Hingegen hat er keinen Anspruch auf Übereignung des formnichtig gekauften Grundstücks unter dem Gesichtspunkt der Naturalrestitution (§ 249 I), da ein Anspruch dieses Inhalts die gesetzliche Formvorschrift (§ 311b I mit § 125) leer laufen ließe (siehe den Fall BGH NJW 1965, 812; zu dem Erfordernis eines schwerwiegenden Treueverstoßes in solchen Fällen BGH NJW 1996, 1884).

5. Umfang des Schadensersatzanspruchs

Über den Umfang des aus der Pflichtverletzung nach § 280 I 1 resultierenden Schadensersatzanspruches sagt das Gesetz nichts Näheres. Es sind grundsätzlich die §§ 249 ff anzuwenden. Die Berechnung des Schadensersatzes erfolgt je nach Art der Pflichtverletzung unterschiedlich. Unter den Grundsätzen der Rechtsprechung sind die folgenden hervorzuheben.

962

- Die pflichtwidrige Schädigung der Rechtsgüter des anderen Teils verpflichtet zur Herstellung des Zustandes, der ohne die pflichtwidrige Handlung bestehen würde (Herstellung in Natur oder durch entsprechende Geldleistung, § 249).
- Besteht die Pflichtverletzung in der Enttäuschung erweckten Vertrauens, so geht der Anspruch auf Ersatz des Vertrauensschadens (BGH NJW 1996, 663; BGH NJW 2001, 2875, 2876). Dabei ist der Anspruch nicht auf das Erfüllungsinteresse beschränkt, sondern kann dieses übersteigen (BGH NJW 2001, 2875, 2876).

– Ausnahmsweise hat der Verletzte einen Anspruch auf das Erfüllungsinteresse, wenn der Vertrag ohne das pflichtwidrige Handeln gültig zustande gekommen wäre.

– Steht fest, dass ohne die Treupflichtverletzung ein anderer, für den Geschädigten günstigerer Vertrag zustande gekommen wäre, bemisst sich der Schaden nach diesem Umstand; der Geschädigte ist so zu stellen, wie er bei Abschluss des vorteilhafteren Vertrages stünde. Das gilt auch, wenn der günstigere Vertrag mit demselben Vertragspartner zustande gekommen wäre (BGH NJW 1998, 2900, 2901; BGH NJW 2001, 2875, 2876 f). Wäre hingegen der Vertrag ohne die Pflichtverletzung nicht geschlossen worden, so kommt ein Anspruch auf Vertragsaufhebung nach §§ 311 II, 241 II, 280 I, 249 I in Betracht, ohne dass es dafür der in § 123 I geforderten arglistigen Täuschung bedürfte.

– Bei Verletzung von Offenbarungspflichten kann, sofern der Vertrag wirksam geschlossen ist, der Schadensersatz auch auf Rückgängigmachung des Vertrages gerichtet sein (BGH NJW 1990, 1669; 1991, 1673; 1992, 230; 1993, 1703; 2001, 2163, 2165).

---

963 | **Prüfungsschema: Schadensersatzanspruch aus §§ 280 I 1, 311 II (III), 241 II**

1) Bestand im Zeitpunkt des schadenstiftenden Ereignisses zwischen den Parteien ein **vertragsähnliches Vertrauensverhältnis** nach § 311 II (III)?

2) Hat der Anspruchsgegner eine **Pflicht** aus diesem Verhältnis **verletzt** (§ 280 I 1)?

3) Ist dem Anspruchsteller ein **Schaden** entstanden?

4) Besteht die **Kausalität** Pflichtverletzung ▶ Schaden?

5) *Einwendung:* Ist der Anspruch ausgeschlossen, weil der Anspruchsgegner die Pflichtverletzung nicht zu vertreten hat (§ 280 I 2)?

---

6. Nebenpflichten von und gegenüber Dritten (§ 311 III)

▶ Falltraining 1, Fall 78

a) Zur Bedeutung des § 311 III

964 Nach § 311 III 1 kann ein Schuldverhältnis mit Pflichten nach § 241 II auch zu Personen entstehen, die nicht selbst Vertragspartei werden sollen. Als Beispiel hierfür nennt § 311 III 2 „insbesondere" den Fall, dass „der Dritte" in besonderem Maße Vertrauen für sich in Anspruch nimmt und dadurch die Vertragsverhandlungen oder den Vertragsschluss erheblich beeinflusst. Hingegen enthält das Gesetz *keine generelle Regel* darüber, unter welchen Voraussetzungen ein Schuldverhältnis mit dem Inhalt von Nebenpflichten nach § 241 II im Verhältnis zu einer Person, „die nicht selbst Vertragspartei werden soll", begründet wird. Die Vorschrift gehört zu den unklarsten des Schuldrechts. Zweifelhaft ist insbesondere, ob die Regel des § 311 III als Anschlussregelung zu § 311 II zu verstehen ist, also ein Verhältnis der Vertragsanbahnung oder ähnliche geschäftliche Kontakte voraussetzt, oder ob sie isoliert von § 311 II angewendet werden kann.

Einschlägig können vor allem zwei Fallgruppen sein, die durch die Rechtsprechung **965** bereits vor Inkrafttreten des § 311 III entwickelt worden sind:

1) Die *Eigenhaftung des Stellvertreters (§ 164) oder Handlungsgehilfen* für pflichtwidriges Verhalten bei den für einen anderen (den Vertretenen) geführten Vertragsverhandlungen. Hier treffen den Vertreter oder Verhandlungsgehilfen einer in Vertragsverhandlungen stehenden Person unter Umständen der anderen Verhandlungspartei gegenüber Nebenpflichten, obwohl er selbst nicht Partei des angebahnten Vertrages werden soll. Auf diese Fallgruppe zielt die Konstellation des § 311 III 2 ab.

2) Der so genannte *Vertrag (oder sonstiges Schuldverhältnis) mit Schutzwirkung zugunsten Dritter*. Bei dieser Fallgruppe geht es um Schutzpflichten einer Vertragspartei *gegenüber Dritten*, die an sich am Schuldverhältnis nicht beteiligt sind, aber der anderen Vertragspartei nahe stehen.

Bei der ersten Fallgruppe ist es der Dritte, der zur Rücksichtnahme verpflichtet ist, in der zweiten Fallgruppe ist der Dritte derjenige, zu dessen Gunsten die Nebenpflichten entstehen.

b)   Der Dritte als Verpflichteter

Tritt jemand im Namen eines anderen auf, so treffen die rechtsgeschäftlichen Folgen, **966** wenn er entsprechend bevollmächtigt ist, prinzipiell allein den Vertretenen. Das gilt auch für die Verletzung von Schutzpflichten nach § 241 II bei Vertragsverhandlungen: Eine Pflichtwidrigkeit des Stellvertreters bei den Vertragsverhandlungen wird dem Vertretenen nach § 278 S. 1 zugerechnet. Gleiches gilt für das Verhalten einer Hilfsperson, die zwar nicht als Stellvertreter fungiert, aber in sonstiger Weise bei Vertragsverhandlungen auf einer Vertragsseite mitwirkt. Der Stellvertreter selbst oder die Hilfsperson stehen dem anderen Verhandlungspartner für ihr Tun zwar nach Deliktsrecht ein, nicht aber aus einem mit dem anderen Verhandlungspartner bestehenden Schuldverhältnis, da sie nicht selbst Vertragspartner werden sollen.

Von diesen Grundsätzen machte die Rechtsprechung Ausnahmen in Fällen, in denen der Vertreter oder die Hilfsperson am Abschluss des Vertrages ein *eigenes wirtschaftliches Interesse* hat oder für sich *persönlich besonderes Vertrauen in Anspruch genommen* und dadurch die Vertragsverhandlungen oder die Vertragsdurchführung beeinflusst hat (siehe BGHZ 56, 81; BGH NJW 1990, 389; 1994, 2220). Diese Linie wird durch § 311 III fortgesetzt, wobei eine der von der Rechtsprechung bisher behandelten Fallgruppen nun in § 311 III 2 besonders erwähnt ist.

Fall 58: X ist von E, dem Eigentümer einer am Fluss gelegenen neuen Wohnanlage bevollmächtigt, die Wohnungen an Mietinteressenten zu vermieten. Der Mietinteressent Y fragt X nach der in der Nacht zu erwartenden Lärmbelästigung. X versichert dem Y, dass er diesbezüglich keinerlei Bedenken zu haben brauche, es sei am Flussufer nachts „himmlisch ruhig"; er (X) könne das beurteilen, er vermiete in der Stadt seit 20 Jahren Wohnungen und kenne jeden Winkel in- und auswendig. X übersieht bei dieser Auskunft, dass seit einiger Zeit Ausflugsschiffe in der Nähe der Wohnanlage am Ufer ankern und nachts ihre Motoren laufen lassen; dadurch entsteht eine erhebliche Lärmbelästigung. Y schließt den Mietvertrag ab. Schon bald nach dem Einzug entschließt er sich jedoch, wegen der nächtlichen Geräusche eine andere Wohnung zu suchen. Er kündigt das Mietverhältnis mit E. Y möchte von X Ersatz der Kosten für den neuerlichen Umzug.

Y hat einen Mietvertrag mit E (dieser vertreten durch X) geschlossen. Er kann sich wegen einer Pflichtwidrigkeit des E bzw dessen Hilfsperson bei den Vertragsverhandlungen – Fehlinformation über die Lärmbelästigung – nach §§ 311 II, 241 II, 280 I, 278 S. 1 an E halten. Gleichzeitig kann aber auch ein Schuldverhältnis mit Nebenpflichten nach § 241 II zwischen Y und X entstanden sein (§ 311 III 1).

X sollte nicht selbst Vertragspartei werden.

Unter welchen Voraussetzungen einem Dritten Pflichten nach § 241 II treffen, ist im Gesetz nicht generell geregelt. Doch könnte auf X der Sonderfall des § 311 III 2 zutreffen: Mit seiner Behauptung, er kenne als erfahrener Vermieter die Stadt in- und auswendig, ließ er erkennen, dass er die Sachlage aus eigener professioneller Kenntnis beurteilen könne; insofern nahm er in besonderem Maße Vertrauen in Anspruch. Dadurch beeinflusste er den Vertragsschluss erheblich, denn Y hätte, wie sich zeigt, den Vertrag bei Kenntnis der richtigen Sachlage nicht geschlossen. Daher hat X dem Y gegenüber eine Rücksichtspflicht nach §§ 241 II, 311 III 1, 2 verletzt und ist diesem nach § 280 I 1 zum Schadensersatz verpflichtet. Eine Entlastung nach § 280 I 2 gelingt dem X nicht; ihm ist als Fahrlässigkeit anzurechnen, dass er die Auskunft gegeben hat, ohne sich über die aktuelle Lage informiert zu haben.

967 Die Fallgruppe der „Inanspruchnahme von Vertrauen in besonderem Maße" (§ 311 III 2) ist ein herausgehobener Beispielsfall für die Eigenhaftung von Vertretern und Verhandlungsgehilfen.

Unter dem Gesichtspunkt „in Anspruch genommenen Vertrauens" lässt sich ferner folgender Fall einordnen: Bei Verhandlungen über einen Vertrag, bei dem es auf eine fachliche Expertise ankommt, schaltet die eine Partei einen Sachverständigen ein, der in ihrem Auftrag ein Gutachten erstattet. Auf dieser Grundlage kommt der Vertrag zustande. Das Gutachten ist fehlerhaft, dadurch wird die andere Partei geschädigt. Diese kann dann einen Schadensersatzanspruch aus § 280 I iVm §§ 241 II, 311 III gegen den Sachverständigen haben, obwohl sie die Expertise nicht in Auftrag gegeben hatte; denn nach Art der Umstände kann gleichwohl anzunehmen sein, dass der Sachverständige ihr gegenüber zu Nebenpflichten nach §§ 311 III 1, 241 II verbunden war.

c) Der Dritte als geschützte Person

968 Die Lehre vom „Vertrag mit Schutzwirkung zu Gunsten Dritter" war entwickelt worden, um bestimmte einer Vertragspartei nahe stehende Personen, die mit dem Vertragsverhältnis in Berührung kommen, in die *vertraglichen* Schutzpflichten der anderen Vertragspartei einzubeziehen und bei Verletzung dieser Pflichten den geschützten Personen einen eigenen Anspruch auf Schadensersatz zuzugestehen.

Fall 59: Schulze hat von Zimmermann eine Wohnung in dessen Mehrfamilienhaus gemietet. Sodann heiratet er und nimmt mit Kenntnis des Vermieters seine Ehefrau in die Wohnung auf. Im Treppenhaus ist ein Geländer schadhaft. Der von Zimmermann mit der Hausverwaltung betraute, sonst zuverlässige Ernst lässt das Geländer trotz mehrerer Hinweise von Mietern nicht reparieren. Als Frau Schulze eines Tages die Treppe hinunter geht, bricht das Geländer ab. Frau Schulze stürzt und bricht sich ein Bein. Hat Frau Schulze einen Schadensersatzanspruch gegen Zimmermann?

Ein solcher Anspruch könnte sich aus *Delikt* (§ 831 iVm § 823 I oder § 823 II/§ 229 StGB) ergeben, doch kann der Anspruch scheitern, wenn sich der „Geschäftsherr" Zimmermann nach § 831 I 2 exkulpieren kann, weil er bei der Auswahl seines Verrichtungsgehilfen Ernst und bei der Aufsicht über ihn die im Verkehr erforderliche Sorgfalt beachtet hat. Frau Schulze könnte geholfen werden, wenn ihr ein Schadensersatzanspruch aus *Vertrag* zugestanden würde, in dessen Rahmen dem Zimmermann das pflichtwidrige Verhalten und Verschulden seines Erfüllungsgehilfen Ernst nach § 278 zugerechnet würde. Um einen vertraglichen Anspruch Dritter in derartigen Fällen zu konstruieren, wurde die Lehre vom „Vertrag mit Schutzwirkungen zu Gunsten Dritter" entwickelt: Der geschützte Dritte ist zwar nicht Vertragspartei, aber in die Schutzpflichten des einen Vertragspartners (hier: des Vermieters) einbezogen und gewinnt aus deren zurechenbaren Verletzung einen eigenen Anspruch auf Schadensersatz wegen Vertragsverletzung. Unter welchen *Voraussetzungen* genau eine dritte Person in den Schutzbereich der vertraglichen Nebenpflichten einbezogen wird, war Gegenstand einer umfangreichen, auch schwankenden Rechtsprechung. Man verlangte im Allgemeinen, a) dass sich der Dritte typischerweise in Leistungsnähe befindet; b) dass die Vertragspartei, auf deren Seite er steht, ein erhebliches Interesse an seiner Einbeziehung in die Schutzpflichten der anderen Vertragspartei hat und c) dass dies für die andere Vertragspartei erkennbar ist.

Die Lehre vom „Vertrag mit Schutzwirkungen zu Gunsten Dritter" wird auch angewendet, wenn sich die Schädigung eines nahe stehenden Dritten schon im Stadium der Vertragsanbahnung ereignet (BGHZ 66, 51 – „Gemüseblatt-Fall"). Dann können die Rechtsfiguren der „culpa in contrahendo" und der „Schutzwirkung zu Gunsten Dritter" miteinander kombiniert werden. **969**

> **Fall 60:** Wie Fall 59, aber: Der Unfall auf der Treppe und die Verletzung von Frau Schulze ereignen sich nicht *nach* Begründung des Mietverhältnisses, sondern *bereits bei Vertrags-anbahnung:* Als Schulze in Begleitung seiner Frau, die aber nicht Vertragspartnerin werden soll, die Wohnung zum Zwecke der Anmietung besichtigt, bricht das Geländer ab und Frau Schulze verletzt sich, im Übrigen wie oben.

In diesem Fall besteht zur Zeit des schadenstiftenden Ereignisses noch kein Vertrag, aber schon ein vertragsähnliches Vertrauensverhältnis zwischen Zimmermann und Schulze, das vertragsähnliche Schutzpflichten auslöst; in diese Schutzpflichten ist auf der Seite des Mietinteressenten auch seine Frau einbezogen.

Die Frage ist, ob die Konstellation des „Vertrages mit Schutzwirkung" überhaupt von § 311 III erfasst ist, bzw welche Fallgruppen aus diesem Problembereich. Wortlaut wie systematische Stellung der Vorschrift sprechen dafür, dass zumindest der letztgenannte Fall – Schutz Dritter bei Vertragsanbahnung – nach § 311 III 1 behandelt werden kann. § 311 III schließt unmittelbar an § 311 II und seine Erfordernisse an. **970**

> Zu **Fall 60:** Zimmermann war verpflichtet, auch im Hinblick auf Mietinteressenten, welche die Wohnungen besichtigen, das Haus verkehrssicher zu halten. Mit dem Betreten des Hauses durch Schulze entstand ein Schuldverhältnis mit Zimmermann nach §§ 311 II, 241 II. Die Schutzpflichten des Vermieters können auch gegenüber einer Person entstehen, die nicht Vertragspartei werden soll (§ 311 III 1). Das trifft hier für Frau Schulze zu. Die bisher

anerkannten Grundsätze der Einbeziehung eines Dritten in die Schutzpflichten sind gegeben: Frau Schulze befindet sich in „Leistungsnähe" (hier im Bereich der Schutzpflichten des Vermieters), da sie verständlicherweise die Wohnung besichtigen will, in der sie möglicherweise wohnen soll. Auch das Interesse von Herrn Schulze daran, dass seine Frau in die vertragsähnlichen Sorgfaltspflichten des Vermieters einbezogen wird, ist gegeben und für den Vermieter erkennbar. Pflichtwidrigkeit und Verschulden des Hausverwalters Ernst werden dem Zimmermann nach § 278 S. 1 zugerechnet. Frau Schulze hat also einen Schadensersatzanspruch aus § 280 I iVm §§ 311 II, III 1, 241 II, 278 S. 1.

Ob § 311 III 1 hingegen auch in **Fall 59** angewendet werden kann, ist zweifelhaft. Denn hier handelt es sich nicht um ein Verhältnis der Vertragsanbahnung nach § 311 II, sondern der *Durchführung eines geschlossenen Vertrages*. Doch besteht kein Zweifel, dass die Regeln über die Einbeziehung Dritter in die Schutzwirkungen des Vertrages auch dann gelten, wenn man § 311 III 1 nicht zu Hilfe nimmt. Auch wenn mit Frau Schulze kein Vertragsverhältnis besteht, so bringt ihre berechtigte Mitbenutzung der Wohnung ein Schuldverhältnis mit dem Inhalt der Nebenpflichten nach § 241 II mit dem Vermieter zustande.

Zu **Fall 59**: Frau Schulze hat, wenn man § 311 III 1 für einschlägig hält, gegen Zimmermann einen Schadensersatzanspruch aus § 280 I iVm §§ 311 III 1, 241 II, 278 S. 1, andernfalls aus § 280 I iVm §§ 241 II, 278 S. 1.

Literatur: *C.-W. Canaris*, Die Vertrauenshaftung im deutschen Privatrecht, 1971; *R. Schwarze*, Vorvertragliche Verständigungspflichten, 2001; *J. Koch*, § 311 Abs. 3 BGB als Grundlage einer vertrauensrechtlichen Auskunftshaftung, AcP 204, 59.

Verzeichnis der erörterten §§ des BGB

Die Zahlen beziehen sich auf die Randnummern.

Sachverzeichnis

Die Angaben beziehen sich auf die Randnummern.

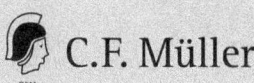

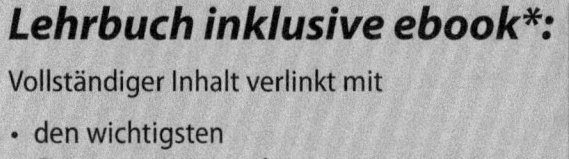

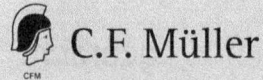